Schriftenreihe
der Juristischen Schulung

Band 148

Öffentliches Recht im Assessorexamen

Klausurtypen, wiederkehrende Probleme und Formulierungshilfen

von

Roland Kintz

Richter am Verwaltungsgericht Neustadt a. d. Weinstraße
Nebenamtlicher Arbeitsgemeinschaftsleiter für Rechtsreferendare
Lehrbeauftragter an der Deutschen Universität für Verwaltungswissenschaften Speyer

9., neu bearbeitete Auflage 2015

C.H.BECK

www.beck.de

ISBN 978 3 406 67392 4

Wilhelmstraße 9, 80801 München
Druck und Bindung: Druckhaus Nomos Verlagsgesellschaft
In den Lissen 12, 76547 Sinzheim

Satz: Druckerei C. H. Beck, Nördlingen

Gedruckt auf säurefreiem, alterungsbeständigem Papier
(hergestellt aus chlorfrei gebleichtem Zellstoff)

Vorwort

Als langjähriger Leiter von Referendarsarbeitsgemeinschaften und Prüfer im schriftlichen und mündlichen Examen ist es eine überraschende Erfahrung, auch solche Kandidaten scheitern zu sehen, denen eine gründliche Examensvorbereitung anhand der vorhandenen Ausbildungsliteratur nicht abzusprechen ist. Wie ist das zu erklären?

Fest steht, dass viele Referendare diese Zeit zu sehr mit der Aneignung materiellrechtlicher und prozessualer Probleme füllen, aber nicht in der Lage sind, ihre Kenntnisse auf die Lösung eines praktischen Falles zu übertragen. Im Zweiten Juristischen Staatsexamen ist aber nicht theoretisches Wissen als solches gefragt, sondern es sind konkrete rechtliche Problemfälle zu lösen – und zwar in Form einer lesbaren, formal korrekten, im Aufbau klaren, in der Begründung nachvollziehbaren und in der Praxis verwertbaren Entscheidung. Hier scheitert mancher Referendar. Das hängt zum Teil mit der fehlenden Übung im – zeitaufwändigen – Abfassen solcher Entscheidungen zusammen. Diese ist nur durch eine möglichst große Zahl von Übungsklausuren zu erlangen und ein Ausbildungsbuch kann dem allein nicht abhelfen. Es kann aber den Einsteiger – indem es den nötigen Überblick vermittelt, Aufbau und Formalien erläutert, die verschiedenen Klausurtypen darstellt und häufig wiederkehrende Klausurprobleme aus dem Examen anhand konkreter Beispiele und Formulierungshilfen erörtert – in die Lage versetzen, auch solche Klausuren binnen kurzer Zeit erfolgreich zu bearbeiten, die nach Form und Themengebiet unbekannt sind. Hier setzt die vorliegende Schrift an.

In den einzelnen Abschnitten sind diejenigen Entscheidungsformen – mit entsprechender Gewichtung – erörtert, die Gegenstand von Examensklausuren der verschiedenen Bundesländer sein können. Typische, immer wiederkehrende prozessuale und materielle Rechtsfragen sind jeweils dort problematisiert, wo sie auch in der praktischen Entscheidung und damit in der Examensklausur gelöst werden müssen. Entsprechende Formulierungsbeispiele werden angeboten. Die Literatur- und Rechtsprechungsnachweise in den Fußnoten dienen neben der – zum Verständnis nicht notwendigen – Vertiefung vor allem der Orientierung über die Rechtsprechung der verschiedenen Obergerichte in wichtigen Streitfragen.

Die 9. Auflage bringt Gesetzgebung, Literatur und Rechtsprechung auf den aktuellen, bis Juli 2015 verfügbaren Stand. Bedanken möchte ich mich an dieser Stelle wieder bei vielen aufmerksamen Lesern, die das Buch zur Examensvorbereitung oder für die Ausbildung nutzen. Ihre kritischen Anregungen sind weiterhin sehr willkommen.

Roland Kintz

Inhaltsverzeichnis

Abkürzungsverzeichnis

a. A.	andere Ansicht
Abs.	Absatz
a. F.	alte Fassung
Alt.	Alternative
Art.	Artikel
Aufl.	Auflage
AZ	Aktenzeichen
bzw.	beziehungsweise
d. h.	das heißt
Drs.	Drucksache
evtl.	eventuell
f./ff.	folgende
Fn.	Fußnote
ggf.	gegebenenfalls
h. M.	herrschende Meinung
i. S. d.	im Sinne des
i. V. m.	in Verbindung mit
m. w. N.	mit weiteren Nachweisen
n. F.	neue Fassung
Nr.	Nummer
o. g.	oben genannt
OVG	Oberverwaltungsgericht
Rn.	Randnummer
s./S.	siehe/Seite
sog.	so genannte(r)
tvA	teilweise vertretene Ansicht
u. a.	unter anderem
VA	Verwaltungsakt
VG	Verwaltungsgericht
vgl.	vergleiche
Vorb.	Vorbemerkung
z. B.	zum Beispiel

Literaturverzeichnis

Adler u. a.	Anwaltsrecht II – Examensrelevante Tätigkeitsfelder der anwaltlichen Praxis, 4. Aufl. 2008
Bosch/Schmidt/Vondung	Praktische Einführung in das verwaltungsgerichtliche Verfahren, 9. Aufl. 2012
Budde-Hermann/Schöneberg	Der Kurzvortrag im Assessorexamen – Öffentliches Recht, 4. Aufl. 2009
Bülter	Verwaltungsgerichtliche Urteile und Beschlüsse im Assessorexamen, 2009
Decker/Konrad	Öffentlich-rechtliche Assessorklausuren, 6. Aufl. 2012 (zit.: *Decker/Konrad,* Assessorklausuren)
Decker/Konrad	Die Anwaltsklausur – Öffentliches Recht, 2009 (zit.: *Decker/Konrad,* Anwaltsklausur)
Eyermann	Verwaltungsgerichtsordnung, 14. Aufl. 2014 (zit.: Eyermann/*Bearbeiter*)
Fichte	Typische Fehler in der öffentlich-rechtlichen Assessorklausur, 2005
Finkelnburg/Dombert/Külpmann	Vorläufiger Rechtsschutz im Verwaltungsstreitverfahren, 6. Aufl. 2011 (zit.: Finkelnburg/*Bearbeiter*)
Happ/Allesch/Geiger/Metschke/Hüttenbrink	Die Station in der öffentlichen Verwaltung, 7. Aufl. 2012
Hufen	Verwaltungsprozessrecht, 9. Aufl. 2013
Kaiser/Köster/Seegmüller	Die öffentlich-rechtliche Klausur im Assessorexamen, 3. Aufl. 2014
Kerst	Der öffentlich-rechtliche Aktenvortrag im Assessorexamen, 3. Aufl. 2014
Klein/Czajka	Gutachten und Urteil im Verwaltungsprozess und verwaltungsgerichtliches Normenkontrollverfahren, 4. Aufl. 1995
Knack/Henneke	Verwaltungsverfahrensgesetz, 10. Aufl. 2014
Koehl/Spieß	Anwaltliche Tätigkeit im Öffentlichen Recht, Band I, 2006
Kopp/Ramsauer	Verwaltungsverfahrensgesetz, 15. Aufl. 2014
Kopp/Schenke	Verwaltungsgerichtsordnung, 21. Aufl. 2015
Kroiß/Neurauter	Formularsammlung für Rechtsprechung und Verwaltung, 24. Aufl. 2014
Leuze-Mohr	Öffentliches Recht für Rechtsreferendare, 3. Aufl. 2012
Linhart	Der Bescheid, 4. Aufl. 2013
Martens/Koch	Mustertexte zum Verwaltungsprozess, 3. Aufl. 2009
Mürbe/Geiger/Haidl	Die Anwaltsklausur in der Assessorprüfung, 6. Aufl. 2011

Niesler .... Individualrechtsschutz im Verwaltungsprozess, 2012

Pietzner/ Ronellenfitsch .... Das Assessorexamen im öffentlichen Recht, 13. Aufl. 2014

Posser/Wolff .... BeckOK Verwaltungsgerichtsordnung, Stand Juli 2015 (zit. Posser/ Wolff/*Bearbeiter*)

Proppe/Solbach .... Fallen-Fehler-Formulierungen, Anleitungen für Referendariat und Assessorexamen, 1995

Ramsauer .... Die Assessorprüfung im öffentlichen Recht, 7. Aufl. 2009

Redeker/von Oertzen Verwaltungsgerichtsordnung, 16. Aufl. 2014

Römermann/ Hartung .... Die Anwaltsstation nach neuem Recht, 2003

Schoch/Schneider/ Bier .... Verwaltungsgerichtsordnung, Stand März 2015 (zit.: Schoch/*Bearbeiter*)

Sodan/Ziekow .... Verwaltungsgerichtsordnung, 4. Aufl. 2014 (zit. Sodan/Ziekow/*Bearbeiter*)

Stelkens/Bonk/Sachs .. Verwaltungsverfahrensgesetz, 8. Aufl. 2014 (zit.: Stelkens/*Bearbeiter*)

Volkert .... Die Verwaltungsentscheidung, 5. Aufl. 2010

Zöller .... Zivilprozessordnung, 30. Aufl. 2014 (zit. Zöller/*Bearbeiter*)

1. Teil. Zur Bearbeitung öffentlich-rechtlicher Klausuren

Spätestens die ersten Übungsklausuren in der Referendararbeitsgemeinschaft im öffentlichen Recht machen es deutlich: **Erfolgreich schneidet nur ab,** wer neben der – notwendigen – Wiederholung und Vertiefung des materiellen und prozessualen Wissens aus dem Referendarexamen auch das **„Handwerkszeug" einer Klausur beherrscht,** die jeweiligen **Formalien,** den **Aufbau** und die **Subsumtionstechnik** im Urteilsstil. Das Letztere lässt sich nur mit einiger Übung erreichen: Schreiben Sie deshalb im Vorfeld des Examens möglichst viele Klausuren, die als freiwillige Klausurenkurse der einzelnen Bundesländer oder von privaten Repetitorien angeboten werden.[1] Auch die Ausbildungszeitschriften *JuS* und *JA* oder die Verwaltungsblätter der Länder[2] drucken immer wieder (Examens-)Klausuren ab, die Sie mit anschließender Selbstkontrolle lösen können. Sehr hilfreich sind daneben private Arbeitsgemeinschaften von mehreren in Kleingruppen arbeitenden Referendaren. 1

Da im Zweiten Juristischen Staatsexamen neben den Gesetzessammlungen in den meisten Bundesländern auch Kommentare benutzt werden dürfen, ist es sinnvoll, bereits bei der Vorbereitung auf das Assessorexamen hiermit zu arbeiten, um im Ernstfall die benötigte Passage schneller zu finden. Hier eine Übersicht über diejenigen **Hilfsmittel,** die in den einzelnen Bundesländern zugelassen sind:[3]

Kopp/Schenke, VwGO Kommentar

Baden-Württemberg, Bayern, Berlin, Brandenburg, Bremen, Hamburg, Hessen, Mecklenburg-Vorpommern, Nordrhein-Westfalen, Rheinland-Pfalz, Saarland, Sachsen, Sachsen-Anhalt, Schleswig-Holstein, Thüringen

Kopp/Ramsauer, VwVfG Kommentar

Baden-Württemberg, Bayern, Berlin, Brandenburg, Bremen, Hamburg, Mecklenburg-Vorpommern, Nordrhein-Westfalen, Rheinland-Pfalz, Saarland, Sachsen, Sachsen-Anhalt, Schleswig-Holstein, Thüringen

Kroiß/Neurauter, Formularsammlung für Rechtsprechung und Verwaltung

Bayern.

Sie sehen an dieser Aufstellung, dass die Referendare[4] in Niedersachsen im Öffentlichen Recht auf Hilfsmittel vollständig verzichten müssen, während bayerische Referendare sogar auf die sehr hilfreiche Formularsammlung von *Kroiß/Neurauter* zurückgreifen können.

Entscheidungsformalien sind bei einer Bearbeitungszeit von fünf Stunden für jede Klausur **nicht bloße Nebensächlichkeiten.** Ein Auszug aus den – selbstverständlich 2

[1] S. insbesondere den Internetklausurenkurs unter http://www.berlin.de/sen/justiz/gerichte/kg/ausbildung/jur-vorb/vorb-dienst/internet_klausurenkurs_index.html.

[2] VBlBW, SächsVBl., BayVBl., ThürVBl., NWVBl., NdsVBl.

[3] S. dazu auch die Übersicht unter http://www.beck-shop.de/owy. Zu Fluch oder Segen der Kommentarnutzung im Assessorexamen s. *Bohnen,* JA 2013, 350.

[4] Aus Gründen der besseren Lesbarkeit wird auf die gleichzeitige Verwendung männlicher und weiblicher Sprachformen verzichtet. Die männliche Bezeichnung gilt jeweils für beiderlei Geschlecht.

unverbindlichen – Prüferhinweisen des rheinland-pfälzischen Innenministeriums und Landesprüfungsamts für Juristen für das Assessorexamen macht das deutlich:

„Bei der Bewertung der Klausuren ist nicht allein auf die materiell – rechtliche Lösung abzustellen. Vielmehr muss auch den Formalien in der Klausur der ihnen zukommende Stellenwert eingeräumt werden. Für sie ist auch ein Teil der Bearbeitungszeit veranschlagt.

Bei einer Klausur, die höhere Anforderungen z. B. an den Tatbestand stellt, sollten die Formalien im Rahmen der Gesamtbewertung entsprechend höher gewichtet werden. Demgegenüber sollte eine Klausur mit fehlerfreien Formalien, aber ohne vertretbare Lösung der verfahrens- und materiell-rechtlichen Probleme nicht als bestanden bewertet werden. Fehlen in einer Klausur jegliche Formalien (z. B. der Bearbeiter beginnt sofort mit den Entscheidungsgründen), so erscheint es gerechtfertigt, die Arbeit insgesamt schlechter zu bewerten als eine Arbeit, bei der die Formalien so fehlerhaft sind, dass hierfür keine Punkte mehr gegeben werden können.

Unlesbare Ausführungen gelten als nicht geschrieben.

Überflüssiges in der Klausur sollte durchaus zu einer Schlechterbewertung führen. Das gilt z. B. für ein falsches obiter dictum."

3 Die Prüfungsaufgabe besteht in der Regel aus einem Aktenauszug. Lesen Sie zuerst den **Bearbeitervermerk!** Diesem kommt existentielle Bedeutung zu,[5] denn es ist ein wesentlicher Unterschied, ob Sie einen Urteilsentwurf oder etwa ein Gutachten des Rechtsamtes einer Stadt sowie einen Vorschlag an den Oberbürgermeister zu entwerfen haben. Achten Sie darauf, ob bestimmte Teile der Entscheidung (z. B. beim Urteil Rubrum, Tatbestand, Rechtsmittelbelehrung) erlassen sind. Versetzen Sie sich gedanklich von Anfang an in die Lage desjenigen, der die konkrete Aufgabenstellung zu lösen hat, entwickeln Sie beim Lesen und Erfassen des Sachverhalts bereits gezielte Überlegungen zum Aufbau der Klausur.

Mit der richtigen und vollständigen **Erfassung des Sachverhalts** legen Sie den Grundstein für eine erfolgversprechende Klausurlösung.[6] Machen Sie wichtige Eckdaten auf dem Klausurtext kenntlich und legen den Sachverhalt auf einem getrennten Blatt chronologisch nieder (z. B. Bescheid, Widerspruch mit skizzierter Begründung, Widerspruchsbescheid, Klage). Verwenden Sie so gut es geht **Abkürzungen** (z. B. „B" für Bescheid", „Wi" für Widerspruch" oder „WB" für Widerspruchsbescheid) und notieren sich daneben die **Seitenzahl,** damit Sie bei der Reinschrift die gesuchte Passage schnell wiederfinden. Die Sachverhaltsdarstellung in Prüfungsaufgaben ist oftmals unsortiert, so dass eine Leistung des Referendars darin besteht, die Fakten in die richtige Reihenfolge zu bringen. Die im Aufgabentext gemachten tatsächlichen Angaben sind als objektiv richtig und vollständig anzusehen. Von Sachverhaltslücken kann daher grundsätzlich nicht ausgegangen werden.[7] So genannte „Sachverhaltsquetschen", die den Referendar erst in die Lage versetzen, zu Problemen Stellung zu nehmen, mit denen er seiner Ansicht nach vertraut ist, nach denen aber nicht gefragt ist, fallen bei der Bewertung der Arbeit negativ ins Gewicht. Suchen Sie im Klausurtext auch nicht krampfhaft nach Sachverhaltsfallen, wenn Ihnen die Arbeit subjektiv zu leicht vorkommt. In der Regel ist der Sachverhalt auch nicht mit Überflüssigem belastet, d. h. alle mitgeteilten Tatsachen sind für die rechtliche Lösung des Falles relevant.

Haben Sie den Aufgabentext „verinnerlicht", so erstellen Sie eine **Lösungsskizze.** Diese sollte klar gegliedert sein und alle in der Regel im Klausurtext angesprochenen Probleme erfassen. Sofern Ihnen die Lösung des Falles Schwierigkeiten bereitet, setzen Sie sich dennoch ein **Zeitlimit** für die Ausarbeitung der Lösungsskizze.

---

[5] *Forster,* JuS 1992, 234, 236; *Knödler/Loos,* JA 2003, 974, 975.
[6] *Decker,* JA 1997, 969, 971.
[7] *Decker,* JA 1997, 969, 971.

Hierfür sollten Sie im Normalfall nicht länger als zwei Stunden verwenden. So verbleiben für die Reinschrift noch drei Stunden.

Achten Sie bei der Reinschrift penibel darauf, die üblichen **Formalien** einzuhalten.[8] 4
Zwar kann eine inhaltslose Arbeit nicht durch die Wahrung der Form „gerettet" werden; jedoch erleidet eine inhaltlich ansprechende Bearbeitung bei Vernachlässigung der Formerfordernisse erhebliche Einbußen bei der Bewertung.[9]

Bemühen Sie sich um eine **lesbare Schrift** und vermeiden Sie Durchstreichungen im großen Stil. Schreiben Sie nicht zu klein und zu eng, denn dies erfordert auf Seiten des Korrektors unweigerlich eine erhöhte Konzentration beim Durchlesen. Halten Sie mindestens ein Drittel der Seite für Anmerkungen des Prüfers frei. Stellen Sie Ihre Arbeit übersichtlich dar und bilden Sie Absätze. **Aufbau** und **Gliederung der Klausur** müssen für sich selbst sprechen, so dass der Weg der Bearbeitung nicht zusätzlich begründet zu werden braucht.[10] Nummerieren Sie die Seiten – richtig – durch und vermeiden Sie zu viele Einfügungen und Verweisungen; es ist für den Korrektor einfach ärgerlich, wenn er den Zusammenhang der Ausführungen selbst herstellen muss.[11]

Der **sprachliche Ausdruck** soll verständlich, eindeutig und objektiv sein. Auch ein mit den einschlägigen Problemen nicht befasster Jurist muss den Gedankengängen des Bearbeiters folgen und die Überlegungen ohne eigene Nachforschungen nachvollziehen können.[12] In Klausuren zählen der logische rote Faden, glasklare Obersätze, die Argumentation und die Arbeit am Gesetz.[13] Vermeiden Sie einerseits überlange Sätze, Schachtelkonstruktionen und Fremdwörter – die Gerichtssprache ist Deutsch – und andererseits umgangssprachliche Formulierungen. Bei der gebotenen objektiven Darstellung und Begründung sind persönliche Wertungen unangebracht. Dasselbe gilt für relativierende Begriffe wie „eigentlich", „wohl" oder „vermutlich", da sie der eigenen Argumentation gerade den Boden entziehen.

Ziel der Assessorprüfung ist es, mittels **Gesetzesinterpretation** und **korrekter Subsumtion** die in der Aufsichtsarbeit aufgeworfenen Rechtsfragen einer **vertretbaren Lösung** zuzuführen. Es geht also – anders als viele Referendare offenbar meinen – nicht primär um das „richtige" Ergebnis, sondern um die Art und Weise der Entscheidungsfindung und -darstellung.[14] Das *BVerfG*[15] hat zu der Bewertung von Arbeiten im Juristischen Staatsexamen ausgeführt, eine vertretbare und mit gewichtigen Argumenten folgerichtig begründete Lösung dürfe nicht als falsch gewertet werden. Soweit die Richtigkeit oder Angemessenheit von Lösungen wegen der Eigenart der Prüfungsfrage nicht eindeutig bestimmbar seien, gebühre zwar dem Prüfer ein Bewertungsspielraum, andererseits müsse aber auch dem Prüfling ein angemessener Antwortspielraum zugestanden werden. Danach können zutreffende und brauchbare Lösungen nicht als falsch bewertet werden und zum Nichtbestehen führen. Lernen Sie also nicht Ihrer Ansicht nach besonders examensrelevante Entscheidungen be- 5

---

[8] S. dazu die eindringliche Mahnung von *Klamser,* JA 2013, 459: „Die Formalien (Rubrum, Tenorierung, Überschriften) nicht zu beherrschen, ist unverzeihlich. Ohne jede Einschränkung. Sie haben da weder künstlerische Freiheit noch Welpenschutz."

[9] *Lemke,* JuS 1991, L 17, 18; *Knödler,* JuS 2000, L 65.

[10] *Decker,* JA 1997, 969, 975.

[11] *Knödler/Loos,* JA 2003, 974, 975.

[12] *Lemke,* JuS 1991, L 17, 18.

[13] S. *Klamser,* JA 2013, 206, 207: „Argumentieren heißt, pro und contra zu bringen. Und zwar nicht lediglich ein Argument dafür und eins dagegen, sondern mindestens vier."

[14] S. auch *Lemke,* JA 2001, 325. Vgl. auch *Klamser,* JA 2013, 206, 207.

[15] NJW 1991, 2005; s. auch *BVerwG* NVwZ 1998, 738 und *OVG Münster* BeckRS 2014, 50776.

stimmter Obergerichte auswendig. Versuchen Sie vielmehr, die Rechtsprobleme losgelöst vom konkret entschiedenen Fall zu erfassen und zu verstehen. Nur dies versetzt Sie im Ernstfall in die Lage, Abweichungen eines Klausurfalls von einer „gelernten" Entscheidung zu erkennen und ihn entsprechend der Aufgabenstellung angemessen zu lösen.

6 Unter Berücksichtigung dessen richtet sich die Bewertung von Examensarbeiten nach folgenden Kriterien:[16]

Sehr gute und **gute** Leistungen zeichnen sich durch einen methodisch zutreffenden, überzeugenden Lösungsweg und Ergebnis sowie eine gute sprachliche Darstellung aus. **Vollbefriedigende** Leistungen bieten dies auch fast durchgehend. Bei ansprechender sprachlicher Bearbeitung dürfen allenfalls leichtere Fehler vorhanden sein; die Schwerpunkte müssen stimmen. Mit der Note **„befriedigend"** bewertet werden Arbeiten, deren Aufbau und Gesamtergebnis im Wesentlichen in Ordnung sind. Die Klausur darf keine gravierenden Fehler enthalten; das Ergebnis muss gut vertretbar begründet sein. **„Ausreichend"** sind Klausuren, die die Problemstellung im Grunde erfassen, die aber Fehler in Aufbau und Darstellung aufweisen. Die Arbeit muss im Wesentlichen vollständig und das Ergebnis noch vertretbar sein. **„Mangelhafte"** oder **„ungenügende"** Klausuren offenbaren eine Vielzahl von erheblichen Mängeln in Begründung und Ergebnis, z. B. aufgrund einer Missachtung wesentlicher Bearbeitervermerke, fehlerhaftem Aufbau, Häufung von Widersprüchen und einer nicht zu Ende geführten Lösung.

---

[16] Vgl. *Dierks-Harms,* JA 2007, 285, 286.

2. Teil. Die Entscheidung des Verwaltungsgerichts

1. Abschnitt. Das Urteil

§ 1. Übersicht

Das **Abfassen eines Urteilsentwurfs** spielt im Zweiten Juristischen Staatsexamen in nahezu allen Prüfungsamtsbezirken eine **wichtige Rolle.**[1] Aus diesem Grund werden im Folgenden die einzelnen Bestandteile eines Urteils ausführlich erörtert. Der Schwerpunkt der Darstellung liegt in der Gestaltung des Urteils. Die inhaltlichen Fragen sind dort abgehandelt, wo sie auch im Urteilsentwurf zu beachten sind. 7

Form und Inhalt des verwaltungsgerichtlichen Urteils regelt § 117 VwGO. Hinsichtlich der äußeren Form unterscheidet es sich nicht wesentlich von dem Urteil eines Zivilgerichts. Es ist wie folgt aufgebaut:

Rubrum

Tenor

Tatbestand

Entscheidungsgründe

Rechtsmittelbelehrung

Streitwertbeschluss

Bestimmte Teile eines Urteils sind nach dem Bearbeitervermerk einiger Bundesländer gelegentlich oder regelmäßig erlassen (z. B. in Bayern meist Rubrum, Tatbestand und Streitwertbeschluss, in Baden-Württemberg häufig Rubrum und Tatbestand, im Saarland und Thüringen manchmal der Tatbestand).

§ 2. Das Rubrum

I. Einleitung

Als **Rubrum** bezeichnet man den Teil der schriftlichen gerichtlichen Entscheidung, der die Beteiligten, deren gesetzlichen Vertreter und Bevollmächtigten sowie die mitwirkenden Richter nennt. Sie wurden früher mit roter Tinte geschrieben, wovon das Wort „Rubrum" geblieben ist. 8

Das Rubrum beginnt mit der Angabe des das Urteil erlassenden Gerichts (z. B. „*Verwaltungsgericht Bremen*"). Sofern sich aus dem Klausurtext das Aktenzeichen entnehmen lässt, soll dieses angegeben werden. Nicht zum Entscheidungsentwurf des

[1] In Niedersachsen ist dagegen nur eine verwaltungsfachliche und eine gutachterlich beratende Aufgabenstellung möglich (s. § 37 Abs. 2 Satz 2 Nr. 3 NdsJAVO).

Referendars gehört der Verkündungsvermerk. Dieser gehört zu den Aufgaben des Urkundsbeamten der Geschäftsstelle und nicht zu denen des Richters.

Das Urteil ist ausdrücklich als „*Urteil*" zu bezeichnen.[2] Ferner bedarf es der Überschrift „*Im Namen des Volkes*" (s. § 117 Abs. 1 Satz 1 VwGO), wobei es den Referendaren überlassen bleibt, ob sie die Bezeichnung „*Urteil*" der Formel „*Im Namen des Volkes*" voranstellen oder umgekehrt. Beide Versionen sind in der Verwaltungsgerichtsbarkeit gebräuchlich, so dass es keine einzuhaltende Reihenfolge gibt.

Anschließend folgt die – je nach Gericht oder Bundesland unterschiedliche – Einleitung:

„In dem Verwaltungsrechtsstreit",[3] „In der Verwaltungsrechtssache",[4] „In der Verwaltungsstreitsache",[5] „In dem Verwaltungsstreitverfahren"[6] oder „In dem verwaltungsgerichtlichen Verfahren"[7]

II. Die Beteiligten

1. Die Bezeichnung der Beteiligten

9 Danach werden gemäß § 117 Abs. 2 Nr. 1 VwGO alle am Verfahren **Beteiligten,** ihre gesetzlichen Vertreter (insbesondere bei juristischen Personen) und die Prozessbevollmächtigten nach Namen, Beruf, Wohnort und ihrer Stellung im Verfahren aufgeführt. Die Bezeichnung hat so genau zu erfolgen, dass Zweifel an der Identität ausgeschlossen sind.[8] Im Allgemeinen ergibt sich in der Prüfungsaufgabe die Rubrifizierung aus der Niederschrift über die mündliche Verhandlung. Allerdings können bereits hier die ersten Klausurprobleme auftauchen, wenn z. B. die Angabe des Klägers in der Klageschrift ungenau ist oder der Beklagte als solcher nicht bezeichnet ist.[9] Ihre Aufgabe ist es, in solchen Fällen ein korrektes Rubrum zu fertigen und zu Beginn der Entscheidungsgründe entsprechende Ausführungen hierzu zu machen.

Obwohl § 117 Abs. 2 Nr. 1 VwGO u. a. bestimmt, dass die Berufsbezeichnungen anzugeben sind, wird dies in der Praxis regelmäßig nicht mehr vorgenommen, was unschädlich ist.[10] In der Klausur sollten Sie sich aber, sofern sich der Beruf des Klägers aus dem Aktenauszug ergibt, an die gesetzliche Vorgabe halten.

2. Die einzelnen Beteiligten

10 Der **Beteiligtenbegriff** ist in **§ 63 VwGO** erläutert. Danach sind Beteiligte am Verfahren der Kläger, der Beklagte, der Beigeladene nach § 65 VwGO sowie in bestimmten Bundesländern[11] der Vertreter des öffentlichen Interesses (§ 36 VwGO), der allerdings in einer Klausur kaum eine Rolle spielen dürfte. Er erscheint im Rubrum nur, wenn er sich am Verfahren beteiligt (§ 63 Nr. 4 VwGO). Im Gegensatz zum Zivilprozess gibt es keine Streitverkündung und keine Haupt- oder Nebeninterventi-

---

[2] Ergeht nur ein Vorbehalts- oder Teilurteil, so ist dies entsprechend zu kennzeichnen.
[3] Rheinland-Pfalz, OVG Münster, Saarland.
[4] Hamburg, Schleswig-Holstein, Niedersachsen, Bremen, Baden-Württemberg, Sachsen, Sachsen-Anhalt.
[5] Bundesverwaltungsgericht, Bayern, Mecklenburg-Vorpommern, Berlin.
[6] Hessen, OVG Weimar.
[7] So überwiegend die erstinstanzlichen Gerichte in Nordrhein-Westfalen, Brandenburg.
[8] Schoch/*Clausing,* § 117 Rn. 12.
[9] § 78 Abs. 1 Nr. 1 Halbsatz 2 VwGO verlangt lediglich die Angabe der Behörde.
[10] Sodan/Ziekow/*Kilian,* § 117 Rn. 64.
[11] Bayern, Nordrhein-Westfalen, Rheinland-Pfalz, Thüringen.

on. Mehrere Kläger oder Beklagte können am Verfahren beteiligt sein. Diese sind nacheinander aufzuführen und durchzunummerieren. Im Tatbestand und in den Entscheidungsgründen werden diese Beteiligten dann mit Klägerin zu 1) bzw. Beklagter zu 2) bezeichnet.

Sind Dritte am Verfahren beteiligt (Standardfall: Nachbarklage gegen eine dem Bauherrn erteilte Baugenehmigung), so müssen diese nach den Hauptbeteiligten als **Beigeladene** (s. § 65 VwGO) aufgeführt werden *(„beigeladen: Prof. Dr. Heinz Schmidt" oder „weiter beteiligt: Claudia Müller")*. Wichtig: Nicht im Rubrum erwähnt wird, ob es sich um eine einfache oder notwendige Beiladung handelt. Weil es in zahlreichen Klausuren immer wieder vorkommt, sei bereits hier darauf hingewiesen, dass weder im Tatbestand der Beiladungsbeschluss zu nennen noch in den Entscheidungsgründen darauf einzugehen ist, ob die Beiladung zu Recht erfolgt ist. Denn die Beiladung obliegt allein dem Gericht und erfolgt von Amts wegen oder auf Antrag eines Beteiligten durch Beschluss (§ 65 Abs. 4 VwGO); er bedarf keiner Begründung und ist unanfechtbar (§ 65 Abs. 4 Satz 3 VwGO).[12]

Beim **Wegfall der Beteiligungsfähigkeit** vor[13] oder während des Gerichtsverfahrens 11
gelten über § 173 Satz 1 VwGO die Vorschriften der ZPO über Unterbrechung und Aussetzung des Verfahrens (§§ 239, 246 ZPO) entsprechend. Danach wird im Falle der Beendigung der Beteiligungsfähigkeit durch Tod des Klägers oder Erlöschen der Rechtsfähigkeit des Anfechtungsgegners das Verfahren bis zur Aufnahme durch den Rechtsnachfolger unterbrochen (Parteiwechsel kraft Gesetzes). War allerdings der Beteiligte durch einen Prozessbevollmächtigten vertreten, findet die Unterbrechung nur auf Antrag des Rechtsnachfolgers statt (§ 173 Satz 1 VwGO, § 246 Abs. 1 Halbsatz 2 ZPO).[14] Fehlt es an diesem Antrag, wird das Verfahren mit Wirkung für und gegen die unbekannten Erben fortgeführt.

Das Rubrum sieht im Falle des **Todes des Klägers** wie folgt aus: *„Die Erben des verstorbenen Hans Schläfer,…"*. Die Erben müssen nicht mit Namen und Anschrift ins Rubrum aufgenommen werden, denn die Klärung der Frage, wer Erbe ist, ist nicht mehr Sache des Gerichts.[15]

Veräußert der Kläger während des Prozesses die streitbefangene Sache an den Rechts- 12
nachfolger, ändert sich an der Beteiligtenstellung grundsätzlich nichts. Denn über § 173 VwGO finden die §§ 265, 266 ZPO entsprechende Anwendung.[16]

Parteien kraft Amtes[17] (z. B. Insolvenzverwalter) sind im Rubrum wie folgt kennt- 13
lich zu machen:

> „In der Verwaltungsrechtssache
>
> des Rechtsanwalts Heinrich Siebenschläfer, Norderelbstraße 7, 20457 Hamburg, als Insolvenzverwalter in der Insolvenz über das Vermögen des Herbert Weinrich, Hafenstraße 6, 21079 Hamburg"

---

[12] Ausführungen dazu, ob eine durch das Gericht vorgenommene Beiladung zu Recht erfolgt ist, gehören – sofern es sich nicht um eine Selbstverständlichkeit handelt – nur ins Hilfsgutachten.

[13] S. dazu *BVerwG* NVwZ 2001, 319.

[14] *BVerwG* BeckRS 2011, 51867; bei höchstpersönlichen Rechten oder Pflichten (z. B. ein Zwangsgeld zu zahlen) hat der Wegfall des Berechtigten bzw. Verpflichteten allerdings die Erledigung der Hauptsache zur Folge, d. h. es ist gemäß § 161 Abs. 2 VwGO nur noch über die Kosten zu entscheiden (*Kopp/Schenke,* § 61 Rn. 16).

[15] *VGH Mannheim* NJW 1984, 195.

[16] *Kaiser/Köster/Seegmüller,* Rn. 37.

[17] Diese sind als gesetzliche Prozessstandschafter selbst Beteiligte.

14 **Gesetzliche Vertreter** sind gemäß § 117 Abs. 2 Nr. 1 VwGO ebenfalls mit deren vollem Namen im Rubrum aufzuführen. Ihre Angabe dient der Feststellung, wer für einen prozessual Handlungsunfähigen im Verfahren aufgetreten ist. Beachten Sie, dass der gesetzliche Vertreter nicht identisch ist mit dem Prozessbevollmächtigten nach § 67 VwGO. Werden die Beteiligten von einem Prozessbevollmächtigten vertreten, so wird dieser mit Namen und Anschrift aufgeführt. Bei einer großen Anwaltssozietät genügt die Kurzfassung „*Rechtsanwälte B und Partner*".[18]

Die Beteiligten sind danach zu benennen wie folgt:

„In der Verwaltungsrechtssache

der Vera Bode, Deichweg 3, 28717 Bremen, gesetzlich vertreten durch ihre Eltern, Horst und Erna Bode, ebenda

– Klägerin –

Prozessbevollmächtigte: Rechtsanwälte Eichin & Partner (...)"

Klausurrelevante Probleme, die Auswirkungen auf die Fassung des Rubrums haben, gibt es zahlreich. Sie tauchen z. B. bei der Frage auf, ob eine BGB-Gesellschaft, eine Wohnungseigentümergemeinschaft oder eine Bürgerinitiative beteiligungsfähig ist oder lediglich die dahinter stehenden Personen.[19] Ist eine BGB-Gesellschaft am Verfahren beteiligt, lautet das Rubrum:

„Bauherrengemeinschaft Völler GbR, vertreten durch den geschäftsführenden Gesellschafter (...)"

3. Rechtsträger- und Behördenprinzip

15 Eine **Behörde** kann nur dann als Verfahrensbeteiligte im Rubrum eines Urteils geführt werden, wenn sie aufgrund landesrechtlicher Bestimmungen für beteiligungsfähig erklärt worden ist **(§ 61 Nr. 3 VwGO).** Dies bedeutet eine Durchbrechung des der VwGO zugrunde liegenden **Rechtsträgerprinzip**s zugunsten des früheren norddeutschen **Behördenprinzips.**[20] Die Ermächtigung des § 61 Nr. 3 VwGO bezieht sich nur auf Landesbehörden, nicht auf Bundesbehörden.[21] Die betreffenden Landesbehörden machen im Prozess keine eigenen Rechte geltend, sondern werden nur in **Prozessstandschaft** für ihren Rechtsträger, die Körperschaft, tätig.[22] Ihre Prozesshandlungen wirken nur für und gegen den Rechtsträger; nur er wird als materiell Berechtigter und Verpflichteter durch die Entscheidung betroffen.[23] Von § 61 Nr. 3 VwGO haben Brandenburg (§ 8 BbgVwGG), Nordrhein-Westfalen (§ 110 NWJG), das Saarland (§ 19 SaarlAGVwGO) und Mecklenburg-Vorpommern (§ 14 Abs. 2 MVAGGerStrG) für Behörden allgemein, d. h. auch für kommunale Behörden sowie Niedersachsen (§ 79 Abs. 1 NdsJG), Sachsen-Anhalt (§ 8 SachsAnhAGVwGO) und Schleswig-Holstein (§ 6 SchlHAGVwGO) für landesunmittelbare Behörden Gebrauch gemacht. In Rheinland-Pfalz ist dies lediglich für den Fall der sog. Beanstandungs- oder Aufsichts-

---

[18] Schoch/*Clausing,* § 117 Rn. 12; handelt es sich um eine Anwalts-GmbH, so ist deren Geschäftsführer aufzuführen.

[19] S. hierzu Rn. 290.

[20] Sodan/Ziekow/*Cybulka,* § 61 Rn. 33.

[21] *BVerwG* NVwZ 1986, 555.

[22] Posser/Wolff/*Kintz,* § 61 Rn. 16.

[23] Schoch/*Bier,* § 61 Rn. 8.

klage geschehen. Nach § 17 Abs. 1 RhPfAGVwGO kann die Aufsichts- und Dienstleistungsdirektion oder eine andere obere Aufsichtsbehörde gegen stattgebende Widerspruchsbescheide der Rechtssausschüsse als Behörde Klage erheben.

Richtet sich eine Anfechtungs- oder Verpflichtungsklage einschließlich der Fortsetzungsfeststellungsklage in den o. g. Bundesländern gegen die öffentliche Hand, so ist in Konsequenz der Beteiligungsfähigkeit der Behörden die Behörde als solche gemäß **§ 78 Abs. 1 Nr. 2 VwGO** zu verklagen. In Brandenburg lautet das Rubrum z. B. so: 16

„Landrat des Landkreises Havelland, Untere Bauaufsichtsbehörde, Platz der Freiheit 1, 14712 Rathenow"

Zwei andere Beispiele aus dem Saarland und Sachsen-Anhalt:

„Bürgermeister der Stadt Ottweiler, Rathaus, 66564 Ottweiler"

„Landesverwaltungsamt Sachsen-Anhalt, vertreten durch den Präsidenten, Ernst-Kamieth-Str. 2, 06112 Halle (Saale)"

Aufpassen: 17

Bei Leistungs- oder Feststellungsklagen gilt das dargestellte Behördenprinzip nicht, d. h. der Rechtsträger der handelnden Behörde ist zu verklagen (Beispiel: *„Landkreis Havelland, vertreten durch den Landrat …"*).

In den Bundesländern, in denen eine entsprechende Regelung fehlt, ist die Klage gemäß **§ 78 Abs. 1 Nr. 1 VwGO** gegen den **Rechtsträger** der Behörde, die den VA erlassen hat, zu richten. Näheres hierzu s. Rn. 296 f.

Einige Beispiele:

„Stadt Wuppertal, vertreten durch den Oberbürgermeister, 42269 Wuppertal"

„Landkreis Leipzig vertreten durch den Landrat, Stauffenbergstraße 4, 04552 Borna"

„Freistaat Thüringen, vertreten durch den Landrat des Saale-Holzland-Kreises, Im Schloß, 07607 Eisenberg"

„Stadt Lorch, vertreten durch den Magistrat, Markt 5, 65391 Lorch"

„Freistaat Bayern, vertreten durch die Landesanwaltschaft Bayreuth, Friedrichstraße 16, 95444 Bayreuth"

„Land Baden-Württemberg, vertreten durch das Ministerium für Kultus, Jugend und Sport Baden-Württemberg, Königstraße 44, 70173 Stuttgart"

„Land Berlin, vertreten durch das Bezirksamt Tiergarten von Berlin – Rechtsamt – Mathilde-Jacob-Platz 1, 10551 Berlin"

„Freie Hansestadt Bremen – Stadtgemeinde – vertreten durch den Senator des Inneren, Contrescarpe, 28203 Bremen"

Die Vertreter der im Prozess für den Rechtsträger auftretenden Behörden (z. B. Landräte, Bürgermeister etc.) sind im Rubrum nicht mit ihrem Namen, sondern lediglich als Organ aufzuführen. Ferner werden die von einer Behörde in die mündliche Verhandlung entsandten Beamten oder Angestellten im Rubrum nicht genannt.[24] 18

[24] *Pietzner/Ronellenfitsch*, Rn. 857 Fn. 9; *Jansen/Wesseling*, JuS 2009, 32.

III. Die Bezeichnung des Streitgegenstandes

19 Im Anschluss an die Beteiligten folgt ein konkreter Betreff[25]. Die Formulierung soll kurz, aber dennoch möglichst präzise den Gegenstand des Verfahrens bezeichnen. Beispiele hierfür sind:

> „wegen Entziehung der Fahrerlaubnis", „wegen kommunalrechtlicher Beanstandung" oder „wegen Baurechts, hier: Abrissverfügung"

IV. Die Bezeichnung des Gerichts

20 Danach folgt die Bezeichnung des Gerichts (einschließlich der Kammer) und zwar die Namen der Mitglieder, die bei der Entscheidung mitgewirkt haben (§ 117 Abs. 2 Nr. 2 VwGO). Gemäß § 5 Abs. 3 VwGO ergehen Urteile unabhängig davon, ob über die Streitsache mündlich verhandelt worden ist oder die Beteiligten übereinstimmend auf Durchführung einer mündlichen Verhandlung verzichtet haben (§ 101 Abs. 2 VwGO), grundsätzlich in der Besetzung von drei Berufsrichtern und zwei ehrenamtlichen Richtern. Formulieren Sie z. B. so:

> „(...) hat die 2. Kammer des Verwaltungsgerichts Hamburg aufgrund der mündlichen Verhandlung vom 13. August 2015[26]
> an der teilgenommen haben:
> Vorsitzende Richterin am Verwaltungsgericht Regen,
> Richter am Verwaltungsgericht Sturm,
> Richterin Hagel
> sowie die ehrenamtlichen Richter Blitz und Donner
> für Recht erkannt:"

Nicht aufgeführt wird der eventuell bei der Verhandlung anwesende Urkundsbeamte der Geschäftsstelle.

Eine andere gängige Formulierung lautet:

> „hat die 1. Kammer des Verwaltungsgerichts Hannover auf die mündliche Verhandlung vom 13. August 2015 durch den Vorsitzenden Richter am Verwaltungsgericht Welke, den Richter am Verwaltungsgericht Hassknecht, die Richterin am Verwaltungsgericht Ehring sowie die ehrenamtlichen Richterinnen Hausten und Schneider für Recht erkannt."

In Bayern wird statt der Formel *„hat... für Recht erkannt"* (auch) die Formulierung *„hat... folgendes Urteil erlassen"* verwendet.[27]

21 Ergeht das Urteil nach § 101 Abs. 2 VwGO ohne mündliche Verhandlung, so heißt es im Rubrum *„im Wege schriftlicher Entscheidung am –"*, *„aufgrund der Beratung vom –"* oder *„ohne mündliche Verhandlung am –"*.

---

[25] *Kaiser/Köster/Seegmüller* Rn. 70 halten die Kurzangabe des Streitgegenstandes für entbehrlich, falls Sie den Tatbestand mit einem Einleitungssatz beginnen.

[26] Bei mehreren mündlichen Verhandlungen wird üblicherweise nur der letzte Verhandlungstermin angegeben.

[27] Vgl. *Kroiß/Neurauter*, Muster Nr. 55.

Wurde der Rechtsstreit gemäß § 6 VwGO dem **Einzelrichter** übertragen,[28] so ist dies im Rubrum wie folgt darzustellen: *„hat die 2. Kammer des Verwaltungsgerichts Hannover aufgrund der mündlichen Verhandlung vom 13. August 2015 durch Richter am Verwaltungsgericht Schnell als Einzelrichter für Recht erkannt"*. Hat das Gericht nach § 87 a Abs. 3 VwGO allein durch den Berichterstatter entschieden, so heißt es statt *„RVG Schnell als Einzelrichter"* *„RVG Schnell als Berichterstatter"*. 22

V. Muster eines Rubrums

VERWALTUNGSGERICHT GELSENKIRCHEN 23

4 K 1247/15

IM NAMEN DES VOLKES

URTEIL

In dem verwaltungsgerichtlichen Verfahren
des Malermeisters Thomas Weidenfeller, Ruhrallee 78, 44139 Dortmund

– Kläger –

Prozessbevollm.: Rechtsanwalt Roman Tuchel, Hardenbergstraße 105, 44329 Dortmund
gegen
die Stadt Dortmund, vertreten durch den Oberbürgermeister, Friedensplatz 1, 44135 Dortmund

– Beklagter –

beigeladen: Kevin Watzke, Goethestraße 80, 44147 Dortmund
Prozessbevollm.: Rechtsanwalt Hans-Joachim Großkreutz, Schalker Markt 15, 45881 Gelsenkirchen
Beteiligter: Der Vertreter des öffentlichen Interesses beim Verwaltungsgericht Gelsenkirchen
wegen Anfechtung einer Baugenehmigung
hat die 4. Kammer des Verwaltungsgerichts Gelsenkirchen
aufgrund der mündlichen Verhandlung vom 13. August 2015
durch
Vorsitzende Richterin am Verwaltungsgericht Eifrig,
Richter am Verwaltungsgericht Emsig,
Richterin Fleißig,
ehrenamtliche Richterin Interviewerin Willig
ehrenamtlicher Richter Metzgermeister Gnädig
für Recht erkannt:

[28] Zu Voraussetzungen und Verfahren *Bosch/Schmidt/Vondung*, Rn. 62 ff.

§ 3. Der Tenor

I. Allgemeines

24 Gemäß § 117 Abs. 2 Nr. 3 VwGO hat das Urteil die Urteilsformel, allgemein **Tenor** genannt, zu enthalten. Dieser muss knapp, eindeutig und vollständig abgefasst werden, da er Grundlage der Vollstreckung ist. Er muss den gesamten Streitgegenstand umfassen, darf aber nicht über die gestellten Anträge hinausgehen (§ 88 VwGO). Besteht ein Widerspruch zu den Entscheidungsgründen, geht der Tenor diesen grundsätzlich vor.[29]

Auf den Entwurf des Tenors sollten Sie **größte Sorgfalt** verwenden. Dieser wird, sofern Sie im Examen ein verwaltungsgerichtliches Urteil zu entwerfen haben, auch in denjenigen Bundesländern stets verlangt, die bestimmte Teile des Urteils erlassen. Seine korrekte Formulierung ist ein wesentliches Kriterium bei der Bewertung verwaltungsgerichtlicher Arbeiten. Die Prüfer erwarten von Ihnen, dass Sie in der Lage sind, den Tenor sachgerecht abzufassen. Dies allein wird daher die Benotung der Arbeit nicht entscheidend positiv beeinflussen. Ein falscher, unvollständiger, widersprüchlicher oder ungenau formulierter Tenor wird aber in der Regel zum Punktabzug führen.[30] Befassen Sie sich daher in der Vorbereitung auf das Assessorexamen mit den im Verwaltungsprozess vorkommenden Tenorierungen und orientieren Sie sich bei der Abfassung des Tenors stets an den **Gepflogenheiten „Ihres" Bundeslandes.**[31] Hierdurch lassen sich überflüssige Fehler vermeiden; auch verlieren Sie nicht unnötig Zeit für die Niederschrift des richtigen Tenors. Formulieren Sie den Tenor in der Klausur im Zweifel am Ende aus, um Abweichungen von Tatbestand und Entscheidungsgründen zu vermeiden.

25 Der Tenor eines verwaltungsgerichtlichen Urteils besteht aus der **Hauptentscheidung,** dem Ausspruch über die **Kosten** und die **vorläufige Vollstreckbarkeit.** Im Folgenden werden examensrelevante Tenorierungen anhand von Beispielen dargestellt und erläutert. Wie ausgeführt, können die Tenorierungen in den Bundesländern oder sogar von Gericht zu Gericht differieren.

II. Tenorierungsbeispiele

26 Alle Beispiele gehen – soweit nichts anderes bestimmt ist – von einem VA der kreisfreien Stadt S vom 3. Juni 2015 und einem Widerspruchsbescheid des Regierungspräsidiums R vom 10. September 2015 aus.

Beispiel 1. Die nach erfolglosem Vorverfahren erhobene Anfechtungsklage des anwaltlich vertretenen Klägers gegen einen Kostenbescheid in Höhe von 950,– € hat Erfolg.

1. *Der Bescheid der Beklagten vom 3. Juni 2015 – AZ:... – und der Widerspruchsbescheid des Regierungspräsidiums R vom 10. September 2015 werden aufgehoben.*
2. *Die Beklagte hat die Kosten des Verfahrens zu tragen.*

---

[29] *Jacob,* VBlBW 1995, 35.

[30] S. *Wahrendorf/Lemke,* JA 1998, 72; *Geiger,* JuS 1998, 343; *Wallisch/Spinner,* JuS 2006, 799.

[31] Vgl. *Jacob,* VBlBW 1995, 35 Fn. 7: „Viele Referendare übersehen, dass bereits die Verwendung einer ungebräuchlichen Formulierung stutzig macht; derartige Effekte sollte man vermeiden."

3. *Das Urteil ist wegen der Kosten vorläufig vollstreckbar. Der Beklagten wird nachgelassen, die Vollstreckung durch Sicherheitsleistung in Höhe der festzusetzenden Kosten abzuwenden, wenn nicht der Kläger vor der Vollstreckung Sicherheit in gleicher Höhe leistet.*
4. *Die Berufung wird zugelassen.*

Hat die Klage Erfolg, hängt die Tenorierung von der Klageart ab. Die Entscheidung muss in der Hauptsache dem Klageziel entsprechen, also einen eindeutigen Leistungsbefehl enthalten, ein konkretes Rechtsverhältnis feststellen oder gestalten. Der Tenor muss aus sich heraus ohne Bezugnahme verständlich und taugliche Grundlage für eine etwaige Zwangsvollstreckung sein. Falsch wäre daher die Tenorierung *„Der Klage wird stattgegeben"*, da daraus nicht zu ersehen ist, wie das Gericht entschieden hat oder was aufgrund des Urteils geschehen soll. 27

Bei einer erfolgreichen **Anfechtungsklage** sind – sofern wie im angegebenen Beispiel ein Vorverfahren durchgeführt worden ist – sowohl der belastende VA als auch der Widerspruchsbescheid aufzuheben (vgl. § 113 Abs. 1 Satz 1 VwGO). Zwar spricht § 79 Abs. 1 Nr. 1 VwGO davon, dass Gegenstand der Anfechtungsklage der VA in der Gestalt ist, die er durch den Widerspruchsbescheid gefunden hat, jedoch ist eine solche Tenorierung nur dann sinnvoll, wenn der ursprüngliche VA durch den Widerspruchsbescheid tatsächlich auch abgeändert worden ist.[32] Beschränkt sich der Widerspruchsbescheid dagegen nur auf die Zurückweisung des Widerspruchs aus den Gründen des angefochtenen Bescheids, so wird wie oben tenoriert.[33] 28

Die aufgehobenen Behördenentscheidungen sind exakt zu bezeichnen. Unverzichtbar ist die Benennung des Datums des Bescheids, wo bei es sich empfiehlt, den betreffenden Monat auszuschreiben, um Flüchtigkeitsfehlern vorzubeugen.[34] Ist im Klausurtext das behördliche Aktenzeichen angegeben, so sollten Sie dieses der Klarheit halber ebenfalls in den Tenor aufnehmen. Die VGe tenorieren häufig etwas ungenauer – z. B. Verzicht auf die Angabe des Aktenzeichens, des Beklagten oder des Gegenstands des Bescheids. Dies lässt sich im gerichtlichen Alltag damit rechtfertigen, dass sich aus der gesamten Entscheidung regelmäßig unzweifelhaft ermitteln lässt, welcher VA aufgehoben worden ist.[35]

Ist kein Widerspruchsbescheid ergangen (§ 68 Abs. 1 Satz 2 und § 75 Satz 1 1. Alt. VwGO), lautet der Tenor zu 1): *„Der Bescheid der Beklagten vom 3. Juni 2015 wird aufgehoben."* Ähnlich wird tenoriert, wenn die Anfechtungsklage sich gegen den Abhilfebescheid richtet (§ 79 Abs. 1 Nr. 2 VwGO): *„Der Abhilfebescheid der Beklagten vom 10. September 2015 wird aufgehoben."* 29

Richtet sich eine Anfechtungsklage nach § 79 Abs. 2 VwGO isoliert gegen den Widerspruchsbescheid, lautet der Tenor zu 1): *„Der Widerspruchsbescheid des Regierungspräsidiums R vom 10. September 2015 wird aufgehoben."*

Die von Amts wegen zu treffende **Kostenentscheidung** des Gerichts (§ 161 VwGO) richtet sich hier nach § 154 Abs. 1 VwGO. Sie betrifft nicht nur die Kosten des Verwaltungsrechtsstreits, sondern die Kosten des gesamten Verfahrens, also der Gerichtskosten, der notwendigen Auslagen des Kostengläubigers sowie der Kosten des Vorverfahrens (§ 162 Abs. 1 VwGO). Sprechen Sie daher im Tenor Ihrer Prüfungs- 30

---

[32] Vgl. *Bosch/Schmidt/Vondung,* Rn. 1205; *Bülter,* Rn. 90; *Kment,* JuS 2005, 420, 421.
[33] S. auch *Kaiser/Köster/Seegmüller,* Rn. 49.
[34] *Mann,* NWVBl. 1994, 74, 75.
[35] *Geiger,* JuS 1998, 343, 344.

arbeit nicht, wie Sie dies vom Zivilrecht her gewöhnt sind, von „*Kosten des Rechtsstreits*" sondern von „*Kosten des Verfahrens*". Eine Frage des Geschmacks dürfte es sein, ob Sie wie statt der hier verwendeten Formulierung die ebenso gebräuchliche Formel „*Die Beklagte trägt die Kosten des Verfahrens*" gebrauchen.[36] Da es sich lediglich um eine Kostengrundentscheidung handelt, kommt es nicht darauf an, ob tatsächlich Kosten angefallen sind. Sofern gemäß § 188 Satz 2 i. V. m. Satz 1 VwGO in den dort näher bezeichneten Sachgebieten keine Gerichtskosten erhoben werden, ist folgende Tenorierung möglich: „*Gerichtskosten werden nicht erhoben. Die außergerichtlichen Kosten des Verfahrens hat der Kläger zu tragen.*" Viele Gerichte bringen den Hinweis auf § 188 Satz 2 VwGO aber nicht im Tenor, sondern lediglich am Ende der Entscheidungsgründe.

31 In Ziffer 3) des Tenors wird von Amts wegen auch eine Entscheidung über die **vorläufige Vollstreckbarkeit** getroffen; ein Ermessen steht dem Gericht dabei nach *h. M.*[37] nicht zu. In den meisten Bundesländern wird im Assessorexamen ein Ausspruch über die vorläufige Vollstreckbarkeit des Urteils verlangt, ohne dass dies im Bearbeitervermerk ausdrücklich erwähnt wird.[38]

32 Nach § 167 Abs. 1 Satz 1 VwGO gilt für die Vollstreckung grundsätzlich das Achte Buch der ZPO entsprechend. Allerdings gibt es im Verwaltungsprozess einige Besonderheiten, auf die Sie achten müssen. Gemäß § 167 Abs. 2 VwGO wird das Urteil im Falle einer **Anfechtungsklage** – ebenso wie bei der **Verpflichtungsklage – nur hinsichtlich der Kosten für vorläufig vollstreckbar erklärt.** Dies folgt aus dem Wesen dieser Verfahrensarten und den hierzu bestehenden Möglichkeiten des vorläufigen Rechtsschutzes.

33 Für die Frage der **Sicherheitsleistung** sind hier die §§ 708 Nr. 11, 711 ZPO einschlägig. Die darin vorgesehene **Abwendungsbefugnis** wird vom Gericht ausgesprochen, wenn die Wertgrenze von 1.500,– € nicht überschritten wird. Es ist gängige Praxis zahlreicher VGe, die Abwendungsbefugnis gegen Sicherheitsleistung in Höhe der festzusetzenden Kosten einzuräumen, d. h. die Höhe der Sicherheitsleistung nicht zu beziffern.[39] Dies wird vor allem damit begründet, dass in der Regel nur wegen der Kosten vollstreckt werden kann und der beizutreibende Betrag vor der Vollstreckung ohnehin im Kostenfestsetzungsbeschluss (§ 164 VwGO), der den eigentlichen Vollstreckungstitel bildet, beziffert werden muss. Im Tenor wird daher im Fall einer Abwendungsbefugnis der Ausspruch „*in Höhe der festzusetzenden Kosten*" oder „*in Höhe des zu vollstreckenden/beizutreibenden Betrags*" verwendet.[40]

---

[36] Strenger *Fichte,* Rn. 228, der allein die Formulierung „hat… zu tragen" gelten lässt.

[37] BVerwGE 16, 254; *Kopp/Schenke,* § 167 Rn. 9 m. w. N. *Bülter,* Rn. 158 sieht es unter Bezugnahme auf die Formulierung „können" in § 167 Abs. 2 VwGO als vertretbar an, in der Klausurlösung bei Anfechtungs- und Verpflichtungsklagen generell auf einen Ausspruch zur vorläufigen Vollstreckbarkeit der Kostenentscheidung zu verzichten. Er verlangt dann aber am Ende der Klausur eine Begründung dafür, warum der Klausurbearbeiter in seinem Urteilsentwurf keine vorläufige Vollstreckbarkeit der Kostenentscheidung vorschlägt.

[38] In Sachsen und Bayern nur nach Bearbeitervermerk.

[39] S. Schoch/*Pietzner,* § 167 Rn. 144; *Pietzner/Ronellenfitsch,* Rn. 881; *Fichte,* Rn. 232; allerdings muss die genaue Höhe der Sicherheitsleistung bekannt sein, um entscheiden zu können, ob die Vollstreckung gemäß § 709 ZPO mit oder aufgrund des § 708 Nr. 11 ZPO ohne Sicherheitsleistung anzuordnen ist. Ein Berechnungsbeispiel hierzu finden Sie in Rn. 38.

[40] Ebenso gebräuchlich in der verwaltungsgerichtlichen Praxis ist die von *Kment,* JuS 2005, 420, 421 und *Jansen/Wesseling,* JuS 2009, 32, 33 vorgeschlagene Tenorierung: „*Der Beklagte darf die Vollstreckung durch Sicherheitsleistung in Höhe von 110 % des zu vollstreckenden Betrags abwenden, wenn nicht der Kläger vor der Vollstreckung Sicherheit in gleicher Höhe leistet.*"

Stellen Sie in dem Beispiel die Entscheidung über die vorläufige Vollstreckbarkeit in das Ermessen des Gerichts[41], so entfällt der Tenor zu 3. Begründen Sie Ihre Vorgehensweise am Ende der Entscheidungsgründe.[42]

Gemäß § 124 a Abs. 1 VwGO lässt das VG[43] in dem Urteil die Berufung mit bindender Wirkung für das OVG zu, wenn die Rechtssache grundsätzliche Bedeutung hat oder das VG von einer Entscheidung der in § 124 Abs. 2 Nr. 4 VwGO genannten Gerichte abweicht. Der Ausspruch über die **Zulassung der Berufung** ist dann in den Tenor (Ziffer 4) aufzunehmen.[44] Liegen die genannten Voraussetzungen nach Auffassung des VG dagegen nicht vor, darf kein Ausspruch dazu erfolgen; denn zu einer Nichtzulassung der Berufung ist das VG gemäß § 124 a Abs. 1 Satz 3 VwGO nicht befugt. Die nachfolgenden Beispiele gehen – da eine Berufungszulassung nur ausnahmsweise in Betracht kommen wird – vom Regelfall aus, wonach ein Tenor zu 4) entfällt. Schließlich kann das VG gemäß § 134 Abs. 1 Satz 1 VwGO in seinem Urteil auch die Sprungrevision an das BVerwG zulassen („*Die Sprungrevision wird zugelassen.*“). 34

Beispiel 2. Der Kläger erhebt Anfechtungsklage und stellt, da er die Klagefrist nicht eingehalten hat, einen Antrag auf Wiedereinsetzung in den vorigen Stand. Das VG hält den Wiedereinsetzungsantrag für begründet, die Anfechtungsklage indessen für unbegründet. 35

1. *Die Klage wird abgewiesen.*
2. *Der Kläger hat die Kosten des Verfahrens zu tragen.*
3. *Das Urteil ist wegen der Kosten vorläufig vollstreckbar.*

Bleibt der Kläger mit seiner Klage erfolglos, so wird – unabhängig von der Klageart – die Klage immer abgewiesen. Aus dem Tenor ist weder ersichtlich, ob die Klage unzulässig oder unbegründet ist noch ob der Kläger mehrere Klagebegehren verfolgt hat.

Weder die Gewährung noch die Ablehnung der **Wiedereinsetzung in den vorigen Stand** nach § 60 VwGO wird üblicherweise in den Tenor aufgenommen. Führt das VG allerdings eine Beweisaufnahme darüber durch, ob der Kläger die Klagefrist unverschuldet versäumt hat und gibt es der Klage anschließend statt, so lautet der Tenor zu 2) folgendermaßen: „*Die Beklagte hat die Kosten des Verfahrens zu tragen mit Ausnahme der Kosten, die durch die Wiedereinsetzung in den vorigen Stand entstanden sind. Diese hat der Kläger zu tragen*“. Bei der Kostenentscheidung ist hier die Sondervorschrift des **§ 155 Abs. 3 VwGO** zu beachten. Eines besonderen Ausspruchs über die Wiedereinsetzungskosten bedarf es jedoch nicht, wenn die Klage ohnehin in vollem Umfang abgewiesen wird, ebenso auch dann nicht, wenn die Gewissheit besteht, dass durch das Wiedereinsetzungsverfahren keine ausscheidbaren zusätzlichen Kosten entstanden sind.[45] 36

Fehlt dem Kostenschuldner ein **tatsächliches Sicherungsinteresse,** weil – wie hier – eine Körperschaft des öffentlichen Rechts sein Kostengläubiger ist und daher die Einbringlichkeit der Kostenforderungen in jedem Fall gesichert erscheint, „kann“ 37

[41] Vorherrschend in Baden-Württemberg.
[42] S. hierzu Rn. 389.
[43] “VG“ i. S. d. § 124 a Abs. 1 Satz 1 VwGO ist auch der nach § 6 Abs. 1 Satz 1 VwGO bestimmte Einzelrichter (*BVerwG* NVwZ 2005, 98).
[44] *Geis/Thirmeyer,* JuS 2013, 517.
[45] *Kopp/Schenke,* § 155 Rn. 14.

von der Einräumung der Abwendungsbefugnis abgesehen werden.[46] Sinn der Abwendungsbefugnis ist es, dem Unterlegenen, der vorläufig die Kosten des Gegners zu bezahlen hat, eine Sicherheit gegen dessen etwaigen Vermögensverfall zu geben, falls in der Rechtsmittelinstanz die Entscheidung der Vorinstanz aufgehoben wird und er einen Rückforderungsanspruch erwirbt. Da die öffentliche Hand nicht insolvenzfähig ist, kann die Abwendungsbefugnis unterbleiben. Diese Verfahrensweise wird von vielen VGen so praktiziert und kann daher durchaus auch in der Klausur so gehandhabt werden.[47] Folgen Sie dieser Lösung, so ist es empfehlenswert, in den Entscheidungsgründen eine kurze Begründung dafür zu geben, warum Sie von der Festsetzung der Abwendungsbefugnis absehen.[48]

38 **Beispiel 3.** Die Klägerin beantragt die Aufhebung eines Zwangsgeldbescheids in Höhe von 2.500,– € und begehrt die Rückzahlung des bereits gezahlten Betrags. Das VG hält den Bescheid in Höhe von 1.000,– € für rechtswidrig. –

1. *Der Bescheid der Beklagten vom 3. Juni 2015 und der Widerspruchsbescheid des Regierungspräsidiums R vom 10. September 2015 werden aufgehoben, soweit darin ein Zwangsgeld in Höhe von mehr als 1.500,– € festgesetzt worden ist.*[49]
2. *Die Beklagte wird verurteilt, die Vollziehung durch Rückzahlung des Zwangsgeldes in Höhe von 1.000,– € rückgängig zu machen. Im Übrigen wird die Klage abgewiesen.*
3. *Die Kosten des Verfahrens haben die Klägerin zu 3/5 und die Beklagte zu 2/5 zu tragen.*
4. *Das Urteil ist wegen der Kosten vorläufig vollstreckbar. Der Beklagten wird nachgelassen, die Vollstreckung durch Sicherheitsleistung in Höhe der festzusetzenden Kosten abzuwenden, wenn nicht die Klägerin vor der Vollstreckung Sicherheit in gleicher Höhe leistet.*

39 § 113 Abs. 1 Satz 1 VwGO („soweit") beschränkt die Aufhebung des angefochtenen VA auf das erforderliche Maß. Ist der VA teilbar,[50] kann der Kläger nur Aufhebung des ihn belastenden Teils verlangen. Passt er seinen Antrag nicht an und bleibt der Ausspruch des Urteils hinter seinem Begehren auf Aufhebung im Ganzen zurück, so darf im Tenor die Passage *„Im Übrigen wird die Klage abgewiesen"* nicht vergessen werden. Dies gilt ebenso für den Fall, dass die Klage aus Haupt- und Hilfsantrag besteht und lediglich dem Hilfsantrag stattgegeben wird.

40 Der Ausspruch darüber, inwieweit der VA aufgehoben wurde, wird durch Angabe eines bestimmten Betrags, durch Bezeichnung eines Zeitraums oder durch Feststellungen zu einzelnen Tatbestandsmerkmalen des streitbefangenen Rechtsverhältnisses präzisiert. § 113 Abs. 2 VwGO gibt dem Gericht darüber hinaus die Befugnis, bei VAen, die Geldleistungen betreffen, einen anderen Betrag festzusetzen.[51] Trotz der

[46] S. *VGH Kassel* NVwZ 1990, 272; *VG Ansbach* GewArch 1977, 306; *Geiger,* JuS 1998, 343, 348; a. A. *OVG Magdeburg* NVwZ-RR 2008, 366; Schoch/*Pietzner,* § 167 Rn. 143 unter Hinweis darauf, dass ansonsten eine empfindliche Störung der prozessualen Waffengleichheit gegeben wäre.

[47] S. auch *Mann,* NWVBl. 1994, 74, 75; ablehnend *Kment,* JuS 2005, 420, 421.

[48] Ebenso *Geiger,* JuS 1998, 343, 348.

[49] *Oder: „in Höhe von 1.000,– € aufgehoben" (vgl. Martens/Koch,* Rn. 214*).*

[50] Ein VA kann teilweise aufgehoben werden, wenn die rechtlich unbedenklichen Teile nicht in einem untrennbaren inneren Zusammenhang mit dem rechtswidrigen Teil stehen (*BVerwG* BeckRS 2006, 24176). Bei Unteilbarkeit muss der Kläger Gesamtaufhebung beantragen.

[51] Die Neufestsetzung darf wegen des Verbots der reformatio in peius selbstverständlich nicht höher ausfallen als im VA der Behörde, s. *Redeker/von Oertzen,* § 113 Rn. 33.

Formulierung „kann“ in der genannten Norm steht dem Gericht kein Ermessen zu, wenn die Sache spruchreif ist, d. h. das Gericht hat den Geldbetrag abzuändern.[52]

Mit der – auch teilweisen – Aufhebung des VA entsteht kraft materiellen Rechts ein Anspruch des Klägers gegen die Behörde auf Beseitigung der unmittelbaren, noch andauernden realen Folgen der Vollziehung des aufgehobenen VA. Dieser Anspruch entsteht allerdings erst nach Rechtskraft des insoweit stattgebenden Urteils. § 113 Abs. 1 Satz 2 VwGO ermöglicht es aus prozessökonomischen Gründen, über derartige Ansprüche bereits im Rahmen des Anfechtungsprozesses zu entscheiden,[53] sofern die Behörde hierzu in der Lage und die Sache spruchreif ist (§ 113 Abs. 1 Satz 3 VwGO). Der Ausspruch erfolgt im Tenor des Urteils und setzt einen Antrag des Klägers voraus.[54] 41

Bei teilweisem Obsiegen greift die Vorschrift des § 155 Abs. 1 Satz 1 VwGO ein, d. h. die Kosten sind gegeneinander aufzuheben oder verhältnismäßig zu teilen. Welche Kostenentscheidung das Gericht trifft, steht in seinem Ermessen. Aufhebung der Kosten gegeneinander bedeutet, dass jeder Beteiligte seine außergerichtlichen Kosten selbst trägt und die gerichtlichen Kosten geteilt werden. Da im Verwaltungsprozess in der Regel eine Körperschaft des öffentlichen Rechts beteiligt und diese meist nicht anwaltlich vertreten ist, empfiehlt sich eine Kostenaufhebung nicht, da dies weitgehend einer vollen Kostentragungspflicht des Bürgers gleichkäme. Die Kostenteilung ist daher der Regelfall. 42

Hat der Anfechtungskläger – wie im angegebenen Beispiel – den Aufhebungsantrag gemäß **§ 113 Abs. 1 Satz 2 VwGO** mit einem **Leistungsantrag** verbunden, um eine von der Aufhebung des VA abhängige Leistung sogleich mittitulieren zu lassen,[55] ist das Urteil gleichwohl nur hinsichtlich der Kosten für vorläufig vollstreckbar zu erklären. § 167 Abs. 2 VwGO ist über seinen Wortlaut hinaus auch in diesem Fall anzuwenden.[56] Denn die Vollstreckbarkeit des Leistungstenors ist abhängig von der des Aufhebungstenors. Die als zweite Stufe ausnahmsweise vor Rechtskraft der ersten Stufe zulässige Leistungsklage nach § 113 Abs. 1 Satz 2 VwGO baut prozessual und materiell-rechtlich auf der Kassationsentscheidung der ersten Stufe auf. Kann aus der ersten Stufe vorläufig bis zum Eintritt der Rechtskraft keine Folgerung gezogen werden, fehlt der Vollstreckbarkeitserklärung der zweiten Stufe die Grundlage. 43

In Konsequenz des im Beispiel 2 Gesagten wurde von einer Abwendungsbefugnis in Bezug auf die Klägerin abgesehen. Folgen Sie der Gegenmeinung, so kann der Tenor zu 3) etwa wie folgt gefasst werden: 44

„Das Urteil ist wegen der Kosten vorläufig vollstreckbar. Dem jeweiligen Vollstreckungsschuldner wird nachgelassen, die Vollstreckung durch Sicherheitsleistung in Höhe der festzusetzenden Kosten abzuwenden, wenn nicht der jeweilige Kostengläubiger vor der Vollstreckung Sicherheit in jeweils gleicher Höhe leistet.“

---

[52] So Schoch/*Gerhardt,* § 113 Rn. 39; nach der Gegenmeinung (s. z. B. *Kopp/Schenke,* § 113 Rn. 154; BVerwGE 69, 92) liegt es im Ermessen des Gerichts, ob es von der Möglichkeit des § 113 Abs. 2 Satz 1 VwGO Gebrauch macht.

[53] Ausführlich hierzu Schoch/*Gerhardt,* § 113 Rn. 57 ff.

[54] *Kopp/Schenke,* § 113 Rn. 93.

[55] Die Bedeutung des § 113 Abs. 1 Satz 2 VwGO liegt darin, dass ein etwaiger Folgenbeseitigungsanspruch oder öffentlich-rechtlicher Erstattungsanspruch im Interesse der Prozessökonomie schon vor Rechtskraft des Urteils über die Anfechtungsklage prozessual geltend gemacht werden kann (*Bülter,* Rn. 95); s. auch *Brosius-Gersdorf,* JA 2010, 41.

[56] *Kment,* JuS 2005, 420, 424; Schoch/*Pietzner,* § 167 Rn. 134.

45 **Beispiel 4.** Nach erfolglosem Widerspruchsverfahren wendet sich der Kläger ausschließlich gegen die in Ziffer 5 der Baugenehmigung aufgeführte Auflage, auf seinem Grundstück drei Stellplätze herzustellen. Er begehrt außerdem, dass die Hinzuziehung eines von ihm zu Rate gezogenen Bevollmächtigten für das Vorverfahren für notwendig erklärt wird. Das VG gibt der Klage statt.

1. *Die in der Baugenehmigung der Beklagten vom 3. Juni 2015 – Az.: (...) – in Ziffer 5 aufgeführte Auflage, auf dem Grundstück FlurNr. 357/6 in S drei Stellplätze herzustellen, und der dazu ergangene Widerspruchsbescheid des Regierungspräsidiums R vom 10. September 2015 werden aufgehoben.*
2. *Die Beklagte hat die Kosten des Verfahrens zu tragen; die Hinzuziehung eines Bevollmächtigten für das Vorverfahren wird für notwendig erklärt.*
3. *Das Urteil ist wegen der Kosten vorläufig vollstreckbar. Der Beklagten wird nachgelassen, die Vollstreckung durch Sicherheitsleistung in Höhe der festzusetzenden Kosten abzuwenden, wenn nicht die Klägerin vor der Vollstreckung Sicherheit in gleicher Höhe leistet.*

46 Hier geht es um die Problematik der **isolierten Anfechtbarkeit von Nebenbestimmungen eines VA.** Die selbstständige Anfechtbarkeit von Auflagen im Sinne des § 36 Abs. 2 Nr. 5 VwVfG wird von der Rechtsprechung bejaht. Die Auflage ist von der sog. modifizierenden Auflage zu unterscheiden, was im Einzelfall zu erheblichen Schwierigkeiten führen kann.[57] Im vorliegenden Beispiel ist von einer Teilbarkeit der Baugenehmigung auszugehen. Der Tenor muss deutlich den Umfang der Aufhebung anzeigen. Dies erfolgt durch die Angabe der entsprechenden Ziffer in der Baugenehmigung, in der die streitgegenständliche Auflage enthalten ist.

47 Die in Ziffer 2) der Urteilsformel getroffene Entscheidung[58] über die Notwendigkeit der **Zuziehung eines Bevollmächtigten für das Vorverfahren** beruht auf § 162 Abs. 2 Satz 2 VwGO.[59] Die positive Entscheidung hierüber erfolgt im Tenor des Urteils[60] bzw. in einem gesonderten Beschluss.[61] Dagegen ergeht die Ablehnung der Erstattungsfähigkeit der Anwaltskosten in den Entscheidungsgründen.[62] Bleibt die Klage erfolglos, scheidet die Anwendbarkeit des § 162 Abs. 2 Satz 2 VwGO wegen der Kostentragungspflicht des Klägers von vornherein aus.

Unterschiedlich beurteilt wird die Frage, ob bei einem Klageerfolg für den Ausspruch nach § 162 Abs. 2 Satz 2 VwGO ein Antrag erforderlich ist oder nicht. *Mann*[63] verlangt unter Hinweis auf die obergerichtliche Rechtsprechung einen entsprechenden Antrag, da die Entscheidung nach § 162 Abs. 2 Satz 2 VwGO nicht Bestandteil der vom Gericht von Amts wegen zu treffenden Kostengrundentscheidung sei, sondern ein das Kostenfestsetzungsverfahren betreffender Ausspruch des Gerichts, für den ein Antrag erforderlich sei. Demgegenüber vertritt *Jacob*[64] die Auffassung, bei

---

[57] Näher dazu s. Rn. 203.
[58] Vorverfahren im Sinne des § 162 Abs. 2 Satz 2 VwGO ist ausschließlich das Widerspruchsverfahren nach §§ 68ff. VwGO, so dass Anwaltskosten aus einem vorangegangenen oder isolierten Verwaltungsverfahren nach § 9 VwVfG nicht für erstattungsfähig erklärt werden können (*OVG Münster* NVwZ-RR 2002, 317).
[59] Zu den Voraussetzungen der Hinzuziehungserklärung s. Rn. 386.
[60] So z.B. *VGH Mannheim* BeckRS 2014, 49014; *OVG Münster* BeckRS 2013, 56795.
[61] Vgl. BVerwGE 27, 39.
[62] *Geiger*, JuS 1998, 343, 347.
[63] NWVBl. 1994, 115, 117.
[64] VBlBW 1995, 72, 73.

einem Klageerfolg ergehe die Entscheidung über § 162 Abs. 2 Satz 2 VwGO auch ohne Antrag, da das Gesetz ein Antragserfordernis nicht vorsehe.

Beispiel 5. Nachbar N erhebt nach erfolglosem Vorverfahren Anfechtungsklage gegen die E erteilte Baugenehmigung. Das VG lädt den Bauherrn E bei, der bereits im Vorverfahren beteiligt war und durch einen Rechtsanwalt vertreten wurde. E beantragt Klageabweisung und begehrt ferner, dass die Hinzuziehung seines Bevollmächtigten im Vorverfahren für notwendig erklärt wird. Das VG hält die Klage für unbegründet. 48

1. *Die Klage wird abgewiesen.*
2. *Der Kläger hat die Kosten des Verfahrens zu tragen einschließlich der außergerichtlichen Kosten des Beigeladenen; die Hinzuziehung eines Bevollmächtigten für das Vorverfahren durch den Beigeladenen wird für notwendig erklärt.*[65]
3. *Das Urteil ist wegen der Kosten vorläufig vollstreckbar. Dem Kläger wird nachgelassen, die Vollstreckung durch Sicherheitsleistung in Höhe der festzusetzenden Kosten abzuwenden, wenn nicht der jeweilige Kostengläubiger vor der Vollstreckung Sicherheit in gleicher Höhe leistet.*

Diese prozessuale Konstellation ist von erheblicher examensrelevanter Bedeutung. Am Verfahren ist ein **Beigeladener** und zwar der Bauherr des von dem Kläger angefochtenen Bauvorhabens beteiligt. Gemäß **§ 162 Abs. 3 VwGO** sind die außergerichtlichen Kosten eines Beigeladenen nur erstattungsfähig, wenn sie das Gericht aus Billigkeit der unterliegenden Partei oder der Staatskasse auferlegt. In der Rechtsprechung hat sich dabei folgender Grundsatz herausgebildet: Dem Beigeladenen werden regelmäßig seine außergerichtlichen Kosten erstattet, wenn er erfolgreich einen Sachantrag gestellt hat und damit ein **Kostenrisiko nach § 154 Abs. 3 VwGO** eingegangen ist.[66] Hat der Beigeladene keinen Sachantrag gestellt, lautet der Tenor zu 2) im vorliegenden Beispiel dagegen: „*Der Kläger hat die Kosten des Verfahrens zu tragen mit Ausnahme der außergerichtlichen Kosten des Beigeladenen*“ oder anders formuliert „*Der Kläger hat die Kosten des Verfahrens zu tragen. Die außergerichtlichen Kosten des Beigeladenen sind nicht erstattungsfähig.*[67]“ 49

Hat der Beigeladene – wie im Beispielsfall – einen zusätzlichen Antrag nach § 162 Abs. 2 Satz 2 VwGO gestellt, so kann er nach *überwiegender Auffassung*[68] die ihm im Vorverfahren entstandenen Kosten erstattet verlangen. Dies folgt aus dem Wortlaut des § 162 Abs. 1 VwGO, der von Aufwendungen der „Beteiligten“ und nicht etwa der Parteien spricht.[69] 50

---

[65] *Oder „Aufwendungen“.*

[66] S. die Rechtsprechungsnachweise bei *Kopp/Schenke,* § 162 Rn. 23; ein Anspruch auf Kostenerstattung kann für den Beigeladenen aber trotz Antragstellung zu verneinen sein, wenn er das Verfahren nicht wesentlich gefördert hat (vgl. *BVerwG* NVwZ-RR 2001, 276; *VerfG Brandenburg* NVwZ-RR 2003, 602). Umgekehrt kommt eine Kostenerstattung für den Beigeladenen auch dann in Betracht, wenn er zwar keinen Sachantrag gestellt hat, er im Rahmen seiner Möglichkeiten aber das Verfahren gefördert hat (*Pioch,* JuS 2015, 226, 229).

[67] *Vgl. Bülter, Rn. 139.*

[68] *Pioch,* JuS 2015, 226, 229; *Kopp/Schenke,* § 162 Rn. 23; Schoch/*Olbertz,* § 162 Rn. 88; nach a. A. (*VGH München* NVwZ-RR 2003, 904) ist § 162 Abs. 2 Satz 2 VwGO hier nicht anwendbar. Vielmehr müsse über den Antrag des Beigeladenen, die Zuziehung eines Bevollmächtigten im Vorverfahren für notwendig zu erklären, die Widerspruchsbehörde nach § 80 Abs. 2 VwVfG bzw. der entsprechenden landesrechtlichen Regelung entscheiden.

[69] Anders ist die Rechtslage, wenn es um die Auslagen eines Drittbeteiligten in einem isolierten Vorverfahren geht, dem sich kein gerichtliches Verfahren angeschlossen hat. Für dieses

51 **Beispiel 6.** Im Beispiel 5 stellt E, der im Vorverfahren nicht beteiligt war, einen Klageabweisungsantrag. Die Klage des N hat Erfolg.

1. *Der Bescheid der Beklagten vom 3. Juni 2015 und der Widerspruchsbescheid des Regierungspräsidiums R vom 10. September 2015 werden aufgehoben.*
2. *Die Beklagte und der Beigeladene haben die Gerichtskosten sowie die außergerichtlichen Kosten des Klägers je zur Hälfte zu tragen. Die Kosten des Vorverfahrens trägt die Beklagte. Im Übrigen trägt jeder Beteiligte seine außergerichtlichen Kosten selbst.*
3. *Das Urteil ist wegen der Kosten vorläufig vollstreckbar. Dem Beklagten und dem Beigeladenen wird nachgelassen, die Vollstreckung durch Sicherheitsleistung in Höhe der festzusetzenden Kosten abzuwenden, wenn nicht der Kläger vor der Vollstreckung Sicherheit in gleicher Höhe leistet.*

52 Hier greift die Vorschrift des § 154 Abs. 3 VwGO ein, d. h. der Beigeladene ist an den Kosten des Verfahrens zu beteiligen, sofern er einen Klageabweisungsantrag gestellt hat. Er hat daher die Hälfte der Gerichtskosten sowie die Hälfte der außergerichtlichen Kosten des Klägers zu tragen.[70] Die gesamtschuldnerische Kostenhaftung nach § 159 Satz 2 VwGO ist auf den notwendig Beigeladenen im Verhältnis zum Hauptbeteiligten nicht anzuwenden; es verbleibt bei der Haftung nach Bruchteilen.[71] Entgegen dem Wortlaut des § 154 Abs. 3 VwGO steht es nicht im Ermessen des Gerichts, ob und in welcher Höhe es den Beigeladenen mit Kosten belasten will.[72] Kosten des Vorverfahrens können dem Beigeladenen nur auferlegt werden, sofern er daran beteiligt war.[73] War dies nicht der Fall, so muss über die Kosten des Vorverfahrens gesondert entschieden werden.[74] Hat E keinen Klageabweisungsantrag gestellt, so tenorieren Sie wie folgt: „*Der Beklagte hat die Kosten des Verfahrens zu tragen. Der Beigeladene trägt seine außergerichtlichen Kosten selbst.*"

53 **Beispiel 7.** A und B, die Miteigentümer eines Grundstücks sind, wenden sich nach erfolglosem Vorverfahren gegen eine abfallrechtliche Beseitigungsverfügung. Die Anfechtungsklage bleibt erfolglos.

Gemäß § 1011 BGB ist jeder einzelne Miteigentümer zur Abwehr von Grundstücksbeeinträchtigungen in Ansehung des gesamten Grundstücks berechtigt. Wird die Klage im selben Verfahren von mehreren Miteigentümern erhoben und liegen bei ihnen, wie dies regelmäßig der Fall ist, keine rechtlich relevanten Unterschiede vor, so kann die Entscheidung in diesem Verfahren ihnen gegenüber nur einheitlich sein.[75] Der Tenor zu 2) lautet daher: „*Die Kläger haben die Kosten des Verfahrens als Gesamtschuldner zu tragen.*" Die Kostenentscheidung beruht auf den §§ 154 Abs. 1, 159 Satz 2 VwGO. Das Gericht hat diese Haftung nach **§ 159 Satz 2 VwGO** ausdrücklich in der Kostenentscheidung anzuordnen.

---

isolierte Vorverfahren richtet sich die Kostenentscheidung allein nach § 80 VwVfG; eine analoge Anwendung der §§ 154 ff. VwGO auf das Vorverfahren kommt nicht in Betracht (*BVerwG* NVwZ 1985, 335).

[70] Die von *Jacob*, VBlBW 1995, 72, 74 (Fall 15) vorgeschlagene Kostenverteilung – die Behörde trägt die gesamten Kosten des Verfahrens mit Ausnahme der außergerichtlichen Kosten des Beigeladenen – erscheint nicht sachgerecht.

[71] *Kopp/Schenke*, § 159 Rn. 5; *Redeker/von Oertzen*, § 159 Rn. 6.

[72] Vgl. Eyermann/*Rennert*, § 154 Rn. 8.

[73] *BVerwG* NVwZ 1988, 53; *Pioch*, JuS 2015, 226, 228.

[74] *Kment*, JuS 2005, 420, 423; *Wahrendorf/Lemke*, JA 1998, 72, 74.

[75] Vgl. *BVerwG* NVwZ-RR 2001, 143; zur Streitgenossenschaft im Verwaltungsprozess s. ausführlich *Deckenbrock/Dötsch*, JA 2003, 882.

Beispiel 8. Die beiden Nachbarn C (Kläger zu 1) und D (Kläger zu 2) wenden sich nach erfolglosem Vorverfahren gegen eine dem H erteilte Gaststättenerlaubnis. Nur die Klage des C hat Erfolg. Der beigeladene H stellt keinen Sachantrag. 54

1. *Auf die Klage des Klägers zu 1) werden der Bescheid der Beklagten vom 3. Juni 2015 und der hierzu ergangene Widerspruchsbescheid des Regierungspräsidiums R vom 10. September 2015 aufgehoben. Im Übrigen wird die Klage des Klägers zu 2) abgewiesen.*
2. *Die Gerichtskosten haben die Beklagte und der Kläger zu 2) jeweils zur Hälfte zu tragen. Die Beklagte trägt die außergerichtlichen Kosten des Klägers zu 1). Der Kläger zu 2) hat die Hälfte der außergerichtlichen Kosten der Beklagten zu tragen. Im Übrigen trägt jeder Beteiligte seine außergerichtlichen Kosten selbst.*
3. *Das Urteil ist wegen der Kosten vorläufig vollstreckbar. Der Beklagten wird nachgelassen, die Vollstreckung durch Sicherheitsleistung in Höhe der festzusetzenden Kosten abzuwenden, wenn nicht der Kläger zu 1) vor der Vollstreckung Sicherheit in gleicher Höhe leistet.*

Es handelt sich hier um eine **subjektive Klagehäufung** nach § 64 VwGO, also um mehrere Klagen, die gemeinsam in einem Verfahren erhoben wurden. Dies muss in der Tenorierung zum Ausdruck kommen. 55

Stellt der Beigeladene einen Sachantrag, so lautet der Tenor zu 2) wie folgt:

„Von den Gerichtskosten haben der Kläger zu 2) die Hälfte sowie der Beklagte und der Beigeladene jeweils 1/4 zu tragen. Die außergerichtlichen Kosten des Klägers zu 1) tragen der Beklagte und der Beigeladene jeweils zur Hälfte. Die außergerichtlichen Kosten des Beklagten und des Beigeladenen hat der Kläger zu 2) zur Hälfte zu tragen. Im Übrigen trägt jeder Beteiligte seine außergerichtlichen Kosten selbst."

Beispiel 9. Der Kläger, der einen Ersatzvornahmekostenbescheid in Höhe von 2.500,– € angefochten hat, rechnet vor dem VG hilfsweise mit einer Schadensersatzforderung wegen Amtspflichtverletzung in Höhe von 1.000,– € auf. Das VG kommt zu dem Ergebnis, der Bescheid sei rechtmäßig. 56

1. *Die Klage wird abgewiesen, soweit der Kläger durch den angefochtenen Bescheid der Beklagten vom 3. Juni 2015 in Höhe von 1.500,– € in Anspruch genommen worden ist. Wegen des weitergehenden Anspruchs in Höhe von 1.000,– € wird die Klage abgewiesen unter Vorbehalt der Entscheidung über die von dem Kläger erklärte Aufrechnung.*
2. *Der Kläger trägt die Kosten des Verfahrens.*
3. *Das Urteil ist wegen der Kosten vorläufig vollstreckbar.*

Hier geht es um das prozessuale Problem der **Aufrechnung mit einer rechtswegfremden Forderung** und zwar einem Schadensersatzanspruch wegen Amtspflichtverletzung (Art. 34 Satz 3 GG i. V. m. § 839 BGB).[76] Wegen § 17 Abs. 2 Satz 2 GVG ist das VG grundsätzlich[77] nicht befugt, über die zur Aufrechnung gestellte Forde- 57

[76] Näher dazu Rn. 173.

[77] Anders ist die Situation nur dann, wenn die Forderung rechtskräftig oder bestandskräftig festgestellt oder unbestritten ist; s. *BVerwG* NJW 1993, 2255.

rung mitzuentscheiden. Es kann daher ein **Vorbehaltsurteil** nach § 173 VwGO i. V. m. § 302 Abs. 1 ZPO erlassen.[78] Der Vorbehalt wird ausdrücklich in die Urteilsformel aufgenommen. Da im Beispiel die Aufrechnung nicht die gesamte Klageforderung erfasst, ergeht in Höhe des die Aufrechnung übersteigenden Betrags zugleich ein Teilurteil (§ 110 VwGO).

Trotz des Vorbehalts unterliegt der Kläger derzeit voll. Die vorläufige Vollstreckbarkeit des Urteils erfolgt nach den allgemeinen Regeln.

58 **Beispiel 10.** Eine von G am 5. Mai 2015 beantragte Baugenehmigung zur Errichtung eines Wohnhauses auf dem Grundstück Fl. Nr. 715/5 in S wird abgelehnt; der Widerspruch bleibt erfolglos. Die dagegen gerichtete Verpflichtungsklage hat Erfolg.

1. *Unter Aufhebung des Bescheids der Beklagten vom 3. Juni 2015 und des Widerspruchsbescheids des Regierungspräsidiums R vom 10. September 2015 wird die Beklagte verpflichtet, die am 5. Mai 2015 beantragte Baugenehmigung zur Errichtung eines Wohnhauses auf dem Grundstück Fl. Nr. 715/5 in S zu erteilen.*
2. *Die Beklagte hat die Kosten des Verfahrens zu tragen.*
3. *Das Urteil ist wegen der Kosten vorläufig vollstreckbar. Der Beklagten wird nachgelassen, die Vollstreckung durch Sicherheitsleistung in Höhe der festzusetzenden Kosten abzuwenden, wenn nicht der Kläger vor der Vollstreckung Sicherheit in gleicher Höhe leistet.*

59 Die Verpflichtungsklage ist auf den Erlass eines begünstigenden VA gerichtet (§ 42 Abs. 1 2. Alt. VwGO). Den Regelfall stellt dabei die sog. **„Versagungsgegenklage"** dar. Ist der von der Behörde erlassene ablehnende VA nach Auffassung des VG rechtswidrig, spricht es gemäß § 113 Abs. 5 Satz 1 VwGO die Verpflichtung der Verwaltungsbehörde aus, die beantragte Amtshandlung vorzunehmen, sofern **Spruchreife**[79] gegeben ist. Die Verpflichtung muss eindeutig formuliert sein; es muss sich – gegebenenfalls unter Zuhilfenahme der Entscheidungsgründe – ergeben, was die Behörde zu tun hat. Zwar schreibt § 113 Abs. 5 Satz 1 VwGO die Aufhebung der zuvor ergangenen Behördenentscheidungen nicht ausdrücklich vor, jedoch ist es im Interesse der Rechtsklarheit zweckmäßig und in der Praxis auch üblich, dies bei einer erfolgreichen Verpflichtungsklage neben der Verpflichtung der Behörde zum Erlass des begehrten VA deklaratorisch auszusprechen.[80] Ist ein Widerspruchsbescheid nicht ergangen, wird lediglich der Ausgangsbescheid aufgehoben.

60 Verwenden Sie stets die an § 113 Abs. 5 Satz 1 VwGO anknüpfende Wortwahl *„verpflichtet"* und nicht die bei der Leistungsklage gewählte Formulierung *„verurteilt"*.[81] Bleibt eine Verpflichtungsklage erfolglos, so bestehen keine Besonderheiten gegenüber der Abweisung einer Anfechtungsklage.

---

[78] *BVerwG* NJW 1987, 2530 und NJW 1999, 160; auf das Vorbehaltsurteil folgt ein Schlussurteil. Stellt sich die Aufrechnung mit der Forderung aus § 839 BGB später als begründet heraus, lautet der Tenor zu 1) des Schlussurteils: *„Das Vorbehaltsurteil vom ... wird aufgehoben. Der Bescheid der Stadt S vom 3. Juni 2015 und der Widerspruchsbescheid des Regierungspräsidiums R vom 10. September 2015 werden hinsichtlich des darin enthaltenen Zahlungsgebots aufgehoben, soweit ein Betrag von mehr als 1.500,– € gefordert wird."* (vgl. *BVerwG* NVwZ 1984, 168). Bleibt das zivilrechtliche Verfahren erfolglos, wird im Schlussurteil wie folgt tenoriert: *„Das Vorbehaltsurteil wird für vorbehaltlos erklärt."*

[79] Näher dazu s. Rn. 369.

[80] *Kopp/Schenke,* § 113 Rn. 179; *Martens/Koch,* Rn. 244.

[81] Ebenso *Mann,* NWVBl. 1994, 74, 116 und *Schmidt,* JA 2002, 804, 806 sprechen dagegen auch bei der Verpflichtungsklage im Tenor von der *„Verurteilung"*.

Beispiel 11. Die Stadt S lehnt die von F geforderte Verkehrsbeschränkung vor ihrem Anwesen ab. Der eingelegte Widerspruch bleibt erfolglos. F erhebt Verpflichtungsklage auf verkehrsrechtliches Einschreiten. Das VG kommt zu dem Ergebnis, die Ablehnung sei zwar wegen Ermessensfehlers rechtswidrig, ein Anspruch auf verkehrsrechtliches Einschreiten bestehe aber nicht. 61

1. *Unter Aufhebung des Bescheids der Beklagten vom 3. Juni 2015 und des Widerspruchsbescheids des Regierungspräsidiums R vom 10. September 2015 wird die Beklagte verpflichtet, den Antrag der Klägerin unter Beachtung der Rechtsauffassung des Gerichts neu zu bescheiden. Im Übrigen wird die Klage abgewiesen.*
2. *Die Beklagte hat 2/3 und die Klägerin 1/3 der Kosten des Verfahrens zu tragen.*
3. *Das Urteil ist wegen der Kosten vorläufig vollstreckbar. Der Beklagten wird nachgelassen, die Vollstreckung durch Sicherheitsleistung in Höhe der festzusetzenden Kosten abzuwenden, wenn nicht die Klägerin vor der Vollstreckung Sicherheit in gleicher Höhe leistet.*

Steht – wie hier im Falle des § 45 Abs. 1 Satz 2 Nr. 3 StVO – der Erlass des beantragten VA im Ermessen der Behörde und liegt keine Ermessensreduktion auf Null vor, ergeht ein **Bescheidungsurteil,** durch das der Beklagte zur Neubescheidung verpflichtet wird (vgl. § 113 Abs. 5 Satz 2 VwGO).[82] Ein ausdrücklicher Ausspruch hierzu erfolgt im Tenor. Hatte der Kläger einen uneingeschränkten Verpflichtungsantrag gestellt, so ist die Klage im Übrigen abzuweisen.[83] Dies bedeutet, dass die Kosten des Verfahrens entsprechend nach § 155 Abs. 1 Satz 1 VwGO geteilt werden.[84] In Betracht kommt je nach Fall auch eine Kostenentscheidung nach § 155 Abs. 1 Satz 3 VwGO, d. h. die Kosten können ganz dem Beklagten auferlegt werden, wenn der Kläger nur zu einem geringen Teil unterlegen ist. 62

Beispiel 12. Die anwaltlich vertretene Klägerin erhebt gegen die Gemeinde G am 26. März 2015 Leistungsklage auf Zahlung von 4.500,– € zuzüglich Prozesszinsen. Die Klage hat Erfolg. 63

1. *Die Beklagte wird verurteilt, an die Klägerin 4.500,– € nebst Zinsen in Höhe von 5 Prozentpunkten über dem Basiszinssatz seit dem 26. März 2015 zu zahlen.*
2. *Die Beklagte hat die Kosten des Verfahrens zu tragen.*
3. *Das Urteil ist gegen Sicherheitsleistung in Höhe von 120 % des jeweils vollstreckbaren Betrages vorläufig vollstreckbar.*

Wie oben angesprochen, wird zur Abgrenzung von der Verpflichtungsklage hier die Formulierung „*verurteilt*" verwendet. Betrifft die **Leistungsklage** die Zahlung einer fälligen Geldschuld, so hat der Kläger ab dem **Zeitpunkt der Rechtshängigkeit** in entsprechender Anwendung von §§ 291, 288 Abs. 1 Satz 2, 247 BGB **Anspruch auf Prozesszinsen.**[85] Dies muss auch im Tenor zum Ausdruck kommen. Verwenden Sie 64

---

[82] Das Bescheidungsurteil ist keine gesonderte Entscheidungsform, sondern nur eine abgeschwächte Form der Verpflichtungsklage (*BVerwG* NVwZ 1996, 66).

[83] BVerwGE 26, 143; Sodan/Ziekow/*Wolff*, § 113 Rn. 451.

[84] *Schrader*, JuS 2005, 37, 38 empfiehlt eine Quote zwischen 1/4 und 1/2 für das Teilunterliegen.

[85] Z. B. *BVerwG* NVwZ 2001, 1057; *VGH Mannheim* NJW 2003, 1066, 1068.

in der Urteilsformel nicht die – zu unbestimmte – Formulierung *„seit Rechtshängigkeit"*, sondern benennen Sie das konkrete Datum, an dem die Streitsache bei Gericht eingegangen ist. Der Klägerin steht der Zinsanspruch im Beispielsfall daher ab dem 26. März 2015 zu.[86] Nach Ansicht des *BVerwG*[87] kann die Klägerin gegen den Beklagten in entsprechender Anwendung des § 187 Abs. 1 BGB Prozesszinsen dagegen erst von dem auf den Eingang der Klage folgenden Tag beanspruchen. Folgen Sie dieser Auffassung, sprechen Sie die Prozesszinsen erst ab dem 27. März 2015 zu.

65 Das Urteil ist gemäß § 167 Abs. 1 Satz 1 VwGO i. V. m. § 709 Satz 1 ZPO **gegen Sicherheitsleistung** für vorläufig vollstreckbar zu erklären. Die Höhe der Sicherheitsleistung kann bei Titeln wegen Geldforderungen nach **§ 709 Satz 2 ZPO** in einem bestimmten Verhältnis zur Höhe des jeweils zu vollstreckenden Betrages angegeben werden, die konkrete Berechnung ist danach entbehrlich. Sie wird in diesem Fall in Höhe eines bestimmten Prozentsatzes zur vollstreckbaren Forderung angegeben, gegebenenfalls mit einem Sicherheitszuschlag von 10 bis 20 % zur Abdeckung etwaiger Vollstreckungsschäden.[88]

66 **Beispiel 13.** Z klagt gegen die kreisfreie Stadt S auf Entfernung einer unmittelbar neben seinem Anwesen in S von den Stadtwerken errichteten Trafostation auf dem Grundstück Fl.-Nr. 236/5. Die Klage hat Erfolg.

1. *Die Beklagte wird verurteilt, die auf dem Grundstück FlurNr. 236/5 in S durch die Stadtwerke errichtete Trafostation zu beseitigen.*
2. *Die Beklagte hat die Kosten des Verfahrens zu tragen.*
3. *Das Urteil ist gegen Sicherheitsleistung in Höhe von 3.266,– € vorläufig vollstreckbar.*

67 Ist die **Leistungsklage** nicht auf Zahlung, sondern – wie hier – auf die Verurteilung zu **schlicht hoheitlichem Handeln oder Unterlassen** gerichtet, so ist umstritten, ob § 167 Abs. 2 VwGO entsprechend heranzuziehen ist. Trotz des eindeutigen Wortlauts dieser Vorschrift, der eine vorläufige Vollstreckbarkeitserklärung hinsichtlich der Kosten nur bei der Anfechtungs- und Verpflichtungsklage vorsieht, wird vermehrt die *Ansicht*[89] vertreten, diese Bestimmung müsse auch für Leistungsklagen gelten, die auf Vornahme oder Unterlassen schlicht hoheitlichen Verwaltungshandelns gerichtet seien. Nach der *Gegenmeinung,*[90] die sich auf den Wortlaut bezieht, folgt der Ausspruch über die vorläufige Vollstreckbarkeit auch hier aus § 167 Abs. 1 Satz 1 VwGO i. V. m. § 709 ZPO *(„Das Urteil ist vorläufig vollstreckbar.")*. Folgen Sie dieser Ansicht, ist allerdings zu beachten, dass bei sonstigen Leistungsurteilen, die nicht auf Zahlung lauten, die Sicherheitsleistung konkret zu berechnen ist. Diese richtet sich nach dem Streitwert sowie den entstandenen außergerichtlichen Kosten des Klägers; aufgrund der Vorschusspflicht für die Gerichtskosten (s. § 6 Abs. 1 Nr. 4 GKG) sind diese für die Berechnung der Sicherheitsleistung mit einzubeziehen,

---

[86] So auch z. B. *OVG Bautzen* FEVS 56, 551 und *Jankowski,* NordÖR 2006, 146, 148.

[87] NVwZ 2002, 718; ebenso *Kaiser/Köster/Seegmüller* Rn. 49.

[88] S. die Tenorierungen bei Zöller/*Herget,* § 709 Rn. 6; *König,* JuS 2004, 119 und *Nöhre,* JA 2004, 644, 645.

[89] *VGH Mannheim* NVwZ-RR 2012, 165; *OVG Lüneburg* NVwZ 2000, 578; *Kopp/Schenke,* § 167 Rn. 11; Schoch/*Pietzner,* § 167 Rn. 135: „Der Gesetzgeber ist bei Erlass des § 167 Abs. 2 VwGO davon ausgegangen, mit dieser Vorschrift alle verwaltungsgerichtlichen Urteile erfasst zu haben, die hoheitliches Handeln zum Gegenstand haben und ihrer Art nach vollstreckbar sind."

[90] *VGH Kassel* NVwZ 1990, 272; *Wahrendorf/Lemke,* JA 1998, 72, 74.

soweit es um die Vollstreckung eines Titels durch den Kläger geht. Hierzu eine **Beispielsrechnung** mit einem – hier zugrunde gelegten – Streitwert von 22.000,– €:

3 Gerichtsgebühren gem. § 6 Abs. 1 Nr. 4 GKG i. V. m. Ziffer 5110 der Anlage 1 i. V. m. Anlage 2 zu § 34 GKG	1.035,00 €
1, 3 Verfahrensgebühren gem. Ziffer 3100 der Anlage 1 zu § 2 Abs. 2 RVG i. V. m. Anlage 2 zu § 13 Abs. 1 RVG	964,60 €
1, 2 Terminsgebühren gem. Ziffer 3104 der Anlage 1 zu § 2 Abs. 2 RVG i. V. m. Anlage 2 zu § 13 Abs. 1 RVG	890,40 €
Post- und Telekommunikationsentgelt gem. Ziffer 7002 der Anlage 1 zu § 2 RVG	20,00 €
19 % Umsatzsteuer gem. Ziffer 7008 der Anlage 1 zu § 2 Abs. 2 RVG	356,25 €
Gesamtkosten	3.266,25 €

Beispiel 14. Die Klägerin, eine Beamtin des Landkreises L, wendet sich nach erfolglosem Vorverfahren gegen ihre Umsetzung von der Umweltschutzabteilung in die Zentralabteilung des Landkreises L. Die Klage ist erfolgreich. 68

1. *Der Widerspruchsbescheid des Regierungspräsidiums R vom 10. September 2015 wird aufgehoben. Der Beklagte wird verurteilt, die Umsetzung des Klägers von der Umweltschutzabteilung in die Zentralabteilung rückgängig zu machen.*
2. *Der Beklagte hat die Kosten des Verfahrens zu tragen.*
3. *Das Urteil ist vorläufig vollstreckbar. Dem Beklagten wird nachgelassen, die Vollstreckung durch Sicherheitsleistung in Höhe der festzusetzenden Kosten abzuwenden, wenn nicht die Klägerin vor der Vollstreckung Sicherheit in gleicher Höhe leistet.*

Da eine beamtenrechtliche Umsetzung kein VA ist,[91] ist hier die Leistungsklage statthaft. Die Durchführung eines Widerspruchsverfahrens war erforderlich, da § 54 Abs. 2 BeamtStG (ebenso wie § 126 Abs. 2 BBG für Bundesbeamte) bestimmt, dass bei beamtenrechtlichen Klagen die Vorschriften der §§ 68 ff. VwGO auch bei Leistungsklagen entsprechend gelten. Bei einem Klageerfolg ist daher zusätzlich zum sonstigen Ausspruch der Widerspruchsbescheid aufzuheben. 69

Beispiel 15. Der Kläger begehrt die Feststellung, dass er berechtigt ist, in der Fußgängerzone von S ohne Sondernutzungserlaubnis zu musizieren. Die Klage hat Erfolg. 70

1. *Es wird festgestellt, dass der Kläger berechtigt ist, ohne Sondernutzungserlaubnis in der Fußgängerzone von S zu musizieren.*
2. *Die Beklagte hat die Kosten des Verfahrens zu tragen.*
3. *Das Urteil ist wegen der Kosten vorläufig vollstreckbar. Der Beklagten wird nachgelassen, die Vollstreckung durch Sicherheitsleistung in Höhe der festzusetzenden Kosten abzuwenden, wenn nicht der Kläger vor der Vollstreckung Sicherheit in gleicher Höhe leistet.*

Im Tenor eines **Feststellungsurteils** ist eine genaue Aussage über die Rechtslage zu treffen, die den Umfang der getroffenen Feststellung möglichst vollständig erkennen 71

[91] Näher dazu Rn. 198.

lässt. Da der **Hauptsacheausspruch** eines Feststellungsurteils **keinen vollstreckungsfähigen Inhalt** hat, bezieht sich die Vollstreckbarkeitserklärung analog § 167 Abs. 2 VwGO immer nur auf die Kostenentscheidung.[92] Daher wird in den Tenor zu 3) die Wendung *„wegen der Kosten"* aufgenommen.

72 **Beispiel 16.** Die Fortsetzungsfeststellungsklage gegen den angefochtenen, nach Erlass des Widerspruchsbescheids erledigten VA hat Erfolg.

1. *Es wird festgestellt, dass der Bescheid der Beklagten vom 3. Juni 2015 und der Widerspruchsbescheid des Regierungspräsidiums R vom 10. September 2015 rechtswidrig waren.*
2. *Die Beklagte hat die Kosten des Verfahrens zu tragen.*
3. *Das Urteil ist wegen der Kosten vorläufig vollstreckbar. Der Beklagten wird nachgelassen, die Vollstreckung durch Sicherheitsleistung in Höhe der festzusetzenden Kosten abzuwenden, wenn nicht der Kläger vor der Vollstreckung Sicherheit in gleicher Höhe leistet.*

73 Die Tenorierung der erfolgreichen **Fortsetzungsfeststellungsklage** wird weitgehend durch § 113 Abs. 1 Satz 4 VwGO vorgegeben. Die hier gewählte Formulierung ist die in der Verwaltungsgerichtsbarkeit wohl gängigste Version; d. h. neben dem Ausgangsbescheid wird auch der Widerspruchsbescheid erwähnt.[93] Daneben wird in der Praxis auch der Ausspruch *„Der Bescheid der Beklagten vom 3. Juni 2015 und der Widerspruchsbescheid des Regierungspräsidiums R vom 10. September 2015 waren rechtswidrig"* verwendet.[94]

74 Die Vorschrift des § 167 Abs. 2 VwGO gilt unabhängig von der Frage, ob die Fortsetzungsfeststellungsklage als Unterfall der Anfechtungsklage[95] oder der Feststellungsklage[96] qualifiziert wird, entsprechend, d. h. das Urteil ist lediglich hinsichtlich der Kosten für vorläufig vollstreckbar zu erklären.

75 **Beispiel 17.** Der Kläger hatte zunächst Verpflichtungsklage auf Erlass einer Baugenehmigung erhoben. Nachdem die Stadt S eine Veränderungssperre erlassen hat, stellt er seinen Antrag auf einen Fortsetzungsfeststellungsantrag um. Dieser hat Erfolg.

1. *Es wird festgestellt, dass die Versagung der Baugenehmigung durch den Bescheid der Beklagten vom 3. Juni 2015 und den Widerspruchsbescheid des Regierungspräsidiums R vom 10. September 2015 rechtswidrig war.*
2. *Die Beklagte hat die Kosten des Verfahrens zu tragen.*
3. *Das Urteil ist wegen der Kosten vorläufig vollstreckbar. Der Beklagten wird nachgelassen, die Vollstreckung durch Sicherheitsleistung in Höhe der festzusetzenden Kosten abzuwenden, wenn nicht der Kläger vor der Vollstreckung Sicherheit in gleicher Höhe leistet.*

76 Auf die Erledigung eines Verpflichtungsbegehrens kann der Kläger mit dem Übergang auf die Fortsetzungsfeststellungsklage analog § 113 Abs. 1 Satz 4 VwGO reagieren. Liegen die Voraussetzungen der genannten Norm vor, kann das VG auf

---

[92] *Pietzner/Ronellenfitsch,* Rn. 879.

[93] A. A. *Kment,* JuS 2005, 517, 519, der den Widerspruchsbescheid unter Bezugnahme auf den Wortlaut des § 113 Abs. 1 Satz 4 VwGO nicht in den Tenor aufnimmt.

[94] S. *Geiger,* JuS 1998, 343, 346.

[95] H. M., s. die Nachweise bei *Kopp/Schenke,* § 113 Rn. 97.

[96] Z. B. *Rozek,* JuS 1995, 415.

Antrag des Klägers durch Urteil feststellen, dass die Weigerung der Behörde, den mit der Verpflichtungsklage begehrten VA zu erlassen, rechtswidrig war. Ebenso möglich ist die Tenorierung, dass die Behörde verpflichtet war, die beantragte Genehmigung zu erteilen.[97] In Fällen mangelnder Spruchreife kann auch die Feststellung begehrt werden, dass eine Verpflichtung zur Bescheidung bestand.[98]

Beispiel 18. Die Klägerin hatte zunächst Anfechtungsklage erhoben, dann aber für erledigt erklärt, weil sich der VA erledigt habe. Die Stadt S widerspricht dem, weil nach ihrer Rechtsauffassung keine Erledigung des VA vorliegt. Das Gericht folgt der Auffassung der Klägerin. 77

1. *Es wird festgestellt, dass der Rechtsstreit in der Hauptsache erledigt ist.*[99]
2. *Die Beklagte hat die Kosten des Verfahrens zu tragen.*
3. *Das Urteil ist wegen der Kosten vorläufig vollstreckbar. Der Beklagten wird nachgelassen, die Vollstreckung durch Sicherheitsleistung in Höhe der festzusetzenden Kosten abzuwenden, wenn nicht die Klägerin vor der Vollstreckung Sicherheit in gleicher Höhe leistet.*

Der Übergang vom ursprünglichen Klageantrag zum **Erledigungsfeststellungsantrag,** dem sich der Beklagte mit einem aufrechterhaltenen Abweisungsantrag widersetzt[100], ist eine **Klageänderung,** die nicht den Einschränkungen des § 91 VwGO unterliegt.[101] Mit der Erledigungserklärung ändert der Kläger seinen ursprünglichen Klageantrag in einen Feststellungsantrag. Entschieden werden muss nunmehr die Frage, ob der Rechtsstreit tatsächlich erledigt, d. h. beendet ist. Gelangt das VG zu dem Ergebnis, dass Erledigung eingetreten ist, so spricht es dies im Tenor des Urteils aus. Andernfalls weist es die Klage mangels Begründetheit ab.[102] Für eine Entscheidung über den Erledigungseintritt ist nach zumindest *teilweise vertretener Ansicht*[103] allerdings Voraussetzung, dass die Klage bis zum Eintritt des erledigenden Ereignisses zulässig war. Beachten Sie:[104] Die Kostenentscheidung folgt im Falle der einseitigen Erledigungserklärung nicht aus § 161 Abs. 2 VwGO, sondern aus § 154 Abs. 1 VwGO, denn es ergeht eine streitige Entscheidung.[105] 78

Beispiel 19. Wie oben Beispiel 18, nur widerspricht die Beklagte diesmal deswegen, weil sie trotz Erledigung wegen Wiederholungsgefahr ein Interesse an einer Sachentscheidung des Gerichts hat. Der VA ist rechtmäßig/rechtswidrig. 79

---

[97] S. *Jacob,* VBlBW 1995, 72, 73; *Bülter,* Rn. 111; *Ingold,* JA 2009, 711, 715 f.

[98] *BVerwG* NJW 1986, 796.

[99] Oder *„Die Hauptsache ist erledigt"* (s. *Pietzner/Ronellenfitsch,* Rn. 905) oder *„Es wird festgestellt, dass sich der Rechtsstreit in der Hauptsache erledigt hat"* (so Sodan/Ziekow/*Neumann,* § 161 Rn. 189).

[100] Die einseitige Erledigungserklärung des Beklagten hat keine selbstständige prozessuale Wirkung; sie ist wie ein Klageabweisungsantrag zu behandeln (*BVerwG* BeckRS 2011, 45520).

[101] *BVerwG* NVwZ 2001, 1286 und BeckRS 2011, 55193; *Bremkamp,* JA 2010, 207, 209; *Niedzwicki,* JA 2011, 543, 544.

[102] *BVerwG* NVwZ 1998, 1064.

[103] *BVerwG* NVwZ 1989, 862; Eyermann/*Schmidt,* § 113 Rn. 113; nach a. A. (*Deckenbrock/Dötsch,* JuS 2004, 689, 690) ist die Zulässigkeit des ursprünglichen Antrags dagegen irrelevant. Nach *BVerwG* NVwZ 1991, 162 gilt dies jedenfalls für die Klagebefugnis, deren Beurteilung weitgehend von Erwägungen zum materiellen Recht bestimmt werde.

[104] Vgl. *BVerwG* NVwZ 1989, 862; anders die h. M. für den Zivilprozess. Ausführlich dazu s. *Niedzwicki,* JA 2011, 543.

[105] *BVerwG* NVwZ 1998, 1064; *Kremer,* NVwZ 2003, 797, 804; *Dietrich,* DVBl. 2002, 745, 752; *Bosch/Schmidt/Vondung,* Rn. 1345; a. A. *Kopp/Schenke,* § 161 Rn. 31: gemischte Kostenentscheidung nach § 154 und § 161 Abs. 2 VwGO.

Bei Rechtmäßigkeit des VA lautet der Tenor zu 1): „*Die Klage wird abgewiesen*". Bei Rechtswidrigkeit des VA empfiehlt sich folgender Tenor zu 1): „*Es wird festgestellt, dass der Bescheid der Beklagten vom 3. Juni 2015 rechtswidrig gewesen ist.*"

80 Nach der Rechtsprechung des *BVerwG*[106] ist der Beklagte berechtigt, an dem **Klageabweisungsantrag** trotz der Erledigungserklärung des Klägers festzuhalten, wenn er hierfür ein **berechtigtes Interesse an einer Sachentscheidung** geltend machen kann.[107] In diesem Fall ist der Weg zu einer Klageänderung mit der Wandelung des Rechtsstreits in einen Feststellungsstreit über die Erledigung versperrt. Vielmehr wird nunmehr geprüft, ob der ursprüngliche Klageantrag des Klägers bis zur Erledigung zulässig und begründet war[108]. Die Voraussetzungen für ein solches berechtigtes Interesse des Beklagten entsprechen dem Fortsetzungsfeststellungsinteresse des Klägers im Falle des § 113 Abs. 1 Satz 4 VwGO. Allerdings reicht es nicht aus, dass der Beklagte an der Klärung einer Rechtsfrage interessiert ist, die für seine Rechtsbeziehungen zu anderen Personen bedeutsam ist und die außerdem ohne weiteres in einem Rechtsstreit geklärt werden kann, der sich im Zeitpunkt der gerichtlichen Entscheidung nicht bereits in der Hauptsache erledigt hat.[109] Liegt ein solches Interesse (z. B. konkrete Wiederholungsgefahr) vor, so trifft das VG eine Entscheidung in der Sache.

81 Erweist sich der erledigte VA als rechtmäßig, so wird die Klage ungeachtet der Erledigungserklärung des Klägers mit einer Entscheidung in der Sache abgewiesen[110]. Erweist sich der erledigte VA hingegen als rechtswidrig, kann dem Klageabweisungsantrag des Beklagten nicht entsprochen werden. Die Situation ist prozessual schwer lösbar. Denn der Kläger stellt selbst keinen (ausdrücklichen) Sachantrag mehr, aufgrund dessen die Rechtswidrigkeit des VA ausgesprochen werden könnte, sondern beantragt die Feststellung der Erledigung. Denkbar wäre nun in dieser (sehr seltenen) Fallkonstellation im Falle der Zulässigkeit und Begründetheit der ursprünglichen Klage die Erledigung durch Hauptsacheausspruch festzustellen. Dies erscheint aber deshalb als problematisch, weil das Gericht ja gerade durch das berechtigte Interesse des Beklagten an einer Sachentscheidung dazu gezwungen wurde, die Zulässigkeit und Begründetheit des ursprünglichen Klagebegehrens des Klägers zu prüfen. Für eine sachgerechte Lösung hilft in diesen Fällen wohl nur die Fiktion eines hilfsweise gestellten Antrages des Klägers, festzustellen, dass der VA rechtswidrig gewesen ist.[111] Da ja der Beklagte mit seinem Festhalten an dem ursprünglichen Klageabweisungsantrag bei berechtigtem Interesse eine Entscheidung über den ursprünglichen Klageantrag herbeiführen wollte, ist es sachgerecht, auch dem Kläger nunmehr mittels des Hilfsantrages die Tür zu einem Fortsetzungsfeststellungsantrag zu öffnen.

82 **Beispiel 20.** Die Stadt S erlässt eine bauordnungsrechtliche Beseitigungsverfügung sowie eine Zwangsgeldandrohung gegen T. Nach Zurückweisung des Widerspruchs und Klageerhebung durch T erklären die Beteiligten in der mündlichen Verhandlung vor dem VG in Bezug auf die Zwangsgeldandrohung den Rechtsstreit übereinstimmend für erledigt, weil der Vertreter der Stadt S den VA aufgehoben hat. Bezüglich

[106] Vgl. *BVerwG* NVwZ 1989, 862 und BeckRS 2010, 56449.
[107] Als schutzwürdiges Interesse eines beklagten Hoheitsträgers sind aber nur die Fallgruppen der Wiederholungsgefahr und Präjudizität denkbar (*Bremkamp*, JA 2010, 207, 210).
[108] S. dazu die Formulierungsbeispiele in Rn. 384.
[109] *BVerwG* NVwZ 1989, 862.
[110] Vgl. *VGH Mannheim* VBlBW 2011, 33.
[111] *Konrad*, JA 1998, 331, 334 empfiehlt eine Hinweispflicht des Gerichts nach § 86 Abs. 3 VwGO, den Kläger zu einem Hilfsantrag auf Feststellung der Rechtswidrigkeit des VA zu veranlassen.

der Beseitigungsverfügung beantragt T weiterhin die Aufhebung. Das VG hält die Beseitigungsverfügung für rechtmäßig.

1. *Soweit die Beteiligten den Rechtsstreit übereinstimmend für erledigt erklärt haben, wird das Verfahren eingestellt.*[112]
2. *Im Übrigen wird die Klage abgewiesen.*
3. *Hinsichtlich des erledigten Teils des Verfahrens trägt die Beklagte die Kosten des Verfahrens, im Übrigen trägt der Kläger die Kosten des Verfahrens.*
4. *Das Urteil ist wegen der Kosten vorläufig vollstreckbar.*

Hier liegt die nicht selten vorkommende Konstellation einer **teilweisen übereinstimmenden Erledigungserklärung** vor. Anstatt ein Urteil über den streitigen und einen Beschluss über den für erledigt erklärten Teil zu fertigen, wird in der verwaltungsgerichtlichen Praxis der für erledigt erklärte Teil im Urteil mit abgehandelt und zwar bei der Kostenentscheidung, die sich sowohl aus §§ 154 f. VwGO als auch aus § 161 Abs. 2 VwGO ergibt.[113] In Bezug auf den übereinstimmend für erledigt erklärten Teil wird das Verfahren analog § 92 Abs. 3 Satz 1 VwGO eingestellt. Der Ausspruch über die Verfahrenseinstellung wird in den Tenor aufgenommen.[114] Über die Kosten des gesamten Verfahrens kann – nicht muss – nach dem Grundsatz der Einheitlichkeit der Kostenentscheidung formal und sachlich eine einheitliche Entscheidung ergehen.[115] Dies hat allerdings zur Folge, dass nach der Rechtsprechung des *BVerwG*[116] mit der Hauptsacheentscheidung auch die Kostenentscheidung bezüglich des erledigten Teils mit Rechtsmitteln angefochten werden kann; § 158 Abs. 2 VwGO greife insoweit nicht ein. Dagegen verbleibt es bei der Unanfechtbarkeit der Kostenentscheidung bezüglich des erledigten Teils, sofern diese bereits im Tenor formal von der Kostenentscheidung bezüglich des nicht erledigten Teils getrennt wird.[117] **83**

Die Erklärung zur vorläufigen Vollstreckbarkeit bezieht sich lediglich auf die Kosten hinsichtlich des streitigen Teils der Klage.[118] Bezüglich des übereinstimmend für erledigten Teils erfolgt die Vollstreckung ohne Sicherheitsleistung. Denn der Begünstigte darf nicht dadurch benachteiligt werden, dass über die Kosten einheitlich im Urteil entschieden wird und nicht wie bei einer reinen Kostenentscheidung nach übereinstimmender Erledigungserklärung durch Beschluss.[119] **84**

Nimmt der Kläger teilweise die Klage zurück, wird entsprechend verfahren. Nach § 92 Abs. 3 Satz 1 VwGO wird das Verfahren deklaratorisch eingestellt. Der Tenor lautet: *„Das Verfahren wird eingestellt, soweit der Kläger die Klage zurückgenommen* **85**

---

112 Oder: *„Auf die Teilerledigung der Klage wird das Verfahren insoweit eingestellt, als in der Ziffer 2 des Bescheids vom 3. Juni 2015 ein Zwangsgeld in Höhe von 500 € angedroht worden ist.“*

113 *BVerwG* NJW 1999, 407; *OVG Lüneburg* NVwZ-RR 2006, 22, 23; *Bosch/Schmidt/Vondung,* Rn. 1334; zur Darstellung der Kostenentscheidung in den Entscheidungsgründen s. Rn. 388.

114 *Deckenbrock/Dötsch,* JuS 2004, 589, 591 Fn. 33 empfehlen aus Gründen der Rechtsklarheit eine deutlichere Bezeichnung wie: *„Mit Blick auf den angegriffenen Bescheid … wird das Verfahren eingestellt.“*

115 Wie hier auch *Kment,* JuS 2005, 517, 519.

116 *BVerwG* NJW 2006, 536.

117 Ebenso *Kaiser/Köster/Seegmüller,* Rn. 65; *Kment,* JuS 2005, 517, 520 und *Jacob,* in: Leuze-Mohr, Kapitel 5 Rn. 84 Bsp. 14.

118 Da in dem Beispiel diesbezüglich die Klage abgewiesen wird, bedarf es wegen der fehlenden Insolvenzfähigkeit der öffentlichen Hand keiner Abwendungsbefugnis (s. oben Rn. 37).

119 *Kment,* JuS 2005, 517, 520.

hat. Im Übrigen wird die Klage abgewiesen." Die Kostentragungspflicht im Falle der Klagerücknahme ergibt sich aus § 155 Abs. 2 VwGO.

86 **Beispiel 21.** C verlangt von der Stadt S die Entfernung von drei vor seinem Anwesen aufgestellten Wertstoffcontainern. Vor dem VG schließen C und S einen Vergleich, in dem sich S verpflichtet, einen Container zu entfernen. Später entsteht Streit über die Wirksamkeit des Vergleichs. C wendet sich erneut an das VG und macht die anfängliche Unwirksamkeit des gerichtlichen Vergleichs geltend. Das VG teilt seine Ansicht.

Haben die Beteiligten zur Beilegung des Rechtsstreits einen **Vergleich** nach § 106 VwGO geschlossen, so ist das Verfahren unmittelbar beendet. Bei Einwendungen, die – wie im Beispielsfall – auf eine anfängliche Unwirksamkeit eines Prozessvergleiches zielen, oder bei Anfechtung des Vergleichsvertrages tritt die prozessbeendende Wirkung nicht ein; der Rechtsstreit bleibt vielmehr anhängig, d. h. das alte Verfahren ist fortzuführen.[120] Einer neuen Leistungsklage würde dagegen das Rechtsschutzinteresse fehlen. Die Fortsetzung des Verfahrens kann jeder in dem Verfahren Beteiligte, in dem der Vergleich abgeschlossen wurde, verlangen. Derjenige Beteiligte, der die Wirksamkeit des Vergleichs behauptet, muss als Hauptantrag die Feststellung, dass das Verfahren durch Vergleich beendet wurde, beantragen, der andere Beteiligte seinen Antrag zur Hauptsache weiterverfolgen.[121]

87 Es ist dann zunächst die Frage der **Wirksamkeit des Vergleichs** zu prüfen. Stellt das VG diese fest, so lautet der Tenor zu 1): „*Es wird festgestellt, dass das Verfahren…* (Aktenzeichen) *durch Vergleich beendet wurde.*" Geht das VG dagegen von der Unwirksamkeit des Vergleichs aus, so ist über die Streitsache selbst zu entscheiden. Die Tenorierung könnte danach im obigen Beispielsfall auf Klageabweisung oder wie folgt lauten: „*Die Beklagte wird verurteilt, die vor dem Anwesen Fl.-Nr. 2314/5 in S aufgestellten Wertstoffcontainer zu entfernen.*"

88 **Beispiel 22.** Nachdem D Klage erhoben hat, fordert der Berichterstatter der zuständigen Kammer des VG ihn zum Betreiben des Verfahrens auf. D reagiert auf das gerichtliche Schreiben innerhalb von drei Monaten nicht; der Berichterstatter stellt daraufhin das Verfahren ein. D begehrt die Fortsetzung des Verfahrens und behauptet, die Voraussetzungen für eine Betreibensaufforderung hätten nicht vorgelegen. Das VG hält die Verfahrenseinstellung für rechtmäßig/nicht rechtmäßig.

Nach § 92 Abs. 2 Satz 1 VwGO gilt die Klage als zurückgenommen, wenn der Kläger das Verfahren trotz Aufforderung des Gerichts länger als zwei Monate nicht betreibt.[122] Auf die Rechtsfolgen ist der Kläger gemäß Satz 2 der genannten Bestimmung hinzuweisen. Das Gericht stellt durch Beschluss fest, dass die Klage als zurückgenommen gilt (§ 92 Abs. 2 Satz 3 VwGO).

89 Die Beendigung des Verfahrens tritt kraft Gesetzes ein und ist von Amts wegen zu beachten.[123] Wird nachträglich streitig, ob die Voraussetzungen der **Fiktion der Klagerücknahme** vorgelegen haben, ist darüber – wie bei einem Streit über die Wirksamkeit einer erklärten Klagerücknahme – durch Urteil oder Gerichtsbescheid zu entscheiden. Die fiktive Klagerücknahme nach § 92 Abs. 2 Satz 1 VwGO setzt aus verfassungsrechtlichen Gründen (Art. 19 Abs. 4, 103 Abs. 1 GG) voraus, dass im Zeitpunkt der Betreibensaufforderung bestimmte, sachlich begründete Anhaltspunkte

---

[120] Eyermann/*Geiger*, § 106 Rn. 29; *VGH München* NVwZ 2000, 1310; über lediglich auf die Zukunft bezogene rechtsgestaltende Einwendungen (z. B. Wegfall der Geschäftsgrundlage) ist in einem neuen Verfahren zu befinden.

[121] *Ramsauer*, Rn. 29. 08.

[122] Die Frist des § 92 Abs. 2 Satz 1 VwGO ist eine Ausschlussfrist. Eine Wiedereinsetzung in den vorigen Stand kommt nur bei höherer Gewalt in Betracht (*BVerwG* BeckRS 2007, 25139.

[123] *BVerwG* NVwZ-RR 1991, 443.

für einen Wegfall des Rechtsschutzinteresses des Klägers bestanden haben. Es ist ferner zu prüfen, ob der Kläger – im Zeitpunkt des Ablaufs der Frist des § 92 Abs. 1 Satz 1 VwGO – das Verfahren tatsächlich nicht mehr im Sinne von § 92 Abs. 2 Satz 1 VwGO betrieben hat. Aus dem fallbezogenen Verhalten des Klägers, z. B. aus der Verletzung prozessualer Mitwirkungspflichten, muss sich der Schluss auf den Wegfall des Rechtsschutzinteresses, also auf ein Desinteresse des Klägers an der weiteren Verfolgung seines Begehrens ableiten lassen.[124] Dies ist dann der Fall, wenn er innerhalb der Zwei-Monatsfrist nicht substantiiert dargetan hat, dass und warum das Rechtsschutzbedürfnis trotz des Zweifels an seinem Fortbestehen, aus dem sich die Betreibensaufforderung ergeben hat, nicht entfallen ist.[125] Ist die Betreibensaufforderung zu Unrecht ergangen, wird das ursprüngliche Verfahren fortgeführt. Die Urteilsformel hängt – ebenso wie bei der unwirksamen Klagerücknahme – vom Streitgegenstand ab; dabei kann die Aufhebung des Einstellungsbeschlusses in den Tenor mit aufgenommen werden (*„Unter Aufhebung des Einstellungsbeschlusses vom 23. September 2015 wird die Klage abgewiesen.“*). War die Betreibensaufforderung rechtmäßig, so lautet der Tenor zu 1) im Urteil: *„Es wird festgestellt, dass die Klage als zurückgenommen gilt“* oder *„Die Klage gilt als zurückgenommen.“*

§ 4. Der Tatbestand

I. Grundsätzliches

Nach § 117 Abs. 2 Nr. 4, Abs. 3 VwGO enthält das Urteil einen **Tatbestand,** in dem 90
der **Sach- und Streitstand** unter Hervorhebung der gestellten Anträge seinem wesentlichen Inhalt nach **gedrängt darzustellen** ist. Achten Sie zunächst auf den Bearbeitervermerk, ob das Abfassen des Tatbestandes erlassen ist.[126]

Der Tatbestand hat in erster Linie die Aufgabe, die tatsächlichen und rechtlichen Grundlagen Ihres Lösungsvorschlags geordnet darzustellen.[127] Er liefert nicht nur den Beweis für das mündliche Parteivorbringen, sondern auch für die eigenen Wahrnehmungen und Handlungen des Gerichts.[128] Gleichzeitig soll der Tatbestand einen rechtskundigen Leser ohne Kenntnis der Akten in die Lage versetzen, den Rechtsstreit anhand der mitgeteilten Informationen auch dann zu entscheiden, wenn dieser in einzelnen Rechtsfragen oder bezüglich der Würdigung bestimmter Tatsachen der von Ihnen vertretenen Meinung nicht folgt.

Dazu muss der Tatbestand aus sich heraus **verständlich** sein. Verweisungen und Bezugnahmen dürfen daher nur solche Einzelheiten betreffen, auf die es für Ihre Entscheidung nicht wesentlich ankommt. Bezugnahmen auf Schriftsätze, Protokolle und andere Unterlagen sind aber unumgänglich, wenn diese sehr umfangreich sind. Die Verweisungen müssen dann allerdings konkret sein

> „Auf die in der Sondernutzungserlaubnis vom 27. Mai 2015 enthaltenen Auflagen Nr. 1–5 wird Bezug genommen.“

---

[124] *BVerfG* NVwZ-RR 2013, 249; *BVerwG* NVwZ 2001, 918; *OVG Bautzen* LKV 2014, 362.

[125] *BVerfG* NVwZ-RR 2013, 249.

[126] Meist in Bayern, Baden-Württemberg und Sachsen, gelegentlich in Brandenburg, Nordrhein-Westfalen, Thüringen und im Saarland.

[127] Vgl. zur Abfassung des Tatbestandes zivilgerichtlicher Urteile in Praxis und Examen *Stein,* JuS 2014, 607.

[128] *Martens/Koch,* Rn. 313.

Kommt es in der Klausur also entscheidend auf die Rechtmäßigkeit oder Auslegung einer oder zweier Ziffern eines umfangreichen Vertrages oder einer Verfügung an, so sind nur diese wörtlich wiederzugeben und im Übrigen auf den weiteren Text mit Angabe der Blattzahl der Akte Bezug zu nehmen.

91 Obwohl der Tatbestand gemäß § 117 Abs. 3 Satz 1 VwGO nur in seinem wesentlichen Inhalt darzustellen ist, muss auf jeden Fall die **Vollständigkeit gewährleistet** sein. Dies stellt die Referendare regelmäßig vor Schwierigkeiten, insbesondere bei Klausuren mit „Überlänge". Gerade in solchen Arbeiten kommt es entscheidend darauf an, Wesentliches von Unwesentlichem zu trennen bzw. einzelne Punkte knapp abzuhandeln. Es dürfte – trotz des Zeitverlusts bei ausführlicher Wiedergabe der Fakten und Rechtsansichten der Beteiligten – klar sein, dass ein kurzer Bericht, der alles Wesentliche enthalten soll, mehr Arbeit macht als eine längere Darstellung. Halten Sie sich dennoch unbedingt an diese Regel. Denn der Adressat Ihrer Prüfungsarbeit – der Korrektor – kann eine kurze und gut gefasste Schilderung besser verwerten. Der Tatbestand der Aufsichtsarbeit wird weithin als ein Prüfstein für schnelle Auffassungsgabe und geistige Disziplin angesehen.[129] Nehmen Sie in den Tatbestand nur Gegebenheiten auf, die für die Entscheidungsgründe wesentlich sind. Dies setzt voraus, dass Ihre Lösung des Falles gedanklich feststeht.

92 Als **Faustformel** sollten Sie sich merken, dass der Tatbestand in der Klausur **niemals länger** sein darf (halten Sie die Klage für unzulässig, ist das zu erstellende Hilfsgutachten mitzuzählen) **als die Entscheidungsgründe.** Ein „gesundes Verhältnis" bei einer Klausur, die keine besonderen Anforderungen an die Darstellung des Tatbestandes stellt, ist etwa **1/3 Tatbestand** und **2/3 Entscheidungsgründe.** Im Gegensatz dazu gibt es insbesondere bei Klausuren mit „Überlänge" immer wieder Arbeiten mit einem umgekehrten Verhältnis. Es bedarf keiner besonderen Erwähnung, dass diese Klausuren selten gut bewertet werden (können).

93 Noch ein paar Worte zum Unterschied zu Zivilurteilen. Im Grundsatz gelten für Form und Aufbau dieselben Regeln wie für den Tatbestand eines Zivilurteils. Allerdings werden im verwaltungsgerichtlichen Urteil auch die **Rechtsauffassungen der Beteiligten** wiedergegeben, **soweit** dies zum Verständnis des Streits **notwendig** ist. Ferner wird die Trennung zwischen Streitigem und Unstreitigem weniger streng gehandhabt, da im Verwaltungsprozess der Amtsermittlungsgrundsatz (§ 86 VwGO) gilt. Die Regel, nur unstreitige Umstände darzustellen, gilt nicht uneingeschränkt. Leidet die Flüssigkeit der Darstellung darunter oder wird das Verständnis einer Geschehensabfolge erschwert, können auch streitige Sachverhalte in die Erzählung eingebaut werden (z. B. mit dem Einschub „was zwischen den Beteiligten streitig ist").[130]

II. Der Aufbau des Tatbestandes

1. Übersicht

94 Der Tatbestand eines verwaltungsgerichtlichen Urteils wird wie folgt aufgebaut:

1. **Einleitungssatz** Zeitform: Präsens
2. **Feststehender Sachverhalt** Zeitform: Imperfekt, ggf. Präsens
3. **Verfahrensgeschichte** Bescheid, ggf. Widerspruch und Widerspruchsbescheid, Zeitform: Imperfekt, Vorbringen der Beteiligten in indirekter Rede
4. **Klageerhebung** Zeitform: Perfekt
5. **Klägervorbringen in indirekter Rede** Zeitform: Präsens

[129] *Klein/Czajka*, S. 27.
[130] *Martens/Koch*, Rn. 318; s. auch *Bülter*, Rn. 221.

6. **Klägerantrag**
7. **Beklagtenantrag**
8. **Beklagtenvorbringen in indirekter Rede** Zeitform: Präsens
9. **Beigeladenenantrag und Beigeladenenvorbringen**
10. **Ggf. Repliken und Dupliken**
11. **Prozessgeschichte** Beweiserhebungen, Auskünfte etc., Zeitform: Perfekt
12. **Schlusssatz** Zeitform: Präsens.

2. Der Einleitungssatz

Ein **kurzer Einleitungssatz,** der den Leser über das Begehren des Klägers in Kenntnis setzt, ist nicht zwingend erforderlich, aber in aller Regel der besseren Orientierung wegen **sinnvoll.**[131] Einen weiteren Vorteil hat der Einleitungssatz: durch seine Verwendung zwingen Sie sich, sich gedankliche Klarheit über den Streitgegenstand zu verschaffen. Ist das Klagebegehren allerdings nicht eindeutig, sondern erst durch Auslegung bzw. Umdeutung zu ermitteln, so sollten Sie einen Einleitungssatz vermeiden.[132] Denn derselbe darf keine vorweggenommene Würdigung aus der Sicht des Gerichts enthalten. Nachfolgend einige Beispele für Einleitungssätze. 95

„Der Kläger begehrt die Erteilung einer Sondernutzungserlaubnis."

„Die Klägerin wendet sich gegen eine von dem Beklagten der Beigeladenen erteilte Baugenehmigung."

„Der Kläger wendet sich gegen ein Aufenthalts- und Durchquerungsverbot für bestimmte Bereiche des Stadtgebiets von Berlin."

Unzulässig wertend und im Übrigen überladen wäre dagegen folgende Formulierung:

„Die Klägerin wendet sich mit der Anfechtungsklage gegen einen Verwaltungsakt, mit dem von ihr die Kosten für die im Wege der Ersatzvornahme vollzogene Abrissverfügung bezüglich ihres im Außenbereich von Pirna illegal errichteten Wochenendhäuschens angefordert worden sind."

Bei überaus komplexen Sachverhalten mag ein Einleitungssatz mehr Verwirrung als Klarheit stiften. Dann sollte auf ihn verzichtet werden.[133]

3. Feststehender Sachverhalt

Nach dem Einleitungssatz folgt die Schilderung derjenigen Teile des Sachverhalts, die das Gericht – ohne Beweisaufnahme – seiner Entscheidung zugrunde legen kann. Wegen des **Amtsermittlungsgrundsatz**es[134] genügt hier Unstreitigkeit zwischen den Beteiligten nicht immer, vielmehr müssen die entsprechenden Umstände für das Gericht unzweifelhaft feststehen. Der **Sachverhalt** sollte **in der Regel chronologisch** wiedergegeben werden. 96

---

[131] Ebenso *Kaiser/Köster/Seegmüller,* Rn. 70; *Koch/Martens,* Rn. 317; *Finger,* JA 2008, 635, 636; a. A. *Preusche,* JuS 2000, 170, der Einleitungssätze generell *„für überflüssig und schlecht"* hält, und *Bülter,* Rn. 222, der Einleitungssätze als *„fehlerhaft"* ansieht.

[132] *Ziegler,* JuS 1999, 481, 485.

[133] *Koch/Martens,* Rn. 317.

[134] Ausführlich dazu *Jacob* JuS 2011, 510 und *Müller,* JuS 2014, 324. S. auch unten Rn. 832.

Prüfungsarbeiten sind hier **oft lückenhaft.** Ein Beispiel: In einer baurechtlichen Klausur mit Abdruck der Pläne über die Umgebungsbebauung kommt es im Rahmen der Entscheidungsgründe auf eine Einordnung des Gebiets im Sinne der BauNVO an. Um eine Subsumtion unter die einschlägigen Normen der BauNVO vorzunehmen, sind im Tatbestand an dieser Stelle Art und Umfang der Umgebungsbebauung genau zu beschreiben. Der Text könnte etwa lauten:

> „Der Kläger ist Eigentümer des Grundstücks PlanNr. 215/5 in Meckenheim, Hauptstraße 2, das mit einem Einfamilienhaus bebaut ist. Der Beigeladene ist Eigentümer des unmittelbar angrenzenden Grundstücks PlanNr. 215/7, Hauptstraße 4, das bisher unbebaut ist. In der näheren Umgebung des betreffenden Gebiets, für das es keinen Bebauungsplan gibt, befinden sich ansonsten Ein- und Mehrfamilienhäuser, eine Gaststätte, eine Tankstelle sowie zwei Handwerksbetriebe."

Statt wie soeben beschrieben vorzugehen, beginnen viele Referendare gleich mit dem Antrag auf Baugenehmigung und dessen Ablehnung. Die – unstreitige – Umgebungsbeschreibung erfolgt, wenn überhaupt, oft lediglich am Rande, d. h. im Rahmen des Beteiligtenvorbringens.

97 Eine weitere Ungenauigkeit besteht häufig darin, dass ein Teil des feststehenden Sachverhalts in den Klausuren lediglich als Begründung der Behördenentscheidungen mitgeteilt wird.

> „Der Kläger ist seit dem 7. Januar 2005 Inhaber einer Waffenerlaubnis. Mit Verfügung vom 26. Juni 2015 widerrief die Beklagte diese Erlaubnis mit der Begründung, der Kläger sei mit Urteil des Amtsgerichts Bad Schwartau vom 9. Januar 2015 wegen Trunkenheit im Straßenverkehr (BAK 2,7 Promille) zu einer Geldstrafe von 1.000,– € verurteilt worden."

Bei dieser Darstellung bleibt offen, ob die Verurteilung tatsächlich erfolgt ist. Denn die mit der Begründung wiedergegebenen Tatsachen können zweifelsfrei oder umstritten sein. Richtig ist es daher chronologisch vorzugehen und zunächst die Verurteilung als Tatsache im feststehenden Sachverhalt aufzuführen. Erst im Rahmen der Verfahrensgeschichte (s. dazu unten) ist bei der Erwähnung des Widerrufs der Waffenerlaubnis die Begründung kurz wiederzugeben.

Beachten Sie ferner, dass der feststehende Sachverhalt **nur Tatsachen, nicht** aber **Wertungen** enthalten darf. Formulierungen wie: *„das Hundegebell ist für die Nachbarn unzumutbar"*, *„dem Kläger fehlt die erforderliche Zuverlässigkeit zum Betreiben einer Gaststätte"* oder *„die Klägerin hat fristgerecht Klage erhoben"* sind im Tatbestand tabu.

4. Die Verfahrensgeschichte

98 Im Anschluss an den feststehenden Sachverhalt folgt die **Darstellung des Verwaltungsverfahrens.** Aufgeführt werden müssen die Anträge der Beteiligten im Verwaltungsverfahren, die Entscheidung der Verwaltung in der Regel mit kurzer Begründung im Konjunktiv Präsens, ggf.[135] der Widerspruch des Klägers mit Kurzvortrag (eventuell entbehrlich bei ausführlicherer Begründung im Rahmen des Klagevorbringens) sowie der Widerspruchsbescheid mit kurzer Begründung. Geben Sie die in dem

---

[135] Entfällt in den Fällen, in denen unmittelbar Klage zu erheben ist.

Bescheid getroffenen Anordnungen im Wesentlichen mit den dort verwendeten Begriffen wieder. Stützt sich der VA auf bestimmte Rechtsgrundlagen, so sind diese anzugeben.[136] Ist ein VA Streitgegenstand, der im Ermessen der Behörde steht, sollten Sie die entscheidungserheblichen Ermessenserwägungen der Behörde anführen. Wurde der Widerspruch ohne verfahrensrechtliche bzw. materiell-rechtliche Besonderheiten zurückgewiesen, so genügt die Formulierung:

„Den Widerspruch wies der Senator für Bau, Verkehr und Stadtentwicklung mit Widerspruchsbescheid vom 10. September 2015 zurück."

Liegt dem Widerspruchsbescheid dagegen ein Verfahrensverstoß zugrunde oder enthält er eine zusätzliche materielle Beschwer (z. B. reformatio in peius), so ist dies im Tatbestand anzugeben. Soweit es für die Zulässigkeit des Widerspruchs oder der Klage von Bedeutung ist, ist das Datum der Bekanntgabe oder Zustellung des Bescheids bzw. des Widerspruchsbescheids unbedingt erforderlich, da ansonsten keine Fristenberechnung möglich ist.

5. Die Klageerhebung

Die Erfahrung aus zahlreichen Klausurkorrekturen zeigt, dass dieser Punkt im Tat- 99
bestand häufig „vergessen" wird. Die Angabe der Klageerhebung darf im Urteil aber nicht fehlen, weil diese Information für die Berechnung der Klagefrist benötigt wird. Achten Sie darauf, als Datum der Klageerhebung den Tag des Eingangs bei Gericht und nicht den Tag, an dem die Klageschrift verfasst worden ist, anzugeben (s. § 81 VwGO). Fällt das Fristende auf ein Wochenende oder einen Feiertag und ist daher § 222 Abs. 2 ZPO einschlägig, so ist der Wochentag anzugeben (*„Der Kläger hat am 17. August 2015, einem Montag, Klage erhoben."*). Nicht falsch, aber umständlich ist folgende Formulierung: *„Die Klägerin hat mit Schriftsatz vom 14. August 2015, bei Gericht eingegangen am 17. August 2015, Klage erhoben."*

6. Das Klägervorbringen

Hier sollen Sie die vom Kläger im gerichtlichen Verfahren vorgebrachten Argumente 100
einschließlich der vertretenen **Rechtsansichten** knapp darstellen. Viele Referendararbeiten sind an dieser Stelle zu breit, der Vortrag der Beteiligten wird oft – aus Bequemlichkeit? – ohne Änderung übernommen anstatt ihn auf das Wesentliche zu beschränken. Das fällt vor allem dann negativ auf, wenn das Vorbringen der Beteiligten, insbesondere das des Klägers, in allen Einzelheiten ausgebreitet, in den Entscheidungsgründen aber nicht mehr gewürdigt wird. Selbstverständlich gilt dies auch umgekehrt: In den Entscheidungsgründen darf nur berücksichtigt werden, was zuvor im Tatbestand zumindest angerissen wurde. Allerdings muss nicht jedes rechtliche Argument bereits im Tatbestand angezeigt gewesen sein. Beachten Sie aber: Gerade in Prüfungsarbeiten enthalten die Rechtsansichten der Beteiligten regelmäßig wichtige Hinweise zu den Fragen, die in den Entscheidungsgründen zu problematisieren sind.

Der Text lautet im Anschluss an die Formulierung *„Der Kläger hat am 26. August 2015 Klage erhoben"* etwa wie folgt: *„Er trägt vor, (...)"*, *„er führt aus, (...)"* oder *„Er macht geltend, (...)"*. Ausdrücke wie *„behaupten"* sollten Sie zur Kennzeichnung des Tatsachenverlaufs verwenden. Dagegen gebrauchen Sie Begriffe wie *„Meinung"*, *„Auffassung"* oder *„Ansicht"*, wenn die Beteiligten Rechtsansichten wiedergeben. Da der Vortrag des Klägers im Tatbestand auch optisch als einheitlicher Block dargestellt

[136] *Preusche*, JuS 2000, 170, 171.

wird, erübrigen sich wiederholte Formulierungen wie *„der Kläger trägt noch vor"* oder *„der Kläger ist weiter der Ansicht"* etc. Sie wirken anfängerhaft.

Haben Sie den Klägervortrag bereits weitgehend im Verwaltungsverfahren abgehandelt, darf er nicht erneut wiedergegeben werden. In diesem Falle formulieren sie etwa so: *„Der Kläger wiederholt sein Vorbringen aus dem Widerspruchsverfahren und trägt ergänzend vor, (...)"*.

Sind in der Prüfungsarbeit sowohl Zulässigkeits- als auch Begründetheitsprobleme angesprochen, ist es sinnvoll, auch das Klägervorbringen entsprechend zu gliedern, d. h. zuerst erfolgt der Vortrag zur Verfristung bzw. zu den geltend gemachten Wiedereinsetzungsgründen und anschließend zur Sache.

7. Der Klägerantrag

101 Der Klägerantrag ist der in der mündlichen Verhandlung gestellte Antrag[137]; er ist einschließlich des eventuell gestellten Hilfsantrags eingerückt im tatsächlichen Wortlaut wiederzugeben. Hat der Kläger einen **bestimmten Antrag** gestellt, so ist er **wörtlich** zu bringen, auch wenn dieser Antrag Ihrer Auffassung nach nicht sachgerecht ist.[138] Eine Präzisierung oder Modifizierung bleibt der Auslegung (§ 88 VwGO) oder Umdeutung im Rahmen der Entscheidungsgründe vorbehalten. Der Antrag lautet z. B. wie folgt:

> „Der Kläger beantragt,
>
> festzustellen, dass er ohne Sondernutzungerlaubnis berechtigt ist, in der Fußgängerzone von Neustadt zu den Ladenöffnungszeiten mit seiner Gitarre zu musizieren,
>
> hilfsweise,
>
> die Beklagte unter Aufhebung des Bescheids vom 3. Juni 2015 und des Widerspruchsbescheids vom 10. September 2015 zu verpflichten, die am 5. Mai 2015 beantragte Sondernutzungserlaubnis zu erteilen."

101a Ist der Kläger zur mündlichen Verhandlung nicht erschienen, **enthält die** Klageschrift **aber** einen bestimmten Antrag, **so kann wie folgt formuliert werden:**

> „Die in der mündlichen Verhandlung nicht erschienene Klägerin hat schriftsätzlich den Antrag angekündigt, ...

102 Hat der Kläger **keinen ausdrücklichen Antrag** gestellt oder ist der Antrag sehr ungenau gefasst (Beispiel: *„Ich weiß mir nicht mehr zu helfen und bitte das Gericht, gegen dieses Schreiben der Beklagten etwas zu unternehmen"*), ist der Antrag im Tatbestand mit seinem **sinngemäßen Inhalt** wiederzugeben.[139] Die Auslegung des

---

[137] Der in der Klageschrift gestellte Antrag ist zunächst lediglich ein **angekündigter Antrag.** Dieser ist gleichwohl wirksam und für das weitere Verfahren von maßgeblicher Bedeutung. Kommt es etwa zu einer Entscheidung ohne mündliche Verhandlung, so ist der (angekündigte) Antrag der gerichtlichen Entscheidung zugrunde zu legen, falls er nicht vorher vom Kläger geändert wird (näher dazu Rn. 134). Im Falle einer Änderung des (angekündigten) Klageantrags ist der geänderte Antrag zudem an den Voraussetzungen des § 91 VwGO für eine Klageänderung zu messen (*OVG Münster* BeckRS 2010, 51968).

[138] *Ziegler,* JuS 1999, 481, 486.

[139] S. auch *Jansen/Wesseling,* JuS 2009, 32, 34; *Martens/Koch,* Rn. 321. *Kaiser/Köster/Seegmüller,* Rn. 77 halten es für unangreifbarer, im Tatbestand den Antrag wörtlich wiederzugeben und die Auslegung des Antrags innerhalb der Entscheidungsgründe als prozessuale Vorfrage vorzunehmen.

Antrags bleibt wie bereits angesprochen den Entscheidungsgründen vorbehalten. Der Antrag ist dann wie folgt zu formulieren:

„Der Kläger beantragt sinngemäß,

den Bescheid vom 3. Juni 2015 aufzuheben."

Beachten Sie aber: Ist in der Aufsichtsarbeit ein **Sitzungsprotokoll** wiedergegeben und ergibt sich daraus ein **bestimmter Antrag,** so müssen Sie diesen Antrag auch in den Entscheidungsgründen zugrunde legen, d. h. der **Antrag** ist einer **Auslegung oder Umdeutung nicht mehr zugänglich.**[140] Dies ist die Konsequenz aus § 86 Abs. 3 VwGO, wonach der Vorsitzende darauf hinzuwirken hat, dass sachdienliche Anträge gestellt werden. Auch aus diesem Grund findet sich in Bearbeitervermerken häufig die Formulierung, dass rechtliche Hinweise – soweit erforderlich – gegeben, aber ohne Ergebnis geblieben sind.

Hat der Kläger im Laufe des Verfahrens eine **Klageänderung** (§ 91 VwGO) vor- 103
genommen – Beispiel: der Kläger, der zunächst den Planfeststellungsbeschluss als Ganzes angefochten hat, begehrt zuletzt nur noch die Verpflichtung der Behörde zur Planergänzung –, muss dies im Tatbestand in der sog. **vorgezogenen Prozessgeschichte** nach dem streitigen Klägervorbringen und im anschließenden Antrag zum Ausdruck kommen. Dazu folgendes Formulierungsbeispiel:

„Nachdem der Kläger ursprünglich die Aufhebung des Bescheids vom 3. Juni 2015 begehrt hatte, beantragt er zuletzt,

festzustellen, dass der Bescheid vom 3. Juni 2015 rechtswidrig war."

Haben die Beteiligten den Rechtsstreit **teilweise übereinstimmend für erledigt er-** 104
klärt (s. § 161 Abs. 2 VwGO) – Beispiel: der Kläger klagt gegen eine Beseitigungsanordnung nebst Zwangsmittelandrohung; in der mündlichen Verhandlung hebt der Behördenvertreter die Zwangsmittelandrohung auf,[141] nachdem er erfährt, dass der Kläger nicht Alleineigentümer des betreffenden Grundstücks ist – so können Sie im Anschluss an das Klägervorbringen etwa wie folgt formulieren:

„Nachdem die Beklagte in der mündlichen Verhandlung Ziffer 2 ihres Bescheids vom 3. Juni 2015 aufgehoben hat und die Beteiligten insoweit den Rechtsstreit übereinstimmend für erledigt erklärt haben, beantragt der Kläger (zuletzt),

den Bescheid vom 3. Juni 2015, soweit er noch Gegenstand des Verfahrens ist, und den dazu ergangenen Widerspruchsbescheid vom 10. September 2015 aufzuheben."

Hat der Kläger den Rechtsstreit **einseitig** in der Hauptsache **für erledigt erklärt,** so 105
bietet sich folgende Wendung an:

„Nachdem der Beklagte in der mündlichen Verhandlung den Bescheid vom 3. Juni 2015 aufgehoben hat, hat die Klägerin den Rechtsstreit in der Hauptsache

---

[140] Näher dazu s. Rn. 135.

[141] Durch die Aufnahme dieser Teilaufhebung in die Sitzungsniederschrift des VG wird dem Schriftformerfordernis für diesen VA genügt (s. *Kopp/Schenke,* Vorbemerkung zu § 40 Rn. 14).

für erledigt erklärt und beantragt nunmehr festzustellen, dass der Rechtsstreit in der Hauptsache erledigt ist.

Der Beklagte widerspricht der Erledigungserklärung und beantragt, die Klage abzuweisen."

106 Eine **teilweise Klagerücknahme** (§ 92 VwGO) des Klägers muss ebenso bei der Antragsstellung zum Ausdruck gebracht werden.

Anträge zu den Kosten des Verfahrens sowie zur vorläufigen Vollstreckbarkeit des Urteils, wie sie sich häufig in Schriftsätzen von Rechtsanwälten finden, werden im Tatbestand nicht gebracht; denn darüber entscheidet das VG von Amts wegen (§ 161 Abs. 1 VwGO).

8. Der Beklagtenantrag

107 Die Formulierung lautet wie folgt:

„Die Beklagte beantragt,

die Klage abzuweisen. (...)"

9. Das Beklagtenvorbringen

108 Hier gilt das zum Klägervorbringen Gesagte. Erschöpft sich der Beklagtenvortrag weitgehend in einer Bezugnahme auf den Widerspruchsbescheid und haben Sie bei der Abhandlung der Verfahrensgeschichte die zentrale Begründung des Widerspruchsbescheids wiedergegeben, so genügt an dieser Stelle ein Hinweis (*„Sie verweist zur Begründung auf den ergangenen Widerspruchsbescheid und trägt ergänzend vor, (...)"* oder *„Sie hebt nochmals hervor, ... "*).

10. Der Beigeladenenantrag und das Beigeladenenvorbringen

109 Sind am Verfahren Beigeladene beteiligt, so sind deren Anträge und Vorbringen unmittelbar nach dem Beklagtenvortrag darzustellen. Stellt der Beigeladene keinen Antrag, etwa weil er das Kostenrisiko scheut, empfiehlt sich folgende Formulierung: *„Der Beigeladene stellt keinen Antrag. Er macht jedoch geltend (...)"*.

11. Repliken und Dupliken

110 Äußerst selten, aber nicht völlig ausgeschlossen, sind Repliken des Klägers und Dupliken des Beklagten. Hiervon sollten Sie aber nur Gebrauch machen, sofern dies des besseren Verständnisses wegen zwingend erforderlich ist, so z. B. nach einer durchgeführten Beweisaufnahme. Meist genügt die Wendung:

„entgegen der Behauptung des Beklagten habe er, der Kläger, keine Kenntnis von dem Baubeginn des Beigeladenen am 5. März 2015 gehabt (...)"

12. Die Prozessgeschichte

111 Hier ist die Entwicklung nach Erhebung der Klage darzustellen, soweit sie für den Ausgang des Verfahrens relevant ist und nicht sinnvoll in Vortrag und Anträge der Beteiligten integriert werden kann (s. oben teilweise Klagerücknahme und teilweise übereinstimmende Erledigungserklärung). Hierzu zählt insbesondere die **Beweiserhebung,** sofern eine solche stattgefunden hat. Es genügt in diesem Fall die konkrete

Bezugnahme auf den Beweisbeschluss und das Protokoll über die Beweisaufnahme.[142] Die entsprechende Formulierung lautet etwa wie folgt:

„Das Gericht hat über die Stärke und Dauer der von dem Grundstück des Beigeladenen ausgehenden Lärmemissionen Beweis erhoben durch Einholung eines Sachverständigengutachtens sowie durch Einnahme des Augenscheins. Bezüglich des Ergebnisses der Beweisaufnahme wird auf das Sachverständigengutachten von Prof. Dr. Laut sowie die Niederschrift über den Ortstermin vom 16. März 2012 verwiesen“.

In der Prozessgeschichte aufzuführen ist gegebenenfalls auch der **Verzicht der Beteiligten auf die Durchführung einer mündlichen Verhandlung** (§ 101 Abs. 2 VwGO), das Einverständnis der Beteiligten mit einer Entscheidung durch den Vorsitzenden bzw. Berichterstatter (§ 87 a Abs. 2 und 3 VwGO) sowie die **Übertragung des Rechtsstreits auf den Einzelrichter** (§ 6 VwGO).[143]

Ist dem Urteil ein Gerichtsbescheid vorausgegangen, gegen den ein Beteiligter gemäß 112
§ 84 Abs. 2 Nr. 2 VwGO Antrag auf mündliche Verhandlung beantragt hat, sind in der Prozessgeschichte der Erlass des Gerichtsbescheids, das Datum seiner Zustellung und der Antrag auf mündliche Verhandlung mit Eingangsdatum zu erwähnen:[144]

„Mit Gerichtsbescheid vom 3. August 2015, zugestellt am 8. August 2015, hat das Gericht die Klage abgewiesen. Am 2. September 2015 hat die Klägerin „Antrag auf mündliche Verhandlung“ gestellt (...)“

Findet sich im Aktenauszug eine **Betreibensaufforderung des VG** gemäß § 92 Abs. 2 113
Satz 2 VwGO sowie ein nachfolgender Beschluss darüber, dass die Klage als zurückgenommen gelte, und begehrt der Kläger die Fortsetzung des Verfahrens mit der Behauptung, die Voraussetzungen für eine Verfahrenseinstellung hätten nicht vorgelegen, müssen diese Fakten ebenfalls in der Prozessgeschichte mitgeteilt werden. Je nach Fall bietet es sich auch an – häufig des besseren Verständnisses wegen –, die diesbezüglichen Ausführungen bereits in der vorgezogenen Prozessgeschichte unmittelbar vor den Anträgen der Beteiligten abzuhandeln. Dazu folgendes Formulierungsbeispiel:

„Der Berichterstatter hat die Klägerin mit am 18. Mai 2015 zugestellten Schreiben vom 15. Mai 2015 unter Hinweis auf die Rücknahmefiktion des § 92 Abs. 2 Satz 1 VwGO und deren weitere Voraussetzungen sowie die Kostenfolge aufgefordert, das Verfahren zu betreiben und die Klage „unter Auseinandersetzung mit den Argumenten des Ablehnungsbescheides“ zu begründen. Nachdem die Klagebegründung erst am 27. Juli 2015 bei Gericht eingegangen ist, hat der Berichterstatter durch Beschluss vom 3. August 2015 festgestellt, dass die Klage als zurückgenommen gelte. Zugleich hat er das Verfahren auf Kosten der Klägerin eingestellt. Mit Schreiben vom 2. September 2015 hat die Klägerin mit der Begründung um Fortsetzung des Verfahrens gebeten, die Voraussetzungen der

---

[142] *Pietzner/Ronellenfitsch*, Rn. 866 sehen die in der Praxis üblichen Verweisungen in Examensarbeiten dagegen als unzulässig an.

[143] Diese Angabe dürfte allerdings verzichtbar sein, da sich die Übertragung auf den Einzelrichter bereits aus dem Rubrum ergibt (so auch *Kaiser/Köster/Seegmüller*, Rn. 85).

[144] Dagegen werden in den Tatbestand nur die Sachanträge aufgenommen, nicht aber Anträge auf Aufhebung oder Bestätigung des Gerichtsbescheides; zum Gerichtsbescheid s. Rn. 397 f.

Rücknahmefiktion hätten nicht vorgelegen, da die ihm übersandte Betreibensaufforderung nicht mit dem erforderlichen Ausfertigungsvermerk des Berichterstatters versehen gewesen sei."

114 Der Beiladungsbeschluss ist in der Prozessgeschichte nicht zu erwähnen, da sich die Beiladung bereits aus dem Rubrum ergibt.

13. Der Schlusssatz

115 Nach § 117 Abs. 3 Satz 2 VwGO soll wegen der Einzelheiten auf Schriftsätze, Protokolle und andere Unterlagen verwiesen werden, soweit sich aus ihnen der Sach- und Streitstand ausreichend ergibt. Diese Formulierung sollten Sie allerdings nicht in dem Sinne missverstehen, dass Sie – eventuell in Zeitnot – pauschal auf den Inhalt der Gerichts- und Verwaltungsakten Bezug nehmen und so den Tatbestand bis zur Unverständlichkeit kürzen. Der Tatbestand muss aus sich heraus verständlich sein und hat alle Fakten zu enthalten, die in den Entscheidungsgründen erörtert werden. Der genannte Schlusssatz lautet z. B.:

„Wegen der weiteren Einzelheiten des Sach- und Streitstandes wird auf die von den Beteiligten zur Gerichtsakte gereichten Schriftsätze der Beteiligten sowie die Verwaltungsakten der Beklagten verwiesen. Diese waren Gegenstand der mündlichen Verhandlung. (…)"

Die Streitfrage, ob es sich dabei um eine nichts sagende Floskel handelt, oder sie jedenfalls die Beschränkung auf Gerichts- und Verwaltungsakten als Entscheidungsgrundlagen sinnvoll zum Ausdruck bringt, lässt sich gerade im Hinblick auf die Üblichkeit in der Praxis kaum abschließend beantworten. Informieren Sie sich über die in Ihrem Bundesland geltenden Examensanforderungen in Ihrer Arbeitsgemeinschaft.[145]

§ 5. Die Entscheidungsgründe

I. Grundsätzliches

1. Der Urteilsstil

116 Die Entscheidungsgründe sind das inhaltliche Herzstück jeder Klausur. Hier geht es um die „big points". Es ist darzulegen, nach welchen Rechtsnormen der Rechtsstreit zu entscheiden ist und ihre Anwendung im Streitfall im Einzelnen zu begründen. Die o. g. rheinland-pfälzischen Bewertungskriterien enthalten für das Abfassen der Entscheidungsgründe folgende Grundregeln:

„Bei der Bewertung ist nicht nur auf die richtige Lösung der prozessualen und der materiell-rechtlichen Probleme zu achten, sondern auch auf
- die Einhaltung der Aufbauregeln und die Verwendung des Urteilsstils
- die Schlüssigkeit der Begründung
- die eigenständige Argumentation (die nicht ersetzt wird durch Zitate oder den Hinweis auf die herrschende Meinung) (…)"

---

[145] S. auch *Kaiser/Köster/Seegmüller* Rn. 86; *Kaufmann,* ThürVBl. 1998, 118, 120 lehnt die genannte Formel in seinen Hinweisen für thüringische Referendare ab; ebenso *Ramsauer,* Rn. 7.13.

Zentrale Bedeutung kommt also der **Verwendung des Urteilsstils** zu. Dieser ist keine böswillige Erfindung für Ausbildungs- und Prüfungszwecke,[146] sondern die Begründungstechnik, mit der der Leser vom Endergebnis über Zwischenergebnisse zu den jeweils dafür maßgeblichen rechtlichen Erwägungen geführt wird. Verlangt wird eine klare Begründungsstruktur, die gewährleistet, dass der Leser jederzeit darüber orientiert ist, welches Ergebnis bzw. Teilergebnis gerade begründet wird.[147] 117

Die **Urteilssprache** soll klar und präzise, sachlich und verständlich sein – ohne einerseits in Umgangssprache zu verfallen oder andererseits die Beteiligten durch Verwendung juristischer Fachbegriffe und langer Schachtelsätze zu verwirren und zu belehren. Insbesondere lateinische Fachbegriffe und Fremdwörter sind nur dann akzeptabel, wenn sie allgemein geläufig sind oder im Text erläutert werden. Bilden Sie möglichst kurze Sätze. Verwenden Sie für die gedankliche Verknüpfung „denn" oder „weil". Sind zu einer Rechtsfrage gegenläufige Argumente abzuwägen, bieten sich „Zwar-aber-Sätze" als Einkleidung an. 118

Da im Urteil grundsätzlich **nur die tragenden Gründe mitzuteilen** sind (vgl. § 108 Abs. 1 Satz 2 VwGO),[148] muss in den Entscheidungsgründen nicht mehr angeführt werden, als zur Begründung des Tenors erforderlich ist. Nur die zweifelhaften tatsächlichen und rechtlichen Fragen sind abzuhandeln. Dies bedeutet, dass an sich vorrangige Fragen offen bleiben dürfen, wenn es für die Entscheidung im Ergebnis nicht auf sie ankommt – so verfahren die Gerichte in der Praxis auch. Andererseits haben die Beteiligten Anspruch auf rechtliches Gehör, auch der von ihnen vertretenen Rechtsansichten. Dementsprechend verpflichtet § 108 Abs. 2 VwGO das Gericht, den Vortrag der Beteiligten zur Kenntnis zu nehmen. Dazu zählt auch ein „neben der Sache liegendes Vorbringen", das allerdings sehr kurz abgehandelt werden sollte, um die Schwerpunkte nicht zu verschieben. 119

2. Die Rechtsansichten der Beteiligten

In Examensklausuren ist **besonderes Augenmerk** auf die **Rechtsansichten der Beteiligten** zu richten, die sich im Vergleich zu Schriftsätzen aus der gerichtlichen Praxis besonders häufig und umfangreich finden. Zum Teil sind sie gezielt eingearbeitet, um die Kandidaten auf bestimmte Rechtsprobleme und die dazu vertretenen Auffassungen hinzuweisen. Außerdem sollen nach den Bearbeitervermerken regelmäßig auf alle im Sachverhalt angesprochenen Punkte eingegangen werden. Dies bedeutet, dass in der Klausur auch solcher Vortrag der Beteiligten zu erörtern ist, der die Entscheidung nicht trägt (ansonsten müssten Sie diese Punkte in einem Hilfsgutachten abhandeln). Nur an wichtigen Stellen ist es auch angemessen, die Herkunft einzelner Argumente oder Behauptungen konkret zu benennen, etwa wie folgt: 120

„Die Beklagte hat zu Recht darauf hingewiesen (…)"
„Entgegen der Auffassung des Klägers (…)"
„Das Gericht ist mit dem Kläger der Meinung (…)"
„Insofern kann die Behauptung des Klägers, (…), dahinstehen."

---

[146] *Adam*, in: Proppe/Solbach, S. 53.

[147] *Ramsauer*, Rn. 8.02 ff.

[148] Eine Ausnahme hiervon sieht § 117 Abs. 5 VwGO vor, wonach das Gericht von einer weiteren Darstellung der Entscheidungsgründe absehen kann, soweit es der Begründung des VA oder des Widerspruchsbescheids folgt und dies in seiner Entscheidung feststellt. Es bedarf keiner besonderen Begründung, dass in der Assessorklausur hiervon kein Gebrauch gemacht werden kann.

„Aufgrund der vorstehenden Ausführungen kommt es auf die von dem Kläger in seinem Schriftsatz vom (...) aufgeworfene Rechtsfrage zur materiellen Wirksamkeit des Bescheids nicht mehr an."

Derartige Formulierungen taugen aber nicht dazu, die Darstellung nebensächlicher Punkte „lebendiger" zu machen. Die allzu häufige Verwendung wirkt nämlich anfängerhaft und birgt die Gefahr, dass die Urteilsgründe zum argumentativen Schlagabtausch mit den Beteiligten selbst geraten, anstatt sich sachlich mit den Inhalten der von ihnen vertretenen Auffassungen auseinander zu setzen.

3. Aufbau und Subsumtion

121 Ihre **Argumentation** hat sich **stets am Sachverhalt zu orientieren;** sie muss **klar und nachvollziehbar** sein. Die einschlägigen **Normen** sind **exakt zu zitieren,** d. h. es genügt nicht, lediglich den Paragraphen zu nennen, wenn dieser über mehrere Absätze bzw. Sätze oder Ziffern verfügt (z. B. § 48 VwVfG). Viele Prüfer reagieren allergisch auf diese schlampige Arbeitsweise.[149] Die Normen sind ferner, soweit sie im konkreten Fall nicht nur von untergeordneter Bedeutung sind, im Wortlaut wiederzugeben. Anschließend erfolgt die **Subsumtion** des Falles. Subsumieren bedeutet, dass der Gesetzes- bzw. Verordnungstatbestand mit dem Sachverhalt verglichen und daraus eine Rechtsfolge abgeleitet wird.[150] Das setzt selbstverständlich voraus, dass Sie die zu subsumierende Norm genau lesen. Hiergegen wird jedoch viel zu oft verstoßen, insbesondere bei komplizierten Normen wie z. B. § 214 BauGB.

122 Für die Bewertung einer Klausur kommt es vor allem auf die Qualität der Urteilsgründe und der argumentativen Begründung des Ergebnisses an; dazu tragen der **Verweis auf eine „herrschende Meinung" oder „Mindermeinung"** genauso wenig bei wie wortwörtliche Zitate aus dieser oder jener Kommentarstelle.[151] Letztere machen ausnahmsweise dann Sinn, wenn ein Kommentarbearbeiter sich ausdrücklich mit einer bestimmten Rechtsprechungs- oder Literaturmeinung auseinander setzt und Stellung bezieht; unzulässig ist es aber in jedem Fall, Rechtsprechungsnachweise aus einem Kommentar konkret zu zitieren, denn diese steht im Original nicht zur Verfügung. Im Übrigen ist es Ihre Aufgabe, die Anwendbarkeit einer Norm auf den konkreten Sachverhalt zu begründen. Oftmals werden gute Argumente für eine Lösung sprechen, die den Weg zur Erörterung weiterer im Klausurtext angesprochener Probleme eröffnet, die andernfalls als Hilfsgutachten abzuhandeln wären (z. B. Klageabweisung, wenn im Klausurtext von einer hilfsweisen Aufrechnungserklärung des Klägers die Rede ist). Bedenken Sie aber: Wer krampfhaft ein bestimmtes Ergebnis zu begründen sucht, aus klausurtaktischen Erwägungen oder weil er die „Lösung" des Falles aus einer zuvor gelesenen Entscheidung zu kennen meint, verstellt sich oft den Weg zu den tatsächlichen Problemen des Falls. Überzeugend argumentieren wird am ehesten, wer selbst von der Tragfähigkeit der eigenen Lösung überzeugt ist. Dazu sind die einzelnen Argumente aufzuzeigen, gegenüberzustellen, abzuwägen und zu einer schlüssigen und nachvollziehbaren Begründung zusammenzuführen. Dies erfolgt in der Regel anhand der anerkannten Auslegungskriterien Wortlaut, Systematik, Sinn und Zweck einer Vorschrift, seltener deren Entstehungsgeschichte. Zur Ausfüllung wertender Tatbestandsmerkmale ist verschiedentlich eine Güter- und Interessenabwägung im Einzelfall vorzunehmen, gegebenenfalls auch die analoge Anwendung einer Norm zu prüfen.

---

[149] S. z. B. *Fichte,* Rn. 80.
[150] *Decker,* JA 1997, 969, 973 m. w. N.
[151] Vgl. *Lemke,* JA 2001, 325, 328 und *Lemke,* JA 2002, 509.

4. Die Darstellung von Meinungsstreiten

Die **Darstellung von Meinungsstreiten** in der Prüfungsarbeit folgt keinem starren Schema. Überprüfen Sie zunächst gedanklich, ob es in dem zu entscheidenden Fall überhaupt auf eine Auseinandersetzung mit den unterschiedlichen Rechtsstandpunkten ankommt. Ist dies zu verneinen, genügt ein kurzer Anriss des Problems. Damit geben Sie dem Prüfer zu erkennen, dass Ihnen die streitige Rechtsfrage zwar bekannt ist, Sie aber souverän genug sind, auf den Meinungsstreit nicht näher einzugehen, wenn es hierauf nicht ankommt. Ein Beispiel: In Rechtsprechung und Literatur besteht Einigkeit, dass es im öffentlichen Recht den sog. öffentlich-rechtlichen Abwehranspruch (bzw. Folgenbeseitigungsanspruch) gibt. Zum Teil wird die Rechtsgrundlage hierfür in §§ 906, 1004 BGB analog gesehen, nach a. A. wird er aus den Freiheitsgrundrechten hergeleitet. Es ist offenkundig, dass es in einer Examensarbeit in der Assessorprüfung nicht auf diesen akademischen Streit ankommt, der trotz unterschiedlicher Begründung zu gleichen Ergebnissen führt. Gleichwohl ist die Rechtsgrundlage des öffentlich-rechtlichen Abwehranspruchs zu nennen. Dies kann etwa wie folgt geschehen: 123

„Die Voraussetzungen des öffentlich-rechtlichen Abwehranspruchs, der seine Rechtsgrundlage entweder in den Freiheitsgrundrechten oder den §§ 906, 1004 BGB analog findet, sind gegeben. (…)“

Führt ein **Meinungsstreit** dagegen im konkret zu entscheidenden Fall zu **unterschiedlichen Ergebnissen,** genügt ein schlichter Verweis auf die herrschende Meinung nicht. Hier müssen Sie Farbe bekennen, indem Sie die verschiedenen Auffassungen mit den entsprechenden Argumenten darstellen und danach eine eigene Stellungnahme abgeben. Dabei gibt es keine verbindliche Reihenfolge der Darstellung. 124

Hierzu ein Beispiel, das häufiger in Examensarbeiten vorkommt:[152] Der Widerspruch des Klägers war zwar verfristet, die Widerspruchsbehörde hat den Widerspruch aber in der Sache zurückgewiesen. 125

„Der Zulässigkeit der Klage steht nicht die nicht ordnungsgemäße Durchführung des Vorverfahrens entgegen. Zwar war der Widerspruch der Klägerin unzweifelhaft verfristet. Der Bescheid war ihr ordnungsgemäß am 5. Mai 2015 per Übergabeeinschreiben (§ 1 SachsAnhVwZG i. V. m. § 4 VwZG) zugestellt worden, so dass die einmonatige Widerspruchsfrist des § 70 Abs. 1 VwGO am Montag, dem 8. Mai 2015 ablief (vgl. § 57 Abs. 2 VwGO i. V. m. § 222 Abs. 2 ZPO). Das am 15. Juni 2015 bei dem Beklagten eingegangene Widerspruchsschreiben ging somit zu spät ein. Die Widerspruchsbehörde war gleichwohl berechtigt, über den Widerspruch in der Sache zu entscheiden. Die Frage, ob ein verspätet erhobener Widerspruch zwingend als unzulässig zurückgewiesen werden muss[153] oder ob der Widerspruchsbehörde die Befugnis zusteht, den Widerspruch trotz der Verfristung sachlich zu bescheiden mit der Folge, dass dem Betroffenen die verwaltungsgerichtliche Klagemöglichkeit eröffnet ist, wird in Rechtsprechung und Literatur unterschiedlich beurteilt. Nach einer Auffassung[154] steht die Fristvorschrift des § 70 VwGO nicht zur Disposition der Widerspruchsbehörde, denn die Befristung diene nicht

---

[152] S. z. B. die Klausur von *Kahl/Hilbert,* Jura 2011, 948.

[153] Eine solche Verpflichtung sieht § 367 Abs. 2 AO ausdrücklich vor.

[154] S. *Engst,* Jura 2006, 166, 170; *Pietzner/Ronellenfitsch,* Rn. 1257 f.; *Kopp/Schenke,* § 70 Rn. 9; *Geis/Hinterseh,* JuS 2001, 1074, 1076.

nur den Interessen der Widerspruchsbehörde, sondern auch denen der Ausgangsbehörde und beteiligter Dritter an Bestandsschutz und Rechtssicherheit und darüber hinaus dem übergeordneten öffentlichen Interesse an Vermeidung uferlosen Prozessierens und übermäßiger Inanspruchnahme der Verwaltungsgerichte. Nach der Gegenmeinung[155] ist die Widerspruchsbehörde dagegen grundsätzlich nicht gehindert, einen verspätet erhobenen Widerspruch sachlich zu bescheiden, denn in Widerspruchsverfahren, die (nur) das Verhältnis zwischen der Behörde und dem durch den Verwaltungsakt Betroffenen berührten, diene die Widerspruchsfrist vornehmlich dem Schutz der Behörde selbst mit der Folge, dass es ihr als Herrin des Verfahrens freistehe, sich entweder mit dem Ergebnis der Unzulässigkeit des Widerspruchs auf die Fristversäumnis zu berufen oder unter Außerachtlassung der Fristversäumnis zur Sache selbst zu entscheiden. Die Widerspruchsbehörde ist nach dieser Ansicht nur dann nicht befugt, eine Sachentscheidung über den verfristeten Widerspruch zu treffen, wenn ein schutzwürdiger Dritter infolge des verspätet erhobenen Widerspruchs des Betroffenen eine bestandskräftige Position erlangt hat.[156] Dieser überzeugenden Auffassung schließt sich die Kammer an. Maßgeblich ist, dass der Widerspruchsbehörde die volle Prüfungs- und Entscheidungskompetenz der Ausgangsbehörde zukommt und nach den §§ 48, 51 VwVfG auch bestandskräftige Verwaltungsakte aufgehoben werden können bzw. das Verfahren wiederaufgegriffen werden kann. Die Einhaltung der Widerspruchsfrist ist ferner gerade keine vom Verwaltungsgericht von Amts wegen zu prüfende Sachurteilsvoraussetzung. Dies hat zur Folge, dass die Klage gegen den Ursprungsbescheid im Falle der sachlichen Bescheidung des Widerspruchs durch die Widerspruchsbehörde nicht als unzulässig abgewiesen werden darf."

5. Richtige Schwerpunktbildung

126 Entscheidende Bedeutung in der Prüfungsarbeit kommt der **richtigen Schwerpunktbildung** zu. In der Regel enthält eine Klausur fünf bis acht im Sachverhalt meist ausdrücklich angesprochene Schwerpunkte. Auf diese sollten Sie sich konzentrieren und Ihren Begründungsaufwand entsprechend ausrichten. Beziehen Sie in Ihre Ausführungen stets den konkreten Sachverhalt ein, d. h. argumentieren Sie niemals losgelöst vom Fall. Ihr Argumentationsaufwand muss umso größer sein, je eher mit Widerstand gegen die vertretene Lösung zu rechnen ist. Zur richtigen Schwerpunktbildung in der öffentlich-rechtlichen Klausur eine Anmerkung von *Proppe:*[157]

„Viele Klausuren leiden in den Entscheidungsgründen darunter, dass Nebensächlichkeiten, zum Teil sogar Belanglosigkeiten eingehend erörtert, die wahren Probleme aber recht stiefmütterlich behandelt werden. Sicherlich ist es eine Kunst, Wesentliches seiner Bedeutung nach eingehend zu erörtern, Unwesentliches hingegen wegzulassen oder nur zu streifen, mit anderen Worten die Schwerpunkte richtig zu setzen. Gerade in der Aufsichtsarbeit fällt dem Kandidaten häufig zu nebensächlichen Fragen manches ein, das er zu Papier bringen möchte, während die wahren Probleme bisweilen nicht oder nicht richtig erfasst werden. Wen wundert es da, dass der Kandidat, um überhaupt eine Leistung zu erbringen, auf Nebenschauplätze ausweicht. Gute Noten sind damit allerdings nicht zu erreichen. Im Gegenteil, eine Bearbeitung, die sich überwiegend mit Nebensächlichkeiten aufhält und die Schwerpunkte nicht richtig setzt, wird eine erhebliche Noteneinbuße erfahren…"

---

[155] H. M., s. *BVerwG* NVwZ 1983, 285 und 608, NVwZ-RR 1989, 85; *OVG Münster* BauR 2007, 677; *VGH Mannheim* NVwZ-RR 2002, 6; *Deckenbrock/Patzer,* Jura 2003, 476, 480; vgl. auch *BVerwG* LKV 2007, 178.

[156] Z. B. *BVerwG* NVwZ-RR 1989, 85 und BayVBl. 1999, 58.

[157] *Proppe,* JA 1993, 199, 200.

6. Die Beweiswürdigung

Hat in dem der Klausur zugrunde liegenden Fall eine Beweisaufnahme (Augenscheinseinnahme, Einholung eines Sachverständigengutachtens) stattgefunden, so müssen Sie sich hiermit in der Urteilsbegründung auseinander setzen. Dabei genügt nicht einfach der Satz *„Nach den Angaben des Gutachters Dr. Laut ist die Lärmbelästigung unzumutbar"*. Die Ausführungen des Sachverständigen dürfen nicht ungeprüft übernommen werden, vielmehr ist deutlich zum Ausdruck zu bringen, dass das Gericht eine eigenen Entscheidung trifft. Formulieren Sie etwa wie folgt: 127

> „Wie der Sachverständige in seinem Gutachten vom 22. September 2015 ausgeführt hat, ist zu erwarten, dass der Kläger auch in Zukunft erheblich gegen verkehrsrechtliche Vorschriften verstoßen wird. Er stützt diese Bewertung u. a. auf… Das Gutachten ist schlüssig und nachvollziehbar, so dass sich die Kammer die Ausführungen des Sachverständigen zu eigen macht."

Erhebt ein Beteiligter Einwendungen gegen die Richtigkeit eines Gutachtens, so hat das Gericht sich hiermit auseinander zu setzen und muss gegebenenfalls dartun, warum es den Ausführungen des Sachverständigen folgt oder nicht (*„Der Ansicht des Klägers, das Gutachten könne nicht verwertet werden, weil der Sachverständige es unterlassen habe, (…), kann nicht gefolgt werden, weil (…)"*).

II. Die Erörterung spezieller Prozessfragen

Vor den eigentlichen Entscheidungsgründen zu Zulässigkeit und Begründetheit einer Klage sind **besondere Prozessfragen** anzusprechen, sofern der Sachverhalt hierzu Anlass bietet. Hierzu gehören die Darstellung des Verzichts auf mündliche Verhandlung, der Entscheidung des Gerichts trotz Abwesenheit von Beteiligten, einer teilweisen Verfahrenseinstellung, einer Rubrumsberichtigung oder Klageänderung sowie gegebenenfalls Ausführungen dazu, dass die Streitsache noch anhängig ist (z. B. eine Verfahrenseinstellung wegen Nichtvorliegens der Voraussetzungen der Klagerücknahmefiktion unwirksam war). 128

Formulieren Sie bei einer Entscheidung trotz **Abwesenheit von Beteiligten** bzw. bei **Verzicht auf mündliche Verhandlung** z. B. wie folgt: 129

> „Das Gericht konnte trotz Ausbleibens des Klägers in der mündlichen Verhandlung vom 28. September 2015 verhandeln und entscheiden, da der Kläger rechtzeitig und unter Hinweis auf § 102 Abs. 2 VwGO geladen worden ist."
>
> „Die Klage, über die das Gericht im Einverständnis der Beteiligten ohne mündliche Verhandlung entscheiden konnte (§ 101 Abs. 2 VwGO), ist zulässig. (…)"

Hat der Kläger die Klage teilweise zurückgenommen oder haben die Beteiligten den Rechtsstreit teilweise übereinstimmend für erledigt erklärt,[158] so wird das **Verfahren teilweise eingestellt.** Dies ist zu Beginn der Entscheidungsgründe etwa so anzusprechen: 130

---

[158] Bei übereinstimmender Erledigungserklärung des Verfahrens insgesamt wird gemäß § 161 Abs. 2 VwGO im Beschlusswege nur noch über die Kosten des Verfahrens entschieden; s. hierzu Rn. 328 ff.

„Soweit die Beteiligten den Rechtsstreit in der Hauptsache übereinstimmend für erledigt erklärt haben, war das Verfahren in entsprechender Anwendung des § 92 Abs. 3 Satz 1 VwGO einzustellen.

Hinsichtlich des noch zur Entscheidung gestellten verbleibenden Streitgegenstandes ist die Klage zwar zulässig, in der Sache aber unbegründet. (...)“

131 Denkbar ist auch eine Fallgestaltung, in der das VG in der mündlichen Verhandlung, in der die Anträge gestellt wurden, einen Verkündungstermin anberaumt und der Kläger vor diesem Termin die Klage zurücknimmt, der Beklagte dieser Rücknahme aber widerspricht. In diesem Fall ist aufgrund der Vorschrift des § 92 Abs. 1 Satz 2 VwGO die Klagerücknahme unwirksam und die Klage damit zulässig, sofern nicht ein anderer Grund der Zulässigkeit der Klage entgegensteht. Die Frage nach der **fortdauernden Anhängigkeit der Klage** ist sinnvollerweise am Anfang der Entscheidungsgründe zu beantworten, da bei wirksamer Klagerücknahme kein Urteil zu fertigen wäre. Dazu folgendes Formulierungsbeispiel:

„Das erkennende Gericht war trotz der mit Schriftsatz des Klägers vom 19. März 2015 erfolgten Klagerücknahme verpflichtet, über die Rechtmäßigkeit des Bescheids vom 10. Oktober 2014 zu entscheiden, da die Klagerücknahme des Klägers unwirksam ist. Gemäß § 92 Abs. 1 Satz 2 VwGO setzt die Klagerücknahme nach Stellung der Anträge in der mündlichen Verhandlung die Einwilligung des Beklagten voraus. Diese Voraussetzungen liegen hier nicht vor. Denn der Beklagte hat nach der mündlichen Verhandlung vom 13. März 2015, in der die Beteiligten die Anträge gestellt hatten und das Gericht Verkündungstermin auf den 30. März 2015 bestimmt hatte, der am 19. März 2015 erfolgten Klagerücknahme des Klägers am 24. März 2015 widersprochen.“

132 Zu Beginn der Entscheidungsgründe ist ferner eine im Rubrum vorgenommene **Berichtigung der Parteienbezeichnungen** zu erläutern, auch wenn dies häufig mit der Frage der Beteiligungsfähigkeit nach § 61 VwGO zusammenhängt. Als Faustregel sollten Sie sich merken, dass immer dann, wenn Sie das Rubrum berichtigt haben, die Frage der Beteiligungsfähigkeit der betreffenden Partei in den Entscheidungsgründen vorgezogen wird. Problematisieren Sie die Beteiligungsfähigkeit, ohne das Rubrum zu berichtigen, erörtern Sie diesen Prüfungspunkt wie üblich nach der Statthaftigkeit der Klageart bzw. der Klagebefugnis. Ein **Beispiel** für eine **Rubrumsberichtigung:** Da eine **ungeteilte Erbengemeinschaft** als solche nicht beteiligungsfähig ist,[159] sind im Rubrum die einzelnen Miterben aufzuführen. Ist in der Klageschrift stattdessen die Erbengemeinschaft angegeben, so ist dies richtig zu stellen.

„Das Gericht hat das Rubrum auf der Klägerseite von Amts wegen berichtigt. Die Klage erhoben hat zwar die „Erbengemeinschaft Hauptstraße 6“. Diese ist jedoch nicht beteiligungsfähig im Sinne des § 61 Nr. 2 VwGO. Nach dieser Bestimmung sind fähig, an einem verwaltungsgerichtlichen Verfahren beteiligt zu sein, „Vereinigungen, soweit ihnen ein Recht zustehen kann“. Einer ungeteilten Erbengemeinschaft (§§ 2032 ff. BGB), wie sie hier vorliegt, stehen als solcher kraft Gesetzes aber keine eigenen Rechte zu; vielmehr steht die Verwaltung des

---

[159] *Kopp/Schenke,* § 61 Rn. 10; Schoch/*Bier,* § 61 Rn. 6; vgl. auch *BGH* NJW 2006, 3715 und NJW-RR 2014, 1170; *Lemmerz,* Jura 2014, 1247.

Nachlasses gemäß § 2038 Abs. 1 BGB den Erben gemeinschaftlich zu. Ferner kann jeder Miterbe grundsätzlich jederzeit die Auseinandersetzung verlangen (§ 2042 Abs. 1 BGB). Daher sind nur die einzelnen Miterben beteiligungsfähig nach § 61 Nr. 1 VwGO. Die falsche Bezeichnung des Klägers in der Klageschrift ist aber unschädlich, wenn – wie hier – ohne weiteres ersichtlich ist, welche Personen Klage erheben wollen. Demgemäß wurde die Bezeichnung der Kläger berichtigt."

Ein weiteres Beispiel für den Fall, dass der Kläger in der Klageschrift den Rechtsträger als Beklagten aufgeführt hat, nach Landesrecht die Klage aber gegen die Behörde zu richten ist: 133

„Das Rubrum ist auf der Beklagtenseite von Amts wegen zu berichtigen. Beklagter ist nicht das Land Niedersachsen, vertreten durch den Minister für Inneres und Sport, sondern das Ministerium für Inneres und Sport selbst. Nach § 61 Nr. 3 VwGO sind Behörden beteiligungsfähig, sofern das Landesrecht dies bestimmt. Hiervon hat der niedersächsische Gesetzgeber in § 79 des Justizgesetzes für landesunmittelbare Behörden Gebrauch gemacht. Nach Abs. 2 der genannten Vorschrift sind u. a. Klagen gegen die Landesbehörde zu richten, die den angefochtenen Verwaltungsakt erlassen hat. Dementsprechend ist im Rubrum statt des Landes Niedersachsen das Ministerium für Inneres und Sport als Beklagter aufzuführen. Darin liegt kein Austausch des Beklagten, dem das Verbot der Klageänderung (auch in Gestalt eines Parteiwechsels) entgegenstünde (§ 91 VwGO). Mit der Änderung des Rubrums wird vielmehr lediglich klargestellt, dass die bisher als Vertreterin der beklagten Körperschaft bezeichnete Behörde selbst die Rechtsstellung eines Beteiligten hat."

III. Auslegung des Klagebegehrens und Klageänderung

1. Die Ermittlung des Klagebegehrens

Vor Eintritt in die rechtliche Würdigung ist, sofern erforderlich, in einem „Vorspruch" zur **Auslegung** der dem Klagebegehren entsprechenden Anträge Stellung zu nehmen.[160] Nach **§ 88 VwGO** darf das Gericht über das Klagebegehren nicht hinausgehen, ist aber an die Fassung der Anträge nicht gebunden. Maßgebend für den Umfang des Klagebegehrens ist das aus dem gesamten Parteivorbringen, insbesondere der Klagebegründung, zu entnehmende **wirkliche Rechtsschutzziel**[161]. Insoweit sind die für die Auslegung von Willenserklärungen geltenden Grundsätze (§§ 133, 157 BGB) anzuwenden. Wesentlich ist der geäußerte **Parteiwille,** wie er sich aus der prozessualen Erklärung und sonstigen Umständen ergibt. Der Wortlaut der Erklärung tritt hinter deren Sinn und Zweck zurück. Neben dem Klageantrag und der Klagebegründung ist auch die Interessenlage des Klägers zu berücksichtigen, soweit sie sich aus dem Parteivortrag und sonstigen für das Gericht und den Beklagten als Empfänger der Prozesserklärung erkennbaren Umständen ergibt. Bei Zweifeln ist der Klageantrag so auszulegen, wie er bei verständiger Würdigung dem Willen des Rechtsschutzsuchenden entspricht.[162] In Betracht 134

[160] *Ziegler,* JuS 1999, 481, 486.
[161] *BVerwG* BeckRS 2015, 41972.
[162] Z. B. *BVerwG* NVwZ-RR 2012, 23 und NVwZ 2012, 375.

kommt daher z. B. die Auslegung einer Anfechtungsklage als Verpflichtungsklage:[163] Ist der Kläger bei der Fassung des Klageantrages anwaltlich vertreten worden, kommt der Antragsformulierung allerdings eine gesteigerte Bedeutung für die Ermittlung des tatsächlich Gewollten zu.[164] Selbst dann darf die Auslegung jedoch vom Antragswortlaut abweichen, wenn die Klagebegründung, die beigefügten Bescheide oder sonstige Umstände eindeutig erkennen lassen, dass das wirkliche Klageziel von der Antragsfassung abweicht.[165]

„Der Kläger begehrt bei verständiger Würdigung seines Begehrens die Verpflichtung der Beklagten zur Erteilung einer wasserrechtlichen Erlaubnis. Zwar hat er dies in der Klageschrift vom 23. Juli 2015 nicht hinreichend zum Ausdruck gebracht, da er lediglich die Aufhebung des Versagungsbescheids und des Widerspruchsbescheids beantragt hat. Sein Antrag ist jedoch gemäß § 88 VwGO entsprechend auszulegen, da die bloße Aufhebung des Versagungsbescheids und des Widerspruchsbescheids seinem tatsächlichen Klagebegehren nicht entspricht. Das so verstandene Begehren hat Erfolg. (…)"

135 Die Vorschrift des § 88 VwGO legitimiert den Richter jedoch nicht, die Grenzen der Auslegung zu überschreiten und z. B. einen weiteren, bisher noch nicht benannten Beklagten in das Verfahren einzubeziehen.[166] Etwas anderes gilt nach der Rechtsprechung des *BVerwG* nur dann, wenn der Beklagte in der Klageschrift widersprüchlich bezeichnet ist. Dann soll derjenige als verklagt gelten, der nach dem Inhalt der Klage der richtige Beklagte ist.[167]

In der Regel enthält der Bearbeitervermerk den folgenden wichtigen Hinweis:

„Hält der Bearbeiter die Wahrnehmung der richterlichen Aufklärungspflicht oder Beweiserhebungen für erforderlich, so ist dies zu erörtern, alsdann jedoch zu unterstellen, dass ihre Durchführung erfolglos geblieben ist. (…)"

Daraus folgt für die Auslegung des Klagebegehrens:

Ist ein ausdrücklich vom Kläger **in der mündlichen Verhandlung gestellter Antrag** nicht sachgerecht, so ist er **nicht mehr auslegungsfähig.**[168] Denn das Gericht ist, wie ausgeführt, lediglich befugt, auf die Stellung sachdienlicher Anträge hinzuweisen (s. § 86 Abs. 3 VwGO), darf aber nicht von dem tatsächlich gestellten Klageantrag des Klägers abweichen. Stellt der Kläger in der mündlichen Verhandlung trotz Belehrung durch das Gericht keinen Antrag nach § 82 Abs. 1 Satz 2 VwGO – diese Fallgestaltung dürfte in der Klausur allerdings von vornherein ausscheiden –, so ist die Klage als unzulässig abzuweisen.[169] Haben die Beteiligten auf die Durchführung einer mündlichen Verhandlung verzichtet oder ist der Kläger zur mündlichen Verhandlung nicht erschienen und hat er keinen oder einen nicht sachgerechten Antrag gestellt, müssen Sie den Antrag präzisieren und aufgrund des Gebotes der Effektivität des Rechtsschutzes entsprechend dem tatsächlichen Klageziel des Klägers auslegen bzw. umdeuten. Von Rechtsanwälten gestellte Anträge sind in der Regel einem strengeren

[163] S. weitere Beispiele bei *Kopp/Schenke,* § 88 Rn. 3.
[164] *BVerwG* NVwZ 2014, 1241.
[165] *BVerwG* BeckRS 2015, 41972 und NVwZ 2012, 375.
[166] S. *BVerfG* NVwZ 1992, 259.
[167] *Buchholz* 7310 § 82 VwGO Nr. 11.
[168] Vgl. auch *Kaiser/Köster/Seegmüller,* Rn. 76.
[169] Vgl. *Kopp/Schenke,* § 82 Rn. 10; *VG Gera* ThürVBl. 2003, 230.

Maßstab zu unterwerfen; die Umdeutung von Anträgen ist hier nur ausnahmsweise möglich.[170]

2. Die Klageänderung

Die Bestimmung des § 88 VwGO ist gegebenenfalls auch bei der Frage heranzuziehen, ob ein geändertes Klagebegehren als **Klageänderung nach § 91 VwGO** anzusehen ist. Eine Klageänderung in diesem Sinne ist dadurch gekennzeichnet, dass der Streitgegenstand eines anhängigen Verfahrens nachträglich durch eine Erklärung des Klägers gegenüber dem Gericht geändert, auch z.B. durch einen weiteren Antrag ergänzt oder durch ein neues Begehren ersetzt wird. Eine Klageänderung in diesem Sinne liegt dagegen nicht vor, wenn das ursprüngliche Vorbringen im Hinblick auf das erkennbare Klageziel nur klargestellt wird, wenn der Streitgegenstand beschränkt wird oder wenn Anträge berichtigt oder konkretisiert werden.[171] Keine Klageänderung nach § 91 VwGO liegt z. B. in der bloßen Beschränkung oder Erweiterung des Klageantrags nach § 173 VwGO i. V. m. § 264 ZPO wie dem Übergang von der Leistungsklage in eine Verpflichtungsklage oder zur Feststellungsklage. Gleiches gilt für den Wechsel von der Verpflichtungsklage zur Fortsetzungsfeststellungsklage. Ferner ist weder der Übergang vom Sachantrag zur Erledigungserklärung oder zum Erledigungsfeststellungsantrag[172] noch die Rückkehr vom Erledigungsfeststellungsantrag zum Sachantrag an die Voraussetzungen des § 91 VwGO gebunden.[173] Dazu folgendes Formulierungsbeispiel: 136

„Die einseitig, unter Widerspruch der Beklagten abgegebene Erklärung des Klägers, das anhängige Klageverfahren habe sich in der Hauptsache erledigt, stellt keine den Vorschriften des § 91 VwGO unterliegende Klageänderung, sondern eine Beschränkung des Klageantrags nach § 173 VwGO i. V. m. § 264 Nr. 2 ZPO dar. An die Stelle des durch den ursprünglichen Rechtsschutzantrag bestimmten bisherigen Streitgegenstandes – der Streit um die Freistellung des Klägers vom Wehrdienst wegen der beabsichtigten Teilnahme am Ausbildungslehrgang für Fahrlehreranwärter bei der Ausbildungsfahrschule in Magdeburg am 23. April 2015 – tritt der Streit über die Behauptung, durch die Absage des Lehrgangs sei seinem Begehren der Boden entzogen worden."

Liegt dagegen eine Klageänderung im Sinne des § 91 VwGO vor, ist ihre Zulässigkeit nicht anhand eines starren Schemas zu erörtern. Denn die Klageänderung kann sich zum einen auf die statthafte Klageart, den Klageumfang – z. B. Erweiterung des Klagegrundes –, zum anderen aber auch auf den Wechsel des Klägers oder des Beklagten bzw. die Einbeziehung eines weiteren Klägers oder Beklagten[174] beziehen. 137

Die Zulassung einer **Klageänderung** hat vor allem **prozessökonomische Ziele.** Sie soll die Möglichkeit eröffnen, einen bereits rechtshängig gewordenen Streit möglichst umfassend aus der Welt zu schaffen.[175] Die Klageänderung ist daher nach § 91 Abs. 1 138

---

[170] *BVerwG* Buchholz 310 § 88 Nr. 17.

[171] *BVerwG* BeckRS 2015, 40144; *Kopp/Schenke,* § 91 Rn. 3.

[172] *BVerwG* NVwZ 1989, 862; NVwZ 2001, 1286.

[173] *BVerwG* NVwZ 1998, 1082 m. w. N.

[174] H. M.; s. die Nachweise bei *Kopp/Schenke,* § 91 Rn. 2.

[175] *BVerwG* NVwZ 1998, 1292. Macht der Kläger im Laufe des Rechtsstreits einen weiteren VA zum Gegenstand seiner Anfechtungsklage, ist die Klage diesbezüglich mangels Einhaltung der Klagefrist unzulässig. Denn die Klageänderung wirkt nicht fristwahrend auf den Zeitpunkt der Klageerhebung zurück (*VGH Mannheim* NVwZ-RR 2015, 118).

VwGO zulässig, wenn die übrigen Beteiligten einwilligen oder das Gericht die Änderung für sachdienlich hält. Die **Einwilligung** der Beteiligten kann auch stillschweigend erfolgen, etwa in Form der rügelosen Einlassung zur geänderten Klage.[176] Ist dies in der Prüfungsaufgabe nicht der Fall oder hat etwa der Beklagte der Klageänderung ausdrücklich widersprochen, so müssen Sie sich mit der Sachdienlichkeit auseinander setzen. Eine Klageänderung ist regelmäßig **sachdienlich,** wenn sie der endgültigen Beilegung des sachlichen Streits zwischen den Beteiligten im laufenden Verfahren dient und der Streitstoff im Wesentlichen derselbe bleibt.[177] Die Entscheidung, ob eine Klageänderung sachdienlich ist, liegt im Ermessen des Gerichts. So ist z. B. die subjektive Klageänderung durch Eintritt der neuen Bauherrschaft an die Stelle der alten Bauherrschaft sachdienlich im Sinne der genannten Vorschrift.[178] Gegen die Sachdienlichkeit einer Klageänderung spricht es, wenn ein völlig neuer Streitstoff zur Beurteilung und Entscheidung gestellt wird, für den das Ergebnis der bisherigen Prozessführung nicht verwertet werden könnte.[179] Sachdienlichkeit ist ferner zu verneinen, wenn die geänderte Klage unzulässig ist, insbesondere wenn es für den geänderten Sachantrag an dem erforderlichen behördlichen Verfahren fehlt.[180] Zur Klageänderung die folgenden Formulierungsbeispiele:

„Der Entscheidung war der von der Klägerin zuletzt in der mündlichen Verhandlung gestellte Antrag zugrunde zu legen. Zwar hat die Beklagte der Klageänderung widersprochen. Diese ist jedoch nach § 91 Abs. 1 2. Alt. VwGO zulässig, da der Streitstoff im Wesentlichen derselbe bleibt und die Klageänderung die endgültige Erledigung des Streits fördert."

„Die Zulässigkeit der Klage scheitert weiter nicht daran, dass die Kläger zunächst das Land Baden-Württemberg als Beklagten bezeichnet und erst später ihre Klage richtigerweise gegen den beklagten Landkreis gerichtet haben. Das Auswechseln des Beklagten ist wie eine Klageänderung (§ 91 VwGO) zu behandeln. Die Klageänderung ist zulässig, weil sich die Beteiligten rügelos auf sie eingelassen haben (§ 91 Abs. 2 VwGO)."

„Streitgegenstand des vorliegenden Verfahrens ist die Baugenehmigung des Bezirksamtes Altona vom 7. Januar 2015 in der Fassung der Nachtragsbaugenehmigung vom 8. Juli 2015. Der Kläger hat durch Erklärung in der mündlichen Verhandlung vom 25. September 2015 die Aufhebung der Baugenehmigung in der geänderten Fassung beantragt. Die Einbeziehung der Nachtragsbaugenehmigung vom 8. Juli 2015 ist eine zulässige Klageänderung. Der Beklagte und der Beigeladene haben in die Klagänderung in der mündlichen Verhandlung eingewilligt. Im Übrigen ist sie sachdienlich im Sinne von § 91 Abs. 1 VwGO, da sie die endgültige Beilegung des Rechtsstreits zwischen den Beteiligten fördert. Aus Gründen der Prozessökonomie kann auf ein Vorverfahren verzichtet werden."

---

[176] Für die Frage, ob eine Einwilligung vorliegt, kommt es nur auf das gezeigte Prozessverhalten, nicht auf dessen Begründetheit an (*BVerwG* NVwZ 1999, 1105).
[177] Vgl. *BVerwG* NVwZ 2006, 87, 88 und BeckRS 2009, 35598.
[178] *VGH Kassel* BRS 57 Nr. 289.
[179] *VGH Mannheim* VBlBW 1990, 56.
[180] *OVG Berlin-Brandenburg* BeckRS 2011, 49400.

IV. Die Bekanntgabe des Ergebnisses

Sind in der Aufsichtsarbeit weder spezielle Prozessfragen noch Auslegungsfragen oder Zulässigkeitsprobleme zu erörtern, lautet der Eingangssatz: „*Die zulässige Klage ist (un)begründet.*" Handeln Sie auch Zulässigkeitsfragen ab, so formulieren Sie schlicht: „*Die Klage ist zulässig.*" Im Anschluss an die Zulässigkeitsprüfung leiten Sie die Begründetheitsprüfung etwa wie folgt ein: „*Die Klage ist auch (in der Sache) begründet.*" Möglich ist auch die Einleitung „*Die Klage ist zulässig (nachfolgend I.) und begründet (nachfolgend II.).*[181]" Ist die Klage nur teilweise erfolgreich, empfiehlt sich folgender Einstieg: „*Die zulässige Klage ist in dem aus dem Tenor ersichtlichen Umfang begründet.*" Bei mehreren Klägern und unterschiedlichem Ausgang des Klageverfahrens können Sie z. B. so beginnen: „*Die Klagen sind zulässig (I.), diejenige des Klägers zu 1) ist aber nur mit seinem Hilfsantrag erfolgreich (II.), die Klage der Klägerin zu 2) ist in vollem Umfang unbegründet (III.).*" 139

V. Die Zulässigkeit der Klage

1. Allgemeines

a) Zur Notwendigkeit von Ausführungen

Das Fehlen einer einzigen der von Amts wegen zu prüfenden Zulässigkeitsvoraussetzungen führt zur Unzulässigkeit der Klage. Maßgebend ist der Zeitpunkt der gerichtlichen Entscheidung, so dass eine zunächst unzulässig erhobene Klage (Beispiel: Kläger erhebt Untätigkeitsklage vor Ablauf der Drei-Monats-Frist des § 75 VwGO, ohne dass besondere Umstände vorliegen) noch zulässig werden kann. 140

Beachten Sie aber Folgendes: „Nähere Ausführungen zur Zulässigkeit der Klage sind nur dann geboten, wenn dazu nach dem Sachverhalt oder der Rechtslage Anlass besteht. Werden zu unproblematischen Punkten der Zulässigkeit der Klage Ausführungen gemacht, so sind diese nur dann nicht negativ zu bewerten, wenn sie sachlich richtig sind und sich auf wenige Sätze beschränken."[182]

So steht es Schwarz auf Weiß in den rheinland-pfälzischen Kriterien zur Bewertung von Übungs- und Examensklausuren. Die Erfahrung zeigt aber, dass viele Referendare offensichtlich Anhänger der „Eichhörnchentheorie" sind und die Zulässigkeit anscheinend in dem Glauben, für jeden Zulässigkeitspunkt einen halben Examenspunkt zu ernten, ausführlich abhandeln. Hierzu in Fortführung der oben gemachten Ausführungen zur Schwerpunktsbildung ein Zitat von *Adam:*[183]

„Es erscheint manchem Kandidaten offenbar angenehm und beruhigend, schon einmal Seiten voll weitgehend richtiger – weil unproblematischer – Selbstverständlichkeiten zu schreiben. Der Brauch stammt aus Zeiten vor Erlass der VwGO, als in der Tat noch viele Probleme offen waren, die Gesetzgebung und Rechtsprechung längst geklärt haben. In der Anfängerübung auf der Universität mag der Vollständigkeitskontrolle wegen noch an derartigen Prüfungen festgehalten werden. Die Praxis der Gerichte hat davon längst Abschied genommen. In Prüfungsarbeiten wirken überflüssige Ausführungen zu Zulässigkeitsfragen anfängerhaft. Zudem verschwendet man mit dem Niederschreiben kostbare Zeit."

Steht die Zulässigkeit einer Klage außer Frage, genügt in der Klausur die schlichte Formulierung „*Die zulässige Klage ist (un)begründet.*" Da die meisten Referendare 141

---

[181] Eine Untergliederung der Entscheidungsgründe in Ziffern oder Buchstaben ist zumindest in komplexen Fällen sinnvoll (Vgl. auch *Jacob*, in: Leuze-Mohr, Kapitel 5 Rn. 58).

[182] Vgl. auch *Pietzner/Ronellenfitsch*, Rn. 29; *Lemke*, JA 1999, 887, *Fichte*, Rn. 89 und *Bülter*, Rn. 260.

[183] *Adam*, in: Proppe/Solbach, S. 54.

sich aber nicht „trauen“, die Zulässigkeitsprüfung „unter den Tisch fallen zu lassen“,[184] empfiehlt sich als goldener Mittelweg[185] etwa folgender Einstieg:

„Die gegen den Bescheid des Beklagten vom 2. November 2011 gerichtete Klage ist als Anfechtungsklage nach § 42 Abs. 1 VwGO zulässig, weil die Klägerin sich gegen die Zahlung der von ihr im streitgegenständlichen Bescheid geforderten Ersatzvornahmekosten in Höhe von 7.000,– € wehrt. Die Prozessvoraussetzungen sind erfüllt. Die Klagebefugnis (§ 42 Abs. 2 VwGO) ist gegeben, da die Klägerin Adressatin eines sie belastenden VA ist. Auch hat die Klägerin erfolglos ein Vorverfahren nach § 68 VwGO durchgeführt. Schließlich ist die Klage auch fristgerecht innerhalb eines Monats erhoben worden (§ 74 Abs. 1 VwGO).“

b) Objektive und subjektive Klagehäufung

142 Liegt eine **objektive Klagehäufung** in Gestalt einer **kumulativen oder eventualen Klagehäufung (Haupt- und Hilfsantrag)** nach § 44 VwGO vor, bleiben die Klagen rechtlich selbstständig. Sie müssen daher grundsätzlich eine getrennte Prüfung der Anträge nach Zulässigkeit und Begründetheit vornehmen, d. h. zuerst ist die Zulässigkeit und Begründetheit des Hauptantrags und anschließend die Zulässigkeit und Begründetheit des Hilfsantrags zu erörtern.[186] Dazu folgendes Formulierungsbeispiel:

Formulierungsbeispiel: „Die Klage ist mit den im Wege der objektiven Klagehäufung (§ 44 VwGO) verfolgten Anträgen zulässig, aber unbegründet. Mit dem Hauptantrag ist die Klage als Feststellungsklage statthaft und auch ansonsten zulässig… Die Klage hat jedoch mit dem Antrag zu 1) keinen Erfolg… Der Hilfsantrag ist zwar ebenfalls zulässig. (…) Der Hilfsantrag ist allerdings unbegründet. (…)“

Sind bei der objektiven Klagehäufung jeweils die gleichen Zulässigkeitsfragen zu erörtern, kann die Zulässigkeitsprüfung auch zusammen erfolgen. Dazu folgendes Beispiel:

„Die Klage ist mit Hauptantrag und Hilfsantrag zulässig. Die Klägerin ist gemäß § 61 Nr. 2 VwGO beteiligungsfähig… Die Klage ist jedoch insgesamt unbegründet. Der Hauptantrag ist unbegründet. (…) Auch der Hilfsantrag ist unbegründet. (…)“

143 Bei der **subjektiven Klagehäufung** (§ 64 VwGO) gelten die gleichen Grundsätze. Meist kann hier die Zulässigkeitsprüfung zusammengefasst werden.

---

[184] Gestärkt in ihrer Auffassung werden sie leider immer wieder durch die (für die Prüfer unverbindlichen) Lösungshinweise der Prüfungsämter, in denen auch Selbstverständlichkeiten angesprochen werden.

[185] Vgl. auch *Ramsauer,* Rn. 3.06 zur Anfertigung eines öffentlich-rechtlichen Gutachtens: „Gelegentlich wird darüber hinaus erwartet, dass Zulässigkeitsvoraussetzungen auch dann kurz angesprochen werden, wenn ihr Vorliegen gänzlich unproblematisch ist. Soweit dies konkret zu befürchten ist, sollte man dem aus Sicherheitsgründen Rechnung tragen.“ S. ferner *Koehl,* JuS 2012, 63, 65.

[186] *Happ/Allesch/Geiger/Metschke/Hüttenbrink,* S. 98; Eyermann/*Happ,* § 44 Rn. 1; *Kaiser/Köster/Seegmüller,* Rn. 279.

c) Zur Reihenfolge der Prüfung

Für die **Reihenfolge der Zulässigkeitsprüfung** gibt es **keine vorgeschriebene Abfolge.** In Examensarbeiten ist es durchaus gestattet, diejenige Prüfungsreihenfolge zu wählen, mit deren Hilfe sich die angestrebte Entscheidung am einfachsten begründen lässt, ohne den im Aufgabentext aufgeworfenen Problemen auszuweichen. Allerdings ist der Verwaltungsrechtsweg grundsätzlich vor den anderen Prozessvoraussetzungen zu prüfen. Nach einer teilweise vertretenen *Ansicht*[187] soll die **Eröffnung des Verwaltungsrechtswegs** kein Aspekt der Zulässigkeit der Klage sein, da die Klage bei fehlerhafter Rechtswegwahl nicht als unzulässig abgewiesen werden darf, sondern von Amts wegen gemäß § 17a Abs. 2 Satz 1 GVG an das Gericht des zulässigen Rechtsweges zu verweisen ist (ausführlich dazu s. Rn. 148).[188] Da die §§ 17ff. GVG aber nicht im Verhältnis Fachgerichtsbarkeit/Verfassungsgerichtsbarkeit gelten, empfiehlt es sich nach wie vor, den Verwaltungsrechtsweg innerhalb der Zulässigkeit der Klage zu erörtern.[189] 144

Zulässig und aus prozessökonomischen Gründen in der Regel geboten ist es in der Praxis, logisch vorausliegende Prozessvoraussetzungen dahingestellt sein zu lassen, wenn jedenfalls eine bestimmte Prozessvoraussetzung fehlt. So können Sie auch im Examen verfahren. Ist die Klage unzulässig, so sind die weiteren Zulässigkeitsvoraussetzungen ebenso wie die gesamte Begründetheitsprüfung in einem Hilfsgutachten fortzuführen. Die hier gewählte Reihenfolge orientiert sich weitgehend am üblichen Aufbauschema. Allerdings wird im Folgenden nur auf die prüfungsrelevanten Zulässigkeitsvoraussetzungen eingegangen, d. h. Prozessvoraussetzungen wie die **deutsche Gerichtsbarkeit** (§§ 18–20 GVG)[190], staatliche Gerichtsbarkeit[191] oder die Punkte „Keine anderweitige Rechtshängigkeit" bzw. „Fehlen einer rechtskräftigen Entscheidung über den Streitgegenstand" werden nicht näher erörtert. Vollständige **Aufbauschemata** zu den **allgemeinen Sachentscheidungsvoraussetzungen** und den **besonderen Sachentscheidungsvoraussetzungen** der einzelnen Klagearten finden Sie bei den **Arbeitshilfen** im 8. Teil in **Rn. 895 ff.**

2. Der Verwaltungsrechtsweg

a) Zur Notwendigkeit von Ausführungen

§ 40 VwGO eröffnet die Möglichkeit der Anrufung der VGe für alle öffentlich-rechtliche Streitigkeiten nichtverfassungsrechtlicher Art, für die nicht die Zuständigkeit anderer Gerichte gesetzlich vorgeschrieben ist. Ausführungen zu dieser Sachentscheidungsvoraussetzung können üblicherweise unterbleiben, da der **Verwal-** 145

---

[187] Z.B. *Hufen,* § 10 Rn. 1; s. auch *Heinze/Starke,* Jura 2012, 175 und die Klausur von *Hyckel,* JuS 2015, 162.

[188] Folgen Sie dieser Auffassung, so müssen Sie die Eröffnung des Verwaltungsrechtswegs sowie die sachliche und örtliche Zuständigkeit des Gerichts vor der Zulässigkeit und Begründetheit der Klage in einem eigenständigen Prüfungspunkt „Gerichtsbarkeit" erörtern.

[189] S. auch *Ehlers,* Jura 2007, 830, 831; *Leifer,* JuS 2004, 956.

[190] Die Zuständigkeit der deutschen Gerichtsbarkeit ist auch dann gegeben, wenn der Sachverhalt einen **unionsrechtlichen Bezug** hat. Aufgrund der Autonomie der EU-Mitgliedstaaten ist es Aufgabe nationaler Gerichte, Rechtsschutz gegen Maßnahmen nationaler Behörden, die mittelbar EU-Recht anwenden, zu gewähren. Eine deutsche Behörde übt auch bei Vollzug von Unionsrecht deutsche Hoheitsgewalt aus.

[191] Der Rechtsweg zu den staatlichen Gerichten ist auch in dienstrechtlichen Streitigkeiten zwischen Geistlichen und Kirchenbeamten und ihrer Religionsgesellschaft aufgrund des verfassungsrechtlich gewährleisteten staatlichen Justizgewährungsanspruchs eröffnet, wenn und insoweit die Verletzung staatlichen Rechts geltend gemacht wird (*BVerwG* NVwZ 2014, 1101; vgl. dazu auch *Sachs* JuS 2014, 1148).

tungsrechtsweg in der Regel unproblematisch gegeben ist. Hat die Prüfungsaufgabe einen gewöhnlichen Baunachbarstreit zum Gegenstand oder wendet sich der Kläger gegen eine Fahrerlaubnisentziehung durch die Straßenverkehrsbehörde, sollten Sie zum Verwaltungsrechtsweg kein Wort verlieren. In einer Zivilrechtsklausur, in der z. B. der Rücktritt von einem Kaufvertrag Streitgegenstand ist, kämen Sie auch nicht auf die Idee, zu Beginn der Entscheidungsgründe zu erwähnen, dass der Zivilrechtsweg gemäß § 13 GVG eröffnet sei. Auch wenn Sie es vom Referendarexamen gewöhnt sind, einige Sätze zu § 40 VwGO „herunterzuspulen", zwingen Sie sich, im Assessorexamen nur dann so zu verfahren, wenn der Sachverhalt wirklich Anlass hierzu bietet. Denn die Klausur in der Zweiten Juristischen Staatsprüfung ist eine praktische Arbeit und soll daher **keine überflüssigen Anmerkungen** enthalten. Wenn Sie in Fällen wie den o. g. Beispielen dennoch nicht davon lassen können,[192] so beschränken Sie sich auf möglichst einen Satz und legen darin dar, dass die streitgegenständliche Norm – nicht ein bestimmtes Gesetz – dem Öffentlichen Recht angehört. Denn es gibt auch in öffentlich-rechtlichen Gesetzen einzelne Normen, die – wie § 70 GewO – gerade nichts über die Bestimmung des zulässigen Rechtsweges aussagen. Formulieren Sie also z. B. in einem Fall, in dem es um den Widerruf einer waffenrechtlichen Erlaubnis geht, schlicht:

„Der Verwaltungsrechtsweg ist gemäß § 40 Abs. 1 VwGO eröffnet, da die streitentscheidende Norm des § 45 WaffG dem öffentlichen Recht angehört."

b) Verwaltungsrechtsweg kraft rechtswegüberschreitender Sachkompetenz

146 Gemäß **§ 17 Abs. 2 Satz 1 GVG** entscheidet das Gericht des zulässigen Rechtsweges den Rechtsstreit unter allen in Betracht kommenden rechtlichen Gesichtspunkten. Diese Bestimmung eröffnet eine **rechtswegüberschreitende Sachkompetenz,** sofern der beschrittene Rechtsweg zu dem angerufenen Gericht für einen Klagegrund zulässig ist. Das angerufene VG ist – vorbehaltlich der Ausnahme nach § 17 Abs. 2 Satz 2 GVG (näher dazu s. Rn. 173) – demnach verpflichtet, in Fällen, in denen die Klageforderung aus einem einheitlichen Lebenssachverhalt auf mehrere, an sich verschiedenen Rechtswegen zugeordnete Anspruchsgrundlagen gestützt werden kann, über sämtliche Klagegründe zu entscheiden, sofern der beschrittene Verwaltungsrechtsweg für einen von ihnen gegeben ist.[193] Dabei genügt es, dass die rechtswegbegründende Norm möglicherweise anwendbar ist.

147 **Beispiel:** Die klagende Universität U macht gegen die Studentin S einen Anspruch auf Schadensersatz geltend, weil mit deren verlorenen Bibliotheksausweis Unbekannte mehrere Bücher „ausgeliehen" und nicht zurückgebracht haben. Als Anspruchsgrundlage für U kommt § 280 Abs. 1 BGB analog wegen einer Pflichtverletzung des als öffentlich-rechtlich zu qualifizierenden Universitätsbibliotheksbenutzungsverhältnisses in Betracht. Dafür ist das VG zuständig. Die Zuweisung bestimmter Schadensersatzansprüche an den ordentlichen Rechtsweg in § 40 Abs. 2 Satz 1 VwGO ist nicht einschlägig, da diese nur Ansprüche gegen den Staat, nicht aber solche des Staates betrifft. Daneben ist das VG nach § 17 Abs. 2 Satz 1 GVG unter dem Gesichtspunkt eines Schadensersatzanspruchs aus unerlaubter Handlung gemäß § 823 BGB zur Entscheidung befugt.[194]

---

[192] Leider verleiten die unverbindlichen Lösungshinweise der Justizprüfungsämter, in denen auch unproblematische Prüfungspunkte angesprochen werden, manchen Referendar zu entbehrlichen Ausführungen.

[193] *BVerwG* BeckRS 2010, 50279; *OVG Münster* BeckRS 2012, 45384; *VG Neustadt* BeckRS 2013, 58229.

[194] *VG Münster* BeckRS 2007, 23954.

c) Bedeutung des § 17 a GVG

Es gibt Arbeiten, in denen die Frage, ob der Verwaltungsrechtsweg gegeben ist, nicht eindeutig zu bejahen ist. In solchen Fällen ist in Bezug auf die weitere Vorgehensweise stets die **Vorschrift des § 17 a GVG zu beachten.** In dessen Abs. 2 Satz 1 heißt es: 148

„Ist der beschrittene Rechtsweg unzulässig, spricht das Gericht dies nach Anhörung der Parteien von Amts wegen aus und verweist den Rechtsstreit zugleich an das zuständige Gericht des zulässigen Rechtsweges."

§ 17 a Abs. 3 GVG trifft folgende Regelung:

„Ist der beschrittene Rechtsweg zulässig, kann das Gericht dies vorab aussprechen. Es hat vorab zu entscheiden, wenn eine Partei die Zulässigkeit des Rechtsweges rügt."

Aus § 17 a Abs. 2 GVG folgt also, dass Sie die Klage nicht als unzulässig abweisen dürfen, wenn Sie zu dem Ergebnis kommen, die Voraussetzungen für die Eröffnung des Verwaltungsrechtsweges seien nicht gegeben.[195] In diesem Falle steht dem VG auch nicht die Befugnis zu, über die Zulässigkeit der Klage im Übrigen zu entscheiden.[196] Das ergibt sich aus dem Wortlaut des § 17 a Abs. 2 GVG, der keinen Anhalt dafür bietet, dass das angerufene Gericht über die Entscheidung über den Rechtsweg hinaus eine Prüfungskompetenz hätte. Die grundsätzliche Beschränkung auf die Prüfung des zutreffenden Rechtswegs ist eine Konsequenz aus dem Erfordernis, dass der gesetzliche Richter (Art. 101 Abs. 1 Satz 2 GG) darüber zu entscheiden hat, ob die Klage zulässig und begründet ist. Die Regelung des § 17 a GVG dient auch dazu, einen Rechtsstreit möglichst schnell und verlässlich dem gesetzlichen Richter zuzuführen.

Rügen der Beklagte oder ein Beigeladener[197] ordnungsgemäß die **Zulässigkeit des Rechtsweges**[198] – bei Fristsetzung zur Klageerwiderung nach § 282 Abs. 3 ZPO innerhalb dieser Frist bzw. ohne Fristsetzung spätestens im ersten Verhandlungstermin vor Stellung der Sachanträge[199] –, so müssen Sie statt eines Urteils eine **Vorabentscheidung** in Form eines Verweisungsbeschlusses oder eines die Zuständigkeit bejahenden Beschlusses fertigen.[200] Die weiteren Zulässigkeitsvoraussetzungen sowie die materiellen Rechtsfragen des Falles sind in einem Hilfsgutachten abzuhandeln. Lässt ein Beteiligter die von ihm zuvor erhobene Rechtswegrüge spätestens in der 149

---

[195] Verfährt das VG dennoch so, findet **§ 17 a Abs. 5 GVG,** wonach das Rechtsmittelgericht die Zulässigkeit des beschrittenen Rechtsweges nicht mehr prüfen darf, keine Anwendung (*BVerwG* Buchholz 310 § 40 Nr. 268; *OVG Bautzen,* Beschl. v. 15.4.2015 – 4 A 657/13 – juris). Denn § 17 a Abs. 5 GVG setzt voraus, dass das VG das in § 17 a Abs. 2 und 3 GVG vorgeschriebene Verfahren eingehalten hat. Nach dem **Grundsatz der Meistbegünstigung** kann der Kläger gegen das erstinstanzliche Urteil Beschwerde einlegen oder einen Antrag auf Zulassung der Berufung stellen (vgl. *BVerwG* NVwZ-RR 2011, 882). Hat das VG in der Entscheidung zur Hauptsache die Zulässigkeit des zu ihm beschrittenen Rechtsweges allerdings bejaht, ohne dass die Beteiligten dies zuvor gerügt hatten, ist nach § 17 Abs. 5 GVG eine Überprüfung dieser Frage im Rechtsmittelverfahren ausgeschlossen (*BVerwG* BayVBl. 1998, 603).

[196] *BVerwG* NJW 2001, 1513 m. w. N.

[197] Nach dem Wortlaut des § 17 a Abs. 3 Satz 2 GVG können zwar alle Parteien die Zulässigkeit des Rechtsweges rügen, in der Praxis dürfte sich dies jedoch auf den Beklagten oder Beigeladenen beschränken.

[198] Bei der Rüge handelt es sich um eine Prozesshandlung.

[199] Zöller/*Greger,* § 282 Rn. 6.

[200] Ein Formulierungsbeispiel für einen Verweisungsbeschluss finden Sie unter Rn. 553. Nicht in Betracht kommt statt einer Vorabentscheidung ein Zwischenurteil nach § 109 VwGO (*VG Trier* BeckRS 2009, 35322; Schoch/*Clausing,* § 109 Rn. 3).

mündlichen Verhandlung wieder fallen, ist eine Vorabentscheidung des Gerichts nicht mehr erforderlich.[201]

150 Hat **keiner** der Beteiligten die **Zulässigkeit des Rechtsweges** oder nicht innerhalb der gesetzten Frist **gerügt,** so sind Sie **nicht daran gehindert,** die **Rechtswegfrage im Rahmen des Urteils** zu erörtern.[202] § 17a Abs. 3 Satz 2 GVG verpflichtet das Gericht zu einer Vorabentscheidung über die Zulässigkeit des Rechtsweges nur dann, wenn die Zulässigkeit von einer der Parteien gerügt wird. Ist dies nicht der Fall, wird das Gericht selten eine Vorabentscheidung treffen, denn Satz 1 der genannten Norm enthält lediglich eine Kann – Bestimmung[203] und Zwischenstreite dienen nicht gerade der zügigen Verfahrenserledigung im Ganzen. Es gibt in der Praxis aber immer wieder Grenzfälle,[204] in denen das Gericht, ohne dass die Beteiligten dies zuvor ausdrücklich angesprochen haben, erst nach eingehender Prüfung die Zulässigkeit des beschrittenen Rechtsweges bejaht. Dann gibt es keinen Grund, warum das Gericht in dem Urteil nicht Ausführungen zur Zulässigkeit des Rechtsweges machen sollte.[205]

150a Das angerufene Gericht darf den Rechtsstreit nach §§ 17a Abs. 2 Satz 1, 17 Abs. 2 Satz 1 GVG lediglich dann verweisen, wenn der Rechtsweg zu ihm schlechthin, d. h. mit allen für den Klageanspruch in Betracht kommenden Klagegründen, unzulässig ist. Ob für das Klagebegehren auch eine Rechtsgrundlage in Betracht kommt, die in dem beschrittenen Rechtsweg zu verfolgen ist, ist auf Grund des Klageantrags und des zu seiner Begründung vorgetragenen Sachverhalts zu prüfen.[206]

151 Enthält der Aufgabentext bereits einen **Verweisungsbeschluss** z. B. eines Amtsgerichts, so ist diese **Verweisung** hinsichtlich des Rechtsweges grundsätzlich nach § 17a Abs. 2 Satz 3 GVG **bindend.**[207] Ausnahmen von der Bindungswirkung kommen nur bei schweren und offensichtlichen Rechtsverstößen in Betracht.[208] Es wäre daher ein Fehler, in Ihrem Urteilsentwurf nähere Ausführungen dazu zu machen, ob der Rechtsstreit zu Recht verwiesen worden ist.[209] Formulieren Sie in einem solchen Fall etwa wie folgt:

> „Der Verwaltungsrechtsweg ist gegeben, ohne dass es darauf ankommt, ob eine öffentlich-rechtliche Streitigkeit nichtverfassungsrechtlicher Art i. S. d. § 40 Abs. 1 Satz 1 VwGO vorliegt. Denn das Verwaltungsgericht ist an den Beschluss des Amtsgerichts vom 24. August 2015 gebunden, mit dem sich dieses Gericht für unzuständig erklärt und den Rechtsstreit an das Verwaltungsgericht verwiesen hat. Dies folgt aus § 17a Abs. 2 Satz 3 GVG. Anhaltspunkte für eine offensichtliche Unrichtigkeit des Verweisungsbeschlusses sind nicht ersichtlich."

---

[201] Nach Ansicht des *OVG Magdeburg,* Beschl. v. 10.3.2015 – 2 L 2/14 – juris scheidet dies aber mit der Begründung aus, Prozesshandlungen seien unwiderruflich.

[202] So aber *Geiger,* VBlBW 2004, 336, 337 und *Ehle,* JuS 1999, 166, 170, die Ausführungen zur Zulässigkeit des Rechtsweges im Urteil für unzulässig halten und – soweit überhaupt erforderlich – eine Erörterung im Hilfsgutachten empfehlen.

[203] Vgl. *BVerwG* NJW 2006, 1225; *Bosch/Schmidt/Vondung,* Rn. 1014.

[204] Z. B. bei der Frage, ob es sich bei der angegriffenen bzw. begehrten Handlung der Polizei um repressive Strafverfolgung (dann ordentlicher Rechtsweg gemäß § 23 EGGVG) oder um präventive Ermittlungstätigkeit (dann Verwaltungsrechtsweg gemäß § 40 Abs. 1 VwGO) gehandelt hat.

[205] S. hierzu auch *BGH* NJW 1994, 387 und NVwZ 2009, 928.

[206] *OVG Münster* NVwZ-RR 2014, 863.

[207] Innerhalb „seines" Rechtsweges ist das Gericht nicht gehindert, den Rechtsstreit aus Gründen der örtlichen Zuständigkeit weiter zu verweisen (*VGH Mannheim* VBlBW. 2007, 33).

[208] *BVerwG* NVwZ 2004, 1124.

[209] Je nach Bearbeitervermerk ist es angebracht, hierzu im Hilfsgutachten Stellung zu nehmen.

d) Formulierungsbeispiel

Hat der Beklagte in einem Verfahren die Zulässigkeit des beschrittenen Verwaltungsrechtsweges nicht (ordnungsgemäß) gerügt, können Sie die Zulässigkeit des Verwaltungsrechtsweges im Urteil bejahen wie im folgenden Beispiel: 152

Beispiel: In der nordrhein-westfälischen Stadt Kleve findet wie jedes Jahr auf dem Marktplatz ein Volksfest statt, der zuvor nach § 69 GewO festgesetzt worden ist. Veranstalter des Volksfestes ist nicht die Stadt selbst, sondern die stadteigene Service-GmbH, der mit Vertrag vom 24. August 2012 die Vermietung der Marktstände von der Stadt Kleve übertragen wurde. Es besteht eine Marktordnung, die den Zugang zum Volksfest und die Vergabe von Standplätzen regelt. Durch mehrere Regelungen – die im Formulierungsbeispiel im Einzelnen zu würdigen sind – hat der Stadtrat der Stadt Kleve sichergestellt, dass die Letztentscheidungsbefugnis über die Vergabe der Standplätze der Stadt obliegt. Der Beschicker Ulrich Hoeneß begehrt Zulassung zum Fest, wird aber von der Service-GmbH abgelehnt. Er klagt vor dem VG gegen die Stadt auf Zulassung und macht einen öffentlich-rechtlichen Zugangsanspruch geltend.[210]

„Die Klage ist zulässig.

Für das Rechtsschutzbegehren des Klägers ist der Rechtsweg zu den Verwaltungsgerichten nach § 40 Abs. 1 VwGO eröffnet. Nach dieser Vorschrift ist der Verwaltungsrechtsweg in allen öffentlich-rechtlichen Streitigkeiten nichtverfassungsrechtlicher Art gegeben. Bei der Unterscheidung, ob eine bürgerlich-rechtliche oder eine öffentlich-rechtliche Streitigkeit vorliegt, ist auf die wirkliche Natur des geltend gemachten Anspruchs abzustellen. Hier stützt sich der von dem Kläger behauptete Anspruch auf § 70 GewO, da es sich bei dem in Rede stehenden Volksfest um eine nach § 69 GewO festgesetzte Veranstaltung handelt. Aus § 70 GewO folgt entgegen der Ansicht des Klägers aber nicht zwingend, dass die Rechtsnatur des Zulassungsanspruchs deshalb öffentlich-rechtlich ist, weil es sich bei der vorgenannten Bestimmung um eine öffentlich-rechtliche Sondernorm handeln soll, bei der es – wie der Kläger meint – eines Rückgriffs auf die rechtliche Qualität der Teilnahmebestimmungen nicht bedarf. Diese Auffassung wird der wahren Natur des Anspruchs nicht gerecht. § 70 GewO richtet sich sowohl an öffentlich-rechtliche als auch an private Veranstalter der in den §§ 64 ff. GewO genannten Messen. Zuordnungssubjekt dieser Vorschrift ist daher nicht notwendig ein Träger hoheitlicher Gewalt. Die Beurteilung der Rechtsnatur des Anspruchs muss sich daher aus dem Zusammenhang ergeben, in dem er im Einzelfall steht. Bei dieser Bewertung spielen insbesondere die Teilnahmebestimmungen und die Ausgestaltung des Verhältnisses zwischen Veranstalter und Teilnehmer eine Rolle. § 70 GewO berechtigt jedermann zur Teilnahme an einer festgesetzten Veranstaltung nur im Rahmen der dafür geltenden Bestimmungen. Diese Bestimmungen können entweder zivilrechtlich oder öffentlich-rechtlich ausgestaltet sein.

Nach diesen Grundsätzen ist das Rechtsverhältnis zwischen dem Kläger und der Beklagten öffentlich-rechtlicher Natur. Bei dem Volksfest handelt es sich um eine öffentliche Einrichtung im Sinne des § 8 NWGO. Unter den Begriff der öffentlichen Einrichtung fallen u. a. Leistungsapparaturen, die Voraussetzung für Daseinsvorsorge und Daseinsfürsorge schaffen und gewährleisten sollen. Zusätzlich

---

[210] Angelehnt an *VGH Kassel* NVwZ-RR 1994, 650; zu dieser Fallkonstellation und weiteren Varianten betreffend die Festsetzung von Märkten siehe auch *Braun,* NVwZ 2009, 747; *Hilderscheid,* GewArch 2008, 54 und die Klausur in NWVBl. 2006, 154. Eine vollständige Privatisierung einer öffentlichen Einrichtung mit kulturellem, sozialen und traditionsbildenden Hintergrund lehnt das *BVerwG* NVwZ 2009, 1305 ab.

stellt auch der Marktplatz eine öffentliche Einrichtung dar. Ferner liegen Indizien vor, aus denen sich die Widmung für den fraglichen Zweck ergibt.

Die Beklagte hat, auch nachdem das Volksfest seit 2013 privatrechtlich organisiert wird, über die Zulassung zu dieser Einrichtung zu entscheiden. Dies folgt aus der sog. Zweistufentheorie, wonach die Entscheidung hinsichtlich der Zulassung zur Nutzung der öffentlichen Einrichtung, d. h. die Frage des – Ob – öffentlich-rechtlich zu entscheiden ist, und lediglich auf der Stufe des Benutzungsverhältnisses eine privatrechtliche Ausgestaltung erfolgt. Aus dem zwischen der Beklagten und der Service-GmbH geschlossenen Vertrag vom 24. August 2012 ergibt sich, dass die Beklagte der GmbH nur die Vermietung der Marktstände übertragen hatte. Hieraus folgt nicht, dass die Beklagte sich damit auch ihrer Entscheidungsbefugnis hinsichtlich der Zulassung einzelner Bewerber begeben hätte. Auch der Beschluss des Stadtrats der Beklagten vom 19. Juli 2013 und seine Begründung zeigen, dass die Beklagte weiterhin maßgebenden Einfluss auf das Volksfest hat und sich der GmbH nur als Verrichtungsgehilfin im Rahmen der Wahrnehmung eigener Selbstverwaltungsaufgaben bedient. Die Begründung zeigt auf, dass Ziel der Beklagten ist, qualitativ anspruchsvolle Veranstaltungen in der Innenstadt durchzuführen, damit das Image der Beklagten als Einkaufsstandort verbessert wird. In dem Beschluss selbst hat sich die Beklagte im Einzelnen ihren maßgeblichen Einfluss auf die Durchführung des Jahrmarktes dadurch gesichert, dass sie die GmbH verpflichtet hat, spätestens bis zum 30. Oktober des Vorjahres die Veranstaltungen vorzustellen, die diese im nächsten Jahr beabsichtigt durchzuführen. Die GmbH muss die geplanten Veranstaltungen im Einzelfall jeweils von den zuständigen Ämtern zur Genehmigung vorlegen lassen. Aus diesen Umständen entnimmt die Kammer, dass es die Beklagte weiterhin als ihre Aufgabe ansieht, Volksfeste durchzuführen.“[211]

In der Prüfung wird von Ihnen selbstverständlich nicht erwartet, dass Sie diese Problematik so ausführlich darstellen. Sie sollten aber zeigen, dass Sie ein Problem in klausuradäquater Form behandeln können und die aufgezeigte Thematik anhand der einschlägigen gesetzlichen Vorschriften sowie der von der Rechtsprechung entwickelten Grundsätze unter Verwertung der im Sachverhalt angegebenen Fakten darzustellen wissen.

e) Abgrenzung zum Zivilrechtsweg

153 Neben dem in Rn. 152 erörterten Beispiel gibt es zahlreiche weitere Fälle, in denen die Bestimmung des richtigen Rechtsweges Probleme bereiten kann, insbesondere die **Abgrenzung zum Zivilrechtsweg** (§ 13 GVG) ist häufig Gegenstand von Klausuren.[212] Fehlt eine ausdrückliche Rechtswegzuweisung des Gesetzgebers, so richtet sich die Einordnung der Streitigkeit als zivilrechtlich oder öffentlich-rechtlich nach der **wahren Natur des Rechtsverhältnisses,** aus dem der Klageanspruch hergeleitet wird.[213] Dabei kommt es in der Regel darauf an, ob die Beteiligten zueinander in

---

[211] Um Missverständnisse zu vermeiden: Der materielle Anspruch des Marktbeschickers folgt ausschließlich aus § 70 GewO, der als bundesrechtliche Regelung insoweit den landesrechtlichen Bestimmungen über eine Zulassung zu gemeindlichen Einrichtungen vorgeht (s. *VGH Mannheim* GewArch 2001, 420 m. w. N.; *VGH München* BayVBl. 2004, 494, 495 sowie die Klausur in VBlBW 2004, 357 und 395).

[212] Ausführlich zur Abgrenzung von Privatrecht und öffentlichem Recht s. *Krüger,* JuS 2013, 598.

[213] S. z. B. *BVerwG* NVwZ-RR 2010, 682 und *BGH* NVwZ-RR 2013, 96.

einem **hoheitlichen Verhältnis der Über- und Unterordnung** stehen und ob sich der Träger hoheitlicher Gewalt der besonderen Rechtssätze des öffentlichen Rechts bedient.[214] Auf Fragen zur Zulässigkeit und Begründetheit des Klagebegehrens kommt es grundsätzlich nicht an. Entscheidend ist vielmehr, ob der Sachverhalt – die Richtigkeit des Vortrags des Klägers unterstellt – Rechtssätzen unterworfen ist, die für jedermann gelten, oder einem Sonderrecht des Staates oder sonstiger Träger öffentlicher Aufgaben, das sich zumindest auf einer Seite nur an Hoheitsträger wendet.[215]

Einige **Beispiele,** in denen es jeweils um diese Frage geht:

aa) Abwehranspruch gegen **Lärm- und sonstige Belästigungen,** die von einer der **Daseinsvorsorge** dienenden **öffentlichen Einrichtung** ausgehen (z. B. Lärm von einem städtischen Sportplatz): Der Abwehranspruch gegen die öffentliche Hand teilt die Rechtsnatur des Eingriffs. Das „Ob" der Zulassung ist immer öffentlich-rechtlich, wenn ein Hoheitsträger Leistungen im Rahmen der Daseinsvorsorge zur Verfügung stellt. Das „Wie" kann auch privatrechtlich ausgestaltet sein **(„Zweistufentheorie").**[216] Ist das Benutzungsverhältnis der öffentlichen Einrichtung öffentlich-rechtlich ausgeformt, so ist unstreitig der Verwaltungsrechtsweg eröffnet. Ob die privatrechtliche Ausgestaltung des Nutzungsverhältnisses privatrechtliche Unterlassungs- oder Beseitigungsansprüche bedingt oder wegen des Bezugs zur Verwaltungsaufgabe der Abwehranspruch öffentlich-rechtlich einzustufen und daher der Verwaltungsrechtsweg gegeben ist, wird dagegen unterschiedlich beurteilt.[217] 154

bb) Abwehranspruch gegen Angelusläuten und Zeitschlagen von **Kirchenglocken** gegen die Kirche: Bei **Angelusläuten** Verwaltungsrechtsweg.[218] Zwar gehört das Angelusläuten als kultische Handlung zu den inneren kirchlichen Angelegenheiten i. S. d. Art. 137 Abs. 3 WRV i. V. m. Art. 140 GG. Das Glockengeläut berührt aber auch staatliche Belange, denn es kann mit dem Ruhebedürfnis des Nachbarn kollidieren; der Schutz der Nachbarn vor schädlichen Immissionen ist Aufgabe des Staates. Daher ist die staatliche Gerichtsbarkeit gegeben. Aufgrund der Privilegierung des Art. 137 Abs. 5 WRV i. V. m. Art. 140 GG sind die Kirchenglocken, soweit sie wie beim Angelusläuten kultischen Zwecken dienen, als „res sacrae" öffentliche Sachen. Das Rechtsverhältnis, das der Nachbar beeinflussen will, gehört damit dem öffentlichen Recht an. Bei **nichtsakralem Zeitschlagen** ist grundsätzlich der Zivilrechtsweg gegeben, denn dieses dient unter den heutigen Lebensbedingungen nur noch der Wahrnehmung von Eigentümerbefugnissen und kann nicht mehr dem Bereich kirchlicher Tätigkeit zugeordnet werden.[219] Ausnahmsweise, d. h. bei sakralem Zeitschlagen, ist auch hier der Verwaltungsrechtsweg gegeben.[220] 155

cc) Klage auf **Zugang zu einer** (von einer juristischen Person des Privatrechts betriebenen) **öffentlichen Einrichtung,** z. B. einer Partei zur Durchführung eines Parteitages: Bei einer Klage gegen die juristische Person des Privatrechts auf Zugang grundsätzlich Zivilrechtsweg; Verwaltungsrechtsweg ausnahmsweise dann, wenn die juristische Person des Privatrechts durch Gesetz oder aufgrund eines Gesetzes zu öffent- 156

---

[214] S. z. B. *BVerwG* NVwZ 2007, 820; *VGH München* DÖV 2015, 40.

[215] *BVerwG* NJW 2006, 2568; zu den Abgrenzungstheorien s. *Bosch/Schmidt/Vondung,* Rn. 192 ff und *Krüger,* JuS 2013, 598.

[216] Ausführlich zur Zweistufentheorie s. *Kramer u.a.,* JA 2011, 810.

[217] Für Zivilrechtsweg z. B. *VGH Kassel* NJW 1993, 3088; für Verwaltungsrechtsweg *VGH München* BayVBl. 2006, 699; *Althammer/Zieglmeier,* DVBl. 2006, 810, 813.

[218] *BVerwG* NJW 1984, 989.

[219] *BVerwG* NJW 1994, 956; *LG Arnsberg* NVwZ-RR 2008, 774.

[220] *OVG Lüneburg* NdsVBl. 1996, 70.

lich-rechtlichem Handeln ermächtigt ist;[221] dagegen ist bei einem Streit zwischen Bürger und Gemeinde über den Anspruch auf Zugang zu einer öffentlichen Einrichtung der Verwaltungsrechtsweg eröffnet,[222] während über die Modalitäten der Benutzung vor dem ordentlichen Gericht gestritten werden muss, sofern diese privatrechtlich ausgestaltet sind.[223]

157 **dd)** Klagen auf **Unterlassung oder Widerruf von Äußerungen eines Amtsträgers:** Verwaltungsrechtsweg, wenn es um Äußerungen geht, die von Bediensteten eines Trägers der öffentlichen Verwaltung bei der Erfüllung öffentlicher Aufgaben gestützt auf vorhandene oder vermeintliche öffentlich-rechtliche Befugnisse gegenüber einem außerhalb der Verwaltung stehenden Bürger abgegeben werden; Zivilrechtsweg, wenn die Äußerungen nicht in amtlicher Eigenschaft, sondern nur gelegentlich einer nach öffentlichem Recht zu beurteilenden Tätigkeit getätigt werden, wenn sie allein Ausdruck einer persönlichen Meinung oder Einstellung sind oder einen Lebensbereich betreffen, der durch bürgerlichrechtliche Gleichordnung geprägt ist.[224]

158 **ee)** Klage gegen die **Anordnung eines Hausverbots** durch die öffentliche Hand: Sofern das Hausrecht ohnehin sondergesetzlich geregelt ist, ist der Verwaltungsrechtsweg gegeben. Ansonsten bestimmt sich die Rechtsnatur des von einem Träger öffentlicher Verwaltung ausgesprochenen und gesetzlich nicht ausdrücklich geregelten Hausverbots nach heute *h. M.*[225] maßgeblich nach dem **Zweck des Hausverbots** und dessen **Zusammenhang mit der Aufgabenwahrnehmung der Einrichtung**. Liegt der Zweck des Hausverbots in der Sicherung der widmungsgemäßen Aufgabenwahrnehmung einer öffentlichen Einrichtung, ist die Ausübung des Hausrechts und damit die Verhängung eines Hausverbots als öffentlich-rechtlich zu qualifizieren.

159 **ff)** Klage über die **Rechtmäßigkeit der Vergabe von Gemeindegrundstücken bzw. anderen Sachen aus öffentlichem Vermögen:** Verwaltungsrechtsweg, wenn die Entscheidung einer Gemeinde über die Auswahl unter verschiedenen Kaufbewerbern um ein gemeindeeigenes Grundstück nach der Natur des Rechtsverhältnisses nach Maßgabe von Vergabekriterien erfolgt, die im öffentlichen Interesse aus **sozialen Erwägungen** die Förderung eines bestimmten Personenkreises durch die Gewährung eines Nachlasses auf den Kaufpreis vorsehen.[226] Verwaltungsrechtsweg auch bei der Vergabe gemeindlicher Baugrundstücke im Rahmen eines sog. **Einheimischenmodells,** mit dem die Gemeinde der ortsansässigen Bevölkerung den Grunderwerb und die Errichtung von Wohnhäusern erleichtern will.[227]

---

[221] *BVerwG* NVwZ 1991, 59; *OVG Lüneburg* NdsVBl. 2008, 75.

[222] *BVerwG* NJW 1990, 134.

[223] Hierzu s. *VGH München* NVwZ-RR 2002, 465.

[224] Vgl. *VGH Kassel* NVwZ-RR 2012, 781 und DVBl 2012, 1176; *VGH München* DÖV 2010, 787; *Kopp/Schenke,* § 40 Rn. 28; *Krüger,* JuS 2013, 598, 601.

[225] *OVG Münster* NJW 2011, 2379; *Jutzi,* LKRZ 2009, 16; *Kopp/Ramsauer,* § 35 Rn. 37. Zur Anordnung eines Hausverbots durch einen Gerichtspräsidenten s. *OVG Schleswig* NJW 1994, 340 und *VG Neustadt* NJW 2011, 3317; vgl. auch *BVerwG* NJW 2011, 2530 zu einer Anordnung von Einlasskontrollen durch den Gerichtspräsidenten und *OVG Berlin-Brandenburg* NJW 2011, 1093 zu einer Verfügung des Gerichtspräsidenten, dass während einer Strafverhandlung bestimmte Kleidungsstücke nicht getragen werden dürfen. Zum Rechtsweg bei der Anordnung eines Hausverbots für Jobcenter s. einerseits *OVG Hamburg* NJW 2014, 1196; *Hebeler,* JA 2015, 159 (Verwaltungsrechtsweg) und andererseits *BSG* NZS 2014, 918 (Sozialgerichtsrechtsweg).

[226] *OVG Münster* NJW 2001, 698; *VGH Kassel* UPR 2006, 201.

[227] Sodan/Ziekow/*Sodan,* § 40, Rn. 352. Zur europarechtlichen Zulässigkeit von Einheimischenmodellen s. *EuGH* EuZW 2013, 507; *Ruffert,* JuS 2013, 1051; *Michl,* Jura 2015, 202.

gg) Klagen im Zusammenhang mit **vertraglichem Handeln der öffentlichen Hand:** Eine öffentlich-rechtliche Streitigkeit kann auch auf einem Gleichordnungsverhältnis beruhen.[228] **Gleichordnungsverhältnisse** sind öffentlich-rechtlich, wenn die das Rechtsverhältnis beherrschenden Rechtsnormen nicht für jedermann gelten, sondern Sonderrecht des Staates oder sonstiger Träger öffentlicher Aufgaben sind, das sich zumindest auf einer Seite nur an Hoheitsträger wendet. Für die Abgrenzung eines öffentlich-rechtlichen von einem privatrechtlichen Vertrag kommt es nach *h. M.*[229] auf dessen **Gegenstand und Zweck** an. Die Rechtsnatur des Vertrages bestimmt sich danach, ob der Vertragsgegenstand dem öffentlichen oder dem bürgerlichen Recht zuzurechnen ist. Für die Zuordnung ist maßgeblich, ob die Vereinbarungen mit ihrem **Schwerpunkt** öffentlich- oder privatrechtlich ausgestaltet sind und welcher Teil dem Vertrag das **entscheidende Gepräge** gibt.[230] Nach *a. A.*[231] ist bei der Charakterisierung des Vertrages auf den Willen der Behörde abzustellen. Dieser muss mit hinreichender Deutlichkeit zum Ausdruck kommen. Ist ein eindeutiger Wille nicht auszumachen, so ist bei nicht behebbaren Zweifeln zu vermuten, dass eine Verwaltungsbehörde bei der Erledigung der ihr übertragenen Aufgaben öffentlich-rechtlich handelt. Vergibt die öffentliche Hand z. B. eine Subvention, besteht eine tatsächliche Vermutung dahin, dass sich die Behörde bei der Erfüllung einer ihr übertragenen öffentlichen Aufgabe öffentlich-rechtlicher Maßnahmen bedient und nicht auf dem Gebiet des Privatrechts tätig werden will.[232] Hiervon ist insbesondere bei der Gewährung eines verlorenen Zuschusses auszugehen. Die Aufspaltung eines Vertrages in einen öffentlich-rechtlichen und einen privatrechtlichen Teil ist nicht möglich; nach dem Grundsatz der Einheit des Rechtsverhältnisses begründet jeder Vertrag ein einheitliches Beziehungsgeflecht.[233] 160

An der privatrechtlichen Natur ändert sich auch dann nichts, wenn auf beiden Seiten Träger öffentlicher Verwaltung beteiligt sind. Ein Grundstückskaufvertrag erhält dadurch, dass der erwerbende Verwaltungsträger – was regelmäßig der Fall sein wird – das Grundstück für die Erfüllung hoheitlicher Aufgaben nutzen will, nicht einen öffentlich-rechtlichen Charakter. Denn die fiskalische Beschaffung der erforderlichen Mittel für die Aufgabenerfüllung vollzieht sich grundsätzlich nach den Regeln des Privatrechts.[234]

„Fiskalische Hilfsgeschäfte“ der öffentlichen Hand sind ebenso der Zivilgerichtsbarkeit zuzuordnen wie die **Vergabe öffentlicher Aufträge** mit einem Auftragswert unterhalb der in der Vergabeverordnung genannten Schwellenwerte.[235] Denn die Vergabe öffentlicher Aufträge erfolgt privatrechtlich. Dass das Vergabeverfahren öffentlich-rechtlichen Bindungen unterliegt, ist keine Frage des Rechtswegs, sondern der zu treffenden Sachentscheidung.

hh) Sind an dem streitigen Rechtsverhältnis **ausschließlich Privatrechtssubjekte** beteiligt, so scheidet die Zuordnung des Rechtsstreits zum öffentlichen Recht grundsätzlich aus. Etwas anderes gilt ausnahmsweise dann, wenn eine Partei mit öffentlich- 161

[228] *VGH München* DÖV 2015, 40.
[229] S. z. B. *BVerwG* NVwZ-RR 2010, 682; *VGH München* BeckRS 2014, 59019.
[230] *BGH* NVwZ 2013, 96.
[231] *Renck,* JuS 2000, 1001, 1002.
[232] Beachte *BVerwG* NJW 2006, 536: Wurde ein zinsloses Darlehen von der öffentlichen Hand durch VA bewilligt und sodann aufgrund eines zivilrechtlichen Darlehensvertrages ausgezahlt, kann die Rückforderung des Darlehensbetrages nur im Wege der Leistungsklage vor dem Zivilgericht geltend gemacht werden.
[233] *Renck,* JuS 2000, 1001, 1003.
[234] *BGH* NVwZ 2013, 96.
[235] *BVerwG* NVwZ 2007, 820; s. hierzu auch *Hufen,* JuS 2007, 958.

rechtlichen Handlungs- oder Entscheidungsbefugnissen ausgestattet und gegenüber der anderen Partei als **beliehenes Unternehmen** tätig geworden ist.[236] Die Beleihung kann nur durch oder aufgrund eines Gesetzes erfolgen. Verwaltungsvorschriften (z. B. Vergabe von Subventionen durch eine private Bank aufgrund Subventionsrichtlinien eines Ministeriums) reichen dafür nicht aus, da sie nicht Grundlage einer unter dem institutionellen Gesetzesvorbehalt stehenden Übertragung hoheitlicher Befugnisse sein können.[237] Dient das Handeln der nicht beliehenen privaten Rechtssubjekte der Erfüllung öffentlicher Aufgaben, so können sich daraus zwar für die Gestaltung ihrer Rechtsbeziehungen zu anderen Privaten öffentlich-rechtliche Bindungen (so genanntes **Verwaltungsprivatrecht**) ergeben; an der Zuordnung diesbezüglicher Rechtsstreitigkeiten zum Zuständigkeitsbereich der ordentlichen Gerichte ändert das nichts.[238]

f) Nichtverfassungsrechtliche Streitigkeit

162 Nur in Ausnahmefällen ist auch auf das in § 40 Abs. 1 Satz 1 VwGO genannte Tatbestandsmerkmal der **„nichtverfassungsrechtlichen Streitigkeit"** einzugehen im Gegensatz zu einer verfassungsrechtlichen Streitigkeit. Beispiele sind Klagen auf Unterlassung oder Widerruf des von einer Sendung einer öffentlich-rechtlichen Rundfunkanstalt in seinem Persönlichkeitsrecht betroffenen Bürgers,[239] Klagen eines Betroffenen gegen Maßnahmen eines parlamentarischen Untersuchungsausschusses[240] oder Klagen betreffend die Verwaltungshaftung zwischen Bund und Ländern nach Art. 104 a Abs. 5 GG.[241] Echte verfassungsrechtliche Streitigkeiten im Sinne dieser Vorschrift sind nur Streitigkeiten zwischen den am Verfassungsleben unmittelbar beteiligten Rechtsträgern, Verfassungsorganen auf Bundes- oder Landesebene oder Teilen davon, über ihre Rechte und Pflichten (**„doppelte Verfassungsunmittelbarkeit")**.[242] Rechtsstreitigkeiten um den Erlass untergesetzlicher Normen stellen keine verfassungsrechtlichen Streitigkeiten dar, für die eine abdrängende Sonderzuweisung zum *BVerfG* gegeben sein könnte.[243] Die so genannten Kommunalverfassungsstreitigkeiten zählen ebenfalls nicht dazu. Das ist an sich eine Selbstverständlichkeit, die Lösungsvorschläge einschlägiger Assessorklausuren sehen aber meistens eine kurze Stellungnahme vor.

g) Aufdrängende Sonderzuweisungen

163 In bestimmten Fällen ist der Verwaltungsrechtsweg kraft **aufdrängender Sonderzuweisungen** gegeben (z. B. § 8 Abs. 4 HandwO, § 54 BAFöG, § 6 Abs. 1 UIG). Diese Vorschriften gehen als spezialgesetzliche Regelungen dem § 40 Abs. 1 Satz 1

---

[236] *BVerwG* NVwZ 1990, 754; *VGH München* BayVBl. 2002, 82; Beliehene sind z. B. der TÜV, der bevollmächtigte Bezirksschornsteinfeger bei Erlass des Feuerstättenbescheids gemäß § 17 i.V.m. § 14 SchfHwG oder die Deutsche Post AG bei der Zustellung von Schriftstücken (s. § 33 Abs. 1 PostG).

[237] *BGH* NJW 2000, 1042.

[238] *OVG Münster* DVBl 2010, 1324.

[239] *BVerwG* NJW 1994, 2500: Zivilrechtsweg; a. A. *VGH München* DVBl. 1994, 642 und *Schenke*, JZ 1996, 998, 999: Verwaltungsrechtsweg.

[240] *OVG Münster* NVwZ 1987, 608: Verwaltungsrechtsweg: „Zwar ist die Tätigkeit eines Untersuchungsausschusses grundsätzlich dem Bereich des Verfassungsrechts zuzuordnen, nimmt er jedoch Eingriffsbefugnisse wahr, so ist dies **materiell Verwaltungstätigkeit**".

[241] *BVerwG* NVwZ 2007, 1315: Verwaltungsrechtsweg (s. hierzu auch *Waldhoff*, JuS 2008, 77).

[242] Ausführlich hierzu *Kopp/Schenke*, § 40 Rn. 32 f.; s. auch *BVerwG* NVwZ 2002, 1127 und NVwZ 2007, 1315.

[243] *Schübel-Pfister*, JuS 2014, 412, 415.

VwGO vor, so dass es auf dessen Tatbestandsmerkmale nicht ankommt. Für die Fallbearbeitung von **besonderer Relevanz** ist die **Rechtswegzuweisung der** §§ 40 Abs. 2 Satz 2 VwGO, **126 BRRG, 54 Abs. 1 BeamtStG, 126 Abs. 1 BBG**[244] für Klagen eines Beamten bzw. des Dienstherrn „aus dem Beamtenverhältnis". Das *BVerwG* legt den Begriff der beamtenrechtlichen Streitigkeit weit aus. Maßgebend ist danach, dass der geltend gemachte Anspruch seine Grundlage im Beamtenrecht hat. Darunter fällt auch ein nicht zustande gekommenes, aber erstrebtes und von beiden Seiten gewolltes und zunächst als bestehend angesehenen Beamtenverhältnis.[245]

h) Sonderzuweisung für Justizverwaltungsakte

Ferner sieht § 40 Abs. 1 Satz 1 Halbsatz 2 VwGO i. V. m. **§ 23 EGGVG** eine **Sonderzuweisung für Justizverwaltungsakte** zu den ordentlichen Gerichten vor.[246] § 23 EGGVG erfasst Rechtsstreitigkeiten über Anordnungen, Verfügungen und sonstige Maßnahmen, die zur Verfolgung einer strafbaren Handlung getroffen worden sind. Die genannte Vorschrift soll verhindern, dass Gerichte zweier verschiedener Gerichtszweige Verwaltungsstreitigkeiten desselben Rechtsgebiets entscheiden. § 23 EGGVG weist die Nachprüfung von VAen und sonstigen Maßnahmen den ordentlichen Gerichten zu, wenn die in Rede stehende Amtshandlung der zuständigen Behörde **funktional** als spezifisch justizmäßige Aufgabe auf einem der in § 23 Abs. 1 EGGVG genannten Rechtsgebiete anzusehen ist.[247] Über den Antrag entscheidet gemäß § 25 Abs. 1 EGGVG das Oberlandesgericht. Maßnahmen zur Regelung einer Angelegenheit auf dem **Gebiet der Strafrechtspflege**" i. S. d. § 23 Abs. 1 EGGVG sind sowohl Tätigkeiten, die sich als Strafverfolgung im engeren Sinne darstellen als auch die damit im Zusammenhang stehenden allgemeinen und besonderen Tätigkeiten der Justizbehörden zur Ermöglichung und geordneten Durchführung der Strafverfolgung und Strafvollstreckung. 164

Die Thematik des § 23 EGGVG eignet sich für Prüfungsarbeiten besonders. Hier einige **interessante Varianten:** Klage eines Beschuldigten gegen eine **Strafverfolgungsvorsorgemaßnahme** der Polizei nach **§ 81 b 2. Alt. StPO,**[248] Klage eines Bürgers auf Auskunftserteilung über gesammelte personenbezogene Daten,[249] auf Überprüfung der Rechtmäßigkeit einer Sperrerklärung[250] oder auf Vernichtung erken- 165

---

[244] § 126 BRRG ist gemäß § 63 Abs. 3 Satz 2 BeamtStG weiterhin anwendbar; er kann in Bezug auf Landesbeamte zusammen mit § 54 BeamStG und in Bezug auf Bundesbeamte zusammen mit § 126 BBG zitiert werden (vgl. *BVerwG* NJW 2010, 3592). Die genannten Vorschriften erfassen auch Ansprüche aus „vorbeamtenrechtlicher Art" (*VGH Kassel* DÖV 2013, 907).

[245] *BVerwG* NJW 1996, 2175; s. auch *BVerwG* DVBl. 2005, 516: Auch Streitigkeiten über die ein Beamtenverhältnis vorbereitenden Maßnahmen und Verabredungen sind beamtenrechtlicher Natur.

[246] Ausführlich dazu *Peglau,* NJW 2015, 677.

[247] *BGH* NJW 2001, 1077 m. w. N.; *BVerwG* NJW 1989, 412, 413.

[248] *BVerwG* NJW 2006, 1225 und NVwZ-RR 2011, 710: Verwaltungsrechtsweg; die Anfertigung, Aufbewahrung und Zusammenstellung solcher erkennungsdienstlichen Unterlagen in kriminalpolizeilichen Sammlungen dienen nach ihrer gesetzlichen Zweckbestimmung – ohne unmittelbaren Bezug zu einem konkreten Strafverfahren – der vorsorgenden Bereitstellung von sächlichen Hilfsmitteln für die sachgerechte Wahrnehmung der Aufgaben, die der Kriminalpolizei hinsichtlich der Erforschung und Aufklärung von Straftaten durch § 163 StPO zugewiesen sind; a. A. *VGH Kassel* LKRZ 2011, 139: § 23 EGGVG.

[249] *BVerwG* NJW 1990, 2765.

[250] *BGH* NJW 1998, 3577 (sehr lesenswert!): Entscheidend ist der Zweck der Sperrerklärung, Verwaltungsrechtsweg bei Gründen wie Zeugenschutz, weitere Verwendung von Vertrauensleuten und verdeckten Ermittlern, allgemeine Strategien der Kriminalbekämpfung.

nungsdienstlicher Unterlagen, die von der Staatsanwaltschaft oder der Polizei angelegt wurden,[251] Klage eines Untersuchungsausschusses auf Herausgabe von Strafakten während und eines laufenden Ermittlungsverfahrens.[252]

166 In der Klausur geht es regelmäßig um Anordnungen der Polizei. Die Polizeibeamten helfen als Hilfsbeamte der Staatsanwaltschaft (§ 152 Abs. 1 GVG) dieser bei der Ermittlung und Erforschung strafbarer Handlungen (§ 163 Abs. 1 StPO). Nicht immer eindeutig zu beantworten ist in diesem Zusammenhang die Frage, ob die Polizeibeamten in dem zu beurteilenden Fall repressiv oder/und präventiv tätig geworden sind. Nach *h. M.* kommt es in den Fällen, in denen die Maßnahme der **Polizei** sowohl repressiven als auch präventiven Charakter **(„doppelfunktionale Maßnahme“)** hat, auf den **Schwerpunkt der Zielrichtung** des polizeilichen Handelns an.[253] Für die Zuordnung der polizeilichen Maßnahmen sind deren Zielsetzung und der funktionelle Zusammenhang maßgebend, wie sie sich einem **verständigen Bürger** in der Lage des Betroffenen bei natürlicher Betrachtungsweise nach darstellen.[254] Ergibt sich nach diesen Kriterien keine eindeutige Zuordnung zu einer repressiven oder präventiven Zielrichtung, ist das angerufene VG jedenfalls dann zuständig, wenn die Maßnahme bei verständiger Würdigung aus der Perspektive des Betroffenen zumindest auch präventiv-polizeiliche Zwecke verfolgt und auf eine präventiv-polizeiliche Ermächtigungsgrundlage gestützt sein kann. Nach einer *teilweise vertretenen Gegenmeinung*[255] muss der Betroffene, wenn die Polizei ihr Handeln sowohl auf die StPO wie auch auf Polizeirecht stützt, einen doppelten Rechtsweg beschreiten. Eine *weitere Auffassung*[256] möchte bei doppelfunktionalen Maßnahmen der Polizei die Beschreitung des Verwaltungsrechtswegs oder des ordentlichen Rechtswegs nach Wahl des betroffenen Bürgers (mit Bindungswirkung für das angerufene Gericht) zulassen.

167 Sind die Strafgerichte zur Überprüfung der zur Strafverfolgung vorgenommenen Justizverwaltungsakte gemäß § 23 Abs. 1 EGGVG berufen, schließt dies nicht aus, die sachliche Zuständigkeit im Hinblick auf die Subsidiaritätsklausuel des § 23 Abs. 3 EGGVG aus einer anderen Norm abzuleiten.[257] So gilt nach der heute *h. M.* **§ 98 Abs. 2 StPO** vorrangig nicht nur für Strafverfolgungsmaßnahmen der Polizei, sondern auch für andere Strafverfolgungsmaßnahmen der Staatsanwaltschaft und ihrer Ermittlungspersonen[258] sowie für erledigte nichtrichterliche Strafverfolgungsmaßnahmen.[259]

i) Abdrängende Sonderzuweisung nach Landesrecht

168 **§ 40 Abs. 1 Satz 2 VwGO** eröffnet dem Landesgesetzgeber die Möglichkeit, die Zuständigkeit der VGe durch abdrängende Sonderzuweisungen auf dem Gebiet des Landesrechts auszuschließen. Hierzu zwei relevante Beispiele:

---

[251] *OVG Koblenz* NJW 1994, 2108.
[252] *BGH* NJW 2001, 1077.
[253] BVerwGE 47, 255; *VGH München* BayVBl 2010, 220; *VGH Mannheim* NVwZ-RR 2005, 540.
[254] Vgl. *BVerwG* NJW 1975, 893; *OVG Münster* NVwZ-RR 2014, 863; *OVG Lüneburg* NVwZ-RR 2014, 327; *Kopp/Schenke,* § 179 Rn. 7.
[255] *Schenke,* NJW 2011, 2838.
[256] Schoch/*Ehlers/Schneider,* § 40 Rn. 607; Sodan/Ziekow/*Sodan,* § 40 Rn. 618; *Schoch,* Jura 2013, 1115, 1122.
[257] Sodan/Ziekow/*Sodan,* § 40 Rn. 616.
[258] *BGH* NJW 1979, 881.
[259] *BGH* NJW 1998, 3653, NJW 1999, 730 und NJW 1999, 3499.

aa) Klage des **Nichtstörers** auf **Entschädigung für seine Inanspruchnahme zur Unterbringung von Obdachlosen** durch eine Kommune[260] und Klage der Ordnungsbehörde auf Erstattung ihrer Aufwendungen gegen die Obdachlosen.[261]

bb) Klage gegen die **nachträgliche Überprüfung einer Ingewahrsamnahme durch die Polizei,** d. h. wenn der Betroffene bereits aus dem Gewahrsam entlassen ist: Maßgebend ist zunächst die ausdrückliche gesetzliche Regelung in den Ländern. So ist in Hamburg das VG zuständig (§ 13 a Abs. 2 Satz 4 HbgSOG), während in Bayern (Art 18 Abs. 2 und 3 BayPAG) und Berlin (§ 31 Abs. 2 und 3 BerlASOG) die Amtsgerichte auch bei nachträglicher Überprüfung einer Ingewahrsamnahme durch die Polizei zuständig sind. In den Ländern, in denen eine ausdrückliche Regelung in Bezug auf die nachträgliche Überprüfung der Ingewahrsamnahme fehlt[262], spricht sich die Rechtsprechung überwiegend für den Verwaltungsrechtsweg aus.[263] Bei doppelfunktionalen Maßnahmen gilt das zu Rn. 166 Gesagte.

j) Die Rechtswegzuweisung nach § 40 Abs. 2 Satz 1 VwGO

Nach **§ 40 Abs. 2 Satz 1 VwGO** ist der ordentliche Rechtsweg gegeben für **vermögensrechtliche Ansprüche aus Aufopferung** für das gemeine Wohl und aus **öffentlich-rechtlicher Verwahrung** sowie für **Schadensersatzansprüche** aus der Verletzung öffentlich-rechtlicher Pflichten, die nicht auf einem öffentlich-rechtlichen Vertrag beruhen; dies gilt nicht für Streitigkeiten über das Bestehen und die Höhe eines Ausgleichsanspruchs im Rahmen des Art. 14 Abs. 1 Satz 2 GG. Die abdrängende Sonderzuweisung des § 40 Abs. 2 Satz 1 VwGO erfasst sowohl Schadensersatzansprüche des Bürgers gegen den Staat als auch solche, die ein Hoheitsträger gegen eine anderen Hoheitsträger aus der Verletzung öffentlich-rechtlicher Pflichten geltend macht.[264] Der weit zu verstehende Begriff der **„Aufopferung"** in § 40 Abs. 2 Satz 1 VwGO umfasst neben dem **allgemeinen Aufopferungsanspruch** auch den **enteignenden Eingriff**[265] und den **enteignungsgleichen Eingriff.**[266] Streitigkeiten über derartige Ansprüche sind den ordentlichen Gerichten zugewiesen. Dies gilt ebenso für vermögensrechtliche Ansprüche aus **öffentlich-rechtlicher Verwahrung.** Von der Sonderregelung des § 40 Abs. 2 Satz 1 VwGO werden auch die aus dem öffentlich 169

---

[260] Spezialgesetzlich in den Landesgesetzen geregelt, z. B. § 62 BremPolG, § 74 ThürPAG, § 77 MVSOG, § 58 SächsPolG: Zivilrechtsweg. Da sich die Zulässigkeit des beschrittenen Rechtsweges unmittelbar aus einer gesetzlichen Norm ergibt, genügt in der Klausur ein Hinweis auf die einschlägige Vorschrift.

[261] Ebenfalls spezialgesetzlich geregelt, z. B. § 58 SächsPolG: Zivilrechtsweg; anders aber z. B. § 65 BerlASOG, § 74 ThürPAG: Verwaltungsrechtsweg.

[262] Die meisten Länder regeln nur, dass grundsätzlich eine **richterliche Entscheidung über die Zulässigkeit und Fortdauer der Freiheitsentziehung** durch das Amtsgericht herbeizuführen ist (s. z. B. § 36 Abs. 1 Satz 1 NWPolG; § 15 Abs. 1 Satz 1 RhPfPOG). In Baden-Württemberg bestimmt § 28 Abs. 3 Satz 3 BWPolG, dass eine richterliche Entscheidung **über den Gewahrsam** unverzüglich herbeizuführen ist (s. dazu *VGH Mannheim* DVBl 2011, 626).

[263] *OVG Greifswald* NordÖR 2009, 24; *OVG Bremen* NVwZ-RR 1997, 474; *VGH Kassel* NJW 1984, 821; *VGH Mannheim* DÖV 2005, 165; *OVG Weimar* DÖV 1999, 879; nach *OVG Berlin-Brandenburg* NJW 2009, 2695 ist dagegen das Amtsgericht schon dann zuständig, wenn der Amtsrichter während des Polizeigewahrsams zwar noch keine richterliche Entscheidung getroffen hat, aber mit dem Vorfall schon befasst war.

[264] *VGH München* BeckRS 2007, 29899.

[265] Hierbei handelt es sich um einen rechtmäßigen Eingriff, der nicht wie die Enteignung gezielt und in den Formen einer Enteignung stattfindet (näher dazu *Ramsauer,* Rn. 24.69).

[266] Dies ist ein Eingriff, der nicht aufgrund eines Enteignungsgesetzes erfolgt, in der Wirkung aber einem förmlichen Enteignungsakt gleichkommt und sich im Wesentlichen von einem solchen nur durch seine Rechtswidrigkeit unterscheidet (näher dazu *Ramsauer,* Rn. 24.54).

rechtlichen Verwahrungsverhältnis entstehenden Ansprüche auf Rückgabe, Schadensersatz oder Aufwendungsersatz erfasst.[267] Das Verwahrungsverhältnis kann auch auf strafprozessualen Maßnahmen der Staatsanwaltschaft beruhen.[268]

170 Ohne dass es eines Rückgriffs auf § 40 Abs. 2 VwGO bedarf, sind Streitigkeiten über Ansprüche aus **Amtshaftung** (Art. 34 GG i. V. m. § 839 BGB) und aus **Enteignung** (Art. 14 Abs. 3 Satz 4 GG)[269] den **ordentlichen Gerichten** zugewiesen.[270] Stützt im Beamtenrecht ein Kläger eine Schadensersatzklage nicht auf eine Amtspflichtverletzung, sondern auf die Verletzung seines aus Art. 33 Abs. 2 GG folgenden Bewerbungsverfahrensanspruchs, ist gemäß § 40 Abs. 2 Satz 2 VwGO, § 54 Abs. 1 BeamtStG/ § 126 Abs. 1 BBG der Verwaltungsrechtsweg gegeben, auch wenn die Amtshaftungsklage möglich wäre.[271]

171 Streitig ist, ob die Rechtswegzuweisung des § 40 Abs. 2 Satz 1 3. Alt. VwGO auch für Klagen auf Schadensersatz aus **öffentlich-rechtlicher culpa in contrahendo** analog §§ 311 Abs. 2 Nr. 1, 241 Abs. 2 BGB gilt. *Eine Ansicht*[272] hält den Verwaltungsrechtsweg mit der Begründung für gegeben, zwar nehme § 40 Abs. 2 Satz 1 3. Alt. VwGO nur Schadensersatzansprüche aus öffentlich-rechtlichen Verträgen aus. Dies müsse aber auch für Ansprüche aus culpa in contrahendo gelten, da es sich hierbei um einen vertragsähnlichen Anspruch handele. Nach *a. A.*[273] ist stets der ordentliche Rechtsweg gegeben, da Ansprüche aus culpa in contrahendo ihre Grundlage in einem gesetzlichen und nicht in einem vertraglichen Schuldverhältnis hätten. Dementsprechend seien sie gemäß § 40 Abs. 2 Satz 1 VwGO von der dort normierten Ausnahme nicht erfasst. Eine vermittelnde Meinung vertritt das *BVerwG.*[274] Danach kommt es entscheidend auf das **Kriterium des Sachzusammenhangs** an. Der ordentliche Rechtsweg ist danach für Schadensersatzansprüche wegen Verschuldens im Vorfeld des Abschlusses eines öffentlich-rechtlichen Vertrages gegeben, deren Entstehungsgründe typischerweise auch Gegenstand eines Amtshaftungsanspruchs sein können, unabhängig davon, ob im Einzelfall ein solcher auch geltend gemacht wird. Dagegen sei der Verwaltungsrechtsweg zu beschreiten bei Schadensersatzansprüchen wegen Verschuldens bei Abschluss eines öffentlich-rechtlichen Vertrages, wenn der jeweils geltend gemachte Schadensersatzanspruch in sachlichem Zusammenhang mit Anbahnung, Abschluss oder Abwicklung eines öffentlich-rechtlichen Vertrages stehe. Die VGe seien auch insoweit zuständig, als die Erstattung von Leistungen verlangt werde, die im Blick auf einen noch abzuschließenden umfassenden Vertrag erbracht worden seien; derartige Ansprüche seien als Kehrseite des Leistungsanspruchs im selben Rechtsweg zu verfolgen wie dieser.

---

[267] *OVG Lüneburg* BeckRS 2015, 47363; *VG Neustadt* BeckRS 2013, 58229 zur Rückgabe einer Fundsache; *Kopp/Schenke,* § 40 Rn. 64.

[268] *OVG Lüneburg* DÖV 2010, 412.

[269] Die Vorschrift erfasst nur Entschädigungsansprüche für Enteignungen im verfassungsrechtlichen Sinne, also für die vollständige oder teilweise Entziehung konkreter durch Art. 14 Abs. 1 Satz 1 GG gewährleisteter Rechtspositionen zur Erfüllung bestimmter öffentlicher Aufgaben (*BVerwG* NVwZ-RR 2014, 622).

[270] Zur aktuellen Rechtsprechung des BGH zur öffentlich-rechtlichen Entschädigung s. *Schlick,* NJW 2014, 2686 und zur Amtshaftung *Schlick,* NJW 2014, 2915. Zu Klausuren zur Amtshaftung s. *Koranyi,* JuS 2013, 823 und *Hebeler/Erzinger,* JA 2013, 765

[271] *BVerwG* NJW 2010, 3592.

[272] *OVG Weimar* NJW 2002, 386; *Pietzner/Ronellenfitsch,* Rn. 160; *Dötsch,* NJW 2003, 1430.

[273] *Ehlers,* JZ 2003, 208, 210 f.

[274] NJW 2002, 2894 und NVwZ 2003, 1383; ebenso *OVG Koblenz* NJW 2002, 3724; *BGH* NJW 1986, 1109, 1110 und NVwZ 2007, 1207.

Umstritten ist ferner, ob die Rechtswegzuweisung des § 40 Abs. 2 Satz 1 3. Alt. VwGO auch für **Ersatzansprüche aus verwaltungsrechtlichen Schuldverhältnissen nichtvertraglicher Art** (Streitigkeiten aus öffentlich-rechtlicher positiver Forderungsverletzung, Schadensersatzansprüche aus öffentlich-rechtlicher Geschäftsführung ohne Auftrag analog §§ 677 ff., 683 BGB[275] oder aufgrund eines öffentlich-rechtlichen Benutzungsverhältnisses) gilt. Nach *einer Ansicht*[276] ist der ordentliche Rechtsweg eröffnet, da der Wortlaut des § 40 Abs. 2 Satz 1 VwGO die Zuweisung zum Verwaltungsrechtsweg eindeutig auf Ansprüche mit vertraglicher Grundlage beschränke. Nach der *Gegenmeinung*[277] ist der Verwaltungsrechtsweg für alle öffentlich-rechtlichen Schadensersatzansprüche mit Ausnahme des Amtshaftungsanspruchs gegeben. Dies folge aus einer engen Auslegung des § 40 Abs. 2 Satz 1 3. Alt. VwGO, der die einfachgesetzliche Ausprägung des ebenfalls restriktiv auszulegenden Art. 34 Satz 3 GG sei. 172

k) Aufrechnung mit einer rechtswegfremden Forderung

Ist der Rechtsweg zum VG **zumindest unter einem Gesichtspunkt zulässigerweise beschritten** worden, entscheidet das VG den Rechtsstreit nach **§ 17 Abs. 2 Satz 1 GVG** unter allen anderen in Betracht kommenden rechtlichen Gesichtspunkten. Dies bedeutet, dass dort, wo ein Klageanspruch auf verschiedene materielle Anspruchsgrundlagen gestützt werden kann, für die – isoliert gesehen – jeweils unterschiedliche Rechtswege gegeben wären, ein einheitlicher Rechtsweg in dem Sinne vorgeschrieben wird, dass das angegangene Gericht, welches für die Geltendmachung eines der in Betracht kommenden materiell-rechtlichen Anspruchsgrundlagen das Gericht des zulässigen Rechtsweges ist, den Rechtsstreit unter allen rechtlichen Gesichtspunkten zu entscheiden hat.[278] 173

Von erheblicher Bedeutung ist die Vorschrift bei **Aufrechnungen mit rechtswegfremden Forderungen.** Ob § 17 Abs. 2 Satz 1 GVG hierauf anwendbar ist, wird in Literatur und Rechtsprechung unterschiedlich beurteilt.[279] Folgen Sie in der Klausur der Meinung, die die Anwendbarkeit des § 17 Abs. 2 Satz 1 GVG bejaht, so fertigen Sie ein Urteil, in dem Sie über die Aufrechnung mitentscheiden. Sind Sie der Gegenmeinung, so machen Sie zunächst Ausführungen zum Klagegegenstand und stellen dann fest, dass der beschrittene Rechtsweg in Bezug auf die geltend gemachte Aufrechnung mit einer rechtswegfremden Forderung nicht gegeben ist. Eine Verweisung des Rechtsstreits in Bezug auf die zur Aufrechnung gestellten Forderung scheitert an dem Umstand, dass diese Forderung nicht rechtshängig geworden ist.[280] 174

Eine – **wichtige** und sicherlich examensrelevante – **Ausnahme** von § 17 Abs. 2 Satz 1 GVG macht Satz 2 der genannten Norm, wonach Art. 14 Abs. 3 Satz 4 und Art. 34 Satz 3 GG unberührt bleiben. Hierzu ein Fallbeispiel: 175

Auf Veranlassung des städtischen Ordnungsbeamten R hat der private Unternehmer U das im absoluten Halteverbot stehende Auto des A abgeschleppt. Dabei wurde der

---

[275] S. *OVG Greifswald,* DVBl 2011, 975.
[276] *Kopp/Schenke,* § 40 Rn. 72.
[277] *Murach,* BayVBl. 2001, 682; *VGH Mannheim* NJW 2003, 1066.
[278] Vgl. *OVG Lüneburg* NordÖR 2006, 416.
[279] Bejahend *VGH Kassel* NJW 1995, 1107; Posser/Wolff/*Reimer,* § 40 Rn. 247; verneinend Zöller/*Lückemann,* § 17 GVG Rn. 10; *OVG Saarlouis* BeckRS 2008, 37829; *OVG Lüneburg* NVwZ 2004, 1513 und *BAG* NJW 2002, 317: Die Aufrechnung ist kein „rechtlicher Gesichtspunkt“ i. S. d. § 17 Abs. 2 GVG, sondern ein selbstständiges Gegenrecht, das dem durch die Klage bestimmten Streitgegenstand einen weiteren selbstständigen Gegenstand hinzufügt.
[280] Zöller/*Greger,* § 145 Rn. 18.

Kotflügel des A stark beschädigt. A klagt gegen den Kostenbescheid und erklärt hilfsweise die Aufrechnung mit einer Schadensersatzforderung wegen des defekten Kotflügels.

Zum Thema Aufrechnung gelangen Sie nur, wenn Sie die Klage gegen den Kostenbescheid abweisen.[281] Sind zwei Lösungswege vertretbar, so sollten Sie schon aus klausurtaktischen Erwägungen denjenigen Weg wählen, der die Aufrechnungsproblematik im Urteil und nicht im Hilfsgutachten mit umfasst. Eine Aufrechnung im Verwaltungsprozess mit einem Schadensersatzanspruch aus Art. 34 Satz 3 GG i. V. m. § 839 BGB kommt nach der *Rechtsprechung*[282] nur dann in Betracht, wenn diese Forderung rechtskräftig oder bestandskräftig festgestellt oder unbestritten ist. Diese Version wird vom Prüfungsamt kaum vorgesehen sein. Ist eine bestrittene Gegenforderung Streitgegenstand, so ist deren Zuweisung zu einem anderen Rechtszug vom VG zu beachten, wenn es um die aufrechnungsweise Geltendmachung dieser Forderung geht. Dies rechtfertigt es aber nicht, die Aufrechnung im Verwaltungsprozess als unbeachtlich zu behandeln. Vielmehr muss das VG, wenn die Sache spruchreif ist, ein **Vorbehaltsurteil** nach § 173 VwGO i. V. m. § 302 Abs. 1 ZPO erlassen.[283] Daneben ist das Nachverfahren über die Aufrechnung nach § 94 VwGO **auszusetzen,** um dem Beteiligten, der sich auf die Aufrechnung beruft, innerhalb einer bestimmten Frist Gelegenheit zu geben, das Bestehen des Rechtsverhältnisses vor dem Gericht des anderen Rechtswegs feststellen zu lassen.[284] Rechnet der Kläger im o. g. Beispiel also mit einer Schadensersatzforderung nach Art. 34 GG i. V. m. § 839 BGB auf, so sind ein Vorbehaltsurteil und ein Aussetzungsbeschluss zu fertigen.

3. Ordnungsgemäße Klageerhebung

a) Die Form der Klageerhebung

176 Die formelle Ordnungsgemäßheit der Klageerhebung, die in den §§ 81, 82 VwGO näher geregelt ist, ist eine von Amts wegen zu prüfende Prozessvoraussetzung. Nach **§ 81 Abs. 1 VwGO** ist die Klage bei dem Gericht schriftlich oder zur Niederschrift des Urkundsbeamten der Geschäftsstelle zu erheben. Klausurrelevant ist vor allem die **„Schriftform“.** Voraussetzung für die Wirksamkeit der schriftlich erhobenen Klage ist grundsätzlich die **eigenhändige Unterschrift** des Klägers oder seines Prozessbevollmächtigten; denn nur damit besteht die hinreichende Gewähr, dass sie von dem Kläger stammt und dass es sich um eine Klage und nicht nur um einen Entwurf handelt.[285] Nach der *Rechtsprechung*[286] kann dem **Schriftformerfordernis** bei Vorliegen besonderer Umstände **aber auch ohne Unterschrift** genügt sein. Erforderlich ist jedoch, dass sich aus dem bestimmenden Schriftsatz allein oder in Verbindung mit beigefügten Unterlagen auch ohne Beweisaufnahme die Urheberschaft und zugleich der Wille des Absenders ergeben, das Schreiben in den Verkehr zu bringen.

177 Nicht ausreichend zur Wahrung der Schriftform ist danach grundsätzlich ein Faksimile-Stempel oder eine Paraphe.[287] Zulässig ist dagegen die Klageerhebung durch

[281] Ansonsten haben Sie diese Problematik im Hilfsgutachten abzuhandeln.
[282] *BVerwG* NJW 1993, 2255 und NJW 1999, 160; *VG Neustadt* NVwZ 2003, 1544.
[283] Zur Tenorierung s. Rn. 56.
[284] *BVerwG* NJW 1987, 2530 und NJW 1999, 160; *VGH Mannheim* NJW 1997, 3394.
[285] *BVerwG* NJW 1989, 1175.
[286] *BVerwG* NJW 1995, 2121; *OVG Münster* NJW 2008, 344.
[287] Eine nicht mit einer vollständigen Unterschrift unterzeichnete Klageschrift kann aber dem Schriftformerfordernis des § 81 Abs. 1 VwGO genügen, wenn aufgrund anderer Anhaltspunkte die Urheberschaft und der Rechtsverkehrswille des Verfassers hinreichend sicher feststehen (*Kopp/Schenke,* § 81 Rn. 6; vgl. auch BVerwGE 137, 58).

Telegramm, **Telefax,** Telebrief, Funkfax oder **Computerfax.** Zu letzterem hat der *Gemeinsame Senat der Obersten Gerichtshöfe des Bundes*[288] ausgeführt, die Erfüllung der Schriftform, zu der grundsätzlich die eigenhändige Unterschrift gehöre, sei bestimmenden Schriftsätzen nicht deshalb abzusprechen, weil sie durch moderne elektronische Medien übermittelt würden und mangels Vorhandenseins eines körperlichen Originalschriftstücks beim Absender eine eigenhändige Unterzeichnung nicht möglich sei. Maßgeblich für die Beurteilung der Wirksamkeit des elektronisch übermittelten Schriftsatzes sei nicht eine beim Absender vorhandene Kopiervorlage oder eine nur im Computer befindliche Datei, sondern allein die auf seine Veranlassung am Empfangsort erstellte körperliche Urkunde. Der alleinige Zweck der Schriftform, die Rechtssicherheit und insbesondere die Verlässlichkeit der Eingabe zu gewährleisten, könne auch im Falle einer derartigen elektronischen Übermittlung gewahrt werden. Entspreche ein bestimmender Schriftsatz inhaltlich den prozessualen Anforderungen, so sei die Person des Erklärenden in der Regel dadurch eindeutig bestimmt, dass seine Unterschrift eingescannt oder der Hinweis angebracht sei, dass der benannte Urheber wegen der gewählten Übertragungsform nicht unterzeichnen könne. Auch der Wille, einen solchen Schriftsatz dem Gericht zuzuleiten, könne in aller Regel nicht ernsthaft bezweifelt werden. Das *BVerwG* hat in seiner „Funkfaxentscheidung" vom 30. März 2006[289] ergänzend ausgeführt, an dieser Rechtsprechung sei auch nach Einfügung des § 55 a VwGO festzuhalten. Da ein Computerfax oder Funkfax kein elektronisches Dokument darstelle, sei die Vorschrift nicht unmittelbar anwendbar. Die Regelung des § 55 a Abs. 1 Satz 3 VwGO zur qualifizierten Signatur lasse auch keine Rückschlüsse auf die Anforderungen hinsichtlich der Schriftform zu. Sinn der hohen Anforderungen an die Signatur sei neben dem Nachweis der Urheberschaft insbesondere auch der Schutz des Dokuments vor nachträglicher Veränderung. Das Problem der Integrität des Dokuments stelle sich – anders als bei einem elektronischen Dokument – bei einem per Fax übermittelten Dokument nicht anders als bei einem traditionellen, handschriftlich unterzeichneten Schriftstück.

Auch ohne eingescannte Unterschrift oder den genannten Hinweis ist das Schriftformerfordernis erfüllt, wenn für das Gericht erkennbar ist, dass die Klage von dem Kläger herrührt und dieser die Klageschrift wissentlich und willentlich in den Verkehr gebracht hat. Hierfür zu berücksichtigende Kriterien sind insbesondere, ob als Absender der Name des Klägers genannt ist und in dem Schreiben zusätzlich Daten wie Aktenzeichen des Bescheids oder Widerspruchsbescheids genannt sind, die in der Regel allein dem Betroffenen bekannt sind.[290]

Die hinsichtlich des Computerfaxes von der Rechtsprechung anerkannte Ausnahme vom Erfordernis der eigenhändigen Unterschrift kann nicht auf das herkömmliche Telefax ausgedehnt werden. Denn im Gegensatz zum Computerfax ist hier die Möglichkeit der Unterschrift nicht aufgrund der technischen Besonderheiten des Übermittlungsweges ausgeschlossen.[291]

„Schriftlich" ist eine Klage auch dann erhoben, wenn die unterschriebene Klageschrift 178
vom Absender eingescannt, als Datei im PDF-Format als Anhang per E-Mail an das Gericht übermittelt und dort ausgedruckt wird.[292]

Eine **Klageerhebung** auf **elektronisch**em Wege ist gemäß § 55 a Abs. 1 VwGO 179
möglich, soweit dies für den jeweiligen Zuständigkeitsbereich durch **Rechtsverord-**

[288] NJW 2000, 2340; s. auch die Klausur von *Jochum,* JuS 2003, 1101.
[289] NJW 2006, 1989.
[290] Vgl. *BVerfG* NJW 2002, 3534 zum Einspruch per Computerfax gegen einen Strafbefehl.
[291] *BVerfG* NJW 2007, 3117.
[292] *BGH* NJW 2008, 2649. Zu dieser Problematik s. auch die Klausur von *Kintz,* JuS 2011, 827.

nung der Bundesregierung oder der Landesregierungen zugelassen worden ist. Die Rechtsverordnung bestimmt den Zeitpunkt, von dem an Dokumente an ein Gericht elektronisch übermittelt werden können sowie die Art und Weise, in der elektronische Dokumente einzureichen sind. Für die Wirksamkeit der elektronischen Klageerhebung ist die Verwendung einer **qualifizierten elektronischen Signatur** nach § 2 Nr. 3 des Signaturgesetzes notwendig. Diese **Regelung des § 55 Abs. 1 Satz 3 VwGO** ist **zwingend.** Die Signatur soll die Authentizität und die Integrität des übermittelten elektronischen Dokuments sicherstellen und Gewähr dafür bieten, dass das an Stelle eines Schriftstücks eingereichte Dokument von einem bestimmten Verfasser stammt und mit seinem Willen übermittelt worden ist. Es reicht bei Übermittlung des Dokuments als Anlage einer Datei aus, dass diese in einer Weise signiert ist, die keinen Zweifel an dem Verfasser des Dokuments zulässt. Es ist dann nicht erforderlich, dass er das Dokument gesondert signiert.[293] Fehlt die qualifizierte elektronische Signatur, entfaltet die elektronische Klageerhebung keine Rechtswirkung; mit ihr wird insbesondere keine Frist gewahrt.[294]

Beim *BVerwG* können seit dem 1. Dezember 2004 elektronische Dokumente eingereicht werden.[295] In den Bundesländern findet der elektronische Rechtsverkehr in der Verwaltungsgerichtsbarkeit – soweit ersichtlich – bislang in Berlin, Brandenburg, Bremen, Hamburg, Hessen, Niedersachsen, Nordrhein-Westfalen, Rheinland-Pfalz, Sachsen und Sachsen-Anhalt statt.[296]

b) Der Inhalt der Klageschrift

180 Nach § 82 Abs. 1 Satz 1 VwGO muss die Klage den Kläger, den Beklagten und den Gegenstand des Klagebegehrens bezeichnen. Gemäß Satz 2 soll sie einen bestimmten Antrag enthalten. Prüfungsrelevant ist hier möglicherweise die Frage, ob der Kläger seine **ladungsfähige Anschrift** stets nennen muss oder ob etwa auch die Angabe eines Postfachs oder einer c/o-Adresse genügt. Nach der Rechtsprechung[297] erfordert § 82 Abs. 1 VwGO bei natürlichen Personen in der Regel die Angabe der Wohnungsanschrift und ihrer Änderung. Die Mitteilung der Anschrift, die nicht nur Zwecken der Ladung dient, sondern auch einer sinnvollen Unterrichtung des Gerichts über die Erreichbarkeit des Klägers, ist auch dann erforderlich, wenn der Kläger anwaltlich vertreten ist. Ausnahmsweise entfällt die Pflicht zur Angabe der Adresse, wenn ihre Erfüllung unmöglich oder unzumutbar ist. Ferner ist das Fehlen der ladungsfähigen Anschrift unschädlich, wenn der Kläger glaubhaft über eine solche Anschrift nicht verfügt (examensrelevantes Beispiel: Obdachloser) oder schutzwürdige Geheimhaltungsinteressen entgegenstehen.

c) Bedingungslosigkeit der Klageerhebung

181 Die Klageerhebung muss als **Prozesshandlung bedingungs- und vorbehaltslos** erklärt werden.[298] Nicht zwingend erforderlich ist dabei die Bezeichnung als „Klage". Bei der Auslegung von Prozesserklärungen sind die für die Auslegung von Willens-

---

[293] *BVerwG* NVwZ 2011, 358.

[294] *OVG Koblenz* NVwZ-RR 2006, 519; *Bludau,* NdsVBl. 2007, 7, 13; ebenso für den Widerspruch *VGH Kassel* NVwZ-RR 2006, 377. In Betracht kommt gegebenenfalls aber Wiedereinsetzung in den vorigen Stand.

[295] S. die Verordnung über den elektronischen Rechtsverkehr beim BVerwG und beim BFH (BGBl. I S. 3091).

[296] S. Posser/Wolff/*Schmitz,* § 55 a Rn. 4 und www.egvp.de.

[297] *BVerwG* NJW 1999, 2608 und NJW 2012, 1527; *OVG Berlin-Brandenburg* NJW 2012, 633.

[298] *Kopp/Schenke,* § 82 Rn. 8 m. w. N.

erklärungen des bürgerlichen Rechts geltenden Rechtsgrundsätze (§§ 133, 157 BGB) heranzuziehen. Danach kommt es nicht auf den inneren Willen der erklärenden Partei, sondern darauf an, wie ihre prozessuale Erklärung aus objektiver Sicht nach der gegebenen Sachlage zu verstehen ist. Maßgebend ist der geäußerte Parteiwille, wie er aus der Erklärung und sonstigen Umständen erkennbar wird.[299] Zugunsten eines anwaltlich nicht vertretenen Klägers ist nach der Rechtsprechung des *BVerwG*[300] ein „großzügiger Maßstab" anzulegen. Bei der Ermittlung seines wirklichen Willens ist zugunsten des Bürgers davon auszugehen, dass er denjenigen Rechtsbehelf einlegen will, der nach Lage der Sache seinen Belangen entspricht und eingelegt werden muss, um den erkennbar angestrebten Erfolg zu erreichen. Dies gilt im Grundsatz auch für anwaltliche Anträge und Rechtsbehelfe, soweit diese auslegungsfähig und -bedürftig sind.[301] Nur die Umdeutung nicht auslegungsfähiger, weil eindeutiger Prozesserklärungen von Rechtsanwälten ist ausgeschlossen.[302]

4. Die statthafte Klageart

Die VwGO eröffnet gerichtlichen Rechtsschutz im Rahmen verschiedener Klagearten; um deren Feststellung entsprechend dem jeweiligen Rechtsschutzbegehren des Klägers geht es, wenn man von Statthaftigkeit der Klage oder Klageart spricht. Dabei ist es in erster Linie Sache des Klägers klar zu stellen, welche Klageart er verfolgt. Allerdings ist das VG gemäß § 86 Abs. 3 VwGO gehalten, die Beteiligten auf die Stellung sachdienlicher Anträge hinzuweisen. Die Grundsätze und Besonderheiten der einzelnen Klagearten sowie typische Abgrenzungsfälle werden nachfolgend erörtert. **182**

a) Die Anfechtungsklage

aa) Der VA-Begriff

Die **Anfechtungsklage** ist nach § 42 Abs. 1 VwGO statthaft, wenn die beanstandete Maßnahme, gegen die sich der Kläger wendet, ein VA i. S. d. § 35 VwVfG ist. Meistens ist dies evident und bedarf daher keiner gesonderten Begründung. Dies gilt insbesondere für den Fall, dass der Kläger Adressat eines ihn belastenden VA ist. Wendet sich der Kläger gegen einen drittbegünstigenden VA (Bsp: Baugenehmigung) oder gegen einen VA, der einen Dritten belastet (Bsp: Ausweisung des Ehegatten), ist ein kurzer erläuternder Hinweis angebracht. Ist die Rechtsnatur der angegriffenen Maßnahme zweifelhaft, sind Ausführungen hierzu erforderlich. Kommen Sie bei Ihrer Prüfung zu dem Ergebnis, dass kein VA vorliegt, sollten Sie diese von vornherein mit der zutreffenden Klageart beginnen und diese gegen die nicht einschlägige Anfechtungsklage abgrenzen.[303] **183**

Ein VA kann schriftlich, mündlich, elektronisch oder in anderer Weise erlassen werden (s. § 37 Abs. 2 Satz 1 VwVfG). Klausurrelevant ist vor allem der schriftliche VA.[304] Ob ein behördliches Schriftstück einen **VA** enthält, ist in entsprechender Anwendung der §§ 133, 157 BGB nach den **Auslegungsgrundsätzen** zu ermitteln, die für Willenserklärungen allgemein gelten. Danach richtet sich die Auslegung eines VA nach dem erklärten Willen der erlassenden Behörde, wie ihn der Empfänger von **184**

[299] *BVerwG* NJW 1991, 508; NJW 2002, 1137.
[300] NJW 1991, 508.
[301] Vgl. *BVerwG* NVwZ 1999, 405.
[302] *BVerwG* NJW 2002, 1137.
[303] *Ramsauer*, Rn. 14. 04.
[304] Die schriftliche Bestätigung eines zuvor ergangenen mündlichen VA nach § 37 Abs. 2 Satz 2 VwVfG ist lediglich ein Realakt (*Weidemann/Rheindorf*, DVP 2009, 376, 377).

seinem Standpunkt aus bei verständiger Würdigung verstehen konnte.[305] Der nach diesen Regeln ermittelte Erklärungsinhalt ist als Tatsachenfeststellung nur darauf überprüfbar, ob allgemeine Erfahrungssätze, Denkgesetze oder Auslegungsregeln verletzt sind.[306] Ergeht das Schreiben **äußerlich in der Form eines VA** (sog. **formeller VA**) und erweckt es den Rechtsschein, eine abschließende Entscheidung zu treffen, so ist dagegen derselbe Rechtsbehelf gegeben wie gegen „echte" VAe.[307] Liegen diese äußeren Merkmale nicht vor, steigen Sie in die materielle Prüfung ein. Es ist sinnvoll, den VACharakter eines Hoheitsakts nicht allein mit der Form der Maßnahme zu begründen. Denn die Anfechtungsklage gegen eine hoheitliche Maßnahme, die nur ihrer Form nach ein VA ist, ist bereits dann begründet, wenn der Behörde die VABefugnis für die streitgegenständliche Maßnahme fehlt.

185 Ein **VA** i. S. d. § 35 Satz 1 VwVfG ist die **rechtsverbindliche hoheitliche Regelung eines Einzelfalles durch eine Verwaltungsbehörde.** Die getroffene Maßnahme muss Rechte des Betroffenen unmittelbar begründen, verbindlich feststellen, beeinträchtigen, aufheben oder mit bindender Wirkung verneinen. Eine solche Regelung eines Einzelfalles setzt eine unmittelbare rechtliche Außenwirkung voraus. Ob eine Verwaltungsmaßnahme ihrer Rechtsnatur nach VA ist, hängt davon ab, ob sie ihrem objektiven Sinngehalt nach darauf gerichtet ist, Außenwirkung zu entfalten, nicht aber davon, wie sie sich im Einzelfall tatsächlich auswirkt.[308] Ob eine solche Gerichtetheit auf unmittelbare Außenwirkung besteht, wird wesentlich durch die Ausgestaltung des zugrunde liegenden materiellen Rechts bestimmt.[309] Durch die Außenwirkung unterscheidet sich der VA von behördeninternen Maßnahmen, von denen er abzugrenzen ist.

186 Ein VA in Form einer **Allgemeinverfügung** richtet sich gemäß § 35 Satz 2 VwVfG an einen bestimmten Personenkreis oder betrifft die öffentlich-rechtliche Eigenschaft einer Sache oder ihre Benutzung durch die Allgemeinheit.[310]

187 Ein **Formulierungsbeispiel,** in dem die Qualifizierung einer behördlichen Maßnahme als VA in Frage steht:

> „Die Klage ist mit ihrem auf die Aufhebung des Bescheides des Beklagten vom 13. Februar 2015 gerichteten Antrag zulässig.
>
> Sie ist als Anfechtungsklage gemäß § 42 Abs. 1 VwGO statthaft, denn sie richtet sich gegen einen Verwaltungsakt im Sinne von § 35 VwVfG. Unbeschadet der zwischen den Beteiligten umstrittenen Frage, ob die Beklagte für die umstrittene Festsetzung der Ersatzvornahme vom.13. Februar 2015 eine Befugnis zum Erlass eines Verwaltungsakts in Anspruch nehmen konnte, hängt die Statthaftigkeit der Anfechtungsklage allein davon ab, wie die Klägerin als Betroffene die Erklärung der Behörde unter Berücksichtigung der äußeren Form, Abfassung, Begründung, Beifügung einer Rechtsbehelfsbelehrung und aller sonstigen ihr bekannten oder erkennbaren Umstände bei objektiver Auslegung entsprechend §§ 157, 133 BGB verstehen musste.

---

[305] *BVerwG* NVwZ 2005, 1070; NVwZ 2010, 133; *BGH* NVwZ-RR 2008, 154.

[306] *BVerwG* BeckRS 2009, 30616.

[307] *OVG Schleswig* NJW 2000, 1059; vgl. auch *OVG Münster* NVwZ-RR 2010, 587; *VGH München* BayVBl. 2003, 212. Ablehnend *Bickenbach,* JA 2015, 481. Unklarheiten hinsichtlich der von der Behörde gewählten VA-Form gehen zu deren Lasten (*VGH Mannheim* DÖV 2014, 582).

[308] *BVerwG* NVwZ 2012, 1483.

[309] Vgl. *BVerwG* NJW 1978, 1820.

[310] S. z. B. *VGH Mannheim* VBlBW 2014, 147 zum Versammlungsverbot durch Allgemeinverfügung. Ausführlich zur Allgemeinverfügung *Schoch,* Jura 2012, 26.

Die Auslegung führt hier zu dem eindeutigen Ergebnis, dass es sich bei der angegriffenen Festsetzung der Ersatzvornahme um einen Verwaltungsakt handelt. Dies folgt bereits daraus, dass die Beklagte ihr Schreiben vom 13. Februar 2015 als „Bescheid" bezeichnet und mit einer Rechtsbehelfsbelehrung versehen hat. Es weist daher eine Form auf, aufgrund deren es die Klägerin als Verwaltungsakt ansehen musste.

Die Festsetzung der Ersatzvornahme ist im Übrigen auch materiell ein Verwaltungsakt im Sinne des § 35 VwVfG.[311] In der auf der Grundlage des § 14 VwVG ergangenen Festsetzung der Ersatzvornahme liegt nämlich die bestimmte Ankündigung der Behörde an den Betroffenen, dass sie das angedrohte Zwangsmittel zu einem bestimmten Termin anwenden werde. Hierdurch erweist sie sich als nochmalige unmissverständliche Warnung, durch die der Pflichtige letztmals Gelegenheit erhält, den Verwaltungszwang durch Befolgung der Grundverfügung abzuwenden. Die Festsetzung der Ersatzvornahme verpflichtet den Betroffenen, die Vornahme der Handlung durch den Unternehmer zu dulden, und ermächtigt dazu, etwaigen Widerstand mit Gewalt zu brechen."

bb) Beispiele

Einige **weitere Beispiele,** in denen die Frage, ob ein VA vorliegt und damit die Anfechtungsklage statthaft ist, gegebenenfalls zu erörtern ist:

aaa) Dienstliche Anordnungen gegenüber einem Beamten (Beispiel: Weisung an einen Polizeibeamten, seine Haare zu kürzen[312] oder sich amtsärztlich untersuchen zu lassen[313]) sind nicht als VA, sondern als behördeninterne Maßnahmen zu werten. Denn für die Rechtsnatur ist es grundsätzlich ohne Belang, ob die innerdienstliche Maßnahme im Einzelfall Auswirkungen auf die Rechtsstellung des Beamten hat.[314] **Fachaufsichtliche Weisungen** der staatlichen Aufsichtsbehörden gegenüber den Gemeinden in Angelegenheiten des übertragenen Wirkungskreises sind in der Regel ebenfalls keine VAe.[315] Diesen Maßnahmen fehlt regelmäßig das für die Annahme eines VA notwendige Merkmal der unmittelbaren Außenwirkung. Eine fachaufsichtliche Weisung ist aber dann ein VA, wenn sie eine betroffene Gemeinde in ihrer Rechtsstellung als Selbstverwaltungskörperschaft berührt.[316] Eine fachaufsichtliche Weisung kann ihrem objektiven Sinngehalt nach auf Außenwirkung gerichtet und damit VA sein, wenn ihre Rechtswirkung unter Berücksichtigung des zugrunde liegenden materiellen Rechts nicht im staatlichen Innenbereich verbleibt, sondern auf den rechtlich geschützten Bereich der Gemeinde in Selbstverwaltungsangelegenheiten übergreift und damit Außenwirkung erzeugt. 188

---

[311] S. *BVerwG* NVwZ 1997, 381.

[312] S. dazu *BVerwG* DVBl. 2006, 1187; *OVG Koblenz* NJW 2003, 3793; *VGH München* BayVBl. 2003, 212.

[313] S. dazu *BVerwG* NVwZ 2012, 1483 und NVwZ 2014, 892: Es handelt sich um eine gemischte dienstlich-persönliche Weisung. Wegen des Grundrechtsbezuges dieser Weisung ist sie als selbständige Verfahrenshandlung im Sinne von § 44 a Satz 2 VwGO aber eigenständig gerichtlich überprüfbar (*OVG Koblenz* BeckRS 2015, 42681). Vgl. auch *OVG Hamburg* NVwZ-RR 2014, 807 zur Weisung gegenüber einem Lehrer, die von ihm vorgenommene Bewertung einer Klausur schulaufsichtlich überprüfen zu lassen.

[314] Vgl. *BVerwG* NVwZ 1997, 72.

[315] *BVerwG* NJW 1978, 1820.

[316] *BVerwG* DVBl. 1995, 744; Knack/*Hennecke,* § 35 Rn. 52; vgl. auch *OVG Lüneburg* NdsVBl 2014, 203.

Hat die Aufsichtsbehörde einen von einer Gemeinde in Angelegenheiten des übertragenen Wirkungskreises erlassenen Ausgangsbescheid auf den Widerspruch des Betroffenen hin aufgehoben (Beispiel: Stattgabe des Widerspruchs eines Bürgers gegen einen ordnungsrechtlichen Platzverweis der Gemeinde), so kommt dem kommunalaufsichtlichen Widerspruchsbescheid nach zutreffender Ansicht nicht nur gegenüber dem Betroffenen, sondern auch gegenüber der unterlegenen Gemeinde VAQualität zu.[317] Die **Rechtsfigur des sog. relativen VA** ist in diesem Zusammenhang abzulehnen. Eine behördliche Einzelfallmaßnahme, die Rechte ihrer Adressaten regelt, ist eine Regelung mit unmittelbarer Außenwirkung und damit auch ein VA auch aus der Sicht eines Dritten, selbst wenn sie dessen Rechtssphäre nicht berührt. Diesem Dritten fehlt dann lediglich die Klagebefugnis des § 42 Abs. 2 VwGO.

189 bbb) Während die **Erteilung bzw. Versagung des Einvernehmens** nach § 36 BauGB nur eine **verwaltungsinterne Maßnahme** ohne Außenwirkung ist,[318] ist die nach Maßgabe des § 36 Abs. 2 Satz 3 BauGB i. V. m. der entsprechenden landesrechtlichen Regelung erfolgte **Ersetzung des Einvernehmens gegenüber der Gemeinde** ein VA.[319] Denn sie stellt eine der Bestandskraft fähige hoheitliche Regelung des Staates gegenüber der Gemeinde dar, die der Sache nach verbindlich feststellt, dass die Gemeinde verpflichtet ist, eine Zustimmungserklärung abzugeben, und die gleichzeitig diese Verpflichtung ersatzweise erfüllt.

190 ccc) Kein VA, sondern ein **verwaltungsrechtlicher Realakt** liegt vor, wenn die behördliche Maßnahme nicht final auf einen bestimmten Rechtserfolg gerichtet ist. Typische Realakte sind mangels verbindlicher Regelung etwa **behördliche Warnungen**[320] oder öffentlich-rechtliche Willenserklärungen der Verwaltung im Rahmen schuldrechtlicher Beziehungen zum Bürger. So ist die **Aufrechnungserklärung einer Behörde gegenüber einem Bürger** die Ausübung eines schuldrechtlichen Gestaltungsrechts, das in der Regel nach §§ 387, 388 BGB durch eine einseitige empfangsbedürftige Willenserklärung des Schuldners erfolgt.[321] Die Aufrechnungserklärung werde nicht aus einer hoheitlichen Position abgegeben, sondern ergehe auf einer gleichgeordneten rechtlichen Ebene ähnlich wie eine Willenserklärung, mit der ein öffentlich-rechtlicher Vertrag geschlossen werde.

191 ddd) Eine **Mahnung** oder eine **schlichte Zahlungsaufforderung** ist nur dann ein VA, wenn sie deutlich erkennbar in dieser äußeren Form ergeht.[322] Ist dies nicht der Fall, geht ein erhobener Widerspruch ins Leere. Aber aufgepasst: Nach der Rechtsprechung des *BVerwG*[323] ist die Anfechtungsklage gegen eine Rechnung statthaft,

---

[317] *VGH Mannheim* NVwZ-RR 2006, 416; *Koehl,* BayVBl. 2003, 331, der empfiehlt, in der Klausur die Statthaftigkeit der Anfechtungsklage mit dem Argument, dass die Rechtsfigur des relativen VA nicht anzuerkennen ist, verhältnismäßig kurz abzuhandeln und darauf hinzuweisen, dass aus diesem Grund das Merkmal der Außenwirkung i. S. d. § 35 VwVfG für die klagende Gemeinde nicht gesondert untersucht werden muss.

[318] BVerwGE 22, 342.

[319] *VGH München* NVwZ-RR 2001, 364; *Horn,* NVwZ 2002, 406, 415. S. dazu die Klausur von *Rietzler/Weinbuch,* Jura 2012, 973.

[320] S. z. B. *BVerfG* NVwZ 2001, 908 zur Warnung vor Sekten; *BVerfG* DVBl. 2002, 1358 zur Warnung vor gesundheitsschädlichen Produkten.

[321] *BVerwG* NVwZ 1983, 347 und NJW 2009, 1099; *OVG Magdeburg* NVwZ-RR 2009, 226.

[322] Vgl. *VGH Mannheim* DVBl 2010, 196.

[323] NVwZ 1988, 51; vgl. auch *BVerwG* DVBl. 2012, 49; *VGH Mannheim* DÖV 2014, 582; *OVG Magdeburg* NVwZ 2000, 208: Ein Gemeinderatsbeschluss kann mit Erlass eines Widerspruchsbescheides zu einem VA werden, die Widerspruchsbehörde gibt ihm diese Gestalt; *OVG Koblenz* NJW 2003, 3793: eine dienstliche Anordnung an einen Beamten wird zum VA, wenn die Widerspruchsbehörde diese ausdrücklich als VA bezeichnet und deren sofortige Vollziehung

wenn die mit der Gemeinde nicht identische Widerspruchsbehörde im Widerspruchsbescheid die Rechnung der Gemeinde als VA (um-)qualifiziert hat.

eee) Weist die betreffende Maßnahme eine Behörde als Entscheidungsträger aus, hat sie jedoch intern ein Privater getroffen (Beispiel: Eine GmbH erlässt unter dem Briefkopf eines Hoheitsträgers einen Beitragsbescheid), gilt Folgendes: Erforderlich, aber auch genügend für die Annahme eines VA in Abgrenzung von einem ScheinVA ist in der genannten Konstellation, dass die nach außen in Erscheinung tretende Behörde das Tätigwerden des Privaten als Geschäftsbesorger veranlasst hat, der Geschäftsbesorger also mit ihrem Wissen und Wollen tätig geworden ist. Hiervon kann nur gesprochen werden, wenn die von dem Geschäftsbesorger durchzuführende Tätigkeit ihrer Art und ihrem Umfang nach so hinreichend genau bestimmt ist, dass ohne Weiteres feststellbar ist, ob er sich im Rahmen der ihm übertragenen Tätigkeit gehalten hat.[324] **192**

fff) Realakte sind die **unmittelbare Ausführung einer polizeilichen Maßnahme** (Abschleppen eines rechtswidrig geparkten Kfz ohne Grundverfügung in Form eines Verkehrszeichens), die innerdienstliche Anordnung des Einsatzes eines verdeckten Ermittlers,[325] die Ablehnung der Vernichtung erkennungsdienstlicher Unterlagen bzw. Löschung von polizeilich gespeicherten Daten,[326] die Gefährderansprache,[327] die Videoüberwachung von öffentlichen Räumen,[328] die Durchführung der Ersatzvornahme oder die Anwendung von unmittelbarem Zwang[329] (Wasserwerfereinsatz der Polizei, Schlagstockeinsatz des Polizeivollzugsbeamten), das Aufstellen und Betreiben von kommunalen Einrichtungen (z. B. Straßenleuchte, Skateranlage, Wertstoffcontainer). Bei **polizeiliche Standardmaßnahmen** gilt Folgendes: Keine VAe sind die Sicherstellung oder Beschlagnahme von Sachen oder die Durchsuchung von Wohnungen oder Sachen in Abwesenheit des Betroffenen.[330] VAe sind dagegen der Platzverweis, die Wegweisung, die Anordnung von erkennungsdienstlichen Maßnahmen und die Identitätsfeststellung.[331] Die Ingewahrsamnahme, die Beschlagnahme und die Durchsuchung von Sachen und Personen in Anwesenheit des Betroffenen sind nach *h. M.*[332] als tatsächliche Akte (auch) VAe, da sie stillschweigend einen Duldungsbefehl gegenüber dem Betroffenen enthalten. **193**

---

anordnet; *OVG Münster* NWVBl. 2009, 363 zur Umwandlung einer schlicht hoheitlich geäußerten Ablehnung einer Kostenerstattung in einem VA durch Erlass des Widerspruchsbescheids.

[324] *BVerwG* DVBl 2012, 49; s. dazu auch *Waldhoff*, JuS 2012, 479.

[325] *BVerwG* NJW 1997, 2534; vgl. auch *VGH Mannheim* NVwZ-RR 2015, 26.

[326] *Kopp/Schenke*, Anhang § 42 Rn. 35; vgl. auch *BVerwG* NJW 1997, 2534, 2535; a. A. Knack/*Hennecke*, § 35 Rn. 59.

[327] *OVG Lüneburg* NJW 2006, 391; eine Gefährderansprache ist die in einem konkreten Fall an einen potenziellen Gefahrenverursacher gerichtete Ermahnung, Störungen der öffentlichen Sicherheit zu unterlassen; ausführlich dazu *Hebeler*, NVwZ 2011, 1364; *Kießling*, DVBl 2012, 1210 und die Klausur von *Winkler/Schadtle*, JuS 2015, 435.

[328] S. dazu *BVerwG* NVwZ 2012, 757 (Videoüberwachung auf der Reeperbahn); *VGH Mannheim* VBlBW 2004, 20.

[329] *Schoch*, JuS 1995, 311; *VG Weimar* NVwZ-RR 2000, 478; *Kopp/Schenke*, Anhang § 42 Rn. 33; a. A. Knack/*Hennecke*, § 35 Rn. 84 unter Bezugnahme auf die alte Rechtsprechung des BVerwGE 26, 164 („Schwabinger Krawalle").

[330] Hier fehlt es jedenfalls an dem Tatbestandsmerkmal der Bekanntgabe i. S. d. § 35 Satz 1 VwVfG.

[331] *VGH Mannheim* NVwZ-RR 2011, 231.

[332] Knack/*Hennecke*, § 35 Rn. 84; *Koehl*, VR 2009, 230, 237; *VGH Mannheim* DVBl 2011, 626.

194 ggg) **Zusagen**[333] und **Zusicherungen**[334] von Hoheitsträgern sind Verwaltungsakte i. S. d. § 35 Satz 1 VwVfG.[335]

195 hhh) Die **Aufforderung an einen Kraftfahrer,** seine Fahrtauglichkeit durch **Vorlage eines medizinisch-psychologischen Gutachtens** (s. §§ 11 Abs. 2, 13 Nr. 2, 14 Abs. 2 FeV) unter Beweis zu stellen, ist mangels eigenen Regelungsgehalts kein VA, sondern eine **vorbereitende Maßnahme,** die nicht isoliert angefochten werden kann.[336] Als behördliche Verfahrenshandlung im Sinne des § 44 a VwGO kann ihre Rechtswidrigkeit nur zusammen mit dem gegen die Sachentscheidung – die Entziehung der Fahrerlaubnis – zulässigen Rechtsbehelf geltend gemacht werden.[337]

196 iii) Die **Straßenbenennung** sowie die **Änderung eines Straßennamens** ist ein sog. adressatloser „dinglicher" VA und damit eine Allgemeinverfügung i. S. v. § 35 Satz 2 2. Alt. VwVfG.[338] Dies gilt ebenso für die **Zuteilung einer Hausnummer**[339] und die **Widmung bzw. Einziehung einer öffentlichen Straße.**

197 jjj) Verkehrsbezogene Gebote und Verbote in Form von **Verkehrszeichen** (z. B. Halteverbot) und verkehrszeichenähnlichen Regelungen (z. B. Parkuhr, Radweg, Ampel, Busspur) sind **Allgemeinverfügungen** i. S. d. § 35 Satz 2 VwVfG, die regelmäßig den DauerVAen zuzuordnen sind.[340] Sie werden gemäß § 43 Abs. 1 VwVfG gegenüber demjenigen, für den sie bestimmt sind oder der von ihnen betroffen wird, in dem Zeitpunkt wirksam, in dem sie ihm bekannt gegeben werden. Die Bekanntgabe von Verkehrszeichen erfolgt in der Form der öffentlichen Bekanntgabe nach den bundesrechtlichen Spezialvorschriften der StVO durch Aufstellung des Verkehrszeichens (vgl. insbesondere § 39 Abs. 1, § 45 Abs. 4 StVO). Sind Verkehrszeichen so aufgestellt oder angebracht, dass sie ein durchschnittlicher Kraftfahrer bei Einhaltung der nach § 1 StVO erforderlichen Sorgfalt schon „mit einem raschen und beiläufigen Blick" erfassen kann, äußern sie ihre Rechtswirkung gegenüber jedem von der Regelung betroffenen Verkehrsteilnehmer, gleichgültig, ob er das Verkehrszeichen tatsächlich wahrnimmt oder nicht.[341] Adressat der durch das Verkehrszeichen getroffenen Anordnung ist also nicht nur der Verkehrsteilnehmer, der sich im Straßenverkehr bewegt, sondern auch der Halter eines am Straßenrand geparkten Fahrzeugs, solange er Inhaber der tatsächlichen Gewalt über das Fahrzeug ist.[342]

198 kkk) Die **beamtenrechtliche Umsetzung,** die mit Ausnahme von § 28 BbgLBG in den Beamtengesetzen nicht unmittelbar geregelt ist, ist nur eine innerbehördliche Organisationsmaßnahme ohne VAQualität. Denn sie ist lediglich die das statusrechtliche Amt und das funktionelle Amt im abstrakten Sinne unberührt lassende Zuweisung eines anderen Dienstpostens (funktionelles Amt im konkreten Sinne) innerhalb der Behörde.[343] Gegen sie ist deshalb nicht die Anfechtungsklage, sondern die all-

---

[333] Eine Zusage ist eine von einer Behörde abgegebene hoheitliche Selbstverpflichtung mit Bindungswillen zu einem späteren Tun oder Unterlassen (BVerwGE 26, 31, 36).

[334] Die in § 38 VwVfG geregelte Zusicherung stellt einen Unterfall der Zusage dar.

[335] Ausführlich dazu *Hebeler/Schäfer,* Jura 2010, 881; *Klinger/Kreis,* JuS 2010, 1059.

[336] *OVG Magdeburg,* Beschl. v. 14.9.2007 – 1 O 190/07 – juris; *OVG Münster* NJW 2001, 3427; *BVerwG* DAR 1994, 372; a. A. *Jagow,* NZV 2006, 27.

[337] Näher zu § 44 a VwGO s. *Kopp/Schenke,* § 44 a Rn. 1 ff.

[338] *OVG Münster* NVwZ-RR 2008, 487; *VGH München* BayVBl 2010, 599; s. hierzu auch die Klausur von *Stumpf,* Jura 2012, 543.

[339] Z.B. *OVG Hamburg* NordÖR 2012, 363.

[340] *BVerwG* NJW 1993, 1729 und NJW 2004, 698; *VGH Mannheim* JZ 2009, 738; *VG Lüneburg* NJW 2006, 1609.

[341] *BVerwG* NJW 2011, 246; *OVG Münster* BeckRS 2015, 40605.

[342] *BVerwG* NJW 1997, 1021.

[343] *BVerwG* NVwZ 2012, 1481.

gemeine Leistungsklage zulässig.[344] Dagegen sind die **Versetzung** – die auf Dauer angelegte Übertragung eines anderen Amtes im funktionellen Sinn bei einer anderen Behörde desselben oder eines anderen Dienstherrn – und die **Abordnung** – die (vorübergehende) Zuweisung einer dem Amt des betroffenen Beamten entsprechenden Tätigkeit bei einer anderen Dienststelle (Behörde) desselben oder eines anderen Dienstherrn – VAe. Diese über den innerbehördlichen Bereich hinausgreifenden Rechtsinstitute sind auch wegen des mit ihnen – über die konkrete Arbeitszuteilung wesentlich hinausgehenden – gleichzeitig in der Regel verbundenen Eingriffs in die individuelle Rechtssphäre des Beamten in den Beamtengesetzen des Bundes und der Länder (u. a. §§ 26, 27 BBG) ausdrücklich geregelt.

lll) Staatliche Organisationsakte sind nur dann VAe, wenn sie die betreffenden 199
Personen wie bei der Auflösung einer Schule[345] in ihrem „Grundverhältnis" berühren, nicht aber, wenn wie bei der Auflösung einer Schulklasse[346] nur das „Betriebsverhältnis" betroffen ist.

mmm) Ein VA ist auch der sog. **Zweitbescheid.** Dieser ersetzt den Erstbescheid und 200
hat einen neuen Inhalt, der die frühere Sachentscheidung bestätigt und mit ihr übereinstimmt.[347] Im Unterschied dazu spricht man von einer **„wiederholenden Verfügung"**, wenn die Behörde nur auf die frühere Entscheidung Bezug nimmt und sich auf die Bestandskraft des ursprünglichen Bescheids beruft. Die wiederholende Verfügung, mit der ein Wiederaufgreifen des Verfahrens abgelehnt wird, ist mit diesem verfahrensrechtlichen Regelungsgehalt ebenfalls ein VA und insoweit einer Rechtsbehelfsbelehrung zugänglich.[348] Der verfahrensrechtliche Unterschied besteht nur darin, dass die wiederholende Verfügung als negative Entscheidung über das Wiederaufgreifen die gerichtliche Prüfung darauf beschränkt, ob die Voraussetzungen für ein Wiederaufgreifen des Verfahrens gegeben sind, während der Zweitbescheid neben der positiven (Inzident-)Entscheidung über das Wiederaufgreifen zugleich eine erneute Sachentscheidung enthält und bei Bestätigung oder nicht antragsgemäßer Änderung des Erstbescheids die gerichtliche Prüfung über das Begehren in der Sache eröffnet.[349]

nnn) VAe i. S. d. § 35 VwVfG sind auch der sog. **privatrechtsgestaltende VA,**[350] der 201
VA auf Unterwerfung,[351] der **gesetzeskonkretisierende VA,**[352] der **vorläufige VA**[353]

---

[344] *BVerwG* NJW 1981, 67.

[345] BVerwGE 18, 40.

[346] *OVG Hamburg* NVwZ-RR 2005, 40.

[347] *Kopp/Ramsauer,* § 35 Rn. 55.

[348] *BVerwG* NVwZ 2002, 482; vgl. auch *VGH Mannheim* NVwZ-RR 2009, 357 und *Waldhoff,* JuS 2009, 749.

[349] *BVerwG* Buchholz 428.2 § 2 Nr. 3.

[350] Privatrechtsgestaltend sind solche VAe, die wie die Ausübung des Vorkaufsrechts nach § 28 Abs. 2 BauGB ihre Rechtswirkungen überwiegend oder ausschließlich im Privatrecht entfalten (ausführlich dazu s. *Tschentscher,* DVBl. 2003, 1424).

[351] Hier verpflichtet sich der Empfänger einer nicht aufgrund eines Gesetzes gewährten Subvention gegenüber der Behörde, diese bei zweckwidriger Verwendung zu erstatten. Diese Verpflichtung des Bürgers ist öffentlich-rechtlicher Natur; denn es handelt sich bei der Entscheidung über die Subventionierung um einen VA. Da dieser VA in seiner Wirksamkeit von der Übernahme einer Verpflichtung abhängt, die ihn erst rechtswirksam macht, spricht man von einem VA auf Unterwerfung (*BVerwG* Buchholz 451.55 Subventionsrecht Nr. 26).

[352] Der gesetzeskonkretisierende VA regelt verbindlich bestimmte Verhaltenspflichten des Adressaten, die sich bereits aus dem Gesetz ergeben (z. B. das Verbot, außerhalb der Ladenöffnungszeiten unbegrenzt Alkohol zu verkaufen, s. *VG Neustadt* LKRZ 2009, 28; *OVG Koblenz* LKRZ 2009, 233 und *BVerwG* NVwZ 2011, 1142).

[353] Der hauptsächlich im Leistungsrecht zur Anwendung kommende vorläufige VA hat eine inhaltlich begrenzte Regelungswirkung und steht wegen noch nicht abgeschlossener Sachver-

oder der **streitentscheidende VA.**[354] **Feststellende VAe**[355] sind etwa die Feststellung der Nichtigkeit nach § 44 Abs. 5 VwVfG oder eine auf § 28 Abs. 4 Satz 2 FeV gestützte Verfügung; danach kann die Behörde in den Fällen des Satzes 1 Nrn. 2 und 3 einen feststellenden VA über die fehlende Berechtigung zum Führen von Kraftfahrzeugen im Inland aufgrund einer EU- oder EWR-Fahrerlaubnis erlassen.[356]

202 **ooo)** Wirken am Zustandekommen eines VA mehrere Behörden mit (sog. **mehrstufiger VA**), so ist der Mitwirkungsakt der von der federführenden Behörde am Verfahren beteiligten anderen Behörde („Zustimmung", „Einvernehmen", „Einverständnis") nur dann ein eigenständiger VA, wenn die Mitwirkungsbehörde eine sog. **inkongruente Prüfungskompetenz** hat. Indiz hierfür ist, dass der Mitwirkungsbehörde die ausschließliche Wahrnehmung bestimmter Aufgaben und die Geltendmachung besonderer Gesichtspunkte übertragen wurde. Ein Beispiel für eine inkongruente Prüfungskompetenz ist die Einverständniserklärung des aufnehmenden Dienstherrn bei der Abordnungs- oder Versetzungsentscheidung nach § 123 Abs. 2 BRRG. Haben Genehmigungsbehörde und Mitwirkungsbehörde dagegen dieselben Gesichtspunkte zu prüfen (sog. **kongruente Prüfungskompetenz**), so fehlt es an der Außenwirkung des Mitwirkungsakts. Dieser ist lediglich ein Verwaltungsinternum. Trotz Zustimmung der mitwirkenden Behörde ist die Genehmigungsbehörde berechtigt, aufgrund des ihr zustehenden Prüfungsrechts den Erlass des begehrten VA zu versagen. Anfechtbar ist allein die nach außen verbindliche Entscheidung der federführenden Behörde. Das bekannteste Beispiel für eine kongruente Prüfungskompetenz ist die Entscheidung über das Einvernehmen nach § 36 Abs. 1 BauGB.

cc) Nebenbestimmungen

aaa) Nebenbestimmung und Inhaltsbestimmung

203 Die Frage der Statthaftigkeit einer Anfechtungsklage stellt sich auch bei **begünstigenden VAen mit belastenden Nebenbestimmungen** dahin, ob Letztere isoliert mit einer Anfechtungsklage angegriffen werden können oder ob Verpflichtungsklage auf Erlass eines VA ohne einschränkende Nebenbestimmungen erhoben werden muss.[357] Unter **Nebenbestimmungen** versteht man Regelungen, die einem HauptVA beigefügt werden und dessen Inhalt oder Wirkung betreffen. Sie stehen in einem Akzessorietätsverhältnis zum „Haupt"VA und teilen als „Neben"bestimmung sein rechtliches Schicksal, d. h. Nichtigkeit des HauptVA hat dieselbe Rechtswirkung auf die jeweilige Nebenbestimmung. Ihre Zulässigkeit ist, sofern nicht spezielle Vorschriften eingreifen (z. B. § 5

---

haltsermittlung unter dem Vorbehalt einer späteren endgültigen Regelung (vgl. *OVG Berlin-Brandenburg* LKV 2009, 42; zur Notwendigkeit von vorläufigen VAen *Beaucamp,* JA 2010, 247 und *Schröder,* Jura 2010, 255).

[354] Dieser setzt einen Streit zwischen Beteiligten in einer Rechtsangelegenheit voraus, der durch eine nicht am Verfahren beteiligte Behörde mittels VA entschieden wird (z. B. die Entscheidung der Kommunalaufsichtsbehörde bei einem Innenrechtsstreit zwischen Bürgermeister und Gemeinderat, s. z. B. § 43 Abs. 2 Satz 5 BadWürttGemO, § 33 Abs. 2 Satz 3 MVKV).

[355] Für einen feststellenden Verwaltungsakt ist kennzeichnend, dass er sich mit seinem verfügenden Teil darauf beschränkt, das Ergebnis eines behördlichen Subsumtionsvorgangs verbindlich festzuschreiben (*BVerwG* NVwZ 2010, 133; Stelkens/*U. Stelkens,* § 35 Rn. 219). Die Regelung i. S. d. § 35 VwVfG ist darin zu sehen, dass in einer rechtlich ungewissen Situation die Sach- und Rechtslage in einem Einzelfall durch eine verbindliche Feststellung geklärt wird. Ein feststellender VA in diesem Sinn liegt nur dann vor, wenn der betroffene Bürger unter Berücksichtigung aller ihm bekannten oder erkennbaren Umstände nach Treu und Glauben bei objektiver Auslegung die Erklärung der Behörde als eine verbindliche Regelung auffassen konnte oder musste (*VGH Mannheim* NVwZ 1983, 100).

[356] Vgl. *BVerwG* NJW 2012, 96; *VGH Mannheim* NJW 2014, 3049.

[357] S. hierzu auch die Klausur von *Seidel,* JA 2003, 957.

GastG), in § 36 VwVfG geregelt. Abs. 2 unterscheidet Befristung (Nr. 1), Bedingung (Nr. 2), Widerrufsvorbehalt (Nr. 3), Auflage (Nr. 4) und Auflagenvorbehalt (Nr. 5).[358]

Auflage und Auflagenvorbehalt sind rechtlich selbstständige VAe, die mit dem VA „verbunden“ werden (s. Wortlaut des § 36 Abs. 2 VwVfG).[359] Sie beinhalten eine eigenständige vollstreckbare Verpflichtung des Adressaten; der HauptVA ist unabhängig davon wirksam, ob die damit verbundene Auflage bzw. der Auflagenvorbehalt erfüllt wird oder nicht. Befristung, Bedingung und Widerrufsvorbehalt sind unselbstständige Nebenbestimmungen, die mit dem VA „erlassen“ werden. Die Nebenbestimmungen sind abzugrenzen von den sog. **Inhaltsbestimmungen** eines VA. Während Nebenbestimmungen zusätzliche Regelungen zu einem inhaltlich bestimmten VA treffen, legen die Inhaltsbestimmungen erst den Gegenstand und die Grenzen des VA fest. Eine Inhaltsbestimmung liegt insbesondere vor, wenn der VA mit einem anderen Inhalt als beantragt erlassen wird und sich dieser als „Minus“ oder „Aliud“ gegen über dem Antrag erweist, d. h. die Genehmigung qualitativ verändert (Beispiel für ein Minus: A erhält eine Baugenehmigung für ein landwirtschaftliches Anwesen mit der Maßgabe, dass ein bestimmter Immissionsrichtwert nicht überschritten werden darf; Beispiel für ein Aliud: Baugenehmigung mit Flachdach statt des beantragten Walmdachs).[360] In Rechtsprechung und Literatur wird in diesem Zusammenhang der Begriff der **„modifizierenden Auflage“** verwendet.[361] Diese ist nicht selbstständig anfechtbar. Wendet sich ein Kläger gegen eine modifizierende Auflage, muss er im Wege der **Verpflichtungsklage** in der Form der Versagungsgegenklage hiergegen mit dem Begehren vorgehen, einen von „modifizierenden“ Auflagen freien HauptVA zu erhalten.[362] Wann eine selbstständige Auflage und wann eine modifizierende Auflage vorliegt, kann nicht generell gesagt werden. Orientieren Sie sich zur Abgrenzung an der von *Weyreuther*[363] geprägten Faustformel. Danach erklärt die Behörde dem Antragsteller bei der echten Auflage: „Ja (Genehmigung), aber noch (Auflage), bei der modifizierenden Auflage dagegen: Nein (Versagung der Genehmigung), aber (andere Genehmigung als beantragt)“.[364] Auf die Bezeichnung als Neben- oder Inhaltsbestimmung kommt es nicht an. Hinter einer als „Auflage“ bezeichneten Regelung kann sich daher eine Bedingung oder inhaltliche Veränderung des VA verbergen. Entscheidend ist nicht die äußere Form, sondern das inhaltlich Gewollte.[365] 204

bbb) Rechtsschutz gegen Nebenbestimmungen

Beim **Rechtsschutz gegen Nebenbestimmungen** nach § 36 VwVfG gilt Folgendes: 205

Nach *einer Auffassung*[366] sind nur Auflage und Auflagenvorbehalt als eigenständige Regelungen und vom VA abtrennbare Nebenbestimmungen isoliert anfechtbar; gegen

---

[358] Ausführlich dazu *Hufen/Bickenbach,* JuS 2004, 867.

[359] Die in § 15 Abs. 1 VersG als Auflage bezeichneten beschränkenden Verfügungen sind keine Nebenbestimmungen i. S. d. § 36 Abs. 2 Nr. 4 VwVfG, da Versammlungen erlaubnisfrei sind (s. *BVerwG* NVwZ 2007, 1184; *Weber,* KommJur 2009, 97).

[360] Vgl. *Krüger,* VR 2014, 162, 163.

[361] *Hufen,* § 14 Rn. 48 und *Krüger,* VR 2014, 162 weisen darauf hin, dass dieser Begriff irreführend ist, da es sich nicht um eine Auflage i. S. d. § 36 Abs. 2 Nr. 4 VwVfG handelt. Stattdessen sprechen sie von der „modifizierenden Genehmigung“.

[362] *OVG Berlin-Brandenburg* InfAuslR 2007, 451; Stelkens/*U. Stelkens,* § 36 Rn. 95, 96; Knack/*Hennecke,* § 36 Rn. 56.

[363] DVBl. 1969, 295, 296.

[364] *Pietzner/Ronellenfitsch,* Rn. 296: Genauer muss es heißen: „So nicht, dafür aber so“.

[365] *Hufen/Bickenbach,* JuS 2004, 867, 868.

[366] *Pietzcker,* NVwZ 1995, 15, 20; *Stein,* DVP 2010, 459; nach *Kopp/Ramsauer,* § 36 Rn. 63 ist die isolierte Anfechtbarkeit auf die Auflage beschränkt.

Befristung, Bedingung und Widerrufsvorbehalt soll dagegen die Verpflichtungsklage statthaft sein. Begründet wird dies damit, Befristung, Bedingung und Widerrufsvorbehalt seien integrale, nicht abtrennbare Bestandteile des VA, deren Beseitigung nur mit der Verpflichtungsklage auf Erlass eines unbedingten VA erreicht werden könne. Die *Gegenmeinung*[367] stellt nicht auf die Rechtsnatur der Nebenbestimmung, sondern auf die Relation der Nebenbestimmung zum HauptVA ab. Danach sind auch unselbstständige Nebenbestimmungen isoliert anfechtbar, wenn der VA teilbar ist. Abgeleitet wird dies aus § 113 Abs. 1 Satz 1 VwGO, der die Teilaufhebung, „soweit" der VA rechtswidrig ist, vorsieht. Steht die Nebenbestimmung aus der Sicht der Verwaltung dagegen in einem untrennbaren Zusammenhang mit dem HauptVA und ist sie mit diesem untrennbar verbunden – etwa bei Ermessensentscheidungen –, so scheidet danach eine isolierte Anfechtung aus. Nach der Rechtsprechung des ***BVerwG***[368] **ist gegen belastende Nebenbestimmungen eines VA stets die Anfechtungsklage** gegeben. Dies gilt sowohl für einem begünstigenden VA beigefügte Auflagen oder Auflagenvorbehalte[369] als auch für Bedingungen, Befristungen oder Widerrufsvorbehalte.[370] Zwischen gebundenen und Ermessensentscheidungen ist nicht zu unterscheiden. Beruft sich der Kläger darauf, eine solche Nebenbestimmung finde im Gesetz keine Grundlage, so kann er dies nach dem *BVerwG* mit der Klage auf Aufhebung der Nebenbestimmung geltend machen. Ob diese Klage zur isolierten Aufhebung der Nebenbestimmung führen könne, hänge davon ab, ob der begünstigende VA ohne die Nebenbestimmung sinnvoller- und rechtmäßigerweise bestehen bleiben könne; dies sei eine Frage der Begründetheit und nicht der Zulässigkeit des Anfechtungsbegehrens. Etwas anderes gilt aber dann, wenn eine isolierte Aufhebbarkeit offenkundig von vornherein ausscheidet.[371] Dahinter steht das Erfordernis, dass jede Nebenbestimmung im Einzelfall auf die ihr im Zusammenhang mit der begünstigenden Regelung zugedachte spezifische Aufgabe hin zu prüfen ist und dass sich hierbei gegebenenfalls auch eine offenkundig untrennbare Verknüpfung beider Regelungsbestandteile ergeben kann. Allerdings hält das *BVerwG* die Verpflichtungsklage mit dem Begehren, einen begünstigenden VA ohne die ihm beigefügte Nebenbestimmung zu erlassen, dann für statthaft, wenn der Verpflichtungsantrag dem Kläger einen im Vergleich zum Anfechtungsantrag weitergehenden Rechtsschutz verschafft.[372] Folgen Sie der Ansicht des *BVerwG,* so ist in der Zulässigkeitsprüfung das Vorliegen einer reinen Inhaltsbestimmung auszuschließen, die Rechtsnatur der Nebenbestimmung zu klären und die logische Teilbarkeit der behördlichen Maßnahme in einen HauptVA und eine Nebenbestimmung festzustellen; die isolierte Aufhebbarkeit darf nicht von vornherein ausscheiden.[373] In der Begründetheitsprüfung ist ausführlich die Rechtmäßigkeit der Nebenbestimmung zu prüfen. Stellen Sie deren Rechtswidrigkeit fest, ist die isolierte Anfechtbarkeit der Nebenbestimmung im Hinblick auf den übrig bleibenden HauptVA zu thematisieren. Kann der HauptVA sinn-

---

367 *Brenner,* JuS 1996, 281, 286; *Hufen,* § 14 Rn. 49; *Pietzner/Ronellenfitsch,* Rn. 293; *Jahndorf,* JA 1999, 676.

368 *BVerwG* NVwZ 2013, 805; s. auch *VGH Mannheim* VBlBW 2014, 309.

369 *BVerwG* NVwZ 2001, 429.

370 BVerwGE 60, 269, 274 f.; *OVG Lüneburg* UPR 2010, 151; *OVG Magdeburg* NVwZ-RR 2009, 239; Stelkens/*U. Stelkens,* § 36 Rn. 59 hält ebenso jede Art von Nebenbestimmung für isoliert anfechtbar.

371 *BVerwG* NVwZ 2013, 805. Zu einer solchen Konstellation s. *OVG Bautzen* NuR 2013, 724.

372 *BVerwG* NVwZ 2001, 919.

373 Zu einer solchen Konstellation s. *OVG Berlin* NVwZ 2001, 1059; nach *Hufen,* JuS 2001, 926, 927 und *Sturm,* VR 2004, 15, 20 betrifft diese Frage nicht mehr die Statthaftigkeit der Klage, sondern ist unter dem Stichwort Rechtsschutzbedürfnis zu prüfen.

voller- und rechtmäßigerweise nicht allein bestehen bleiben, ist die Anfechtungsklage unbegründet.[374] In diesem Fall muss der Kläger Verpflichtungsklage erheben.

dd) Planfeststellungsbeschlüsse

Ist Streitgegenstand die **Klage eines Dritten gegen einen Planfeststellungsbeschluss** 206
(s. z. B. § 74 VwVfG), so ist die Anfechtungsklage statthaft, wenn sich der Kläger gegen die Planung als Ganzes wendet.[375] Verlangt der Kläger lediglich die Anordnung von Schutzauflagen im Wege einer Planergänzung, ist die Verpflichtungsklage zulässig.[376] Regelmäßig werden beide Ansprüche im Wege von Haupt- und Hilfsantrag verfolgt.

b) Die Verpflichtungsklage

Die Verpflichtungsklage (§ 42 Abs. 1 VwGO) ist statthaft, wenn der Kläger den 207
Erlass eines VA begehrt. Ist der beantragte VA bisher nicht ergangen, wird sie als **Untätigkeitsklage** (§ 75 VwGO) erhoben; begehrt der Kläger den Erlass eines abgelehnten beantragten VA, handelt es sich um eine **Versagungsgegenklage.** Von der **Bescheidungsklage** – einem Unterfall der Verpflichtungsklage – spricht man, wenn sich die Klage nur darauf richtet, den Beklagten unter Aufhebung der ablehnenden Entscheidungen zu verpflichten, über den Antrag unter Beachtung der Rechtsauffassung des Gerichts erneut zu entscheiden.

In Fällen, in denen ein Kläger offensichtlich eine Verpflichtungsklage erhebt, weil er z. B. eine behördliche Genehmigung begehrt, genügt deren Benennung als statthafte Klageart. Nähere Ausführungen sind aber erforderlich, wenn die Verpflichtungsklage von der Anfechtungsklage oder der Leistungsklage abzugrenzen ist. Wichtig ist die **Unterscheidung von Anfechtungsklage einerseits und Verpflichtungsklage andererseits** als statthafte Klageart nicht für die Zulässigkeit – insofern haben beide annähernd gleiche Voraussetzungen –, sondern als Weichenstellung für die Begründetheitsprüfung; denn hier führt die Anfechtungsklage, für die lediglich die Verletzung von Abwehrrechten Voraussetzung ist, leichter zum Erfolg. Praktisch schwierig ist die Abgrenzung vor allem bei Klagen des Betroffenen gegen VAe mit Nebenbestimmungen i. S. d. § 36 Abs. 2 VwVfG, gegen sog. modifizierende Auflagen und bei Klagen eines Dritten gegen Planfeststellungsbeschlüssen bzw. wegen fehlender Schutzvorkehrungen, s. hierzu oben Rn. 203 ff.

Die **Abgrenzung von Verpflichtungsklage und Leistungsklage** ist z. B. relevant in 208
Fällen, in denen ein Kläger von einer Behörde eine bestimmte Auskunft (etwa zu über ihn gespeicherten Daten, auf Information nach dem IFG oder Umweltinformation nach dem UIG[377]) oder die Löschung von Daten bzw. Vernichtung von Akten begehrt. Die *Rechtsprechung*[378] lässt die Frage nach der statthaften Klageart, sofern ein Vorverfahren stattgefunden hat, häufig offen. Mit entsprechender Begründung kann hier, sofern das anzuwendende Gesetz keine spezielle Regelung trifft, sowohl die Verpflichtungsklage als auch die Leistungsklage als auch eine Kombination aus beiden als statthafte Klageart angenommen werden.

---

[374] Vgl. *Kaiser/Köster/Seegmüller,* Rn. 140; *Axer,* Jura 2001, 748, 752.

[375] Ausführlich zum Planfeststellungsrecht s. *Leist/Tams,* JuS 2007, 995 und JuS 2007, 1093.

[376] Vgl. zu dieser Thematik *Kuhla,* NVwZ 2002, 542, 543; *Kopp/Schenke,* § 42 Rn. 32 f.

[377] Die statthafte Klage auf Information nach dem IFG oder UIG ist die Verpflichtungsklage; vgl. hierzu *Guckelberger,* UPR 2006, 89, 91; *VGH Mannheim* NuR 2009, 650. Zum IFG ausführlich s. *Schoch,* Jura 2012, 203.

[378] S. z. B. *OVG Berlin* NVwZ-RR 1997, 32.

209 Bei der sog. **Konkurrentenverdrängungsklage** – hier erstrebt der Kläger eine Vergünstigung anstelle des begünstigten Dritten – kann die Verpflichtungsklage mit der Anfechtungsklage kombiniert werden.[379]

c) Die allgemeine Leistungsklage

210 Die allgemeine **Leistungsklage** ist in der VwGO nicht gesondert geregelt, wird aber in verschiedenen Vorschriften ausdrücklich erwähnt (s. z. B. § 43 Abs. 2 oder § 111 VwGO).[380] Sie ist **auf die Verurteilung zu einem behördlichen Handeln, Dulden oder Unterlassen gerichtet.** Gegenüber der Verpflichtungsklage ist sie subsidiär und betrifft insoweit nur das schlichte Verwaltungshandeln. **Beispiele** für die **Leistungs-Vornahme-Klage,** die der Verpflichtung der Behörde zur Vornahme von Realakten dient, sind: der Widerruf oder die Unterlassung von Äußerungen,[381] Folgenbeseitigungs- bzw. Abwehransprüche, schlichte Auskünfte oder Zahlungsansprüche, die Ergänzung eines Luftreinhalteplans.[382] Macht der Bürger Zahlungsansprüche gegen die öffentliche Hand geltend, ist die Leistungsklage allerdings nur dann statthaft, wenn der Anspruch nicht zuvor durch VA festzusetzen ist. Dies hängt von der gesetzlichen Ausgestaltung und gegebenenfalls auch von der Verwaltungspraxis ab.

211 Im Gegensatz zur Leistungs-Vornahme-Klage richtet sich die **Unterlassungsklage** gegen ein künftiges Verwaltungshandeln. Insbesondere die vorbeugende Unterlassungsklage ist nicht auf die schlicht hoheitliche Betätigung der Verwaltung beschränkt, sondern auch gegen drohende untergesetzliche Normen oder gegen einen drohenden VA zulässig.[383] **Beispiele** für die Unterlassungsklage sind: Klage gegen das Aufstellen eines Verkehrszeichens, Klage einer Partei auf Verurteilung zum Unterlassen der Beobachtung mit nachrichtendienstlichen Mitteln, Klage gegen die Aufstellung eines Bebauungsplans, Klage gegen Videoüberwachung an öffentlichen Orten,[384] Klage gegen bevorstehendes Volksfest.[385] Dazu folgendes Formulierungsbeispiel:

> „Das Begehren der Klägerin ist als Unterlassungsklage als Sonderform der einfachen Leistungsklage die richtige Klageart. Diese Klageart wird in der VwGO nicht besonders geregelt; sie wird jedoch in einer Reihe von Vorschriften erwähnt (vgl. §§ 43 Abs. 2, 111, 113 Abs. 4, 191 Abs. 1 VwGO). Der Klägerin geht es darum, dem Beklagten eine schlichte hoheitliche Tätigkeit ohne Verwaltungsaktcharakter, nämlich ihre Beobachtung mit nachrichtendienstlichen Mitteln, zu untersagen. Anders als ein Verwaltungsakt greift diese Tätigkeit nicht unmittelbar regelnd in die Rechtsstellung der Klägerin ein, sie dient lediglich der Informationsgewinnung, wenn auch unter Einsatz von Mitteln, die nur unter den gesetzlich bestimmten Voraussetzungen der §§ 5 ff. des Berliner Gesetzes über das Landesamt für Verfassungsschutz – LfVG – angewendet werden dürfen."

---

[379] S. dazu *Rennert,* DVBl. 2009, 1333; vgl. auch *BVerwG* NVwZ 2009, 525.

[380] Ausführlich zur Leistungsklage s. *Ehlers,* Jura 2006, 351 und *Frenz,* Jura 2010, 328; zum schlichten Verwaltungshandeln s. *Remmert,* Jura 2007, 736.

[381] *Geis/Meier,* JuS 2013, 28, 30.

[382] *BVerwG* NVwZ 2014, 64; s. dazu auch *Schlacke,* NVwZ 2014, 11 und *Balbach/Morfeld,* NVwZ 2014, 1499.

[383] *Pietzner/Ronellenfitsch,* Rn. 310; Schoch/*Pietzcker,* § 42 Abs. 1 Rn. 165; in der Regel fehlt es aber an dem erforderlichen qualifizierten Rechtsschutzinteresse.

[384] S. hierzu *BVerwG* NVwZ 2012, 757.
Collin, JuS 2006, 494.

[385] *VGH Kassel* NVwZ-RR 2006, 531.

d) Die Fortsetzungsfeststellungsklage

aa) Erledigung des Verwaltungsakts

Die in § 113 Abs. 1 Satz 4 VwGO geregelte **Fortsetzungsfeststellungsklage** ist statthaft, wenn sich der VA nach Klageerhebung durch Zurücknahme oder anders **erledigt** hat. Dies ist der Fall, wenn eine gerichtliche Aufhebung des VA jeglichen Sinn verloren hat. Stellt der Kläger einen Fortsetzungsfeststellungsantrag, so muss das VG prüfen, ob der VA sich tatsächlich erledigt hat. Die bloße Behauptung der Erledigung durch den Kläger genügt nicht. 212

Der VA ist nach allgemeiner Auffassung **erledigt, wenn von ihm keine belastenden rechtlichen Wirkungen mehr ausgehen.** Beispiele hierfür sind die Rücknahme oder der Widerruf eines VA. In der Praxis und auch im Examen wichtig sind die Fälle, in denen ein **VA durch Zeitablauf gegenstandslos geworden** ist wie das Verbot einer Parteitagsveranstaltung, wenn der vorgesehene Termin verstrichen ist. **Keine Erledigung** liegt grundsätzlich vor, wenn der VA nur vollzogen oder freiwillig befolgt worden ist, solange eine Rückgängigmachung der Vollziehung in Betracht kommt (z. B. Geldforderung wurde überwiesen).[386] Im Einzelfall kann die Abgrenzung sehr schwierig sein, so z. B. bei einer Klage gegen eine Beseitigungsanordnung, wenn zwischen Anfechtung und Entscheidung der VA im Wege der Ersatzvornahme vollstreckt wurde (im Aufgabentext darstellbar mit Haupt- und Hilfsantrag). Nach *h. M.*[387] ist die fortdauernde Wirksamkeit der Grundverfügung als Titel Voraussetzung für alle weiteren Maßnahmen des Verwaltungszwangs und insbesondere für die Kostenanforderung einer durchgeführten Ersatzvornahme. Daher verneint diese Auffassung das Vorliegen einer Erledigung mit der Begründung, zur Vermeidung von Rechtsnachteilen müsse die Möglichkeit der rückwirkenden Aufhebung der Grundverfügung auch nach deren Vollzug fortbestehen, eine Erledigung könne also nicht angenommen werden. Nach der *Gegenmeinung*[388] erledigt sich der VA mit Wegfall der Beschwer, die sich ausschließlich auf den Regelungsgehalt des angefochtenen VA beziehe, ungeachtet einer drohenden oder verbleibenden Kostenlast. Ebenso erledigten sich mit der Sachentscheidung voll akzessorische Nebenentscheidungen wie die Zwangsmittelandrohung. 213

Bei **beamtenrechtlichen Konkurrentenstreitigkeiten** hat sich der VA (Ablehnung der Ernennung zum Beamten, Beförderung etc.) grundsätzlich erledigt, sobald dem Mitbewerber die Ernennungsurkunde ausgehändigt worden ist (sog. **Grundsatz der Ämterstabilität**).[389] Der unterlegene Mitbewerber kann nach der Ernennung des Konkurrenten seine Ansprüche daher nur mit einer Fortsetzungsfeststellungsklage weiterverfolgen. Etwas anderes gilt aber dann, wenn der unterlegene Bewerber vom Ausgang der Stellenbesetzung erst nach der Ernennung des Mitbewerbers erfahren hat oder der Dienstherr entgegen einer einstweiligen Anordnung des VG/OVG den Mitbewerber ernannt oder befördert hat.[390] Das *BVerwG*[391] hat darüber hinaus eine Erledigung verneint, wenn der Unterlegene vor der Ernennung des im vorläufigen Rechtsschutz obsiegenden Konkurrenten die Inanspruchnahme des BVerfG ange- 214

---

[386] S. auch *BVerwG* DVBl. 2006, 578: Nicht erledigt ist ein negativer Prüfungsbescheid durch das Bestehen der Wiederholungsprüfung.

[387] *BVerwG* NVwZ 2009, 122; *OVG Bautzen* SächsVBl 2009, 165; *VGH Mannheim* VBlBW 2008, 305; *Waldhoff,* JuS 2009, 368; vgl. dazu auch *Labrenz,* NVwZ 2010, 22.

[388] *VGH Mannheim* NVwZ 1994, 1130; Schoch/*Gerhardt,* § 113 Rn. 82; *VGH München* NVwZ 2000, 450; *Bausch,* NVwZ 2006, 158, 159.

[389] *BVerwG* NJW 2004, 870; *OVG Koblenz* DVBl. 2009, 659.

[390] *BVerfG* NVwZ 2008, 70; *BVerwG* NJW 2004, 870; *OVG Münster* NVwZ-RR 2007, 701.

[391] NJW 2011, 695; s. dazu auch *Herrmann,* NJW 2011, 653; *Schenke,* NVwZ 2011, 321

kündigt, der Dienstherr mit der Aushändigung der Ernennungsurkunde aber nicht zugewartet hat. In diesen Konstellationen erledigt sich die Verpflichtungsklage auf Neubescheidung trotz der Ernennung des Konkurrenten nicht.[392]

bb) Die analoge Anwendung des § 113 Abs. 1 Satz 4 VwGO

215 Unabhängig von der Frage, ob es sich bei der **Klage gegen einen vorprozessual erledigten VA** um einen Unterfall der Anfechtungsklage oder der Feststellungsklage handelt, ist § 113 Abs. 1 Satz 4 VwGO nach der Rechtsprechung[393] **analog** auch auf solche Fälle anzuwenden. In der *Literatur*[394] wird dagegen auch die Ansicht vertreten, die für die Feststellungsklage geltende Vorschrift des § 43 VwGO sei auf vor Klageerhebung erledigte VAe entsprechend heranzuziehen. Praktische Bedeutung hat dieser akademische Streit kaum, denn auch das *BVerwG* verlangt für die Zulässigkeit einer Klage auf Feststellung der Rechtswidrigkeit eines erledigten VA weder die Durchführung eines Vorverfahrens noch die Einhaltung einer Klagefrist. Auch orientiert sich das Feststellungsinteresse an den Anforderungen des § 43 VwGO und nicht an dem für § 113 Abs. 1 Satz 4 VwGO vorausgesetzten.[395]

216 Nach *wohl einhelliger Auffassung*[396] ist § 113 Abs. 1 Satz 4 VwGO auch im Falle der **Erledigung einer Verpflichtungsklage analog anwendbar.** Zulässig ist die Fortsetzungsfeststellungsklage, wenn die ursprüngliche Verpflichtungsklage zulässig war, nach Rechtshängigkeit ein erledigendes Ereignis eingetreten ist, ein klärungsfähiges Rechtsverhältnis besteht und ein Feststellungsinteresse gegeben ist.[397] Bei vorprozessual erledigten Verpflichtungsbegehren gilt § 113 Abs. 1 Satz 4 VwGO ebenso entsprechend.[398]

217 **Umstritten** ist ferner, ob § 113 Abs. 1 Satz 4 VwGO **auf Realakte entsprechend anwendbar** ist. Das *BVerwG*[399] hat diese Frage bisher ausdrücklich offen gelassen. *Eine Ansicht*[400] in der Literatur verneint dies mit der Begründung, die Fortsetzungs-

---

[392] Zwar hat das *BVerwG* (NJW 2011, 695) ausgeführt, die Ernennung des in einem Stellenbesetzungsverfahrens erfolgreichen Bewerbers sei ein Verwaltungsakt mit Drittwirkung, der in die Rechte der unterlegenen Bewerber aus Art. 33 Abs. 2 GG eingreife. Gleichwohl gehen die Instanzgerichte weiterhin davon aus, dass der unterlegene Bewerber seinen Anspruch auf Ernennung im Wege der Verpflichtungsklage verfolgen muss (vgl. *VGH Kassel* LKRZ 2011, 469; *OVG Lüneburg* NVwZ 2011, 891; a. A. *von Roetteken,* ZBR 2011, 73: Anfechtungsklage gegen die Ernennung des Konkurrenten).

[393] *BVerwG* NVwZ 2000, 63 m. w. N. und NVwZ 2014, 883; *VGH Mannheim* VBlBW 2014, 147; *Ingold,* JA 2009, 711, 713.

[394] Z. B. *Glaser,* NJW 2009, 1043; *Fechner,* NVwZ 2000, 121, der diese Klage als „Rechtswidrigkeitsfeststellungsklage" bezeichnet. *Göpfert,* BayVBl. 2000, 300 nennt diese Klage ebenfalls „Rechtswidrigkeitsfeststellungsklage", lehnt aber die Anwendbarkeit des § 43 VwGO ab. Seiner Ansicht nach kommt § 113 Abs. 1 Satz 4 VwGO eigenständige Bedeutung zu; dieser stelle eine eigenständige Klageart dar.

[395] *BVerwG* NVwZ 2000, 63.

[396] *BVerwG* NVwZ 2004, 1365 Eyermann/*Schmidt,* § 113 Rn. 97 m. w. N.; *Schenke,* JuS 2007, 697, 699.

[397] *BVerwG* NVwZ 1999, 1105.

[398] S. *BVerwG* NJW 1994, 1601; *Schenke,* JuS 2007, 697, 700; a. A. *Schoch/Gerhardt,* § 113 Rn. 105: Feststellungsklage.

[399] BVerwGE 100, 83; s. aber *BVerwG* NVwZ 2000, 1411: „Eine gegen rechtswidriges Verwaltungshandeln gerichtete Unterlassungsklage kann nicht nach ihrer Erledigung mit dem Ziel fortgesetzt werden, zur Förderung eines beim Zivilgericht anhängigen Schadensersatzprozesses die Rechtswidrigkeit des Verwaltungshandelns feststellen zu lassen, wenn die Schadensersatzklage gleichzeitig mit der Unterlassungsklage und damit unabhängig von deren möglicher Erledigung erhoben worden ist."

[400] *Kopp/Schenke,* § 113 Rn. 116; *Pietzner/Ronellenfitsch,* Rn. 333; *Schenke,* JuS 2007, 697, 699; s. auch *VGH München* BayVBl. 2009, 432.

feststellungsklage sei eng an den VA gebunden. Es bestehe hierfür auch kein Bedürfnis, weil derselbe Zweck mit der allgemeinen Feststellungsklage erreicht werden könne. Nach der *Gegenmeinung*[401] ist die Fortsetzungsfeststellungsklage analog § 113 Abs. 1 Satz 4 VwGO auch nach der Erledigung von schlichtem Verwaltungshandeln statthaft, da die Feststellungsklage nicht helfe, wenn die Wirkungen des Rechtsverhältnisses nicht mehr andauerten.

e) Die Feststellungsklage

aa) Konkretes Rechtsverhältnis

Die allgemeine **Feststellungsklage** nach § 43 Abs. 1 VwGO ist statthaft, wenn der 218
Kläger die **Feststellung des Bestehens oder Nichtbestehens eines Rechtsverhältnisses** oder der Nichtigkeit eines VA begehrt. Unter einem feststellungsfähigen Rechtsverhältnis versteht man die sich aus einem konkreten Sachverhalt aufgrund einer öffentlich-rechtlichen Norm ergebenden rechtlichen Beziehungen für das Verhältnis von natürlichen oder juristischen Personen untereinander[402] oder einer Person zu einer Sache, kraft deren eine der beteiligten Personen etwas Bestimmtes tun muss, kann oder darf oder nicht zu tun braucht.[403] Voraussetzung für die Statthaftigkeit einer Feststellungsklage ist stets, dass das **Rechtsverhältnis hinreichend konkret** ist, d. h. es muss „in Anwendung einer Rechtsnorm auf einen bestimmten bereits übersehbaren Sachverhalt streitig" sein.[404] Rein abstrakte Rechtsfragen können nicht durch eine Feststellungsklage geklärt werden. Das erforderliche Rechtsverhältnis kann auch durch schlicht hoheitliches Handeln begründet werden.[405]

Die Feststellung der Unwirksamkeit bzw. Rechtswidrigkeit von Verwaltungsvor- 219
schriften kann nicht zum Gegenstand einer nach § 43 Abs. 1 VwGO statthaften Feststellungsklage gemacht werden. Denn die VwGO sieht eine solche Nachprüfung in der Art einer Normenkontrolle nicht vor.[406]

Auch die Wirksamkeit eines Gesetzes, einer landesrechtlichen Rechtsverordnung 220
oder Satzung kann grundsätzlich nicht unmittelbar Gegenstand einer Feststellungsklage sein, da dies zu einer Umgehung des Normenkontrollverfahrens nach § 47 VwGO führen würde. Etwas anderes ergibt sich allerdings dann, wenn es um die Anwendung der streitigen Norm auf einen konkreten Sachverhalt geht. In den durch § 47 VwGO nicht erfassten Fällen ist eine Inzidentkontrolle der zugrunde liegenden Rechtsnorm im Rahmen der Feststellungsklage möglich.[407] Dies gilt auch für die Fälle, in denen sich der Kläger gegen eine Rechtsverordnung des Bundes wendet mit dem Ziel festzustellen, dass eine subjektive Rechtsverletzung durch die Rechtsverordnung vorliegt (sog. **atypische Feststellungsklage**).[408] Bei einer solchen, auf Fest-

[401] *OVG Hamburg* NVwZ 2004, 117; *Hufen,* § 18 Rn. 45.

[402] In Betracht kommen sowohl Rechtsbeziehungen zwischen Kläger und Beklagtem als auch solche zwischen dem Beklagten und einem Dritten, da § 43 Abs. 1 VwGO keine unmittelbare Beteiligung des Klägers am streitigen Rechtsverhältnis voraussetzt (*BVerwG* GewArch 2012, 35).

[403] *BVerwG* NVwZ 2010, 1300 und NVwZ 2012, 162; ausführlich zum Rechtsverhältnis *Wöckel,* JA 2015, 205.

[404] *BVerwG* NVwZ 2014, 1666.

[405] *OVG Lüneburg* NJW 2006, 391 zu einem sog. Gefährderanschreiben.

[406] *VGH* München BayVBl. 2009, 539.

[407] *BVerwG* DVBl. 2000, 636; Sodan/Ziekow/*Sodan,* § 43 Rn. 58.

[408] *BVerfG* NVwZ 2006, 922; *BVerwG* NJW 2000, 3584; *VGH Kassel* NVwZ 2006, 1195; einschränkend *BVerwG* NVwZ 2007, 1428: Besteht ein Rechtsverhältnis zwischen Normadressat und Normanwender, ist für eine atypische Feststellungsklage gegen den Normgeber kein Raum.

stellung einer Rechtsverletzung gerichteten Klage gegen den Normgeber handelt es sich nicht um eine Umgehung der in § 47 Abs. 1 Nr. 2 VwGO nur für Landesrechtsverordnungen vorgesehenen prinzipalen Normenkontrolle. § 47 VwGO entfaltet gegenüber der Überprüfung der Rechtmäßigkeit einer Rechtsverordnung im Wege der Feststellungsklage keine Sperrwirkung. Dem System des verwaltungsgerichtlichen Rechtsschutzes kann nicht entnommen werden, dass außerhalb des § 47 VwGO die Überprüfung von Rechtsetzungsakten ausgeschlossen sein soll. Eine Feststellungsklage gegen den Normgeber kommt in diesen Fällen aber nur dann in Betracht, wenn die Rechtsverordnung unmittelbar Rechte und Pflichten der Betroffenen begründet, ohne dass eine Konkretisierung oder Individualisierung durch Verwaltungsvollzug vorgesehen oder möglich ist.[409]

221 Während früher die Feststellungsklage nur bei „gegenwärtigen" Rechtsverhältnissen zugelassen wurde, ist dies nach heute *h. M.*[410] nicht Begriffsmerkmal der Statthaftigkeit der Feststellungsklage. Das **festzustellende Rechtsverhältnis** kann vielmehr **auch in der Vergangenheit oder in der Zukunft** liegen, wenn es noch immer oder schon jetzt Auswirkungen auf die Rechte des Klägers hat.

Beispiel: Feststellung, dass die Verneinung der Versammlungseigenschaft einer angemeldeten Veranstaltung durch die Polizeibehörde rechtswidrig war.[411]

bb) Subsidiarität

222 Die Feststellungsklage ist grundsätzlich nach § 43 Abs. 2 Satz 1 VwGO gegenüber der Gestaltungs- oder Leistungsklage **subsidiär.**[412] Diese Vorschrift will eine unnötige Feststellungsklage vermeiden, wenn dem Kläger eine andere sachnähere oder effektivere Klageart zur Verfügung steht. Aus Gründen der Prozessökonomie soll der Rechtsschutz auf dasjenige Verfahren konzentriert werden, welches seinem Anliegen am wirkungsvollsten gerecht wird.[413] § 43 Abs. 2 VwGO ist ihrem Zweck entsprechend **einschränkend auszulegen** und anzuwenden. Wo eine Umgehung der für Anfechtungs- und Verpflichtungsklagen geltenden Bestimmungen über Fristen und Vorverfahren nicht droht, steht § 43 Abs. 2 VwGO der Feststellungsklage ebenso wenig entgegen wie in Fällen, in denen diese den effektiveren Rechtsschutz bietet.[414] Kann die zwischen den Parteien streitige Frage sachgerecht und ihrem Rechtsschutzinteresse voll Rechnung tragend durch Feststellungsurteil geklärt werden, verbietet es sich, den Kläger auf eine Gestaltungs- (inklusive der Fortsetzungsfeststellungsklage[415]) oder Leistungsklage zu verweisen, in deren Rahmen das Rechtsverhältnis, an dessen selbstständiger Feststellung er ein berechtigtes Interesse hat, nur Vorfrage wäre. Ein Beispiel: Begehrt ein Kläger die Feststellung der Rechtswidrigkeit des Einsatzes verdeckter Ermittler, um Genugtuung für den mit der Verletzung seiner Privatsphäre verbundenen Eingriff in sein Persönlichkeitsrecht zu erlangen, kann er nicht unter dem Gesichtspunkt der Subsidiarität der Feststellungsklage darauf ver-

[409] *BVerwG* NVwZ 2010, 1300; ausführlich zum Rechtsschutz gegen self-executing Normen s. *Pils,* JA 2011, 113.

[410] *BVerwG* NVwZ 2007, 1431 und NVwZ 2014, 1666; *OVG Lüneburg* NJW 2006, 391.

[411] S. hierzu *BVerwG* NVwZ 2007, 1434. S. auch *OVG Koblenz* BeckRS 2015, 42095 zur Feststellung, dass Übersichtsaufnahmen von einer Versammlung rechtswidrig waren.

[412] Für die Subsidiarität ist der Zeitpunkt der Klageerhebung maßgeblich (*VGH Kassel* NVwZ-RR 2006, 1195, 1197).

[413] *BVerwG* NVwZ 2014, 889.

[414] *BVerwG* NVwZ 2007, 1431; *VGH Kassel* NuR 2012, 63.

[415] S. hierzu *BVerwG* NVwZ 2007, 1431; a. A. *Kopp/Schenke,* § 43 Rn. 26: Die Fortsetzungsfeststellungsklage ist die speziellere Klageart gegenüber der Feststellungsklage.

wiesen werden, die Rechtswidrigkeit des Einsatzes als Vorfrage in einem auf Auskunft über die von ihm gespeicherten personenbezogenen Daten und deren Löschung sowie die Vernichtung der dazugehörigen Unterlagen gerichteten Verwaltungsrechtsstreit klären zu lassen.[416]

Nicht subsidiär ist die Feststellungsklage (auch nicht gegenüber der hilfsweise beantragten Erlaubnis), wenn der Kläger primär eine von ihm beabsichtigte Handlung als erlaubnisfrei ansieht und deshalb in erster Linie auf dem Standpunkt steht, keine Genehmigung zu bedürfen und sie auch nicht beantragen zu wollen.[417]

cc) Formulierungsbeispiel

„Die Klage ist als allgemeine Feststellungsklage nach § 43 Abs. 1 VwGO statthaft und auch ansonsten zulässig. Nach Abs. 1 der genannten Vorschrift kann die Feststellung des Bestehens oder Nichtbestehens eines Rechtsverhältnisses begehrt werden, wenn der Kläger ein berechtigtes Interesse an der baldigen Feststellung hat. Die Feststellung kann nicht begehrt werden, soweit der Kläger seine Rechte durch Gestaltungs- oder Leistungsklage verfolgen kann oder hätte verfolgen können (§ 43 Abs. 2 VwGO). 223

Der Grundsatz der Nachrangigkeit der Feststellungsklage gegenüber Gestaltungsklagen steht der Zulässigkeit der Feststellung nach § 43 VwGO hier nicht entgegen, da weder eine Anfechtungs- noch eine Fortsetzungsfeststellungsklage im Sinne von § 113 Abs. 1 Satz 4 VwGO in Betracht gekommen wäre. Anfechtungsklage und Fortsetzungsfeststellungsklage setzen das Vorliegen eines Verwaltungsakts voraus. Daran fehlt es hier.

Das Filmen der Teilnehmer einer Versammlung stellt mangels Regelungswirkung keinen Verwaltungsakt im Sinne des § 35 LVwVfG dar, sondern einen Realakt. Eine Regelung liegt vor, wenn das Verwaltungshandeln auf die unmittelbare Herbeiführung einer Rechtsfolge gerichtet ist. Das Filmen selbst ist nur auf die Dokumentation der Vorgänge während des Polizeieinsatzes, nicht aber auf die Herbeiführung einer Rechtsfolge gerichtet. Ein feststellungsfähiges konkretes Rechtsverhältnis ergibt sich hier daraus, dass der Kläger im geltend gemachten Zeitraum von den Videoaufnahmen erfasst wurde. Der Zulässigkeit der Feststellungsklage steht auch nicht entgegen, dass es sich nicht um ein noch bestehendes, sondern um ein in der Vergangenheit liegendes Rechtsverhältnis handelt, da auch ein solches einer Feststellungsklage zugänglich sein kann."

dd) Kommunale Verfassungsstreitigkeiten

Ein besonderer Anwendungsbereich für die Feststellungsklage ergibt sich in der 224
Regel bei den sog. **Kommunalverfassungsstreitigkeiten** und ähnlichen Streitverfahren zwischen Organen einer Körperschaft. Unter dem Kommunalverfassungsstreit ist ein vor dem VG ausgetragener Streit zu verstehen, bei dem die Beteiligten Organe und Organteile derselben Körperschaft sind und damit kein Außenrechtsverhältnis

---

[416] *BVerwG* NJW 1997, 2534; *VG Freiburg* VBlBW 2006, 152.

[417] *OVG Greifswald* NordÖR 2007, 458. S. auch BVerwG BeckRS 2014, 50981: Ein sachnäheres, wirksameres und deshalb die Feststellungsklage gemäß § 43 Abs. 2 Satz 1 VwGO ausschließendes Verfahren liegt nicht vor, wenn die anderweitige Klagemöglichkeit zu keinem gleichwertigen Rechtsschutz führt. Davon ist etwa dann auszugehen, wenn sich der Kläger mit der Erhebung einer Verpflichtungsklage in Widerspruch zu seiner eigenen Rechtsauffassung setzen müsste.

zwischen ihnen besteht. Gestritten wird um das Bestehen oder den Umfang von Rechten, z. B. um die Rechtmäßigkeit von Beschlüssen dieser Organe aus dem Bereich ihres inneren Verfassungslebens oder zwischen einem betroffenen Ratsmitglied und dem Bürgermeister als Vorsitzenden des Rates auf Feststellung der Rechtswidrigkeit eines Ordnungsrufes. Kommunalverfassungsstreitigkeiten sind keine Verwaltungsprozesse besonderer Art. Nach *h. M.*[418] handelt es sich regelmäßig um ein Verfahren, für das die Feststellungsklage die richtige Klageart ist. In Einzelfällen ist aber auch die Leistungsklage die statthafte Klageart und zwar z. B. dann, wenn der Kläger die Gewährung von Akteneinsicht, also schlichtem Verwaltungshandeln, begehrt.[419] Nach *a. A.* haben dagegen bestimmte Anordnungen innerhalb einer juristischen Person des öffentlichen Rechts ausnahmsweise dann Außenwirkung, wenn sie in Organrechte eingreifen. So werden z. B. der Ausschluss eines Gemeinderatsmitglieds von der Beratung wegen angeblicher Befangenheit,[420] die Beanstandung eines Gemeinderatsbeschlusses durch den Bürgermeister[421] oder die Nichtzulassung eines Bürgerbegehrens durch den Gemeinderat[422] teilweise als VAe angesehen mit der Konsequenz, dass sich der Betroffene hiergegen mit der Anfechtungs- oder Verpflichtungsklage zur Wehr setzen muss. Hier ist es sicher ratsam, im Examen der Auffassung des im eigenen Bundesland ansässigen OVG zu folgen.

Kein kommunaler Verfassungsstreit liegt vor, wenn ein Gemeinderat ein Ratsmitglied aus dem Gemeinderat ausschließt. Der dahingehende Beschluss des Gemeinderats ergeht gegenüber dem ausgeschlossenen Mitglied als hoheitliche Maßnahme mit Regelungscharakter. Der Betroffene verliert damit seine Stellung als Ratsmitglied. Statthafte Klageart gegen den Ausschluss ist mithin die Anfechtungsklage.[423]

ee) Die Normerlassklage

225 Nach *h. M.*[424] ist auch die Art. 19 Abs. 4 GG geschuldete sog. **Normerlassklage** im Wege der atypischen Feststellungsklage zu verfolgen. Bei der Normerlassklage macht der Kläger einen Anspruch auf Erlass oder Ergänzung einer untergesetzlichen Norm geltend.[425] Ein Beispiel: ein ortsansässiger Gewerbetreibender in Bielefeld verlangt unter Berufung auf § 6 Abs. 1 NWLÖG von der hierfür zuständigen Stelle den Erlass einer Verordnung, die vier verkaufsoffene Sonntage in der Innenstadt von Bielefeld für das Jahr 2012 vorsieht. Eine analoge Anwendung des § 47 VwGO scheidet aus, weil das Normenkontrollverfahren zur Verfolgung solcher Ansprüche schlechterdings ungeeignet ist. Bei dem besonderen Rechtsbehelf des § 47 VwGO wird dem Bedürfnis nach allgemein verbindlicher Nichtigerklärung einer untergesetzlichen Norm Rechnung getragen, während im Rahmen der Normerlassklage allein der persönliche Anspruch des Klägers auf Normerlass zu prüfen ist und es

---

[418] S. z. B. *BVerwG* NVwZ-RR 1994, 352; *VGH Kassel* NVwZ-RR 2014, 563; *Ogorek,* JuS 2009, 511, 513.

[419] *OVG Münster* NWVBl. 1998, 110.

[420] *Kopp/Schenke,* Anhang zu § 42 Rn. 88.

[421] *VGH Kassel* NVwZ-RR 1996, 409.

[422] *OVG Münster* DVBl. 2002, 792; *VGH Mannheim* NVwZ-RR 1994, 110; *OVG Greifswald* NVwZ 1997, 306; a. A. *OVG Koblenz* NVwZ-RR 1995, 412.

[423] Vgl. *BVerwG* KommJur 2015, 134; *VG Trier* LKRZ 2012, 331.

[424] Vgl. *BVerwG* NVwZ 2007, 1428; NVwZ 2008, 423 und NVwZ-RR 2010, 578; *VGH Mannheim* VBlBW 2014, 383; nach a. A. ist die Leistungsklage statthaft, s. Eyermann/*Happ,* § 42 Rn. 63; *VGH München* BayVBl. 2003, 433.

[425] Von der **echten Normerlassklage** spricht man, wenn der Gesetzgeber völlig untätig geblieben ist, von der **unechten Normerlassklage** oder auch Normergänzungsklage, wenn der Gesetzgeber eine nur unvollständige Regelung getroffen hat.

deshalb einer Entscheidung mit inter-omnes-Wirkung nicht bedarf.[426] Statthaft ist vielmehr die Feststellungsklage. Das konkrete Rechtsverhältnis besteht in der Frage, ob die öffentliche Hand durch die Entscheidung, die begehrte untergesetzliche Norm nicht zu erlassen, Rechte des Klägers verletzt hat.

Die begehrte Feststellung wird nicht dadurch ausgeschlossen, dass anstelle des geltend gemachten Feststellungsbegehrens eine Leistungsklage, gerichtet auf Erlass der untergesetzlichen Norm, gegebenenfalls ebenso zulässig wäre. Gegenüber einer auf Normerlass gerichteten Leistungsklage tritt die Feststellungsklage nicht zurück. Das Rechtsschutzbegehren des Klagenden kommt wirksam zur Geltung, ohne dass es prozessual in das Gewand einer einklagbaren „Leistung" des Satzungsgebers gekleidet wird. Überdies entspricht die Form des Feststellungsbegehrens eher dem im Gewaltenteilungsgrundsatz begründeten Gedanken, dass auf die Entscheidungsfreiheit der rechtsetzenden Organe gerichtlich nur in dem für den Rechtsschutz des Bürgers unumgänglichen Umfang einzuwirken ist.[427]

5. Die Klagebefugnis

a) Aktive Prozessführungsbefugnis

Nach § 42 Abs. 2 VwGO ist, soweit gesetzlich nichts anderes bestimmt ist, die Klage **226**
nur zulässig, wenn der Kläger geltend macht, durch den VA oder seine Ablehnung oder Unterlassung in seinen Rechten verletzt zu sein. Sinn dieser Regelung ist es, **Popularklagen**[428] zu verhindern und **Interessentenklagen**[429] auszuschließen.

Prozessführungsbefugt ist nach allgemeinen Grundsätzen jeder, der sich auf eigene Rechte beruft, d. h. behauptet, Inhaber des von ihm im eigenen Namen geltend gemachten Rechts zu sein.[430] Ferner ist klagebefugt derjenige, der in zulässiger Weise im eigenen Namen fremde Rechte geltend macht, und zwar entweder kraft gesetzlicher Ermächtigung (sog. **gesetzliche Prozessstandschaft**) oder aufgrund einer Ermächtigung des Inhabers des Rechts (sog. **gewillkürte Prozessstandschaft**).[431] Beispiele für die gesetzliche Prozessstandschaft sind § 80 Abs. 1 InsO, wonach der Insolvenzverwalter als Partei kraft Amtes den Prozess in gesetzlicher Prozessstandschaft im eigenen Namen führt, sowie die §§ 2038 Abs. 1 Satz 2 Halbsatz 2, 2039 Satz 1 BGB.[432] Ob eine gewillkürte Prozessstandschaft im Verwaltungsprozess zulässig ist, ist nicht abschließend geklärt. Sie wird von Rechtsprechung und Literatur jedenfalls bei Anfechtungs- und Verpflichtungsklagen durch § 42 Abs. 2 VwGO ausgeschlossen.[433]

b) Möglichkeit einer subjektiven Rechtsverletzung

Nach allgemeiner Meinung **reicht es zur Bejahung der Klagebefugnis,** dass nach **227**
dem substantiierten Vortrag des Klägers eine **Verletzung seiner Rechte möglich ist.**[434] Die Klage ist nur unzulässig, wenn unter Zugrundelegung des Vorbringens

[426] *Duken,* NVwZ 1993, 546, 547.
[427] *BVerwG* NVwZ 1990, 162.
[428] Hier beruft sich der Kläger auf subjektive Rechte Dritter.
[429] Bei dieser Klage hat der Kläger an der Aufhebung einer Verwaltungsentscheidung ein eigenes materielles, aktuelles oder künftiges Interesse, ohne aber in seinen Rechten verletzt zu sein.
[430] Posser/Wolff/*Schmidt-Kötters,* § 42 Rn. 114.
[431] *Kopp/Schenke,* vor § 40 Rn. 24.
[432] Näher dazu s. Rn. 234.
[433] *BVerwG* NVwZ-RR 1996, 537; *VGH Mannheim* DÖV 2015, 168.
[434] *BVerwG* NJW 2004, 698.

offensichtlich und eindeutig nach keiner Betrachtungsweise subjektive Rechte des Klägers verletzt sein können. Da demnach **keine hohen Anforderungen an das Vorliegen der Klagebefugnis** zu stellen sind, dürfen Sie nicht schon wesentliche Teile der Begründetheitsprüfung in die Zulässigkeit vorziehen.[435] Vermeiden Sie auch den **Fehler,** die Klagebefugnis unmittelbar aus den **Grundrechten** (insbesondere Art. 12 und 14 GG) herzuleiten anstatt die vorrangigen **Normen des einfachen Rechts** zu prüfen.[436] Die Grundrechte sind allerdings maßgeblich bei der Interpretation des einfachen Rechts heranzuziehen.

227a Die Klagebefugnis kann sich auch direkt aus unmittelbar anwendbaren Unionsrechtssätzen ergeben, die selbst subjektive Rechte vermitteln.[437] Dazu zählen die **europäischen Grundfreiheiten**[438] (Warenverkehrsfreiheit, Art. 34 ff. AEUV, Arbeitnehmerfreizügigkeit, Art. 45 ff. AEUV, Niederlassungsfreiheit, Art. 49 ff. AEUV, Dienstleistungsfreiheit, Art. 56 ff. AEUV, Kapital- und Zahlungsverkehrsfreiheit, Art. 63 ff. AEUV) und **Grundrechte**[439] (GRC), aber auch **sekundärrechtliche** subjektive Anspruchsgrundlagen (insbesondere Verordnungen und Richtlinien). Auf Individualrechtsschutz aufgrund einer **europarechtlichen Richtlinie** (Art. 288 Abs. 3 AEUV) kann sich ein einzelner Bürger aber nur dann berufen, wenn deren Bestimmungen inhaltlich als unbedingt und hinreichend genau erscheinen und der Staat die Richtlinie nicht fristgerecht oder unrichtig in nationales Recht umgesetzt hat.[440] Dazu ein Beispiel:

Im Ausland ansässige Staatsangehörige der EU-Mitgliedstaaten sowie Unternehmen aus anderen EU-Mitgliedstaaten (Art. 54 AEUV) haben über die **Dienstleistungsfreiheit** (Art. 56 AEUV) einen Anspruch auf gleichberechtigte Zulassung als Schausteller und Anbieter auf Volksfesten.[441]

227b Eine Klagebefugnis kann aus einer einfachgesetzlichen Vorschrift auch in unionsrechtskonformer Auslegung des § 42 Abs. 2 Halbsatz 2 VwGO im Interesse des aus Art. 4 Abs. 3 EUV folgenden Effektivitätsgebots als subjektives Recht anzuerkennen sein. Die unionsrechtskonforme Auslegung bestimmt das Verständnis der zur Umsetzung des Unionsrechts erlassenen mitgliedstaatlichen Vorschriften und hat eine Ausdehnung des Begriffs des subjektiven Rechts zur Folge.

Beispiel: Die Klägerin, eine bundesweit tätige, nach § 3 UmwRG anerkannte Umweltvereinigung, begehrt die Änderung des Luftreinhalteplans für Darmstadt.

Das *BVerwG*[442] hat in diesem Fall die Klagebefugnis des Umweltverbands bejaht. Zwar sei weder der Anwendungsbereich der naturschutzrechtlichen Verbandsklage nach § 42 Abs. 2 Halbsatz 1 VwGO i.V.m. § 64 Abs. 1 BNatSchG noch der Umwelt-

---

[435] Vgl. *BVerwG* NVwZ 2014, 1675: Für die im Rahmen der Zulässigkeit nur zu prüfende Möglichkeit einer Rechtsverletzung genügt es, dass der Kläger Tatsachen behauptet, die – wenn sie sich als zutreffend erweisen – eine Rechtsverletzung ergeben können. Darin erschöpft sich die Filterfunktion der Klagebefugnis (s. dazu auch *Hufen,* JuS 2015, 479).

[436] S. *Voßkuhle/Kaiser,* JuS 2009, 16.

[437] Näher dazu *Kahl/Ohlendorf,* JA 2011, 41. Zu der Frage, ob sich aus Art. 25 Satz 2 GG ein subjektives Recht auf **Einhaltung des Völkerrechts** ergibt vgl. *OVG Münster* DVBl 2015, 514.

[438] S. dazu näher *Cremer,* Jura 2015, 39; *Ludwigs/Weidermann* Jura 2014, 152; *Geiß,* DÖV 2014, 265; *Manger-Nestler/Noack,* JuS 2013, 503.

[439] S. dazu näher *Ruffert* JuS 2014, 662; *Ogorek,* JA 2014, 954; *Kingreen,* Jura 2014, 295; *Manger-Nestler/Noack,* JuS 2013, 503.

[440] *EuGH* NJW 2004, 3547; ausführlich dazu s. auch *Herrmann/Michl,* JuS 2009, 1065.

[441] Vgl. *Heitsch,* GewArch 2004, 225, 227; zu der Frage, ob die Möglichkeit der Nutzungsbeschränkung bei öffentlichen Einrichtungen auf Gemeindeangehörige gegen die Grundfreiheiten der Europäischen Union verstößt, s. *Geuer,* BayVBl 2011, 752.

[442] NVwZ 2014, 64.

verbandsklage nach dem UmwRG eröffnet (ausführlich dazu unter Rn. 243 ff.). Die Klagebefugnis der Umweltvereinigung folge aber aus § 42 Abs. 2 Halbsatz 2 VwGO. Der Kläger könne geltend machen, durch die Ablehnung der Aufstellung eines Luftreinhalteplans, der den Anforderungen des § 47 Abs. 1 BImSchG i.V.m. § 27 der 39. BImSchV genügt, in seinen Rechten verletzt zu sein. § 47 Abs. 1 BImSchG räume nicht nur unmittelbar betroffenen natürlichen Personen, sondern auch nach § 3 UmwRG anerkannten Umweltverbänden das Recht ein, die Aufstellung eines den zwingenden Vorschriften des Luftqualitätsrechts entsprechenden Luftreinhalteplans zu verlangen. Aus dem vom Gesetz bezweckten Schutz der menschlichen Gesundheit folge ein Klagerecht für die von den Immissionsgrenzwertüberschreitungen unmittelbar betroffenen natürlichen Personen. Zwar könne der Kläger als juristische Person in seiner Gesundheit nicht betroffen sein. Das Unionsrecht gebiete indessen eine erweiternde Auslegung der aus dem Luftqualitätsrecht folgenden subjektiven Rechtspositionen.

Lässt sich die Klagebefugnis unmittelbar aus **Grundrechten** herleiten, achten Sie auf 227c Folgendes: **Ausländische juristische Personen aus dem EU-Ausland** können sich ebenso wie inländische juristische Personen auf solche Grundrechte berufen, die ihrem Wesen nach auf diese anwendbar sind (Art. 19 Abs. 3 GG).[443] Dies gilt z. B. für die Berufsfreiheit des Art. 12 Abs. 1 GG. Denn der durch Art. 12 Abs. 1 GG sachlich geschützte Tätigkeitsbereich der juristischen Person aus dem EU-Ausland ist europarechtlich in Art. 56 AEUV abgesichert. Die Erstreckung der Grundrechtsberechtigung auf juristische Personen aus Mitgliedstaaten der Europäischen Union stellt eine aufgrund des Anwendungsvorrangs der Grundfreiheiten im Binnenmarkt (Art. 26 Abs. 2 AEUV) und des allgemeinen Diskriminierungsverbots wegen der Staatsangehörigkeit (Art. 18 AEUV) vertraglich veranlasste Anwendungserweiterung des deutschen Grundrechtsschutzes dar. Allerdings setzt dies einen **hinreichenden Inlandsbezug** voraus, der regelmäßig vorliegt, wenn die ausländische juristische Person in Deutschland tätig wird und hier klagen oder verklagt werden kann.

Ob Ausführungen zur Klagebefugnis in der Klausur angebracht sind, hängt zum einen von der Klageart und zum anderen von der besonderen Fallkonstellation ab. Hier die wichtigsten Eckpunkte:

c) Anfechtungsklage

Bei der **Anfechtungsklage** ist die Anmerkung, der Kläger sei nach § 42 Abs. 2 228 VwGO klagebefugt, weil er Adressat eines ihn belastenden VA sei, überflüssig weil offenkundig. Wendet sich der Kläger z. B. gegen eine Fahrerlaubnisentziehung, einen Abschleppkostenbescheid oder einen Subventionsrückforderungsbescheid, so versteht sich die Klagebefugnis von selbst. Ausführungen sind aber angebracht, wenn der Kläger gegen eine Allgemeinverfügung vorgeht, z. B. gegen eine Straßenumbenennung.[444]

Problematisch werden kann die Frage nach der Klagebefugnis dann, wenn ein 229 **Dritter** gegen einen ihn **mittelbar belastenden VA** vorgeht. Hier muss geprüft werden, ob subjektive eigene Rechte oder zumindest anderweitige rechtlich geschützte Interessen verletzt sein könnten.[445] Die Klagebefugnis ist nur zu bejahen, wenn der Kläger sich auf eine Norm stützen kann, die ihn als Dritten zu schützen bestimmt ist. Ob eine konkrete Norm Drittschutz vermittelt, wird im Wesentlichen nach den

[443] *BVerfG* NJW 2011, 3428; s. auch die Klausur von *Streinz/Herrmann/Kruis*, JuS 2011, 1106 sowie die Besprechung von *Sachs*, JuS 2012, 379.
[444] S. *VGH München* BayVBl. 2010, 599.
[445] Z. B. *BVerwG* NVwZ 2009, 525; *OVG Münster* DVBl. 2009, 983.

Grundsätzen der sogenannten **Schutznormtheorie** ermittelt.[446] Die betreffende Norm muss ein Privatinteresse derart schützen, dass der Träger des Individualinteresses die Einhaltung des Rechtssatzes soll verlangen können. Ob dies der Fall ist, ist durch Auslegung der betreffenden Norm zu ermitteln. Ist dem Wortlaut der Vorschrift eindeutig ein subjektiv öffentliches Recht zu entnehmen (z. B. § 5 Abs. 1 BImSchG), genügt es, in der Prüfungsarbeit die Vorschrift zu nennen:

„Die Klägerin ist klagebefugt im Sinne des § 42 Abs. 2 VwGO. Denn durch die Erteilung der immissionsschutzrechtlichen Genehmigung an den Beigeladenen ist die Klägerin möglicherweise in ihrem in § 5 Abs. 1 Satz 1 BImSchG näher umschriebenen Nachbarrecht verletzt."

230 Lässt sich dem Wortlaut der Bestimmung, auf die sich der Dritte beruft, keine eindeutige Aussage entnehmen, so ist diese systematisch und teleologisch auszulegen. Ergibt sich aus dem Zweck der Norm und/oder ihrer systematischen Stellung im bereichsspezifischen Normgefüge, dass auch Individualinteressen geschützt werden sollen, so kann ein subjektiv öffentliches Recht nicht schon dann verneint werden, wenn der Wortlaut der Vorschrift etwa auf „öffentliche Sicherheit" oder „öffentliche Belange" abstellt.[447] Öffentliche Interessen und Individualinteressen schließen sich nicht gegenseitig aus. **Entscheidend** ist vielmehr, dass sich aus **individualisierenden Tatbestandsmerkmalen** der Vorschrift ein **Personenkreis** entnehmen lässt, der sich **von der Allgemeinheit unterscheidet.** So hat § 18 GastG, nach dessen Abs. 1 Satz 2 i. V. m. einer Rechtsverordnung die Verkürzung der Sperrzeit bei Vorliegen eines „öffentlichen Bedürfnisses" möglich ist, insoweit drittschützende Wirkung, als die Verkürzung der Sperrzeit nicht zu schädlichen Umwelteinwirkungen im Sinne des BImSchG führt.[448] Liegt Ihrer Klausur eine solche Konstellation, in der die Klagebefugnis des Dritten nicht auf der Hand liegt, zugrunde, müssen Sie ausführlich hierauf eingehen.[449]

231 Ein Formulierungsbeispiel zu einer wirtschaftsverwaltungsrechtlichen Konkurrentenklage:[450]

„Die Klägerinnen sind entgegen der Ansicht der Beigeladenen nach § 42 Abs. 2 VwGO klagebefugt für die Anfechtung des Bescheids vom 20. April 2015, mit dem die Beklagte der Beigeladenen eine widerrufliche Ausnahmegenehmigung nach § 7 HessLöG[451] erteilt hat. Die Anforderungen an die prozessuale Klagebe-

---

[446] Z. B. BVerwGE 92, 313; *OVG Münster* BeckRS 2010, 56247; *Voßkuhle/Kaiser,* JuS 2009, 16.

[447] *Schmidt,* JuS 1999, 1107, 1110.

[448] *BVerwG* NVwZ 1997, 276.

[449] Beispiele: Die Klagebefugnis bejaht wurde bei der Anfechtungsklage des Eigentümers eines geschützten Kulturdenkmals, der gegen die denkmalrechtliche Genehmigung eines benachbarten Vorhabens mit der Begründung vorging, das Vorhaben beeinträchtige die Denkmalwürdigkeit seines eigenen Anwesens (*BVerwG* NVwZ 2009, 1231). Verneint wurde dagegen die Klagebefugnis bei der Anfechtungsklage des Grundstückseigentümers gegen die an seinen Pächter gerichtete Nutzungsuntersagungsverfügung (*OVG Münster* UPR 2012, 36).

[450] Vgl. *BVerwG* NVwZ 1982, 627; *OVG Greifswald* NVwZ-RR 2000, 317; s. auch *Tegebauer,* GewArch 2002, 185, 189 und *Schmitz,* NVwZ 2002, 822.

[451] Danach können das für die Ausführung des Hessischen Ladenöffnungsgesetzes zuständige Ministerium oder die von ihm bestimmten Stellen im Einzelfall über die in diesem Gesetz vorgesehenen Ausnahmen weitere befristete Ausnahmen zulassen, soweit diese im öffentlichen Interesse erforderlich sind.

fugnis dürfen nicht überspannt werden. Demgemäß ist die von § 42 Abs. 2 VwGO geforderte subjektive Beschwer nur dann nicht gegeben, wenn unter Zugrundelegung des Klagevorbringens offensichtlich und eindeutig nach keiner Betrachtungsweise subjektive Rechte des Klägers verletzt sein können. Die Klägerinnen behaupten, durch die der Beigeladenen erteilte Ausnahmegenehmigung seien ihre rechtlich geschützten Wettbewerbsinteressen beeinträchtigt worden. Zwar können sie eine Klagebefugnis in diesem Zusammenhang nicht aus der einfachgesetzlichen Bestimmung des § 7 HessLöG herleiten, denn diese schützt nicht die Konkurrenten von Gewerbetreibenden, denen nach dieser Vorschrift eine Ausnahmebewilligung erteilt wurde; vielmehr hat das Ladenöffnungsgesetz in erster Linie eine arbeitsschutzrechtliche Zielrichtung. Die Klägerinnen berufen sich jedoch auch auf eine Verletzung ihrer rechtlich geschützten Wettbewerbsinteressen. Danach erscheint die Möglichkeit einer Verletzung der durch Art. 12 Abs. 1 GG geschützten Gewerbefreiheit nicht offensichtlich und eindeutig ausgeschlossen."[452]

Prüfungsrelevant ist die **Drittanfechtung** insbesondere bei Bauvorbescheiden und **Baugenehmigungen.** Die Rechtsprechung ist sich einig, dass unter dem Begriff des „Nachbarn", der im Gesetz nicht definiert ist, nur der Grundstückseigentümer oder der Inhaber einer eigentumsähnlichen Rechtsposition zu verstehen ist. Inhaber einer solchen Position ist etwa ein Nießbrauchsberechtigter[453] oder derjenige, zu dessen Gunsten eine Auflassungsvormerkung in das Grundbuch eingetragen ist und auf den Besitz, Nutzungen und Lasten übergegangen sind.[454] Art. 14 Abs. 1 GG selbst begründet keine unmittelbaren Abwehr- oder Plangewährleistungsansprüche.[455] 232

Drittschützend sind in bauplanungsrechtlicher Hinsicht die Festsetzungen des Bebauungsplans zur Art der baulichen Nutzung (sog. **Gebietserhaltungsanspruch**)[456] und das **Gebot der Rücksichtnahme,** nicht drittschützend sind regelmäßig die Festsetzungen des Bebauungsplans über das Maß der baulichen Nutzung.[457] Im Einzelfall kann ihnen jedoch drittschützende Wirkung zukommen, wenn die Gemeinde als Planungsträger dies in den textlichen Festsetzungen des Bebauungsplans ausdrücklich vorsieht.[458] Im unbeplanten Innenbereich kann sich ein Kläger auf das Gebot der Rücksichtnahme sowie auf den Gebietserhaltungsanspruch berufen, sofern die nähere Umgebung einem Baugebietstyp der BauNVO entspricht. Im Außenbereich gibt es keinen Gebietserhaltungsanspruch, so dass hier der Nachbar sich ausschließlich auf einen Verstoß gegen das Gebot der Rücksichtnahme stützen kann.[459] Beachten Sie: Bei gebietsübergreifenden Streitigkeiten müssen Sie zur Bestimmung der richtigen drittschützenden Vorschrift immer auf den Gebietstyp abstellen, in dem das Bau- 232a

---

[452] Ebenso vertretbar ist es, die Klagebefugnis in dem Formulierungsbeispiel unmittelbar aus § 7 HessLöG herzuleiten (vgl. *OVG Bremen* NVwZ 2002, 873, 874: „Art. 12 GG zwingt zu einer konkurrenzschützenden Interpretation der Regelungen über den Ladenschluss.") oder die Klagebefugnis zu verneinen (vgl. *OVG Bautzen* BeckRS 2011, 49437; *OVG Lüneburg* GewArch 2001, 260, 262: kein Eingriff in den Schutzbereich des Art. 12 GG, wenn die berufliche Betätigungsfreiheit nicht in schwer wiegender Weise berührt wird; vgl. auch *BVerwG* NVwZ 2012,639) Das Grundrecht auf freie Berufsausübung sichert die Teilhabe am Wettbewerb. Es gewährt aber im Grundsatz keinen Schutz vor Konkurrenz).

[453] *BVerwG* NVwZ 1983, 672; *OVG Münster* NVwZ 1994, 696.

[454] *OVG Lüneburg* NVwZ 1996, 919.

[455] *BVerwG* NVwZ 1997, 384, 386 m. w. N.

[456] S. dazu grundlegend *BVerwG* NJW 1994, 1546.

[457] S. z.B. *VGH Mannheim,* VBlBW 2009, 342.

[458] *BVerwG* NVwZ 1996, 170.

[459] *BVerwG,* NVwZ 2000, 552.

vorhaben verwirklicht werden soll. Insbesondere die drittschützenden bauordnungsrechtlichen Vorschriften über Abstandsflächen, Brandwände und Stellplätze kommen als Gegenstand von Klausurfällen in Betracht. Sonstige öffentlich-rechtliche Vorschriften, die ebenfalls in Baunachbarstreitigkeiten eine Rolle spielen können, sind die §§ 22 ff. BImSchG.

232b Die Veräußerung des Grundstücks nach Einleitung des Klageverfahrens hat gemäß **§ 173 VwGO i.V.m. § 265 Abs. 2 ZPO** auf den Prozess des Nachbarn gegen den Bauvorbescheid oder die Baugenehmigung grundsätzlich keinen Einfluss. Bei Veräußerung eines Grundstücks ist allerdings nach § 266 ZPO der Rechtsnachfolger berechtigt und auf Antrag des Gegners verpflichtet, den Rechtsstreit als Hauptpartei zu übernehmen.[460]

233 Für die Klagebefugnis nach § 42 Abs. 2 VwGO ist es grundsätzlich unerheblich, aus welchen Beweggründen der Kläger das Eigentum an dem Grundstück erworben hat. Eine andere rechtliche Beurteilung ist aber geboten, wenn die **Eigentümerstellung rechtsmissbräuchlich begründet** worden ist wie dies häufig beim Erwerb von sog. **„Sperrgrundstücken"** der Fall ist.[461] Geht es dem Kläger nicht um den Erwerb des Eigentums und dessen Nutzung, sondern um den „Erwerb der Klagebefugnis", so ist die geltend gemachte Rechtsposition nicht schutzwürdig. Lassen die konkreten Umstände erkennen, dass der Erwerb des Grundeigentums allein als Mittel dient, um eine Interessentenklage im Gewand der Verletztenklage erheben zu können, rechtfertigt dies den Vorwurf der unzulässigen Rechtsausübung.[462]

234 Grundsätzlich **nicht klagebefugt** im Sinne des § 42 Abs. 2 VwGO ist der nur **obligatorisch Berechtigte.** Zwar hat das *BVerfG* ausgeführt, das Mietrecht sei als Eigentum im Sinne des Art. 14 GG anzusehen.[463] Hieraus haben einige Stimmen in der Literatur abgeleitet, dass sich auch der Mieter eines Anwesens oder Pächter eines Grundstücks gegen eine Baugenehmigung auf dem Nachbargrundstück zur Wehr setzen könne.[464] Diese Auffassung wird von der *h. M.*[465] zu Recht mit der Begründung abgelehnt, in das Miet- bzw. Pachtrecht werde durch die dem Nachbarn erteilte Baugenehmigung ebenso wenig eingegriffen wie in das aus dem Miet- bzw. Pachtverhältnis folgende Besitzrecht. Der Mieter oder Pächter ist auch dann nicht klagebefugt, wenn er Inhaber eines Rechts am eingerichteten und ausgeübten Gewerbebetrieb ist und ihm dessen Ausübung durch die Baugenehmigung an den Nachbarn erschwert oder sogar unmöglich gemacht wird. Das *BVerwG* führt hierzu aus, der Pächter könne sich bei einer planungsrechtlichen Beeinträchtigung an den Verpächter halten. Abwehrrechte kann der obligatorisch Berechtigte aber geltend machen, soweit die Beeinträchtigung immaterieller Werte wie namentlich von Leben und Gesundheit (Art. 2 Abs. 2 GG) droht. Dabei ist beim Nachbarschutz nicht auf die besondere persönliche Disposition, sondern auf Durchschnittspersonen abzustellen.[466]

235 Die **Klagebefugnis fehlt** regelmäßig einem Miterben einer ungeteilten Erbengemeinschaft, der als Nachbar gegen eine dem Bauherrn erteilte Baugenehmigung vorgeht[467]

---

[460] *OVG Lüneburg* BeckRS 2012, 57106.

[461] Näher dazu *BVerwG* NVwZ 2009, 302 und NVwZ 2012, 567; *OVG Lüneburg* BeckRS 2014, 53225.

[462] *BVerwG* NVwZ 2001, 427, NVwZ 2009, 302 und NVwZ 2012, 567.

[463] *BVerfG* NJW 1993, 2035; vgl. auch *BVerwG* NVwZ 2009, 1047 zum Besitzrecht des Pächters.

[464] *Determann,* UPR 1995, 215; *Thews,* NVwZ 1995, 224; s. auch *Hufen,* § 14 Rn. 67.

[465] S. *BVerwG* NVwZ 1998, 956; *VGH München* BeckRS 2014, 55291.

[466] *BVerwG* NVwZ 2000, 1050; *BVerfG* NJW 1997, 2509.

[467] *VGH Mannheim* NJW 1992, 388; *VGH München* BayVBl. 2000, 182.

oder ordnungsrechtliches Einschreiten gegen einen Dritten begehrt.[468] Denn das Grundstück steht im Gesamthandeigentum der Erbengemeinschaft, so dass die Verwaltung des Nachlasses gemäß § 2038 Abs. 1 Satz 1 BGB den Erben bis zur Auseinandersetzung nur gemeinschaftlich zusteht. Etwas anderes gilt lediglich dann, wenn ein Fall der sog. Notgeschäftsführung vorliegt.[469]

Die Drittschutzproblematik stellt sich auch bei **Nachbarklagen von Kommunen.** 236
Wendet sich eine Gemeinde z. B. gegen eine der Nachbargemeinde erteilte Baugenehmigung zur Errichtung eines Einkaufzentrums, so kann sich die antragstellende Gemeinde auf das in § 2 Abs. 2 BauGB verankerte **interkommunale Rücksichtnahmegebot** berufen, wenn ein wirksamer Bebauungsplan fehlt.[470] Ebenso kann sich eine Kommune auf ihre materielle Planungshoheit aus Art. 28 Abs. 2 GG stützen, wenn sie sich gegen die unter Ersetzung des gemeindlichen Einvernehmens (§ 36 Abs. 2 Satz 3 BauGB i. V. m. einer landesrechtlichen Regelung) erteilte Baugenehmigung wendet.[471]

Bei Anfechtungsklagen gegen einen **Planfeststellungsbeschluss** gilt Folgendes:[472] 237

Eigentümer, Pächter von Grundstücken, die durch das planfestgestellte Vorhaben in Anspruch genommen werden, sind umfassend klagebefugt. Ihnen gleichgestellt werden Inhaber anderer obligatorischer Rechte mit Eigentumsqualität (z.B. Auflassungsvormerkung).[473]Als von enteignender Vorwirkung Betroffene haben sie ein Abwehrrecht gegen die Planfeststellung auch insoweit, als sich die Rechtswidrigkeit des Vorhabens aus der Verletzung objektiv-rechtlicher Vorschriften ergibt und die Inanspruchnahme ihres Grundeigentums in einem Ursachenzusammenhang mit einem rechtlichen Mangel steht.[474]

Von dem Planvorhaben nur **mittelbar Betroffene** können dagegen nur eine eingeschränkte gerichtliche Überprüfung der planerischen Abwägung verlangen.[475] Der Drittschutz beschränkt sich auf die Planrechtfertigung sowie planbedingte Beeinträchtigungen, die in einem adäquat-kausalen Zusammenhang mit der Planung stehen und mehr als geringfügig sind.

Eine von dem Vorhaben betroffene **Kommune** kann ihre Klagebefugnis auf ihre zivilrechtliche Eigentumsbetroffenheit i. V. m. dem Abwägungsgebot[476] und auf die Möglichkeit einer Verletzung ihres Rechts auf kommunale Selbstverwaltung aus Art. 28 Abs. 2 Satz 1 GG stützen. Dagegen ist es einer Kommune verwehrt, Belange der Allgemeinheit (z. B. Naturschutz) geltend zu machen, die nicht speziell dem gemeindlichen Selbstverwaltungsrecht zugeordnet sind.[477]

d) Verpflichtungsklage

Bei **Verpflichtungsklagen** ist die Klagebefugnis gegeben, wenn der Kläger einen an 238
ihn selbst gerichteten begünstigenden VA erstrebt oder er den Erlass eines VA

---

[468] S. z. B. *VGH München* UPR 2008, 153.

[469] Vgl. hierzu *BVerwG* NVwZ-RR 1994, 305 und *VGH Mannheim* NJW 2013, 889.

[470] S. z. B. *OVG Münster,* BeckRS 2011, 56856; *OVG Koblenz* ZfBR 2012, 45; *VGH Kassel* NVwZ-RR 2010, 47.

[471] Vgl. *BVerwG* NVwZ 2000, 1048; *OVG Koblenz* NJOZ 2006, 1717.

[472] Ausführlich zum Planfeststellungsrecht s. *Leist/Tams,* JuS 2007, 995 und JuS 2007, 1093.

[473] *BVerwG* NVwZ 2013, 803.

[474] *BVerwG* BeckRS 2015, 41453; NuR 2010, 646 und NVwZ 2007, 445.

[475] *BVerwG* NVwZ 2007, 462.

[476] *BVerwG* NVwZ 2000, 560; *v. Schwanenflug,* NVwZ 2007, 1351, 1353.

[477] S. z. B. *BVerwG* NVwZ 2005, 813; a. A. *v. Schwanenflug,* NVwZ 2007, 1351, 1354 in Bezug auf den Naturschutz.

begehrt, mit dem ein Dritter belastet werden soll.[478] Ebenso wie bei der Anfechtungsklage muss auch hier eine Rechtsverletzung durch die Ablehnung oder Unterlassung des VA möglich sein. Nennen Sie in der Klausur zumindest die **Norm,** aus der der Kläger seine Klagebefugnis herleitet. In Fällen, in denen die anspruchsbegründende Vorschrift nicht evident dem Schutz des Einzelnen dient, ist eine ausführlichere Darstellung erforderlich. Auch hier gilt: einfachgesetzliche Vorschriften gehen den Grundrechten vor.

Ein **Formulierungsbeispiel** aus dem Straßenverkehrsrecht: Der Kläger, Anwohner der Waldstraße in Frankfurt, begehrt von der Straßenverkehrsbehörde Schutzmaßnahmen zu seinen Gunsten. Die beklagte Stadt Frankfurt bestreitet die Klagebefugnis des Klägers.

„Entgegen der Auffassung der Beklagten steht dem Kläger auch die für die Verpflichtungsklage notwendige Klagebefugnis i. S. d. § 42 Abs. 2 VwGO zu. Der Kläger genügt seiner Darlegungspflicht, wenn er hinreichend substantiierte Tatsachen vorträgt, die es zumindest als möglich erscheinen lassen, dass er durch Ablehnung oder Unterlassung eines beantragten Verwaltungsakts in einem eigenen Recht verletzt wird. Hier kann der Kläger als Anlieger der Waldstraße für sein Begehren, die durch den Verkehr auf dieser Straße verursachte, von ihm für unzumutbar gehaltene Lärm- und Abgasbeeinträchtigung seines Grundstücks mittels straßenverkehrsrechtlicher Maßnahmen zu beseitigen, ein geschütztes Recht geltend machen. Zwar ist § 45 Abs. 1 StVO, der die Verkehrsbehörde ermächtigt, aus Gründen der Sicherheit und Ordnung des Straßenverkehrs verkehrsbeschränkende Maßnahmen anzuordnen, grundsätzlich auf den Schutz der Allgemeinheit und nicht auf die Wahrung der Interessen Einzelner gerichtet. In der Rechtsprechung ist jedoch anerkannt, dass der Einzelne einen auf ermessensfehlerfreie Entscheidung der Behörde begrenzten Anspruch auf verkehrsregelndes Einschreiten in bestimmten Fällen haben kann, wenn die Verletzung seiner geschützten Individualinteressen in Betracht kommt.[479] Das Schutzgut der öffentlichen Sicherheit und Ordnung im Sinne des § 45 Abs. 1 StVO, insbesondere soweit Abs. 1 Satz 2 Nr. 3 dieser Norm den Schutz der Wohnbevölkerung vor Lärm und Abgasen herausstellt, umfasst nicht nur die Grundrechte Art. 2 Abs. 2 GG und Art. 14 GG. Dazu gehört auch im Vorfeld der Grundrechte der Schutz vor Einwirkungen des Straßenverkehrs, die das nach allgemeiner Anschauung zumutbare Maß übersteigen. Auf diesen Schutz beruft sich der Kläger mit seiner Verpflichtungsklage.“

e) Fortsetzungsfeststellungs-, Feststellungs- und Leistungsklage

239 Bei der **Fortsetzungsfeststellungsklage** und der **Feststellungsklage** ist § 42 Abs. 2 VwGO entsprechend anzuwenden.[480] Klagen auf Feststellung des Bestehens oder Nichtbestehens sind nur dann zulässig, wenn der Kläger geltend machen kann, in seinen Rechten verletzt zu sein, entweder weil er an dem festzustellenden Rechtsverhältnis selbst beteiligt ist oder weil von dem Rechtsverhältnis eigene Rechte

[478] Das kann auch die Beifügung einer den Kläger schützenden und an einen anderen gerichteten Nebenbestimmung sein.

[479] Vgl. *BVerwG* NVwZ 1987, 411; *VG Koblenz* NJW 2011, 3049.

[480] Z. B. *VGH München* NVwZ-RR 2013, 494; *Niesler,* S. 247 und *Kopp/Schenke,* § 113 Rn. 125 m. w. N. für die Fortsetzungsfeststellungsklage; *BVerwG* NVwZ 2008, 423; *VGH Kassel* NuR 2012, 63 für die Feststellungsklage.

abhängen. Das „berechtigte Interesse“ im Sinne des § 43 Abs. 1 VwGO, das jedes als schutzwürdig anzuerkennende Interesse, insbesondere auch wirtschaftlicher oder ideeller Art, einschließt, genügt folglich nicht. Zu erörtern ist dieser Prüfungspunkt z. B. bei der häufig in Klausuren vorkommenden Konstellation, dass sich ein Ratsmitglied gegen die Rechtmäßigkeit eines Beschlusses des Gemeinderats mit der Begründung wendet, an der Beschlussfassung habe unzulässigerweise ein anderes befangenes Ratsmitglied mitgewirkt.[481]

Die Vorschrift des § 42 Abs. 2 VwGO gilt nach *h. M.*[482] auch **entsprechend** für die 240
allgemeine **Leistungsklage.** Mit diesem Erfordernis soll die Popularklage verhindert werden. Nach der *Gegenmeinung*[483] stellt die Prozessvoraussetzung der Prozessführungsbefugnis sicher, dass der Kläger einer allgemeinen Leistungsklage ein eigenes Recht im eigenen Namen oder aufgrund einer zulässigen Prozessstandschaft geltend machen muss.

f) Verfahrensvorschriften als subjektiv-öffentliche Rechte

Verfahrensvorschriften vermitteln grundsätzlich keine subjektiven Rechte, da ihnen im 241
Allgemeinen nur dienende Funktion zukommt.[484] Eine Klagebefugnis besteht bei der Verletzung von Verfahrensrechten daher regelmäßig nur, wenn zumindest auch die materielle Rechtsstellung des Betroffenen beeinträchtigt sein kann (sog. **„relatives Verfahrensrecht“**). Dies ist z. B. bei den Beteiligungsrechten der Nachbarn im Bau- und Immissionsschutzrecht regelmäßig nicht der Fall, d. h. diese haben keinen drittschützenden Charakter. Etwas anderes gilt für das sog. **„absolute Verfahrensrecht“**. Ein solches liegt vor, wenn die verfahrensrechtliche Bestimmung nicht nur der Ordnung des Verfahrensablaufs, insbesondere einer umfassenden Information der Behörde dient, sondern dem Betroffenen eine eigene, unabhängig vom materiellen Recht durchsetzbare Rechtsposition gewähren will.[485] Zu den absoluten Verfahrensrechten zählt das Mitwirkungsrecht der Gemeinde nach § 36 Abs. 1 BauGB[486] sowie das Beteiligungsrecht von Naturschutzvereinigungen nach § 63 Abs. 2 Nr. 6 BNatSchG Von einer absoluten Verfahrensnorm ist ferner auszugehen, wenn die behandelte Sachmaterie ein außergewöhnliches Gefährdungspotenzial für grundrechtliche Positionen aufweist.[487]

g) Verwirkung der Klagebefugnis

Die Klagebefugnis kann im Einzelfall prozessual verwirkt sein. Die **Verwirkung des** 242
Klagerechts setzt voraus, dass dem Berechtigten über einen längeren Zeitraum die Möglichkeit der Klageerhebung bewusst war oder er von der ihn belastenden Maß-

---

[481] Verneint von *OVG Koblenz* NVwZ 1985, 283; *OVG Münster* NVwZ-RR 1998, 325.

[482] Z. B. *BVerwG* NVwZ 2014, 64; Schoch/*Pietzcker*, § 42 Abs. 1 Rn. 170; *Steiner*, JuS 1994, 853, 854; a. A. *Niesler*, S. 249: Die Leistungsklage hat auch ohne Prüfung einer Klagebefugnis analog § 42 Abs. 2 VwGO individualschützende Wirkung.

[483] *Ramsauer*, Rn. 18. 05.

[484] S. z. B. *BVerwG* NJW 1982, 1546; *OVG Saarlouis* NVwZ-RR 2010, 49; ausführlich zu dieser Thematik s. *Appel/Singer*, JuS 2007, 913, *Held*, NVwZ 2012, 461 und *Mehde/Hansen*, NVwZ 2010, 14.

[485] *Appel/Singer*, JuS 2007, 913, 915 ; Sodan/Ziekow/*Wolff*, § 113 Rn. 41.

[486] S. z. B. *BVerwG* NVwZ 2008, 1347; *VG Gelsenkirchen* BeckRS 2014, 54986. Dadurch, dass § 36 Abs. 2 Satz 3 BauGB die Ersetzung des Einvernehmens erlaubt, hat sich das Einvernehmensrecht allerdings grundsätzlich zu einem relativen Verfahrensrecht gewandelt. In der Konstallation, in der die Gemeinde ihr Einvernehmen innerhalb der Frist ausdrücklich verweigert und eine förmliche Ersetzung durch die Ausgangs- oder Widerspruchsbehörde nicht stattgefunden hat, bleibt es aber dabei, dass das gemeindliche Einvernehmen ein absolutes Verfahrensrecht ist (*VG Neustadt*, NVwZ-RR 2007, 338).

[487] S. *BVerfG* NJW 1980, 759 zum Atomrecht.

nahme zuverlässige Kenntnis hätte haben müssen. Reicht der Kläger trotz vorhandener Kenntnis oder ihm zuzurechnender Möglichkeit der Kenntnis erst zu einem derart späten Zeitpunkt Klage ein, dass die beklagte Behörde nicht mehr mit einer Klageerhebung rechnen musste, verstößt diese gegen Treu und Glauben.[488]

h) Abweichende gesetzliche Regelungen

243 Abweichend von der allgemeinen Regelung des § 42 Abs. 2 Halbsatz 2 VwGO ist die Geltendmachung einer eigenen Rechtsverletzung nach § 42 Abs. 2 Halbsatz 1 VwGO ausnahmsweise nicht erforderlich, wenn eine gesetzliche Sonderregelung vorliegt. Bekanntestes Beispiel hierfür ist die **Verbandsklage von Naturschutzverbänden.**[489] Hier sieht § 64 Abs. 1 i. V. m. § 63 Abs. 1 Nr. 2–4 und Abs. 2 Nr. 5–7 BNatSchG (lesen!) ein Klagerecht für anerkannte Naturschutzvereinigungen vor, ohne dass diese in eigenen Rechten verletzt sein müssen. Das in den genannten Vorschriften geregelte Mitwirkungsrecht verschafft den Naturschutzvereinigungen eine selbstständig durchsetzbare, begünstigende subjektive Rechtsposition.[490] So kann nach § 64 Abs. 1 Nr. 3 BNatSchG eine anerkannte Naturschutzvereinigung, ohne in eigenen Rechten verletzt sein, Rechtsbehelfe gegen Entscheidungen in Planfeststellungsverfahren einlegen, wenn sie zur Mitwirkung nach § 63 Abs. 2 Nr. 6 BNatSchG berechtigt war und ihr keine Gelegenheit zur Äußerung gegeben worden ist (sog. **partizipatorische Verbandsklage**). Ferner kann die Naturschutzvereinigung nach § 64 Abs. 1 Nr. 1 BNatSchG gegen ein Vorhaben, das mit Eingriffen in Natur und Landschaft verbunden ist (§ 63 Abs. 2 Nr. 6 BnatSchG), einwenden, dass die Entscheidung Vorschriften widerspricht, die dem Naturschutz zu dienen bestimmt sind (sog. **altruistische Verbandsklage**).

243a Darüber hinaus kann nach **§ 2 Abs. 1 UmwRG** eine nach § 3 UmwRG anerkannte Vereinigung, ohne eine Verletzung in eigenen Rechten geltend machen zu müssen, unter besonderen Voraussetzungen Rechtsbehelfe gegen Entscheidungen nach § 1 Abs. 1 Satz 1 UmwRG einlegen, wenn die Vereinigung u. a. geltend macht, dass die Entscheidung Rechtsvorschriften widerspricht, die dem Umweltschutz dienen, Rechte Einzelner begründen und für die Entscheidung von Bedeutung sein können. Dabei beschränkt sich diese **Umweltverbandsklage** auf die Prüfung von Rechtsvorschriften, die dem Umweltschutz dienen.[491] Mit der prozessualen Rolle als **„Anwalt des Umweltrechts"** steht es nicht im Widerspruch, wenn ein Umweltverband zugleich auch Interessen von Nachbarn einer genehmigungsbedürftigen Anlage unterstützt.[492]

243b Die Umweltverbandsklage ist gemäß § 1 Abs. 3 UmwRG gegenüber der Verbandsklage nach § 64 Abs. 1 BNatSchG vorrangig.[493] Im Übrigen sind Naturschutzvereinigungen nicht ausschließlich auf das Verbandsklagerecht nach § 42 Abs. 2 Halbsatz 1 VwGO i.V.m. § 2 Abs. 1 Nr. 1 UmwRG, § 64 Abs. 1 Nr. 1 BNatSchG verwiesen, sondern können selbst Träger wehrfähiger öffentlich-rechtlicher Rechtspositionen sein.[494]

243c Nach **§ 4 Abs. 1 Satz 1 UmwRG** kann die Aufhebung einer Entscheidung über die Zulässigkeit eines Vorhabens nach § 1 Abs. 1 Satz 1 Nr. 1 u. a. dann verlangt werden,

---

[488] *BVerwG* NVwZ 2001, 206.
[489] Näher dazu *Niesler,* S. 34 ff.
[490] *BVerwG* NVwZ 2007, 576; *OVG Bremen* NordÖR 2011, 450; *VGH Mannheim* NuR 2012, 130.
[491] *BVerwG* NVwZ 2014, 515; zur Klage eines Umweltverbands gegen eine Sommerrodelbahn s. *OVG Koblenz* NVwZ 2013, 883; zur Klage eines Umweltverbands gegen Lärmaktionspläne *BVerwG* UPR 2015, 191.
[492] *OVG Koblenz* NVwZ-RR 2014, 839.
[493] *OVG Koblenz* BeckRS 2015, 48080.
[494] *BVerwG* NVwZ 2014, 1008 und NVwZ 2014, 64.

wenn eine nach den Bestimmungen des UVPG erforderliche **Umweltverträglichkeitsprüfung** oder erforderliche Vorprüfung des Einzelfalls über die UVP-Pflichtigkeit nicht durchgeführt und nicht nachgeholt worden ist.[495] **Nach § 4 Abs. 3 UmwRG gilt dies entsprechend für Rechtsbehelfe von Beteiligten nach § 61 Nr. 1 und 2 VwGO.** Damit kann nicht nur von einer anerkannten Umweltschutzvereinigung, sondern auch von denjenigen, die durch eine Entscheidung i.S.d. § 1 Abs. 1 Satz 1 Nr. 1 UmwRG in ihrer Rechtstellung betroffen sind, die Aufhebung dieser Entscheidung verlangt werden, wenn eine UVP nicht durchgeführt und nicht nachgeholt worden ist. Es handelt sich bei der Nichteinhaltung des verfahrensrechtlichen Erfordernisses einer UVP um einen **absoluten Verfahrensfehler,** für den § 46 VwVfG nicht gilt und der unabhängig von der materiellen Rechtsmäßigkeit der Entscheidung zu deren Aufhebung führt.[496] Nach *h.M*[497] beinhaltet § 4 Abs. 1 Satz 1 UmwRG indessen gerade **keine Erweiterung der Klagebefugnis** i.S.v. § 42 Abs. 2 VwGO – etwa dahin, dass letztlich jedermann die Verletzung des UVPG nach Art einer Popularklage rügen könnte –, sondern **nur eine Regelung der Begründetheit von Klagen gegen Vorhaben i.S.v. § 1 Abs. 1 Satz 1 Nr. 1 UmwRG,** und zwar dahingehend, dass auch auf die Klage eines klagebefugten Dritten hin eine ohne die erforderliche UVP erteilte Genehmigung allein schon wegen dieses Fehlers aufzuheben ist. Die **Vorschrift setzt mithin das Bestehen einer (sich aus materiellen Vorschriften ergebenden) Klagebefugnis des Dritten nach § 42 Abs. 2 VwGO voraus;** sie ist nicht dahin zu verstehen, *„dass die Berufung auf die in Rede stehenden Verfahrensfehler weitergehend auch solchen Personen eröffnet werden sollte, die nicht schon auf Grund einer möglichen Betroffenheit in einem materiellen Recht klagebefugt i.S.v. § 42 Abs. 2 VwGO sind"*.[498] Daran, dass der Kläger nach den allgemeinen Grundsätzen des § 42 Abs. 2 VwGO klagebefugt sein muss, also die Möglichkeit einer Verletzung in eigenen materiellen Rechten geltend machen kann, um mit der Rüge einer fehlerhaften UVP durchdringen zu können, hat auch das – auf das Vorabentscheidungsersuchen des *BVerwG*[499] in der **Sache „Altrip"** ergangene – Urteil des *EuGH* vom 7.11.2013 in der Rechtssache C-72/12[500] nichts geändert. Zwar hat der *EuGH* in der genannten Entscheidung ausdrücklich ein Kausalitätskriterium anerkannt. Dieses betrifft aber erst die Begründetheit. Im Übrigen hat der *EuGH* das Recht der Mitgliedstaaten, die Zulässigkeit einer Klage von der Geltendmachung einer Rechtsverletzung abhängig zu machen, aber gerade nicht in Frage gestellt.[501]

Eine von § 42 Abs. 2 VwGO **abweichende Regelung** enthält ferner z. B. § 8 Abs. 4 HandwO. Auf Landesebene sehen § 17 Abs. 1 RhPfAGVwGO und § 17 Abs. 1 SaarlAGVwGO zugunsten der darin näher bezeichneten Behörden ein eigenständiges Klagerecht gegen stattgebende Widerspruchsbescheide der Rechtsausschüsse vor.[502] **244**

---

[495] Die Umweltverträglichkeitsprüfung ist nach § 2 Abs. 1 Satz 1 UVPG ein unselbstständiger Teil verwaltungsbehördlicher Verfahren, die der Entscheidung über die Zulässigkeit von Vorhaben (i.S.v. Anlage 1 des Gesetzes, § 3 Abs. 1 Satz 1 UVPG).

[496] Vgl. *Kopp/Schenke,* § 42 Rn. 105; *OVG Münster* DVBl 2014, 1259.

[497] *BVerwG* NVwZ 2012, 573, BauR 2013, 2014, NVwZ 2014, 367; s. auch *OVG Schleswig* NordÖR 2013, 437; *VGH Mannheim* NVwZ-RR 2014, 634; *OVG Berlin-Brandenburg* BeckRS 2014, 51975; *Kahl,* JZ 2014, 722, 731; a.A. *OVG Münster* BeckRS 2015, 43312 ; *Greim,* NuR 2014, 81, 87.

[498] *BVerwG,* BauR 2013, 2014.

[499] NVwZ 2012, 448.

[500] NuR 2013, 878; s. dazu auch *Siegel,* NJW 2014, 973.

[501] Vgl. *VGH Mannheim* NVwZ-RR 2014, 634.

[502] Näher dazu *Kintz,* LKRZ 2009, 5 und *Guckelberger/Heimpel,* LKRZ 2012, 6. Mit der Zulassung der Klage ohne Rücksicht auf die persönliche Betroffenheit des Klägers ist notwendig

6. Das Rechtsschutzbedürfnis

a) Anfechtungs-, Verpflichtungs- und Leistungsklage

245 Anspruch auf eine gerichtliche Entscheidung hat nur derjenige, dem ein entsprechendes **Rechtsschutzbedürfnis** zur Seite steht; d. h. das schützenswerte Interesse an einer mit der Klage verfolgten Besserstellung rechtlicher oder wirtschaftlicher Art. Fehlt es, ist die Klage als unzulässig abzuweisen. Diese nicht gesetzlich normierte Zulässigkeitsvoraussetzung ist als Filter lediglich in Ausnahmefällen von Bedeutung. Keinesfalls darf sie zu einer Vorverlagerung der Prüfung führen, ob das geltend gemachte Recht besteht; dies gehört zur Begründetheit.

246 Bei **Anfechtungs- und Verpflichtungsklagen** ergibt sich das **Rechtsschutzbedürfnis regelmäßig** aus der Bejahung der Klagebefugnis, ebenso bei **Leistungsklagen.** Ausführungen hierzu sind dann überflüssig. Zu erörtern ist das Rechtsschutzinteresse für eine Klage dagegen immer in zwei Fällen: Wenn es an der Gegenwärtigkeit einer Beeinträchtigung fehlt – diese also tatsächlich abgeschlossen ist oder lediglich droht – oder wenn die behauptete Beeinträchtigung derart geringfügig ist, dass auch unter Berücksichtigung des Anspruchs auf effektiven Rechtsschutz es eines gerichtlichen Verfahrens zur Klärung nicht bedarf.

247 Erörterungsbedürftig sind folgende Fallgestaltungen:

Handelt es sich um eine **isolierte Anfechtungsklage** gegen einen Widerspruchsbescheid nach § 79 Abs. 2 VwGO, der gegenüber dem ursprünglichen VA eine **zusätzliche selbstständige Beschwer** enthält, ist das Rechtsschutzinteresse für eine isolierte Anfechtung des Widerspruchsbescheids im Falle der Geltendmachung eines Verfahrensverstoßes nur gegeben, wenn die Widerspruchsbehörde über einen **Ermessens- oder einen eigenen Beurteilungsspielraum** verfügt.[503] Die bloße Hoffnung, dass die Widerspruchsbehörde entgegen der gesetzlichen Verpflichtung objektiv rechtswidrig eine für den Betroffenen günstigere Entscheidung als das Gericht treffen könnte, vermittelt das Rechtsschutzbedürfnis für die isolierte Anfechtung des Widerspruchsbescheides hingegen nicht. Folglich scheidet die isolierte Anfechtung des Widerspruchsbescheides bei gebundenen VAen aus.

248 Bei **gebundenen Entscheidungen** besteht für eine Verpflichtungsklage auf Erlass eines Widerspruchsbescheides wegen der Möglichkeit einer Untätigkeitsklage (§ 75 VwGO) kein Rechtsschutzinteresse.[504] Dagegen hat der Bürger bei **Ermessensentscheidungen** oder bei Entscheidungen mit Beurteilungsspielraum grundsätzlich einen **Anspruch auf Erlass eines Widerspruchsbescheides.**[505] Denn der gerichtliche Rechtsschutz bleibt nach § 114 VwGO hinter dem Rechtsschutz des Vorverfahrens zurück. Etwas anderes gilt nur dann, wenn die Voraussetzungen für eine Ermessensreduktion auf Null gegeben sind oder die Widerspruchsbehörde auf eine reine Rechtmäßigkeitskontrolle beschränkt ist.

249 Gesondert anzusprechen ist das Rechtsschutzinteresse auch bei der sog. **vorbeugenden Unterlassungsklage** (Beispiel: der Kläger wendet sich mit seiner Klage im Vorfeld einer jährlich stattfindenden Kirmesveranstaltung gegen bevorstehende Sperrzeitverkürzungen der Stadt S für eine benachbarte Gaststätte[506]). Hier ist ein besonderes

---

verbunden, dass für die Begründetheit der Klage die Verletzung eigener Rechte nicht erforderlich ist (*Kopp/Schenke*, § 42 Rn. 182).

[503] *BVerwG* NVwZ 1999, 641; *OVG Münster* NVwZ-RR 2003, 615.

[504] *OVG Bautzen*, Beschl. v. 9.12.2014 – 3 D 93/14 – juris; *VGH München* BayVBl 2013, 734; *OVG Lüneburg* NVwZ-RR 2009, 663; a. A. *Kopp/Schenke*, vor § 68 Rn. 13, wonach der Bürger stets einen Anspruch auf Erlass eines Widerspruchsbescheids habe.

[505] *VGH Kassel* NVwZ-RR 2014, 159; Schoch/*Dolde*, vor § 68 Rn. 15.

[506] Weitere Beispiele s. *Kopp/Schenke*, vor § 40 Rn. 34.

oder **„qualifiziertes Rechtsschutzinteresse"** erforderlich, das nur gegeben ist, wenn die Gewährung nachträglichen Rechtsschutzes ausnahmsweise nicht angemessen und ausreichend wäre.[507] Im angegebenen Beispiel ist das besondere Rechtsschutzinteresse zu bejahen, denn für den Kläger ist es nicht zumutbar, jedes Jahr erneut gegen die Kirmes im Wege des Eilrechtsschutzes vorgehen zu müssen oder aber die jährlichen die Kirmes betreffenden Maßnahmen der Beklagten abzuwarten und die gaststättenrechtlichen Gestattungen als Drittbetroffener nachträglich anzugreifen.[508]

b) Feststellungs- und Fortsetzungsfeststellungsklage

Bei **Feststellungs- und Fortsetzungsfeststellungsklagen** ist auf diesen Prüfungspunkt stets einzugehen. § 43 Abs. 1 VwGO verlangt ein **„berechtigtes Interesse"** an der baldigen Feststellung des Bestehens oder Nichtbestehens eines Rechtsverhältnisses oder der Nichtigkeit eines VA, § 113 Abs. 1 Satz 4 VwGO ein „berechtigtes Interesse" an der Feststellung, dass der erledigte VA rechtswidrig gewesen ist. Das geforderte Feststellungsinteresse ist anders als die Klagebefugnis kein Unterfall der Prozessführungsbefugnis, sondern eine Ergänzung des Rechtsschutzbedürfnisses.[509] Die Voraussetzungen des berechtigten Interesses i. S. d. § 113 Abs. 1 Satz 4 VwGO decken sich weitgehend mit denjenigen des Feststellungsinteresses nach § 43 Abs. 1 VwGO.[510] Das „berechtigte Interesse" schließt je nach Sachlage jedes als schutzwürdig anzuerkennende Interesse rechtlicher, wirtschaftlicher oder auch ideeller Art ein.[511] 250

Bei der **Fortsetzungsfeststellungsklage** ist ein berechtigtes Interesse bei Wiederholungsgefahr, Vorliegen eines tiefgreifenden Eingriffs in (benannte) Grundrechte oder in unionsrechtliche Grundfreiheiten, diskriminierenden Charakters des erledigten VA oder Vorbereitung eines zivilrechtlichen Amtshaftungsprozesses gegeben.[512] Diese Konstellationen kommen in Klausuren häufiger vor, vor allem – ebenso wie bei Feststellungsklagen – im Polizei- und Versammlungsrecht.[513] Sie sollten daher die Voraussetzungen für die Annahme eines berechtigten Interesses genau beherrschen. Viele Referendare gehen viel zu schnell von dem Vorliegen einer Wiederholungsgefahr aus. Erforderlich ist hierfür die hinreichend bestimmte Gefahr, dass unter im Wesentlichen unveränderten tatsächlichen und rechtlichen Umständen ein gleichartiger VA ergehen wird.[514] Zur Bejahung der **Wiederholungsgefahr** genügt eine in den Grundzügen fortbestehende Sachlage. Bei Ungewissheit, ob künftig gleiche tatsächliche Verhältnisse vorliegen werden, besteht kein berechtigtes Interesse.[515] 251

---

[507] *BVerwG* NJW 1978, 554 und NVwZ 2009, 325.

[508] *VG Gießen* GewArch 1997, 491; *VGH Kassel* NVwZ-RR 2006, 531.

[509] *Pietzner/Ronellenfitsch,* Rn. 606.

[510] Vgl. *BVerwG* NVwZ 2007, 1431 und NJW 2012, 2676; *Schenke,* JuS 2007, 697, 699. Nach *BVerwG* NVwZ 1999, 1105 stellt die Fortsetzungsfeststellungsklage im Vergleich zur isolierten Anwendung des § 43 Abs. 1 VwGO kraft der gesetzgeberischen Wertung des § 113 Abs. 1 Satz 4 VwGO dagegen geringere Anforderungen an das Rechtsschutzinteresse.

[511] St. Rechtsprechung; z. B. *BVerwG* NVwZ 2007, 227.

[512] Vgl. *BVerwG* BeckRS 2013, 54139; s.dazu auch *Lange,* NdsVBl 2014, 120.

[513] S. z. B. *BVerwG* NVwZ 2007, 1431 (Fuckparade), *BVerwG* NVwZ 2007, 1434 (Versammlung trotz informativer Elemente), *BVerwG* NVwZ 2007, 1439 (Meldeauflage zur Verhinderung der Ausreise); *OVG Koblenz* BeckRS 2015, 41909 (Übersichtsaufnahmen von einer Versammlung); *VGH Mannheim* VBlBW 2014, 147 (Proteste gegen Castortransporte).

[514] Z. B. *BVerwG* NVwZ 1990, 360; *OVG Berlin-Brandenburg* BeckRS 2011, 52306.

[515] Schoch/*Gerhardt,* § 113 Rn. 93; *OVG Münster* NJW 1999, 2202: „Eine hinreichende Wahrscheinlichkeit des Eintritts im Wesentlichen unveränderter tatsächlicher Umstände ist nicht bereits deshalb gegeben, weil der Kläger – wie er vorträgt – auch in Zukunft beabsichtigt, sich an Demonstrationen zu beteiligen und zu fotografieren, wen, was und wo er wolle."

252 Bei der Beurteilung des Vorliegens eines Fortsetzungsfeststellungsinteresses im **Versammlungsrecht** sind die Besonderheiten der Versammlungsfreiheit zu berücksichtigen. Zwar begründet nicht jeder Eingriff in die Versammlungsfreiheit ein Fortsetzungsfeststellungsinteresse. Ein solches Interesse besteht aber dann, wenn die angegriffene Maßnahme die Versammlungsfreiheit schwer beeinträchtigt, wenn die Gefahr einer Wiederholung besteht oder wenn aus Gründen der Rehabilitierung ein rechtlich anerkennenswertes Interesse an der Klärung der Rechtmäßigkeit angenommen werden kann. Das Erfordernis der Wiederholungsgefahr setzt dabei zum einen die Möglichkeit einer erneuten Durchführung einer vergleichbaren Versammlung durch den Betroffenen voraus, zum anderen, dass die Behörde voraussichtlich an ihrer Rechtsauffassung festhalten wird.[516] Hat ein Veranstalter nach behördlichem Verbot die Durchführung einer Versammlung durch gerichtlichen Eilrechtsschutz erstritten, bejaht das *BVerfG*[517] ein Feststellungsinteresse wegen Wiederholungsgefahr, falls die Möglichkeit besteht, dass künftig vergleichbare Veranstaltungen stattfinden sollen und die Behörde diese voraussichtlich mit im Wesentlichen gleichen Gründen verbieten wird. Dieses Interesse entfällt auch nicht deshalb, weil der Betreffende in künftigen Fällen erneut Eilrechtsschutz in Anspruch nehmen kann. Denn der im Eilverfahren erreichbare Schutz entspricht nicht dem Schutz, der im Hauptsacheverfahren erlangt werden kann.

253 Ein **Rehabilitierungsinteresse** begründet ein berechtigtes Feststellungsinteresse, wenn es bei vernünftiger Würdigung der Verhältnisse des Einzelfalls als schutzwürdig anzuerkennen ist. Dafür reicht es nicht aus, dass der Betroffene den erledigten VA als diskriminierend empfunden hat. Maßgebend ist vielmehr, ob abträgliche Nachwirkungen des erledigten Verwaltungsaktes fortbesehen, denen durch eine gerichtliche Feststellung der Rechtswidrigkeit des Verwaltungsaktes wirksam begegnet werden könnte. Ein berechtigtes ideelles Interesse an einer Rehabilitierung besteht nur, wenn sich aus der angegriffenen Maßnahme eine **Stigmatisierung des Betroffenen** ergibt, die geeignet ist, sein Ansehen in der Öffentlichkeit oder im sozialen Umfeld herabzusetzen. Diese Stigmatisierung muss Außenwirkung erlangt haben und noch in der Gegenwart andauern.[518] Eine diskriminierende bzw. stigmatisierende Wirkung kann sich nicht nur aus der Art des VA, seiner Begründung und den Umständen seines Erlasses ergeben, sondern auch aus der Art und Weise seines Vollzugs.[519] So ist ein schutzwürdiges Rehabilitierungsinteresse bei einer polizeilichen Identitätsfeststellung angesichts der diskriminierenden Begleitumstände anzuerkennen, wenn das Ansehen des Betroffenen in der Öffentlichkeit – bei unbeteiligten Beobachtern des Polizeieinsatzes – eine schwere Einbuße erlitten haben kann.[520]

253a Das Feststellungsinteresse wegen eines **tiefgreifenden Grundrechtseingriffs** oder in unionsrechtliche Grundfreiheiten kommt nur bei Eingriffsakten in Betracht, die sonst wegen ihrer typischerweise kurzfristigen Erledigung regelmäßig keiner gerichtlichen Klärung in einem Hauptsacheverfahren zugeführt werden können.[521] Unter den tiefgreifenden Grundrechtseingriff fallen etwa Freiheitsbeschränkung, polizeiliche Misshandlung, Telefonüberwachung oder Hausdurchsuchung. Bei der Sicherstellung einer Videokassette, mit der eine Demonstration gefilmt worden ist, oder der Unter-

---

[516] *BVerfG* NVwZ-RR 2011, 405; *VGH Mannheim* VBlBW 2014, 147.
[517] NJW 2004, 2510; s. hierzu auch *Aulehner,* JA 2005, 98.
[518] *BVerwG* NVwZ-RR 2014, 94; *OVG Bautzen,* Urt. v. 27.1.2015 – 4 A 533/13 – juris.
[519] *OVG Koblenz* BeckRS 2014, 50945.
[520] *OVG Koblenz* BeckRS 2014, 51003 zu einem durch Beamte der Bundespolizei angeordneten Platzverweis und anschließender Personalienfeststellung.
[521] Vgl. *BVerfG* NVwZ 2006, 579; *BVerwG* NVwZ 2013, 1481.

brechung eines Lautsprechereinsatzes durch die Polizei handelt es sich dagegen um eine vergleichsweise geringfügige Beschränkung des Grundrechts auf Eigentum und der allgemeinen Handlungsfreiheit.[522]

Macht der Kläger mit der Fortsetzungsfeststellungsklage geltend, diese diene der **Vorbereitung eines Amtshaftungsprozesses** oder sonstiger Ersatzansprüche, so ist ein berechtigtes Interesse i. S. d. § 113 Abs. 1 Satz 4 VwGO nur gegeben, wenn sich der streitgegenständliche VA nicht bereits vor der Klageerhebung erledigt hat[523] und das ernsthaft beabsichtigte Begehren des Klägers vor dem Zivilgericht nicht offensichtlich aussichtslos erscheint.[524] Trotz bestehender abdrängender Rechtswegzuweisungen wie Art. 34 Satz 3 GG ist es dem VG nicht verwehrt, die **Erfolgsaussichten des Zivilprozesses** als **Vorfrage der Zulässigkeit der Fortsetzungsfeststellungsklage** zu prüfen, da es hier nicht um die gerichtliche Durchsetzung von Ersatzansprüchen geht.[525] An eine **offensichtliche Aussichtslosigkeit der beabsichtigten zivilgerichtlichen Klage** sind allerdings **strenge Anforderungen** zu stellen. Die bloße Wahrscheinlichkeit eines Misserfolgs genügt hierfür nicht, vielmehr muss ohne eine ins Einzelne gehende Prüfung erkennbar sein, dass der behauptete Ersatzanspruch unter keinem rechtlichen Gesichtspunkt bestehen kann.[526] Die Verfolgung eines Schadensersatzanspruchs ist beispielsweise offensichtlich aussichtslos, wenn ein der Behörde zuzurechnendes Verschulden ausgeschlossen werden kann. Dies ist nach der Rechtsprechung regelmäßig der Fall, wenn ein mit mehreren Berufsrichtern besetztes Kollegialgericht das Verwaltungshandeln nach sachlicher Prüfung als objektiv rechtmäßig angesehen hat (sog. **Kollegialgerichts-Richtlinie**).[527] Dem liegt die Erwägung zugrunde, dass von einem Beamten eine bessere Rechtseinsicht als von einem Kollegialgericht nicht erwartet und verlangt werden kann. **Aufgepasst:** die Kollegialgerichts-Richtlinie ist auch auf Entscheidungen über die Gewährung vorläufigen Rechtsschutzes in beamtenrechtlichen Konkurrentenstreitigkeiten nach § 123 VwGO anwendbar, wenn die Entscheidung des Gerichts auf einer umfassenden und sorgfältigen Prüfung der Sach- und Rechtslage beruht. Andernfalls greift die Richtlinie nicht ein.[528] Hat also z. B. bei einem beamtenrechtlichen Konkurrentenstreit ein im Eilverfahren unterlegener Beamter seine ursprüngliche Klage nach Beförderung des Konkurrenten auf eine Fortsetzungsfeststellungsklage mit der Begründung umgestellt, er wolle einen Amtshaftungsprozess erheben, so kann die offensichtliche Aussichtslosigkeit nicht damit begründet werden, das Verwaltungsgericht habe seinen Eilantrag abgelehnt, wenn das Kollegialgericht den Eilantrag nur unzureichend geprüft hatte. 254

Bei der **Feststellungsklage** kommt u. a. ein ideelles Interesse an der Feststellung der Rechtswidrigkeit einer erledigten Verwaltungsmaßnahme in Betracht, wenn von dieser eine nachwirkende Diskriminierung ausgeht.[529] Daneben kann die Art des Eingriffs, insbesondere im grundrechtlich geschützten Bereich, verbunden mit dem verfassungsrechtlich garantierten Anspruch auf effektiven Rechtsschutz, es erfordern, 255

---

[522] *BVerwG* Buchholz 310 § 113 Abs. 1 VwGO Nr. 1; s. auch *OVG Münster* NJW 2007, 3798 zu Einlasskontrollen beim Betreten eines Justizgebäudes durch Rechtsreferendare.

[523] *BVerwG* NJW 1989, 2486; *OVG Koblenz* DVBl. 2009, 659.

[524] *BVerwG* NVwZ 2004, 104 und BeckRS 2015, 41497; *VGH Kassel* NVwZ 2012, 1350; *OVG Münster* NVwZ-RR 2003, 696: Kein Feststellungsinteresse, wenn keine konkreten Angaben zum behaupteten Schaden bzw. zur Schadenshöhe gemacht werden.

[525] *Ogorek,* JA 2002, 222, 227 m. w. N.

[526] Z. B. *BVerwG* DVBl. 2004, 1294.

[527] *BVerwG* NVwZ 2004, 104, 105.

[528] *BVerwG* NVwZ 2006, 212; *OVG Saarlouis* BeckRS 2008, 30837.

[529] Weitere Beispiele für das Feststellungsinteresse s. *Kopp/Schenke,* § 43 Rn. 23.

ein berechtigtes Interesse i. S. d. § 43 Abs. 1 VwGO an der Feststellung anzuerkennen. Dazu zählen namentlich Feststellungsbegehren, die polizeiliche Maßnahmen zum Gegenstand haben.[530]

Die **vorbeugende Feststellungsklage** erfordert ein qualifiziertes Feststellungsinteresse,[531] das dem besonderen Rechtsschutzinteresse bei der vorbeugenden Unterlassungsklage entspricht.[532]

7. Die ordnungsgemäße Durchführung des Vorverfahrens

a) Erforderlichkeit des Vorverfahrens

256 Auch Ausführungen zu dieser Prozessvoraussetzung sind nur erforderlich, sofern der Sachverhalt Anlass hierzu bietet. Nach **§ 68 Abs. 1 VwGO** ist vor Erhebung der **Anfechtungsklage** ein Widerspruchsverfahren durchzuführen.[533] Dies gilt gemäß Satz 2 der genannten Vorschrift dann nicht, wenn ein Gesetz dies bestimmt oder wenn der VA von einer obersten Bundesbehörde oder einer obersten Landesbehörde erlassen worden ist, außer wenn ein Gesetz die Nachprüfung vorschreibt oder der Abhilfebescheid oder der Widerspruchsbescheid erstmalig eine Beschwer enthält. Für die **Verpflichtungsklage** gilt Absatz 1 entsprechend, wenn der Antrag auf Vornahme des VA abgelehnt worden ist.

257 Auf Leistungs- und Feststellungsklagen ist § 68 VwGO grundsätzlich nicht anwendbar. Eine wichtige Ausnahme treffen § 54 Abs. 2 BeamtStG und § 126 Abs. 2 BBG für **beamtenrechtliche Leistungs- und Feststellungsklagen.** Der nach diesen Vorschriften (grundsätzlich) vorgeschriebene Widerspruch ist unmittelbar gegen die Amtshandlung ohne VA-Charakter (z. B. Umsetzung) oder gegen das behördliche Unterlassen zu richten. Eines vorherigen Antrages auf Änderung oder Beseitigung dieser Maßnahmen ohne VACharakter bedarf es nicht.[534]

258 Die erfolglose Durchführung des Vorverfahrens muss im Hinblick auf die Zulässigkeit der Klage von Amts wegen geprüft werden.[535] Hat die Widerspruchsbehörde den Widerspruch des Klägers etwa wegen Fristversäumung zu Recht als unzulässig zurückgewiesen, hat das VG die Klage gegen den Ausgangsbescheid zwingend als unzulässig abzuweisen; dem Gericht ist eine Sachentscheidung verwehrt.[536] In Klausuren werden im Rahmen dieses Prüfungspunktes häufig Fristenprobleme eingebaut. Darauf wird in den Rn. **716–723** näher eingegangen.

b) Gesetzliche Ausnahmen von der Erforderlichkeit des Vorverfahrens

259 Wie in Rn. 256 zitiert, gilt § 68 Abs. 1 Satz 1 VwGO gemäß Satz 2 nicht, wenn ein (Bundes- oder Landes)Gesetz dies bestimmt. Ferner bedarf es gemäß § 68 Abs. 1 Satz 2 Nr. 1 VwGO keines Vorverfahrens, wenn der VA von einer obersten Bundesbehörde oder einer obersten Landesbehörde erlassen worden ist, außer wenn ein Gesetz die Nachprüfung vorschreibt. **Wichtige Beispiele** in Bundesgesetzen sind § 70 VwVfG (förmliches Verwaltungsverfahren) und §§ 74 Abs. 1 Satz 2 VwVfG, 17 Satz 3 FStrG (Planfeststellungsbeschlüsse). Von der Möglichkeit des Ausschlusses des Vorverfahrens durch Landesgesetz haben in jüngerer Zeit mehrere Bundesländer

---

[530] *BVerwG* NJW 1997, 2534zu der Feststellung, dass der Einsatz eines verdeckten Ermittlers der Polizei rechtswidrig gewesen ist.

[531] *BVerwG* NVwZ 2008, 1011; *OVG Koblenz* BeckRS 2014, 49981.

[532] Ausführlich hierzu *Pietzner/Ronellenfitsch,* Rn. 614.

[533] Ausführlich zum Vorverfahren s. Rn. 667 ff.

[534] *BVerwG* DVBl. 2002, 196.

[535] *BVerwG* NVwZ 2011, 501.

[536] *BVerwG* NVwZ-RR 2012, 86.

weitreichend Gebrauch gemacht. So ist in **Bayern** das Vorverfahren stark eingeschränkt (s. Art. 15 BayAGVwGO). Dasselbe gilt für **Nordrhein-Westfalen** (s. § 110 NWJG). In **Niedersachsen** (§ 80 NdsJG) ist das Vorverfahren ebenfalls auf bestimmte Rechtsgebiete beschränkt (nicht darunter fällt das Baurecht!). Weitere bedeutende Regelungen über den Ausschluss des Vorverfahrens finden sich z. B. in: § 15 BadWürttAGVwGO, § 4 Abs. 2 BerlAGVwGO, § 6 Abs. 2 HmbAGVwGO, § 16a HessAGVwGO i. V. m. der Anlage, § 8a Sachs AnhAGVwGO, § 13a und b MVAGGerStrG, § 8a–c ThürAGVwGO. Eine Besonderheit stellen die Regelungen in Bayern und Mecklenburg-Vorpommern dar, denn hier gibt es das sog. **„fakultative Vorverfahren"**. Der Betroffene kann in bestimmten Rechtsbereichen wahlweise Widerspruch oder Klage erheben (Art. 15 Abs. 1 BayAGVwGO, § 13a MVAGGerStrG).

Ein **Formulierungsbeispiel** für den landesrechtlichen Ausschluss des Vorverfahrens: 260

> „Die Klägerin musste hier auch nicht ein grundsätzlich vor Erhebung der Anfechtungsklage gemäß § 68 Abs. 1 Satz 1 VwGO erforderliches Vorverfahren durchführen. Denn der nordrhein-westfälische Landesgesetzgeber hat von der in § 68 Abs. 1 Satz 2 VwGO eingeräumten Möglichkeit des Ausschlusses des Vorverfahrens mit der Regelung des § 111 Abs. 1 NWJG Gebrauch gemacht. Danach... Es greifen vorliegend auch nicht die Ausnahmen nach § 111 Abs. 2 und 3 Satz 1 NWJG ein, wonach (...)"

Keines **Widerspruchsverfahren**s bedarf es ferner nach § 68 Abs. 1 Satz 2 Nr. 2 VwGO dann, wenn der Abhilfebescheid oder der Widerspruchsbescheid erstmalig eine Beschwer enthält.[537] Diese erstmalige Beschwer kann sich auf den Widerspruchsführer, einen anderen Verfahrensbeteiligten oder einen Dritten beziehen. Typische Beispiele hierfür sind die VAe mit Drittwirkung. Hebt z. B. die Widerspruchsbehörde auf den Widerspruch des Nachbarn die dem Bauherrn erteilte Baugenehmigung auf, wird dieser hierdurch erstmalig beschwert und kann unmittelbar Klage hiergegen erheben. Aber auch im Falle der reformatio in peius, die den Widerspruchsführer selbst zusätzlich beschwert, bedarf es keiner Durchführung eines weiteren Vorverfahrens.[538] 261

c) Der Fortsetzungsfeststellungswiderspruch

Problematisch ist die Durchführung eines Vorverfahrens in den Fällen, in denen sich ein **VA vor Widerspruchseinlegung** oder vor Erlass des Widerspruchsbescheids **erledigt** (häufig im Polizei- oder Versammlungsrecht). Für beamtenrechtliche Streitigkeiten besteht weitgehend Einigkeit: Gemäß § 54 Abs. 2 BeamtStG, § 126 Abs. 2 BBG ist das Vorverfahren auch dann obligatorisch. Streitig ist hingegen, ob auch in sonstigen Fällen ein Widerspruchsverfahren durchgeführt bzw. abgeschlossen werden muss. Nach *h. M.*[539] ist bei Erledigung vor oder während des Vorverfahrens dieses nicht abzuschließen, sondern sogleich Fortsetzungsfeststellungsklage zu erheben. Voraussetzung für die Zulässigkeit der Klage ist dann, dass der vor der Erledigung des VA eingelegte Widerspruch fristgerecht war. Die *h. M.* begründet ihre Auffassung 262

[537] Gegen die Ersetzung eines stattgebenden Widerspruchsbescheids, der eine Zusicherung der begehrten Behördenentscheidung enthält, durch einen ablehnenden Widerspruchsbescheid, der diese Zusicherung wieder aufhebt, muss vor Klageerhebung ebenfalls kein weiteres Widerspruchsverfahren durchgeführt werden (s. *BVerwG* NVwZ 2009, 924).

[538] *OVG Koblenz* NVwZ 1992, 386.

[539] St. Rspr. des *BVerwG,* z.B. NVwZ 1992, 180 und NVwZ 2000, 63; *VGH Mannheim* VBlBW 2014, 147; *Exner/Richter-Hopprich,* JuS 2015, 521, 523.

damit, die Aufhebung des VA sei nicht mehr sinnvoll. Eine Feststellung analog § 113 Abs. 1 Satz 4 VwGO, dass der angefochtene VA rechtswidrig gewesen sei, sei keine originäre Aufgabe der Verwaltung. Im Übrigen könne eine verbindliche, rechtskräftige Feststellung nur durch das Gericht getroffen werden. Nach der im Vordringen begriffenen *Gegenmeinung*[540] ist trotz Erledigung des VA der Fortsetzungsfeststellungswiderspruch statthaft, denn der Zweck des Widerspruchsverfahrens, dem Bürger Rechtsschutz zu gewähren, die Gerichte zu entlasten und die Verwaltung vor unnötigen Prozessen zu bewahren, könne auch durch einen Widerspruchsbescheid in ähnlicher Weise erreicht werden wie mit einem gerichtlichen Urteil. Ferner sei nicht einzusehen, warum es der Verwaltung verwehrt sein sollte, Feststellungen über die Rechtswidrigkeit eines VA zu treffen.

Halten Sie mit der *h. M.* den Fortsetzungsfeststellungswiderspruch für unstatthaft und ist nach dem Sachverhalt ein Widerspruchsbescheid ergangen, der den Widerspruch in der Sache zurückgewiesen hat, so müssen Sie im Falle der Klagestattgabe neben der Feststellung, dass der VA rechtswidrig gewesen ist, aus Klarstellungsgesichtspunkten den Widerspruchsbescheid aufheben. Denn der Kläger ist durch die Zurückweisung seines Widerspruchs beschwert; hierdurch wird der Eindruck erweckt, der erledigte VA sei bestandskräftig geworden.[541]

d) Sacheinlassung durch den Beklagten

263 War die Durchführung eines **Vorverfahren**s nach § 68 Abs. 1 Satz 1 VwGO erforderlich, hat aber **tatsächlich keines stattgefunden,** etwa weil der Kläger gegen den Ablehnungsbescheid unmittelbar Klage erhoben hat, so kann die Klage gleichwohl **zulässig** sein, wenn der **Beklagte sich hierauf sachlich eingelassen** und, ohne das Fehlen des Vorverfahrens zu rügen, Klageabweisung beantragt hat.[542] Problematisch ist, ob auch eine **hilfsweise Sacheinlassung** genügt. In den Achtzigerjahren entschied das *BVerwG*[543] wiederholt, dass eine an sich wegen fehlenden Vorverfahrens unzulässige Klage dadurch zulässig werden könne, dass der Beklagte sich im Klagverfahren zur Sache einlasse, selbst wenn er hauptsächlich die Unzulässigkeit der Klage rüge und nur hilfsweise zu erkennen gebe, dass er auch in der Sache an der angegriffenen Entscheidung festhalte. Begründung hierfür war, dass in solchen Fällen die Klageabweisung „einen nur schwer verständlichen Formalismus" bedeute oder dass der Zweck des Vorverfahrens im Sinne einer ergebnisoffenen Selbstkontrolle der Behörde nicht mehr erreicht werden könne. Kürzlich hat das *BVerwG*[544] in einem Fall eines vom Kläger übergangenen Widerspruchsverfahrens seine Position zur Frage der Entbehrlichkeit des Widerspruchsverfahrens präzisiert. Nunmehr stellt das *BVerwG* **vor allem auf den Inhalt der vorgerichtlichen Erklärungen des Beklagten ab.** Habe der Betroffene Klage erhoben, ohne dass ihm der Beklagte hierzu Anlass gegeben habe, sei das Vorverfahren grundsätzlich nur bei vorbehaltloser, nicht aber bei hilfsweiser Sacheinlassung des Beklagten entbehrlich. Habe sich der Beklagte hingegen vorgerichtlich bereits endgültig auf die Ablehnung des Rechtsschutzbegehrens festgelegt, könne er im Klageverfahren nicht mehr dadurch die Durchführung des Vorverfahrens erreichen, dass er auf dessen Fehlen verweise und sich überhaupt nicht oder nur hilfsweise zur Sache einlasse.

---

540 *Pietzner/Ronellenfitsch,* Rn. 1102; *Kopp/Schenke,* vor § 68 Rn. 2 und § 73 Rn. 9; Schoch/ *Dolde,* § 68 Rn. 23; *Aulehner,* JA 2005, 98, 99.

541 Vgl. *BVerwG* NJW 1989, 2486.

542 S. z. B. *BVerwG* NVwZ-RR 1995, 90 und NVwZ 2009, 924.

543 DVBl. 1981, 502; NVwZ 1984, 507.

544 NVwZ 2014, 676; s. dazu auch *Schübel-Pfister,* JuS 2014, 412.

Folgen Sie dieser Rechtsprechung, so ist bei Überspringen des Vorverfahrens in Fällen der Identität von Ausgangs- und Widerspruchsbehörde und gebundener Entscheidung darauf abzustellen, ob der Beklagte dem Kläger vor Erhebung der Klage durch eine endgültige negative Festlegung in der Sache Anlass zur Klageerhebung geboten hat, weil er daraus „zu Recht den Schluss zog, ein Vorverfahren sei sinnlos".[545]

Nicht übertragbar dürfte diese Rechtsprechung allerdings auf die Konstellation sein, dass der Kläger nicht das Vorverfahren überspringt, sondern Widerspruch nach Ablauf der Widerspruchsfrist einlegt, der Beklagte den Widerspruch ohne Ausführungen zur Sache als unzulässig zurückweist, der Kläger Klage erhebt, der Beklagte mit seiner Erwiderung hauptsächlich die Unzulässigkeit der Klage rügt und „nur ergänzend" bemerkt, er halte die angefochtene Entscheidung auch inhaltlich für rechtmäßig. Denn hier wurde tatsächlich ein ordnungsgemäßes Vorverfahren durchgeführt. Eine hilfsweise Sacheinlassung im Klageverfahren ist also unschädlich.[546]

Die *Gegenmeinung*[547] lehnt diese Ausnahme von dem Erfordernis der Durchführung des Vorverfahrens unter Bezugnahme auf den eindeutigen Wortlaut des § 68 Abs. 1 VwGO und die Bedeutung des Widerspruchsverfahrens für den Rechtsschutz und für eine sinnvolle Abgrenzung der Aufgaben von Behörden und Gerichten ab. Dazu folgendes Formulierungsbeispiel:

> „Der Zulässigkeit der Klage steht nicht entgegen, dass bezüglich der Ablehnung des Antrags auf Erlass einer Baugenehmigung das durch § 68 Abs. 2 i. V. m. Abs. 1 VwGO grundsätzlich vorgeschriebene Vorverfahren nicht durchgeführt wurde. Das BVerwG hält in ständiger Rechtsprechung aus Gründen der Prozessökonomie und in Einklang mit dem Regelungszweck des § 68 VwGO über die gesetzlich ausdrücklich geregelten Fälle hinaus ein Vorverfahren regelmäßig für entbehrlich, wenn sich der Beklagte auf die Klage sachlich eingelassen und deren Abweisung beantragt hat. Diese Auffassung wird im Schrifttum unter Hinweis auf die klare Regelung des § 68 Abs. 1 VwGO und die Bedeutung des Widerspruchsverfahrens für den Rechtsschutz abgelehnt. Die erkennende Kammer schließt sich der Ansicht des BVerwG an. Der Sinn des Widerspruchsverfahrens besteht darin, der Behörde Gelegenheit zu geben, den angefochtenen Verwaltungsakt selbst zu überprüfen und, falls sie die Einwendungen für berechtigt ansieht, dem Widerspruch abzuhelfen. Dem ist Genüge getan, wenn die Behörde anstelle eines förmlichen Widerspruchsbescheides im gerichtlichen Verfahren unmissverständlich zum Ausdruck bringt, dass sie den Einwendungen nicht abhelfen will. Das gilt jedenfalls dann, wenn – wie hier – für die sachliche Klageerwiderung irgendwelche Ermessens- oder Zweckmäßigkeitserwägungen unerheblich waren."

In der dargestellten Konstellation ist die Durchführung des Vorverfahrens aus Gründen der Prozessökonomie aber **dann nicht entbehrlich, wenn der angefochtene VA einen Dritten begünstigt** und dieser durch die Bestandskraft des Bescheides eine zu schützende Rechtsposition erlangt hat. In diesem Fall kann sich die Behörde nicht durch eine rügelose Einlassung zur Klage über die geschützte Rechtsposition des Dritten hinwegsetzen und das VG ist verpflichtet, die Klage wegen Fehlens einer Sachurteilsvoraussetzung abzuweisen.[548]

---

[545] *OVG Hamburg* BeckRS 2014, 58178.
[546] *OVG Hamburg* BeckRS 2014, 58178.
[547] *Kopp/Schenke,* § 68 Rn. 28; Eyermann/*Rennert,* § 68 Rn. 29; Schoch/*Dolde,* § 68 Rn. 29.
[548] Schoch/*Dolde,* § 70 Rn. 38.

e) Verzicht auf die Durchführung des Vorverfahrens

264 Über die gesetzlich ausdrücklich geregelten Fälle hinaus **verzichtet die Rechtsprechung** unter bestimmten Voraussetzungen auf die Durchführung des Vorverfahrens, wenn dessen **Zweck schon auf andere Weise erfüllt** worden ist oder offensichtlich nicht mehr erfüllt werden kann. Dies gilt jedenfalls dann, wenn die Ausgangsbehörde zugleich Widerspruchsbehörde ist und den in Rede stehenden Bescheid aufgrund einer sie bindenden Weisung der (Rechts-)Aufsichtsbehörde erlassen hat, so dass sie bei Fortbestehen der Weisung den Ausgangsbescheid in einem Widerspruchsverfahren ohnehin nicht mehr ändern könnte.[549] Das *BVerwG*[550] hat es auch ausreichen lassen, wenn bei mehreren Klägern nur ein Kläger das Vorverfahren durchgeführt hat.

Beispiel: Nachbar A hat gegen die dem Bauherrn erteilte Baugenehmigung Widerspruch und anschließend Klage erhoben. Nachbar B klagt unmittelbar gegen die Baugenehmigung.

Auch der Erwerber eines die Klagebefugnis gegen einen VA vermittelnden Gegenstandes braucht vor Klagerhebung kein eigenes Widerspruchsverfahren durchzuführen, soweit die auf den Erwerbsgegenstand bezogene Beschwer bereits Gegenstand eines Widerspruchs seines Rechtsvorgängers war[551] (Beispiel: Der Voreigentümer eines Anwesens hatte Widerspruch gegen eine verkehrsbeschränkende Maßnahme eingelegt. Der Rechtsnachfolger kann unmittelbar Klage erheben.).

f) Sachentscheidung durch Widerspruchsbehörde trotz Verfristung

265 In Prüfungsarbeiten stellt sich häufig das Problem, dass die **Widerspruchsbehörde in der Sache über den Widerspruch entschieden** hat, obwohl dieser **nicht innerhalb der Frist** des § 70 Abs. 1 VwGO eingelegt worden war.[552] Nach *h. M.*[553] darf die Widerspruchsbehörde einen nicht fristgerecht erhobenen oder mit Formmängeln behafteten Widerspruch grundsätzlich in der Sache bescheiden und damit den Klageweg wieder eröffnen. Eine Ausnahme besteht bei VAen mit Doppelwirkung, wenn ein schutzwürdiger Dritter (Standardbeispiel: verfristeter Widerspruch des Nachbarn gegen eine dem beigeladenen Bauherrn erteilte Baugenehmigung) infolge des verspätet erhobenen Widerspruchs des Betroffenen eine bestandskräftige Position erlangt hat. Diese Ausnahme greift nicht ein, wenn der Widerspruch sich gegen einen VA einer Gemeinde richtet und zwar unabhängig davon, ob es sich um eine Selbstverwaltungsangelegenheit oder um eine Auftragsangelegenheit handelt.[554] Hier darf die Widerspruchsbehörde auch nach verspätetem Widerspruch zur Sache entscheiden und damit den Rechtsweg für eine sachliche Überprüfung des VA eröffnen. Ebenso darf die Widerspruchsbehörde einen verfristeten Widerspruch des Bauherrn gegen einen seinen Bauantrag versagenden Bescheid auch dann in der Sache bescheiden, wenn die Gemeinde ihr Einvernehmen zum Bauvorhaben versagt hat.[555]

Ein Formulierungsbeispiel zu dieser Thematik finden Sie unter Rn. 125.

g) Wiedereinsetzung in den vorigen Stand

266 War der **Widerspruch verfristet** und hat die **Widerspruchsbehörde Wiedereinsetzung in den vorigen Stand gewährt bzw. versagt,** so stellt sich die Frage, ob das

---

[549] *BVerwG* NVwZ 2011, 501; a. A. *Schoch,* NVwZ 2011, 506; vgl. auch *Hufen,* JuS 2012, 276.
[550] NJW 1976, 1516.
[551] *BVerwG* NVwZ 2006, 1072; *Waldhoff,* JuS 2007, 274.
[552] Näher zur Widerspruchsfrist s. Rn. 722.
[553] S. Rn. 125.
[554] *BVerwG* LKV 2007, 178.
[555] *OVG Münster* BauR 2007, 677.

VG an diese Entscheidung gebunden ist. Hier ist zu differenzieren: Hat die Widerspruchsbehörde nach Überzeugung des Gerichts die Voraussetzungen des § 60 Abs. 1 VwGO zu Unrecht bejaht und den Widerspruch sachlich beschieden, so ist der Klageweg für den Widerspruchsführer eröffnet.[556] Etwas anderes gilt auch hier bei drittbegünstigenden VAen; deren Bestandskraft kann durch eine fehlerhafte Wiedereinsetzung nicht zum Nachteil des Drittbegünstigten beseitigt werden.[557] Hat die Behörde die Wiedereinsetzung in den vorigen Stand nach Ansicht des Gerichts zu Unrecht versagt und den Widerspruch als unzulässig zurückgewiesen, so muss das VG inzident, aber ausdrücklich feststellen, dass Wiedereinsetzung hätte gewährt werden müssen und über die Klage in der Sache entscheiden.[558]

h) Die Untätigkeitsklage

Im Rahmen dieses Prüfungspunktes sind gegebenenfalls auch die Voraussetzungen des § 75 VwGO zu erörtern. Diese Vorschrift beinhaltet eine zusätzliche Prozessvoraussetzung.[559] Hat der Kläger gegen einen belastenden VA Widerspruch eingelegt, über den die Behörde bisher nicht entschieden hat, so steht ihm die Möglichkeit der Erhebung einer **Untätigkeitsklage** offen. Dies gilt ebenso, wenn die Behörde ohne zureichenden Grund nicht in angemessener Frist über einen Antrag auf Vornahme eines VA entschieden hat. Die Klage kann nach § 75 Satz 2 VwGO in der Regel nicht vor Ablauf von drei Monaten seit der Einlegung des Widerspruchs oder seit dem Antrag auf Vornahme des VA erhoben werden. Wurde die Untätigkeitsklage vor dieser Frist erhoben, so ist die Klage gleichwohl nicht unzulässig, wenn zum Zeitpunkt der Entscheidung durch das Gericht die Frist verstrichen ist. **267**

Voraussetzung für die **Zulässigkeit der Untätigkeitsklage** ist das **Fehlen einer Sachentscheidung** durch die Ausgangs- oder Widerspruchsbehörde. Keine Sachentscheidung in diesem Sinne ist die Weigerung, sich mit der Sache zu befassen (sog. **Untätigkeitserklärung**).[560] Dagegen ist die Zurückweisung des Widerspruchs wegen vermeintlicher Unzulässigkeit in Bescheidform ein Widerspruchsbescheid. **268**

Die Untätigkeitsklage ist zulässig, wenn die Behörde **ohne zureichenden Grund nicht in angemessener Frist sachlich entschieden** hat. Sind hier zu im Sachverhalt bestimmte Angaben enthalten (meist Erkrankung des Sachbearbeiters, Überlastung der Behörde), so erörtern Sie, ob diese Voraussetzungen vorliegen. Als Faustregel gilt: Eine Behörde muss über Anträge und Rechtsbehelfe in allen Fällen so zügig entscheiden, wie es ihr ohne Nachteil für die gebotene Gründlichkeit möglich ist.[561] Ein **zureichender Grund für die Verzögerung** ist z. B. der besondere Umfang oder die besondere Schwierigkeit der Sachaufklärung und unter bestimmten Voraussetzungen die Überlastung der Behörde infolge einer Gesetzesänderung, nicht aber eine längere urlaubs- bzw. krankheitsbedingte Abwesenheit des zuständigen Sachbearbeiters, da die Verwaltung in solchen Fällen für ausreichende Vertretung zu sorgen hat.[562] Ein nach zulässiger Klageerhebung ergangener Ablehnungsbescheid des Beklagten nötigt den Kläger nicht zur Durchführung eines Vorverfahrens, sofern das VG dem Beklag- **269**

---

[556] Eyermann/*Rennert,* § 70 Rn. 13; a. A. *Kopp/Schenke,* § 70 Rn. 13, wonach das VG die Klage wegen fehlenden ordnungsgemäßen Vorverfahrens und Unanfechtbarkeit des VA als unzulässig abweisen muss.

[557] BVerwGE 60, 297, 314.

[558] Eyermann/*Rennert,* § 70 Rn. 14 m. w. N.

[559] *BGH* NVwZ 1993, 299.

[560] *VGH Kassel* NVwZ-RR 1993, 433.

[561] *Kopp/Schenke,* § 75 Rn. 8 m. w. N.

[562] Schoch/*Dolde,* § 75 Rn. 8.

ten keine Frist nach § 75 Satz 3 VwGO gesetzt und das Verfahren auch nicht ausgesetzt hat. Der Kläger kann in diesem Fall den nachträglich ergangenen Bescheid ohne Einhaltung der Klagefrist in das laufende Verfahren einbeziehen.[563] Ist die angemessene Frist im Sinne des § 75 Satz 1 VwGO zwar verstrichen, liegt aber ein zureichender Grund für die Verzögerung vor, ist eine gerichtliche Sachentscheidung nur bei einer ablehnenden Bescheidung innerhalb einer vom Gericht nach § 75 Satz 3 VwGO bestimmten Frist nach Durchführung des Widerspruchsverfahrens zulässig. In einem solchen Fall müssten Sie folglich das Verfahren durch Beschluss nach § 75 Satz 3 VwGO aussetzen und der Behörde eine Frist für ihre Entscheidung einräumen.[564] Die weiteren Rechtsfragen wären in einem Hilfsgutachten abzuhandeln. Diese Konstellation dürfte der Klausursteller aber kaum vorsehen. Vielmehr wird der Sachverhalt so gestaltet sein, dass kein zureichender Grund für die Verzögerung gegeben ist mit der Folge, dass die Untätigkeitsklage zulässig ist. Dazu folgendes Formulierungsbeispiel für eine zulässige Untätigkeitskrlage:

„Die Klägerin hat ordnungsgemäß ein Vorverfahren im Sinne der §§ 68 ff. VwGO eingeleitet, indem sie gegen den Bescheid vom 23. April 2015 form- und fristgerecht am 29. April 2015 Widerspruch erhoben hat (§ 70 VwGO). Über ihren Widerspruch hat die Beklagte nicht innerhalb angemessener Frist entschieden (§ 75 Satz 1 VwGO). Die Drei-Monatsfrist des § 75 Satz 2 VwGO war zum Zeitpunkt der Klageerhebung am 28. August 2015 bereits abgelaufen. Ein zureichender Grund für die Nichtentscheidung seit dem 29. April 2015 ist weder von dem Beklagten geltend gemacht noch sonst ersichtlich."

8. Die Einhaltung der Klagefrist

a) Die Klagefrist

270 Auch Probleme im Zusammenhang mit der Bestimmung des § 74 Abs. 1 VwGO finden sich häufiger in Examensarbeiten. Nach dieser Vorschrift muss die Anfechtungsklage **innerhalb eines Monats** nach Zustellung des Widerspruchsbescheids erhoben werden. Ist nach § 68 VwGO ein Widerspruchsbescheid nicht erforderlich, so muss die Klage innerhalb eines Monats nach Bekanntgabe des VA erhoben werden. Für die Verpflichtungsklage gilt Absatz 1 nach Absatz 2 entsprechend, wenn der Antrag auf Vornahme des VA abgelehnt worden ist.

271 Die Einhaltung der Klagefrist ist eine **zwingende Sachurteilsvoraussetzung,** die nicht der Disposition der Parteien unterliegt.[565] Die Prüfer erwarten, dass Sie in der Lage sind, die Klagefrist zu berechnen. Gehen Sie wie folgt vor:

aa) Wirksame Bekanntgabe bzw. Zustellung

272 Zuerst erörtern Sie, ob der Widerspruchsbescheid oder der Ausgangsbescheid – sofern ein Vorverfahren nicht erforderlich war (§ 74 Abs. 1 Satz 2 VwGO) – **wirksam zugestellt** bzw. **bekannt gegeben** worden ist. Wichtig: Die Zustellung des Widerspruchsbescheids erfolgt nach **§ 73 Abs. 3 Satz 2 VwGO** i. V. m. dem **VwZG des Bundes** – dies gilt auch, wenn sich das Verwaltungsverfahren sonst nach Landesrecht richtet[566] (häufiger Fehler in Examensarbeiten). Die Zustellung des Ausgangs-

---

[563] *BVerwG* NVwZ 1997, 179; *OVG Schleswig* BeckRS 2014, 55870.
[564] *BVerwG* NVwZ 1987, 969.
[565] *BVerwG* NVwZ 1998, 1292.
[566] Vgl. BVerwGE 39, 257.

bescheids richtet sich bei Bundesbehörden nach § 41 Abs. 5 VwVfG i. V. m. dem VwZG und bei Landesbehörden nach dem jeweiligen Landesrecht. Wurde der Ausgangsbescheid lediglich einfach bekannt gegeben, ist § 41 VwVfG bzw. die entsprechende Landesnorm zu prüfen.

Die **Bekanntgabe des Ausgangsbescheids** kann nach *h. M.*[567] auch dann wirksam an den Adressaten persönlich erfolgen, wenn dieser durch einen Bevollmächtigten vertreten wird. Denn § 41 Abs. 1 Satz 2 VwVfG ist insofern lex specialis zu § 14 Abs. 3 VwVfG. 273

Der Klassiker in Prüfungsarbeiten ist die Drei-Tages-Fiktion des § 41 Abs. 2 Satz 1 VwVfG. Danach gilt ein schriftlicher VA, der im Inland durch die Post übermittelt wird, am dritten Tag nach der Aufgabe zur Post als bekannt gegeben. Dieses Bekanntgabeprivileg greift auch dann ein, wenn feststeht, dass das Schriftstück dem Empfänger vor diesem Zeitpunkt zugegangen ist. Ist der Brief tatsächlich erst nach dem dritten Tag nach der Aufgabe zur Post bekannt gegeben worden, kann gemäß § 41 Abs. 2 Satz 3 VwVfG die Drei-Tages-Fiktion entkräftet werden.

Die **Zustellung des Ausgangs- oder Widerspruchsbescheids** ist, wenn der Adressat sich durch einen Bevollmächtigten vertreten lässt, der im Verwaltungsverfahren eine Vollmachtsurkunde vorgelegt hat, nur dann wirksam, wenn die Bescheide an den Bevollmächtigten zugestellt worden sind (§ 7 Abs. 1 Satz 2 VwZG). Hat der Bevollmächtigte keine Vollmachtsurkunde vorgelegt, besteht nach § 7 Abs. 1 Satz 1 VwZG grundsätzlich Auswahlermessen, d. h. die Zustellung ist in der Regel auch dann wirksam, wenn die Zustellung des betreffenden Bescheids an den Adressaten erfolgt. 274

Klausurrelevante Zustellungsarten sind die Zustellung mittels Postzustellungsurkunde (§ 3 VwZG), die Zustellung per Einschreiben (§ 4 VwZG) und die Zustellung durch Empfangsbekenntnis. Hierzu an dieser Stelle nur das Wichtigste: 275

Bei der **Zustellung durch Postzustellungsurkunde** übergibt die Behörde der Post den Zustellungsauftrag, das zuzustellende Dokument in einem verschlossenen Umschlag und einen vorbereiteten Vordruck einer Zustellungsurkunde (§ 3 Abs. 1 VwZG). Für die Ausführung der Zustellung gelten gemäß Abs. 2 Satz 1 die §§ 177 bis 182 ZPO entsprechend. Meist findet in der Aufsichtsarbeit eine Ersatzzustellung an den Ehepartner oder an das minderjährige Kind statt. Die Zustellung an den Ehegatten ist unproblematisch; die Ausführungen dazu können daher kurz gehalten werden. Bei der Ersatzzustellung an das Kind ist **§ 178 Abs. 1 Satz 1 Nr. 1 ZPO** zu erörtern, wonach das Schriftstück u. a. „einem **erwachsenen ständigen Mitbewohner**" zugestellt werden kann. Der ständige Mitbewohner ist erwachsen, wenn er nach seinem Auftreten und äußerem Erscheinungsbild erwarten lässt, er werde das zuzustellende Schriftstück ordnungsgemäß weitergeben und er seiner körperlichen Entwicklung nach einem Erwachsenen ähnlich ist.[568] Bei Vierzehnjährigen aufwärts wird das regelmäßig der Fall sein.[569] 276

Prüfungsrelevant ist weiter § 3 Abs. 2 Satz 1 VwZG i. V. m. **§ 180 ZPO.** Danach kann, wenn eine Zustellung in der Wohnung an den Zustellungsempfänger selbst bzw. eine Ersatzzustellung nach § 178 Abs. 1 Nr. 1 ZPO nicht möglich ist, das Schriftstück in einen zu der Wohnung oder dem Geschäftsraum gehörenden **Briefkasten** oder in eine ähnliche Vorrichtung eingelegt werden, die der Adressat für den Postempfang eingerichtet hat und die in der allgemein üblichen Art für eine sichere

567 *BVerwG* BayVBl 1998, 374.
568 *BGH* NJW 1981, 1631.
569 Vgl. *OVG Münster* BeckRS 2013, 52004.

Aufbewahrung geeignet ist. Mit der Einlegung in den Briefkasten gilt das Schriftstück als zugestellt **(§ 180 Satz 2 ZPO).**

277 Die **Zustellung durch Einschreiben** richtet sich nach § 4 VwZG (lesen!). Dieser regelt sowohl das Übergabeeinschreiben als auch das Einschreiben mit Rückschein, nicht aber das Einwurfeinschreiben![570] In Klausuren werden regelmäßig die folgenden Probleme eingebaut:

Ein Schriftstück, das als Einschreiben zugestellt wird, ist nicht bereits dann im Sinne des § 4 VwZG zugegangen, wenn die Post den Benachrichtigungsschein in den Briefkasten geworfen hat. Vielmehr ist das **Schriftstück** erst zugegangen, wenn es dem Empfangsberechtigten vom Postbeamten **ausgehändigt** worden ist.[571]

Ebenso wie bei der Bekanntgabe gilt beim Übergabeeinschreiben (nicht aber beim Einschreiben mit Rückschein!)[572] eine **Drei-Tages-Fiktion (§ 4 Abs. 2 Satz 2 VwZG),** d. h. der eingeschriebene Brief gilt auch dann erst mit dem dritten Tag nach der Aufgabe zur Post als zugestellt, wenn feststeht, dass er dem Empfänger vor diesem Zeitpunkt zugegangen ist.[573] Es verbleibt auch dann bei der Zustellungsfiktion, wenn der letzte Tag ein **Samstag, Sonntag oder Feiertag** ist.[574] Ist der Brief tatsächlich erst nach dem dritten Tag nach der Aufgabe zur Post zugestellt worden, kann gemäß § 4 Abs. 2 Satz 2 VwZG die Drei-Tages-Fiktion entkräftet werden.

278 Bei der **Zustellung per Empfangsbekenntnis** nach § 5 VwZG ist von besonderer Relevanz die Zustellung „auf andere Weise" nach **§ 5 Abs. 4 VwZG** u. a. bei Rechtsanwälten und Behörden. Bei diesen vom Gesetzgeber als besonders vertrauenswürdig angesehenen Stellen und Personen kann das Dokument auch z. B. mit **einfachem Brief** oder **per Fax** zugestellt werden. Als Nachweis der Zustellung genügt das Empfangsbekenntnis, das, mit Datum und Unterschrift versehen, an die zustellende Behörde zurückzusenden ist. Die Zustellung ist erst zu dem Zeitpunkt bewirkt, in dem die als Zustellungsadressat bezeichnete Stelle das zuzustellende Schriftstück **persönlich** als zugestellt angenommen hat.[575] Die **Ersatzzustellung** eines Dokuments mittels Empfangsbekenntnis richtet sich aufgrund der Verweisungsnorm des § 5 Abs. 2 VwZG nach der ZPO.

279 Kommen Sie zu dem Ergebnis, dass die Bekanntgabe oder Zustellung unwirksam ist, ist der Aktenauszug höchstwahrscheinlich so angelegt, dass eine **Heilung** nach **§ 8 VwZG** in Betracht kommt.[576] Die Heilung ist bei Verletzung zwingender Zustellungsvorschriften durch den tatsächlichen Zugang beim Empfangsberechtigten möglich. Die Anwendung des § 8 VwZG setzt aber voraus, dass die Behörde überhaupt – kraft Anordnung nach § 1 Abs. 2 VwZG – eine förmliche Zustellung vornehmen wollte. Ferner muss das Dokument dem Empfangsberechtigten **tatsächlich zugegangen** sein und der **Zeitpunkt des Zugangs muss beweiskräftig feststehen.**[577]

---

570 *BVerwG* NJW 2001, 458.

571 *VGH Mannheim* NVwZ 1992, 799; *OLG Brandenburg* NJW 2005, 1585.

572 *OVG Koblenz* BeckRS 2014, 58278.

573 Vgl. *BVerwG* NVwZ-RR 2003, 871.

574 *BSG* NJW 2011, 1099; *OVG Lüneburg* NVwZ-RR 2007, 78; *Kopp/Schenke,* § 70 Rn. 6 d; a. A. *Stelkens/Bonk/Sachs,* § 41 Rn. 133; *BFH* NJW 2004, 94: die Fiktion bezieht sich nicht auf den Ablauf des dritten Tages, wenn dieser auf einen Sonntag, gesetzlichen Feiertag oder Sonnabend fällt.

575 BVerwGE 58, 107.

576 § 8 VwZG ist nach *h. M.* auf die Bekanntgabe analog anzuwenden (*Kopp/Ramsauer,* § 41 Rn. 26; a. A. *Schoch,* Jura 2011, 23, 30).

577 *OVG Münster* BeckRS 2011, 52836.

bb) Berechnung der Klagefrist

Liegt eine wirksame Bekanntgabe oder Zustellung vor, erfolgt als nächstes die **Berechnung der Klagefrist.** Diese bestimmt sich nach § 57 Abs. 2 VwGO i. V. m. §§ 222 ZPO, 187 ff. BGB. Die Frist beginnt nur zu laufen, wenn der Widerspruchsbescheid ordnungsgemäß zugestellt und der Kläger gemäß § 58 Abs. 1 VwGO ordnungsgemäß über den Rechtsbehelf, die Verwaltungsbehörde oder das Gericht, bei denen der Rechtsbehelf anzubringen ist, den Sitz und die einzuhaltende Frist schriftlich belehrt worden ist. Bei fehlerhafter Zustellung beginnt die Klagefrist nicht zu laufen, bei unterbliebener oder unrichtiger Belehrung gilt die Jahresfrist des § 58 Abs. 2 VwGO. 280

Die folgende **Rechtsbehelfsbelehrung** eines Widerspruchsbescheids, mit dem der Widerspruch zurückgewiesen worden ist (vgl. § 79 Abs. 1 Nr. 1 VwGO) ist ordnungsgemäß: 281

„Gegen den Bescheid des Landratsamtes Biberach vom 14. Januar 2015 in Gestalt dieses Widerspruchsbescheids kann innerhalb eines Monats nach Zustellung dieses Widerspruchsbescheids beim Verwaltungsgericht Sigmaringen, 72488 Sigmaringen, Karlstr. 13, Klage gegen das Land Baden-Württemberg erhoben werden. Die Klage muss den Kläger, den Beklagten und den Gegenstand des Klagebegehrens bezeichnen. Sie soll einen bestimmten Antrag enthalten; auch sollen die zur Begründung dienenden Tatsachen und Beweismittel angegeben werden. Der angefochtene Bescheid und dieser Widerspruchsbescheid sollen in Urschrift oder in Abschrift beigefügt werden. Der Klage und allen Schriftsätzen sollen Abschriften für die übrigen Beteiligten beigefügt werden."

Fehlerhaft ist die **Belehrung** z. B. dann, wenn den in § 58 Abs. 1 VwGO geforderten Angaben ein unrichtiger oder irreführender Zusatz beigefügt ist, der generell geeignet ist, die Einlegung des in Betracht kommenden Rechtsbehelfs nennenswert zu erschweren. 282

Beispiele für einen irreführenden Zusatz:

- „Die Klage ist innerhalb der Klagefrist zu begründen".[578]
- „Die Klage ist .... innerhalb von einem Monat nach **Zugang** des Widerspruchsbescheids zu erheben".[579]
- „Die Klage ist schriftlich einzureichen".[580]

Unterschiedlich beurteilt wird, ob die Belehrung über die Form der Klage (§ 81 Abs. 1 VwGO: „schriftlich oder zur Niederschrift des Urkundsbeamten der Geschäftsstelle") auch dann richtig ist, wenn das anzurufende Gericht den elektronischen Rechtsverkehr eröffnet hat.[581]

Verstirbt ein Widerspruchsführer während des Widerspruchsverfahrens, so kann der Widerspruchsbescheid wegen der gemäß § 14 Abs. 2 VwVfG fortwirkenden Vollmacht wirksam an seinen Verfahrensbevollmächtigten zugestellt werden. Sofern die Vollmacht nur für das Verwaltungsverfahren erteilt war, wird aber mit dieser Zustellung das Verfahren unterbrochen mit der Folge, dass die Klagefrist nicht in Lauf 283

---

[578] *Kopp/Schenke,* § 58 Rn. 12.

[579] Vgl. *OVG Münster* NVwZ 2001, 212.

[580] *BVerwG* NJW 1979, 1670.

[581] Unrichtig: *OVG Magdeburg* BeckRS 2015, 40776; *OVG Koblenz* DVBl. 2012, 659; *Starke,* LKV 2010, 358; richtig: *OVG Bremen* NVwZ-RR 2012, 950; *VG Neustadt* LKRZ 2012, 18; *VG Frankfurt* BeckRS 2011, 56131.

gesetzt wird. Diese beginnt gemäß § 173 VwGO i. V. m. §§ 239 Abs. 1, 249 Abs. 1 ZPO erst nach Beendigung der Unterbrechung, d. h. durch die Aufnahme des Verfahrens durch den Erben.[582]

284 Die (Jahres-)Frist für die Anfechtung eines Verkehrsverbots, das durch Verkehrszeichen bekannt gegeben wurde, beginnt für einen Verkehrsteilnehmer zu laufen, wenn er zum ersten Mal auf das Verkehrszeichen trifft. Die Frist wird für ihn nicht erneut ausgelöst, wenn er sich dem Verkehrszeichen später ein weiteres Mal gegenübersieht.[583]

cc) Formulierungsbeispiel:

285 „Die Klage wurde auch innerhalb der Klagefrist gemäß § 74 Abs. 1 VwGO erhoben. Der Widerspruchsbescheid der Beklagten vom 7. Juni 2015 wurde der Klägerin mittels Übergabeeinschreiben am 11. Juni 2015 zugestellt. Der Abgangsvermerk für den Bescheid steht unter dem Datum vom 8. Juni 2015. Für ein Übergabeeinschreiben i. S. d. § 4 Abs. 1, 1. Alt. VwZG gilt gemäß § 4 Abs. 2 Satz 2 VwZG, dass es am dritten Tag nach der Aufgabe zur Post als zugestellt gilt, es sei denn, dass es nicht oder zu einem späteren Zeitpunkt zugegangen ist. Ein tatsächlicher früherer Zugang ist unerheblich, da nach dem gesetzlichen Wortlaut ein Abweichen von der 3-Tages-Fiktion nur erfolgt, wenn das Dokument „nicht" oder „zu einem späteren Zeitpunkt" zugeht. Danach gilt der Bescheid am 11. Juni 2015 als zugegangen. Das Ende der Monatsfrist (§ 74 Abs. 1 VwGO) fällt demzufolge auf Samstag, den 11. Juli 2015, weshalb die Frist zur Klageerhebung gemäß § 57 Abs. 2 VwGO i. V. m. § 222 Abs. 2 ZPO am 13. Juli 2015 endete und die Klageerhebung vom selben Tag fristgerecht erfolgte."

b) Wiedereinsetzung in den vorigen Stand

286 Ist die Klage verfristet, so ist gegebenenfalls die **Wiedereinsetzung in den vorigen Stand** zu prüfen. Im Aufgabentext wird sich in diesem Fall ein zumindest hilfsweise gestellter Wiedereinsetzungsantrag finden. Achten Sie darauf, ob im Sachverhalt die Rechtsbehelfsbelehrung des Widerspruchsbescheids abgedruckt ist. Heißt es nur wie üblich *„Rechtsbehelfsbelehrung: ordnungsgemäß"*, können Sie sich bei festgestellter Verfristung der Wiedereinsetzung in den vorigen Stand zuwenden. War aber die Zustellung des Widerspruchsbescheids fehlerhaft oder die Rechtsbehelfsbelehrung unzutreffend – deren Wiedergabe im Falltext kann ein Hinweis hierauf sein –, so bedarf es keiner Wiedereinsetzung in den vorigen Stand. Es wäre also falsch, die aufgeworfene Frage nach der Verfristung mit der Begründung offen zu lassen, es sei jedenfalls Wiedereinsetzung in den vorigen Stand zu gewähren. Achten Sie daher sorgfältig darauf, ob die Rechtsbehelfsbelehrung den Anforderungen des § 58 Abs. 1 VwGO genügt.

Wiedereinsetzung in den vorigen Stand ist nach § 60 Abs. 1 VwGO demjenigen zu gewähren, der **ohne Verschulden** gehindert war, eine gesetzliche Frist einzuhalten. Der Antrag ist gemäß Abs. 2 binnen zwei Wochen nach Wegfall des Hindernisses zu stellen und die Tatsachen zur Begründung des Antrags sind bei Antragsstellung oder im Verfahren über den Antrag glaubhaft zu machen. Wiedereinsetzung in den vorigen

---

582 *BVerwG* NVwZ 2001, 319.
583 *BVerwG* NJW 2011, 246; s. dazu auch den Aktenvortrag von *Kintz*, JuS 2011, 1022.

Stand kann im Übrigen auch von Amts wegen gewährt werden, wenn der Wiedereinsetzungsgrund offenkundig i. S. d. § 291 ZPO oder sonst glaubhaft ist.[584]

Das Verschulden des § 60 VwGO ist ein **Verschulden gegen sich selbst,** bezieht sich also auf eine Obliegenheit.[585] Es liegt vor, wenn der Beteiligte diejenige Sorgfalt außer Acht lässt, die für einen gewissenhaften und seine Rechte und Pflichten sachgemäß wahrnehmenden Prozessführenden geboten ist und ihm nach den gesamten Umständen des konkreten Falles zuzumuten war.[586] Bei einem **Rechtsanwalt** sind grundsätzlich **höhere Anforderungen** an die Sorgfaltspflicht zu stellen als bei einem juristischen Laien.[587] Es gibt zahlreiche klausurrelevante Varianten, in denen das Verschulden zu erörtern ist.[588]

Ein Beispiel: Für den Fall der Erkrankung muss ein Rechtsanwalt organisatorische Vorkehrungen treffen. Nur wenn der Anwalt aufgrund einer plötzlich auftretenden, nicht vorhersehbaren Erkrankung an der fristgebundenen Erledigung oder Bestellung eines Vertreters gehindert war, kann ein Fristversäumnis unverschuldet sein.[589]

Abschließend ein **Formulierungsbeispiel** für eine Fallgestaltung, bei der Wiedereinsetzung in den vorigen Stand zu gewähren ist: 287

„Die Klage ist zulässig. Zwar hat der Kläger die Klagefrist des § 74 Abs. 1 Satz 1 VwGO nicht eingehalten. Nach dieser Vorschrift muss die Anfechtungsklage innerhalb eines Monats nach Zustellung des Widerspruchsbescheides erhoben werden. Der Widerspruchsbescheid der Beklagten vom 8. Juli 2015 war dem Kläger ordnungsgemäß nach § 73 Abs. 3 Satz 2 VwGO i. V. m. § 3 Abs. 1 VwZG per Postzustellungsurkunde am 13. Juli 2015 zugestellt worden. Die Klagefrist war somit am 13. August 2015 abgelaufen.

Dem Kläger war aber Wiedereinsetzung in den vorigen Stand nach § 60 VwGO zu gewähren, da er ohne Verschulden gehindert war, die gesetzliche Frist des § 74 Abs. 1 Satz 1 VwGO einzuhalten. Er hatte die Klageschrift einen Tag vor Ablauf der Frist zur Post gegeben. Für den verspäteten Eingang der Klageschrift am 14. August 2015 war der Kläger nicht verantwortlich. Verzögerungen der Briefbeförderung dürfen nicht dem Bürger angelastet werden. Dieser darf darauf vertrauen, dass die nach den organisatorischen und betrieblichen Vorkehrungen der Post für den Normalfall festgelegten Postlaufzeiten eingehalten werden. Im Verantwortungsbereich des Bürgers liegt es lediglich, das Schriftstück so rechtzeitig und ordnungsgemäß zur Post zu geben, dass es bei normalem Verlauf der Dinge den Empfänger fristgerecht erreichen kann.[590] Danach beträgt die normale Postlaufzeit für Briefbeförderungen von Kiel nach Hamburg einen Tag. Folglich konnte der Kläger darauf vertrauen, dass die von ihm am 12. August 2015 in Kiel in den Briefkasten eingeworfene Klageschrift am darauf folgenden Tag beim Verwaltungsgericht in Hamburg eingeht."

---

[584] *OVG Münster* NJW 1996, 2809.
[585] Schoch/*Bier,* § 60 Rn. 18.
[586] S. z. B. BVerwGE 50, 254.
[587] BVerwGE 49, 255; die gleichen Anforderungen an die Sorgfaltspflichten gelten auch bei Behörden, *BVerwG* NVwZ-RR 1996, 60 und *OVG Lüneburg* NJW 1994, 1299.
[588] S. hierzu meine Abhandlung „Bekanntgabe, Zustellung, Frist, elektronische Dokumente" auf der Homepage der Universität Speyer.
[589] *OVG Münster* BeckRS 2015, 42300; s. dazu auch ausführlich *Toussaint,* NJW 2014, 200.
[590] *BVerfG* NJW 1999, 3701; *BGH* NJW 2003, 3712.

c) **Keine Klagefrist bei vorprozessual erledigten Verwaltungsakten**

288 **Nicht** an die **Fristen** der §§ 74 Abs. 1 bzw. 58 Abs. 2 VwGO gebunden ist nach der Rechtsprechung[591] eine Klage, die auf Feststellung der Rechtswidrigkeit eines VA gerichtet ist, **wenn sich der VA durch Aufhebung ex nunc vor Eintritt der Bestandskraft erledigt hat** (Beispiel: ausdrückliche Aufhebung der Beschlagnahme eines Lichtbildfilms). Das *BVerwG* beruft sich zur Begründung u. a. auf den Wortlaut des § 113 Abs. 1 Satz 4 VwGO, der für den Übergang von der Anfechtungsklage zur Fortsetzungsfeststellungsklage keinerlei Frist vorsieht. Angesichts des Fehlens einer eindeutigen gesetzlichen Regelung liege die Anfechtung eines nicht mehr wirksamen VA innerhalb einer Frist fern. Dem Bürger sei die fristgebundene Klage wegen eines VA, der ihm gegenüber seine Regelungswirkung verloren habe, nicht mehr in gleicher Weise zuzumuten wie bei einem VA, der sich erst nach Eintritt der Bestandskraft erledige. Denn die für den Bürger nach dem Rechtsschutzsystem der VwGO wesentliche aufschiebende Wirkung von Widerspruch und Klage (§ 80 Abs. 1 VwGO) könne in diesem Fall nicht mehr erreicht werden. Die Verwaltung werde vor einer Klage noch Jahre nach der Erledigung des VA hinreichend durch das Erfordernis eines berechtigten Interesses an der begehrten Feststellung sowie durch das Institut der Verwirkung geschützt.

9. Die Beteiligungs- und Prozessfähigkeit

289 Weitere Prozessvoraussetzungen sind die **Beteiligungs- und die Prozessfähigkeit** (§§ 61, 62 VwGO). Fähig, am Verfahren beteiligt zu sein, sind nach § 61 VwGO natürliche und juristische Personen (Nr. 1), Vereinigungen, soweit ihnen ein Recht zustehen kann (Nr. 2) sowie Behörden, sofern das Landesrecht dies bestimmt (Nr. 3). Streiten die Beteiligten über das Vorliegen oder Nichtvorliegen der Beteiligungsfähigkeit, ist der Betreffende als beteiligungsfähig zu behandeln. Ausführungen zu § 61 Nr. 1 VwGO sind in der Regel entbehrlich. Ist an dem Verfahren eine ausländische juristische Person beteiligt, sind allerdings einige Anmerkungen angebracht. Hier ist maßgeblich, ob deren Rechtsfähigkeit von der deutschen Rechtsordnung anerkannt wird.[592] Mangels Kollisionsregelungen kommt es im Einklang mit der Rechtsprechung des *EuGH* bei (Kapital-)Gesellschaften aus anderen EU-Staaten auf die sog. **Gründungstheorie** an, die für die Frage der Anerkennung der Rechtsfähigkeit auf das Recht des Gründungsstaats abstellt.[593] Ist die im EU-Ausland gegründete juristische Person nach dortigem Recht rechtsfähig, ist dies auch in der deutschen Rechtsordnung anzuerkennen. Die ausländische juristische Person ist damit nach § 61 Nr. 1 Alternative 2 VwGO beteiligungsfähig. Für juristische Personen außerhalb der EU ist bei der Beurteilung der Rechtsfähigkeit einer ausländischen juristischen Person dagegen grundsätzlich die **Sitztheorie** anzuwenden. Nach dieser Theorie ist eine juristische Person in Deutschland rechtsfähig, wenn sie ihren Sitz der Hauptverwaltung in Deutschland hat und sie als eine nach deutschem Recht vorgesehene Gesellschaft ordnungsgemäß gegründet wurde.

Was § 61 Nr. 3 VwGO anbetrifft, kann auf die Anmerkungen unter Rn. 15 verwiesen werden. Erörterungsbedürftig ist häufig § 61 Nr. 2 VwGO bzw. dessen analoge Anwendung, insbesondere bei **kommunalen Verfassungsstreitigkeiten.** Beteiligungsfähig i. S. d. § 61 Nr. 2 (analog) sind z. B. der Gemeinderat, der Magistrat, das Ratsmitglied, der Bürgermeister, ein Ratsausschuss oder eine Ratsfraktion. Bei einem Streit über die Zulässigkeit eines **Bürgerbegehren**s oder eines Einwohnerantrages

---

591 *BVerwG* NVwZ 2000, 63; *VGH Mannheim* VBlBW 2014, 147.

592 *Behm* DVBl 2009, 94, 95.

593 *EuGH* NJW 2002, 3614 („Überseering"); *BGH* NJW 2003, 1461; s. dazu auch die Klausur von *von Detten/Frenzel*, JuS 2010, 811.

vertritt die *h. M.*[594] die Auffassung, jeder Mitunterzeichner des Bürgerbegehrens bzw. Einwohnerantrags sei als natürliche Person gemäß § 61 Nr. 1 VwGO beteiligungsfähig. Je nach Landesrecht kann aber das Bürgerbegehren aufgrund seiner Stellung als „Quasi-Organ“ selbst beteiligungsfähig i. S. d. § 61 Nr. 2 VwGO analog sein.[595]

Klausurrelevant kann auch die Frage nach der **Beteiligungsfähigkeit** einer Bauher- 290
rengemeinschaft in der Rechtsform einer BGB-Gesellschaft oder einer Wohnungseigentümergemeinschaft sein. Für den Zivilprozess hat der *BGH*[596] entschieden, die **BGB-Gesellschaft** besitze Rechtsfähigkeit, soweit sie durch Teilnahme am Rechtsverkehr eigene Rechte und Pflichten begründe. In diesem Rahmen sei sie zugleich im Zivilprozess aktiv und passiv parteifähig. Danach kommt es für die Beteiligungsfähigkeit im gerichtlichen Verfahren nach § 61 Nr. 2 VwGO – ebenso wie im Verwaltungsverfahren nach dem insoweit gleich lautenden § 11 Nr. 2 VwVfG – nicht darauf an, ob das maßgebliche materielle Recht positiv vorsieht, dass die Vereinigung Rechte und Pflichten begründen kann, sondern ob sich den materiellen Regelungen negativ entnehmen lässt, dass dies nicht der Fall sein soll. Dies ist hinsichtlich der Bauherrenfähigkeit von BGB-Gesellschaften nicht anzunehmen.[597]

Ebenfalls beteiligungsfähig i. S. d. § 61 Nr. 2 VwGO ist gemäß § 10 Abs. 6 WEG die **Wohnungseigentümergemeinschaft.**[598] Zur fehlenden Beteiligungsfähigkeit der **ungeteilten Erbengemeinschaft** s. das Formulierungsbeispiel in Rn. 132.

Probleme im Zusammenhang mit der in § 62 VwGO geregelten Prozessfähigkeit 291
finden sich in Assessorklausuren in aller Regel nicht. Ausführungen hierzu sind daher entbehrlich. Ist ein Beteiligter des Klageverfahrens etwa minderjährig, genügt der kurze Hinweis, dass dieser durch seinen gesetzlichen Vertreter vertreten wird (grundsätzlich beide Eltern gemeinsam, § 1626 Abs. 2 BGB).

Ist Kläger z. B. ein eingetragener Schießsportverein, so können Sie zu diesem Prüfungspunkt etwa folgende Ausführungen machen:

„Der Kläger ist als eingetragener Verein (§ 21 BGB) nach § 61 Nr. 1 VwGO beteiligungsfähig und wird nach § 62 Abs. 3 VwGO i. V. m. § 26 Abs. 2 BGB vom Vorstand vertreten.“

10. Ordnungsgemäße Vertretung

Auch zu dieser Prozessvoraussetzung brauchen Sie in der Klausur regelmäßig kein 292
Wort zu verlieren. Da vor dem VG gemäß § 67 Abs. 1 VwGO kein Vertretungszwang besteht, kann jeder Beteiligte sich selbst vertreten. Vertretungsbefugt sind nach § 67 VwGO die in § 67 Abs. 2 Satz 1 und Satz 2 Nr. 1–7 VwGO abschließend aufgezählten Bevollmächtigten.

11. Die Zuständigkeit des Verwaltungsgerichts

Die **sachliche Zuständigkeit** des VG bestimmt sich nach § 45 VwGO. Diese Rege- 293
lung ist zwingend und der Disposition der Beteiligten entzogen. Die **örtliche Zuständigkeit** des VG richtet sich nach § 52 VwGO (lesen!).

---

[594] *OVG Greifswald* NVwZ 1997, 306; *VGH Kassel* NVwZ 1997, 310; nach *OVG Münster* NVwZ-RR 2003, 448 sind die Vertreter eines Bürgerbegehrens ähnlich wie Prozessstandschafter zur Geltendmachung der Rechte hinsichtlich eines Bürgerbegehrens im eigenen Namen befugt.

[595] So für Rheinland-Pfalz *OVG Koblenz* NVwZ-RR 1997, 241.

[596] NJW 2001, 1056; vgl. auch *BVerfG* NJW 2002, 3533 und *BVerwG* BauR 2010, 1202.

[597] *OVG Bautzen* NJW 2002, 1361; vgl. auch *VGH Mannheim* NJW 2007, 105.

[598] Vgl. *BGH* NJW 2005, 2061; *VGH Mannheim* BeckRS 2014, 54891.

Ausführungen hierzu sind regelmäßig entbehrlich. Da manche Lösungsskizzen zu Examensklausuren diese Sachentscheidungsvoraussetzung dennoch ausdrücklich ansprechen, empfiehlt sich gleichwohl folgende kurze Formulierung:

„Das angerufene Verwaltungsgericht Arnsberg ist nach § 45 VwGO sachlich und gemäß § 52 Nr. 3 Satz 1 VwGO örtlich zuständig."

Zur Erinnerung: Wenn Sie dem dreigliedrigen Aufbau folgen (s. hierzu die Anmerkungen unter Rn. 144), ist dieser Prüfungspunkt bereits vor der Zulässigkeit der Klage anzusprechen!

VI. Die Begründetheit der Klage

294 Die Ausführungen zur Begründetheit der Klage beginnen unabhängig vom Streitgegenstand mit der Bekanntgabe des Ergebnisses. Die unterschiedlichen Formulierungsmöglichkeiten sind bei der Darstellung der Begründetheit der jeweiligen Klagearten angesprochen.

1. Die Aktiv- und Passivlegitimation

295 Unabhängig von der Klageart ist zunächst die Sachlegitimation zu klären. Die **Aktivlegitimation** bedeutet, dass der Kläger kraft materiellen Rechts die geltend gemachte Leistung bzw. Unterlassung bzw. die begehrte Gestaltung oder Feststellung mit Wirkung gegenüber dem Beklagten verlangen kann.[599] In der Regel ist der aktiv Prozessführungsbefugte auch der Sachlegitimierte. Anmerkungen hierzu sind überflüssig.

296 Die **Passivlegitimation** liegt vor, wenn der Beklagte befugt ist, über den Streitgegenstand zu verfügen. In Literatur und Rechtsprechung ist umstritten, ob § 78 Abs. 1 Nr. 1 VwGO, der für gegen den Rechtsträger der Behörde gerichtete **Anfechtungs- und Verpflichtungsklagen** bestimmt, gegen wen die Klage richtigerweise zu erheben ist, eine Regelung über die – in der Zulässigkeit anzusprechende – passive Prozessführungsbefugnis[600] – oder die – in der Begründetheit zu erörternde – Passivlegitimation[601] trifft. Da der nach dem materiellen Recht Verpflichtete in der Regel auch der für den Prozess Verfügungsbefugte ist, hat der Meinungsstreit nur ausnahmsweise praktische Bedeutung.[602] Unabhängig davon, ob Sie diesen Prüfungspunkt am Ende der Zulässigkeit oder – wie hier vorgeschlagen – zu Beginn der Begründetheit der Klage erörtern, genügt regelmäßig folgende Formulierung:

„Gemäß § 78 Abs. 1 Nr. 1 VwGO ist der Landkreis Sächsische Schweiz, der den von der Klägerin angefochtenen Verwaltungsakt erlassen hat, richtiger Beklagter."

Entsprechend gilt § 78 Abs. 1 Nr. 1 VwGO für die Fortsetzungsfeststellungsklage.[603]

---

[599] *Kopp/Schenke*, vor § 40 Rn. 28.
[600] So *VGH Kassel* NVwZ-RR 2005, 519; Schoch/*Meissner*, § 78 Rn. 7 f.; *Pietzner/Ronellenfitsch*, Rn. 246; *Kopp/Schenke*, § 78 Rn. 1; *Hufen*, § 12 Rn. 30.
[601] So *BVerwG* NVwZ-RR 1990, 44 und NVwZ-RR 2003, 41; *Rozek*, JuS 2007, 601; Sodan/Ziekow/*Brenner*, § 78 Rn. 3 f.; Eyermann/*Happ*, § 78 Rn. 1.
[602] S. hierzu Schoch/*Meissner*, § 78 Rn. 6.
[603] *Kopp/Schenke*, § 78 Rn. 2.

Aufbauhinweis: Keinen Meinungsstreit gibt es in den Fällen, in denen auf der Beklagtenseite statt des Rechtsträgerprinzips des § 78 Abs. 1 Nr. 1 VwGO das **Behördenprinzip** nach **§ 78 Abs. 1 Nr. 2 VwGO** eingreift. Nach dieser Vorschrift ist die Klage gegen die Behörde selbst, die den VA erlassen oder den beantragten VA unterlassen hat, zu richten, sofern das Landesrecht dies bestimmt (s. oben Rn. 15, 18). Die genannte Norm enthält eine Regelung über die **passive Prozessführungsbefugnis,** so dass entsprechende Ausführungen hierzu **am Ende der Zulässigkeitsprüfung** zu machen sind.[604] Ob in diesen Fällen als Behörde z. B. der „Landrat" oder das „Landratsamt" zu verklagen sind, richtet sich wiederum nach den entsprechenden Vorschriften oder Gepflogenheiten der Länder. 297

Dazu folgendes Formulierungsbeispiel:

„Nach § 78 Abs. 1 Nr. 2 VwGO i. V. m. § 8 Abs. 2 BbgVwGG ist der Oberbürgermeister der Stadt Potsdam, der den von der Klägerin beantragten Verwaltungsakt unterlassen hat, der richtige Klagegegner."

Beachte: Unabhängig davon, ob der Klagegegner nach dem Rechtsträger- oder nach dem Behördenprinzip zu bestimmen ist, sind an dieser Stelle niemals Ausführungen dazu zu machen, ob die handelnde Behörde tatsächlich zuständig war. Dies ist eine Frage der formellen Rechtmäßigkeit des VA, nicht aber nach dem richtigen Beklagten. 298

Die **Bestimmung des richtigen Klagegegners** bereitet in der Praxis öfter Schwierigkeiten. Ist vom **Rechtsträgerprinzip** des § 78 Abs. 1 Nr. 1 VwGO auszugehen, so ist richtiger Klagegegner diejenige juristische Person des öffentlichen Rechts, für den die jeweilige Behörde tätig wird. Bei Kommunalbehörden ist dies nicht immer die namensgleiche Gebietskörperschaft. Um Rechtsnachteile für den Kläger zu vermeiden, darf dieser sich gemäß § 78 Abs. 1 Nr. 1 Halbsatz 2 VwGO mit der Angabe der Behörde begnügen. Aufgabe des Gerichts ist es aber, den entsprechenden Rechtsträger festzustellen. Dabei ist zu unterscheiden, ob die handelnde Behörde in Selbstverwaltungsangelegenheiten, Auftragsangelegenheiten oder als staatliche Verwaltungsbehörde im Wege der Organleihe für das jeweilige Land tätig wird. 299

Von **Selbstverwaltungsangelegenheiten** spricht man, wenn die Behörde Satzungen oder Verordnungen der namensgleichen Gebietskörperschaft für diese vollzieht. Sie werden auch „Angelegenheiten im eigenen Wirkungskreis" genannt. Klagegegner ist in diesen Fällen die Gebietskörperschaft.

Daneben sind den Kommunen und Kreisen durch entsprechende Landesgesetze typischerweise auch ganze Aufgabengebiete der staatlichen Verwaltung als so genannte **Auftragsangelegenheiten** übertragen, auch **„Angelegenheiten im übertragenen Wirkungskreis"** genannt. Diese Aufgaben der Durchführung und Überwachung von Bundes- und Landesgesetzen werden von denselben Behörden wahrgenommen, die auch die Selbstverwaltungsangelegenheiten vollziehen. Sie unterliegen in diesem Fall zwar der Fachaufsicht durch übergeordnete Behörden. Richtiger Klagegegner ist aber gleichwohl die namensgleiche Gebietskörperschaft, denn ihr – und nicht der konkret tätigen Behörde – ist die Erfüllung der entsprechenden Aufgabe übertragen. 300

Beispiel: Gemäß § 65 Abs. 1 Nr. 2 BremPolG nehmen die Gemeinden Aufgaben der Gefahrenabwehr als Ortspolizeibehörden wahr. Gefahrenabwehr ist aber eine Aufgabe des Bundeslandes (vgl. Art. 30, 70 Abs. 1 GG). Es handelt sich bei der Zuständigkeitsanordnung daher um eine Übertragung des Wirkungskreises. Aufgaben im übertragenen Wirkungskreis unterfallen gemäß

---

[604] Z. B. Sodan/Ziekow/*Brenner,* § 78 Rn. 5; Eyermann/*Happ,* § 78 Rn. 4.

Art. 85 Abs. 4 GG der Fachaufsicht der staatlichen Institution, so dass folgerichtig der zuständige Senator gemäß § 68 Abs. 1 BremPolG Fachaufsichtsorgan der Gefahrenabwehr ist. Dies ändert aber nichts daran, dass die Gemeinde im übertragenen Wirkungskreis tätig ist. Klagegegner ist daher die Stadtgemeinde Bremen oder Bremerhaven, vertreten durch den Bürgermeister.

301 Schließlich können in zahlreichen Bundesländern Kreisverwaltungen oder Landratsämter auch als **„untere Verwaltungsbehörde"** mit der Wahrnehmung bestimmter staatlicher Aufgaben betraut sein; d. h. Rechtsträger einer Kreisverwaltung/eines Landratsamtes sind dort sowohl der Landkreis als auch das Land **(Doppelfunktion in der Verwaltung).** Nimmt die Kreisverwaltung/das Landratsamt als untere staatliche Verwaltungsbehörde unmittelbare staatliche Aufgaben wahr, findet eine **Organleihe** statt:[605] Das Land „leiht" sich die Kommunalbehörde, die als staatliche Behörde tätig wird. In diesem Falle ist die Klage gegen das Bundesland bzw. den Innenminister zu richten.[606]

Beispiel: Hat das Landratsamt Emmendingen in Baden-Württemberg die Erteilung einer Baugenehmigung abgelehnt, so ist die Klage gegen das Land Baden-Württemberg, vertreten durch den Landrat des Landkreises Emmendingen, zu richten, da die Bauaufsicht von den Landratsämtern als untere Verwaltungsbehörde wahrgenommen wird (s. §§ 48 Abs. 1, 46 Abs. 1 Nr. 3 BadWürttLBO i. V. m. § 15 Abs. 1 Nr. 1 BadWürttLVG). Hat dagegen die Kreisverwaltung Bad Dürkheim in Rheinland-Pfalz die Baugenehmigung versagt, so ist der Landkreis Bad Dürkheim, vertreten durch den Landrat, zu verklagen, da die Bauaufsicht in Rheinland-Pfalz von den Kreisverwaltungen als Auftragsangelegenheit ausgeführt wird (s. § 58 Abs. 4 RhPfLBauO). Nicht der Landkreis, sondern das Land Rheinland-Pfalz, vertreten durch den Landrat des Landkreises Bad Dürkheim, ist demgegenüber Beklagter, wenn etwa eine kommunalaufsichtliche Maßnahme im Streit ist (§ 55 Abs. 2 Nr. 1 RhPfLKrO). In diesem Fall handelt die Kreisverwaltung als untere staatliche Behörde.

302 In beamtenrechtlichen Streitigkeiten gilt § 78 VwGO nur für Anfechtungs- und Verpflichtungsklagen. Da § 54 Abs. 2 BeamtStG und § 126 Abs. 2 BBG nicht mehr pauschal auf die „Vorschriften des 8. Abschnitts der VwGO" sondern nur noch auf die Vorschriften des 8. Abschnitts über das Vorverfahren verweisen, wird § 78 VwGO, der bislang über § 126 Abs. 3 BRRG auch für beamtenrechtliche Leistungs- und Feststellungsklagen galt, von dem neuen Verweis nicht mehr erfasst. Hier gilt nunmehr generell das Rechtsträgerprinzip.

303 Für **Leistungs- und Feststellungsklagen** trifft die VwGO zur Passivlegitimation keine Regelung. Hier bestimmt sich der richtige Beklagte immer nach dem Rechtsträgerprinzip. Bei der Leistungsklage ist zu fragen, welche Körperschaft nach materiellem Recht verpflichtet ist, den geltend gemachten Anspruch zu erfüllen.[607] Bei der Feststellungsklage ist richtiger Beklagter die Körperschaft, mit der der Streit über das fragliche Rechtsverhältnis besteht.[608]

304 Das folgende **Formulierungsbeispiel** hat einen Fall zum Gegenstand, in dem ein Bürger den Widerruf ehrverletzender Äußerungen eines städtischen Beamten begehrt:

„Die Klage ist auch begründet. Die Kammer hat zunächst keine Bedenken hinsichtlich der Passivlegitimation der beklagten Stadt. Die Passivlegitimation ist gegeben, wenn nach materiellem Recht die erstrebte Leistung gerade vom Be-

---

605 *Schoch*, Jura 2006, 188, 190.

606 Vgl. *Kemmler*, JA 2015, 328, 333.

607 *BVerwG* NVwZ-RR 2004, 84.

608 *BVerwG* NVwZ 2005, 1178: Die Frage nach dem richtigen Beklagten ist bei der Feststellungsklage eine Frage der Zulässigkeit des Rechtsbehelfs, denn es geht darum, ob der Beklagte an dem Rechtsverhältnis, dessen Feststellungsfähigkeit Zulässigkeitsvoraussetzung ist, beteiligt ist.

klagten verlangt werden kann. Umgekehrt fehlt sie dann, wenn zur Erfüllung eines im Übrigen begründeten Anspruchs jedenfalls nicht der Beklagte befugt und in der Lage ist. Für Widerrufs- bzw. Unterlassungsbegehren im öffentlichen Recht ist anerkannt, dass derjenige, der wegen Rufschädigung den Widerruf einer ehrkränkenden dienstlichen Äußerung eines Beamten erreichen will, sich grundsätzlich an die zuständige öffentlich-rechtliche Körperschaft, nicht aber an den Beamten selbst zu halten hat. Dies beruht auf der Überlegung, dass der Beamte als Einzelperson nicht in der Lage ist, verbindlich über seine weitere Amtsführung – wozu der geforderte Widerruf gehört – zu entscheiden. So, wie eine bei Wahrnehmung hoheitlicher Aufgaben getätigte Äußerung der hinter dem Beamten stehenden Körperschaft zugerechnet wird, ist auch der Widerruf eine Amtshandlung, für die nur die Körperschaft in Anspruch genommen werden kann. Der Beamte ist nur ausnahmsweise dann selbst in Anspruch zu nehmen, wenn es um Äußerungen geht, die er als Privatperson oder jedenfalls in bürgerlich-rechtlicher Gleichordnung wie z. B. bei der Abwicklung eines fiskalischen Hilfsgeschäfts getan hat. Nach diesen Grundsätzen hat die Klägerin mit der Stadt S, für die ihr Bürgermeister als Amtsträger tätig geworden ist, die richtige Beklagte verklagt…"

2. Die Begründetheit der Anfechtungsklage

a) Gegenstand der Anfechtungsklage

Gegenstand der Anfechtungsklage ist nach § 79 Abs. 1 Nr. 1 VwGO in der Regel der ursprüngliche VA in der Gestalt, die er durch den Widerspruchsbescheid erfahren hat (sog. **Einheitsklage**). VA und Widerspruchsbescheid stellen also regelmäßig eine prozessuale Einheit dar; der Widerspruchsbescheid gibt dem Bescheid in Tenor und Begründung seine maßgebliche Gestalt.[609] Für die Klausurpraxis bedeutet dies: Hat der Kläger den Antrag gestellt, den Ausgangs- sowie den Widerspruchsbescheid aufzuheben, ist Klagegegenstand nur der Ausgangsbescheid und zwar auch dann, wenn die Widerspruchsbehörde den verfügenden Teil des Ausgangsbescheids oder die eine Ermessensentscheidung tragenden Gründe geändert hat. In diesem Fall ist der „umgestaltete" Bescheid Gegenstand der gerichtlichen Überprüfung; maßgebend sind dann die Ermessenserwägungen der Widerspruchsbehörde. Weist der Widerspruchsbescheid inhaltliche Fehler auf, die im Ausgangsbescheid noch nicht enthalten waren, sind nach *h. M.*[610] sowohl der Ausgangs- als auch der Widerspruchsbescheid aufzuheben. 305

Gegenstand der Anfechtungsklage können nach § 79 Abs. 1 Nr. 2 VwGO auch der **Abhilfebescheid** oder der **Widerspruchsbescheid** sein, wenn sie einen **Dritten erstmalig beschweren** (Beispiel: Die Widerspruchsbehörde verpflichtet die Ausgangsbehörde zur Erteilung einer Gaststättenerlaubnis; dagegen klagt der Nachbar). Ferner kann der Widerspruchsbescheid gemäß § 79 Abs. 2 Satz 1 VwGO allein angefochten werden, wenn und soweit er gegenüber dem ursprünglichen VA eine zusätzliche selbstständige Beschwer enthält (Beispiel: reformatio in peius). 306

Schließlich kann der Kläger nach zumindest *teilweise vertretener Ansicht*[611] auch **kumulativ nach § 79 Abs. 1 Nr. 1 VwGO und nach § 79 Abs. 2 VwGO** vorgehen. Dies muss er in seinem Antrag und seiner Begründung aber durch entsprechende 307

[609] *BVerwG* DVBl. 2002, 1045; Eyermann/*Happ*, § 79 Rn. 5.
[610] *OVG Bautzen* NVwZ-RR 2002, 409 m. w. N.; *Clausing*, JuS 2003, 170.
[611] Eyermann/*Happ*, § 79 Rn. 29; *Jäde*, BayVBl. 1990, 696.

Ausführungen zur Sache deutlich machen.[612] Sinnvoll ist ein solches Vorgehen nur, wenn der Kläger sowohl durch den Ausgangsbescheid als auch durch den Widerspruchsbescheid beschwert wird, er beide Bescheide für rechtswidrig hält und die Beschwer durch den Widerspruchsbescheid nicht – wie etwa bei der reformatio in peius – bereits durch die Klage gegen den Ausgangsbescheid gemäß § 79 Abs. 1 Nr. 1 VwGO erfasst ist.

Beispiel: Der Kläger wendet sich gegen einen im Ermessen der Behörde stehenden belastenden VA, den er für materiell rechtswidrig hält; zugleich ist er der Auffassung, dem Widerspruchsbescheid hafte der wesentliche Verfahrensfehler der unzulänglichen Sachverhaltsermittlung an.

Nach der *Gegenmeinung*[613] hat der Kläger immer nur die Wahl zwischen der Anfechtung nach § 79 Abs. 1 Nr. 1 VwGO oder der isolierten Anfechtung nach § 79 Abs. 1 Nr. 2 bzw. Abs. 2 VwGO.

308 Kommt das VG bei der Klage nach § 79 Abs. 1 Nr. 1 VwGO zu dem Ergebnis, dass der Ausgangsbescheid rechtmäßig, der Widerspruchsbescheid aber verfahrensfehlerhaft zustande gekommen ist, wird das Begehren auf Kassation des Ausgangsbescheids abgewiesen, während der Widerspruchsbescheid aufzuheben ist.[614] Bei Ermessensakten hat dies zur Folge, dass die Widerspruchsbehörde erneut über den Widerspruch entscheiden muss, während bei gebundenen Entscheidungen hierfür kein Grund besteht.[615]

b) Der Obersatz

309 Liegt der Klausur eine **Einheitsklage** zugrunde und haben Sie bereits Ausführungen zur Zulässigkeit der Klage gemacht, so lautet der Einstieg in die Begründetheit im Falle des Obsiegens etwa wie folgt:

> „Die Klage ist auch in der Sache begründet. Der Bescheid der Beklagten vom 2. Juni 2015 und der Widerspruchsbescheid vom 28. August 2015 sind rechtswidrig und verletzen den Kläger in seinen Rechten (§ 113 Abs. 1 Satz 1 VwGO)."

Unterliegt der Kläger mit seinem Begehren, so empfiehlt sich folgender Beginn:

> „Die Klage ist jedoch unbegründet. Der Bescheid der Beklagten vom 2. Juni 2015 und der Widerspruchsbescheid vom 22. August 2015 sind rechtmäßig und verletzen den Kläger nicht in seinen Rechten (§ 113 Abs. 1 Satz 1 VwGO)."

Ist die Klage teilweise erfolgreich, leiten Sie etwa so ein:

> „Die Klage ist in dem aus dem Tenor ersichtlichen Umfang begründet. Insoweit sind der Bescheid der Beklagten vom 2. Juni 2015 und der Widerspruchsbescheid vom 22. August 2015 rechtswidrig und verletzen den Kläger in seinen Rechten (§ 113 Abs. 1 Satz 1 VwGO)."

---

612 *VGH Mannheim* NVwZ-RR 1997, 447; *BVerwG* Buchholz 310 Nr. 18 zu § 79 VwGO.
613 *VGH München* BayVBl. 1990, 370; *Kopp/Schenke,* § 79 Rn. 2.
614 Vgl. *BVerwGE* 13, 195; *Kopp,* JuS 1994, 742 f.
615 Schoch/*Pietzcker,* § 79 Rn. 6.

Bei der **Drittanfechtungsklage** sollten Sie bereits im Obersatz zum Ausdruck bringen, dass nicht die objektive Rechtswidrigkeit des angefochtenen VA, sondern allein die subjektive Rechtsverletzung des Klägers maßgebend ist: 310

> „Die Klage ist begründet. Die Baugenehmigung vom 2. Juni 2015 und der Widerspruchsbescheid vom 22. August 2015 sind rechtswidrig und verletzen den Kläger in seinen Rechten (§ 113 Abs. 1 Satz 1 VwGO). Sie verstoßen gegen von der Bauaufsichtsbehörde zu prüfende öffentlich-rechtliche Vorschriften, die auch dem Schutz des Klägers als Nachbarn zu dienen bestimmt sind."

c) Die Benennung der Rechtsgrundlage

Zu Beginn der Prüfung der Rechtmäßigkeit des streitgegenständlichen VA ist zunächst die **einschlägige Rechtsgrundlage** anzugeben.[616] Die Norm ist präzise zu zitieren (gegebenenfalls mit Absatz, Satz oder Ziffer) und die Regelung ihrem Inhalt nach wiederzugeben. Bei der Suche nach der richtigen Rechtsgrundlage müssen Sie darauf achten, dass Sie die spezielleren Normen vor den allgemeinen zu prüfen haben; liegen die Tatbestandsvoraussetzungen der spezielleren nicht vor, so kommen die allgemeineren Rechtsvorschriften nur noch in Betracht, wenn die spezielleren keine abschließende Regelung darstellen.[617] 311

Gelegentlich sind auch zwei oder mehrere **Rechtsgrundlagen voneinander abzugrenzen,** z. B. bei der Frage, ob das Abschleppen eines Pkw eine Ersatzvornahme oder eine unmittelbare Ausführung darstellt. Hier empfiehlt es sich, zuerst die Voraussetzungen der Norm zu erörtern, die Sie letztlich nicht für einschlägig halten, um danach die Bestimmung zu prüfen, die eingreift. Hat die Behörde den VA auf eine **falsche Rechtsgrundlage** gestützt, so kann das **VG** diese **austauschen,** sofern der VA von der einschlägigen Bestimmung getragen wird.[618] Bei ErmessensVAen sind dabei ggf. die Grundsätze des Nachschiebens von Gründen zu beachten (s. dazu Rn. 339 ff.). Dazu folgendes Formulierungsbeispiel: 312

> „Die von der Beklagten als Rechtsgrundlage des Bescheids herangezogene Vorschrift des § ... kommt allerdings nicht in Betracht. Nach dieser Vorschrift (...). Eine taugliche Ermächtigungsgrundlage für den hier strittigen VA, (...), gibt indessen § ... . Danach (...).
>
> Einem „Austausch" der den Bescheid tragenden Rechtsgrundlage durch das Gericht steht nicht entgegen, dass die Beklagte weiterhin die Auffassung vertritt, § ... sei einschlägig. Welche Rechtsgrundlage heranzuziehen ist, ist unabhängig von den Rechtsansichten der Beteiligten vom Gericht zu entscheiden. Das Verwaltungsgericht hat im Rahmen des § 113 Abs. 1 Satz 1 VwGO von Amts wegen zu prüfen, ob das materielle Recht die durch einen Verwaltungsakt getroffene Regelung trägt oder nicht. Hierzu gehört – in rechtlicher Hinsicht – die Prüfung, ob ein angegriffener Verwaltungsakt kraft einer anderen als der angegebenen Rechtsgrundlage rechtmäßig ist. Weiter sind – in tatsächlicher Hinsicht – alle

---

[616] S. z. B. *Hufen,* § 25 Rn. 3. Ebenso vertretbar ist es, die Rechtsgrundlage des VA erst nach Erörterung der formellen Rechtmäßigkeit des VA zu Beginn der Prüfung der materiellen Rechtmäßigkeit des VA zu benennen.

[617] *Ramsauer,* Rn. 14.31.

[618] *BVerwG* NVwZ-RR 2010, 636; *OVG Münster* BeckRS 2014, 59119; *OVG Schleswig* NordÖR 2009, 467.

Umstände zu berücksichtigen, die die – gesamte oder teilweise – Aufrechterhaltung des angefochtenen Bescheids zu rechtfertigen vermögen.

Wird die in einem Bescheid (im „Bescheidtenor") verfügte Regelung auf einer anderen Rechtsgrundlage als der im Bescheid genannten aufrechterhalten, lässt dies die Identität der im Bescheid getroffenen behördlichen Regelung unberührt, wenn sie – wie hier – auf das selbe Regelungsziel gerichtet bleibt und infolge des „Austauschs" der Rechtsgrundlage keine Wesensänderung erfährt. Letzteres ist vorliegend nicht ersichtlich.

Der Umstand, dass die von der Behörde angewandte Ermächtigungsgrundlage des § ... eine Ermessensentscheidung vorsieht, steht der Aufrechterhaltung des angefochtenen Bescheids nicht entgegen, denn die Ermächtigungsgrundlage in § ... sieht ebenfalls behördliches Ermessen vor. Ist die beklagte Behörde – wie hier – für beide Ermächtigungsgrundlagen zuständig, wäre nur dann eine andere rechtliche Beurteilung zu erwägen, wenn die nach der (als unzutreffend erkannten) Norm getroffene Ermessensentscheidung nicht dem „normspezifischen Zuschnitt" der (richtigen) Ermessensnorm entspräche. Bestehen – wie hier – insoweit keine wesentlichen Unterschiede, wird durch die auf eine andere Rechtsgrundlage erfolgende Aufrechterhaltung eines Bescheides das „Wesen" der getroffenen Ermessensentscheidung nicht verändert."

d) Die Wirksamkeit der Rechtsgrundlage

313 Die Ermächtigungsgrundlage muss zunächst wirksam sein. Hier ist zunächst deren Vereinbarkeit mit höherrangigem nationalen Recht sowie Europarecht zu erörtern, wenn ein greifbarer Anlass besteht.[619]

aa) Prüfung der Vereinbarkeit mit höherrangigem nationalen Recht

314 Hier ist zu differenzieren zwischen förmlichen und materiellen Gesetzen. In der Aufsichtsarbeit dürfte kaum mit einer Fallgestaltung zu rechnen sein, in der Sie bei der Prüfung der Wirksamkeit der einschlägigen **gesetzlichen Ermächtigungsgrundlage** zur Verfassungswidrigkeit der Norm gelangen. Denn dann müssten Sie wegen des Verwerfungsmonopols des *BVerfG* (Art. 100 GG) und der Landesverfassungsgerichte einen **Vorlagebeschluss** an das Verfassungsgericht fertigen.[620] Ist die Klausur so angelegt, dass Sie sich mit dieser Problematik auseinander setzen sollen, wird im Ergebnis die gesetzliche Grundlage verfassungsgemäß sein.[621] Merken Sie sich: Eine Vorlagepflicht besteht nur, wenn es nicht möglich ist, die Norm verfassungskonform auszulegen,[622] etwa im Wege der teleologischen Reduktion.

315 Klausurrelevanter ist die Prüfung der Vereinbarkeit der Ermächtigungsnorm mit höherrangigem Recht bei **materiellen Gesetzen.** Im Gegensatz zu förmlichen Gesetzen besitzt das VG bei Untergesetzesrecht des Bundes und der Länder neben der Prüfungs- nämlich auch eine Verwerfungskompetenz für nicht verfassungskonforme Verordnungen oder Satzungen. In Betracht kommt daher im Einzelfall die **inzidente Kontrolle einer Satzung** (Beispiel: Der Kläger wendet sich gegen eine Beseitigungsverfügung, die maßgeblich auf einen Verstoß gegen die Festsetzungen eines Bebau-

---

[619] Vgl. *Graf von Kielmansegg,* JuS 2013, 312, 315.
[620] S. dazu Rn. 554 ff.
[621] Vgl. dazu die Klausur von *Traub,* JA 2015, 42 zur Verfassungsmäßigkeit der §§ 1, 7 ff. HandwO.
[622] BVerfGE 86, 288, 320.

ungsplans gestützt werden). Hier ist anzumerken, dass das VG zwar die Wirksamkeit der Satzung von Amts wegen prüfen muss. Der Amtsermittlungsgrundsatz geht aber nicht so weit, dass dem Gericht eine „ungefragte“ Fehlersuche abverlangt wird.[623] Ergeben sich aus dem Klausurtext keine Anhaltspunkte für eine Unwirksamkeit der Satzung, genügt eine Formulierung wie „*Weder hat der Kläger Bedenken gegen die formelle oder materielle Wirksamkeit der Satzung erhoben noch sind solche für die Kammer ersichtlich.*“

bb) Prüfung der Vereinbarkeit mit Europarecht

Unter Umständen ist an dieser Stelle auch die mögliche Europarechtswidrigkeit der einschlägigen Rechtsgrundlage zu prüfen. Deshalb einige Anmerkungen zum **Anwendungsvorrang des Gemeinschaftsrechts:** 316

Besteht in dem konkret zu entscheidenden Fall ein Konflikt zwischen mitgliedstaatlichem Recht und Unionsrecht, so haben die Vertragsbestimmungen und die unmittelbar geltenden Rechtsakte der europäischen Organe in ihrem Verhältnis zum innerstaatlichen Recht der Mitgliedstaaten gemäß dem Grundsatz des **Anwendungsvorrangs des Unionsrechts** (kein Geltungsvorrang!) zur Folge, dass allein durch ihr Inkrafttreten jede entgegenstehende Bestimmung des nationalen Rechts ohne Weiteres unanwendbar wird.[624] Denn Unionsrecht ist das normhierarchisch gegenüber den nationalen Rechtsordnungen höher angesiedelte Recht. Dies hat zur Folge, dass mitgliedstaatliche Bestimmungen, die dem Unionsrecht zuwiderlaufen, zwar wirksam bleiben, von den mitgliedstaatlichen Gerichten und Behörden aber nicht angewendet werden dürfen.[625] Jedes im Rahmen seiner Zuständigkeit angerufene nationale Gericht ist als Organ eines Mitgliedstaats verpflichtet, in Anwendung des **Grundsatzes der Zusammenarbeit** das unmittelbar geltende Unionsrecht uneingeschränkt anzuwenden und die Rechte, die es den Einzelnen verleiht, zu schützen, indem es jede möglicherweise entgegenstehende Bestimmung des nationalen Rechts, gleichgültig, ob sie früher oder später als die Unionsnorm ergangen ist, unangewandt lässt. Ist das *VG* davon überzeugt, dass die maßgebliche deutsche Rechtsvorschrift europarechtswidrig ist, darf es die Norm nicht anwenden. Es kann die Frage der Europarechtswidrigkeit ohne vorherige Vorlage an den *EuGH* in eigener Verantwortung beantworten **(acte-clair-Doktrin).**[626] Hat das VG „nur“ Zweifel über die Europarechtskonformität der deutschen Vorschrift, ist es nach dem Wortlaut des Art. 267 Abs. 2 AEUV zur Vorlage an den *EuGH* berechtigt. Da das Monopol des *EuGH* zur Auslegung der Unionsverträge jedoch auf jeden Fall berührt wird, wenn ein nationales Gericht sich über eine unionsrechtliche Norm hinwegsetzen will, ist die **Vorlagepflicht** über den Wortlaut des Art. 267 Abs. 3 AEUV hinaus nicht auf ein letztinstanzliches Gericht beschränkt, sondern **erfasst** 317

---

[623] S. *BVerwG* BeckRS 2008, 32136.

[624] Z. B. *EuGH* NVwZ 2010, 1419 („Winner Wetten“); *BVerfG* NJW 2010,3422; *BVerwG* BeckRS 2013, 56767; ausführlich zum Anwendungsvorrang s. die Abhandlungen von *Polzin,* JuS 2012, 1; *Schöbener,* JA 2011, 885; *Ehlers,* Jura 2011, 187.

[625] S. z.B: *OVG Münster* BeckRS 2011, 56765; *OVG Saarlouis* BeckRS 2007, 20637 („Doc Morris“).

[626] Vgl. *EuGH* NJW 1983, 1257 („C. I. L. F. I. T.“); *BVerfGE* 82, 159, 193. Die Anforderungen der acte-clair-Doktrin sind aber sehr hoch. Da es sich um eine gesetzlich ungeschriebene Ausnahme zu der Vorlagepflicht des Art. 267 Abs. 3 AEUV handelt, ist die Doktrin eng auszulegen. Erforderlich ist eine Antwort ohne jeden Zweifel. Eine vertretbare Wahl zwischen verschiedenen materiell-rechtlichen Lösungsansätzen reicht nicht aus. Es muss vielmehr Sicherheit bestehen in dem Sinne, dass es keine Gegenmeinungen gibt oder diese als abwegig zu verwerfen sind (*Thüsing/Sternberg,* ZSEAR 2012, 30, 32).

jedes Gericht.[627] Auch ein deutsches Instanzgericht ist daher zu einer Klärung unionsrechtlicher Fragen durch eine Vorabentscheidung beim *EuGH* verpflichtet, wenn unklar ist, ob und inwieweit das Unionsrecht den Mitgliedstaaten einen Umsetzungsspielraum belässt, sofern Anlass zur Vorlage des nationalen Umsetzungsrechts wegen Unvereinbarkeit mit dem Grundgesetz nach Art. 100 Abs. 1 Satz 1 GG besteht.

318 Der Verstoß gegen Unionsrecht wegen des Anwendungsvorrangs des EU-Rechts führt **nicht** zur **Nichtigkeit** des angefochtenen Bescheids; die Rechtsgrundlage, auf der der VA beruht, kann in gemeinschaftsrechtlich relevanten Fällen lediglich nicht angewendet werden.[628]

319 **Beispiele für klausurrelevante Anfechtungsklagen mit europarechtlichen Bezügen:** Klage gegen Untersagung der Veranstaltung von Glücksspielen,[629] Klage gegen die Sicherstellung und Verwahrung eines Pkw wegen Verstoßes gegen die Mautpflicht auf deutschen Autobahnen,[630] Klage gegen Etikettierung von Produkten in deutscher Sprache,[631] Klage gegen Rückforderung einer zuvor gewährten Subvention.[632]

Ist die Gerichtsklausur so angelegt, dass Sie die Vereinbarkeit der einschlägigen Rechtsgrundlage mit Europarecht zu prüfen haben, wird auch hier im Ergebnis regelmäßig die gesetzliche Grundlage europarechtskonforn sein.

e) Die Prüfung der formellen Rechtmäßigkeit

320 Sofern der Sachverhalt Anhaltspunkte bietet, ist zunächst die **formelle Rechtmäßigkeit des angefochtenen VA** zu erörtern. Dessen formelle Voraussetzungen ergeben sich vor allem aus dem VwVfG und den jeweiligen Landesverwaltungsverfahrensgesetzen, ausnahmsweise können sie auch der AO zu entnehmen sein.

321 In Betracht kommen folgende formellen Gesichtspunkte:[633]

- Sachliche, instanzielle und örtliche **Zuständigkeit der Behörde** (Bearbeitervermerk oder abgedruckte Zuständigkeitsverordnung beachten).
- **Beachtung der Verfahrens-** und **Formvorschriften** im Einzelnen, insbesondere Anhörung (§ 28 VwVfG),[634] Form (§ 37 Abs. 2–4 VwVfG), Bekanntgabe (§ 41 VwVfG) und Begründungserfordernis (§ 39 VwVfG).[635]
- **Heilung oder Unbeachtlichkeit** eventuell festgestellter Fehler (§§ 45, 46, 47 VwVfG).[636]

---

[627] *EuGH,* Slg. 1987, I-4199; *BVerfG* NJW 2012, 45; *Frenz,* VR 2011, 165, 166. Die Vorlagepflicht nach Art. 267 Abs. 3 AEUV wird in den Fällen offensichtlich unhaltbar gehandhabt, in denen ein letztinstanzliches Hauptsachegericht eine Vorlage trotz der – seiner Auffassung nach bestehenden – Entscheidungserheblichkeit einer unionsrechtlichen Frage überhaupt nicht in Erwägung zieht, obwohl es selbst Zweifel hinsichtlich der richtigen Beantwortung der Frage hegt und das Unionsrecht somit eigenständig fortbildet (*BVerfG* BeckRS 2015, 40881).

[628] *BVerwG* NVwZ 2000, 1039.

[629] S. dazu die Klausur von *von Detten/Frenzel,* JuS 2010, 811 sowie die Abhandlungen von *Dörr/Urban,* Jura 2011, 681 und *Lippert,* JA 2012, 124.

[630] S. dazu die Klausur von *Hindelang/Berner,* JuS 2014, 812 und die Abhandlung von *Beck,* NZV 2014, 289.

[631] S. dazu die Klausur von *Tappe/Mehlhaf,* JA 2014, 922.

[632] *BVerwG* NJW 1998, 3728; s. auch *Ebeling/Tellenbröker,* JuS 2014, 217.

[633] Ausführlich dazu *Stein,* DVP 2009, 2.

[634] Näher dazu s. Rn. 726.

[635] Näher dazu s. Rn. 730.

[636] Näher dazu s. Rn. 727 f.; s. hierzu auch ausführlich *Beaucamp,* JA 2007, 117.

Zu dem letztgenannten Punkt ein **Formulierungsbeispiel** (Die Heilung einer unterbliebenen Anhörung durch das Widerspruchsverfahren ist unproblematisch und kann daher in der gebotenen Kürze abgehandelt werden): 322

„Die angefochtene Verfügung ist verfahrensfehlerfrei zustande gekommen. Zwar wurde der Kläger vor Erlass des Verwaltungsakts nicht angehört, obwohl dies § 28 Abs. 1 VwVfG[637] vorschreibt. Insbesondere konnte von der Anhörung nicht nach Abs. 2 der genannten Norm abgesehen werden, da keine der darin aufgeführten Ausnahmen gegeben ist. Jedoch ist dieser Verfahrensfehler nach § 45 Abs. 2 i. V. m. Abs. 1 Nr. 3 VwVfG als geheilt anzusehen, da die erforderliche Anhörung, die bis zum Abschluss der letzten Tatsacheninstanz eines verwaltungsgerichtlichen Verfahrens möglich ist, im Widerspruchsverfahren nachgeholt wurde."

f) Die Prüfung der materiellen Rechtmäßigkeit

aa) Maßgeblicher Zeitpunkt der Sach- und Rechtslage

Die Prüfung der materiellen Rechtmäßigkeit des VA nimmt in der Regel den weitaus größten Teil der Examensarbeit ein. Damit der VA materiell rechtmäßig ist, müssen die tatbestandlichen Vorausetzungen der einschlägigen Rechtsgrundlage vorliegen, der VA muss ferner an den richtigen Adressaten gerichtet sein, weiter muss der VA den allgemeinen Rechtmäßigkeitsanforderungen entsprechen und die Behörde muss die zulässige Rechtsfolge gewählt haben. 323

Achten Sie konsequent auf einen **klar gegliederten Aufbau** und erörtern Sie der Reihe nach Tatbestandsmerkmal für Tatbestandsmerkmal, falls der Fall Anlass hierzu gibt. Der **Prüfungsaufbau** ist **zweistufig:** zuerst erfolgt die **Prüfung der Rechtmäßigkeit des VA,** danach die **subjektive Rechtsverletzung des Klägers.** Sie müssen sich ferner darüber klar werden, auf welchen **Zeitpunkt der Sach- und Rechtslage** es für die **Beurteilung der Rechtmäßigkeit** des angefochtenen VA ankommt.[638] Maßgeblich ist das jeweils einschlägige materielle Recht.[639] Bestimmt eine gesetzliche Regelung nichts Abweichendes,[640] so ist nach **h. M.**[641] im Zweifel **auf den Zeitpunkt der letzten Verwaltungsentscheidung** abzustellen.[642] Denn es ist die Aufgabe des VG, im Anfechtungsprozess die Rechtmäßigkeit einer getroffenen Behördenentscheidung zu überprüfen und eine rechtswidrig getroffene Entscheidung aufzuheben. Daraus folgt, dass eine Änderung der Sach- und Rechtslage nach der letzten Behördenentscheidung auf die Rechtmäßigkeit des VA grundsätzlich keinen Einfluss hat. Hat der Kläger in 324

---

[637] Diese Vorschrift ist selbstverständlich unmittelbar nur anwendbar, wenn eine Bundesbehörde handelt. Ansonsten gelten die landesrechtlichen Parallelvorschriften oder Verweisungsnormen.

[638] Ausführlich dazu *Gärditz/Orth,* Jura 2013, 1100.

[639] Z. B. *BVerwG* DVBl 2008, 392.

[640] So ist z. B. im **Ausländerrecht** für die Beurteilung der Rechtmäßigkeit einer **Ausweisung** bei Ausländern einheitlich die Sach- und Rechtslage im Zeitpunkt der mündlichen Verhandlung maßgeblich (*BVerwG* DVBl. 2008, 392).

[641] Z. B. *BVerwG* NVwZ 2001, 322; a. A. *Kopp/Schenke,* § 113 Rn. 35: Maßgebend ist der Zeitpunkt der mündlichen Verhandlung.

[642] So z. B. bei der Fahrerlaubnisentziehung (*VGH Mannheim* NJW 2012, 3321) oder beim Widerruf der Gaststättenerlaubnis (*VGH Kassel* LKRZ 2012, 508). Ist nach Erhebung einer Untätigkeitsklage bis zur gerichtlichen Entscheidung kein Widerspruchsbescheid ergangen, so ist maßgeblicher Zeitpunkt für die gerichtliche Überprüfung der Zeitpunkt der gerichtlichen Entscheidung in der Tatsacheninstanz (s. *VGH Mannheim* VBlBW 2006, 354).

den Fällen des sog. „fakultativen Vorverfahrens“[643] unmittelbar Klage gegen den VA erhoben, bleibt der Zeitpunkt der Behördenentscheidung maßgebend.[644] Bei **Dauer-VAen**[645] wie Verkehrszeichen,[646] bauordnungsrechtlichen Baueinstellungsverfügungen[647] oder Nutzungsuntersagungen[648], Ingewahrsamnahmen[649], Wohnungsverweisungen[650] oder gaststättenrechtlichen Sperrzeitentscheidungen[651] und glückspielrechtlichen Untersagungen[652] ist dagegen die **Sach- und Rechtslage zum Zeitpunkt der mündlichen Verhandlung** vor dem VG zugrunde zu legen, soweit es um die tatbestandlichen Voraussetzungen der einschlägigen Vorschrift geht; für die Beurteilung der Rechtmäßigkeit der Ermessensbetätigung der Behörde ist der Zeitpunkt der letzten Behördenentscheidung maßgebend.[653] Eine **Gegenausnahme** ergibt sich bei der **Anfechtung einer Gewerbeuntersagung** nach § 35 Abs. 1 GewO aus § 35 Abs. 6 Satz 2 GewO,[654] d. h. hier ist auf den Zeitpunkt der letzten Behördenentscheidung abzustellen. Dies gilt auch für die Beurteilung der Notwendigkeit erkennungsdienstlicher Maßnahmen; hier ist der Zeitpunkt der tatsächlichen Vornahme dieser Maßnahmen entscheidend.[655] Bei **bauaufsichtlichen Beseitigungsanordnungen** kommt es grundsätzlich auf den Zeitpunkt der letzten Behördenentscheidung an;[656] allerdings sind hinsichtlich der materiellen Rechtmäßigkeit des Vorhabens Änderungen zugunsten des Bauherrn bis zur mündlichen Verhandlung zu berücksichtigen. Denn es wäre sinnwidrig, müsste der Bauherr bauliche Anlagen abreißen, deren Wiedererrichtung sogleich nach dem Abriss ihm gestattet werden müsste.[657] Beim **Baunachbarstreit** beurteilt sich die Rechtmäßigkeit der angefochtenen Baugenehmigung grundsätzlich nach der Sach- und Rechtslage im Zeitpunkt der Genehmigungserteilung. Spätere Änderungen zu Lasten des Bauherrn bleiben außer Betracht. Dagegen sind nachträgliche Änderungen, die sich insgesamt zu Gunsten des Vorhabens des Bauherrn auswirken, zu berücksichtigen.[658] Maßgeblicher Zeitpunkt für die Beurteilung der Sach- und Rechtslage bei der Anfechtungsklage einer Gemeinde gegen einen Widerspruchsbescheid, mit dem sie „nur“ zur Erteilung einer von ihr versagten

---

643 Rn. 259.

644 *VGH München* BeckRS 2011, 46068.

645 Ein DauerVA ist nach seinem Sinn und Zweck und dem einschlägigen materiellen Recht in seinen Wirkungen wesensgemäß auf Dauer angelegt. Er erschöpft sich nicht in einem einmaligen Ge- oder Verbot oder in einer einmaligen Gestaltung der Rechtslage, sondern begründet ein auf Dauer berechnetes oder in seinem Bestand vom VA abhängiges Rechtsverhältnis oder verändert es inhaltlich. Die Behörde hat den DauerVA auf fortbestehende Rechtmäßigkeit zu überwachen; für seine rechtliche Beurteilung ist grundsätzlich die jeweils aktuelle Sach- und Rechtslage maßgeblich (*BVerwG* BeckRS 2014, 58790).

646 *BVerwG* NJW 2004, 698; *OVG Koblenz* NVwZ-RR 2014, 582.

647 *OVG Greifswald* NordÖR 2009, 123.

648 *VGH Mannheim* GewArch 2003, 496, 497.

649 *VGH Mannheim* DVBl. 2011, 626.

650 *OVG Münster* NJW 2015, 1468.

651 S. hierzu *VGH Mannheim* NVwZ-RR 2003, 745.

652 *BVerwG* NVwZ 2014, 151.

653 *VGH Mannheim* GewArch 2003, 496, 497.

654 *BVerwG* GewArch 1996, 24; *OVG Magdeburg,* LKV 2012, 136.

655 *OVG Lüneburg* NdsVBl 2008, 174.

656 Vgl. *BVerwG* NVwZ 2014, 454.

657 *BVerwG* NJW 1986, 1186: Die bloße Aussicht auf eine für den Betroffenen positive Rechtsänderung genügt allerdings nicht. Nach Auffassung des *OVG Berlin Brandenburg* LKV 2014, 177 können dagegen nachträgliche Änderungen der Rechtslage nur gemäß § 51 Abs. 1 Nr. 1 VwVfG in einem gesonderten Verwaltungsverfahren berücksichtigt werden (so auch *BVerwG* NVwZ 1993, 476).

658 *BVerwG* NVwZ 1998, 1179 und NVwZ 2008, 1349; *OVG Saarlouis* BeckRS 2014, 52334.

Baugenehmigung verpflichtet wird, ist der Zeitpunkt der letzten mündlichen Verhandlung.[659] Denn dadurch, dass sich die Widerspruchsbehörde darauf beschränkt, die Ausgangsbehörde zur Erteilung der begehrten Genehmigung zu verpflichten, statt diese Sachentscheidung selbst zu treffen, erhält der Bauherr keine gegenüber nachträglichen Rechtsänderungen gesicherte Rechtsposition. Angesichts der andersartigen Funktion des Immissionsschutzrechts gegenüber dem Baugenehmigungsverfahren sind die baurechtlichen Grundsätze auf das Immissionsschutzrecht nicht übertragbar, d.h. bei **immissionsschutzrechtlichen Drittanfechtungsklagen** ist für die Beurteilung der Sach- und Rechtslage der Zeitpunkt der letzten Verwaltungsentscheidung maßgeblich, ohne dass danach zu differenzieren ist, ob etwaige Rechtsänderungen zu Gunsten oder zu Ungunsten des Anlagenbetreibers eingetreten sind.[660]

bb) VA-Befugnis

Für den Erlass eines VA, mit dem eine verbindliche Regelung getroffen wird, bedarf die Behörde nach dem Grundsatz des Vorbehalts des Gesetzes einer gesetzlichen Grundlage, die sich ausdrücklich (auch) auf die Handlungsform VA beziehen muss (sog. **VA-Befugnis**).[661] Aus der Rechtsgrundlage muss ersichtlich sein, dass die Verwaltung befugt ist, gegenüber dem Normunterworfenen gerade in der Form des VA zu handeln (z.B. die Berechtigung, einen Leistungsbescheid zu erlassen). Dies gilt auch für den Fall, dass es sich bei dem Bescheid nicht um einen befehlenden, sondern nur um einen feststellenden VA handelt, wenn sein Inhalt etwas als rechtmäßig feststellt, was der Betroffene erklärtermaßen nicht für rechtens hält.[662] Für die Frage, aus welchen Bestimmungen sich die „VA-Befugnis" ergibt, ist das materielle Recht maßgebend.Es reicht aus, wenn sich die VA-Befugnis dem Gesetz **im Wege der Auslegung** entnehmen lässt.[663] **325**

Ausnahmen vom Erfordernis einer besonderen Handlungsermächtigung sind von der Rechtsprechung in engen Grenzen anerkannt. So bedarf es für den Erlass eines Leistungsbescheides nicht stets einer gesetzlichen Grundlage. Zum einen ist nahezu unbestritten, dass durch VA gewährte Leistungen ohne spezielle Ermächtigung durch VA zurückgefordert werden dürfen, wenn sich herausstellt, dass sie zu Unrecht erbracht worden sind (sog. **Kehrseitentheorie**).[664] Zum anderen besteht weitgehend Einigkeit darüber, dass die öffentliche Hand ein Forderungsrecht durch VA geltend machen darf – vor allem im Bereich des Beamten- und Soldatenverhältnisses – wenn der Hoheitsträger dem in Anspruch Genommenen im Verhältnis hoheitlicher Überordnung gegenübersteht. Die Überordnung muss dabei gerade auch in Bezug auf den Anspruch bestehen, der durch VA geregelt werden soll. Eine VA-Befugnis ist auch im Verhältnis öffentlicher Träger untereinander erforderlich.[665] **326**

Beachten Sie: In der Klausur ist die VA-Befugnis nur dann zu prüfen, wenn das Problem ausdrücklich von einem der Beteiligten angesprochen wird oder die Ermächtigungsgrundlage keinerlei Anhaltspunkte bietet, dass die Behörde im Fall durch VA handeln darf.[666] **327**

---

659 *BVerwG* DVBl. 2008, 386.
660 *VGH Mannheim* VBlBW 2012, 431.
661 BVerwGE 72, 265.
662 *BVerwG* NJW 2004, 1191; vgl. auch *OVG Koblenz* LKRZ 2009, 233.
663 *BVerwG* DVBl. 2012, 303.
664 Vgl. *BVerwG* NJW 1977, 1838 und NVwZ 1984, 36.
665 *VGH Mannheim,* Urt. v. 7.12.2007 – 1 S 1255/06 – juris.
666 *Stein,* DVP 2009, 2, 3.

cc) Unbestimmte Rechtsbegriffe auf der Tatbestandsseite

328 Auf der Tatbestandsseite finden sich häufig sog. **unbestimmte Rechtsbegriffe** (z. B. „Zuverlässigkeit" im Sinne von § 5 Abs. 1 WaffG, „Eignung" und „Befähigung" im Sinne des § 9 Abs. 1 BBG). Grundsätzlich unterliegen auch solche Begriffe, deren Inhalt nicht durch einen fest umrissenen Sachverhalt ausgefüllt wird, sondern bei der Rechtsanwendung auf einen gegebenen Tatbestand im Einzelfall der Präzisierung bedarf, der **uneingeschränkten gerichtlichen Nachprüfung** (so z. B. der Begriff der Zuverlässigkeit im Sinne von § 5 Abs. 1 WaffG). Soweit Schlussfolgerungen aus einem unbestimmten Rechtsbegriff zu ziehen sind, erstreckt sich diese uneingeschränkte Kontrolle sowohl auf die Bestimmung des Sinngehalts der Norm als auch auf die Feststellung der Tatsachengrundlagen und die Anwendung des unbestimmten Rechtsbegriffs auf die im Einzelfall festgestellten Tatsachen.[667] Die Konkretisierung unbestimmter Rechtsbegriffe kann auch durch gesetzliche Verweisung auf bestimmte Verwaltungsvorschriften oder sonstige untergesetzliche Regelwerke erfolgen;[668] sind diese Voraussetzungen erfüllt, sind die Regelwerke für den Richter bindend.

329 Bei Vorliegen besonderer Voraussetzungen ist der Verwaltungsbehörde bei der Anwendung eines unbestimmten Rechtsbegriffs ferner ein eigener, der gerichtlichen Kontrolle nicht mehr zugänglicher **Beurteilungsspielraum** eingeräumt.[669] Vereinzelt hat der Gesetzgeber einen Beurteilungsspielraum ausdrücklich determiniert.[670] Ansonsten ist ein solcher Ausnahmefall dann gegeben, wenn nach Sinn und Zweck der jeweiligen Rechtsvorschrift der Verwaltung das abschließende Urteil über das Vorliegen der durch einen unbestimmten Gesetzesbegriff gekennzeichneten tatbestandlichen Voraussetzungen vorbehalten bleiben muss, weil – insbesondere bei prognostischen und Auswahlentscheidungen – die erforderlichen Einschätzungen nicht nachträglich durch die VGe ersetzt werden können.[671] Um einen unbestimmten Rechtsbegriff mit Beurteilungsspielraum oder Einschätzungsprärogative handelt es sich z. B. bei dem Tatbestandsmerkmal der „Eignung" im Sinne des § 9 Abs. 1 BBG.[672] Steht der Behörde bei der Anwendung eines unbestimmten Rechtsbegriffs ein Beurteilungsspielraum zu, beschränkt sich die sog. **verwaltungsgerichtliche Restkontrolle** auf die folgenden Punkte:[673] Wurde von einem korrekten Sachverhalt ausgegangen? Wurden die Verfahrensvorschriften eingehalten? Wurde das anzuwendende Recht richtig erkannt? Wurden sachfremde Erwägungen angestellt? Liegt ein Verstoß gegen allgemeingültige Bewertungsgrundsätze vor? Stellt das VG einen Beurteilungsfehler fest, ist der VA grundsätzlich aufzuheben.

330 Weitere **Fallgruppen des Beurteilungsspielraums** sind: beamtenrechtliche Eignungs- und Leistungsbeurteilungen, Prüfungs- und Prognoseentscheidungen sowie Entscheidungen wertender Art durch weisungsunabhängige Gremien.[674]

---

[667] *BVerwG* NVwZ 1997, 707.

[668] *BVerfG* NVwZ 2011, 1062; vgl. auch *BVerfG* GewArch 2012, 198.

[669] Ausführlich dazu *Kment/Vorwalter,* JuS 2015, 193.

[670] So schreibt **§ 4 a Abs. 2 Nrn. 1–4 UmwRG** das nach ständiger Rechtsprechung geltende abgeschwächte Kontrollprogramm fest.

[671] Vgl. BVerfGE 64, 82, 111; offen gelassen von *BVerfG* GewArch 2012, 198; *BVerwG* NJW 2007, 2790; *Voßkuhle,* JuS 2007, 117, 118.

[672] *BVerwG* NVwZ 1999, 75; s. auch *VGH München* BayVBl. 2004, 494, 497 zur Auswahl von Bewerbern bei Volksfesten.

[673] S. z. B. *BVerwG*E 140, 384; *Beaucamp,* JA 2012, 193, 195.

[674] Näher dazu s. *Ramsauer,* 38.06 ff.; *Kment/Vorwalter,* JuS 2015, 193, 198; *Beaucamp,* JA 2012, 193.

dd) Inhaltliche Bestimmtheit des VA

Gemäß § 37 Abs. 1 VwVfG muss der VA inhaltlich hinreichend bestimmt sein.[675] Fehlt es hieran, so liegt ein **materieller Fehler** vor;[676] eine Heilung gemäß § 45 VwVfG kommt daher nicht in Betracht. Gleichwohl ist die Behörde befugt, einen Verstoß gegen das Bestimmtheitsgebot eines VA gemäß § 37 Abs. 1 VwVfG durch nachträgliche Klarstellung zu heilen.[677] Die Heilung der Unbestimmtheit mit Rückwirkung im Verwaltungsprozess kann aber nur in der für den zu heilenden VA maßgebenden Form erfolgen.[678] 331

ee) Die Rechtsfolgenseite

aaa) Gebundene Entscheidungen

Eine wesentliche Weichenstellung für die weitere Rechtmäßigkeitsprüfung ist die Unterscheidung, ob es sich bei dem angefochtenen VA um eine **gebundene oder eine Ermessensentscheidung** handelt. Im ersten Fall (Beispiel: Rücknahme einer gaststättenrechtlichen Erlaubnis nach § 15 Abs. 1 GastG) kommt es regelmäßig allein darauf an, ob die entsprechenden Tatbestandsmerkmale der Eingriffsnorm erfüllt waren und die Behörde die gesetzliche Rechtsfolge gewählt hat. Das Vorliegen dieser Voraussetzungen hat das VG in eigener Verantwortung zu überprüfen. An die Rechtsauffassungen der Beteiligten, etwa dazu, warum ein Gastwirt als unzuverlässig anzusehen ist, ist das VG nicht gebunden. Dem entspricht es, dass auch die Behörde die ursprüngliche Begründung noch im Rechtsstreit ohne rechtliche Einschränkung ergänzen, ändern bzw. auf eine neue Rechtsgrundlage stützen kann, solange der VA dadurch nicht in seinem Wesen verändert wird.[679] 332

Ergeben sich Anhaltspunkte, dass die Maßnahme ausnahmsweise aufgrund der konkreten Umstände des Einzelfalls unverhältnismäßig sein könnte, ist auch bei gebundenen Verwaltungsentscheidungen noch gesondert zu prüfen, ob die vorgesehene Rechtsfolge dem verfassungsrechtlich verankerten **Grundsatz der Verhältnismäßigkeit** entspricht.[680] Dieser verlangt, dass die Maßnahme zur Erreichung des mit ihr verfolgten Zweck geeignet und erforderlich ist sowie in einem angemessenen Verhältnis zu den mit der Maßnahme verfolgten Interessen steht. Einige Anmerkungen zur Prüfung des Verhältnismäßigkeitsgrundsatzes:[681] 333

Zuerst benennen Sie den staatlich verfolgten **Zweck,** auf den die Maßnahme gerichtet ist. Ist bereits der Zweck als solcher nicht legitim, ist die Maßnahme von vornherein unverhältnismäßig. Als nächstes bezeichnen Sie das von der Behörde ausgewählte **Mittel** so konkret wie möglich. Die Maßnahme ist **geeignet,** den Zweck zu erreichen, wenn sie seine Erreichung bewirkt oder zumindest fördert. **Erforderlich** ist die Maßnahme, wenn kein anderes Mittel zur Verfügung steht, das ebenso (oder sogar besser) geeignet ist, den Zweck zu erreichen, gleichzeitig aber denjenigen, den die Maßnahme betrifft, weniger belastet. **Angemessen** (auch: verhältnismäßig im engeren Sinn) schließlich ist eine Maßnahme nur dann, wenn die Nachteile, die mit der Maßnahme verbunden sind, nicht völlig außer Verhältnis zu den Vorteilen stehen, die sie bewirkt. An dieser Stelle nehmen Sie eine Abwägung sämtlicher Vor- und Nachteile der Maßnahme vor. Berücksichtigen Sie dabei alle Wertentscheidungen und Rechtspositionen, 334

---

675 Näher dazu s. Rn. 788.
676 *Kopp/Ramsauer,* § 37 Rn. 17; Stelkens/*Stelkens,* § 37 Rn. 1 und 40.
677 *BVerwG* NVwZ-RR 2006, 589.
678 *Kopp/Ramsauer,* § 37 Rn. 17 b.
679 *BVerwG* NVwZ 1993, 976, 977.
680 S. z. B. *BVerwG* NJW 2009, 2905; *Naumann,* DÖV 2011, 96.
681 S. *Kaiser/Köster/Seegmüller,* Rn. 232. Vgl. auch *Kluckert,* JuS 2015, 116.

die die Rechtsordnung bereithält und die von der Maßnahme berührt werden, insbesondere Grundrechte mit entsprechendem Gewicht.

bbb) Ermessensentscheidungen

335 Ob der Behörde ein Ermessen eingeräumt ist, muss gegebenenfalls durch Auslegung ermittelt werden.[682] Als wichtigstes Indiz ist der Wortlaut der Norm heranzuziehen. Für ein Ermessen spricht die Verwendung der Wörter *„kann"*, *„darf"*, *„ist befugt"*. Soll-Vorschriften bringen demgegenüber zum Ausdruck, dass die Exekutive im Regelfall gebunden ist, die gesetzlich vorgesehene Rechtsfolge auch zu treffen.[683] Steht der zu beurteilende VA im **Ermessen der Behörde,** so muss Ihre Prüfung besonders sorgfältig ausfallen. Keinesfalls darf die Ermessensprüfung dazu benutzt werden, all das, was Sie selbst an Stelle der Behörde an Ermessenserwägungen angestellt hätten, in einer Art Brainstorming zu sammeln und ungeordnet niederzuschreiben.[684]

Behalten Sie deshalb immer die Vorschrift des **§ 114 VwGO,** die Sie in der Klausur auf jeden Fall zitieren sollten, im Auge. Danach prüft das Gericht, soweit die Verwaltungsbehörde ermächtigt ist, nach ihrem Ermessen zu handeln, auch, ob der Verwaltungsakt rechtswidrig ist, weil die gesetzlichen Grenzen des Ermessens überschritten sind oder ob von dem Ermessen ist einer dem Zweck der Ermächtigung nicht entsprechenden Weise Gebrauch gemacht ist. Das VG darf die Ausübung des Ermessens **nur auf Rechtsfehler** überprüfen. Es ist zu erörtern, ob die Behörde von dem Ermessen in einer dem Zweck der Ermächtigung entsprechenden Weise Gebrauch gemacht und ob sie die Grenzen des Ermessens nicht überschritten hat. Für die Aufhebung des VA genügt es, dass ein Ermessensfehler im Sinne des § 114 Satz 1 VwGO festgestellt wird. Dass die Behörde bei richtiger Ermessensausübung in dem einen oder anderen Sinne hätte entscheiden müssen, geht über die bei der Anfechtungsklage zu treffende Feststellung eines Ermessensfehlers hinaus und verbietet sich von daher als für die Entscheidung unerheblich.[685] Konzentrieren Sie sich daher ausschließlich auf die von der Behörde im Bescheid oder Widerspruchsbescheid angegebene Begründung und legen Sie dar, dass deren Entscheidung (nicht) zu beanstanden ist. Wie bereits unter Rn. 305 erwähnt, ist Gegenstand der gerichtlichen Nachprüfung der ursprüngliche VA mit dem Inhalt und der Begründung, die er durch den Widerspruchsbescheid gefunden hat. Hat die Widerspruchsbehörde andere Ermessenserwägungen angestellt als die Ausgangsbehörde, ist ausschließlich von diesen auszugehen.[686] Ermessensfehler der Widerspruchsbehörde machen den VA also insgesamt rechtswidrig.

336 Eine methodisch **saubere Ermessensprüfung** sieht wie folgt aus:[687] Zuerst müssen Sie den Zweck der Ermächtigung feststellen und darlegen. Danach ist im Wege der Subsumtion zu ermitteln, ob die von der Behörde vorgenommenen Erwägungen von diesem festgestellten Zweck der Ermächtigung gedeckt werden oder nicht. Ist dies der Fall, ist die Ermessensentscheidung sachgerecht, andernfalls fehlerhaft. Mögliche Ermessensfehler sind Ermessensnichtgebrauch, Ermessensunterschreitung, Ermessensfehlgebrauch und Ermessensüberschreitung.[688]

---

682 *Kment/Vorwalter,* JuS 2015, 193, 198.
683 *Kment/Vorwalter,* JuS 2015, 193, 198.
684 Vgl. *Proppe,* JA 1997, 418.
685 *Proppe,* JA 1993, 199, 201.
686 S. auch *Klein,* apf 2004, 1, 5.
687 Nach *Proppe,* JA 1993, 199, 201; s. auch *Seegmüller,* JA 2011, 780.
688 Ausführlich hierzu *Ramsauer,* Rn. 37.01 ff.; *Kment/Vorwalter,* JuS 2015, 193, 199.

Von **Ermessensnichtgebrauch** spricht man, wenn die Behörde nicht erkennt, dass es sich um eine Ermessensentscheidung handelt. Eine Formulierung wie „daher musste die getroffene Entscheidung ergehen" ist dafür lediglich ein Indiz. Prüfen Sie deshalb zunächst, ob sich Ermessensüberlegungen der Behörde, auch wenn sie nicht ausdrücklich als solche bezeichnet sind, aus dem Gesamtzusammenhang der Begründung, insbesondere aus einer Auslegung des angegriffenen Bescheids oder des Widerspruchsbescheids, ergeben.[689] Ist ein nach dem Gesetz an sich bestehender Ermessensspielraum im Einzelfall auf Null reduziert, ist das Fehlen von Ermessenserwägungen im Bescheid unschädlich.

Bei der **Ermessensunterschreitung** geht die Behörde von einer tatsächlich nicht bestehenden Beschränkung ihres Ermessensspielraums aus. Ein Beispiel: Die Behörde erlässt gegen den nicht mit dem Halter identischen Führer des abgeschleppten Pkw einen Kostenbescheid in der Annahme, sie dürfe nur gegen den Führer des Pkw vorgehen.

Eine **Ermessensüberschreitung** liegt vor, wenn die im Ermessenswege verhängte Rechtsfolge von der gesetzlichen Ermächtigung nicht gedeckt ist.

Hat die Behörde von dem ihr vom Gesetz eingeräumten Ermessen nicht entsprechend dem Sinn und Zweck des Gesetzes Gebrauch gemacht, so handelt es sich um einen **Ermessensfehlgebrauch.** Die gerichtliche Kontrolle ist auf die Prüfung beschränkt, ob sich die Behörde von sachfremden Erwägungen hat leiten lassen. Dies umfasst die Prüfung, ob die Behörde den oder die Zwecke des Gesetzes zutreffend und vollständig erfasst und sich bei der Begründung in diesem Rahmen gehalten hat.[690] Stützt die Behörde eine Ermessensentscheidung auf mehrere die Entscheidung selbstständig tragende Beweggründe, so genügt die rechtliche Fehlerfreiheit auch nur eines Grundes für die Rechtmäßigkeit der Entscheidung.[691] Tragen dagegen mehrere Beweggründe zusammen die Entscheidung der Behörde, so hängt deren Rechtmäßigkeit von der Sachgemäßheit sämtlicher angegebener Gründe ab.[692]

Rechtliche Grenzen des Ermessens ergeben sich auch aus dem **Gleichbehandlungsgebot** bzw. Willkürverbot bzw. aus **Verwaltungsvorschriften.** Über Verwaltungsvorschriften bindet eine Behörde sich selbst und gegebenenfalls nachgeordnete Behörden im Sinne einer gleichmäßigen Ermessensausübung bei gleich oder ähnlich gelagerten Fällen. Hiervon darf sie nur im Einzelfall aus besonderen, atypischen Gründen abweichen.[693]

Weitere Schranken ergeben sich aus dem **Grundsatz der Verhältnismäßigkeit** bzw. dem Übermaßverbot, dem Grundsatz von Treu und Glauben und des Vertrauensschutzes sowie aus dem **Europarecht** (z. B. bei der Rücknahme einer europarechtswidrigen Subvention). Nun ein Formulierungsbeispiel für eine Ermessensprüfung:

„Sind die tatbestandlichen Voraussetzungen des § (…) gegeben, so liegt es im Ermessen der Beklagten, ob und welche Maßnahmen sie zu ihrer Bekämpfung ergreift. Die Ermessensentscheidung der Beklagten kann das Gericht nur eingeschränkt daraufhin überprüfen, ob sie die gesetzlichen Grenzen ihres Ermessens überschritten hat und ob sie von ihrem Ermessen in einer dem Zweck der Ermächtigung entsprechenden Weise Gebrauch gemacht hat (§ 114 VwGO). Danach ist ein Ermessensfehler der Beklagten nicht ersichtlich. 337

---

689 *BVerwG* NVwZ 1988, 525.
690 Eyermann/*Rennert,* § 114 Rn. 20.
691 BVerwGE 62, 215, 222; *BVerwG* NJW 2001, 1878.
692 *BVerwG* NVwZ 1988, 442.
693 Vgl. *VGH Mannheim* NVwZ 1999, 547.

Die Gesichtspunkte, auf die der Bescheid gestützt ist, sind ihrer Art nach sachgerecht (...).

Die Beklagte ist mit ihrer Entscheidung nicht ohne sachlichen Grund von einer andersartigen Praxis abgewichen und verstößt damit nicht gegen das Gleichbehandlungsgebot des Art. 3 Abs. 1 GG (...).

Die getroffene Maßnahme ist auch verhältnismäßig (...)."

ccc) Intendiertes Ermessen

338 Besonderheiten gelten für das von der Rechtsprechung anerkannte Rechtsinstitut des sog. **„intendierten Ermessens"**. Damit sind solche Eingriffsnormen gemeint, die ihrer Form nach als Ermessensvorschriften ausgestaltet sind, deren Anwendung aber besondere gewichtige öffentliche Interessen zugrunde liegen, die in der Regel bei Vorliegen der tatbestandlichen Voraussetzungen ein Handeln der Verwaltung erfordern. Im Unterschied zur Ermessensreduktion auf Null, bei der besondere Umstände des Einzelfalles die Abwägung ausnahmsweise bestimmen, gilt die Vorsteuerung des Ermessens durch die Intention des Gesetzgebers für alle typischen Fälle und macht eine Abwägung gerade entbehrlich.[694] Solche ermessenslenkende Vorschriften sind beispielsweise § 48 Abs. 2 Satz 4 VwVfG und § 15 Abs. 2 GewO.[695] In diesen Fällen kann die Verwaltungsbehörde, will sie intentionsmäßig entscheiden, solange auf Ermessenserwägungen in dem Bescheid verzichten, als der Fall nicht ausnahmsweise besonderen Anlass gibt. Versteht sich das Ergebnis von selbst, so bedarf es insoweit nach § 39 Abs. 1 Satz 3 VwVfG auch keiner das Selbstverständliche darstellenden Begründung.[696] Liegt Ihrer Prüfung eine solche ermessenslenkende Bestimmung zugrunde und weist der Sachverhalt keine Besonderheiten auf, ist der angefochtene VA daher nicht deshalb als rechtswidrig aufzuheben, weil ausdrückliche Ermessenserwägungen fehlen.

ddd) Nachschieben von Gründen

339 Leiden Ausgangsbescheid oder Widerspruchsbescheid an einem Ermessensfehler, so ist Ihre Prüfung nicht zu Ende. Nach § 114 Satz 2 VwGO kann die Verwaltungsbehörde ihre **Ermessenserwägungen** hinsichtlich des VA auch noch im verwaltungsgerichtlichen Verfahren **ergänzen.**[697] Mit dieser Vorschrift sollte nach dem Willen des Gesetzgebers die Zulässigkeit des Nachschiebens **von Gründen** klargestellt und die Streitfrage geklärt werden, ob ein Nachschieben von Gründen durch die Ausgangsbehörde auch dann möglich ist, wenn diese mit der Widerspruchsbehörde nicht identisch ist.[698]

340 § 114 Satz 2 VwGO bezieht sich auf Ermessensentscheidungen im weitesten Sinn, zu denen auch Entscheidungen mit Planungsermessen (Abwägungsgebot)[699] sowie Verwaltungsentscheidungen, bei denen der Behörde auf der Tatbestandsseite ein gericht-

---

694 *Beaucamp,* JA 2006, 74, 76.

695 Weitere Beispiele: baurechtliche Nutzungsuntersagung (*OVG Berlin Brandenburg* BeckRS 2014, 57825; *VGH Kassel* LKRZ 2014, 507); Baueinstellungsverfügung (*OVG Bautzen* BeckRS 2009, 38043); Zwangsmittelfestsetzung (*OVG Münster* NVwZ-RR 2013, 298).

696 S. z. B. *BVerwG* NJW 1998, 2233; *OVG Schleswig-Holstein,* Urt. v. 19.2.2015 – 2 LB 23/13 – juris.

697 Das gilt auch nach dem teilweisen Wegfall des Widerspruchsverfahrens in einigen Bundesländern (*BVerwG* NVwZ-RR 2010, 550). Zum Nachschieben von Gründen s. ausführlich *Schenke,* DVBl 2014, 285

698 BT-Drs. 13/3993 S. 13 zu Nr. 14.

699 *Decker,* JA 1999, 154, 155; *Redeker,* NVwZ 1997, 625, 627.

lich nur beschränkt überprüfbarer Beurteilungsspielraum eingeräumt ist[700] (typisches Beispiel: nachgeschobene Gründe, die die Entlassung eines Probebeamten wegen mangelnder Eignung rechtfertigen sollen), gehören.

Die Zulässigkeit der Ergänzung von Ermessenserwägungen nach § 114 Satz 2 **341**
VwGO beurteilt sich nach dem jeweils einschlägigen materiellen Recht und dem Verwaltungsverfahrensrecht.[701] § 114 Satz 2 VwGO regelt lediglich, unter welchen Voraussetzungen nachgeschobene Ermessenserwägungen im Prozess zu berücksichtigen sind, nämlich dann, wenn es sich um ergänzende Erwägungen handelt.Die prozessuale Vorschrift des § 114 Satz 2 VwGO steht in einem gewissen Spannungsverhältnis zu der verfahrensrechtlichen Norm des § 45 Abs. 2 VwVfG.[702] Danach ist die Heilung eines Verfahrensfehlers nach Abs. 1 bis zum Abschluss der letzten Tatsacheninstanz eines verwaltungsgerichtlichen Verfahrens möglich. Hier geht es um das formelle Nachholen einer gänzlich fehlenden[703] Begründung des streitbefangenen VA im Sinne des § 39 Abs. 1 VwVfG, das zu trennen ist vom „Nachschieben von Gründen". Dieses betrifft die materielle Ergänzung oder Änderung einer im Sinne von § 39 VwVfG vorhandenen nicht vollständigen oder falschen Begründung.[704] Nach *allgemeiner Ansicht*[705] ist ein **Nachschieben von tatsächlichen oder rechtlichen Gründen zum erlassenen VA durch die Behörde im Verwaltungsprozess immer dann möglich,** wenn:

- die nachträglich gegebenen Gründe **schon bei Erlass des VA** oder des Widerspruchsbescheids vorlagen,
- diese Heranziehung **keine Wesensveränderung** des angefochtenen VA bewirkt[706] und
- **der Betroffene nicht (unzumutbar) in seiner Rechtsverteidigung beeinträchtigt** wird.

Beim Nachschieben von Gründen geht es folglich darum, tatsächliche oder rechtliche Gründe, die bereits beim Erlass des VA vorgelegen haben, von der Behörde im Verwaltungsverfahren aber noch nicht geltend gemacht worden sind, bei der gerichtlichen Entscheidung zu berücksichtigen.[707]

Die dargestellten Grundsätze gelten nach der Rechtsprechung des *BVerwG*[708] auch bei VAen mit Dauerwirkung, wenn deren Begründung für einen bereits abgelaufenen Zeitraum geändert werden soll. Danach kann ein VA mit Dauerwirkung in Ansehung

---

[700] *BVerwG* NVwZ-RR 2014, 657; *OVG Magdeburg* BeckRS 2009, 37908; *VGH München* BayVBl 2006, 91; *OVG Bautzen* SächsVBl. 1998, 218; *Kopp/Schenke,* § 114 Rn. 49.

[701] *BVerwG* NVwZ 2014, 151 mit Anmerkung von *Henning,* NVwZ-RR 2014, 156.

[702] Ausführlich zum Verhältnis der §§ 39, 40 und 45 VwVfG zu § 114 Satz 2 VwGO *Lindner,* JuS 2013, 673.

[703] *BVerwG* DVBl. 1987, 366; NVwZ 1999, 303: „Die Tragfähigkeit der Begründung ist keine Frage des Begründungserfordernisses, sondern der materiellen Rechtmäßigkeit des VA"; nach a. A. (z. B. *Kopp/Schenke,* § 113 Rn. 63 und Knack/*Meyer,* § 45 Rn. 26) ist § 45 Abs. 1 Nr. 2, Abs. 2 VwVfG auch bei unvollständiger Begründung anwendbar.

[704] Vgl. *BVerwG* NVwZ-RR 2009, 604.

[705] S. z. B. *BVerwG* NVwZ 2014, 151 und NVwZ-RR 2014, 657.

[706] Eine Veränderung des Wesens eines VA liegt dann vor, wenn die nachgeschobenen behördlichen Erwägungen, die von Gesetzes wegen notwendiger Teil der Ermessensausübung und Grundlage des Ergebnisses der Ermessensbetätigung sind, sich nicht nur als Bestandteile der „Rechtfertigung" des erlassenen VA erweisen, sondern die getroffene (Ermessens-) Entscheidung, mit anderen Worten den „Spruch", selbst betreffen oder der Bezugsgegenstand (Sachverhalt) des Bescheids ausgetauscht wird, so dass es sich in Wahrheit um den Erlass eines neuen VA handelt (*VGH München* BeckRS 2009, 42931).

[707] *Brischke,* DVBl. 2002, 429, 430.

[708] NVwZ 2014, 151.

eines bereits abgelaufenen Zeitraums nicht mehr mit Ermessenserwägungen begründet werden, durch welche die ursprüngliche Ermessensentscheidung im Kern ausgewechselt wird. Dagegen kann der Austausch wesentlicher Ermessenserwägungen zulässig sein, soweit die Begründung des VA (nur) für die Zukunft geändert wird. Die Rechtsverteidigung des Betroffenen wird durch eine Änderung (nur) für die Zukunft nicht beeinträchtigt.

Eine geplante Rechtsänderung muss eine Behörde bei der Ermessensausübung nur berücksichtigen, wenn diese mit hinreichender Sicherheit zu einem bestimmten, absehbaren Zeitpunkt zu erwarten ist. Bei Gesetzesänderungen setzt dies regelmäßig einen Gesetzesbeschluss des Parlaments voraus.[709]

342 Das Nachschieben von Gründen kann prozessual ordnungsgemäß eingeführt werden durch schriftsätzliches Vorbringen oder im Rahmen der mündlichen Verhandlung, in der die entsprechende Erklärung des Terminsvertreters der Behörde in die Niederschrift der Verhandlung aufgenommen wird.[710] Achten Sie in der Klausur also genau auf die Klageerwiderung und das Sitzungsprotokoll. Allerdings stellt das *BVerwG*[711] strenge Anforderungen an Form und Handhabung bei der Nachholung einer behördlichen Ermessensentscheidung. Danach muss die **Behörde klar und eindeutig zu erkennen geben, mit welcher „neuen" Begründung die behördliche Entscheidung letztlich aufrechterhalten bleibt,** da nur dann der Betroffene wirksam seine Rechte verfolgen und die Gerichte die Rechtmäßigkeit der Verfügung überprüfen können. Dafür genügt es nicht, dass die Behörde im gerichtlichen Verfahren neue Ermessenserwägungen geltend macht. Sie muss zugleich **deutlich machen, welche ihrer ursprünglichen bzw. bereits früher nachgeschobenen Erwägungen weiterhin aufrecht erhalten bleiben und welche durch die neuen Erwägungen gegenstandslos werden.** Auch muss sie im gerichtlichen Verfahren erkennbar trennen zwischen neuen Begründungselementen, die den Inhalt ihrer Entscheidung betreffen, und Ausführungen, mit denen sie lediglich als Prozesspartei ihre Entscheidung verteidigt. Aus Gründen der Rechtsklarheit und -sicherheit muss die Nachholung von Ermessenserwägungen grundsätzlich **schriftlich** erfolgen. Ergänzungen in der mündlichen Verhandlung sollten vom Gericht als solche protokolliert werden. Etwaige Zweifel und Unklarheiten über Inhalt und Umfang nachträglicher Ergänzungen gehen zu Lasten der Behörde.

343 Ferner hat die Behörde auch die **sonstigen gesetzlichen Verfahrensrechte des Betroffenen zu beachten,** wenn sie im gerichtlichen Verfahren ihre Ermessenserwägungen ergänzen will. Sie muss dem Betroffenen daher grundsätzlich zunächst **Gelegenheit geben, sich zu neuen Tatsachen zu äußern.** Unabhängig davon, in welchem Stadium des gerichtlichen Verfahrens sich für die Behörde Anlass bietet, ihre Ermessensausübung nachzubessern, hat das Gericht diesem Umstand Rechnung zu tragen und der **Behörde in zeitlicher Hinsicht eine Aktualisierung ihrer Ermessensentscheidung zu ermöglichen.** Stützt die Behörde ihre Entscheidung während des gerichtlichen Verfahrens auf neue Ermessenserwägungen, hat das Gericht dafür Sorge zu tragen, dass auch der Betroffene hinreichend Gelegenheit erhält, seine Rechtsverteidigung hierauf einzustellen. Gegebenenfalls muss das Gericht eine Verhandlung vertagen oder dem Betroffenen eine Frist zur Nachreichung eines Schriftsatzes einräumen (§ 173 Satz 1 VwGO i. V. m. § 283 ZPO).

---

[709] *BVerwG* NVwZ 2014, 151.
[710] *Henning,* NVwZ 2014, 156, 157; *Brischke,* DVBl. 2002, 429, 433.
[711] NVwZ 2012, 698 und NVwZ 2014, 151.

Dem Nachschieben von Ermessenserwägungen setzt § 114 Satz 2 VwGO materiell-rechtliche Grenzen, indem er bestimmt, dass die Begründung lediglich „ergänzt“ werden kann. Eine **erstmalige Ausübung des Ermessens** oder das komplette Auswechseln der Gründe der Ermessensausübung kann dagegen den VA grundsätzlich nicht „retten“.[712] Dasselbe gilt, wenn die ergänzenden Ermessenserwägungen eine Wesensänderung des VA zur Folge haben.[713] Zulässig ist jedoch der Austausch einer unzutreffenden Ermächtigung, wenn Ermessensgrundlage und Ermessensrahmen nicht verändert werden.[714] 344

§ 114 Satz 2 VwGO erfasst nicht die Fälle, in denen es für die Beurteilung der Rechtmäßigkeit des VA auf die Sach- und Rechtslage im Zeitpunkt der mündlichen Verhandlung ankommt und sich wegen der Zeitpunktverschiebung aufgrund während des gerichtlichen Verfahrens neu eingetretener Umstände erstmals die Notwendigkeit einer Ermessensausübung ergibt. In diesen Fällen schließt § 114 Satz 2 VwGO nicht aus, dass die Behörde eine Ermessensentscheidung erstmals im gerichtlichen Verfahren trifft und zur gerichtlichen Prüfung stellt. Dies gilt zumindest dann, wenn sich aufgrund neuer Umstände die Notwendigkeit einer Ermessensausübung erst nach Klageerhebung ergibt.[715] 345

eee) Formulierungsbeispiele zu § 114 Satz 2 VwGO

Zuerst ein Fall aus dem Baurecht (Ausübung des Vorkaufsrechts durch die Gemeinde nach §§ 24 ff. BauGB), in dem die Voraussetzungen des § 114 Satz 2 VwGO nicht vorliegen: 346

„Der Bescheid ist jedoch deshalb materiell fehlerhaft, weil die Beklagte ihre Ermessenserwägungen, warum sie das Vorkaufsrecht im vorliegenden Fall ausgeübt hat – bei der Ermessensbetätigung sind städtebauliche, haushaltsrechtliche und bodenpolitische Erwägungen von Bedeutung –, erstmals im Verwaltungsprozess vorgebracht hat und damit ein Verstoß gegen § 114 Satz 2 VwGO vorliegt. Nach dieser Vorschrift kann die Verwaltungsbehörde ihre Ermessenserwägungen hinsichtlich des Verwaltungsakts auch noch im verwaltungsgerichtlichen Verfahren ergänzen. Der Wortlaut lässt keinen Zweifel daran, dass ein (völliges) Auswechseln der Ermessenserwägungen ebenso wenig statthaft ist wie eine erstmalige Begründung. Zwar lässt es Art. 45 Abs. 2 BayVwVfG zu, dass die erforderliche Begründung eines Verwaltungsakts bis zum Abschluss des verwaltungsgerichtlichen Verfahrens nachgeholt werden kann, so dass auch die materielle Begründung in dieses einbezogen werden kann. § 114 Satz 2 VwGO bestimmt allerdings, inwieweit dies möglich ist. Vorliegend kann von einem „Ergänzen“ im Sinne des § 114 Satz 2 VwGO nicht mehr gesprochen werden. Vielmehr liegt eine erstmalige Begründung der Ermessenserwägungen im Verwaltungsprozess vor. Daher braucht das Gericht nicht darauf einzugehen, ob diese Ermessenserwägungen den Verwaltungsakt überhaupt tragen.“

Im zweiten Beispiel liegen die Voraussetzungen des § 114 Satz 2 VwGO vor (Widerruf einer Subvention[716] bei Verstoß gegen eine Auflage): 347

---

712 *BVerwG* NVwZ 2007, 470 und NVwZ-RR 2009, 604.
713 *Determann,* Jura 1997, 350, 351; Stelkens/Bonk/*Sachs,* § 45 Rn. 67.
714 Stelkens/Bonk/*Sachs,* § 45 Rn. 54.
715 *BVerwG* NVwZ 2012, 698.
716 Nach *BVerwG* NJW 1998, 2233; näher zur Aufhebung von VAen nach §§ 48 ff. VwVfG *Martini,* JA 2012, 762 und JA 2013, 442.

„Entgegen der Auffassung des Klägers ist auch die Ermessensentscheidung der Beklagten nicht zu beanstanden. Zwar finden sich weder im Widerrufs- noch im Widerspruchsbescheid ausdrückliche Ermessenserwägungen. Soweit der Kläger daraus schließt, die Beklagte habe ihr Ermessen nicht betätigt, verkennt er die Besonderheiten, die sich vorliegend aus der Anwendbarkeit der Grundsätze über das „intendierte Ermessen" ergeben. Sie besagen Folgendes: Ist eine ermessenseinräumende Vorschrift dahin auszulegen, dass sie für den Regelfall von einer Ermessensausübung in einem bestimmten Sinne ausgeht, so müssen besondere Gründe vorliegen, um eine gegenteilige Entscheidung zu rechtfertigen. Liegt ein vom Regelfall abweichender Sachverhalt nicht vor, versteht sich das Ergebnis der Abwägung von selbst. Dann bedarf es nach § 39 Abs. 1 Satz 3 VwVfG aber auch keiner das Selbstverständliche darstellenden Begründung. Nur dann, wenn außergewöhnliche Umstände des Falles vorliegen, die eine andere Entscheidung möglich erscheinen lassen, liegt ein rechtsfehlerhafter Gebrauch des Ermessens vor, sofern diese Umstände von der Behörde nicht erwogen worden sind.

Um eine solche ermessenslenkende Bestimmung handelt es sich bei dem hier einschlägigen § 49 Abs. 3 Satz 1 Nr. 2 VwVfG, wonach ein rechtmäßiger Verwaltungsakt, der u. a. eine laufende Geldleistung zur Erfüllung eines bestimmten Zwecks gewährt, mit Wirkung für die Vergangenheit widerrufen werden kann, wenn mit dem Verwaltungsakt eine Auflage verbunden ist und der Begünstigte diese nicht erfüllt hat. Aus den Gründen der Wirtschaftlichkeit und Sparsamkeit folgt, dass bei Verfehlung des mit der Gewährung von Subventionen verfolgten Zwecks das Ermessen im Regelfall nur durch eine Entscheidung für den Widerruf fehlerfrei ausgeübt werden kann. Diese Haushaltsgrundsätze überwiegen im Allgemeinen das Interesse des Begünstigten, den Zuschuss behalten zu dürfen, und verbieten einen großzügigen Verzicht auf den Widerruf von Subventionen.

Im Falle des Klägers lagen die Voraussetzungen vor, die eine solche Verwaltungsentscheidung ohne weitere Prüfung des Für und Wider ermöglichten. Zum einen ist der Zweck des Grünbrache-Programms aufgrund des Zuwiderhandelns des Klägers gegen die Auflagen der Beklagten nicht erreicht worden. Zum anderen war die Beklagte nicht gehalten, in dem Widerrufsbescheid individuelle Besonderheiten zu begründen. Denn der Kläger hatte bei der Anhörung keine substantiierten Darlegungen gemacht, die die Beklagte hätten veranlassen müssen, auf sie einzugehen.

Die von dem Kläger im gerichtlichen Verfahren gegen den Widerruf erstmals vorgebrachten Gründe rechtfertigen keine andere Beurteilung. Auch wenn man verlangen würde, dass diese Argumente eine neu zu begründende Ermessensentscheidung der Beklagten erfordert – was die Kammer ausdrücklich offen lässt – hat die Beklagte diesen Mangel jedenfalls im Laufe des Verwaltungsstreitverfahrens geheilt. Da der Widerruf des Bewilligungsbescheids die nicht begründungsbedürftige Folge des Auflagenverstoßes war, handelt es sich dann, wenn die Behörde nachträglich zu individuellen oder sonstigen Besonderheiten abwägend Stellung nimmt, um eine Ergänzung und nicht um eine Nachholung der Ermessensbegründung. Derartige Ergänzungen sind gemäß § 114 Satz 2 VwGO auch noch im verwaltungsgerichtlichen Verfahren zulässig. Etwas anderes würde nur dann gelten, wenn die ergänzenden Ermessenserwägungen eine Wesensänderung des Verwaltungsakts zur Folge hätten. Dies ist vorliegend jedoch nicht der Fall. (…)

Die Beklagte hat in ihrer Klageerwiderung sowie in der mündlichen Verhandlung auch klar und eindeutig zu erkennen gegeben, mit welcher „neuen" Begründung sie die behördliche Entscheidung letztlich aufrechterhalten hat. (...) Schließlich hat die Beklagte auch die gesetzlichen Verfahrensrechte des Klägers beachtet. (...)"

ff) Besonderheiten bei Planfeststellungsentscheidungen

348 Die Überprüfung von Planungsentscheidungen weist gegenüber den „normalen" VAen gewisse Besonderheiten auf. Zu Planungen ist die Verwaltung etwa verpflichtet beim Erlass von raumbezogenen Fachplänen für Straßen (§ 17 FStrG) oder Flugplätzen (§ 8 LuftVG). Planungsentscheidungen sind gerichtlich nicht voll überprüfbar. Da der Behörde eine **planerische Gestaltungsfreiheit** bzw. ein **Planungsermessen** eingeräumt ist, überprüft das Gericht die Planung nur auf Planungsfehler. Folgender **Prüfungsaufbau** ist hier zu beachten: das Erfordernis der Planrechtfertigung, die Bindung an vorangegangene Verfahren, die Bindung an zwingende Rechtssätze und schließlich die Abwägung.[717]

gg) Subjektive Rechtsverletzung

349 Kommen Sie zu dem Ergebnis, dass der angefochtene VA rechtswidrig ist, müssen Sie im Hinblick auf die Regelung des § 113 Abs. 1 VwGO grundsätzlich noch darauf eingehen, ob der Kläger hierdurch in eigenen Rechten verletzt ist. Im Normalfall, in dem sich der Kläger gegen einen an ihn gerichteten belastenden VA wendet, ist die Rechtsverletzung die automatische Folge der Rechtswidrigkeit und bedarf deshalb keiner besonderen Erörterung. Steht ein VA mit Drittwirkung im Streit, vermeiden Sie den häufig in Prüfungsarbeiten gemachten Fehler, den VA umfassend auf seine Fehlerhaftigkeit zu überprüfen. Denn es kommt nicht auf die objektive Rechtmäßigkeit oder Rechtswidrigkeit des angefochtenen VA, sondern allein darauf an, ob der Dritte durch den VA in eigenen Rechten verletzt ist (s. §§ 42 Abs. 2, 113 Abs. 1 VwGO).[718]

g) Formulierungsbeispiel zur Begründetheitsprüfung

350 Das Formulierungsbeispiel bezieht sich auf die Prüfung der materiellen Rechtmäßigkeit eines ErmessensVA aus dem Bauordnungsrecht. Die landesrechtlichen Vorschriften sind solche des Landes Hessen:

„Die Beseitigungsverfügung ist rechtlich nicht zu beanstanden. Sie findet ihre Ermächtigungsgrundlage in § 72 Abs. 1 Satz 1 HessBO. Danach kann die Bauaufsichtsbehörde die teilweise oder vollständige Beseitigung baulicher oder anderer Anlagen oder Einrichtungen im Sinne des § 1 Abs. 1 Satz 2 HessBO verlangen, die im Widerspruch zu öffentlich-rechtlichen Vorschriften errichtet oder geändert werden, wenn nicht auf andere Weise rechtmäßige Zustände hergestellt werden können. Diese Voraussetzungen sind hier erfüllt, da es sich bei den beanstandeten Wohnwagen um bauliche Anlagen handelt, die der Genehmigung bedürfen, aber nicht genehmigungsfähig sind.

Die von dem Kläger aufgestellten Wohnwagen sind bauliche Anlagen im Sinne des § 1 Abs. 1 HessBO. Nach § 2 Abs. 1 HessBO sind bauliche Anlagen mit

---

[717] Ausführlich dazu *Leist/Tams,* JuS 2007, 995 und 1093. Zu den Einzelheiten der Abwägung s. die Anmerkungen in Rn. 593 (Überprüfung von Bebauungsplänen).

[718] *Niesler,* S. 148; *BVerwG* NVwZ 1994, 686; vgl. auch *BVerwG* NVwZ-RR 1999, 8 zum Nachbarschutz bei Erteilung einer Befreiung.

dem Erdboden verbundene, aus Bauprodukten hergestellte Anlagen, wobei eine Verbindung mit dem Erdboden auch dann besteht, wenn die Anlage durch eigene Schwere auf dem Boden ruht oder auf ortsfesten Bahnen begrenzt beweglich ist oder wenn sie nach ihrem Verwendungszweck dazu bestimmt ist, überwiegend ortsfest benutzt zu werden. Das letztere Tatbestandsmerkmal, das hier allein in Betracht kommt, ist bei einer beweglichen Anlage dann erfüllt, wenn zwischen dem Vorhaben und dem zu seiner Ausführung vorgesehenen Grundstück eine erkennbar verfestigte Beziehung besteht. Diese Voraussetzungen sind vorliegend gegeben, denn die Wohnwagen des Klägers befinden sich rund neun Monate im Jahr auf dem Grundstück (...) und werden damit überwiegend ortsfest benutzt.

Diese baulichen Anlagen sind formell illegal, da der Kläger für die Wohnwagen keine Baugenehmigung hat und das Vorhaben auch nicht baugenehmigungsfrei ist (vgl. §§ 54, 55 HessBO).

Die Wohnwagen sind auch materiell baurechtswidrig. Da sie auch bauliche Anlagen im Sinne des Bauplanungsrechts sind und sich nach den eingereichten Fotos und Lageplänen im Außenbereich befinden, beurteilt sich ihre bauplanungsrechtliche Zulässigkeit nach § 35 BauGB. Eine Privilegierung nach Abs. 1 der genannten Norm liegt, da keine der Ziffern 1–7 einschlägig ist, nicht vor. Folglich kommt eine Zulässigkeit des Vorhabens nur in Betracht, wenn öffentliche Belange im Sinne der Abs. 2, 3 nicht beeinträchtigt sind. Dies ist hier jedoch der Fall, denn das Vorhaben des Klägers beeinträchtigt im Sinne von § 35 Abs. 3 Satz 1 Nr. 5 BauGB die natürliche Eigenart der Landschaft und ihren Erholungswert.

In dieser Vorschrift kommt zum Ausdruck, dass die Landschaft zur Wahrung ihrer natürlichen Eigenart vor wesensfremder Bebauung geschützt werden soll. In der Regel sind Vorhaben mit einer anderen als einer land- oder forstwirtschaftlichen Zweckbestimmung unzulässig. Der Kläger hat zwei Wohnwagen in einer freien Landschaft, die fast ohne jegliche Bebauung ist, abgestellt. Diese Landschaft ist dadurch gekennzeichnet, dass in ihr die Natur sich über lange Zeit ungehinderter als anderswo hat entwickeln können. Sie ist ein Lebensraum von schützenswerten Biotopen und hat nicht zuletzt auch beträchtlichen Erholungswert. Diese Eigenheiten werden durch die Wohnwagen gestört.

Der Kläger ist als Bauherr der beanstandeten baulichen Anlage und Eigentümer des Grundstücks ferner der richtige Adressat der Beseitigungsanordnung gemäß § 7 HessSOG.

Die Beklagten hat auch das ihr in § 72 Abs. 1 Satz 1 HessBO eingeräumte Ermessen in nicht zu beanstandender Weise ausgeübt. Sie hat weder die Ermessensgrenzen überschritten noch von dem Ermessen in zweckwidriger Weise Gebrauch gemacht (§ 114 VwGO). Es ist davon auszugehen, dass die Bauaufsichtsbehörde grundsätzlich immer dann ermessensgerecht handelt, wenn sie ihrem gesetzlichen Auftrag entsprechend dafür sorgt, dass die Vorschriften des materiellen Baurechts eingehalten werden. Die Gesichtspunkte, auf die der Bescheid gestützt ist, sind sachgerecht... Der Beklagte hat ferner im Widerspruchsbescheid ausgeführt, dass die Beseitigungsanordnung auch aus dem Grunde nicht willkürlich sei, weil die Bauaufsichtsbehörde gleichermaßen gegen die beiden anderen nicht genehmigten baulichen Anlagen im fraglichen Gebiet einschreite. Diese Begründung enthält keine Rechtsfehler, denn sie entspricht der ständigen Rechtsprechung, wonach die Bauaufsichtsbehörde im Rahmen ihres Vorgehens das Gleichbehandlungsgebot beachten muss und nicht einzelne Bürger willkürlich benachteiligen darf. Die Beseitigungsverfügung verstößt auch nicht gegen den Verhältnismäßigkeitsgrundsatz. (...) „

Das Beispiel zeigt, dass es „nur" eines konsequenten Aufbaus und einer sauberen Subsumtion des Sachverhalts unter die einschlägigen Normen bedarf, um die Voraussetzungen für eine erfolgreiche Klausur zu schaffen. Hieran scheitern jedoch immer wieder Klausurbearbeiter, die völlig losgelöst von diesen Regeln die im Sachverhalt angesprochenen Punkte abhandeln. Fragen Sie sich vor der Niederschrift immer wieder, an welcher Stelle Sie das zu erörternde Problem unter welchem Gesichtspunkt behandeln müssen. Mogeln Sie sich nicht mit Formulierungen wie *„zunächst ist darauf hinzuweisen"* oder *„zu berücksichtigen ist zunächst"* über den rechtlichen Überlegungsansatz hinweg. Es stellt auch einen gravierenden methodischen Fehler dar, anstelle einer an Ermächtigungs- oder Anspruchsgrundlagen orientierten rechtlichen Würdigung die Ansichten der Beteiligten auf ihre Richtigkeit hin zu prüfen.[719] 351

h) Die reformatio in peius

aa) Beispiele aus der Praxis

In der gerichtlichen Praxis nicht allzu häufig, aber als Prüfungsthema beliebt sind solche Fallkonstellationen, in denen die Widerspruchsbehörde im Vorverfahren einen VA in seinem Tenor zum Nachteil des Widerspruchsführers abändert, die so genannte **„Verböserung"** oder **„reformatio in peius"**. 352

Folgende Beispielsfälle dazu:[720] Die Ausgangsbehörde verlangt von dem Kläger eine Geldleistung, etwa eine Rückforderung nach den §§ 48, 49 a VwVfG oder die Kosten für das Abschleppen eines rechtswidrig geparkten Kraftfahrzeugs. Auf den Widerspruch des Klägers wird der geforderte Geldbetrag erhöht (Beispiel: Im Ausgangsbescheid war der Nachtzuschlag für den Abschleppvorgang vergessen worden).[721]

Die Bauaufsichtsbehörde gibt dem Kläger auf, eine im Außenbereich illegal errichtete Wellblechhütte sowie das Vordach eines massiven Gebäudes zu beseitigen und untersagt die Nutzung des Erdgeschoßraumes dieses Gebäudes als Aufenthaltsraum. Den Widerspruch des Klägers weist die Widerspruchsbehörde zurück und ordnet anstelle der von der Bauaufsichtsbehörde erteilten Auflagen den vollständigen Abbruch des massiven Gebäudes an.[722]

Die Verwaltungsbehörde hat dem Kläger eine Baugenehmigung unter Beifügung verschiedener Auflagen erteilt. Der Kläger begehrt im Widerspruchsverfahren die Baugenehmigung ohne die beigefügten Auflagen. Die Widerspruchsbehörde fügt der Baugenehmigung weitere Auflagen hinzu.[723]

Die Ausgangsbehörde hat gegen die Klägerin eine Beseitigungsverfügung samt Zwangsgeldandrohung in Höhe von 500,– € angedroht. Die Widerspruchsbehörde erhöht im Widerspruchsbescheid die Androhung des Zwangsgeldes auf 2.000,– €.

bb) Zur Zulässigkeit der Verböserung

Eine *Mindermeinung*[724] hält die reformatio in peius im Widerspruchsverfahren mit der Begründung für unzulässig, der Widerspruchsführer erwarte von seinem Rechts- 353

---

[719] *Proppe,* JA 1993, 199, 200.

[720] S. ferner die Klausuren von *Stumpf,* JuS 2014, 57; *Schaks,* JuS 2014, 149 und *Czybulka/Biermann,* JuS 2000, 353.

[721] Vgl. z. B. *BVerwG* NVwZ 1987, 215.

[722] *BVerwG* NJW 1977, 1894.

[723] Vgl. *VGH München* GewArch 1988, 276; s. auch *VGH Mannheim* NVwZ 1995, 1220.

[724] *Renck,* BayVBl. 1974, 639, 641; vgl. auch *Hufen,* § 9 Rn. 17.

behelf eine Verbesserung oder jedenfalls nicht die Verschlechterung seiner Position. Die *h. M.*[725] sieht derartige **Verböserungen** zu Recht als **grundsätzlich zulässig** an. Denn im Rahmen der Fach- und Rechtsaufsicht der Widerspruchsbehörde besteht ein sachliches Bedürfnis, einen angefochtenen VA im Zweifel auch zu Lasten des Widerspruchsführers abzuändern. Dieser ist auch nicht schutzwürdig, weil er gerade durch die Anfechtung den Eintritt der Bestandskraft verhindert. Außerdem zeigt die Änderung des § 71 VwGO (näher dazu unter Rn. 360), dass der Gesetzgeber von der grundsätzlichen Zulässigkeit einer Verböserung ausgeht.

354 **Voraussetzung für die Verböserung** ist, dass die **Widerspruchsbehörde dieselbe Entscheidungskompetenz** hat **wie die Ausgangsbehörde,** also zu einer vollen Recht- und Zweckmäßigkeitskontrolle i. S. d. § 68 Abs. 1 Satz 1, Abs. 2 VwGO befugt ist. Das ist der Fall, wenn **Widerspruchsbehörde und Erstbehörde identisch sind** oder wenn die **Widerspruchsbehörde die Fachaufsicht über die Erstbehörde ausübt.**[726] In Selbstverwaltungsangelegenheiten ist eine Verböserung daher ausgeschlossen, wenn Selbstverwaltungs- und Widerspruchsbehörde verschiedenen Rechtsträgern angehören.[727] Ferner scheidet eine Verböserung nach *h. M.*[728] dann aus, wenn die Widerspruchsbehörde allein auf die Rechtsschutzfunktion beschränkt ist.

355 Nach der Rechtsprechung des *BVerwG*[729] wird die reformatio in peius begrenzt durch die Grundsätze über die Rücknahme und den Widerruf von VAen, sofern positivrechtliche Spezialregelungen fehlen. Die §§ 48, 49 VwVfG sind danach vergleichend heranzuziehen und bilden die Grenzen für eine Verschlechterung. Nach *a. A.*[730] ist Rechtsgrundlage für die Verböserung im Widerspruchsbescheid die für den Erlass des Ausgangsbescheides einschlägige Rechtsvorschrift, da die Widerspruchsbehörde in vollem Umfang an die Stelle der Erstbehörde tritt und mit der gleichen Entscheidungskompetenz den angegriffenen VA auf seine Recht- und Zweckmäßigkeit überprüft. Diese feine Differenzierung führt in der Praxis kaum zu unterschiedlichen Ergebnissen, denn selbst wenn man mit dem *BVerwG* von einem Vertrauensschutz ausgeht, ist dieser sehr gering. Denn der Kläger hat die Ursache für die Nichtbeständigkeit des VA selbst gesetzt und kann sein Verhalten auf die Folgen der Anfechtung einrichten.[731]

Eine Verböserung scheidet materiell-rechtlich aus, wenn sie „zu nahezu untragbaren Verhältnissen für den Betroffenen führen würde"[732] oder wenn das anzuwendende Recht die reformatio in peius ausschließt wie z. B. der Grundsatz der Chancengleichheit im Prüfungsrecht.[733]

356 **Aufpassen:** Eine Verböserung liegt nicht bereits darin, dass die Widerspruchsbehörde dem angefochtenen VA eine andere materiell-rechtliche Begründung gibt, ohne den Entscheidungsausspruch zum Nachteil des Widerspruchsführers zu ändern.[734] Kein Fall der reformatio in

[725] Z. B. *BVerwG* NVwZ 1983, 612; *VGH Mannheim* NVwZ-RR 2002, 3; *Kahl/Hilbert,* Jura 2011, 660; *Lindner,* DVBl. 2009, 224; *Meister,* JA 2002, 567, 569.
[726] Vgl. *OVG Hamburg* NordÖR 2005, 121; *BVerwG* NVwZ-RR 1997, 26.
[727] Vgl. *VGH München* BayVBl 2006, 434; *Kahl/Hilbert,* Jura 2011, 660, 663.
[728] So für die rheinland-pfälzischen weisungsfreien Stadt- und Kreisrechtsausschüsse *OVG Koblenz* NVwZ-RR 2004, 723; a. A. *Jutzi,* LKRZ 2008, 212.
[729] Vgl. z. B. BVerwGE 65, 313, 319.
[730] *OVG Koblenz* NVwZ 1992, 386; *Stein,* VR 2009, 148, 149; *Meister,* JA 2002, 567, 570.
[731] Vgl. *BVerwG* DÖV 1972, 789.
[732] *BVerwG* NVwZ 1983, 612.
[733] *BVerwG* NVwZ 1993, 686, 688, wonach die Neubewertung einer Prüfungsarbeit aufgrund begründeter Beanstandungen des Prüflings nicht zur Verschlechterung der Prüfungsnote führen darf.
[734] *Pietzner/Ronellenfitsch,* Rn. 1219.

peius ist auch die Verböserung eines VA aufgrund eines Drittwiderspruchs. Hier geht es vielmehr um die Frage der Prüfungs- und Entscheidungskompetenz der Widerspruchsbehörde auf den Widerspruch eines Dritten.[735]

cc) Abgrenzung zum unzulässigen Selbsteintritt

Die **Entscheidungsbefugnis der Widerspruchsbehörde** ist auf den durch den Wider- 357
spruch gezogenen Rahmen **begrenzt.** Sie darf deshalb den Widerspruch nicht zum Anlass nehmen, weitere rechtlich selbstständige Regelungen zu treffen, die über den Inhalt des angefochtenen VA hinausgehen. Dasselbe gilt, wenn ein VA mehrere rechtlich selbstständige Entscheidungen enthält und der Widerspruchsführer seinen Widerspruch auf einen Teil des VA beschränkt. Auch hier ist die Widerspruchsbehörde nicht berechtigt, den nicht angefochtenen Teil zu verschärfen, da insoweit ihre Entscheidungszuständigkeit durch den Widerspruch nicht begründet worden ist.[736] In beiden Fällen läge danach ein **unzulässiger Selbsteintritt** vor und keine reformatio in peius der angefochtenen Regelung. Ein typisches Beispiel dafür ist, dass die Widerspruchsbehörde im Widerspruchsbescheid erstmals ein Zwangsmittel androht und nicht nur – wie in dem letzten Beispielsfall oben – gegenüber dem Ausgangsbescheid verschärft.[737] Denn die Zwangsmittelandrohung ist ein rechtlich selbstständiger VA, dessen Erlass in die Zuständigkeit der Anordnungsbehörde in ihrer Funktion als Vollstreckungsbehörde fällt. Die durch den Devolutiveffekt begründete Sachherrschaft der Widerspruchsbehörde beschränkt sich dagegen auf den angefochtenen VA. Zulässig ist der Erlass eines neuen VA durch die Widerspruchsbehörde nur dann, wenn sie hierfür auch allgemein zuständig ist, also entweder mit der Ausgangsbehörde identisch ist oder als Aufsichtsbehörde ein spezialgesetzlich geregeltes Selbsteintrittsrecht besitzt.[738]

dd) Klagemöglichkeiten gegen die Verböserung

Hat die Widerspruchsbehörde den VA zum Nachteil des Klägers abgeändert, müssen 358
Sie unterscheiden, ob der Kläger sich mit der Klage allein gegen die Verböserung oder gegen den ursprünglichen VA in der Gestalt wendet, die dieser durch den Widerspruchsbescheid gefunden hat. § 79 Abs. 2 VwGO räumt dem Kläger dieses Wahlrecht ein.

aaa) Isolierte Anfechtungsklage gemäß § 79 Abs. 2 VwGO

Im ersten Fall ist die isolierte Anfechtungsklage gegen den Widerspruchsbescheid nach 359
§ 79 Abs. 2 VwGO statthaft. Dabei stellt die **Verböserung** des VA die **„zusätzliche selbstständige Beschwer"** i. S. d. § 79 Abs. 2 VwGO dar. Streitgegenstand der Klage ist hier ausschließlich der verbösernde Teil des Widerspruchsbescheids. Rügt der Kläger ausschließlich, dass er vor Erlass des verbösernden Widerspruchsbescheids nicht gemäß § 71 VwGO – siehe dazu im Einzelnen Rn. 360 – angehört und ihm dadurch die Möglichkeit der Widerspruchsrücknahme genommen worden ist, müssen sie im Rahmen der Zulässigkeitsprüfung darauf achten, dass die isolierte Klage nach § 79 Abs. 2 VwGO stets ein besonderes Rechtsschutzinteresse voraussetzt. Dieses ist in der Regel nur bei ErmessensVAen oder in Ausübung einer Beurteilungsermächtigung gegeben.[739] Bei gebundenen VAen ist dagegen ebenso wie bei Anwendung des

[735] Schoch/*Dolde*, § 68 Rn. 47 m. w. N.
[736] *VGH Mannheim* NVwZ-RR 2002, 3.
[737] *VGH München* NJW 1982, 460.
[738] *Stein*, VR 2009, 148, 152; s. auch die Klausur in der VR 2009, 202, 208.
[739] *Pietzner/Ronellenfitsch*, Rn. 1234.

§ 46 VwVfG ein Verfahrensfehler für die Sachentscheidung irrelevant.[740] Wurde der Kläger vor Erlass des Widerspruchsbescheids nicht zu der beabsichtigten Verböserung angehört, wie dies § 71 VwGO grundsätzlich verlangt so stellt dies zwar einen Verfahrensfehler i. S. d. § 79 Abs. 2 Satz 2 VwGO dar. Dennoch berechtigt die dem Kläger durch die verfahrensfehlerhaft unterbliebene Anhörung abgeschnittene Möglichkeit zur Rücknahme des Widerspruchs das Gericht bei gebundenen VAen nicht zur isolierten Aufhebung des Widerspruchsbescheids, wenn die Rücknahme des Ausgangsbescheids gemäß § 48 VwVfG unabweisbar gewesen wäre.[741]

360 In der Begründetheit müssen Sie bei der Prüfung der formellen Rechtmäßigkeit auf die Frage eingehen, ob der Kläger vor Erlass des den Ausgangsbescheid verbösernden Widerspruchsbescheids **anzuhören** war. Dies ist nach **§ 71 VwGO** grundsätzlich der Fall. Diese Vorschrift begründet – abgesehen von atypischen Sachverhalten – mit der Anordnung, eine Unterrichtung des Betroffenen über die beabsichtigte Verböserung solle vor Erlass des Widerspruchsbescheides erfolgen, eine Pflicht zur Anhörung. Dies gilt nicht nur für die Heranziehung neuer Tatsachen, sondern auch für die aufgrund bekannter Tatsachen erfolgende rechtliche Neubewertung.[742] Liegt ein Anhörungsfehler vor, so kann dieser bis zum Abschluss der letzten Tatsacheninstanz eines verwaltungsgerichtlichen Verfahrens durch die zuständige Widerspruchsbehörde geheilt werden.[743]

Die Prüfung der materiellen Rechtmäßigkeit des verböserten VA folgt den üblichen Regeln.

361 Nun ein **Formulierungsbeispiel** für eine **isolierte Klage gegen den Widerspruchsbescheid** (Klage eines Beamten gegen die Verböserung eines angefochtenen Rückforderungsbescheids):

> „Die Klage ist auch unbegründet. Nach § 115 VwGO gilt § 113 Abs. 1 Satz 1 VwGO entsprechend, wenn nach § 79 Abs. 2 der Widerspruchsbescheid alleiniger Gegenstand der Anfechtungsklage ist. Die Klägerin wird durch den Widerspruchsbescheid vom 25. Mai 2015 nicht in ihren Rechten verletzt.
>
> Richtiger Klagegegner bei der isolierten Anfechtung des Widerspruchsbescheids ist nach §§ 79 Abs. 2 Satz 3, 78 Abs. 2 Satz 2, Abs. 1 Nr. 1 VwGO der Rechtsträger der Widerspruchsbehörde. Dies ist hier nach §§ … .
>
> Dem angefochtenen Widerspruchsbescheid haften zunächst keine Verfahrensfehler an. Insbesondere musste ihm kein Vorverfahren nach §§ 68 ff. VwGO vorangehen.
>
> Enthält der Widerspruchsbescheid – wie hier – eine zusätzliche selbstständige Beschwer des Widerspruchsführers, so bedarf es keiner erneuten Nachprüfung dieses Bescheides in einem Vorverfahren. Denn die Behörde hat ein Widerspruchsverfahren in der Sache bereits durchgeführt, die Sach- und Rechtslage also bereits geprüft.
>
> Auch ein Verstoß gegen § 71 VwGO ist bei dem Erlass des Widerspruchsbescheides nicht begangen worden. Wird ein Ausgangsbescheid – wie hier – im Widerspruchsverfahren verbösert, so begründet § 71 VwGO – abgesehen von atypischen Sachverhalten – eine Pflicht zur Anhörung vor Erlass des Widerspruchsbescheides in Form der Unterrichtung des Betroffenen über die beabsichtigte Verböserung. Dies gilt nicht nur für die Heranziehung neuer Tatsachen, sondern

[740] Schoch/*Pietzcker*, § 79 Rn. 14 f.; *BVerwG* NVwZ 1999, 641.
[741] *BVerwG* NVwZ 1999, 1218.
[742] *BVerwG* NVwZ 1999, 1218 m. w. N.
[743] Sodan/Ziekow/*Geis*, § 71 Rn. 14; *Kopp/Schenke*, § 71 Rn. 7.

auch für die aufgrund bekannter Tatsachen erfolgende rechtliche Neubewertung. Die Widerspruchsbehörde hat diese Vorschrift beachtet, denn sie hat die Klägerin mit Schreiben vom 11. Mai 2015 auf die Möglichkeit einer Verböserung des angefochtenen Rückforderungsbescheids hingewiesen und um Stellungnahme hierzu gebeten.

In der Sache ist der Widerspruchsbescheid nicht bereits deswegen aufzuheben, weil er gegenüber dem Ausgangsbescheid vom 13. März 2015 eine Schlechterstellung der Klägerin enthält.

Eine reformatio in peius ist im Widerspruchsverfahren jedenfalls dann, wenn die Widerspruchsbehörde die Fachaufsicht über die Erstbehörde ausübt oder wenn Widerspruchsbehörde und Erstbehörde – wie hier – identisch sind, grundsätzlich – und so auch hier – zulässig. Die Vorschriften der VwGO über das Widerspruchsverfahren enthalten keine Regelung darüber, ob die Widerspruchsbehörde einen durch den Widerspruch des Betroffenen angefochtenen Verwaltungsakt zu seinen Ungunsten abändern darf oder nicht. Die §§ 68 ff. VwGO überlassen es vielmehr dem zuständigen Bundes- oder Landesgesetzgeber, etwaige Beschränkungen einer Nachprüfung zuungunsten des Widerspruchsführers einzuführen. Eine derartige Einschränkung lässt sich den im vorliegenden Fall einschlägigen Rechtsvorschriften nicht entnehmen. Ein Verböserungsverbot enthalten weder das VwVfG noch das BBesG.

Für die grundsätzliche Zulässigkeit der reformatio in peius spricht auch der Sinn und Zweck des Widerspruchsverfahrens, bei dem es sich nicht lediglich um ein Rechtsschutzverfahren handelt; es dient vielmehr auch der Entlastung der Verwaltungsgerichte und insbesondere der Selbstkontrolle der Verwaltung, die gemäß Art. 20 Abs. 3 GG an Gesetz und Recht gebunden ist. Dafür spricht ferner, dass die Widerspruchsbehörde grundsätzlich die volle Entscheidungskompetenz der Erstbehörde hat (s. § 68 Abs. 1 Satz 1, Abs. 2 VwGO), d. h. die gleiche Entscheidungskompetenz, die die Erstbehörde hätte, wenn sie erst im Zeitpunkt der Widerspruchsentscheidung den Verwaltungsakt erlassen würde. Daraus folgt nach Ansicht der Kammer, dass, sofern gesetzlich nichts anderes bestimmt ist, die Verböserung im Widerspruchsverfahren auch nicht an die Voraussetzungen gebunden ist, die für den Widerruf und die Rücknahme begünstigender Verwaltungsakte gelten.[744] Die Widerspruchsbehörde hat nicht die Entscheidungskompetenz der Erstbehörde nach Erlass der angegriffenen Verfügung, sondern die ursprüngliche Entscheidungskompetenz. Aber auch wenn man mit dem BVerwG davon ausgeht, dass die §§ 48, 49 VwVfG als Rechtsgrundlage für die Verschlechterung heranzuziehen sind, führt dies zu keinem anderen Ergebnis. Denn für denjenigen, der selbst mit seiner Anfechtung den Grund für die mangelnde Bestandskraft des Verwaltungsakts gesetzt hat, besteht in der Regel – und so auch hier – kein schutzwürdiges Interesse an dem Bestand des ursprünglichen Verwaltungsaktes.

Rechtsgrundlage für die verbösernde Widerspruchsentscheidung der Widerspruchsbehörde ist auf der Grundlage des soeben Gesagten die für den Erlass des Ausgangsbescheides einschlägige Vorschrift des § 12 Abs. 2 Satz 1 BBesG. Danach… Diese Voraussetzungen sind hier gegeben. (…)

Nach allem ist der verbösernde Widerspruchsbescheid nicht rechtswidrig, sondern entspricht der in § 12 Abs. 2 Satz 1 BBesG vorgegebenen Rechtslage. Außergewöhnliche Umstände, die einen erhöhten Vertrauensschutz der Klägerin

[744] So aber, wie bereits ausgeführt BVerwGE 65, 313, 319.

rechtfertigen und eine Aufhebung des Bescheides vom 13. März 2015 für die Zukunft ausschließen, sind weder vorgetragen noch ersichtlich. Dem Vertrauen der Klägerin auf den Bestand des genannten Bescheids hat die Beklagte hinreichend dadurch Rechnung getragen, dass sie diesen Bescheid nicht für die Vergangenheit, sondern nur für die Zukunft abgeändert hat."

bbb) Anfechtungsklage gemäß § 79 Abs. 1 Nr. 1 VwGO

362 Im zweiten Fall liegt eine gewöhnliche Anfechtungsklage in Form der Einheitsklage **nach § 79 Abs. 1 Nr. 1 VwGO** vor mit der Folge, dass der VA insgesamt auf seine Rechtmäßigkeit zu überprüfen ist, d.h. die Verböserung lediglich einen Teil der Prüfung ausmacht. Diese Variante ist die häufigere. Bei der Erörterung der materiellen Rechtmäßigkeit folgen Sie dem gewöhnlichen Aufbau der Anfechtungsklage und führen am Ende – oder je nach Fallgestaltung am Anfang – der Prüfung aus, dass die Verböserung zulässig war:[745]

„Rechtsgrundlage für den – im Widerspruchsbescheid angeordneten – Vollabriss des streitgegenständlichen Wochenendhauses des Klägers ist § 80 Abs. 1 Satz 1 MVLBauO. Danach kann die Bauaufsichtsbehörde u. a. die vollständige Beseitigung der baulichen Anlagen anordnen, wenn diese im Widerspruch zu öffentlich-rechtlichen Vorschriften errichtet oder geändert werden und nicht auf andere Weise rechtmäßige Zustände hergestellt werden können. Diese Voraussetzungen liegen hier vor. (...)

Schließlich ist festzuhalten, dass der Oberbürgermeister der Landeshauptstadt Schwerin nicht daran gehindert war, den ursprünglich im Ausgangsbescheid angeordneten Teilabriss zu verschärfen, weil dies zu einer Schlechterstellung des Klägers geführt hat. Der Oberbürgermeister hat vielmehr in rechtlich zulässiger Weise den Ausgangsbescheid vom 13. März 2015 zum Nachteil des Klägers nach den Regeln der reformatio in peius geändert.

In formeller Hinsicht wurde der Kläger vor Erlass des Widerspruchsbescheids mit Schreiben vom 11. Mai 2015 zu der beabsichtigten Verböserung angehört, wie dies § 71 VwGO – abgesehen von atypischen Sachverhalten – verlangt.

Auch in der Sache ist die Verschärfung nicht zu beanstanden. Voraussetzung für die Zulässigkeit einer reformatio in peius ist zunächst, dass die Widerspruchsbehörde dieselbe Entscheidungskompetenz hat wie die Ausgangsbehörde, also zu einer vollen Recht- und Zweckmäßigkeitskontrolle i.S.d. § 68 Abs. 1 Satz 1, Abs. 2 VwGO befugt ist. Dies ist u.a. der Fall, wenn – wie hier – Widerspruchsbehörde und Erstbehörde identisch sind (...) (wie oben).

Gegen die Zulässigkeit der Verböserung bestehen hier ferner nicht deshalb Bedenken, weil die Widerspruchsbehörde zu dieser Änderung nicht aus Rechtsgründen gezwungen, sondern nur im Rahmen des ihr durch § 80 Abs. 1 Satz 1 MVLBauO eingeräumten Ermessens befugt gewesen ist. Denn dem Kläger wurde nicht eine von der Erstbehörde zuerkannte Begünstigung entzogen, sondern lediglich eine von ihr auferlegte Belastung verschärft. Diese in dem angefochtenen Bescheid vom 13. März 2015 angeordnete Belastung des Klägers enthält nicht auch einen Verzicht des Oberbürgermeisters, das Ermessen doch noch vollständig auszuschöpfen.

[745] S. auch die Hinweise bei *Kahl/Hilbert,* Jura 2011, 948, 952; *Schoberth,* JuS 2010, 239, 240 und *Meister,* JA 2002, 567, 571.

Ein etwaiges Vertrauen des Klägers in den Fortbestand der belastenden Verfügung des Oberbürgermeisters ist auch nicht schutzwürdig, weil der Kläger durch seinen Widerspruch selbst die Ursache für die Unbeständigkeit der angefochtenen Verfügung gesetzt hat. Außergewöhnliche Umstände, die einen erhöhten Vertrauensschutz des Klägers rechtfertigen, sind weder vorgetragen noch ersichtlich."

3. Die Begründetheit der Verpflichtungsklage

a) Der Obersatz

Der Einstieg in die Begründetheitsprüfung einer erfolgreichen Verpflichtungsklage kann etwa so lauten: 363

„Die Klage ist auch in der Sache begründet. Der Kläger hat einen Anspruch auf Erteilung der Sondernutzungserlaubnis. Ablehnungsbescheid und Widerspruchsbescheid sind rechtswidrig und verletzen den Kläger in seinen Rechten (§ 113 Abs. 5 Satz 1 VwGO)."

Führt die Verpflichtungsklage nur zu einem Bescheidungsurteil, formulieren Sie z. B. so: 364

„Die Klage hat in der Sache nur in dem aus dem Tenor ersichtlichen Umfang Erfolg. Zwar war die Versagung der Sondernutzungserlaubnis rechtswidrig und verletzt die Klägerin in ihren Rechten (§ 113 Abs. 5 Satz 1 VwGO). Mangels Spruchreife konnte der Beklagte jedoch nur dazu verpflichtet werden, den Antrag der Klägerin unter Beachtung der Rechtsauffassung des Gerichts erneut zu bescheiden (§ 113 Abs. 5 Satz 2 VwGO)."

b) Die Prüfung der Anspruchsvoraussetzungen

Im Anschluss an den Obersatz ist die **Anspruchsgrundlage genau nach Paragraph und Absatz zu benennen** und deren Inhalt wiederzugeben. Danach folgt die Subsumtion des Sachverhalts unter die einzelnen Tatbestandsmerkmale und die Rechtsfolgenseite.[746] Der Anspruch kann sich ergeben aus einem Gesetz oder aufgrund eines Gesetzes, aus einem Grundrecht, aus einer Zusicherung (§ 38 VwVfG), aus einem öffentlich-rechtlichen Vertrag, aus einem VA oder aus sonstigen anspruchsbegründenden Rechtsakten.[747] Die Anspruchsgrundlage kann sich ferner aus europarechtlichen Vorschriften (z. B. aus den **Grundfreiheiten** oder einer **Richtlinie**[748]) er- 365

[746] Vgl. dazu und der Differenzierung zwischen „Anspruchs- und Rechtswidrigkeitsaufbau" *Lemke*, JA 2000, 150; *Ramsauer*, Rn. 15.11 ff.

[747] Sodan/Ziekow/*Wolff*, § 113 Rn. 415.

[748] Die Richtlinie müsste dann im Klausurtext abgedruckt sein. Richtlinien (s. Art. 288 Abs. 3 AEUV) sind unter den folgenden Voraussetzungen unmittelbar anwendbar (*EuGH* NJW 2004, 3547; vgl. auch BVerfGE 75, 223, 233 ff.): (1) es muss **ein Verstoß gegen die Umsetzungsverpflichtung vorliegen,** d. h. der Mitgliedstaat hat die Richtlinie nicht, nicht rechtzeitig oder nicht richtig umgesetzt; (2) die fragliche Vorschrift ist h**inreichend inhaltlich bestimmt,** d. h. sie muss einen hinsichtlich Tatbestand und Rechtsfolge vollständigen Rechtssatz enthalten, der im Einzelfall von einem Gericht angewendet werden kann; die Auslegungsbedürftigkeit der Norm schadet dabei nicht; (3) die Vorschrift muss i**nhaltlich unbedingtheit sein,** d. h. der Eintritt der Rechtsfolge darf nicht von einer Entscheidung eines Gemeinschaftsorgans oder eines Mitgliedstaates abhängen (ausführlich zu dem Ganzen *Herrmann/Michl*, JuS 2009, 1065). Die **Rechts-**

geben.[749] Die Rechtsverletzung muss in der Versagung des begehrten VA liegen. Dabei hat das VG alle für die Entscheidung über das Klagebegehren maßgeblichen rechtlichen und tatsächlichen Voraussetzungen des geltend gemachten Anspruchs in eigener Verantwortung festzustellen – unabhängig von der von dem Kläger zur Begründung seines Begehrens aufgeführten oder der Behörde herangezogenen Anspruchsgrundlage. Eine „Zurückverweisung“ an die Behörde bei noch erforderlicher Sachverhaltsaufklärung, wie dies bei der Anfechtungsklage gemäß § 113 Abs. 3 VwGO möglich ist, scheidet hier aus.[750]

c) Maßgeblicher Zeitpunkt der Sach- und Rechtslage

366 Für Verpflichtungsklagen (und Neubescheidungsklagen) ist, wenn gesetzlich nichts anderes bestimmt ist, regelmäßig die Sach- und Rechtslage im **Zeitpunkt der mündlichen Verhandlung** maßgeblich.[751] Entscheidend ist, ob der Kläger in dem Augenblick, in dem das Gericht über die Rechtslage urteilt, einen Anspruch gegen die Behörde auf Erlass eines VA besitzt. Hat sich die Sach- oder Rechtslage bis dahin zu seinen Gunsten verbessert, muss das Gericht dem Rechnung tragen.[752] Die Klage hat demgegenüber keinen Erfolg, wenn sich nach rechtswidriger Versagung des VA durch die Behörde die Sach- oder Rechtslage vor der gerichtlichen Entscheidung zu Ungunsten des Klägers geändert hat.[753]

367 Die angeführte „Regel“ gilt nicht uneingeschränkt. Aus dem materiellen Recht können sich Abweichungen ergeben. So ist bei Verpflichtungsklagen auf Erlass eines VA, bei dem der Behörde ein **Beurteilungsspielraum** eingeräumt ist (z. B. Einstellung in das Beamtenverhältnis) regelmäßig nach der im **Zeitpunkt der behördlichen Entscheidung** geltenden Sach- und Rechtslage zu entscheiden.[754]

Das *BVerwG*[755] führt zur Begründung hierzu aus: *„Denn die Einstellung eines Beamtenbewerbers setzt neben der Feststellung objektiver Tatsachen (etwa der Erfüllung laufbahnrechtlicher und altersmäßiger Voraussetzungen) in der Form der Eignungsbeurteilung einen prognostischen Akt wertender Erkenntnis voraus, der nur eingeschränkt gerichtlich nachprüfbar ist und Maßstab bildende Elemente enthält, die der Dienstherr im Hinblick auf den zu besetzenden Dienstposten selbst festzulegen hat. Maßgeblich für den zu beurteilenden Sachstand ist deshalb grundsätzlich das Erkenntnismaterial, das der Behörde im Zeitpunkt ihrer Entscheidung vorliegt.“*

368 Bei **Ermessensentscheidungen** der Behörde ist nach *hM* zu differenzieren: Hier ist insoweit grundsätzlich auf die Sach- und Rechtslage zum Zeitpunkt der letzten mündlichen Verhandlung in der Tatsacheninstanz abzustellen, als es um die Tatbestandsvoraussetzungen der Norm geht.[756] Hinsichtlich der Ermessenserwägungen sind dagegen die Ermessenserwägungen maßgebend, von denen sich die Widerspruchsbehörde hat leiten

---

folgen der unmittelbaren Wirkung sind die Folgenden: Der Einzelne kann sich auf eine Richtlinienvorschrift gegenüber den Behörden und Gerichten des Mitgliedstaates berufen. Unabhängig davon besteht eine **Ex-officio-Pflicht** (Pflicht zur Beachtung von Amts wegen) der Behörden und Gerichte, das einschlägige Richtlinienrecht zu beachten. Dementsprechend ist auch die Entstehung subjektiver Rechte von Individuen im Richtlinienbereich eine Konsequenz der unmittelbaren Wirkung (*Herrmann/Michl,* JuS 2009, 1065, 1066).

[749] S. dazu die Klausur von *Streinz/Herrmann/Kruis,* JuS 2011, 1106. Eine unmittelbare Wirkung von EU-Richtlinien zwischen Privaten ist ausgeschlossen.

[750] *BVerwG* NVwZ 1999, 65.

[751] S. z. B. *BVerwG* NVwZ 2012, 1631 zur Baugenehmigung; *VGH Mannheim* NVwZ-RR 2009, 508; zu abweichenden Regelungen s. *Ramsauer,* Rn. 15.27 und *Ehlers,* Jura 2004, 310, 315.

[752] Sodan/Ziekow/*Wolff,* § 113 Rn. 103.

[753] Vgl. *BVerwG* DVBl 2006, 922; *VGH Mannheim* VBlBW 2005, 361.

[754] S. z. B. *BVerwG* NJW 1981, 1386; *VGH Mannheim* NVwZ 2001, 1434.

[755] *BVerwG* NJW 2004, 3581.

[756] Vgl. z. B. *BVerwG* NVwZ 2005, 90 zur Erteilung einer Aufenthaltserlaubnis.

lassen. Abzustellen ist diesbezüglich auf die Sach- und Rechtslage im Zeitpunkt des Erlasses des Widerspruchsbescheides. Findet kein Vorverfahren statt, kommt es auf den Zeitpunkt der Ausgangsentscheidung an. Nach der *Gegenmeinung*[757] sind stets die Verhältnisse zum Zeitpunkt der gerichtlichen Entscheidung maßgebend.

d) Herstellung der Spruchreife

Bei **gebundenen Entscheidungen** sind **formelle Mängel** des ergangenen Bescheids sowie des Widerspruchsbescheids **ohne Bedeutung,** da diese dem geltend gemachten Anspruch nicht zum Erfolg verhelfen können.[758] Die Begründetheit dieser Verpflichtungsklage hängt vielmehr **allein** davon ab, **ob** der Kläger einen **Anspruch auf Erlass des von ihm erstrebten VA** hat. Die Verpflichtungsklage ist daher nur begründet, wenn die Tatbestandsvoraussetzungen der Anspruchsnorm gegeben sind. Dabei ist das **Gericht grundsätzlich verpflichtet,** selbst die **Sache spruchreif zu machen.**[759] Nur in Ausnahmefällen, etwa bei komplexen technischen Sachverhalten, darf das VG von der Herstellung der Spruchreife absehen.[760] 369

Ist der Verwaltung ein **Beurteilungsspielraum** eingeräumt, so ist die Klage nur dann spruchreif, wenn eine **Beurteilungsreduzierung auf Null** vorliegt.[761] Diese kann sich aus einer Selbstbindung der Verwaltung oder einem Verstoß gegen den Verhältnismäßigkeitsgrundsatz ergeben.[762] Ansonsten kommt nur eine Neubescheidung gemäß § 113 Abs. 5 Satz 2 VwGO in Betracht. 370

Steht der Erlass des begehrten VA im **Ermessen** der Behörde (z. B. die Erteilung einer Sondernutzungserlaubnis nach § 8 Abs. 1 FStrG), so kann die Verpflichtung der Behörde hierzu nur ausgesprochen werden, wenn angesichts der konkreten Umstände des Falles nur eine einzige, bestimmte Entscheidung in Betracht kommt, die nicht ermessensfehlerhaft wäre (sog. **Ermessensreduktion auf Null**). Stellt das VG dagegen fest, dass die Ermessensentscheidung der Behörde fehlerhaft gewesen ist, ohne dass Spruchreife vorliegt, darf es nicht die behördliche Ermessensentscheidung durch eine eigene ersetzen. In diesem Fall ist im Urteil lediglich die Verpflichtung der Behörde zur Neubescheidung unter Beachtung der Rechtsauffassung des Gerichts auszusprechen (§ 113 Abs. 5 Satz 2 VwGO).[763] 371

Auch bei der Verpflichtungsklage kann der **§ 114 Satz 2 VwGO** eine Rolle spielen, wenn Sie mit der h. M. davon ausgehen, dass bei Ermessensentscheidungen der Behörde auf den Zeitpunkt der letzten Verwaltungsentscheidung abzustellen ist, sofern nur ein Bescheidungsurteil in Betracht kommt (s. Rn. 366). In derartigen Fällen ist **Raum für ergänzende Ermessenserwägungen** der Behörde im Verwaltungsprozess. Dies gilt auch dann, wenn die ergänzende Begründung Umstände 372

---

757 *Kopp/Schenke,* § 113 Rn. 217; *Gatawis,* JA 2003, 692, 694; *OVG Münster* NVwZ-RR 1998, 627 zu einer verkehrsregelnden Anordnung.

758 *BVerwG* DÖV 1985, 407, 408: „Bei einer Verpflichtungsklage ist die ablehnende behördliche Entscheidung im engeren Sinne nicht Gegenstand des Verfahrens. Über den Anspruch haben die Tatsachengerichte ohne Rücksicht auf Mängel des Verwaltungsverfahrens zu entscheiden.“ S. auch *OVG Münster* DVBl. 2010, 1309.

759 Spruchreife liegt vor, wenn alle entscheidungserheblichen Tatsachen ermittelt wurden bzw. deren fehlende Ermittelbarkeit feststeht. Die Pflicht zur Herbeiführung der Spruchreife gilt unabhängig davon, ob das vorangegangene Verwaltungsverfahren fehlerhaft war (Sodan/Ziekow/*Wolff,* § 113 Rn. 427 und 429).

760 *BVerwG* BayVBl. 2004, 185.

761 Vgl. Sodan/Ziekow/*Wolff,* § 113 Rn. 425; *Kment/Vorwalter,* JuS 2015, 193, 200.

762 *Ramsauer,* Rn. 38.29.

763 *BVerwG* NVwZ-RR 2003, 719; s. zu Tenorierung und insbesondere der Kostenentscheidung das Tenorierungsbeispiel Nr. 11, Rn. 61.

einbezieht, die nach dem für das Gericht maßgeblichen Zeitpunkt liegen.[764] Ein Beispiel zur Berücksichtigung ergänzender Ermessenserwägungen finden Sie in einer Entscheidung des *VGH Mannheim* betreffend die Verpflichtungsklage eines Straßenanliegers auf Aufstellung eines Verkehrszeichens.[765]

e) Subjektive Rechtsverletzung

373 § 113 Abs. 5 VwGO verlangt neben der Rechtswidrigkeit der Ablehnung oder Unterlassung des VA eine subjektive Rechtsverletzung des Klägers. Diese liegt unproblematisch vor – und bedarf daher keiner besondern Erwähnung –, wenn der Kläger dem Personenkreis angehört, dem gegenüber die Rechtsnorm den Erlass eines begünstigenden VA erlaubt. Näher auf die Frage der subjektiven Rechtsverletzung eingehen sollten Sie aber immer dann, wenn der vom Kläger begehrte VA gegenüber Dritten ergehen soll. Hier müssen Sie begründen, ob die einschlägige Norm drittschützenden Charakter hat. Nur wenn dies der Fall ist und gegebenenfalls eine Ermessensreduktion auf Null vorliegt, ist die Rechtsverletzung zu bejahen.

f) Formulierungsbeispiele

374 Ein Beispiel für die **Formulierung** der Urteilsbegründung in einem derartigen Fall:

> „Rechtsgrundlage für die von der Klägerin begehrte Sondernutzungserlaubnis ist § 8 Abs. 1 Satz 2 FStrG. Danach bedarf die Benutzung der Bundesfernstraßen über den Gemeingebrauch hinaus der Erlaubnis der Straßenbaubehörde. Das Aufstellen von Altkleider-Sammelcontainern auf einem an einer Bundesstraße gelegenen Parkplatz stellt eine Sondernutzung dar. (…)
>
> Die Erteilung der für die beabsichtigte Sondernutzung erforderlichen Erlaubnis liegt im pflichtgemäßen Ermessen der Straßenbaubehörde. (…)
>
> Hier hat die Beklagte bei Erlass des ablehnenden Bescheids von dem ihr eingeräumten Ermessen keinen fehlerfreien Gebrauch gemacht. Ein Bescheid, mit dem eine Behörde eine Sondernutzungserlaubnis versagt und sich dabei ausschließlich auf Belange außerhalb des Straßen- und Wegerechts stützt, ist in aller Regel ermessensfehlerhaft. So liegt der Fall hier. Auch im Widerspruchsbescheid wird lediglich ausgeführt, (…). Bereits der hierin zu Tage getretene Ermessensfehler (§ 114 VwGO) führt zu der Verpflichtung der Beklagten, die Klägerin unter Beachtung der – vorstehend dargelegten – Rechtsauffassung des Gerichts erneut zu bescheiden (§ 113 Abs. 5 Satz 2 VwGO)."

375 Liegt eine **Ermessensreduktion auf Null** vor, können Sie etwa wie folgt begründen:

> „Der Kläger hat einen Anspruch auf Erteilung einer Aufenthaltserlaubnis. Dies ergibt sich aus § 16 Abs. 1 AufenthG. Danach. (…) Die Voraussetzungen dieser Vorschrift sind gegeben. (…)
>
> Zwar steht die Entscheidung über die Erteilung einer Aufenthaltserlaubnis zum Zwecke des Studiums im Ermessen der Ausländerbehörde. Hier liegen aber die Voraussetzungen einer Ermessensreduktion auf Null zugunsten des Klägers vor. Dies ergibt sich aus Folgendem (…)"

---

[764] *VGH Mannheim* NVwZ-RR 1998, 682.
[765] NVwZ-RR 1998, 682.

4. Die Begründetheit der Leistungsklage

Maßgeblich für den Erfolg der allgemeinen Leistungsklage ist das Bestehen eines Rechtsanspruchs auf die Leistung oder Unterlassung im Zeitpunkt der gerichtlichen Entscheidung.[766] 376

a) Folgenbeseitigungsanspruch/öffentlich-rechtlicher Abwehranspruch/öffentlich-rechtlicher Unterlassungsanspruch

Besondere Bedeutung in der Klausur kommt dem **Folgenbeseitigungsanspruch,**[767] dem **öffentlich-rechtlichen Abwehranspruch**[768] oder dem **öffentlich-rechtlichem Unterlassungsanspruch**[769] als Grundlage für die Beseitigung fortdauernder, aus hoheitlichem Verwaltungshandeln, insbesondere Realakten, resultierender Rechtsverletzungen zu.[770] Der Realakt bedarf einer Rechtsgrundlage.[771] Er muss formell und – soweit er eine Eingriffsqualität vorweist – materiell rechtmäßig sein. Prüfungsmaßstab sind hierbei insbesondere der Grundsatz der Verhältnismäßigkeit und das Übermaßverbot. 377

Ein **Formulierungsbeispiel** für einen erfolglos geltend gemachten öffentlich-rechtlichen Abwehranspruch gegen Lärmbelästigungen von einem gemeindlichen Kinderspielplatz:[772]

> „Die Leistungsklage ist in der Sache jedoch unbegründet. Die Klägerin hat nach der maßgeblichen Sach- und Rechtslage im Zeitpunkt der gerichtlichen Entscheidung keinen Anspruch darauf, dass die Beklagte geeignete Maßnahmen ergreift, um die von der Seilbahn auf dem gemeindlichen Kinderspielplatz „Bambino“ in Altenburg ausgehenden Lärmbelästigungen zu reduzieren.
>
> Rechtsgrundlage für das klägerische Begehren ist der in Rechtsprechung und Literatur allgemein anerkannte öffentlich-rechtliche Abwehranspruch, der sich aus einer analogen Anwendung der das privatrechtliche Nachbarschaftsverhältnis regelnden §§ 906, 1004 BGB ergibt. Ein solcher Abwehranspruch ist gegeben, wenn hoheitliches Handeln in rechtswidriger Weise in ein subjektives Recht eingreift. Subjektive Rechte sind die Grundrechte des Gestörten auf körperliche Unversehrtheit (Art. 2 Abs. 2 GG) und das Eigentumsgrundrecht (Art. 14 Abs. 1 GG) mit der Folge eines entsprechenden Abwehranspruchs, wenn eine in Wahrnehmung öffentlicher Aufgaben betriebene Einrichtung Immissionen hervorruft, die die Gesundheit schädigen oder schwer und unerträglich in das Eigentum eingreifen. Diese Voraussetzungen liegen hier nicht vor.
>
> Die von der Klägerin durch die Geräuschimmissionen der Seilbahn bzw. deren Benutzer vorgeblich hervorgerufenen Beeinträchtigungen der Wohnnutzung und

---

[766] *VGH Kassel* NVwZ-RR 2012, 21.

[767] S. hierzu ausführlich *Bumke,* JuS 2005, 22.

[768] S. z. B. *VGH München* BeckRS 2015, 42130 zu von einem Jugendspielplatz mit „Streetballanlage“ ausgehenden Lärmemissionen.

[769] S. dazu *BVerwG* BeckRS 2015, 40279 (Einsatz einer Einrichtung der automatisierten Erfassung von Kraftfahrzeugkennzeichen) und die Klausur von *Peters,* Jura 2014, 752.

[770] Die drei genannten Ansprüche haben ähnliche Voraussetzungen (vgl. *Sauer,* JuS 2012, 800, 801).

[771] Diese kann sich unmittelbar aus der Verfassung (z. B. bei der Warnung vor Sekten) oder aus dem Gesetz (z. B. § 21 Abs. 3 BadWürttPolG für die polizeiliche Videoüberwachung von öffentlichen Plätzen, s. dazu *VGH Mannheim* VBlBW 2004, 20) ergeben.

[772] Diese Konstellation dürfte wegen des **§ 22 Abs. 1 a BImSchG** examensrelevant sein. S. dazu z.B. *BVerwG* BeckRS 2013, 52219; *VGH Mannheim* VBlBW 2015, 81; *OVG Münster* BeckRS 2013, 49342; *OVG Koblenz* BeckRS 2012, 59053; *Scheidler,* NVwZ 2011, 838 und LKRZ 2011, 412.

der körperlichen Unversehrtheit sind nicht als rechtswidrige Beeinträchtigungen zu qualifizieren, weil die Klägerin gegenüber den durch die Benutzung der Seilbahn hervorgerufenen Geräuschimmissionen nach § 22 Abs. 1 a BImSchG i. V. m. § 906 BGB analog zur Duldung verpflichtet ist.

Die Duldungspflicht der Klägerin ergibt sich im Einzelnen aus folgenden Erwägungen:

(...)"

b) Der öffentlich-rechtliche Erstattungsanspruch

378 Weitere Anwendungsfälle der Leistungsklage sind, soweit es um Geldzahlungen geht, **vertragliche Ansprüche aus öffentlich-rechtlichen Verträgen** nach §§ 54 ff. VwVfG oder der sog. **öffentlich-rechtliche Erstattungsanspruch.** Hierbei handelt es sich um ein aus dem Grundsatz der Gesetzmäßigkeit der Verwaltung abgeleitetes eigenständiges Rechtsinstitut des öffentlichen Rechts, dessen Anspruchsvoraussetzungen und Rechtsfolgen, soweit sie nicht spezialgesetzlich geregelt sind (vgl. etwa § 12 BBesG), denen des zivilrechtlichen Bereicherungsanspruchs entsprechen.[773] Ein Formulierungsbeispiel für einen erfolgreich geltend gemachten öffentlich-rechtlichen Erstattungsanspruch:

„Die Leistungsklage ist auch in der Sache begründet. Die Klägerin kann ihr Zahlungsbegehren auf den allgemeinen öffentlich- rechtlichen Erstattungsanspruch, ein eigenständiges Rechtsinstitut des öffentlichen Rechts, stützen. Dessen Anspruchvoraussetzungen, die grundsätzlich denen des zivilrechtlichen Bereicherungsanspruchs nach §§ 812 ff. BGB entsprechen, sind hier gegeben.

Zwischen der Klägerin und der Beklagten hat im Rahmen einer öffentlich-rechtlichen Rechtsbeziehung eine Vermögensverschiebung stattgefunden. (...)

Die Vermögensverschiebung ist auch ohne Rechtsgrund erfolgt. (...)

Die Beklagte kann sich als Trägerin öffentlicher Gewalt nicht auf den Wegfall der Bereicherung analog § 818 Abs. 3 BGB berufen. (...)

Dem Erstattungsanspruch der Klägerin steht schließlich nicht der Grundsatz von Treu und Glauben entgegen. (...)"

5. Die Begründetheit der Fortsetzungsfeststellungsklage

379 Hier ist zu unterscheiden zwischen der erledigten Anfechtungsklage und der erledigten Verpflichtungsklage. Die Begründetheitsprüfung bei der **erledigten Anfechtungsklage** (besonders häufig im Polizei- und Versammlungsrecht) ist nahezu identisch mit derjenigen der Anfechtungsklage. Die Fortsetzungsfeststellungsklage ist nach *h. M.*[774] erfolgreich, wenn der **erledigte VA rechtswidrig** war und den **Kläger in eigenen Rechten verletzt** hat. Hinsichtlich des Zeitpunkts der gerichtlichen Beurteilung gelten die bei der Anfechtungsklage maßgeblichen Grundsätze entsprechend. Kommt es dort ausnahmsweise auf den Zeitpunkt der letzten mündlichen Verhandlung an (z. B. bei DauerVAen wie Verkehrsschildern), ist im Falle der Erledigung in

---

[773] *BVerwG* NVwZ 2008, 212; *Sauer,* JuS 2012, 800, 801.

[774] *Schenke,* JZ 2003, 31, 33; Sodan/Ziekow/*Kilian,* § 121 Rn. 54; a. A. offenbar *BVerwG* NVwZ 2002, 853: Streitgegenstand der Fortsetzungsfeststellungsklage ist (nur) die Behauptung des Klägers, der VA sei rechtswidrig gewesen.

der Regel auf den Zeitpunkt der Erledigung abzustellen.[775] Allerdings kann ein DauerVA nur für einen bestimmten Zeitpunkt, für den gesamten Zeitraum seiner Wirksamkeit oder nur für Teile dieses Zeitraums angefochten werden.[776] Ein Formulierungsbeispiel aus dem Versammlungsrecht:

„Die Klage ist indessen unbegründet. Die Verfügung des Beklagten vom 16. März 2015 war rechtmäßig und verletzte den Kläger nicht in seinen Rechten (§ 113 Abs. 1 Satz 4 i. V. m. Satz 1 VwGO).

Die Anordnung der Sicherstellung des Schutzhelms war durch die Vorschrift des § 17a Abs. 4 Satz 1 VersG gedeckt. Danach kann die zuständige Behörde zur Durchsetzung der Verbote nach § 17a Abs. 1 VersG die erforderlichen Anordnungen treffen.(…)"

Ob bei einem ErmessensVA, der sich in der Hauptsache erledigt hat, eine Ergänzung von Ermessenserwägungen in Betracht kommt, wird unterschiedlich beurteilt.[777] Jedenfalls darf nach Auffassung des *BVerwG* ein DauerVA für die Zukunft unter den prozessualen Voraussetzungen des § 114 Satz 2 VwGO auf neue Ermessenserwägungen gestützt werden. Dagegen kann ein DauerVA in Ansehung eines bereits abgelaufenen Zeitraums nicht mehr mit Ermessenserwägungen begründet werden, durch welche die ursprüngliche Ermessensentscheidung im Kern ausgewechselt wird.[778] 380

Die Begründetheitsprüfung bei der **erledigten Verpflichtungsklage** (Beispiel: Kläger begehrt, nachdem er ursprünglich Verpflichtungsklage auf Erteilung einer Baugenehmigung erhoben hatte, nach Erlass einer Veränderungssperre nach § 14 BauGB die Feststellung, dass die Versagung der Baugenehmigung rechtswidrig war) folgt im Wesentlichen derjenigen der Verpflichtungsklage analog § 113 Abs. 5 VwGO. Hier ist ebenfalls der Zeitpunkt der gerichtlichen Entscheidung zugrunde zu legen, der bei einer Entscheidung im Zeitpunkt der Erledigung maßgebend gewesen wäre, in der Regel also der Zeitpunkt der Erledigung selbst.[779] Wie im Tenorierungsbeispiel Nr. 17[780] bereits angemerkt, kann im Rahmen einer Fortsetzungsfeststellungsklage grundsätzlich nicht die gerichtliche Entscheidung herbeigeführt werden, dass die Behörde zu der beantragten Entscheidung verpflichtet gewesen wäre, wenn der Behörde für ihre Entscheidung ein Ermessen eingeräumt ist. In diesen Fällen kann deshalb nur festgestellt werden, dass die ablehnenden Bescheide rechtswidrig gewesen sind und der Beklagte zu einer Neubescheidung verpflichtet gewesen wäre. Etwas anderes gilt nur dann, wenn das Ermessen auf Null reduziert war.[781] 381

Hierzu ein Formulierungsbeispiel aus dem Straßenrecht:

„Die Klage ist auch in der Sache begründet. Die Ablehnung der Beklagten vom 25. Juni 2015 war rechtswidrig und verletzte die Klägerin in ihren Rechten (§ 113

---

[775] *VGH Mannheim* VBlBW 2008, 375; *Ramsauer,* Rn. 17.17.

[776] *BVerwG* NVwZ 2012, 510.

[777] Verneinend: *OVG Münster* NVwZ 2002, 1424; *Bader,* NVwZ 1999, 120, 122: Nach dem Zeitpunkt des im Klageverfahren eingetretenen erledigenden Ereignisses scheidet ein Nachschieben von Ermessenserwägungen aus, weil die Ermessensergänzung begrifflich notwendigerweise einen noch wirksamen VA voraussetzt, auf den sie sich beziehen kann. Bejahend Schoch/*Gerhardt,* § 114 Rn. 12 d.

[778] *BVerwG* NVwZ 2014, 151.

[779] *BVerwG* BeckRS 2015, 41972; *Ramsauer,* Rn. 17.18.

[780] S. Rn. 75.

[781] S. hierzu *BVerwG* NVwZ-RR 1994, 391.

Abs. 1 Satz 4 i. V. m. Abs. 5 VwGO). Diese hatte einen Anspruch auf Erteilung einer Sondernutzungserlaubnis, da das Ermessen der Beklagten aus Gründen der Verhältnismäßigkeit auf Null reduziert war.(…)"

6. Die Begründetheit der Feststellungsklage

382 Die Klage auf Feststellung des Bestehens oder Nichtbestehens eines Rechtsverhältnisses ist begründet, wenn das Klagebegehren durch das materielle Recht gedeckt ist und Rechte des Klägers verletzt worden sind.[782] Das behauptete Rechtsverhältnis muss folglich bestehen oder – im Falle der negativen Feststellungsklage – nicht bestehen.

Maßgeblicher Zeitpunkt für die Beurteilung der Rechtmäßigkeit ist der **Zeitpunkt der mündlichen Verhandlung,** sofern das Rechtsverhältnis auf die Gegenwart bezogen ist. Liegt das streitige Rechtsverhältnis in der Vergangenheit, d. h. will der Kläger die Feststellung zu einem in der Vergangenheit liegenden Zeitpunkt, so ist die Sach- und Rechtslage zu jenem vergangenen Zeitpunkt maßgeblich.[783] Ein allgemein gültiges Prüfungsschema gibt es wegen der großen Zahl strukturell unterschiedlicher Rechtsverhältnisse nicht.[784] Es empfiehlt sich, den Prüfungsaufbau der Feststellungsklage an demjenigen der übrigen Klagearten der VwGO zu orientieren, soweit dies möglich ist.

383 Besonderheiten gelten bei der **einseitigen Erledigungserklärung** (s. dazu die Tenorierungsbeispiele Nr. 18 und 19, Rn. 77 und 79). In der Begründetheit ist hier grundsätzlich nur zu prüfen, ob ein **erledigendes Ereignis** eingetreten ist. Bestreitet der Beklagte nicht die Erledigung des Rechtsstreits, sondern macht ein berechtigtes Interesse an einer Sachentscheidung analog § 113 Abs. 1 Satz 4 VwGO geltend, so ist zu erörtern, ob der Beklagte ein solches Interesse hat. Bejahen Sie dies, so ist weiter zu prüfen, ob die ursprüngliche Klage begründet war.[785] Verneinen Sie dies, ist der Klage stattzugeben.

384 Zwei Formulierungsbeispiele für eine einseitige Erledigungserklärung:

„Der Feststellungsantrag ist auch in der Sache begründet.

Die einseitig gebliebene Erledigungserklärung führt zur Erledigungsfeststellung, weil ausgehend von dem ursprünglichen Antrag objektiv ein erledigendes Ereignis eingetreten ist (1.) und der Beklagte kein schutzwürdiges Interesse an einer Sachentscheidung hat (2.).

1. Der Rechtsstreit mit dem ursprünglichen Begehren der Klägerin auf Verpflichtung des Beklagten, ihr die am 15. Mai 2015 beantragte Gaststättenerlaubnis zu erteilen, hat sich mit der Zurücknahme des Antrags durch die Klägerin nach Klageerhebung erledigt. Die Beschwer, die für die Klägerin mit der angefochtenen Nichterteilung der Gaststättenerlaubnis zunächst verbunden war, ist nachträglich entfallen.
2. Für die Feststellung, dass sich die Hauptsache erledigt hat, ist es entgegen der Ansicht des Beklagten ohne Bedeutung, ob die Klage ursprünglich begründet

---

[782] Vgl. *BVerwG* NVwZ 2012, 162.
[783] *Gatawis,* JA 2003, 692, 693.
[784] *Ramsauer,* Rn. 16.11; *Bülter,* Rn. 554.
[785] S. zu dieser Problematik auch *BVerwG* NVwZ 1989, 862; BayVBl. 2002, 248; *Dietrich,* DVBl. 2002, 745 .

war. Nach der Rechtsprechung des Bundesverwaltungsgerichts, der die Kammer folgt, erfordert die Feststellung der Hauptsacheerledigung auf die einseitige Erledigungserklärung des Klägers hin zwar dann die Überprüfung der Zulässigkeit und der Begründetheit des ursprünglichen Klagebegehrens, wenn der Beklagte sich für sein Festhalten an seinem bisherigen Antrag auf ein schutzwürdiges Interesse an einer gerichtlichen Entscheidung berufen kann, dass die Klage vor ihrer Erledigung unzulässig oder unbegründet war. Ein solches analog § 113 Abs. 1 Satz 4 VwGO zu beurteilendes berechtigtes Interesse hat der Beklagte hier indessen nicht dargelegt. (…)“

„Der Feststellungsantrag ist in der Sache unbegründet.

Zwar hat die Klägerin zu Recht die Hauptsache für erledigt erklärt (1). Ungeachtet der eingetretenen Erledigung hat der Beklagte jedoch ein weiterhin anzuerkennendes Sachentscheidungsinteresse (2). Demgemäß ist die Klage abzuweisen, weil sie ursprünglich zwar zulässig aber nicht begründet war (3).

1. Das anhängig gemachte Verpflichtungsbegehren hat seine Erledigung gefunden. (…)
2. Der Beklagte hat indes der Erledigungserklärung der Klägerin widersprochen, so dass diese einseitig geblieben ist. Die erkennende Kammer darf gleichwohl nicht ohne Weiteres – jedenfalls ohne eine Prüfung der Begründetheit der ursprünglichen Klage – dem Begehren auf Feststellung der Hauptsacheerledigung entsprechen, das in einer solchen Konstellation unabhängig von den in § 91 Abs. 1 VwGO enthaltenen Einschränkungen an die Stelle des ursprünglichen Klageantrags tritt. Denn die Beklagte hat ein berechtigtes Interesse daran, den in der Hauptsache erledigten Rechtsstreit über das Zurückstellungsbegehren des Klägers fortzuführen. (…)
3. Die Klage auf eine Verpflichtung des Beklagten, der Klägerin eine Gaststättenerlaubnis zu erteilen, war zwar zulässig aber unbegründet. (…)“

VII. Die Begründung der Nebenentscheidungen

Am Ende der Entscheidungsgründe folgt die Begründung der Nebenentscheidungen 385
über die Kosten des Verfahrens, die vorläufige Vollstreckbarkeit und gegebenenfalls über die Hinzuziehung eines Prozessbevollmächtigten nach § 162 Abs. 2 Satz 2 VwGO.

Die **Kostenentscheidung** kann im Falle des vollen Obsiegens oder Unterliegens wie folgt formuliert werden: *„Die Kostenentscheidung ergibt sich aus § 154 Abs. 1 VwGO.“* Ist das Unterliegen nur geringfügig, kann das VG dem Unterliegenden gemäß § 155 Abs. 1 Satz 3 VwGO ebenfalls die gesamten Kosten auferlegen. Ist die Klage teilweise erfolgreich, beruht die Kostenentscheidung auf § 155 Abs. 1 Satz 1 VwGO.

Hat die Klage Erfolg und hat der Kläger einen Antrag gestellt, die Hinzuziehung 386
eines Prozessbevollmächtigten für notwendig zu erklären, so muss hier[786] kurz begründet werden, ob die anwaltliche Vertretung im Vorverfahren notwendig war (s. § 162 Abs. 2 Satz 2 VwGO). Nach der ständigen Rechtsprechung des

[786] Es wird hier der Meinung gefolgt, das die Entscheidung über die Hinzuziehung im Urteil selbst erfolgt (s. oben Rn. 47).

BVerwG[787] ist die **Notwendigkeit der Hinzuziehung eines Bevollmächtigten im Vorverfahren** unter Würdigung der jeweiligen Verhältnisse vom Standpunkt einer **verständigen Partei** aus zu beurteilen. Maßgebend ist, ob sich ein vernünftiger Bürger mit gleichem Bildungs- und Erfahrungsstand bei der gegebenen Sachlage eines Rechtsanwalts oder sonstigen Bevollmächtigten bedient hätte.[788] **Notwendig** ist die Zuziehung eines Rechtsanwalts dann, wenn es der Partei nach ihren persönlichen Verhältnissen und wegen der Schwierigkeit der Sache nicht zuzumuten ist, das Vorverfahren selbst zu führen. Maßgebender Zeitpunkt für die Beurteilung dieser Frage ist derjenige der Hinzuziehung des Rechtsanwalts, d. h. seiner **förmlichen Bevollmächtigung.** Bei der Beurteilung der Schwierigkeit der Rechtssache ist von der Sachlage auszugehen, wie sie sich dem Bürger im Zeitpunkt der Hinzuziehung eines Verfahrensbevollmächtigten darstellt. Gemessen daran wird die Notwendigkeit der Zuziehung eines Bevollmächtigten für nicht rechtskundige Beteiligte eher die Regel als die Ausnahme sein.[789] Dazu folgendes Formulierungsbeispiel:

„Die Hinzuziehung eines Bevollmächtigten im Vorverfahren war notwendig, da es dem Kläger in Anbetracht der rechtlichen Problematik des vorliegenden Falles nicht zumutbar war, das Widerspruchsverfahren selbst zu führen.(…)“

387 Sind an dem Verfahren Beigeladene beteiligt, sind die §§ 154 Abs. 3, 162 Abs. 3 VwGO zu beachten. Dazu folgendes Formulierungsbeispiel:

„Die Kostenentscheidung folgt aus §§ 154 Abs. 1, 162 Abs. 3 VwGO. Es entspricht der Billigkeit, die Kosten der Beigeladenen nicht für erstattungsfähig zu erklären, weil sie durch Verzicht auf eine eigene Antragstellung kein Kostenrisiko (§ 154 Abs. 3 VwGO) eingegangen ist.“

388 Haben die Beteiligten den Rechtsstreit **teilweise übereinstimmend für erledigt erklärt,** so ergeht insoweit **kein gesonderter Beschluss.** Vielmehr trifft das Gericht die Entscheidung über die Verfahrenseinstellung und die Kostentragung zusammen mit der Sachentscheidung über den nicht erledigten Teil der Hauptsache im Urteil.[790] Dies muss auch bei der Begründung der Kostenentscheidung zum Ausdruck kommen. Dazu folgendes Formulierungsbeispiel:

„Die Kostenentscheidung über den streitigen Teil folgt aus § 154 Abs. 1 VwGO, bezüglich des übereinstimmend für erledigt erklärten Teils aus § 161 Abs. 2 VwGO. Danach entsprach es billigem Ermessen, der Beklagten die Kosten aufzuerlegen, denn nach dem bisherigen Sach- und Streitstand wäre der Kläger mit seiner Klage erfolgreich gewesen.(…)“

---

[787] S. z. B. NVwZ-RR 2004, 5 und BeckRS 2014, 54561; vgl. auch *Seith,* VBlBW 2015, 145, 147 f.

[788] Der Anerkennung der Notwendigkeit der Hinzuziehung steht nicht entgegen, dass sich ein Rechtsanwalt im Vorverfahren selbst vertreten hat, sofern sich ein Bürger mit gleichem Bildungs- und Erfahrungsniveau eines Rechtsanwalts bedienen würde (*OVG Greifswald* NVwZ 2002, 1129 m. w. N.).

[789] *VGH Mannheim* VBlBW 2007, 474.

[790] S. oben Tenorierungsbeispiel Nr. 20, Rn. 82; zur Darstellung der teilweise übereinstimmenden Erledigungserklärung im Tatbestand und zu Beginn der Entscheidungsgründe s. Rn. 104 und 130.

Nach dem Ausspruch zu den Kosten folgt die **Nebenentscheidung zur vorläufigen Vollstreckbarkeit** (z. B. *„Die Anordnung über die vorläufige Vollstreckbarkeit des Urteils wegen der Kosten ergibt sich aus § 167 VwGO i. V. m. §§ 708 Nr. 11, 711 ZPO.“*). Haben Sie im Tenor auf die Einräumung einer Abwendungsbefugnis verzichtet, so begründen Sie dies hier kurz.[791] Enthält Ihr Tenor keine Entscheidung über die vorläufige Vollstreckbarkeit des Urteils,[792] so formulieren Sie z. B. so: 389

„Von der Anordnung der vorläufigen Vollstreckbarkeit, die entgegen der h. M. im Ermessen des Gerichts steht, hat die Kammer in Ansehung der Verfahrenskosten abgesehen.“

Bei teilweise übereinstimmender Erledigung des Rechtsstreits bedarf es noch des Hinweises auf die Unanfechtbarkeit dieses Teils nach § 158 Abs. 2 VwGO.

Haben Sie im Tenor zu 4) die **Berufung** wegen grundsätzlicher Bedeutung (§ 124 Abs. 2 Nr. 3 VwGO) oder Divergenz (§ 124 Abs. 2 Nr. 4 VwGO) **zugelassen,** so sollte dies am Ende der Entscheidungsgründe kurz begründet werden: 390

„Die Berufung war gemäß (§ 124 Abs. 2 Nr. 3 VwGO zuzulassen, da die Frage, (…) von grundsätzlicher Bedeutung ist.“

Überflüssig ist in der Regel dagegen die Anmerkung, dass die Zulassung der Berufung mangels Vorliegens grundsätzlicher Bedeutung bzw. Divergenz nicht in Betracht kommt. Eine knappe Begründung, dass nach Ansicht des VG die Gründe des § 124 Abs. 2 Nr. 3 oder Nr. 4 VwGO nicht vorliegen, empfiehlt sich aber dann, wenn ein Beteiligter im Vorfeld der Entscheidung des Gerichts bereits dazu vorgetragen hat, es seien jedenfalls Gründe gegeben, die die Zulassung der Berufung durch das VG rechtfertigten.[793] 391

§ 6. Rechtsmittelbelehrung und Unterschriften der Richter

Gemäß § 117 Abs. 2 Nr. 6 VwGO muss ein Urteil eine **Rechtsmittelbelehrung** enthalten. Diese erfolgt üblicherweise im Anschluss an die Entscheidungsgründe, je nach Bundesland auch schon nach dem Urteilstenor.[794] Zwingender Bestandteil der Belehrung sind die Angaben, welches Rechtsmittel gegeben ist, bei welchem Gericht es einzulegen ist, welche Frist gilt und welche zwingenden Formvorschriften einzuhalten sind. Im **Assessorexamen** wird von Ihnen **keine ausführliche Rechtsmittelbelehrung verlangt.** Es genügt daher folgende Formulierung: *„Rechtsmittelbelehrung: Antrag auf Zulassung der Berufung nach §§ 124, 124 a VwGO.“* 392

Im Anschluss an die Rechtsmittelbelehrung folgen die **Unterschriften der mitwirkenden Richter.** Gemäß § 117 Abs. 1 Satz 4 VwGO bedarf es der Unterschrift der ehrenamtlichen Richter nicht. Ist ein Richter verhindert, seine Unterschrift beizufügen, so wird dessen Unterschrift mit einem Verhinderungsvermerk des Vorsitzenden ersetzt (§ 117 Abs. 1 Satz 3 VwGO). Da im Examen nur ein Urteilsentwurf verlangt 393

---

[791] S. hierzu die Erläuterungen zu dem Tenorierungsbeispiel Nr. 2, Rn. 42.

[792] S. hierzu die Erläuterungen zu dem Tenorierungsbeispiel Nr. 1, Rn. 35.

[793] So auch *Geis/Thirmeyer,* JuS 2013, 517; a. A. Schoch/*Meyer-Ladewig/Rudisile,* § 124 a Rn. 12 und *Seibert,* NVwZ 2002, 265, 266, wonach das VG in den Entscheidungsgründen nicht ausführen darf, dass und warum es die Berufung nicht zulässt.

[794] So z. B. in Hamburg; s. hierzu *Ramsauer,* Rn. 5.16.

wird, können Sie auf die Wiedergabe der Namen verzichten.[795] Es genügt die Formulierung: „*Unterschriften der beteiligten Berufsrichter*".

394 Haben Sie die Berufung wegen Vorliegens der Voraussetzungen des § 124 Abs. 2 Nr. 3 oder Nr. 4 VwGO im Urteil zugelassen, lautet die Rechtsmittelbelehrung: „*Berufung nach §§ 124, 124a Abs. 1 bis 3, 125 VwGO*".

§ 7. Der Streitwertbeschluss

395 Nach den Vorgaben der meisten Justizprüfungsämter müssen Sie im Assessorexamen einen Streitwertbeschluss nur fertigen, wenn der Bearbeitervermerk dies ausdrücklich fordert. Informieren Sie sich entsprechend bei Ihrem AG-Leiter.

Nach § 63 Abs. 2 GKG setzt das Gericht den Streitwert unabhängig vom Vorliegen eines entsprechenden Antrags durch Beschluss fest. Der Streitwert bemisst sich im verwaltungsgerichtlichen Verfahren grundsätzlich nach der sich aus dem Antrag des Klägers für ihn ergebenden Bedeutung der Sache (§ 52 Abs. 1 GKG). Bietet der Sach- und Streitstand hierfür keine genügenden Anhaltspunkte, so ist gemäß § 52 Abs. 2 GKG von einem **Regelstreitwert von 5.000,– €** auszugehen. Betrifft der Antrag des Klägers eine bezifferte Geldleistung (z. B. Abschleppkostenbescheid in Höhe von 120,– €) oder einen hierauf gerichteten VA, so ist nach § 52 Abs. 3 GKG deren Höhe maßgebend. Zinsen bleiben gemäß § 43 Abs. 1 GKG außer Betracht. Bei kumulativer Klagehäufung werden die Klagebegehren addiert, bei eventueller Klagehäufung allerdings nur dann, wenn über den Hilfsantrag eine Entscheidung ergeht (§ 45 Abs. 1 Satz 2 GKG). Eine Arbeitsgruppe von Richtern der Verwaltungsgerichtsbarkeit hat einen sog. Streitwertkatalog erstellt, der Richtwerte enthält, die für die Mehrheit der Fälle eine nach § 52 GKG angemessene Bewertung darstellen und der im Allgemeinen von den VGen der konkreten Streitwertbemessung zugrunde gelegt wird. Dieser Streitwertkatalog ist zuletzt im Juli 2013 neu gefasst worden.[796] In der Prüfung genügt es in der Regel, von einem Streitwert von 5.000,– € auszugehen. Dennoch sollten Sie einmal einen Blick in den Streitwertkatalog werfen und sich einige wichtige Abweichungen vom Regelstreitwert merken. So beträgt der Streitwert bei einer baurechtlichen Nachbarklage mindestens 7.500,– €[797] und bei kommunalen Verfassungsstreitigkeiten 10.000,– €.[798] Der Streitwertbeschluss hat grundsätzlich ebenfalls eine Rechtsmittelbelehrung zu enthalten (s. § 68 Abs. 1 GKG).

396 Er wird in etwa wie folgt gefasst:

Beschluss:

Der Streitwert wird auf 5.000,– € festgesetzt (§ 52 Abs. 2 GKG).

Gründe:

Da es nicht möglich ist, das konkrete Interesse der Klägerin an der begehrten Regelung betragsmäßig zu erfassen, ist gemäß § 52 Abs. 2 GKG der Regelstreitwert von 5.000,– € zugrunde zu legen.

Rechtsmittelbelehrung: Beschwerde nach § 68 Abs. 1 GKG

Unterschriften der Richter

---

795 *Ramsauer*, Rn. 5.15.

796 S. NVwZ Beilage 2013, 58; *Kopp/Schenke*, Anhang zu § 164 Rn. 14.

797 Ziffer 9.7.1. des Streitwertkatalogs.

798 Ziffer 22.7 des Streitwertkatalogs.

2. Abschnitt. Der Gerichtsbescheid

§ 84 VwGO sieht als vereinfachte Form der Entscheidung in Klageverfahren den **Gerichtsbescheid** vor.[1] Das VG kann danach ohne mündliche Verhandlung durch Gerichtsbescheid entscheiden, wenn die Sache **keine besonderen Schwierigkeiten tatsächlicher oder rechtlicher Art** aufweist und der **Sachverhalt geklärt** ist. In den rheinland-pfälzischen Prüfungskriterien heißt es hierzu: 397

„Falls in einer Klausur der Entwurf eines Gerichtsbescheides gefordert ist, wird dies im Bearbeitervermerk deutlich gemacht (z. B. durch die Formulierung: „Das Gericht ist der Auffassung, dass die Sache keine besonderen Schwierigkeiten tatsächlicher oder rechtlicher Art aufweist und der Sachverhalt geklärt ist.)."[2]

Der Gerichtsbescheid, der gemäß § 84 Abs. 3 VwGO die **Wirkung eines Urteils** hat, wird ebenso aufgebaut. Im Rubrum lautet die Überschrift *„Gerichtsbescheid"* statt *„Urteil"*. Der Gerichtsbescheid ergeht ebenfalls *„Im Namen des Volkes"* und zwar *„aufgrund der Beratung vom..."*. Er wird **nur** von den **Berufsrichter**n erlassen; die ehrenamtlichen Richter wirken an der Entscheidung nicht mit (§ 5 Abs. 3 Satz 2 VwGO). Neben der beim Urteil gängigen Formulierung *„für Recht erkannt"* sind auch die Wendungen *„... folgenden Gerichtsbescheid* erlassen" oder *„hat... entschieden"* üblich. Im Tenor weicht lediglich der Ausspruch zu 3) von der Tenorierung eines Urteils ab. Hier heißt es *„Der Gerichtsbescheid ist (wegen der Kosten) vorläufig vollstreckbar."* 398

Im Tatbestand erwähnen Sie in der Prozessgeschichte, dass die Beteiligten vor Erlass des Gerichtsbescheids nach § 84 Abs. 1 Satz 2 VwGO gehört worden sind *(„Das Gericht hat vor Erlass des Gerichtsbescheids die Beteiligten hierzu angehört")*. Sinn der Anhörungspflicht ist es, den Beteiligten Gelegenheit zu geben, etwaige Bedenken gegen das beabsichtigte Verfahren vorzubringen.[3] Widerspricht ein Beteiligter der Entscheidung durch Gerichtsbescheid, so ist dies allerdings unbeachtlich.[4] 399

In den Entscheidungsgründen legen Sie zu Beginn dar, warum das Gericht durch Gerichtsbescheid entschieden hat; eine nähere Begründung hierfür ist nicht erforderlich.[5] Sie können folgendermaßen formulieren: 400

„Die Klage, über die das Gericht gemäß § 84 Abs. 1 VwGO durch Gerichtsbescheid entscheidet, weil die Sache keine besonderen Schwierigkeiten tatsächlicher oder rechtlicher Art aufweist und der Sachverhalt geklärt ist, ist zulässig, in der Sache jedoch unbegründet."

---

[1] Näher zum Gerichtsbescheid s. *Fischer*, JuS 2013, 611.

[2] *Morgenstern*, JA 2001, 319, 321 macht zutreffend darauf aufmerksam, dass der alleinige Hinweis im Bearbeitervermerk darauf, dass die Beteiligten auf mündliche Verhandlung verzichtet haben, keine ausreichende Grundlage für die Vorlage eines Gerichtsbescheides ist. Diese Vorgabe zielt vielmehr auf ein Urteil ohne mündliche Verhandlung nach § 101 Abs. 2 VwGO.

[3] *BVerwG* NJW 1982, 1011.

[4] *Kopp/Schenke*, § 84 Rn. 18 m. w. N.

[5] *Morgenstern*, JA 2001, 319, 322.

Hat ein Beteiligter im Rahmen der Anhörung der Entscheidung durch Gerichtsbescheid widersprochen, empfiehlt sich an dieser Stelle der kurze Hinweis, dass der Widerspruch unbeachtlich ist.[6]

Die weitere Prüfung unterscheidet sich nicht vom Urteil.

401 Der Hinweis auf die Rechtsmittelbelehrung muss lauten:

„Rechtsmittelbelehrung: Antrag auf Zulassung der Berufung gemäß §§ 124, 124 a VwGO oder mündliche Verhandlung (§ 84 Abs. 2 Nr. 2 VwGO)."

oder, sofern in dem Gerichtsbescheid die Berufung nach § 124 a Abs. 1 Satz 1 VwGO zugelassen wird:

„Rechtsmittelbelehrung: Berufung gemäß §§ 124, 124 a Abs. 2 und 3 VwGO (§ 84 Abs. 2 Nr. 1 VwGO)."

3. Abschnitt. Der Beschluss im vorläufigen Rechtsschutzverfahren

§ 8. Allgemeines

402 Anträge auf vorläufigen gerichtlichen Rechtsschutz sind von erheblicher Bedeutung. Sie stellen besonders im Baunachbarrecht einen Großteil der anhängigen Verfahren bei den VGen und gerade diese Kombination ist auch **im Assessorexamen sehr beliebt.** Schwierigkeiten ergeben sich in der gerichtlichen Praxis und in den Klausuren besonders häufig bei der Einordnung, ob sich der vorläufige Rechtsschutz nach den §§ 80, 80 a VwGO einerseits oder § 123 VwGO andererseits richtet und bei der Tenorierung der zu treffenden Entscheidung; die von den Parteien gestellten Anträge sind dabei oftmals keine Hilfe. Denn die Vielfalt möglicher Fallgestaltungen und das nicht hinreichend geklärte Verhältnis einzelner Vorschriften überfordert auch die tätigen Rechtsanwälte, so dass die Auslegung und gegebenenfalls Umdeutung eine wesentliche Rolle spielen und die Tenorierung gründlich durchdacht werden muss. Beides ist nur aufgrund genauer Lektüre der einschlägigen Vorschriften und eingehender Beschäftigung mit der ausführlichen Kasuistik der Rechtsprechung angemessen zu bewältigen. In der Regel richten sich die Anträge gegen belastende behördliche Einzelakte. Aus **§ 123 Abs. 5 VwGO** folgt, dass einstweiliger Rechtsschutz gegenüber belastenden VAen nach §§ 80, 80 a VwGO und im Übrigen nach § 123 Abs. 1 VwGO gewährt wird. Die **§§ 80, 80 a VwGO** sind **Spezialregelungen,** die § 123 Abs. 1 VwGO immer verdrängen, wenn es um die Aussetzung der sofortigen Vollziehung eines belastenden VA geht. Der Rechtsschutz nach § 123 Abs. 1 VwGO erhält dadurch die Funktion eines Auffangtatbestands.

Der gerichtliche Rechtsschutz nach den §§ 80, 80 a VwGO einerseits und nach § 123 Abs. 1 VwGO andererseits weist in seiner prozessualen Ausgestaltung deutliche Unterschiede auf. So bestehen erhebliche Abweichungen in der gerichtlichen Zuständigkeit, in der Darlegungslast, im Beurteilungsmaßstab, in den Entscheidungsinhalten

[6] *Morgenstern,* JA 2001, 319, 322.

sowie im Schadensersatzrisiko,[1] das nur im Verfahren nach § 123 Abs. 1 VwGO gegeben ist.

Die **Anwendungsbereiche** der §§ 80 Abs. 5, 80 a Abs. 3 VwGO und des § 123 Abs. 1 VwGO sind **häufig voneinander abzugrenzen.** Auf die Fassung des gestellten Antrags kommt es nach § 88 VwGO nicht an. Das Gericht deutet z. B. – wenn der Sache nach nur ein Antrag nach § 123 Abs. 1 VwGO in Betracht kommt – einen gemäß § 80 a Abs. 3 VwGO gestellten Antrag entsprechend um, dies gilt auch umgekehrt. Denn unabhängig von der juristischen Vorbildung des Antragstellers oder seines Vertreters obliegt es dem Gericht, das erkennbare, wahre Rechtsschutzziel zur Grundlage einer Sachprüfung zu machen.[2] Bei den nachfolgenden, praktisch wichtigen **Beispielen** ist der einschlägige Rechtsschutzantrag näher zu begründen: 403

Bei für sofort vollziehbar erklärten belastenden **Nebenbestimmungen** eines begünstigenden VA richtet sich der vorläufige Rechtsschutz nach § 80 Abs. 5 Satz 1 VwGO,[3] bei sog. modifizierenden Auflagen nach § 123 Abs. 1 VwGO. 404

Im **Beamtenrecht** wird vorläufiger Rechtsschutz gegen eine **Versetzungs- oder Abordnungsverfügung** nach § 80 Abs. 5 Satz 1 1. Alt. VwGO (nach § 54 Abs. 4 BeamtStG, § 126 Abs. 4 BBG hat der Widerspruch keine aufschiebende Wirkung!) gewährt, gegen eine **Umsetzung** dagegen über einen Antrag nach § 123 Abs. 1 VwGO.[4] Dies gilt auch, wenn die Umsetzung rechtswidrig mit Sofortvollzug versehen wurde. Aus Gründen der Rechtssicherheit und -klarheit ist allerdings die Anordnung der sofortigen Vollziehung aufzuheben. Gegen eine **dienstliche Anordnung** (z. B. die Aufforderung an einen Polizeibeamten, seine Haare auf Hemdkragenlänge zu kürzen), ist grundsätzlich der Antrag nach § 123 Abs. 1 Satz 1 VwGO statthaft, da die innerdienstliche Weisung kein VA ist.[5] Ist die dienstliche Anordnung aber in der ausdrücklichen Form eines für sofort vollziehbar erklärten VA ergangen, kommt vorläufiger Rechtsschutz nach § 80 Abs. 5 Satz 1 2. Alt. VwGO in Betracht.[6] Im Falle eines sog. **Konkurrentenstreits** gegen eine bevorstehende Ernennung bzw. Beförderung des Konkurrenten muss auch nach der Entscheidung des *BVerwG* vom 4.11.2011[7] ein Antrag gemäß § 123 Abs. 1 VwGO gestellt werden, da aufgrund des Grundsatzes der Ämterstabilität eine Ernennung bzw. Beförderung des Konkurrenten trotz eines evtl. späteren Erfolgs im Hauptsacheverfahren grundsätzlich nicht mehr rückgängig zu machen ist.[8] 405

Im **Schulrecht** ist gegen die Schließung einer Schule über § 80 Abs. 5 Satz 1 VwGO, gegen die Auflösung nur einer Schulklasse über § 123 Abs. 1 VwGO vorzugehen. 406

Im **Baurecht** wird vorläufiger Rechtsschutz des Nachbarn gegen eine Baugenehmigung grundsätzlich über § 80 a Abs. 3 VwGO gewährt. Ist die Baugenehmigung im sog. **vereinfachten Verfahren** erteilt worden, ist der Antrag nach § 80 a Abs. 3 VwGO nur statthaft, wenn der antragstellende Nachbar die Verletzung von Bestim- 407

---

[1] Finkelnburg/*Finkelnburg*, Rn. 14.

[2] S. *BVerfG* NVwZ 2008, 417.

[3] Zumindest wenn man mit dem *BVerwG* bei vom HauptVA trennbaren Nebenbestimmungen die Anfechtungsklage für statthaft hält (s. oben Rn. 205).

[4] H. M., s. Finkelnburg/*Külpmann*, Rn. 1375.

[5] S. oben Rn. 188.

[6] Vgl. *OVG Koblenz* NJW 2003, 3753; *VGH München* BayVBl. 2003, 212 hat sowohl § 80 Abs. 5 Satz 1 2. Alt. als auch § 123 Abs. 1 VwGO als statthaft angesehen.

[7] NJW 2011, 695.

[8] S. z. B. *VGH Kassel* NVwZ-RR 2012, 151; *VGH Mannheim* NVwZ-RR 2012, 152; *OVG Bautzen*, Beschl. v. 13.11.2013 – 2 B 347/13 – juris; a. A. *von Roetteken*, ZBR 2011, 73: Antrag nach § 80 a VwGO. S. auch *BVerwG* DÖD 2012, 16: § 123 VwGO, wenn die vorläufige Besetzung des Dienstpostens verhindert werden soll.

mungen rügt, die vom Regelungsgehalt der Genehmigung umfasst sind. Dies kann von Bundesland zu Bundesland unterschiedlich ausgestaltet sein. In Rheinland-Pfalz z. B. werden die Vorschriften des Bauordnungsrechts im vereinfachten Genehmigungsverfahren nicht geprüft (§ 66 Abs. 3 RhPfLBauO). Dies hat zur Folge, dass der Nachbar, macht er z. B. einen Verstoß gegen die Abstandsflächen geltend, im Wege des § 123 Abs. 1 Satz 1 VwGO vorgehen muss.[9] In Bayern sind im vereinfachten Genehmigungsverfahren dagegen gemäß Art. 59 Satz 1 Nr. 1 BayBauO die Übereinstimmung mit den Regelungen örtlicher Bauvorschriften i. S. d. Art. 81 Abs. 1 BayBauO zu prüfen. Macht der Nachbar einen Verstoß hiergegen geltend, ist der Antrag nach § 80 a Abs. 3 VwGO statthaft. Beruft er sich darauf, das beanstandete Bauvorhaben gefährde die Standsicherheit seines Grundstücks (Art. 13 BayBauO), muss er nach § 123 Abs. 1 Satz 2 VwGO vorgehen. Wendet sich der Nachbar gegen ein genehmigungsfreies Vorhaben, muss er den Erlass einer einstweiligen Anordnung auf Verpflichtung der Bauaufsichtsbehörde zum bauaufsichtlichen Einschreiten beantragen.[10]

408 Im **Prüfungsrecht** wird vorläufiger Rechtsschutz gegen die Entscheidung über das Nichtbestehen einer Prüfung über § 123 VwGO gewährt, weil rechtlich die Ablehnung einer Begünstigung vorliegt.[11]

409 Im **Ausländerrecht** ist vorläufiger Rechtsschutz gegen die Versagung der Erteilung eines Aufenthaltstitels aufgrund der Duldungsfiktion des § 81 Abs. 3 und 4 AufenthG im Wege eines Antrags nach § 80 Abs. 5 Satz 1 1. Alt. VwGO – gemäß § 84 Abs. 1 Satz 1 AufenthG hat der Widerspruch gegen die Ablehnung keine aufschiebende Wirkung – zu verfolgen.[12] Tritt die genannte Fiktionswirkung nicht ein, ist einstweiliger Rechtsschutz nur gemäß § 123 VwGO mit dem Begehren zu erlangen, vorläufig von der Durchsetzung der bestehenden Ausreisepflicht abzusehen.[13]

§ 9. Der Aufbau des Beschlusses

410 Die VwGO enthält für Beschlüsse nicht die gleichen Formvorschriften wie für Urteile, auch gilt § 117 VwGO nicht unmittelbar. Dennoch orientiert sich die verwaltungsgerichtliche Praxis beim Abfassen von Beschlüssen weitgehend an § 117 VwGO. Nach § 122 Abs. 2 Satz 2 VwGO sind die Beschlüsse im vorläufigen Rechtsschutzverfahren sowie Beschlüsse nach Erledigung des Rechtsstreits stets zu begründen. Der Beschluss besteht aus Rubrum, Tenor, den Gründen und der Rechtsmittelbelehrung.

§ 10. Das Rubrum

411 Das Rubrum eines Beschlusses entspricht weitgehend dem eines Urteils. Beschlüsse ergehen allerdings nicht im Namen des Volkes. Da die mündliche Verhandlung die Ausnahme (s. § 101 Abs. 3 VwGO) ist, ergeht der Beschluss in der Regel nur durch die drei Berufsrichter (§ 5 Abs. 3 Satz 2 VwGO). Die Beteiligten werden als Antrag-

---

[9] *OVG Koblenz* NVwZ-RR 1992, 289; vgl. auch *VGH München* NVwZ-RR 2003, 478.
[10] S. hierzu *Decker,* JA 1998, 799; *Bamberger,* NVwZ 2000, 983; *OVG Bautzen* SächsVBl. 1998, 261; *OVG Koblenz* NVwZ-RR 1992, 289; s. auch *Decker/Konrad,* Assessorklausuren, Klausur Nr. 4.
[11] *VGH Mannheim* NVwZ 1985, 593.
[12] Vgl. *VGH Mannheim* VBlBW 2006, 111.
[13] *Huber,* NVwZ 2005, 1, 8.

steller und Antragsgegner bezeichnet. Werden die Beteiligten durch einen Bevollmächtigten vertreten, bezeichnet man diesen entweder als „Verfahrensbevollmächtigten" oder „Prozessbevollmächtigten".[14]

Das Rubrum eines Beschlusses nach § 80 Abs. 5 VwGO sieht etwa wie folgt aus:

VERWALTUNGSGERICHT LEIPZIG

5 K 1244/15

BESCHLUSS

In der Verwaltungsrechtssache

der Gerda Grün, Demetergasse 7, 04454 Holzhausen

– Antragstellerin –

gegen

den Landkreis Leipzig, vertreten durch den Landrat,
Stauffenbergstr. 4, 04552 Borna

– Antragsgegner –

beigeladen: Sonja Schwarz, Demetergasse 9, 04454 Holzenhausen
Verfahrensbevollmächtigte: Rosa Rot, Demetergasse 12, 04454 Holzenhausen
wegen baurechtlicher Nutzungsuntersagung
hier: Antrag auf Wiederherstellung der aufschiebenden Wirkung
hat die 5. Kammer des Verwaltungsgerichts Leipzig am 3. September 2015
durch
die Vorsitzende Richterin am Verwaltungsgericht Eifrig,
den Richter am Verwaltungsgericht Emsig,
die Richterin Fleißig,
beschlossen:

§ 11. Der Tenor

I. Allgemeines

Der Tenor besteht aus dem **Hauptausspruch** (Tenor zu 1) und der **Kostenentscheidung** (Tenor zu 2). Einen Ausspruch zur vorläufigen Vollstreckbarkeit enthalten Beschlüsse nicht, da sie, sofern sie einen vollstreckbaren Inhalt haben, ohne weiteres sofort vollstreckbar sind (§§ 168 Abs. 1 Nr. 1, 2, 149 VwGO). Stattdessen wird in Ziffer 3 des Tenors die **Streitwertfestsetzung**[15] aufgenommen, die ansonsten in einem gesonderten Beschluss zu fertigen wäre. Die Streitwertfestsetzung entfällt, wenn die Streitsache gerichtskostenfrei ist. Im Folgenden werden wieder examensrelevante Tenorierungen anhand von Beispielen dargestellt und erläutert. 412

---

[14] S. *Bülter,* Rn. 817: „Die Formulierung „Verfahrensbevollmächtigte" berücksichtigt, dass es sich – nicht um einen Prozess im Sinne eines Klageverfahrens, sondern um ein vorläufiges Rechtsschutzverfahren handelt."

[15] Statt dem Begriff „Streitwert" verwenden manche Gerichte auch die Formulierung **„Wert des Verfahrensgegenstandes".**

II. Tenorierungsbeispiele

413 **Beispiel 1.** Die Stadt S hat gegen A am 27. August 2015 eine für sofort vollziehbar erklärte gewerberechtliche Untersagungsverfügung erlassen. A erhebt hiergegen Widerspruch und drei Monate später Klage. Dem gleichzeitig mit der Klage erhobenen Antrag auf Gewährung vorläufigen Rechtsschutzes gibt das VG statt.

1. *Die aufschiebende Wirkung des Widerspruchs gegen die gewerberechtliche Untersagungsverfügung der Stadt S vom 27. August 2015 wird wiederhergestellt.*
2. *Die Antragsgegnerin hat die Kosten des Verfahrens zu tragen.*
3. *Der Streitwert wird auf 7.500,– € festgesetzt.*

414 Der Tenor ergibt sich unmittelbar aus der Vorschrift des § 80 Abs. 5 Satz 1 2. Alt. VwGO. Hergestellt wird die aufschiebende Wirkung des Widerspruchs auch dann, wenn – wie hier – bereits Klage erhoben ist.[16] Nur wenn ein Widerspruchsverfahren nicht stattfindet,[17] wird die aufschiebende Wirkung der Klage wiederhergestellt.[18] Dies folgt daraus, dass § 80 VwGO nur eine einheitliche aufschiebende Wirkung, nicht aber eine solche des Widerspruchs und eine andere der Klage kennt. Sie wird bei den unter Abs. 1 fallenden VAen von dem ersten mit aufschiebender Wirkung ausgestatteten Rechtsbehelf ausgelöst und dauert nach Maßgabe des **§ 80b Abs. 1 VwGO** bis zum Eintritt der Unanfechtbarkeit des VA an.[19]

415 Die Kostenentscheidung richtet sich nach den gleichen Bestimmungen wie im Urteil. Die Höhe des Streitwerts orientiert sich im vorläufigen Rechtsschutzverfahren häufig an der Hälfte des Streitwerts der Hauptsache.[20] Bei gewerberechtlichen Untersagungsverfügungen geht die Verwaltungsgerichtsbarkeit in der Regel von mindestens 15.000,– € für das Hauptsacheverfahren aus (s. Ziffer 54.2.1 des Streitwertkatalogs für die Verwaltungsgerichtsbarkeit).

416 **Beispiel 2.** Im Beispiel 1 hat der Antrag nach § 80 Abs. 5 VwGO keinen Erfolg.

1. *Der Antrag wird abgelehnt.*
2. *Der Antragsteller hat die Kosten des Verfahrens zu tragen.*
3. *Der Streitwert wird auf 7.500,– € festgesetzt.*

417 Im Falle der Erfolglosigkeit des Antrags wird dieser *„abgelehnt"* oder *„zurückgewiesen"*,[21] nicht aber „abgewiesen". Ist der Antrag teilweise erfolgreich, so heißt es im Anschluss an den stattgebenden Teil: *„Im Übrigen wird der Antrag abgelehnt."*

418 **Beispiel 3.** Bei der Anordnung der sofortigen Vollziehung einer Fahrerlaubnisentziehung hat die Stadt S die Vorschrift des § 80 Abs. 3 Satz 1 VwGO nicht beachtet. Der Antragsteller wendet sich in vollem Umfang gegen die Entziehungsverfügung der Stadt S.

---

[16] A.A. *OVG Weimar* NVwZ-RR 1999, 698: aufschiebende Wirkung der Klage.
[17] S. Rn. 259.
[18] *OVG Koblenz* NVwZ 1996, 90; Finkelnburg/*Külpmann,* Rn. 1000.
[19] Besonderheiten gelten, wenn die Hauptsacheklage in der zweiten Instanz anhängig ist. Hier kann das OVG gemäß § 80b Abs. 2 VwGO die Fortdauer der aufschiebenden Wirkung anordnen. § 80b Abs. 2 VwGO gilt auch für das BVerwG, wenn dieses das Rechtsmittelgericht ist (*BVerwG* NVwZ 2007, 1097 und NVwZ 2011, 1342).
[20] S. Ziffer 1.5 des Streitwertkatalogs für die Verwaltungsgerichtsbarkeit.
[21] So zumindest teilweise in Hessen oder Baden-Württemberg.

1. *Die Anordnung der sofortigen Vollziehung der Fahrerlaubnisentziehung der Stadt S vom 27. August 2015 wird aufgehoben.*
2. *Die Antragsgegnerin hat die Kosten des Verfahrens zu tragen.*
3. *Der Streitwert wird auf 2.500,– € festgesetzt.*[22]

In der Rechtsprechung ist geklärt, dass der Antrag auf vorläufigen Rechtsschutz bereits Erfolg hat, wenn die Behörde der **formellen Pflicht zur Begründung der Vollziehbarkeitsanordnung** gemäß § 80 Abs. 3 Satz 1 VwGO nicht nachgekommen ist. Unterschiedlich beurteilt wird aber der Prüfungsumfang des VG und die daraus folgende Bindungswirkung der gerichtlichen Entscheidung. Denn ein stattgebender Beschluss nach § 80 Abs. 5 VwGO kann grundsätzlich nur durch einen Antrag nach § 80 Abs. 7 Satz 2 VwGO „aus der Welt geschaffen" werden. Mit Ausnahme einer *Mindermeinung*[23] ist sich die Rechtsprechung insoweit einig, dass die Bindungswirkung eines dem Eilantrag mit der Begründung, die Anordnung der sofortigen Vollziehung entspreche nicht den Anforderungen des § 80 Abs. 3 Satz 1 VwGO, stattgebenden Beschlusses begrenzt ist. Wegen des nur formellen Fehlers bedarf es danach keines Abänderungsantrags nach § 80 Abs. 7 Satz 2 VwGO. Die Behörde ist nicht gehindert, erneut die sofortige Vollziehung des VA anzuordnen und dabei ihrer Begründungspflicht gemäß § 80 Abs. 3 Satz 1 VwGO zu genügen.[24] Um diesen eingeschränkten Inhalt der verwaltungsgerichtlichen Eilentscheidung im Tenor deutlich zum Ausdruck zu bringen, hält es die *h. M.*[25] für sachgerecht, in diesen Fällen lediglich die Anordnung der sofortigen Vollziehung aufzuheben. Mit der Begründung, die Aufhebung der Vollziehbarkeitsanordnung sei im Gesetz weder vorgesehen noch bestehe für sie ein praktisches Bedürfnis, ist nach der *Gegenmeinung*[26] die aufschiebende Wirkung des Rechtsbehelfs uneingeschränkt wiederherzustellen. 419

Nach einer *teilweise vertretenen Ansicht*[27] darf sich das VG nicht auf die Prüfung des formellen Begründungserfordernisses nach § 80 Abs. 3 Satz 1 VwGO beschränken, wenn das Begehren des Antragstellers auf die uneingeschränkte Wiederherstellung der aufschiebenden Wirkung gerichtet ist. Das Rechtsschutzbedürfnis für dieses weitergehende Begehren sei grundsätzlich auch in dem Fall zu bejahen, in dem die Voraussetzungen für die Aufhebung der Vollziehungsanordnung vorlägen. Denn der von einem VA Betroffene habe in der Regel ein schutzwürdiges Interesse daran, möglichst rasch zu erfahren, ob dieser VA für die gesamte Dauer des Hauptsacheverfahrens vollziehbar sei oder nicht. Im Übrigen sprächen Gründe der Prozessökonomie dafür, die Frage der sofortigen Vollziehbarkeit des VA möglichst umfassend zu klären. Folgen Sie dieser Auffassung, dürfen Sie nicht vergessen, den Antrag im Übrigen abzulehnen, wenn die Anordnung der sofortigen Vollziehung materiell rechtmäßig war (bei der Kostenentscheidung empfiehlt sich eine Quotelung von 2/3 für den Antragsteller zu 1/3 für den Antragsgegner).[28] 420

---

[22] S. Ziffern 1.5 und 46.3 des Streitwertkatalogs für die Verwaltungsgerichtsbarkeit.

[23] *OVG Bremen* DÖV 1980, 572.

[24] Z. B. *BVerwG* BeckRS 2001, 31351544; *OVG Schleswig* NVwZ-RR 2002, 541; *VGH München* BayVBl. 2003, 469, 470.

[25] Z. B. *BVerwG* BeckRS 2001, 31351544; *VGH München* BeckRS 2013, 59845; *VGH Mannheim* NVwZ-RR 2012, 54.

[26] *OVG Magdeburg* BeckRS 2013, 50681; Schoch/*Schoch*, § 80 Rn. 442; Sodan/Ziekow/*Puttler*, § 80 Rn. 154; *Schenke*, Rn. 1000.

[27] *OVG Koblenz*, Beschl. v. 24.8.1994 – 7 B 12.083/94.OVG – juris; *VG Trier* BeckRS 2014, 56228.

[28] S. auch *Kment*, JuS 2005, 608, 609.

Beachten Sie, dass auf die dargestellte Problematik nicht einzugehen ist, wenn die Behörde den Begründungsmangel nach § 80 Abs. 3 Satz 1 VwGO während des Eilverfahrens geheilt hat und Sie der Ansicht folgen, dass dieser Verfahrensfehler im vorläufigen Rechtschutzverfahren korrigiert werden kann. Auf diese Streitfrage wird unter Rn. 471 näher eingegangen.

421 **Beispiel 4.** Das VG will in einem Fall des § 80 Abs. 2 Satz 1 Nr. 4 VwGO die aufschiebende Wirkung nur befristet wiederherstellen, damit die Widerspruchsbehörde im anhängigen Widerspruchsverfahren noch Gelegenheit zur weiteren Sachaufklärung hat.

1. *Die aufschiebende Wirkung des Widerspruchs gegen die Verfügung der Stadt S vom 27. August 2015 wird bis zum Ergehen eines Widerspruchsbescheides wiederhergestellt; im Übrigen wird der Antrag abgelehnt.*
2. *Die Kosten des Verfahrens haben der Antragsteller und die Antragsgegnerin je zur Hälfte zu tragen.*
3. *Der Streitwert wird auf 2.500,– € festgesetzt.*

422 Gemäß § 80 Abs. 5 Satz 5 VwGO kann die **Wiederherstellung der aufschiebenden Wirkung** auch **befristet** werden. Von der Möglichkeit einer befristeten Wiederherstellung wird in bestimmten Rechtsgebieten (z. B. bei der Entziehung der Fahrerlaubnis oder im Ausländerrecht) Gebrauch gemacht. Sie bietet sich insbesondere dann an, wenn der Sachverhalt nicht geklärt ist oder ohne weiteres nachholbare Ermessenserwägungen in dem angefochtenen Bescheid fehlen. Hat der von dem Antragsteller auf unbefristete Wiederherstellung gerichtete Antrag nur teilweise Erfolg, kommt eine Kostenentscheidung nach § 155 Abs. 1 Satz 1 oder Satz 3 VwGO in Betracht.[29] Nach Ergehen des Widerspruchsbescheids setzt sich das vorläufige Rechtsschutzverfahren als Verfahren nach § 80 Abs. 7 VwGO fort.[30]

423 **Beispiel 5.** Die Stadt S hält den gegen L erlassenen Abschleppkostenbescheid für nach § 80 Abs. 2 Satz 1 Nr. 1 VwGO sofort vollziehbar und beabsichtigt die Forderung trotz des eingelegten Widerspruchs des L beizutreiben. L beantragt vorläufigen Rechtsschutz mit der Begründung, der Bescheid sei nicht kraft Gesetzes sofort vollziehbar. Das VG folgt der Ansicht des L.

1. *Es wird festgestellt, dass der Widerspruch des L gegen den Bescheid der Stadt S vom 27. August 2015 aufschiebende Wirkung hat.*
2. *Die Antragsgegnerin hat die Kosten des Verfahrens zu tragen.*
3. *Der Streitwert wird auf 120,– € festgesetzt.*

424 Folgen Sie hier der *h. M.*, wonach Kosten der Ersatzvornahme oder Kosten einer unmittelbaren Ausführung nicht unter die Vorschrift des § 80 Abs. 2 Satz 1 Nr. 1 VwGO fallen und sie auch keine Maßnahmen der Verwaltungsvollstreckung sind,[31] für die landesrechtlich die aufschiebende Wirkung ausgeschlossen ist, so ist die Behörde aufgrund der aufschiebenden Wirkung des Widerspruchs gegen den Kostenbescheid daran gehindert, den VA zu vollziehen. Droht die Behörde trotzdem mit dem Vollzug oder unternimmt sie bereits Vollstreckungsmaßnahmen, so liegt ein Fall der sog. **(drohenden) faktischen Vollziehung** vor.[32] Hiergegen kann sich der Antrag-

[29] *Jacob*, VBlBW 1995, 72, 76.
[30] Dazu näher Rn. 540 ff.
[31] Ausführlicher dazu s. Rn. 483 f. und das Formulierungsbeispiel in Rn. 494.
[32] Zu Begriff und dogmatischer Herleitung s. Rn. 492 und das Formulierungsbeispiel Rn. 494.

steller erfolgreich mit einem vorläufigen Rechtsschutzgesuch zur Wehr setzen. Im Tenor erfolgt ein entsprechender Feststellungsausspruch.[33] Manche Gerichte tenorieren auch *„Die Behörde wird verpflichtet, die aufschiebende Wirkung des Widerspruchs zu beachten."*

Sind Sie mit der *Gegenmeinung*[34] der Auffassung, der Abschleppkostenbescheid sei kraft Gesetzes sofort vollziehbar, so tenorieren Sie im Falle der Stattgabe auf der Grundlage des § 80 Abs. 5 Satz 1 1. Alt., Abs. 2 Satz 1 Nr. 1 VwGO wie folgt: *„Die aufschiebende Wirkung des Widerspruchs des Antragstellers gegen den Kostenbescheid der Stadt S vom 27. August 2015 wird angeordnet."*

Beispiel 6. A sucht gegen den für sofort vollziehbar erklärten Untersagungsbescheid der Stadt S um vorläufigen Rechtsschtuz nach. Vor der Entscheidung des VG erklärt er den Rechtsstreit in der Hauptsache für erledigt, S widerspricht der Erledigungserklärung des A und macht ein berechtigtes Interesse an einer Sachentscheidung geltend. Das VG ist der Auffassung, S habe kein berechtigtes Interesses an einer Sachentscheidung. 425

1. *Es wird festgestellt, dass der Rechtstreit in der Hauptsache erledigt ist.*
2. *Die Antragsgegnerin hat die Kosten des Verfahrens zu tragen.*
3. *Der Streitwert wird auf 2.500,– € festgesetzt.*

Während ein Fortsetzungsfeststellungsantrag analog § 113 Abs. 1 Satz 4 VwGO bei Erledigung im Verfahren des einstweiligen Rechtsschutzes grundsätzlich unzulässig ist, bestehen gegen die Zulässigkeit eines Erledigungsfeststellungsstreits im vorläufigen Rechtsschutzverfahren keine Bedenken.[35] Dieser Antrag ist auch begründet. Im Verfahren des vorläufigen Rechtsschutzes kommen die für das Klageverfahren entwickelten Rechtsgrundsätze zur analogen Anwendung des § 113 Abs. 1 Satz 4 VwGO[36] wegen des summarischen Charakters dieses Verfahrens grundsätzlich nicht zum Tragen. Hat sich im Verfahren nach § 80 Abs. 5 Satz 1 VwGO die Hauptsache erledigt, so hat der Antragsgegner grundsätzlich kein berechtigtes Interesse an einer Sachentscheidung mehr, da Gegenstand des vorläufigen Rechtsschutzverfahrens – trotz der Bedeutung als Kriterium bei der Interessenabwägung – nicht die Rechtmäßigkeit oder Rechtswidrigkeit eines VA ist, sondern allein der Vollzug dieses Aktes in Frage steht und im übrigen nur eine summarische Prüfung stattfindet. Da nach Erledigung der Hauptsache diese Sicherungsfunktion nicht mehr erfüllt werden kann, bleibt für eine gleichsam gutachtliche Feststellung der Rechtmäßigkeit des Verwaltungsakts oder der Vollziehbarkeitsanordnung nach § 80 Abs. 2 Satz 1 Nr. 4 VwGO kein Raum. 426

Beispiel 7. Die Waffenbehörde W hat die Waffenerlaubnis des A wegen Unzuverlässigkeit widerrufen. Dessen vorläufiges Rechtsschutzgesuch blieb zunächst erfolglos. Seinem Abänderungsantrag nach § 80 Abs. 7 Satz 2 VwGO will das VG stattgeben. 427

1. *Unter Abänderung des Beschlusses vom 27. August 2015 – Az.: 12 VG 1108/15 – wird die aufschiebende Wirkung des Widerspruchs gegen den Widerruf der Waffenerlaubnis vom 19. Juni 2015 angeordnet.*[37]

---

[33] S. z. B. *BVerwG* NVwZ 2013, 85; *OVG Hamburg* NVwZ-RR 2011, 854; *Kment,* JuS 2005, 608.

[34] S. Rn. 484 und das Formulierungsbeispiel in Rn. 494.

[35] *OVG Magdeburg* NVwZ-RR 2014, 822; *VGH Mannheim* NVwZ-RR 2011, 932 m.w.N.

[36] S. Rn. 79 f.

[37] S. § 45 Abs. 5 Satz 1 WaffG, wonach der Widerspruch gegen den Widerruf der Waffenerlaubnis wegen fehlender Zuverlässigkeit keine aufschiebende Wirkung hat.

2. *Die Antragsgegnerin hat die Kosten des Abänderungsverfahrens zu tragen.*
3. *Der Streitwert wird auf 2.500,– € festgesetzt.*

428 Gemäß § 80 Abs. 7 Satz 1 und 2 VwGO kann das Gericht der Hauptsache von sich aus oder auf Antrag der Beteiligten Beschlüsse über Anträge nach Abs. 5 ändern oder aufheben. Diese Vorschrift erlaubt dem VG eine Reaktion auf nach seiner Entscheidung eingetretene **Veränderungen der Sach- und Rechtslage.** Das **Abänderungsverfahren** nach § 80 Abs. 7 VwGO ist ein **neues selbstständiges, vom vorangegangenen Verfahren nach § 80 Abs. 5 VwGO gelöstes Verfahren.**[38] In der Kostenentscheidung ist daher zum Ausdruck zu bringen, dass die Kostenentscheidung des Ausgangsbeschlusses unberührt bleibt.

428a **Beispiel 8.** Bauherr B hat von der Stadt S eine Baugenehmigung zur Anbringung einer Mobilfunksendeanlage auf dem Dach seines Wohnhauses auf seinem Grundstück Flur. Nr. 345/6 in S erhalten. Nachbar N erfährt vor Baubeginn hiervon und sucht erfolglos bei der Stadt S um Aussetzung der sofortigen Vollziehung der Baugenehmigung nach. Anschließend begehrt er vorläufigen Rechtsschutz vor dem VG, der Antennenmast ist bereits installiert. Der Antrag ist erfolgreich. Der Beigeladene B stellt keinen Antrag.

1. *Die aufschiebende Wirkung des Widerspruchs des Antragstellers gegen die dem Beigeladenen erteilte Baugenehmigung vom 27. August 2015 wird angeordnet. Der Antragsgegnerin wird aufgegeben, den Beigeladenen zum vorläufigen Abbau des Antennenmastes zu verpflichten.*
2. *Die Antragsgegnerin hat die Kosten des Verfahrens mit Ausnahme der außergerichtlichen Kosten des Beigeladenen zu tragen.*
3. *Der Streitwert wird auf 3.750,– € festgesetzt.*[39]

429 Da der Widerspruch des N gegen die dem B erteilte Baugenehmigung gemäß § 80 Abs. 2 Satz 1 Nr. 3 VwGO i. V. m. § 212 a BauGB keine aufschiebende Wirkung hat, muss er im Wege des vorläufigen Rechtsschutzes vorgehen, sofern er die Schaffung vollendeter Tatsachen vor Abschluss des Hauptsacheverfahrens verhindern will. Im Beispielsfall hat die Behörde den Antrag des Dritten nach § 80 a Abs. 1 Nr. 2 VwGO auf Aussetzung der Vollziehung abgelehnt. Gibt das VG dem vorläufigen Rechtsschutzgesuch des Antragstellers statt, so ist die richtige Fassung des Tenors dem Gesetzestext nicht eindeutig zu entnehmen. Die einschlägige Vorschrift des § 80 a Abs. 3 VwGO regelt diese Frage ihrem Wortlaut nach nämlich gleich doppelt und dabei widersprüchlich. Denn einerseits ist gemäß § 80 a Abs. 3 Satz 1 VwGO das von dem Dritten angerufene VG befugt, Maßnahmen nach den Absätzen 1 und 2 zu ändern oder aufzuheben oder solche Maßnahmen zu treffen. Andererseits ordnet § 80 a Abs. 3 Satz 2 VwGO die entsprechende Anwendung des § 80 Abs. 5 bis 8 VwGO an. Beide Regelungen sind nicht aufeinander abgestimmt mit der Folge, dass die gerichtliche Praxis unterschiedlich tenoriert.[40] Aus der Bezugnahme auf § 80 Abs. 5 VwGO schließt die wohl *herrschende Rechtsprechung,*[41] dass das VG bei

[38] Vgl. *VGH Mannheim* UPR 1995, 117; *Bosch/Schmidt/Vondung,* Rn. 1422; ausführlicher dazu s. Rn. 540 ff.

[39] S. Ziffern 1. 5 und 9. 7. 1 des Streitwertkatalogs. Ebenso vertretbar ist es, von einem Streitwert von 7.500,– € auszugehen (s. *VGH Mannheim* NVwZ-RR 2002, 469).

[40] Zu dem Ganzen s. ausführlich Schoch/*Schoch,* § 80 a Rn. 49 f.

[41] *BVerwG* NVwZ 1995, 903; *OVG Münster* BeckRS 2014, 54586; *OVG Saarlouis* NVwZ-RR 2011, 888; ebenso *Kopp/Schenke,* § 80 a Rn. 17.

erfolgreichem Antrag zu entscheiden hat: *„Die aufschiebende Wirkung der Klage wird angeordnet."* Demgegenüber halten *andere Gerichte*[42] die Aussetzung der sofortigen Vollziehung des angefochtenen VA durch das VG für die sachgerechte Entscheidung mit der Begründung, § 80 a Abs. 3 Satz 1 i. V. m. Abs. 1 Nr. 2 VwGO sei die spezielle Regelung zum vorläufigen Rechtsschutz beim VA mit Drittwirkung. Für das gerichtliche Eilverfahren bedürfe es der Heranziehung des gemäß § 80 a Abs. 3 Satz 2 VwGO lediglich entsprechend anwendbaren § 80 Abs. 5 VwGO nur, soweit § 80 a Abs. 3 Satz 1 VwGO selbst keine Regelungen enthalte. Dies sei hier infolge der Bezugnahme auf § 80 a Abs. 1 Nr. 2 VwGO jedoch nicht der Fall. Folgen Sie dieser Ansicht, so lautet der Tenor im Falle der Stattgabe: *„Die sofortige Vollziehung der Baugenehmigung vom 27. August 2015 wird ausgesetzt."*

Besteht in Ausnahmefällen die Gefahr, dass der Bauherr die fehlende Vollziehbarkeit missachtet, räumt **§ 80 a Abs. 3 Satz 1 i. V. m. § 80 a Abs. 1 Nr. 2 VwGO** dem Gericht ergänzend die Möglichkeit ein, die mangelnde Vollziehbarkeit des VA durch Anordnung einer (vollstreckungsfähigen) **Sicherungsmaßnahme** nochmals besonders zu unterstreichen.[43] § 80 a Abs. 1 Nr. 2 VwGO ist eine eigenständige verfahrensrechtliche Grundlage zum Schutz und zur realen Durchsetzung der aufschiebenden Wirkung.[44] Als Maßnahmen zur Sicherung der Rechte Dritter kommen grundsätzlich alle Regelungen in Betracht, die das Gericht auch nach § 123 VwGO treffen könnte.[45] Der entsprechende Ausspruch wird in den Tenor aufgenommen *(„Die Bauarbeiten werden stillgelegt")*. 430

Ist der VA wie im Beispielsfall im Zeitpunkt der Entscheidung schon vollzogen, so kann das VG die Vollziehung gemäß § 80 a Abs. 3 Satz 2 i. V. m. **§ 80 Abs. 5 Satz 3 VwGO** vorläufig rückgängig machen.[46] 431

Beispiel 9. Im Beispiel 8 setzt die Stadt S auf den Antrag des N die sofortigen Vollziehung der dem B erteilten Baugenehmigung aus. B wendet sich an das VG, dieses gibt seinem vorläufigen Rechtsschutzgesuch statt. 432

Hier hat die Behörde nach § 80 a Abs. 1 Nr. 2 VwGO dem Begehren des Nachbarn auf Aussetzung der sofortigen Vollziehung der Baugenehmigung stattgegeben. Das VG hebt diese Maßnahme nach § 80 a Abs. 3 Satz 1 i. V. m. § 80 a Abs. 1 Nr. 2 VwGO auf *(„Die Aussetzung der sofortigen Vollziehung der Baugenehmigung vom 27. August 2015 wird aufgehoben")*[47] oder ordnet die sofortige Vollziehung der Baugenehmigung gemäß § 80 a Abs. 3 Satz 2 i. V. m. § 80 Abs. 5 Satz 1 1. Alt. VwGO wieder an *(„Die sofortige Vollziehung der der Baugenehmigung vom 27. August 2015 wird angeordnet.")*.

---

[42] *VGH München* NVwZ-RR 1995, 430; *VGH Mannheim* NVwZ 1995, 716; s. auch *Budroweit/Wuttke*, JuS 2006, 876, 879.

[43] Vgl. *VGH München* NVwZ-RR 2010, 346: Für die Anordnung von Sicherungsmaßnahmen bedarf es eines hinreichenden konkreten Grundes. Einem gerichtlichen Aussetzungsbeschluss brauchen nicht vorbeugend Sicherungsmaßnahmen beigefügt zu werden. Denn es ist in der Regel zu erwarten, dass die Beteiligten eine gerichtliche Entscheidung auf Aussetzung der Vollziehung auch ohne beigefügte Sicherungsmaßnahmen respektieren. Ist bereits eine gerichtliche Entscheidung über die Anordnung der aufschiebenden Wirkung des Rechtsbehelfs gegen die Baugenehmigung ergangen, so kommt es für den Erlass einer Sicherungsmaßnahme nach § 80 a Abs. 1 Nr. 2 VwGO in der Regel allein auf die Frage an, ob dem Rechtsbehelf der Antragsteller aufschiebende Wirkung zukommt (vgl. *VGH Mannheim* NVwZ-RR 2014, 752; *OVG Münster* BeckRS 2013, 55364).

[44] *BVerwG* NVwZ 1992, 570; *VGH Mannheim* NVwZ-RR 2014, 752.

[45] *Kopp/Schenke*, § 80 a Rn. 14.

[46] Näher dazu s. Rn. 507.

[47] So z. B. *VG Neustadt* NVwZ-RR 2011, 227.

433 **Beispiel 10.** Nachbar N hat gegen die Gastwirt G von der Stadt S erteilte Gaststättenerlaubnis Widerspruch eingelegt. G begehrt nach Ablehnung durch die Stadt S mit Erfolg beim VG die Anordnung der sofortigen Vollziehung der Gaststättenerlaubnis. Der beigeladene N stellt keinen Antrag.

1. *Die sofortige Vollziehung der Gaststättenerlaubnis der Stadt S vom 27. August 2015 wird angeordnet.*
2. *Die Antragsgegnerin hat die Kosten des Verfahrens mit Ausnahme der außergerichtlichen Kosten des Beigeladenen zu tragen.*
3. *Der Streitwert wird auf 7.500,– € festgesetzt.*[48]

434 Gemäß § 80 a Abs. 3 Satz 1 VwGO kann das Gericht auf Antrag Maßnahmen nach den Absätzen 1 und 2 ändern oder aufheben oder „solche Maßnahmen treffen". Durch diese Formulierung ist klargestellt, dass das **Gericht** – im Falle der Stattgabe des Antrags – nach § 80 a Abs. 3 i. V. m. Abs. 1 Nr. 1 bzw. Abs. 2 VwGO die Verwaltungsbehörde nicht nur zur Vollziehbarkeitsanordnung verpflichtet, sondern die **Anordnung der sofortigen Vollziehbarkeit selbst ausspricht.**[49] In dem Beispiel greift die Variante des § 80 a Abs. 3 i. V. m. Abs. 1 Nr. 1 VwGO. Da dem Widerspruch des Nachbarn aufschiebende Wirkung zukommt, bedarf es eines Antrags des Gastwirts auf Anordnung der sofortigen Vollziehung.

435 **Beispiel 11.** N hat gegen die dem G erteilte Gaststättenerlaubnis Widerspruch erhoben. Daraufhin ordnet die Stadt S auf den Antrag des G die sofortige Vollziehung der Gaststättenerlaubnis an. N beantragt hiergegen vorläufigen Rechtsschutz, das VG gibt seinem Antrag statt. Der beigeladene G stellt keinen Antrag.

1. *Die Anordnung der sofortigen Vollziehung der Gaststättenerlaubnis der Stadt S vom 27. August 2015 wird aufgehoben.*
2. *Die Antragsgegnerin hat die Kosten des Verfahrens mit Ausnahme der außergerichtlichen Kosten des Beigeladenen zu tragen.*
3. *Der Streitwert wird auf 7.500,– € festgesetzt.*

436 In diesem Beispielsfall hat die Behörde nach § 80 a Abs. 1 Nr. 1 VwGO die sofortige Vollziehung der Gaststättenerlaubnis angeordnet, so dass die aufschiebende Wirkung des von N eingelegten Widerspruchs nach § 80 a Abs. 1 Nr. 1 i. V. m. § 80 Abs. 2 Satz 1 Nr. 4 VwGO entfallen ist. Das Gericht kann diese Maßnahme nach § 80 a Abs. 3 Satz 1 VwGO aufheben.[50] Nach der *Gegenmeinung*[51] stellt das Gericht gemäß § 80 a Abs. 3 Satz 2 i. V. m. § 80 Abs. 5 Satz 1 2. Alt. VwGO die aufschiebende Wirkung des Widerspruchs wieder her.

437 **Beispiel 12.** Die Stadt S hat dem G die Gaststättenerlaubnis von Anfang an unter Anordnung des Sofortvollzuges erteilt. Nachbar N legt Widerspruch ein und begehrt die Aussetzung der Vollziehung, dem die Stadt stattgibt. G beantragt vorläufigen Rechtsschutz, das VG entscheidet in seinem Sinne. N stellt einen Ablehnungsantrag.

---

[48] S. Ziffern 1.5 und 54.1 des Streitwertkatalogs.

[49] *OVG Münster* NVwZ-RR 2007, 510; *OVG Lüneburg* NVwZ-RR 2003, 342.

[50] So auch *OVG Berlin* LKV 2005, 76; *Budroweit/Wuttke,* JuS 2006, 876, 878.

[51] Vgl. *BVerwG* NuR 2014, 782; *VGH Mannheim* NVwZ 1995, 716; *Kopp/Schenke,* § 80 a Rn. 17.

1. *Die Aussetzung der sofortigen Vollziehung der Gaststättenerlaubnis der Stadt S vom 27. August 2015 wird aufgehoben.*
2. *Die Antragsgegnerin und der Beigeladene haben jeweils die Hälfte der Gerichtskosten und der außergerichtlichen Kosten des Antragstellers zu tragen. Im Übrigen trägt jeder Beteiligte seine außergerichtlichen Kosten selbst.*
3. *Der Streitwert wird auf 7.500,– € festgesetzt.*

438 Hier liegt ein Fall des § 80 a Abs. 3 Satz 1 i. V. m. Abs. 1 Nr. 2 VwGO vor, d. h. der Nachbar hat bei der Behörde einen Antrag auf Aussetzung der Vollziehung gestellt, dem stattgegeben worden ist. Dabei handelt es sich um eine **verfahrensrechtliche Zwischenregelung der Behörde.** Rechtsgrundlage hierfür ist nicht eine Norm des materiellen Rechts, sondern allein die in § 80 a Abs. 1 VwGO eingeräumte Befugnis zur Gewährung vorläufigen behördlichen Rechtsschutzes.[52] Das VG kann gemäß § 80 a Abs. 3 Satz 1 VwGO die von der Behörde getroffene Maßnahme nach Absatz 1 aufheben. Alternativ kann das Gericht gemäß § 80 a Abs. 3 Satz 2 i. V. m. § 80 Abs. 5 Satz 1 2. Alt. VwGO die sofortige Vollziehung der Gaststättenerlaubnis anordnen.

439 **Beispiel 13.** Im Beispiel 12 bleibt der Aussetzungsantrag des N bei der Stadt S erfolglos. N wendet sich an das VG, das seinem Begehren stattgibt. G stellt einen Antrag.

1. *Die sofortige Vollziehung der Gaststättenerlaubnis der Stadt S vom 27. August 2015 wird ausgesetzt.*
2. *Die Antragsgegnerin und der Beigeladene haben jeweils die Hälfte der Gerichtskosten und der außergerichtlichen Kosten des Antragstellers zu tragen. Im Übrigen trägt jeder Beteiligte seine außergerichtlichen Kosten selbst.*
3. *Der Streitwert wird auf 7.500,– € festgesetzt.*

440 In diesem Beispiel greift ebenfalls § 80 a Abs. 3 Satz 1 i. V. m. Abs. 1 Nr. 2 VwGO ein. Der Nachbar hat bei der Behörde einen Antrag auf Aussetzung der Vollziehung gestellt, der abgelehnt worden ist. Das VG trifft nach § 80 a Abs. 3 Satz 1 VwGO die von der Behörde verlangte Maßnahme nach Absatz 1 Nr. 2 auf Aussetzung der sofortigen Vollziehung selbst. Stattdessen können Sie auch gemäß § 80 a Abs. 3 Satz 2 i. V. m. § 80 Abs. 5 Satz 1 2. Alt. VwGO die aufschiebende Wirkung des Widerspruchs gegen die Gaststättenerlaubnis wiederherstellen.

441 **Beispiel 14.** Die Stadt S hat gegen A eine bauordnungsrechtliche Nutzungsuntersagungsverfügung zum Schutze der Nachbarn ausgesprochen, die A anficht. Die Nachbarn begehren vorläufigen Rechtsschutz, da die S keinen Sofortvollzug angeordnet hat und auch nicht gewillt ist, dem nachzukommen. Das VG gibt dem Antrag statt. A stellt keinen Antrag.

1. *Die sofortige Vollziehung der Nutzungsuntersagungsverfügung der Stadt S vom 27. August 2015 wird angeordnet.*
2. *Die Antragsgegnerin hat die Kosten des Verfahrens mit Ausnahme der außergerichtlichen Kosten des Beigeladenen zu tragen.*
3. *Der Streitwert wird auf 2.500,– € festgesetzt.*[53]

---

[52] *OVG Koblenz* NVwZ-RR 1997, 666; *VGH München* BayVBl. 1993, 565.
[53] S. Ziffern 1.5 und 9.4 des Streitwertkatalogs.

442 Hier haben die Antragsteller bei der Stadt S einen Antrag nach § 80 a Abs. 2 VwGO gestellt. Der A hat gegen einen an ihn gerichteten belastenden VA, der die Nachbarn als Dritte begünstigt, einen Rechtsbehelf eingelegt, woraufhin die Behörde auf Antrag des Dritten nach § 80 Abs. 2 Satz 1 Nr. 4 VwGO die sofortige Vollziehung anordnen kann. Kommt sie diesem Begehren zu Unrecht nicht nach, d. h. hat der Dritte einen Rechtsanspruch auf die begehrte sofortige Vollziehung, so kann das Gericht nach § 80 a Abs. 3 Satz 1 VwGO den Sofortvollzug selbst anordnen.[54]

Hat die Behörde dem Antrag der Nachbarn auf Anordnung der sofortigen Vollziehung der Nutzungsuntersagungsverfügung stattgegeben, so kann A gemäß § 80 a Abs. 3 Satz 1 i. V. m. Abs. 2 VwGO beim VG die Aufhebung der Anordnung der sofortigen Vollziehung der Nutzungsuntersagungsverfügung beantragen.[55] Nach der *Gegenmeinung*[56] wird gemäß § 80 a Abs. 3 Satz 2 i. V. m. § 80 Abs. 5 Satz 1 2. Alt. VwGO die aufschiebende Wirkung des Widerspruchs wiederhergestellt.

443 **Beispiel 15.** Die Stadt S hat B eine Genehmigung nach § 4 Abs. 1 BImSchG erteilt, die D anficht. B bestreitet die Widerspruchsbefugnis des D und beginnt mit der Errichtung der Anlage. D beantragt erfolglos behördlichen Eilrechtsschutz und wendet sich anschließend an das VG. Dieses ist der Auffassung, D sei widerspruchsbefugt. Der beigeladene B stellt keinen Antrag.

1. *Es wird festgestellt, dass der Widerspruch des D gegen den Bescheid der Stadt S vom 27. August 2015 aufschiebende Wirkung hat.*
2. *Die Antragsgegnerin hat die Kosten des Verfahrens mit Ausnahme der außergerichtlichen Kosten des Beigeladenen zu tragen.*
3. *Der Streitwert wird auf 7.500,– € festgesetzt.*[57]

444 Auch im Dreiecksverhältnis kann sich die Situation ergeben, dass zwischen den Beteiligten streitig ist, ob einem Rechtsbehelf aufschiebende Wirkung zukommt oder nicht. Missachtet die Behörde eine bestehende aufschiebende Wirkung oder macht der begünstigte Dritte, der die aufschiebende Wirkung bestreitet, weiter von dem VA Gebrauch, so ist auf diesen Fall des faktischen Vollzugs durch den Begünstigten § 80 a Abs. 1 Nr. 2 VwGO analog anzuwenden. Hat der Widerspruch des Dritten aufschiebende Wirkung, kann die Ausgangs- bzw. die Widerspruchsbehörde (vgl. § 80 Abs. 4 VwGO) analog § 80 a Abs. 1 Nr. 2 VwGO den Begünstigten zur Beachtung der aufschiebenden Wirkung anhalten und weitere erforderliche Maßnahmen zur Sicherung der Rechte des Dritten treffen. Kommt sie dem nicht nach, kann das VG auf Antrag des Dritten analog § 80 a Abs. 3 Satz 1 i. V. m. § 80 a Abs. 1 Nr. 2 VwGO feststellen, dass der Widerspruch des Dritten aufschiebende Wirkung hat und zum Schutz dieser aufschiebenden Wirkung die erforderlichen Sicherungsmaßnahmen treffen.[58] Wird die aufschiebende Wirkung des Rechtsbehelfs des Dritten missachtet, kann das Gericht zum Schutz dieser aufschiebenden Wirkung ferner analog § 80 a Abs. 3 Satz 1 i. V. m. § 80 a Abs. 1 Nr. 2 VwGO erforderliche Sicherungsmaßnahmen

---

[54] *OVG Saarlouis* BeckRS 2013, 45672 ; *OVG Münster* NVwZ-RR 2007, 510.
[55] Ebenso *Budroweit/Wuttke*, JuS 2006, 876, 880; Schoch/*Schoch*, § 80 a Rn. 44.
[56] *Kopp/Schenke*, § 80 a Rn. 17.
[57] S. Ziffern 1.5, 19.2 und 2.2.2 des Streitwertkatalogs.
[58] Eyermann/*Schmidt*, § 80 a Rn. 15; *Loos*, JA 2001, 698, 703; *VGH Kassel* NVwZ-RR 2003, 345; vgl. auch *Kopp/Schenke*, § 80 a Rn. 17 a; nach *Kirste*, DÖV 2001, 397, 405 ist die Behörde analog § 80 a Abs. 3 Satz 1 i. V. m. § 80 a Abs. 1 Nr. 2, 2. Alt. zur Aussetzung der sofortigen Vollziehung zu verpflichten.

z.B. in Form einer Nutzuungsuntersagung oder Baueinstellung treffen („*Die Bauarbeiten … werden eingestellt.*").[59]

Beispiel 16. E hat auf seinem Grundstück, das im Außenbereich von S liegt, illegal eine Blockhütte errichtet. Die Stadt S – Untere Bauaufsichtsbehörde – fordert ihn in Ziffer 1 der gegen ihn erlassenen Verfügung zur Beseitigung auf und droht ihm in Ziffer 2 die Ersatzvornahme an, die sofortige Vollziehung der Ziffer 1 wird angeordnet. E begehrt vorläufigen Rechtsschutz, der Antrag hat Erfolg. **445**

1. *Die aufschiebende Wirkung des Widerspruchs gegen die Ordnungsverfügung der Stadt S vom 27. August 2015 wird bezüglich der Ziffer 1 wiederhergestellt und bezüglich der Ziffer 2 angeordnet.*
2. *Die Antragsgegnerin hat die Kosten des Verfahrens zu tragen.*
3. *Der Streitwert wird auf 5.000,– € festgesetzt.*[60]

Im Tenor muss – mit Ausnahme von Bremen (s. hierzu Rn. 783) – zwischen den Ziffern 1 und 2 der Polizeiverfügung differenziert werden, da der Widerspruch gegen die Ersatzvornahmeandrohung nach § 80 Abs. 2 Satz 1 Nr. 3 VwGO i.V.m. den landesgesetzlichen Regelungen keine aufschiebende Wirkung hat. **446**

Beispiel 17. Der Beamte B begehrt vorläufigen gerichtlichen Rechtsschutz gegen die bevorstehende Beförderung des Mitbewerbers C. Das VG gibt seinem Antrag statt. Der beigeladene C stellt keinen Antrag. **447**

1. *Dem Antragsgegner wird im Wege der einstweiligen Anordnung aufgegeben, vorläufig bis zur rechtskräftigen Entscheidung in der Hauptsache von der Beförderung des Beigeladenen abzusehen.*
2. *Der Antragsgegner hat die Kosten des Verfahrens mit Ausnahme der außergerichtlichen Kosten des Beigeladenen zu tragen.*
3. *Der Streitwert wird auf 5.000,– € festgesetzt.*

Im Verfahren nach § 123 VwGO ist der Tenor vom VG ausgehend vom Antrag des Rechtssuchenden so zu fassen, dass der Zweck der erlassenen einstweiligen Anordnung erreicht wird. Dabei ist grundsätzlich[61] die Vorläufigkeit der Entscheidung im Tenor zum Ausdruck zu bringen. Das VG ist befugt, Verpflichtungs-, Leistungs- und Unterlassungsgebote auszusprechen. Im Beispielsfall erlässt das Gericht eine **Sicherungsanordnung** nach § 123 Abs. 1 Satz 1 VwGO, da es darum geht, den Bewerbungsverfahrensanspruch des Antragstellers zu sichern. Nach dem im Beamtenrecht geltenden Grundsatz der Ämterstabilität käme der Rechtsschutz des Mitbewerbers im Hauptsacheverfahren grundsätzlich zu spät, wenn der Konkurrent bereits ernannt worden wäre.[62] **448**

Beispiel 18. Die Partei P möchte am 20. August 2015 in der Ostseehalle in Kiel ihren Parteitag abhalten und stellt einen entsprechenden Antrag bei der Landeshauptstadt **449**

---

[59] Darin liegt kein in dem Sinn eigenständiges materielles behördliches Eingreifen, das einer gesonderten Ermächtigungsgrundlage bedürfte (*OVG Lüneburg* NVwZ-RR 2014, 550).

[60] S. Ziffern 1.5 und 9.5. des Streitwertkatalogs.

[61] Anders ist es nur dann, wenn es sich z.B. um ein bestimmtes Ereignis handelt (etwa Zugangsanspruch einer Partei zu einer öffentlichen Einrichtung an einem genau bezeichneten Tag).

[62] Näher dazu s. Rn. 403.

Kiel auf Überlassung der Halle. Die Stadt lehnt ab, P sucht um vorläufigen Rechtsschutz nach. Das VG gibt dem Antrag der P unter einer Nebenbestimmung statt.

Hier erlässt das VG eine **Regelungsanordnung** nach § 123 Abs. 1 Satz 2 VwGO. Der Tenor zu 1) lautet etwa so:

> *„Die Antragsgegnerin wird im Wege der einstweiligen Anordnung verpflichtet, der Antragstellerin den Konferenzraum in der Ostseehalle in Kiel zur Durchführung einer Parteiveranstaltung am 20. August 2015 in der Zeit von 19.00 Uhr bis 23.30 Uhr zu den üblichen Bedingungen gegen Sicherheitsleistung in Höhe von 10.000,– € zur Verfügung zu stellen."*

450 Die Befugnis, von der Antragstellerin eine **Sicherheitsleistung** in bestimmter Höhe zu verlangen, ergibt sich für das VG aus § 123 Abs. 3 VwGO i. V. m. § 921 Abs. 2 Satz 2 ZPO. Voraussetzung ist, dass die Vollziehung der einstweiligen Anordnung zu Schäden führen kann, die nach § 945 ZPO zu ersetzen sind.

451 **Beispiel 19.** G ist Halter eines Rottweilers. Ein städtischer Ordnungsbeamter teilt ihm bei einem Spaziergang im Park mit, dass sein Hund „gefährlich" sei und daher außerhalb des befriedeten Besitztums einen Maulkorb tragen müsse. Komme G dem nicht nach, werde demnächst ein Bußgeldbescheid ergehen. G begehrt beim VG die Feststellung, dass sein Hund nicht „gefährlich" ist. Das VG gibt dem statt.

Im Rahmen des § 123 VwGO kommt auch eine sog. **„vorläufige Feststellung"** in Betracht.[63] Der stattgebende Tenor zu 1) kann wie folgt gefasst werden:

> *„Es wird im Wege der einstweiligen Anordnung (vorläufig) festgestellt, dass der von dem Antragsteller gehaltene Hund der Rasse Rottweiler, Hundesteuernummer 234.567, kein „gefährlicher Hund" im Sinne des § 3 Abs. 3 Nr. 4 NWLHundG ist."*

452 **Beispiel 20.** Der Schausteller S begehrt Zulassung zum Jahrmarkt in J. Die Stadt J lehnt ab. Daraufhin beantragt S zwei Monate vor Beginn des Jahrmarkts vorläufigen Rechtsschutz. Das VG ist der Auffassung, die Auswahlentscheidung sei ermessensfehlerhaft.

Im vorläufigen Rechtsschutzverfahren nach § 123 VwGO kann in Ausnahmefällen auch der Anspruch auf rechtsfehlerfreie Erst- oder **Neubescheidung** gesichert werden.[64] Der Tenor zu 1) lautet z. B. wie folgt:

> *„Die Antragsgegnerin wird im Wege der einstweiligen Anordnung verpflichtet, über den Antrag des Antragstellers auf Zulassung zum Volksfest 2015 in J mit seinem Autoskooter „Bee-Bop-Drive" durch schriftlichen Bescheid bis zum 26. Juni 2015 – 14 Uhr – unter Beachtung der Rechtsauffassung des Gerichts neu zu entscheiden."*

---

[63] Näher dazu s. Rn. 512.
[64] Näher dazu s. Rn. 525.

§ 12. Die Gründe

Der verwaltungsgerichtliche Beschluss wird nicht wie das Urteil in „Tatbestand“ und „Entscheidungsgründe“ unterteilt, sondern besteht schlicht aus den **„Gründen“.** Unter „I.“ findet sich die Sachverhaltsdarstellung, unter **„II.“** die rechtliche Würdigung. **453**

I. Die Darstellung des Sach- und Streitstandes

Im Gegensatz zur verwaltungsgerichtlichen Praxis, in der häufig von einer Sachverhaltsdarstellung abgesehen wird, muss der Eilbeschluss im Assessorexamen, sofern der Bearbeitervermerk nichts Gegenteiliges aussagt, die Gründe zu I. enthalten. Dabei entspricht die Sachverhaltsdarstellung in ihrem Aufbau dem Urteilstatbestand. Exemplarisch hier der Aufbau der Gründe zu I. eines Beschlusses nach § 80 Abs. 5 Satz 1 2. Alt. VwGO: **454**

1. **Einleitungssatz** Zeitform: Präsens
2. **Feststehender Sachverhalt** Zeitform: Imperfekt, ggf. Präsens
3. **Verfahrensgeschichte** Bescheid mit Anordnung der sofortigen Vollziehung, ggf. Widerspruch und Widerspruchsbescheid, Zeitform: Imperfekt, Vorbringen der Beteiligten in indirekter Rede
4. **Eingang des Eilantrages beim VG** Zeitform: Perfekt
5. **Vortrag des Antragstellers in indirekter Rede** Zeitform: Präsens
6. **Antrag des Antragstellers**
7. **Antrag des Antragsgegners**
8. **Vortrag des Antragsgegners in indirekter Rede** Zeitform: Präsens
9. **Ggf. Beigeladenenantrag und Beigeladenenvortrag**
10. **Prozessgeschichte** Beweiserhebungen, Auskünfte etc., Zeitform: Perfekt
11. **Schlusssatz** Zeitform: Präsens.

Auch beim Beschluss im vorläufigen Rechtsschutzverfahren ist ein Einleitungssatz nicht zwingend, meist aber sinnvoll. Der entscheidungserhebliche Sachverhalt kann auf das zum Verständnis noch Erforderliche gekürzt werden. Anträge sind grundsätzlich wörtlich wiederzugeben. Hat der Antragsteller keinen ausdrücklichen Antrag gestellt, können Sie den sinngemäßen Antrag formulieren. **455**

Hier ein **Formulierungsbeispiel** für die Gründe zu I.: **456**

„Die Antragstellerin wendet sich mit ihrem Eilantrag gegen eine ihr gegenüber für sofort vollziehbar erklärte Untersagungsverfügung.

Die Antragstellerin veranstaltet als Diskothekenbetreiberin in Zwickau regelmäßig Events mit wechselndem Veranstaltungskonzept. Am 5. September 2015 möchte die Antragstellerin eine sog. „Euro Party“ veranstalten, für die sie mit Flyern, großflächigen Plakaten und im Internet wirbt. Der Text lautet wie folgt:

„EURO PARTY IM NIRWANA ZWICKAU

Das NON PLUS ULTRA und absolut neu in Zwickau:

Alle Getränke-Angebote für nur 1 €

Neben den extrem günstigen Preisen, wird auch für die richtige Partystimmung gesorgt.

Euer Nirwana Club Team“ Im Internet weist die Antragsgegnerin mit einem Stoppschild und dem Text „Ü 18 darauf hin, dass nur Erwachsene Zutritt zu der Veranstaltung haben. Auf den in Zwickau und Umgebung aufgestellten Plakaten fehlt dieser Zusatz.

Nach Übersendung eines Anhörungsschreibens am 4. August 2015 gab die Antragsgegnerin der Antragstellerin am 11. August 2015 unter Anordnung der sofortigen Vollziehung und Androhung eines Zwangsgeldes in Höhe von 500 € Folgendes auf:

„Anlässlich der „Euro Party“ am 5. September 2015 und darüber hinaus wird Ihnen untersagt, alkoholische Getränke zu reduzierten Preisen abzugeben. Die Werbung für diese Veranstaltung ist unverzüglich einzustellen.“

Zur Begründung führte die Antragsgegnerin im Wesentlichen aus, durch die Abgabe von alkoholischen Getränken zu einem vergleichsweise niedrigen Preis bestehe die konkrete Befürchtung, dass aufgrund dieser Angebotsstruktur Jugendliche bzw. junge Erwachsene zu übermäßigem Alkoholkonsum motiviert werden sollten. Durch die beworbene Preisgestaltung werde dem Alkoholmissbrauch Vorschub geleistet. Das ausgesprochene Verbot sei geeignet und erforderlich, diese Gefahren wirksam zu bekämpfen. Die sofortige Vollziehung der Verfügung sei geboten, weil ein überragendes öffentliches Interesse daran bestehe, den Schutz der Jugend umgehend umzusetzen. Im Übrigen liege die Anordnung der sofortigen Vollziehung in der Natur der Sache, da es sich um eine termingebundene Veranstaltung handele.

Die Antragstellerin hat hiergegen am 20. August 2015 Widerspruch eingelegt und gleichzeitig um Eilrechtsschutz nachgesucht. Sie ist der Auffassung, die Verfügung sei unverhältnismäßig. Der Aspekt Jugendschutz könne hier überhaupt nicht zum Tragen kommen, da Jugendliche unter 18 Jahren keinen Zutritt zu der Veranstaltung hätten. Sie biete alkoholische Getränke auch nicht zu unwirtschaftlichen Preisen an, da die Getränke nur in kleinen Gläsern und geringen Alkoholmischverhältnissen abgegeben würden.

Die Antragsstellerin beantragt,

die aufschiebende Wirkung des Widerspruchs gegen die Verfügung der Antragsgegnerin vom 11. August 2015 wiederherzustellen.

Die Antragsgegnerin beantragt,

den Antrag abzulehnen.

Sie führt aus, die Behauptung der Antragstellerin, es würden kleinere Inhaltsmengen pro Getränk abgegeben, stehe im Widerspruch zu ihrer Werbung, die lediglich auf den extrem niedrigen Preis abstelle. Falls die Antragstellerin tatsächlich nur Bruchteile des sonst üblichen Getränkemaßes herausgeben würde, trüge dies die Gefahr einer Eskalation durch die dann getäuschten Besucher in sich. Die Antragstellerin könne auch nicht damit durchdringen, dass nur Personen über 18 Jahren die Veranstaltung besuchen dürften. Zum einen enthielten die ausgehängten Plakate eine solche Einschränkung nicht. Zum anderen seien nicht nur Jugendliche, sondern auch andere Personen, insbesondere junge Erwachsene, zu schützen.

Wegen der weiteren Einzelheiten wird auf die Schriftsätze der Beteiligten Bezug genommen.“

II. Die rechtliche Würdigung

Gliedern Sie die Gründe zu II. ebenso wie in den Entscheidungsgründen des Hauptsacheverfahrens nach Zulässigkeit und Begründetheit des Antrags (s. im Einzelnen hierzu die **Aufbauschemata** in Rn. 902 ff.). Es gilt das zum Urteil Gesagte, d. h. zur Zulässigkeit des Antrags sind nur dann Ausführungen zu machen, wenn der Sachverhalt Anlass hierzu bietet. Die einzelnen Varianten des Eilrechtsschutzverfahrens werden der besseren Übersicht wegen im dritten Kapitel einzeln erläutert. 457

An dieser Stelle ist aber ein Rechtsproblem zu erörtern, das allen Eilverfahren gemeinsam ist, nämlich die **Frage, ob die §§ 17 ff. GVG im vorläufigen Rechtsschutzverfahren anwendbar sind.** Unter Rn. 149 wurde ausgeführt, dass im Hauptsacheverfahren über die Zulässigkeit des Rechtsweges vorab zu entscheiden ist, wenn ein Beteiligter die Zulässigkeit des Rechtsweges rügt (§ 17 a Abs. 3 Satz 2 GVG). Im Eilverfahren sind nach einer *Mindermeinung*[65] die Vorschriften der §§ 17 ff. GVG nicht anwendbar, denn das in § 17 a GVG gesondert geregelte Zwischenverfahren ergebe für das verwaltungsgerichtliche Eilverfahren wegen der besonderen Eilbedürftigkeit der Sachentscheidung keinen Sinn. Ferner könne durch ein Zwischenverfahren zur Rechtswegfrage eine Bindung für das Hauptsacheverfahren nicht herbeigeführt werden. Schließlich spreche gegen die Anwendbarkeit des besonderen Zwischenverfahrens im verwaltungsgerichtlichen Eilverfahren der Umstand, dass der Rechtsmittelzug in diesem Zwischenverfahren mit der möglichen Einschaltung des obersten Gerichtshofes des Bundes weiterführen würde als der Eilrechtszug selbst (vgl. § 17 a Abs. 4 Satz 4 GVG einerseits, § 152 Abs. 1 VwGO andererseits). Im Eilverfahren sind nach dieser Ansicht die VGe bei Unzulässigkeit des Rechtsweges daher darauf beschränkt, den Antrag als unzulässig abzulehnen. Die *h. M.*[66] lehnt diese Auffassung zu Recht ab und wendet die Bestimmungen über das besondere Zwischenverfahren der **Rechtswegverweisung im einstweiligen Rechtsschutzverfahren** über § 173 VwGO **analog**[67] an. Das *BVerwG*[68] führt hierzu aus, der Einwand, das besondere Zwischenverfahren der Rechtswegverweisung sei auf das verwaltungsgerichtliche Eilverfahren nicht übertragbar, weil es zu Verzögerungen führen könne, sei unberechtigt. Bei Ausschluss einer Verweisungsmöglichkeit von Rechtsweg zu Rechtsweg im einstweiligen Rechtsschutzverfahren wäre ein negativer Kompetenzkonflikt nicht auszuschließen, der den betreffenden Antragsteller rechtsschutzlos stellen könnte. Die Vorabklärung des Rechtsweges diene vor allem auch der Zügigkeit des einstweiligen Rechtsschutzverfahrens, weil die anschließende Entscheidung in der Sache auch im Hinblick auf einen etwaigen weiteren Instanzenzug nicht mehr mit Rechtswegerwägungen belastet werden könne. 458

Folgen Sie der erst genannten *Meinung*, erörtern Sie zu Beginn, warum Sie § 17 a GVG nicht anwenden; danach lehnen Sie bei Verneinung des Verwaltungsrechtsweges den Antrag als unzulässig ab. Bei Bejahen des Verwaltungsrechtsweges prüfen Sie Zulässigkeit und Begründetheit des Antrags wie üblich weiter. Schließen Sie sich der *h. M.* an, müssen Sie entweder einen **Verweisungsbeschluss mit Hilfsgutachten** (vom Klausursteller kaum ins Auge gefasst) oder, sofern Sie das VG für zuständig halten und eine Partei die Zuständigkeit des angerufenen VG rügt, eine **Vorabent-**

---

[65] *Kopp/Schenke*, § 41 Rn. 2 a.

[66] *BVerwG* Buchholz 310 § 40 VwGO Nr. 286; *VGH Mannheim* NVwZ-RR 2008, 581; *VGH Kassel* DÖV 2007, 262; *OVG Lüneburg* NVwZ-RR 2006, 843; *OVG Koblenz* DVBl. 2005, 988; *Koehl*, BayVBl. 2007, 540, 541.

[67] Eine direkte Anwendung scheidet aus, da der Wortlaut der §§ 17 bis 17 b GVG offensichtlich auf Klagen zugeschnitten ist (*BVerwG* Buchholz 310 § 40 VwGO Nr. 286).

[68] Buchholz 310 § 40 VwGO Nr. 286.

scheidung treffen. Wegen des sich aus Art. 19 Abs. 4 GG ergebenden Gebots effektiven Rechtsschutzes entfällt im Eilverfahren allerdings die Vorabentscheidung analog § 17 a Abs. 3 GVG, wenn im Einzelfall eine schnelle Entscheidung geboten ist und dem Rechtsschutzsuchenden im Falle des Abwartens der Beschwerdefrist ein schwerer und nicht wiedergutzumachender Schaden droht.[69]

459 Besonderes Augenmerk ist auf den jeweiligen **Prüfungsmaßstab des Gerichts** zu richten, der je nach Antragsart erheblich differieren kann; Einzelheiten dazu werden bei der Darstellung der möglichen Anträge erörtert. Beachten Sie für die Bearbeitung aber grundsätzlich: Unabhängig von der Antragsart dürfen die Fachgerichte nach der Rechtsprechung des *BVerfG*[70] **in Eilverfahren keine überspannten Anforderungen an die Voraussetzungen der Gewährung einstweiligen Rechtsschutzes** stellen. Das Erfordernis effektiven Rechtsschutzes gebietet, dass gerichtlicher Rechtsschutz namentlich in Eilverfahren so weit wie möglich der Schaffung solcher vollendeter Tatsachen zuvorzukommen hat, die nicht mehr rückgängig gemacht werden können, wenn sich die Maßnahme bei endgültiger rechtlicher Prüfung als rechtswidrig erweist. Daher ist einstweiliger Rechtsschutz zu gewähren, wenn anders dem Antragsteller eine erhebliche, über Randbereiche hinausgehende Verletzung in seinen Grundrechten droht, die durch die Entscheidung in der Hauptsache nicht mehr beseitigt werden kann, es sei denn, dass ausnahmsweise überwiegende, besonders gewichtige Gründe entgegenstehen.

460 Unabhängig von der statthaften Antragsart ist der Übergang zu einem **Fortsetzungsfeststellungsbegehren unzulässig,** da im Eilverfahren keine – weil in Verfahren des vorläufigen Rechtsschutzes eine Systemwidrigkeit darstellende – bindende, sondern nur eine vorläufige Entscheidung zu erreichen ist.[71]

461 Die Gründe zu II. schließen mit den Nebenentscheidungen. Dazu folgendes Formulierungsbeispiel:

> „Die Kostenentscheidung beruht auf § 154 Abs. 1 VwGO. Die Streitwertfestsetzung folgt aus §§ 52 Abs. 2, 53 Abs. 2 Nr. 2 GKG."

Auch wenn der Antragsteller im vorläufigen Rechtsschutzverfahren Erfolg hat, kann er seine im Vorverfahren entstandenen Kosten für die Inanspruchnahme eines Rechtsanwaltes im Eilverfahren nicht erstattet verlangen.[72] Denn das in § 68 VwGO vorgeschriebene Vorverfahren ist kein Vorverfahren für den Eilrechtsschutz.

§ 13. Rechtsmittelbelehrung und Unterschriften der Richter

462 Der ausreichende Hinweis auf die Rechtsmittelbelehrung kann so formuliert werden: *„Rechtsmittelbelehrung: Beschwerde nach §§ 146, 147 VwGO"*.

Unter der Rechtsmittelbelehrung folgen die Unterschriften der beteiligten Richter (gemäß § 5 Abs. 3 Satz 2 VwGO drei Berufsrichter, wenn nicht gemäß § 6 VwGO der Einzelrichter entscheidet).

---

[69] *OVG Greifswald* NVwZ 2001, 446; Schoch/*Ehlers*, § 41 Rn. 47 zu § 17 a GVG.
[70] NJW 2002, 3691, NVwZ 2004, 1112 und NJW 2014, 3711.
[71] Z. B. *VGH Mannheim* NVwZ-RR 2011, 932.
[72] *OVG Weimar* NVwZ-RR 2001, 205; *VGH Kassel* NVwZ-RR 1999, 346.

§ 14. Die Wiederherstellung der aufschiebenden Wirkung

I. Einleitung

Nach § 80 Abs. 5 Satz 1 2. Alt. VwGO kann der Adressat eines VA oder ein hiervon betroffener Dritter einen Antrag auf Wiederherstellung der aufschiebenden Wirkung beim Gericht der Hauptsache stellen, wenn die Verwaltungsbehörde zuvor die sofortige Vollziehung des streitgegenständlichen VA im öffentlichen Interesse oder im überwiegenden Interesse eines Beteiligten angeordnet hat. **Prüfungsrelevante Beispiele** hierfür sind: Entziehung der Fahrerlaubnis, Rücknahme und Widerruf der Waffenerlaubnis, obdachlosenpolizeiliche Verfügung, bauordnungsrechtliche Anordnung, Verbot einer Versammlung. Das **Aufbauschema** finden Sie in Rn. 902 und 903. 463

II. Die Zulässigkeitsprüfung

Die Zulässigkeitsprüfung wirft meist keine Probleme auf. Die **Statthaftigkeit des Antrags** ist gemäß § 80 Abs. 5 Satz 1 2. Alt. VwGO i. V. m. § 123 Abs. 5 VwGO zu bejahen, wenn sich der Antragsteller gegen einen **belastenden VA** wendet. Ist unklar, ob ein Eilantrag gemäß § 80 Abs. 5 VwGO oder nach § 123 Abs. 1 VwGO statthaft ist, muss er nach § 88 VwGO ausgelegt werden. Gegebenenfalls müssen Sie den ausdrücklich gestellten Antrag nach § 80 Abs. 5 Satz 1 2. Alt. VwGO in einen Antrag nach § 123 Abs. 1 VwGO bzw. umgekehrt umdeuten. 464

Unverzichtbare Voraussetzung für die Zulässigkeit des Antrags ist nach *h. M.*[73] grundsätzlich, dass Widerspruch bzw. Anfechtungsklage bereits erhoben sind. Nur bei Eilbedürftigkeit kann auf Widerspruch oder Klage verzichtet werden.[74] 465

Der Antragsteller muss ferner nach § 42 Abs. 2 VwGO analog **antragsbefugt** sein. Ein offensichtlich unzulässiger Rechtsbehelf hat keine aufschiebende Wirkung. Dies gilt insbesondere dann, wenn die Widerspruchs- bzw. Klagebefugnis in Fällen einer Drittanfechtung evident fehlt, weil offensichtlich und eindeutig nach keiner Betrachtungsweise die Möglichkeit der Verletzung eigener Rechte gegeben ist.[75] Erforderlich ist weiter das **allgemeine Rechtsschutzinteresse.** Dieses entfällt grundsätzlich nicht schon durch den Vollzug des VA (vgl. § 80 Abs. 5 Satz 3 VwGO), fehlt jedoch dann, wenn der Widerspruch oder die Klage zweifelsfrei bzw. offensichtlich verfristet und Wiedereinsetzungsgründe offensichtlich ausgeschlossen sind.[76] Daran ändert nichts, dass die Widerspruchsbehörde auch einen verfristeten Widerspruch sachlich bescheiden kann.[77] Das Rechtsschutzinteresse ist regelmäßig auch dann gegeben, wenn der Antragsteller vor Anrufung des Gerichts nicht zuvor erfolglos um Aussetzung der sofortigen Vollziehung bei der Behörde gemäß § 80 Abs. 4 VwGO nachgesucht hat.[78] Dazu ein Formulierungsbeispiel für eine Zulässigkeitsprüfung: 466

„Der Antrag der Antragsteller auf Wiederherstellung der aufschiebenden Wirkung des Widerspruchs gegen die für sofort vollziehbar erklärte Ausweisungs- 467

[73] Z. B. *Pietzner/Ronellenfitsch,* Rn. 1545; Finkelnburg/*Külpmann,* Rn. 945 f.; a. A. *Kopp/Schenke,* § 80 Rn. 139; *Shirvani/Heidebach,* DÖV 2010, 254 jedenfalls für den Fall, dass kein Vorverfahren erforderlich ist.

[74] *Ramsauer,* Rn. 19.31; s. auch die Klausur von *Schiffbauer,* JuS 2015, 548.

[75] *BVerwG* NJW 1993, 1610; *OVG Berlin-Brandenburg* BeckRS 2014, 57913.

[76] Vgl. *OVG Magdeburg* NVwZ-RR 2013, 85; *VGH Mannheim* NJW 2004, 2690, der den Antrag allerdings bereits als nicht statthaft ansieht.

[77] *VGH Mannheim* NJW 2004, 2690.

[78] Vgl. *OVG Weimar* ThürVBl. 2006, 152; *Kopp/Schenke,* § 80 Rn. 136.

verfügung und Abschiebungsandrohung der Antragsgegnerin vom 20. Juli 2015 ist gemäß §§ 123 Abs. 5, 80 Abs. 5 Satz 1 2. Alt. VwGO statthaft und auch ansonsten zulässig. Die entsprechend § 42 Abs. 2 VwGO erforderliche Antragsbefugnis ergibt sich für den Antragsteller daraus, dass er Adressat des in Frage stehenden Verwaltungsakts ist. Aber auch der Antragstellerin – als Ehefrau des Antragstellers – steht aus eigenem Recht eine Antragsbefugnis im Verfahren des vorläufigen Rechtsschutzes gegen die sofortige Vollziehbarkeit der – gegen den Antragsteller ergangenen – Ausweisungsverfügung und Abschiebungsandrohung zu. Denn auch die Antragstellerin ist durch die sofortige Vollziehung dieser gegen ihren Ehemann gerichteten ausländerrechtlichen Maßnahmen, mit denen die Vollziehbarkeit der ihn treffenden Ausreisepflicht begründet (s. §§ 51 Abs. 1 Nr. 5, 50 Abs. 1, 58 Abs. 2 Satz 2 AufenthG) und deren unverzügliche zwangsweise Durchsetzung eingeleitet werden soll (s. §§ 58, 59 AufenthG), im persönlichen Schutzbereich des Art. 6 Abs. 1 GG insofern betroffen, als er das Recht auf ein eheliches Zusammenleben umfasst.[79] Auch das allgemeine Rechtsschutzinteresse liegt vor. Zwar haben die Antragsteller gegen die streitgegenständliche Verfügung der Antragsgegnerin nicht fristgerecht Widerspruch erhoben. (…) Jedoch ist die von ihnen begehrte Wiedereinsetzung in die Widerspruchsfrist nicht offensichtlich aussichtslos. (…)“

III. Die Begründetheitsprüfung

1. Der richtige Antragsgegner

468 Antragsgegner ist im Aussetzungsverfahren der Rechtsträger der Behörde, die den VA unter Anordnung der sofortigen Vollziehung erlassen hat.[80] Abweichend hiervon ist der Antrag in den Bundesländern, in denen das Behördenprinzip gilt, in entsprechender Anwendung des § 78 Abs. 1 Nr. 2 VwGO gegen die Behörde zu richten, die den VA erlassen hat.[81] Beachten Sie, dass Sie diesen Prüfungspunkt bei Eingreifen des Behördenprinzips bereits in der Zulässigkeit abhandeln müssen(s. Rn. 296). Hat ausnahmsweise erst die Widerspruchsbehörde die sofortige Vollziehung des Bescheids angeordnet, so werden zwei unterschiedliche Auffassungen dazu vertreten, wer der richtige Antragsgegner ist.[82] In der Praxis muss der Antragsteller, sofern er nach Auffassung des VG den „falschen“ Antragsgegner gewählt hat, eine Antragsänderung analog § 91 VwGO vornehmen; ein entsprechender Hinweis des Gerichts ist prozessrechtlich geboten.[83] Lehnen Sie den Antrag wegen fehlender passiver Verfahrensbefugnis des Antragsgegners ab, müssen Sie ein Hilfsgutachten zu den sonstigen aufgeworfenen Rechtsfragen fertigen.

---

[79] *VGH Mannheim* VBlBW 1999, 342.

[80] Die Frage nach dem richtigen Antragsgegner wird hier – ebenso wie im Urteil – in der Begründetheit angesprochen, kann aber auch schon in der Zulässigkeit abgehandelt werden (s. Rn. 295).

[81] S. z. B. *OVG Frankfurt/Oder* LKV 2001, 560.

[82] Nach *h. M.* ist der Rechtsträger der Ausgangsbehörde der richtige Antragsgegner: *OVG Bautzen* NVwZ-RR 2002, 74; Finkelnburg/*Külpmann*, Rn. 903; Posser/Wolff/*Gersdorf*, § 80 Rn. 166; nach *a. A.* (*OVG Münster* NJW 1995, 2242; Schoch/*Schoch*, § 80 Rn. 467) ist der Antrag gegen den Rechtsträger der Widerspruchsbehörde zu richten.

[83] *VGH Mannheim* NVwZ-RR 1995, 174.

2. Die formelle Rechtmäßigkeit der Anordnung der sofortigen Vollziehung

a) Das Begründungserfordernis nach § 80 Abs. 3 Satz 1 VwGO

Zu Beginn der Begründetheitsprüfung[84] ist meist auf die Frage einzugehen, ob die Anordnung der sofortigen Vollziehung dem formellen Begründungserfordernis des § 80 Abs. 3 VwGO genügt. Die Grundsätze hierüber sollten Sie daher beherrschen. Deshalb einige Anmerkungen: 469

§ 80 Abs. 3 Satz 1 VwGO normiert **formelle Rechtmäßigkeitsvoraussetzungen** für die Anordnung der sofortigen Vollziehbarkeit eines VA. **Ob die Erwägungen der Behörde auch inhaltlich zutreffen,** ist **unbeachtlich;** dies ist erst bei der gemäß § 80 Abs. 5 VwGO vom Gericht eigenständig vorzunehmenden Interessenbewertung zu erörtern.[85] Die Vollziehungsanordnung ist grundsätzlich mit einer **auf den konkreten Einzelfall abgestellten** und **nicht lediglich formelhaften Begründung des öffentlichen Interesses an der sofortigen Vollziehung des VA** zu versehen.[86] Darzulegen ist das besondere öffentliche Interesse dafür, dass ausnahmsweise die sofortige Vollziehbarkeit erforderlich ist und dass hinter dieses erhebliche öffentliche Interesse das Interesse des Betroffenen zurücktreten muss, bis zur rechtskräftigen Entscheidung in der Hauptsache von den Vollzugsfolgen des VA verschont zu bleiben. Etwas anderes gilt gemäß § 80 Abs. 3 Satz 2 VwGO nur in den Fällen, in denen die Behörde den Sofortvollzug als Notstandsmaßnahme bezeichnet hat. Die Begründung hat den Zweck, den Betroffenen in die Lage zu versetzen, durch Kenntnis der Gründe, die die Behörde zur Vollziehungsanordnung veranlasst haben, seine Rechte wirksam wahrzunehmen und die Erfolgsaussichten des Rechtsbehelfs abzuschätzen. Darüber hinaus soll die Begründungspflicht der Behörde den **Ausnahmecharakter der Vollziehungsanordnung** verdeutlichen und sie veranlassen, mit besonderer Sorgfalt zu prüfen, ob tatsächlich ein überwiegendes Vollzugsinteresse den Ausschluss der aufschiebenden Wirkung rechtfertigt.[87] Enthält eine behördliche Verfügung mehrere selbständige VAe und ordnet die Behörde die sofortige Vollziehung des Bescheids insgesamt an, muss sie das besondere öffentliche Interesse am Sofortvollzug hinsichtlich jeder Teilregelung begründen.[88]

Eines **Eingehens auf den Einzelfall** bedarf es dann **nicht,** wenn sich das besondere öffentliche Interesse unabhängig vom Einzelfall ausnahmsweise bereits aus der Art der getroffenen Verwaltungsmaßnahme ergibt. Dies gilt dann, **wenn die Gründe für die Anordnung der sofortigen Vollziehung praktisch mit denen des seiner Natur nach eilbedürftigen VA identisch** sind.[89] In offenkundigen Eilfällen, in denen erhebliche Gefahren von der Allgemeinheit abgewehrt werden sollen, liefe eine auf den Einzelfall bezogene Begründung der sofortigen Vollziehung auf eine zwecklose Wiederholung von bereits Gesagtem hinaus. Dem Begründungserfordernis nach § 80 Abs. 3 Satz 1 VwGO ist in solchen Fällen daher Genüge getan, wenn die Begründung der Vollziehungsanordnung auf die Gründe des zu vollziehenden VA Bezug nimmt, aus der die besondere Dringlichkeit der Vollziehung im Sinne des § 80 Abs. 2 Satz 1 470

[84] Vertretbar ist es auch, diesen Prüfungspunkt erst nach der Erörterung der offensichtlichen Rechtmäßigkeit des VA abzuhandeln (s. z. B. *OVG Berlin-Brandenburg* NVwZ 2006, 104, 106 und *OVG Greifswald* NVwZ-RR 2007, 21).

[85] Z. B. *OVG Bautzen* BeckRS 2015, 40095; *VGH München* BeckRS 2014, 59408; *OVG Lüneburg* DVBl. 2011, 635.

[86] Das Begründungserfordernis des § 80 Abs. 3 Satz 1 VwGO gebietet aber nicht, dass die Behörde darlegt, auf welche tatsächlichen Feststellungen im Einzelnen sie das besondere Vollzugsinteresse gründet (*VGH Mannheim* NVwZ-RR 2003, 724).

[87] *VGH Mannheim* VBlBW 2002, 441; *OVG Münster* NJW 2001, 3427.

[88] *OVG Magdeburg* BeckRS 2015, 40799.

[89] Z. B. *VGH München* BeckRS 2015, 40258; *OVG Münster* BeckRS 2009, 33237.

Nr. 4 VwGO hinreichend deutlich hervorgeht und im Übrigen die von der Behörde getroffene Interessenabwägung klar erkennbar wird.[90] In solch einem Fall genügt statt einer Bezugnahme auf die Darlegungen in der Sache selbst eine lediglich formelhafte Sofortvollzugsbegründung.[91] Es bedarf keiner besonderen Begründung, dass z. B. bei der Entziehung der Fahrerlaubnis nach § 3 Abs. 1 StVG wegen Trunkenheit am Steuer mit 2,8 Promille das Erlassinteresse in der Regel das Vollziehbarkeitsinteresse indiziert. Ähnliches gilt im allgemeinen Polizei- und Ordnungsrecht (Beispiel: Maulkorbverfügung gegen den Hundehalter). Hier sind nur geringe Anforderungen an das Begründungserfordernis nach § 80 Abs. 3 Satz 1 VwGO zu stellen.

471 Fehlt es an einer hinreichenden Begründung der Anordnung der sofortigen Vollziehung, so führt dies nach *h. M.*[92] nicht zur Begründetheit des Antrags auf Wiederherstellung der aufschiebenden Wirkung, sondern lediglich zur Aufhebung der Anordnung der sofortigen Vollziehung. **Fraglich** ist, ob die **Behörde** in diesen Fällen **befugt** ist, diesen **Verfahrensverstoß durch Nachholen der Begründung im gerichtlichen Eilverfahren zu heilen.** *Eine Ansicht*[93] verneint dies mit der Begründung, andernfalls bestehe die Gefahr, dass die Begründungspflicht des § 80 Abs. 3 Satz 1 VwGO leer liefe und ihre Funktion nicht mehr erfüllen könne, nicht nur den Betroffenen über die für die Behörde maßgeblichen Gesichtspunkte für die Anordnung der sofortigen Vollziehung zu unterrichten, sondern auch die Verwaltung selbst zu einer besonders sorgfältigen Prüfung anzuhalten. Nach der *Gegenmeinung*[94] kann eine fehlende bzw. unzureichende Begründung der Anordnung des Sofortvollzuges im Laufe des vorläufigen Rechtsschutzverfahrens nachgeholt werden. Diese Ansicht ist vorzuziehen. Da nach § 45 Abs. 2 VwVfG Verfahrensfehler bis zum Abschluss des gerichtlichen Verfahrens geheilt werden können, sind keine Gründe ersichtlich, die gegen eine analoge Anwendung des § 45 Abs. 1 Nr. 2, Abs. 2 VwVfG im Falle des Begründungsmangels nach § 80 Abs. 3 VwGO sprechen. Eine solche Heilungsmöglichkeit ist auch unter prozessökonomischen Gesichtspunkten zu befürworten, denn auch die Ansicht, die ein Nachholen der Begründung nach § 80 Abs. 3 VwGO nach Erhebung des Antrags nach § 80 Abs. 5 Satz 1 VwGO bisher ablehnt, vertritt die Auffassung, die Behörde könne nach Ergehen des Beschlusses des VG den Sofortvollzug mit nunmehr ordnungsgemäßer Begründung erneut anordnen, ohne einen Abänderungsantrag nach § 80 Abs. 7 Satz 2 VwGO stellen zu müssen. Berücksichtigt man darüber hinaus, dass das VG nicht an die – ordnungsgemäße – Begründung der Verwaltungsbehörde gebunden ist, sondern eine eigene Ermessensentscheidung über die Frage trifft, ob der Sofortvollzug materiell gerechtfertigt ist, gibt es keine tragenden Gründe dafür, die Heilungsmöglichkeit nicht bereits während des noch laufenden Verfahrens nach § 80 Abs. 5 Satz 1 VwGO zuzulassen. Der Antragsteller wird durch diese Verfahrensweise nicht unzumutbar in seinen Rechten verletzt,

---

[90] Vgl. *VGH Mannheim* NJW 2012, 3321.

[91] *OVG Koblenz* BeckRS 2009, 37225.

[92] S. ausführlich zu diesem Problem Rn. 419.

[93] *OVG Magdeburg* BeckRS 2013, 50681; *VGH Mannheim* NVwZ-RR 2012, 54; Schoch/*Schoch,* § 80 Rn. 249; *Koehl/Spieß,* § 3 Rn. 163; Knack/*Meyer,* § 45 Rn. 25. *Kopp/Schenke,* § 80 Rn. 87 und Sodan/Ziekow/*Puttler,* § 80 Rn. 99 verneinen zwar ebenso die Nachholbarkeit des Begründungsmangels, sehen aber die im Verfahren nach § 80 Abs. 5 Satz 1 2. Alt. VwGO nachgeschobene und nunmehr den Anforderungen des § 80 Abs. 3 Satz 1 VwGO genügende schriftliche Begründung der Behörde als erneute Vollzugsanordnung an.

[94] *OVG Lüneburg* NdsVBl 2014, 286; *OVG Koblenz* BauR 2012, 1362; *OVG Berlin-Brandenburg* NVwZ-RR 2008, 727; *OVG Greifswald* NVwZ-RR 1999, 409 und NVwZ-RR 2007, 21; *VGH München* BayVBl. 1998, 373; *Pietzner/Ronellenfitsch,* Rn. 1511; Finkelnburg/*Külpmann,* Rn. 750.

denn er kann hierauf prozessual mit einer Erledigungserklärung reagieren, die regelmäßig zur Folge haben dürfte, dass die Behörde die Kosten des Verfahrens zu tragen hat.

In der Klausur sollten Sie, sofern es darauf ankommt, auf dieses Problem ausführlich eingehen. Bejahen Sie die Heilungsmöglichkeit des Verstoßes gegen § 80 Abs. 3 Satz 1 VwGO, stellt sich das ansonsten gegebene Tenorierungsproblem nicht.[95]

b) Anhörung vor der Anordnung der sofortigen Vollziehung?

Eher selten ist in der öffentlich-rechtlichen Arbeit das Problem anzusprechen, ob der Betroffene vor der Anordnung der sofortigen Vollziehung des VA hierzu anzuhören ist. Die *h. M.*[96] spricht sich gegen eine direkte oder analoge Anwendung des § 28 VwVfG aus, da die Anordnung der sofortigen Vollziehung kein VA sei und daneben kein Bedürfnis für eine analoge Anwendung des § 28 VwVfG bestehe. Aber auch wenn man mit der *Gegenmeinung*[97] eine Anhörung aus rechtsstaatlichen Gründen für erforderlich ansieht, ist eine nachträgliche Heilung noch während des gerichtlichen Verfahrens möglich.[98] Denn der Antragsteller hat im Verfahren nach § 80 Abs. 5 Satz 1 2. Alt. VwGO die Möglichkeit, alles vorzubringen, was er gegen die Vollziehungsanordnung geltend machen will, wenn die Vollziehungsanordnung im Übrigen sachlich gerechtfertigt ist. Anhörungsfehler bleiben folgenlos, wenn die Berücksichtigung des Vortrags, der bei ordnungsgemäßer Anhörung erbracht worden wäre, zu keiner anderen Entscheidung in der Sache geführt hätte.[99] 472

3. Die materielle Begründetheit

a) Der Prüfungsumfang des Gerichts

Anders als bei der Begründetheitsprüfung eines Hauptsacheverfahrens gegen einen belastenden VA – Rechtswidrigkeit desselben und Rechtsverletzung des Klägers, s. § 113 Abs. 1 VwGO – bestimmt im vorläufigen Rechtsschutzverfahren das Gesetz scheinbar nicht selbst, wann der entsprechende Antrag in der Sache Erfolg haben muss.[100] Denn der einschlägige § 80 Abs. 5 Satz 1 VwGO regelt nach seinem Wortlaut nur, dass das Gericht die aufschiebende Wirkung eines Widerspruchs oder einer Klage anordnen bzw. wiederherstellen kann, nicht aber, unter welchen Voraussetzungen es dies tut. Ein Anhaltspunkt findet sich in § 80 Abs. 2 Satz 1 Nr. 4 VwGO, wonach die handelnde Behörde im überwiegenden Interesse eines Dritten oder im überwiegenden öffentlichen Interesse den Sofortvollzug eines VA anordnen kann. Die damit angesprochene Abwägung der beteiligten Interessen ist also der entscheidende Maßstab und das VG nimmt – da § 80 Abs. 5 VwGO keinerlei inhaltliche Einschränkungen enthält – diese Abwägung in eigener Verantwortung vor (sog. **eigene Ermessensentscheidung des Gerichts**). An die Beurteilung der Behörde ist es 473

[95] S. dazu Rn. 418 f.

[96] Vgl. *OVG Koblenz* NVwZ-RR 2014, 721; *VGH München* BayVBl. 2004, 533, 535; *OVG Lüneburg* NVwZ-RR 2002, 822; *Kopp/Ramsauer,* § 28 Rn. 7.

[97] Finkelnburg/*Külpmann,* Rn. 732 m. w. N.

[98] *OVG Koblenz* NVwZ-RR 2014, 721; Finkelnburg/*Külpmann,* Rn. 733.

[99] *Kopp/Schenke,* § 80 Rn. 82.

[100] S. aber **§ 4 a Abs. 3 UmwRG** (lesen!). Nach *BVerwG* NVwZ 2015, 82 modifiziert § 4 a Abs. 3 UmwRG den Maßstab für die Prüfung von Anträgen nach § 80 Abs. 5 Satz 1 VwGO nur bezogen auf die gebotene Berücksichtigung der Erfolgsaussichten des Rechtsbehelfs. An dem Erfordernis einer umfassenden Interessenabwägung, in die weitere die Interessenlage der Beteiligten betreffende Gesichtspunkte eingehen können und die je nach Lage des Falles auch losgelöst von den Erfolgsaussichten des Rechtsbehelfs vorgenommen werden kann, ändert sich nichts.

nicht gebunden und kann die von dieser herangezogenen Gründe für die Anordnung der sofortigen Vollziehung durch andere ersetzen. Es prüft dabei eigenständig, ob unter Berücksichtigung und Gewichtung aller für und wider den Sofortvollzug sprechenden Umstände – auch solcher, die der Behörde nicht bekannt waren – die aufschiebende Wirkung von Widerspruch oder Anfechtungsklage zur Gewährung effektiven Rechtsschutzes in der Hauptsache oder aus anderen Gründen wiederherzustellen ist;[101] **maßgebend** für die Interessenabwägung sind dabei die **Gegebenheiten zum Zeitpunkt der Entscheidung des Gerichts.**[102] Um Missverständnisse zu vermeiden: Das Gericht kann nur in Bezug auf die Anordnung der sofortigen Vollziehung des angegriffenen VA diese aufgrund eigener Ermessenserwägungen aufrechterhalten; bei Ermessensfehlern der Verwaltungsbehörde bezüglich des angegriffenen VA gelten die Beschränkungen des § 114 VwGO (näher dazu s. Rn. 478).

474 Diese Grundlage der Begründetheitsprüfung beim vorläufigen Rechtsschutz gemäß § 80 Abs. 5 VwGO sollten Sie vorab kurz herleiten und darlegen. Anschließend sind nicht etwa sämtliche Argumente im Sinne eines „Brainstorming" zu sammeln und in beliebiger Reihenfolge zu erörtern, sondern der betreffende VA ist zunächst in Bezug auf eine **offensichtliche Rechtmäßigkeit oder Rechtswidrigkeit** zu prüfen. Darin liegt eine wesentliche Weichenstellung, denn das Interesse an der sofortigen Vollziehung eines offensichtlich rechtswidrigen VA kann nur ganz ausnahmsweise gegeben sein – das Interesse an der sofortigen Vollziehung eines offensichtlich rechtmäßigen VA ist dagegen in jedem Fall in die Abwägung einzubeziehen, genügt allein aber nicht. Denn dies würde die Regel der in § 80 Abs. 1 VwGO grundsätzlich vorgesehenen aufschiebenden Wirkung eines Widerspruchs oder einer Anfechtungsklage gegen alle VAe faktisch entwerten. Auf der **zweiten Prüfungsebene** findet deshalb eine (weitere) **Interessenabwägung** im Sinne einer Folgenbetrachtung statt.[103] Diese Systematik muss deutlich werden. Eine gute Examensarbeit zeichnet sich durch eine geordnete Argumentation auch auf dieser Prüfungsebene aus. Erst hier sind die wechselseitigen Interessengesichtspunkte zu sammeln und anschließend im Sinne einer Folgenbetrachtung zu werten.[104]

475 Im Einzelnen gilt: Das VG lehnt den Antrag in der Regel ab, wenn der VA **offensichtlich rechtmäßig** ist und ein **besonderes öffentliches Interesse** für die Anordnung der sofortigen Vollziehung gegeben ist. Inhaltlich ist das Vollzugsinteresse nicht nur ein gesteigertes Erlassinteresse, sondern von qualitativ anderer Art.[105] Ist der VA offensichtlich rechtswidrig, so gibt das VG dem Antrag regelmäßig statt. Kann aufgrund der im Eilverfahren nur möglichen summarischen Überprüfung nicht festgestellt werden, ob der VA offensichtlich rechtmäßig oder offensichtlich rechtswidrig ist, so beschränkt sich die verwaltungsgerichtliche Kontrolle des Sofortvollzuges des VA auf die Durchführung einer Interessenabwägung, die je nach Fallkonstellation zugunsten des Antragstellers oder des Antragsgegners ausgehen kann.[106]

Achten Sie also darauf, dass in den Fällen, in denen der streitgegenständliche VA offensichtlich rechtmäßig ist, es mit der Prüfung der Erfolgsaussichten des eingelegten

---

[101] Vgl. Finkelnburg/*Külpmann,* Rn. 963.

[102] *OVG Lüneburg* NVwZ-RR 2008, 483; *VGH München* BayVBl. 2004, 307, 308.

[103] Vgl. *Proppe,* JA 1993, 199, 202.

[104] *Proppe,* JA 1996, 337.

[105] *VGH Mannheim* BeckRS 2010, 55353.

[106] *BVerfG* NJW 2002, 2225 und NVwZ 2007, 1176, 1177; *OVG Bautzen* NVwZ-RR 2011, 54; nach *BVerfG* NVwZ 2009, 581 geht die summarische Prüfung der Erfolgsausichten in der Hauptsache der bloßen Interessenabwägung regelmäßig auch dann vor, wenn diese Prüfung längere Zeit in Anspruch nimmt (Frankfurter Flughafen).

Rechtsbehelfs in der Hauptsache nicht sein Bewenden hat! Vielmehr stellt diese vorgenommene **summarische Prüfung** lediglich ein wesentliches Element der Interessenabwägung für die Beurteilung der Rechtmäßigkeit des Vollzuges dar, ersetzt indessen nicht die Prüfung, ob überhaupt ein besonderes öffentliches Interesse an dem angeordneten Sofortvollzug besteht.[107] Ausgehend von der Rechtsprechung des *BVerfG* ist für die Anordnung der sofortigen Vollziehung eines VA, die einen selbstständigen Eingriff darstellt, ein besonderes öffentliches Interesse erforderlich, das über jenes Interesse hinausgeht, das den VA selbst rechtfertigt. Dabei ist der Rechtsschutzanspruch des Bürgers umso stärker und darf um so weniger zurückstehen, je schwerwiegender die ihm auferlegte Belastung ist und je mehr die Maßnahmen der Verwaltung Unabänderliches bewirken.[108] Aspekte, die im Rahmen einer Abwägung ein überwiegendes öffentliches Interesse begründen können, sind z. B.: fiskalische Interessen, Interessen der Gefahrenabwehr und des Allgemeinwohls insbesondere Schutz vor konkret zu erwartenden Straftaten, Interesse der Wahrung der Rechtsordnung und Gesichtspunkte der Generalprävention.[109]

Ordnet daher die Behörde in einem Standardfall die sofortige Vollziehung eines VA an, für den offensichtlich ein besonderes Vollzugsinteresse nicht besteht, können Sie die Frage der offensichtlichen Rechtmäßigkeit des VA konsequenterweise dahingestellt sein lassen, müssen aber in aller Regel (s. Bearbeitervermerk) in einem Hilfsgutachten dazu Stellung nehmen.

b) Die Prüfung der offensichtlichen Rechtmäßigkeit des VA

Im Rahmen der Prüfung der offensichtlichen Rechtmäßigkeit des VA ist wie üblich **476**
die **formelle und materielle Rechtmäßigkeit des VA** anzusprechen. Wurde der Antragsteller vor Erlass des VA **nicht angehört,** obwohl dies erforderlich gewesen wäre, stellt sich die Frage, ob dieser Verfahrensverstoß im Eilverfahren nach § 80 Abs. 5 Satz 1 VwGO geheilt werden kann. Zum Teil wird die *Meinung*[110] vertreten, es genüge die Möglichkeit der Heilung, da es keinen Grundsatz gebe, wonach die formelle Rechtswidrigkeit eines VA für sich genommen stets seiner Vollziehung entgegenstehen würde, ohne dass es auf seine Rechtmäßigkeit in der Sache ankäme. Nach einer weiteren *Auffassung*[111] tritt eine Heilung nur ein, soweit die Anhörung nachträglich ordnungsgemäß durchgeführt und ihre Funktion für den Entscheidungsprozess der Behörde uneingeschränkt erreicht werde. Das setze voraus, dass der Beteiligte – nachträglich – eine vollwertige Gelegenheit zur Stellungnahme erhalte und die Behörde die vorgebrachten Argumente zum Anlass nehme, die ohne vorherige An-

---

[107] H. M., z. B. *BVerfG* NVwZ 2012, 104; NJW 2010, 2268; NVwZ 2009, 240; *VGH Mannheim* NJW 2011, 628 und NVwZ-RR 2014, 302; *OVG Lüneburg* NVwZ 2010, 69; *Kopp/Schenke,* § 80 Rn. 159; Finkelnburg/*Külpmann,* Rn. 757 ff., 975; *Fichte,* Rn. 271; a. A. die ältere Rechtsprechung, s. hierzu die Nachweise bei Finkelnburg/*Külpmann,* Rn. 971, wonach es ist nicht gerechtfertigt sei, die Vollziehung eines eindeutig rechtmäßigen VA durch einen offensichtlich aussichtslosen Rechtsbehelf hinauszuzögern. Nach *OVG Lüneburg* BeckRS 2008, 34716 kann der Betroffene gegen einen voraussichtlich rechtmäßigen VA nicht mit Erfolg einwenden, dass ein besonderes öffentliches Vollzugsinteresse nicht bestehe. Zwar sei ein solches Interesse von der zuständigen Behörde zu prüfen, dem entspreche aber ein eigenständiges subjektives Recht des Betroffenen nicht.

[108] S. z. B. *BVerfG* NVwZ 2007, 946; NJW 2008, 1369 und NVwZ-RR 2011, 420.

[109] S. z.B. *OVG Bremen* BeckRS 2012, 58417 zur präventiv-polizeilichen Sicherstellung von Bargeld.

[110] *VGH München* BeckRS 2014, 58891; *OVG Münster* BeckRS 2013, 53693; *OVG Hamburg* NVwZ-RR 2007, 364.

[111] *VGH Kassel* NVwZ-RR 2012, 163; *BVerwG* NVwZ 2011, 115; *Kopp/Ramsauer,* § 45 Rn. 26 f.

hörung getroffene Entscheidung kritisch zu überdenken. Äußerungen und Stellungnahmen von Beteiligten im gerichtlichen Verfahren seien keine nachträgliche Anhörung im Sinne des § 45 Abs. 1 Nr. 3 VwVfG. Nach einer dritten *Ansicht*[112] kann eine unterbliebene Anhörung im gerichtlichen Verfahren jedenfalls dadurch geheilt werden, dass die Behörde auf die vom Antragsteller zur Stützung seines Eilantrages vorgebrachten Argumente mit eigenen Äußerungen eingeht. Denn damit gebe sie eindeutig und unmissverständlich zu erkennen, dass sie das Vorbringen des Betroffenen zur Kenntnis genommen und gewürdigt habe, aber auch unter dessen Berücksichtigung die Verfügung aufrechterhalte.

Ist die Klausur so angelegt, dass eine Heilung ausscheidet, geben Sie dem Antrag statt und erörtern den Rest im Hilfsgutachten. Kommen Sie bei Ihrer Prüfung zum Ergebnis, dass der Anhörungsfehler nachträglich außerhalb des Eilverfahrens geheilt worden ist, ist die formelle Rechtmäßigkeit des VA zu bejahen. Den Streit entscheiden müssen Sie nur dann, wenn die entsprechenden Äußerungen der Beteiligten im gerichtlichen Verfahren abgegeben worden sind und Sie qualitativ von einer Anhörung ausgehen. In diesem Fall dürfte es klausurtaktisch geschickter sein, der Meinung zu folgen, die von einer Heilung ausgeht.

477 Ist bei der Prüfung der Erfolgsaussichten des Rechtsbehelfs in der Hauptsache gegen den für sofort vollziehbar erklärten VA auch die **Rechtmäßigkeit von Regelungen einer Satzung** in den Blick zu nehmen (Beispiel: die für sofort vollziehbar erklärte Baueinstellungsverfügung wurde auf einen Verstoß gegen Festsetzungen des zugrunde liegenden Bebauungsplans gestützt), so ist aufgrund des nur summarischen Charakters des Eilverfahrens grundsätzlich keine Inzidentkontrolle der Satzung vorzunehmen. Vielmehr ist regelmäßig von der Gültigkeit der Satzung auszugehen, wenn sich diese nicht ersichtlich als rechtswidrig erweist.[113]

478 Steht der streitgegenständliche VA im Ermessen der Behörde, überprüfen Sie die Ausübung des Ermessens durch die Behörde wie im Hauptsacheverfahren auf Rechtsfehler (s. oben Rn. 335 ff.). Beachten Sie, dass auch im Verfahren des vorläufigen Rechtsschutzes die Ergänzung von Ermessenserwägungen nach § 114 Satz 2 VwGO möglich ist.[114] Denn das Verfahren des vorläufigen Rechtsschutzes ist „akzessorisch" in dem Sinne, dass bei der Entscheidung des VG die Erfolgsaussichten des Hauptsacheverfahrens maßgeblich zu berücksichtigen sind. Dabei ist neben dem Widerspruchsverfahren, in dem – weitergehend – fehlende Ermessenserwägungen nachgeholt oder diese sogar vollständig ausgetauscht werden können, auch bereits das Klageverfahren in den Blick zu nehmen, in dessen Rahmen die Ergänzung von Ermessenserwägungen nach § 114 Satz 2 VwGO zulässig ist. Denn das Aussetzungsverfahren dient nicht dazu, einem Beteiligten eine Rechtsposition einzuräumen, von der im Zeitpunkt der Beschlussfassung bereits absehbar ist, dass sie einer Nachprüfung im Hauptsacheverfahren nicht standhalten wird.

c) Das besondere Vollzugsinteresse

479 Haben Sie die offensichtliche Rechtmäßigkeit des VA bejaht, so müssen Sie noch zusätzlich auf das Dringlichkeitsinteresse an der sofortigen Vollziehung des VA eingehen. Dieses haben Sie – ohne an die behördliche Begründung nach § 80 Abs. 3 Satz 1 VwGO gebunden zu sein – positiv festzustellen, denn der gesetzliche Regelfall ist derjenige des Aufschubinteresses. Ermitteln Sie anhand der Umstände des Ihnen

---

[112] Vgl. *OVG Münster* BeckRS 2014, 47437; *OVG Bautzen,* Beschl. v. 2.2.2012 – F 7 B 278/11 – juris; *OVG Lüneburg* NVwZ-RR 2002, 822.

[113] *OVG Bautzen* SächsVBl. 2006, 120; OVG Saarlouis BeckRS 2006, 26816.

[114] So zutreffend *OVG Lüneburg* NVwZ-RR 2008, 776; a. A. *VGH Kassel* DÖV 2004, 625.

vorliegenden Falles ein von der Beurteilung der Erfolgsaussichten des Hauptsacherechtsbehelfs unabhängiges, zusätzliches Beschleunigungsinteresse als besonderes Vollzugsinteresse, so lehnen Sie den Antrag ab. Verneinen Sie ein Dringlichkeitsinteresse, geben Sie dem Antrag statt.

Hat der Fall einen europarechtlichen Bezug, so ist das besondere Vollzugsinteresse **480**
regelmäßig indiziert, wenn eine Unionsvorschrift vollzogen wird. Grund hierfür ist der **Anwendungsvorrang** und der aus Art. 4 Abs. 3 EUV folgende **Effektivitätsgrundsatz.**[115]

Eine besondere Struktur erhält die Interessenabwägung, wenn das VG Zweifel an der Gültigkeit der dem belastenden VA zugrunde liegenden maßgeblichen EU-Verordnung hat. Hier stellt sich die Frage, ob es als nationales Gericht in einer derartigen Situation vorläufigen Rechtsschutz nach § 80 Abs. 5 VwGO gewähren darf. Trotz Verwerfungsmonopols des *EuGH* können nach dessen Auffassung mitgliedstaatliche Gerichte den Vollzug sekundärrechtlicher Vorschriften des Unionsrechts, die sie für primärrechtswidrig halten, vorläufig aussetzen, wenn die folgenden Voraussetzungen erfüllt sind:[116]

- das VG hat erhebliche Zweifel an der Gültigkeit der EU-Verordnung,
- es legt die Frage der Gültigkeit, sofern der *EuGH* mit ihr noch nicht befasst ist, diesem selbst vor (Art. 267 AEUV),
- die Entscheidung ist dringlich und dem Antragsteller droht ein schwerer und nicht wiedergutzumachender Schaden,
- das VG berücksichtigt das Interesse der Union angemessen.

Eine Vorlagepflicht besteht im Verfahren des vorläufigen Rechtsschutzes grundsätzlich nicht, wenn in absehbarer Zeit ein Hauptsacheverfahren zu erwarten ist, in dessen Rahmen die Frage dann im Wege einer Vorlage geklärt werden kann.[117]

Macht der Antragsteller die Grundgesetzwidrigkeit der einschlägigen Vorschrift geltend, so sind im Eilverfahren mit Blick auf das Verwerfungsmonopol des *BVerfG* an die Nichtanwendung eines Gesetzes im formellen Sinn durch das VG hohe Anforderungen zu stellen. Dieses kann auf der Grundlage seiner Rechtsauffassung, die entscheidungserhebliche Norm sei grundgesetzwidrig, dann effektiven Rechtsschutz gewähren, wenn die Hauptsache dadurch nicht vorweggenommen wird oder um einem endgültigen Rechtsverlust durch Eintritt vollendeter Tatsachen vorzubeugen.[118]

d) Formulierungsbeispiel

Das **Formulierungsbeispiel** hat einen Antrag auf Wiederherstellung der aufschieben- **481**
den Wirkung gegen eine für sofort vollziehbar erklärte Anordnung, die Durchführung einer erkennungsdienstlichen Behandlung zu dulden, zum Gegenstand:

> „Der Antrag führt jedoch in der Sache nicht zum Erfolg.
>
> Die Anordnung der sofortigen Vollziehung der Anordnung zur Durchführung erkennungsdienstlicher Maßnahmen vom 20. August 2015 ist in formeller Hinsicht nicht zu beanstanden.

---

[115] *EuGH* Slg. 1990, I-2879 („Tafelweindestillation"); *Jannasch*, NVwZ 1999, 495.

[116] *EuGH* NVWZ 1991, 460 („Zuckerfabriken Süderdithmarschen u. a."); s. auch OVG *Münster* NVwZ 2002, 612.

[117] S. z. B. *OVG Berlin-Brandenburg* BeckRS 2010, 50764.

[118] Vgl. *BVerfG* NJW 1992, 2749; *VGH München* BeckRS 2015, 41067.

Gemäß § 80 Abs. 3 Satz 1 VwGO ist bei der Anordnung der sofortigen Vollziehung nach § 80 Abs. 2 Satz 1 Nr. 4 VwGO das besondere Interesse an der sofortigen Vollziehung schriftlich zu begründen. Die Antragsgegnerin hat diese Vorschrift beachtet. Sie hat die entsprechende Anordnung damit begründet, es sei aufgrund der Lebensweise des Antragstellers und der Art der ihm zur Last gelegten Straftaten konkret zu befürchten, dass dieser noch vor Bestandskraft der behördlichen Entscheidung erneut strafrechtlich in Erscheinung treten könnte. Damit liegt eine auf den Einzelfall abgestellte, substantiierte und nicht lediglich formelhafte Begründung des besonderen Vollzugsinteresses vor. Ob diese Darlegungen der Antragsgegnerin zutreffend sind und die Anordnung der sofortigen Vollziehung inhaltlich zu rechtfertigen vermögen, ist im Rahmen der Formvorschrift des § 80 Abs. 3 VwGO ohne Bedeutung.

Die Antragsgegnerin hat ferner nicht deshalb verfahrensfehlerhaft gehandelt, weil sie vor der Anordnung der sofortigen Vollziehung dem Antragsteller keine Gelegenheit gegeben hat, sich zu den für die sofortige Anordnung einer erkennungsdienstlichen Behandlung erheblichen Tatsachen zu äußern. § 28 Abs. 1 BbgVwVfG[119] ist nach Auffassung der Kammer auf die Anordnung der sofortigen Vollziehung weder direkt noch entsprechend anwendbar. Gegen eine analoge Anwendung dieser Vorschrift spricht, dass die Anordnung der sofortigen Vollziehung hinsichtlich ihrer Eingriffsintensität nicht mit einem Verwaltungsakt vergleichbar ist, für ein gerichtliches Vorgehen gegen sie grundsätzlich keine Fristen bestehen und sie keiner Bestandskraft fähig ist. Ein Bedürfnis für die Vorverlegung eines Rechtsschutzes besteht hier daher nicht in derselben Weise wie bei Verwaltungsakten. Im Übrigen wäre hier ein unterstellter Anhörungsmangel durch die Anhörung des Antragstellers im Eilrechtsschutzverfahren geheilt; denn die analoge Anwendung von § 28 Abs. 1 BbgVwVfG müsste konsequenterweise die analoge Anwendung von § 45 Abs. 2 BbgVwVfG zur Folge haben, wonach die erforderliche Anhörung noch bis zum Abschluss der letzten Tatsacheninstanz nachholbar ist.

Die Anordnung der sofortigen Vollziehung ist auch in materieller Hinsicht gerechtfertigt.

Im Rahmen der Entscheidung nach § 80 Abs. 5 Satz 1 VwGO, bei der das Gericht eine eigene Ermessensentscheidung trifft, bedarf es einer Abwägung der gegenseitigen Interessen der Beteiligten. Maßgeblich ist, ob das private Interesse des Antragstellers an der aufschiebenden Wirkung seines Rechtsbehelfs oder das öffentliche Interesse an der sofortigen Vollziehung überwiegen.

Für das Interesse des Betroffenen, einstweilen nicht dem Vollzug der behördlichen Maßnahmen ausgesetzt zu sein, sind zunächst die Erfolgsaussichten des in der Hauptsache eingelegten Rechtsbehelfs von Belang. Ein überwiegendes Interesse des Antragstellers an der Wiederherstellung der aufschiebenden Wirkung ist in der Regel anzunehmen, wenn die im Eilverfahren allein mögliche und gebotene Überprüfung zum Zeitpunkt der gerichtlichen Entscheidung ergibt, dass der angefochtene Verwaltungsakt offensichtlich rechtswidrig ist. Denn an der Vollziehung eines ersichtlich rechtswidrigen Verwaltungsakts kann kein öffentliches Vollzugsinteresse bestehen. Ist der Verwaltungsakt dagegen offensichtlich rechtmäßig, so überwiegt das Vollzugsinteresse das Aussetzungsinteresse des Antragstellers nur dann, wenn zusätzlich ein besonderes öffentliches Interesse an der

[119] Entspricht § 28 Abs. 1 VwVfG.

sofortigen Vollziehung des Verwaltungsakts besteht. Die Kammer folgt insoweit der st. Rechtsprechung des Bundesverfassungsgerichts und der Oberverwaltungsgerichte, wonach für die Anordnung der sofortigen Vollziehung eines Verwaltungsakts stets ein besonderes öffentliches Interesse erforderlich ist, das über jenes Interesse hinausgeht, das den Verwaltungsakt selbst rechtfertigt. Der Rechtsschutzanspruch des Bürgers ist dabei umso stärker und darf um so weniger zurückstehen, je schwer wiegender die ihm auferlegte Belastung ist und je mehr die Maßnahme der Verwaltung Unabänderliches bewirkt. Ist der Ausgang des Hauptsacheverfahrens offen, sind die sonstigen Interessen der Beteiligten gegeneinander abzuwägen und dem Antrag auf Wiederherstellung der aufschiebenden Wirkung ist stattzugeben, wenn das öffentliche Vollzugsinteresse das Interesse des Antragstellers an der aufschiebenden Wirkung seines Widerspruchs nicht überwiegt.[120]

Nach diesen Grundsätzen überwiegt vorliegend das öffentliche Interesse an der sofortigen Vollziehung der Anordnung von erkennungsdienstlichen Maßnahmen das Interesse des Antragstellers, Fingerabdrücke und Lichtbilder bis zum Abschluss des Hauptsacheverfahrens einstweilen nicht vornehmen lassen zu müssen. Das öffentliche Interesse an der sofortigen Vollziehung ergibt sich daraus, dass der angefochtene Bescheid offensichtlich rechtmäßig ist und mit der Vornahme von Fingerabdrücken und Lichtbildern des Antragstellers nicht bis zur Bestandskraft der Verfügung, deren Eintritt noch nicht abzusehen ist, abgewartet werden kann.

Verfahrensrechtliche Bedenken gegen die polizeiliche Anordnung vom 20. August 2015 bestehen nicht. Zwar hat die Antragsgegnerin den Antragsteller vor Erlass der Verfügung nicht angehört, obwohl dies nach § 28 Abs. 1 BbgVwVfG erforderlich gewesen wäre. Allerdings hat die Antragsgegnerin den Anhörungsmangel im vorliegenden Eilverfahren geheilt. Eine schriftsätzliche Stellungnahme der Behörde im gerichtlichen Aussetzungsverfahren kann nach Ansicht der Kammer eine Nachholung der Anhörung dann bewirken, wenn sich die Behörde in ihrem Schriftsatz nicht nur auf die Verteidigung der einmal getroffenen Verwaltungsentscheidung beschränkt, sondern eindeutig und klar zu erkennen gibt, dass sie ein etwaiges Vorbringen des Betroffenen zur Kenntnis genommen und gewürdigt hat, aber dennoch bei ihrer erneuten Entscheidung zu dem Ergebnis gekommen ist, dass die Verfügung aufrechterhalten bleibt. In Anwendung dieser Grundsätze hat die Antragsgegnerin den von dem Antragsteller gerügten Verfahrensfehler durch ihre Stellungnahme in der Antragserwiderung vom 17. September 2015 geheilt. Die Antragsgegnerin hat sich darin mit den von dem Antragsteller gegen die Anordnung von erkennungsdienstlichen Maßnahmen vorgebrachten Argumenten ausführlich auseinander gesetzt und im Einzelnen vorgetragen, (...).

Auch in der Sache selbst ist die polizeiliche Anordnung offensichtlich rechtmäßig. Sie findet ihre Rechtsgrundlage in § 81 b Alternative 2 StPO. Danach dürfen für Zwecke des Erkennungsdienstes Lichtbilder und Fingerabdrücke des Beschuldigten auch gegen seinen Willen aufgenommen und Messungen und ähnliche Maßnahmen an ihm vorgenommen werden. Dabei ist zunächst zu bemerken, dass hier allein diese Regelung als Rechtsgrundlage der erkennungs-

[120] Selbstverständlich können Sie sich im Examen hierzu kürzer fassen, der Prüfungsmaßstab des Gerichts sollte jedoch deutlich herausgestellt werden. Je nach Fall können Sie diese Gedanken auch mit den jeweils betroffenen Sacherwägungen verknüpfen.

dienstlichen Behandlung in Betracht kommt und nicht § 13 Abs. 2 Nr. 2 BbgPolG, wonach erkennungsdienstliche Maßnahmen vorgenommen werden können, soweit dies zur vorbeugenden Bekämpfung von Straftaten erforderlich ist, weil der Betroffene verdächtigt ist, eine Straftat begangen zu haben und wegen der Art und Ausführung der Tat die Gefahr der Wiederholung besteht. Es ist davon auszugehen, dass § 81 b Alternative 2 StPO im sachlichen Zusammenhang mit der Erforschung und Aufklärung von Straftaten nach § 163 StPO steht und damit im Sachzusammenhang mit der konkurrierenden Gesetzgebungszuständigkeit des Bundes für das Strafrecht nach Art. 74 Abs. 1 Nr. 1 GG. Nach Art. 31 GG kann daher die landesrechtliche Parallelvorschrift des § 13 Abs. 2 Nr. 2 BbgPolG nicht zur Anwendung kommen, soweit der in § 81 b Alternative 2 StPO geregelte sachliche Geltungsbereich in Rede steht.[121]

Die Voraussetzungen des § 81 b Alternative 2 StPO liegen hier offenkundig vor. (…)

Das Dringlichkeitsinteresse an der sofortigen Vollziehung der polizeilichen Anordnung ist ebenfalls gegeben. Die dem Antragsteller zur Last gelegten Straftaten der Förderung der Prostitution und der Verstöße gegen das Aufenthaltsgesetz lassen konkret befürchten, dass dieser noch vor Abschluss des Hauptsacheverfahrens weitere Straftaten begehen wird. (…)“

§ 15. Die Anordnung der aufschiebenden Wirkung

I. Der Anwendungsbereich des § 80 Abs. 5 Satz 1 1. Alt. VwGO

482 Widerspruch und Anfechtungsklage gegen einen unter § 80 Abs. 2 Nrn. 1–3 und Satz 2 VwGO fallenden VA haben von Gesetzes wegen keine aufschiebende Wirkung. Der Gesetzgeber misst in diesen Fällen den begünstigten öffentlichen Interessen für die sofortige Vollziehung im Regelfall größeres Gewicht bei als den privaten Interessen des von dem VA Betroffenen. Es bedarf deshalb besonderer individueller Umstände, um eine hiervon abweichende Entscheidung zu rechtfertigen.[122] Vorläufiger Rechtschutz gegen solche VAe wird nach § 80 Abs. 5 Satz 1 1. Alt. VwGO im Erfolgsfall durch die Anordnung der aufschiebenden Wirkung des Rechtsbehelfs gewährt. Die in § 80 Abs. 2 Satz 1 Nrn. 1–3 und Satz 2 VwGO genannten Fallgruppen regeln im Einzelnen:

483 Nach § 80 Abs. 2 Satz 1 Nr. 1 VwGO entfällt die aufschiebende Wirkung bei der Anforderung von öffentlichen Abgaben und Kosten.[123] Unter **„öffentlichen Abgaben“** sind alle nach festen Normen oder Sätzen bestimmten öffentlich-rechtlichen

---

[121] Vgl. *VGH Mannheim* NVwZ-RR 2004, 572; *OVG Koblenz* NVwZ-RR 2001, 238. Materielle Rechtmäßigkeitsvoraussetzung für die Durchführung von erkennungsdienstlichen Maßnahmen nach § 81 b StPO ist, dass der Betroffene **„Beschuldigter“** ist. Dazu muss gegen ihn im **Zeitpunkt der Anordnung der erkennungsdienstlichen Behandlung** ein Straf- oder Ermittlungsverfahren geschwebt haben. Der spätere Wegfall der Beschuldigteneigenschaft durch Einstellung, Verurteilung oder Freispruch lässt die Rechtmäßigkeit der angeordneten Maßnahmen grundsätzlich unberührt (*BVerwG* NJW 2006, 1225).

[122] *BVerfG* NVwZ 2004, 93; *BVerwG* NVwZ 2005, 689.

[123] Nach *h. M.* fallen darunter nicht nur selbstständige, isolierte Kostenanforderungen, sondern auch unselbstständige, mit dem GrundVA verbundene Kostenforderungen (s. z. B. *OVG Bautzen* NVwZ-RR 2011, 225; *VGH Mannheim* DÖV 2011, 704; *OVG Rheinland-Pfalz* NVwZ-RR 2004, 157; *OVG Weimar* NVwZ-RR 2004, 393).

Geldleistungen zu verstehen, die dem Einzelnen von der öffentlichen Hand auferlegt werden und deren ausschließlicher, vornehmlicher oder neben anderen gleichrangiger Zweck die **Deckung des öffentlichen Finanzbedarfs** ist.[124] Es kommt nicht auf die Rechtsgrundlage der Anforderung, sondern auf den Gegenstand der Anforderung an. Namentlich fallen darunter **Steuern, Gebühren und Beiträge mit Finanzierungsfunktion,** auf die der Abgabengläubiger verstärkt angewiesen ist. Hierzu zählen u. a. **Mahngebühren.** Ob die in der Praxis im Beitragsrecht häufig vorkommenden Säumniszuschläge (s. § 240 AO) ebenfalls unter § 80 Abs. 2 Satz 1 Nr. 1 VwGO fallen, ist umstritten. Eine in der Rechtsprechung vertretene *Ansicht*[125] sieht **Säumniszuschläge** nicht als öffentlichen Abgaben im Sinne der zitierten Norm an. Sie dienten nicht der Deckung des öffentlichen Finanzbedarfs, sondern sollten vielmehr Druck auf den Abgabenpflichtigen zur fristgerechten Entrichtung der Abgabe ausüben. Demgegenüber wird in jüngerer Zeit vermehrt die *Auffassung*[126] vertreten, Säumniszuschläge auf rückständige Abgaben seien „öffentliche Abgaben", weil ihnen neben ihrer Funktion als Druckmittel eigener Art auch eine Finanzierungsfunktion zukomme.

Unter dem Begriff der **„öffentlichen Kosten"** im Sinne des § 80 Abs. 2 Satz 1 Nr. 1 VwGO versteht man nach allgemeiner Ansicht alle in einem Verwaltungsverfahren einschließlich des Widerspruchsverfahrens für die öffentlich-rechtliche Tätigkeit der Behörde nach im Voraus festgesetzten Tarifen entstandenen Kosten, die sich in Gebühren und Auslagen unterteilen[127]. Danach sind die **Kosten der unmittelbaren Ausführung** oder die **Kosten der Ersatzvornahme** (z. B. Kosten des Abschleppvorgangs) eben so wenig Kosten im Sinne der genannten Bestimmung[128] wie Zwangsgelder. **484**

§ 80 Abs. 2 Satz 1 Nr. 2 VwGO betrifft **unaufschiebbare Anordnungen und Maßnahmen von Polizeivollzugsbeamten.**[129] Die Vorschrift gilt wegen Funktionsgleichheit für **Verkehrszeichen** entsprechend[130] und zwar nicht nur im Falle der Aufstellung von Verkehrszeichen, sondern auch bei deren Entfernung als actus contrarius.[131] Der Antrag auf Anordnung der aufschiebenden Wirkung ist kombinierbar mit einem ergänzenden Antrag nach § 80 Abs. 5 Satz 3 VwGO, wenn das betreffende Verkehrszeichen aufgestellt oder entfernt worden ist.[132] **485**

Schließlich entfällt nach **§ 80 Abs. 2 Satz 1 Nr. 3 VwGO** die aufschiebende Wirkung in anderen durch Bundesgesetz oder für Landesrecht durch Landesgesetz angeordneten Fällen. Wichtige Beispiele hierfür sind: § 212 a BauGB **(bauaufsichtliche Zu-** **486**

---

[124] Vgl. *VGH München* BayVBl. 2005, 149; *OVG Greifswald* UPR 2005, 117; *OVG Koblenz* LKRZ 2012, 97.

[125] *VGH Mannheim* BeckRS 2015, 42256; *OVG Magdeburg* BeckRS 2008, 32894; *OVG Bautzen* SächsVBl. 1996, 138.

[126] *VGH Kassel* KStZ 2012, 93; *OVG Hamburg* NVwZ-RR 2006, 156; *VGH Kassel* NVwZ-RR 1995, 158; *Koch* NVwZ 2007, 782.

[127] Posser/Wolff/*Gersdorf*, § 80 Rn. 53; *Schoch*/Schoch, § 80 Rn. 139.

[128] H. M., z. B. *OVG Magdeburg* NVwZ-RR 2013, 298; *OVG Münster* BeckRS 2013, 51670; *OVG Lüneburg* BeckRS 2013, 47383; *Kopp/Schenke*, § 80 Rn. 63; a. A. *VGH München* NVwZ-RR 1994, 471; s. dazu auch das Formulierungsbeispiel in Rn. 494. In **Hamburg** hat der Widerspruch gegen einen Abschleppkostenbescheid aufgrund spezialgesetzlicher Regelungen in § 13 Abs. 2 Satz 2 HmbVwVG und § 7 Abs. 3 Satz 1 HmbSOG keine aufschiebende Wirkung gemäß § 80 Abs. 1 Satz 1 Nr. 1 VwGO.

[129] Die *h. M.* (z. B. Sodan/Ziekow/*Puttler*, § 80 Rn. 64) legt den Begriff des Polizeivollzugsbeamten eng aus; nach a. A. (*Ekardt/Beckmann*, VerwArch 2008, 241) fallen darunter auch Ordnungsbeamte, Polizeihelfer und Beliehene.

[130] Z. B. *BVerwG* NJW 1988, 2814.

[131] *OVG Münster* NJW 1998, 329.

[132] S. hierzu *VGH Mannheim* NZV 1995, 45; *VGH Kassel* NVwZ-RR 1993, 389.

lassung), § 54 Abs. 4 BeamtStG, § 126 Abs. 4 BBG (Abordnung bzw. Versetzung) oder die **landesrechtlichen Vollstreckungsvorschriften** wie z.B. § 9 SachsAnhAGVwGO.[133] Weitere wichtige Bestimmungen, die den Ausschluss der aufschiebenden Wirkung von Rechtsbehelfen vorsehen, sind die §§ 84 Abs. 1 Nr. 1 AufenthG (Ablehnung eines Antrags auf Erteilung oder Verlängerung eines Aufenthaltstitels) oder 17e Abs. 2 Satz 1 FStrG (Planfeststellungsbeschluss).

Da das Landesverwaltungsvollstreckungsrecht bereits von der Nr. 3 erfasst wird, bleibt für die Regelung des Satzes 2 nur ein sehr schmaler Anwendungsbereich. Danach können die Länder bestimmen, dass Rechtsbehelfe keine aufschiebende Wirkung haben, soweit sie sich gegen Maßnahmen richten, die in der Verwaltungsvollstreckung durch die Länder nach Bundesrecht getroffen werden. Ein Beispiel hierfür ist die Abschiebung nach § 58 AufenthG.

II. Die Prüfung des Antrags auf Anordnung der aufschiebenden Wirkung

Das **Aufbauschema** hierzu finden Sie in Rn. 902 und 904.

1. Die Zulässigkeitsprüfung

487 Die **Zulässigkeitsprüfung** ist in der Regel unproblematisch. Im Unterschied zum Antrag auf Wiederherstellung der aufschiebenden Wirkung des Rechtsbehelfs ist der Antrag auf Anordnung der aufschiebenden Wirkung in den Fällen des § 80 Abs. 2 Satz 1 Nr. 1 VwGO allerdings grundsätzlich nur zulässig, wenn zuvor **erfolglos** ein **Antrag auf Aussetzung der sofortigen Vollziehung bei der Verwaltungsbehörde** gestellt worden ist (§ 80 Abs. 6 Satz 1 VwGO). Zweck dieser Ausnahmevorschrift ist es, den Vorrang der verwaltungsinternen Kontrolle zu stärken und die Gerichte zu entlasten. Bei diesem Erfordernis handelt es sich um eine **Zugangsvoraussetzung,** d.h. die Zulässigkeitsvoraussetzung muss bei Stellung des Eilantrages erfüllt sein. Eine Heilung noch während des laufenden gerichtlichen Aussetzungsverfahrens kommt daher nicht in Betracht.[134] Die Bestimmung des § 80 Abs. 6 Satz 1 VwGO gilt gemäß Satz 2 nicht, wenn die Behörde über den Antrag ohne Mitteilung eines zureichenden Grundes in angemessener Frist sachlich nicht entschieden hat[135] (Nr. 1) oder eine **Vollstreckung droht** (Nr. 2). Für den in der Praxis bedeutsamen Fall einer drohenden Vollstreckung genügt noch nicht die Vollziehbarkeit der Forderung, deren Fälligkeit und die fehlende behördliche Bereitschaft zur Aussetzung der Vollziehung. Es müssen vielmehr Vollstreckungsmaßnahmen eingeleitet oder der Beginn der Vollstreckung behördlich angekündigt sein; wenigstens sollen aus der Sicht eines objektiven Betrachters konkrete Vorbereitungshandlungen der Behörde für eine alsbaldige Durchsetzung des Abgabenbescheids vorliegen. Dazu zählen etwa die Beauftragung des Gerichtsvollziehers mit der Eintreibung des gemahnten Betrags im Wege der Kontopfändung und die Vorladung zur Abgabe der eidesstattlichen Versicherung.[136] Der Hinweis auf die mögliche zwangsweise Vollziehung genügt dagegen nicht.[137]

---

[133] Nach einer teilweise vertretenen Auffassung zählen zu den landesrechtlichen Vollstreckungsmaßnahmen auch die Kosten der Ersatzvornahme oder Kosten der unmittelbaren Ausführung (näher dazu s. Rn. 494).

[134] *OVG Berlin Brandenburg* BeckRS 2014, 56084; *OVG Münster* NVwZ-RR 2012, 748; zweifelnd *VGH München* NVwZ-RR 2009, 135.

[135] Als Faustregel wird vorbehaltlich besonderer Umstände des Einzelfalles eine Frist von 1 Monat als angemessen angesehen (*OVG Berlin-Brandenburg* NVwZ 2006, 356).

[136] Vgl. *OVG Lüneburg* NVwZ-RR 2010, 865.

[137] *VGH München* NVwZ-RR 2009, 135. Auch ein Mahnungsschreiben ist noch keine Vollstreckungsmaßnahme (*OVG Münster* NVwZ-RR 2012, 748).

2. Die Begründetheitsprüfung

In der **Begründetheitsprüfung** ist zunächst wieder der **gerichtliche Entscheidungsmaßstab** darzustellen. Das Gericht trifft auch hier eine Ermessensentscheidung und nimmt eine Interessenabwägung vor. 488

Nach der Rechtsprechung des *BVerfG*[138] hat das VG in den Fällen des § 80 Abs. 2 Satz 1 Nr. 1–3 VwGO den **prinzipiellen Vorrang des Vollziehungsinteresses zu beachten** und ist zu einer Einzelfallbetrachtung grundsätzlich nur im Hinblick auf solche Umstände angehalten, die von den Beteiligten vorgetragen werden und die Annahme rechtfertigen können, dass im konkreten Fall von der gesetzgeberischen Grundentscheidung ausnahmsweise abzuweichen ist. Die Folgen, die sich für den Antragsteller mit dem Sofortvollzug verbinden, sind nur insoweit beachtlich, als sie nicht schon als regelmäßige Folge der gesetzlichen Anordnung des Sofortvollzuges in der gesetzgeberischen Grundentscheidung Berücksichtigung gefunden haben. Sind in diesem Sinne qualifizierten Argumente nicht vorgetragen, sind die Abwägungsanforderungen, die das VG im Rahmen seiner Entscheidung nach § 80 Abs. 5 Satz 1 1. Alt. VwGO zu erfüllen hat, regelmäßig nur gering. Macht der Vollzug eines VA vor einer Entscheidung in der Hauptsache mit weit überwiegender Wahrscheinlichkeit die Erfolgsaussichten in der Hauptsache zunichte und sind die Rechtsfragen, die bei der Prüfung der Rechtmäßigkeit des sofort vollziehbaren VA zu beantworten sind, in der Rechtsprechung noch nicht einheitlich beantwortet, verlangt das *BVerfG*[139] ein besonderes öffentliches Vollzugsinteresse, das über jenes Interesse hinausgeht, das den VA selbst rechtfertigt. Ist dies nicht der Fall, so überwiegt trotz des grundsätzlichen Vorrangs des Vollziehungsinteresses bei kraft Gesetzes angeordneten Sofortvollzugs das Suspensivinteresse des Betroffenen.

Das *BVerwG* wählt einen etwas anderen Ansatz. In seinem Beschluss vom 14. April 2005[140] hat es ausgeführt, in den Fällen, in denen der Ausgang des Hauptsacheverfahrens offen sei, müsse anhand des jeweils einschlägigen materiellen Rechts geprüft werden, ob die nach § 80 Abs. 5 Satz 1 VwGO gebotene Abwägung präjudiziert oder lediglich gesetzlich vorstrukturiert sei. Trotz des gesetzlichen Ausschlusses der aufschiebenden Wirkung müsse bei der Interessenabwägung der **Einzelfallbezug** gewahrt bleiben. Der Rechtsschutzanspruch schlage dabei umso stärker zu Buche und dürfe umso weniger zurückstehen, je schwerer die dem Einzelnen auferlegte Belastung wiege und je mehr die Maßnahme der Verwaltung Unabänderliches bewirke. In einem weiteren Beschluss vom 13. Juni 2007 hat das *BVerwG*[141] ausgeführt, der gesetzlich angeordnete Ausschluss der aufschiebende Wirkung der Anfechtungsklage habe nicht lediglich zur Folge, dass die Behörde von der ihr sonst nach § 80 Abs. 2 Satz 1 Nr. 4 VwGO obliegenden Pflicht entbunden werde, das besondere Vollzugsinteresse zu begründen. Es enthalte vielmehr die gesetzliche Wertung, dass das öffentliche Interesse am Sofortvollzug gerade bei offenem Prozessausgang regelmäßig erhebliches Gewicht habe.[142]

---

[138] NVwZ 2004, 93; NVwZ 2012, 104.
[139] *BVerfG* NVwZ 2007, 1302.
[140] NVwZ 2005, 689.
[141] NVwZ 2007, 1207.
[142] Vgl. auch *BVerwG* NJW 2007, 453: Die verwaltungsgerichtliche Kontrolle des Sofortvollzuges einer behördlichen Maßnahme beschränkt sich auf die Durchführung einer Interessenabwägung, bei der das Interesse der Behörde an der sofortigen Vollziehung des VA dem Interesse des Antragstellers gegenüberzustellen ist, bis zur Entscheidung in der Hauptsache die Schaffung vollendeter Tatsachen zu verhindern. Nach *VGH Mannheim* VBlBW 2014, 302 genügt für ein hinreichendes Vollzugsinteresse die voraussichtliche Rechtmäßigkeit des VA.

489 Ist die Anforderung von **Kosten und Abgaben** im Sinne des § 80 Abs. 2 Satz 1 Nr. 1 VwGO im Streit, ist der Antrag begründet, wenn **„ernstliche Zweifel an der Rechtmäßigkeit des angegriffenen VA"** bestehen (§ 80 Abs. 4 Satz 3 VwGO analog). Dies ist nach *einer Ansicht*[143] nur dann der Fall, wenn die Zweifel so gewichtig sind, dass ein Obsiegen des Antragstellers im Hauptsacheverfahren wahrscheinlicher ist als ein Unterliegen. Nach *a. A.*[144] muss dagegen der Erfolg des Rechtsbehelfs im Hauptsacheverfahren mindestens ebenso wahrscheinlich sein wie der Misserfolg. In einer Prüfungsarbeit dürfte es auf diese feine Differenzierung nicht ankommen, so dass sich eine Auseinandersetzung mit den beiden Auffassungen erübrigt.[145] Ist der VA offensichtlich rechtmäßig, so verbleibt es grundsätzlich bei der vom Gesetzgeber generell angeordneten sofortigen Vollziehbarkeit. Bei offenem Ausgang der Hauptsache hat das Gericht das generell angenommene oder im Einzelfall konkret bestehende Vollzugsinteresse und das individuelle Suspensivinteresse gegeneinander abzuwägen. Nur wenn das Suspensivinteresse überwiegt, ist die aufschiebende Wirkung des Rechtsbehelfs anzuordnen. Nach dem Rechtsgedanken des § 80 Abs. 4 Satz 3 VwGO ist die aufschiebende Wirkung ferner dann anzuordnen, wenn die Vollziehung für den Adressaten eine unbillige, nicht durch überwiegende öffentliche Interessen gebotene Härte zur Folge hätte.[146]

490 Ob der Maßstab des § 80 Abs. 4 Satz 3 VwGO neben dem Fall des § 80 Abs. 2 Satz 1 Nr. 1 VwGO auch auf die Nrn. 2 und 3 analog anwendbar ist, ist umstritten,[147] braucht in der Prüfungsarbeit aber ebenfalls nicht näher erörtert zu werden, da es hierauf im zu entscheidenden Fall sicher nicht ankommt. Folgen Sie nicht der Meinung, die die Analogie zu § 80 Abs. 4 Satz 3 VwGO befürwortet, so ist der Antrag erfolgreich, wenn die besonderen Interessen des Antragstellers an der Anordnung der aufschiebenden Wirkung das vom Gesetz vorausgesetzte Interesse an der sofortigen Vollziehbarkeit des VA überwiegen.

Die Prüfung der offensichtlichen Rechtmäßigkeit des VA folgt ansonsten denselben Grundsätzen wie beim Antrag auf Wiederherstellung der aufschiebenden Wirkung. Auch im Verfahren auf Anordnung der aufschiebenden Wirkung kann eine unterbliebene Anhörung im gerichtlichen Verfahren geheilt werden.[148] Ist der Antrag begründet, so führt die Anordnung der aufschiebenden Wirkung des Widerspruchs oder der Anfechtungsklage gegen den VA zur Hemmung seiner Vollziehbarkeit und wirkt grundsätzlich auf den Zeitpunkt des VAerlasses zurück.[149]

3. Formulierungsbeispiel

491 Nachfolgendes Formulierungsbeispiel bezieht sich auf einen erfolgreichen Antrag gegen einen Beitragsbescheid:

> „Der Antrag auf Anordnung der aufschiebenden Wirkung des Widerspruchs ist gemäß § 80 Abs. 5 Satz 1 1. Alt. i. V. m. § 80 Abs. 2 Satz 1 Nr. 1 VwGO statthaft

---

[143] *OVG Berlin Brandenburg* NJW-RR 2014, 59; *OVG Münster* NWVBl 2013, 152; Finkelnburg/*Külpmann,* Rn. 829.

[144] Z.B. *Kopp/Schenke,* § 80 Rn. 116.

[145] So auch *Koehl/Spieß,* § 3 Rn. 147.

[146] *VGH Mannheim* VBlBW 2008, 64.

[147] Gegen eine Analogie *Kopp/Schenke,* § 80 Rn. 116; *OVG Lüneburg* NVwZ-RR 1989, 328; für eine analoge Anwendung Posser/Wolff/*Gersdorf,* § 80 Rn. 126; einschränkend Schoch/*Schoch,* § 80 Rn. 303.

[148] S. oben Rn. 476; weitergehend *OVG Hamburg* NVwZ-RR 2007, 364, das allein darauf abstellt, dass der formelle Fehler geheilt werden kann oder unbeachtlich bleiben wird.

[149] *OVG Weimar,* Urt. v. 8.12.2014 – 4 KO 100/12 – juris; *OVG Magdeburg* LKV 2009, 427.

und auch ansonsten zulässig. Insbesondere hat der Antragsteller vor Anrufung des Gerichts erfolglos um die Aussetzung der Vollziehung des angefochtenen Bescheids nachgesucht (vgl. § 80 Abs. 6 Satz 1 VwGO).

Der Antrag muss auch in der Sache Erfolg haben. Im Rahmen der nach § 80 Abs. 5 i. V. m. Abs. 4 Satz 3 VwGO gebotenen Interessenabwägung zwischen dem öffentlichen Interesse an einer sofortigen Vollziehung des Beitragsbescheides und dem privaten Interesse des Antragstellers an der aufschiebenden Wirkung seines Widerspruchs kann das Gericht die aufschiebende Wirkung grundsätzlich nur anordnen, wenn und soweit ernstliche Zweifel an der Rechtmäßigkeit des angefochtenen Bescheides bestehen. Dies ist dann der Fall, wenn aufgrund einer summarischen Prüfung der Erfolg des Rechtsmittels im Hauptsacheverfahren wahrscheinlicher ist als ein Misserfolg.

Ausgehend hiervon bestehen hier ernstliche Zweifel an der Rechtmäßigkeit des angefochtenen Bescheides. (…)“

§ 16. Die gerichtliche Feststellung der aufschiebenden Wirkung bei faktischer Vollziehung des VA

I. Statthafte Antragsart

Von „faktischer Vollziehung“ eines VA spricht man, wenn die Behörde einen VA unter Missachtung der bestehenden aufschiebenden Wirkung vollzieht. Der vorläufige Rechtschutz richtet sich in diesem Fall nach zutreffender Ansicht nach § 123 Abs. 5 i. V. m. § 80 Abs. 5 Satz 1 analog VwGO auf Feststellung der aufschiebenden Wirkung.[150] Vorläufiger Rechtsschutz bei faktischer Vollziehung ist notwendig, sobald die Behörde trotz eingetretener aufschiebender Wirkung mit Vollzugsmaßnahmen droht,[151] zum Vollzug ansetzt, einen begonnenen Vollzug fortsetzt, oder zur Rückgängigmachung eines durchgeführten Vollzugs.[152] Eine Abwägung des öffentlichen Vollzugsinteresses und des individuellen Aussetzungsinteresses findet nicht statt. Das Gericht prüft allein, ob der eingelegte Rechtsbehelf die aufschiebende Wirkung ausgelöst hat.[153] Neben der Feststellung der aufschiebenden Wirkung durch das Gericht kann dieses zugleich die Aufhebung der Vollziehung anordnen, wenn der VA bereits vollzogen ist. Hat der Antragsteller – z. B. in Unkenntnis der aufschiebenden Wirkung – einen Antrag auf Anordnung der aufschiebenden Wirkung gestellt, ist sein Begehren entsprechend auszulegen (§ 88 VwGO). 492

II. Der Aufbau des Beschlusses

Der **Aufbau des Beschlusses** sieht wie folgt aus (zum **Aufbauschema** s. Rn. 902, 905): Beginnen Sie mit der Statthaftigkeit des Antrags. Hier stellen Sie fest, dass der Antragsteller sich gegen einen VA wendet, der weder kraft Gesetzes sofort vollziehbar ist noch von der Behörde für sofort vollziehbar erklärt worden ist, die Behörde aber gleichwohl von einer sofortigen Vollziehbarkeit ausgeht. Ferner muss 493

[150] Z.B. *BVerwG* NVwZ 2013, 85.
[151] Dem kann die Androhung eines Bußgelds gleichstehen (*VGH München* NJW 2006, 2282).
[152] Finkelnburg/*Külpmann*, Rn. 1045.
[153] *BVerwG* NVwZ 2013, 85; *VGH Mannheim* NVwZ-RR 2010, 463; Finkelnburg/*Külpmann*, Rn. 1051.

der Antragsteller Widerspruch bzw. Anfechtungsklage erhoben haben und antragsbefugt sein.[154] Das **Rechtsschutzbedürfnis** für den Antrag setzt eine individuelle Betroffenheit des Antragstellers voraus. Es fehlt nur dann, wenn die Klage oder der Antrag für den Betroffenen offensichtlich keinerlei rechtliche oder tatsächliche Vorteile bringen kann. Die Nutzlosigkeit muss dabei eindeutig sein; im Zweifel ist das Rechtsschutzinteresse zu bejahen.[155] Ist der Antrag zulässig, folgt daraus zugleich seine Begründetheit; denn dem individuellen „Aussetzungsinteresse" steht kein öffentliches Vollzugsinteresse gegenüber. Eine Abwägung beider Interessen entfällt.

III. Formulierungsbeispiel

494 Das Formulierungsbeispiel hat einen Fall zum Gegenstand, in dem die niedersächsische Ordnungsbehörde davon ausgeht, der von ihr erlassene Abschleppkostenbescheid sei nach § 80 Abs. 2 Satz 1 Nr. 1 VwGO sofort vollziehbar.

„Das Begehren des Antragstellers, die aufschiebende Wirkung seiner Klage[156] gegen den Kostenbescheid der Antragsgegnerin vom 12. Juni 2015 anzuordnen, ist im Ergebnis erfolgreich.

Das Gericht ist zwar außerstande, die aufschiebende Wirkung der Klage anzuordnen, da diese bereits gemäß § 80 Abs. 1 VwGO kraft Gesetzes besteht. Die Kammer ist indessen, sofern sie über das Antragsbegehren nicht hinausgeht, an die Fassung des Antrags nicht gebunden (§ 88 VwGO). Aus diesem Grunde konnte die dem Rechtsschutzziel des Antragstellers entsprechende Tenorierung erfolgen. Dem liegen folgende Überlegungen zugrunde:

Bei dem Bescheid der Antragsgegnerin handelt es sich um einen anfechtbaren Verwaltungsakt, so dass vorläufiger Rechtsschutz gemäß § 80 VwGO zu gewähren ist, wie aus § 123 Abs. 5 VwGO folgt. Da die Antragsgegnerin in dem Bescheid bisher nicht die sofortige Vollziehung nach § 80 Abs. 2 Satz 1 Nr. 4 VwGO angeordnet hat, kommt der am 26. Juni 2015 erhobenen Klage aufschiebende Wirkung zu. Dies bedeutet nach überwiegender Auffassung ein Verbot, aus dem angefochtenen Verwaltungsakt Folgerungen zu ziehen.

Soweit die Antragsgegnerin geltend gemacht hat, der von ihr erlassene Kostenbescheid sei nach § 80 Abs. 2 Satz 1 Nr. 1 VwGO sofort vollziehbar, teilt die Kammer diese Auffassung nicht. Unzweifelhaft handelt es sich bei den Kosten der Ersatzvornahme nicht um „öffentliche Abgaben" im Sinne der genannten Norm. Denn darunter sind alle nach festen Normen oder Sätzen bestimmten öffentlich-rechtliche Geldleistungen zu verstehen, die dem Einzelnen von der öffentlichen Hand auferlegt werden und deren ausschließlicher, vornehmlicher oder neben anderen gleichrangiger Zweck die Deckung des öffentlichen Finanzbedarfs ist, also Steuern, Gebühren, Beiträge oder sonstige Abgaben mit Finanzierungsfunktion. Bei den Kosten der Ersatzvornahme handelt es sich aber nicht um Gebühren, da sie keine Geldleistung für eine erbrachte Amtshandlung darstellen, sondern eine Vermögensminderung der öffentlichen Hand ausgleichen sollen. Die Kosten der Ersatzvornahme unterfallen ferner auch nicht dem Kos-

---

[154] *BVerwG* NVwZ 2013, 85. Ist der Rechtsbehelf offensichtlich unzulässig, scheidet die Feststellung der aufschiebenden Wirkung aus (vgl. *OVG Berlin* NVwZ-RR 2003, 323).

[155] *VGH Mannheim* NVwZ-RR 2010, 463 m. w. N.

[156] Die Anordnung der aufschiebenden Wirkung eines Widerspruchs wäre hier fehlerhaft: In Niedersachsen entfällt hier das Vorverfahren (s. § 80 Nds JG).

tenbegriff des § 80 Abs. 2 Satz 1 Nr. 1 VwGO. Nach h. M.,[157] der die Kammer folgt, sind unter „Kosten" im Sinne der genannten Norm nur die in einem förmlichen Verwaltungsverfahren erhobenen Gebühren und Auslagen zu verstehen. Die Gegenmeinung,[158] die sich darauf beruft, dem Gesetz lasse sich eine Beschränkung auf nur in einem förmlichen Verwaltungsverfahren entstandene Kosten nicht entnehmen, überzeugt nicht, denn die Kosten der Ersatzvornahme dienen nicht der Deckung des allgemeinen Finanzbedarfs der öffentlichen Hand im Interesse einer ordnungsgemäßen Haushaltsführung. Auch sind sie – anders als Abgaben – nicht von vornherein berechenbar.

Die aufschiebende Wirkung der Klage des Antragstellers gegen den Kostenbescheid entfällt auch nicht nach § 80 Abs. 2 Satz 1 Nr. 3 VwGO i. V. m. § 64 Abs. 4 Satz 1 NdsSOG. In § 64 Abs. 4 Satz 1 NdsSOG hat der Landesgesetzgeber bestimmt, dass Rechtsbehelfe gegen die Androhung oder Festsetzung von Zwangsmitteln keine aufschiebende Wirkung haben. Leistungsbescheide über die Kosten der Ersatzvornahme sind aber keine Zwangsmittel im Sinne des § 65 NdsSOG. Denn sie sind nicht auf die zwangsweise Durchsetzung eines durch Verwaltungsakt festgesetzten Gebots oder Verbots gerichtet. Der Zweck des § 64 Abs. 4 Satz 1 NdsSOG besteht darin, eine Behinderung des Vollzugs bestandskräftiger oder sofort vollziehbarer Verwaltungsakte zu vermeiden. Dieser wird aber nicht dadurch in Frage gestellt, wenn man Rechtsbehelfen gegen solche Leistungsbescheide aufschiebende Wirkung zuerkennt. Soweit teilweise[159] vertreten wird, der Kostenbescheid habe dennoch verwaltungsvollstreckungsrechtlichen Charakter und sei regelungssystematisch integraler Bestandteil des landesrechtlich geregelten Zwangsmittels der Ersatzvornahme, teilt die Kammer diese Ansicht nicht.[160] Sinn und Zweck des § 64 Abs. 4 Satz 1 NdsSOG gebieten es nicht, die Kostenpflicht über den Wortlaut der Bestimmung hinaus als „gleichsam nachwirkende Verpflichtung aus dem Vollstreckungsverhältnis zwecks dessen endgültiger Abwicklung anzusehen.[161] Da die Antragsgegnerin trotz der bestehenden aufschiebenden Wirkung der Klage des Antragstellers eine Vollstreckung der von ihr geltend gemachten Forderung angekündigt hat und damit die Situation des sog. drohenden faktischen Vollzuges gegeben ist, wird vorläufiger Rechtsschutz durch die Feststellung des Gerichts gewährt, dass der von dem Betroffenen eingelegte Rechtsbehelf aufschiebende Wirkung hat."

---

[157] *Z.B. OVG Magdeburg* NVwZ-RR 2013, 298; *VGH München* NVwZ-RR 2009, 787; *OVG Schleswig* NVwZ-RR 2001, 586; *Kopp/Schenke,* § 80 Rn. 63.

[158] *VGH München* NVwZ-RR 1994, 471 und NVwZ-RR 1994, 618.

[159] *OVG Berlin-Brandenburg* BeckRS 2011, 56915.

[160] S. z. B. *VGH München* NVwZ-RR 2009, 787; *Kopp/Schenke,* § 80 Rn. 70.

[161] In **Hessen** und **Sachsen** hat der Widerspruch nach den Spezialregelungen des § 16 HessAGVwGO und § 24 Abs. 3 Satz 2 SächsVwVG keine aufschiebende Wirkung. In **Brandenburg** hat der Widerspruch gegen die Kosten der Ersatzvornahme nach der Rechtsprechung des *OVG Berlin-Brandenburg* BeckRS 2011, 56915 ebenfalls keine aufschiebende Wirkung.

§ 17. Das vorläufige gerichtliche Rechtsschutzverfahren beim VA mit Doppelwirkung

I. Einleitung

495 In Zeiten, in denen saubere Luft, ruhige Wohngegenden, beliebig bebaubare Grundstücke und Trinkwasser in guter Qualität immer knapper werden, kommt den so genannten VAen mit Doppelwirkung eine wichtige Verteilerfunktion zu, indem eine Seite begünstigt, die andere belastet wird. Entsprechend heftig streiten die Betroffenen um die Rechtmäßigkeit solcher VAe, wobei die Streitigkeiten oft im Wege vorläufigen Rechtsschutzes ausgetragen werden und in Praxis und Examen eine wichtige Rolle spielen.

Der gerichtliche vorläufige Rechtsschutz ist für VAe mit Doppelwirkung in § 80 a Abs. 3 VwGO geregelt und wegen der zahlreichen Differenzierungen weit komplizierter, als es die knappe Fassung der Vorschrift mit ihrer allgemeinen Bezugnahme auf den vorläufigen behördlichen Rechtsschutz gemäß § 80 a Abs. 1 und 2 VwGO vermuten lässt; denn grundsätzlich ist zu **unterscheiden,** ob es sich um einen **begünstigenden VA mit drittbelastender Wirkung** oder um einen **belastenden VA mit drittbegünstigender Wirkung** handelt und außerdem, ob einem Widerspruch oder Klage hiergegen – aufgrund gesetzlicher Vorschrift oder behördlicher Anordnung des Sofortvollzugs – aufschiebende Wirkung zukommt oder nicht. Zur besseren Orientierung sei an dieser Stelle vorab die Wiederholung der Tenorierungsbeispiele Nrn. 8–14 empfohlen.[162]

496 Die Vorschrift des § 80 a Abs. 3 VwGO kommt beispielsweise zur Anwendung, wenn sich ein Nachbar gegen eine dem Bauherrn erteilte Baugenehmigung wendet. Da diese Baugenehmigung kraft Gesetzes nach § 80 Abs. 2 Satz 1 Nr. 3 VwGO i. V. m. § 212 a BauGB sofort vollziehbar ist, richtet sich der Antrag auf Anordnung der aufschiebenden Wirkung des Widerspruchs nach § 80 a Abs. 3 Satz 2 i. V. m. § 80 Abs. 5 Satz 1 1. Alt. VwGO bzw. auf Aussetzung der Vollziehung nach § 80 a Abs. 3 Satz 1 i. V. m. Abs. 1 Nr. 2 VwGO[163] (s. hierzu Rn. 497 ff.). Hat die Behörde den Sofortvollzug eines VA, z. B. einer Gaststättenerlaubnis, nach § 80 a Abs. 1 Nr. 1 i. V. m. § 80 Abs. 2 Satz 1 Nr. 4 VwGO angeordnet, so begehrt der antragstellende Nachbar die Aufhebung der Anordnung der sofortigen Vollziehung nach § 80 a Abs. 3 Satz 1 i. V. m. Abs. 1 Nr. 1 VwGO[164] (s. hierzu Rn. 501). Denkbar ist weiter die Variante, dass die Behörde auf Veranlassung eines Nachbarn z. B. eine Nutzungsuntersagungsverfügung gegen den Bauherrn erlassen hat, sich aber weigert, die nach Einlegung des Widerspruchs durch den Bauherrn von dem Nachbarn beantragte sofortige Vollziehung auszusprechen und der Nachbar sich an das Gericht wendet mit dem Begehren, nach § 80 a Abs. 3 Satz 1 i. V. m. Abs. 2 VwGO die sofortige Vollziehung der Nutzungsuntersagungsverfügung anzuordnen (s. hierzu Rn. 506).

Achten Sie bei der Prüfung daher sorgfältig darauf, welcher Fall des § 80 a Abs. 1 oder 2 VwGO dem Sachverhalt zugrunde liegt. Die Erfahrung aus den Referendararbeitsgemeinschaften zeigt, dass hier immer wieder Verständnisschwierigkeiten auftreten.

II. Das vorläufige Rechtsschutzverfahren mit dem Ziel der Anordnung der aufschiebenden Wirkung

Das **Aufbauschema** hierzu finden Sie in Rn. 902 und 906.

---

[162] Rn. 428–442.
[163] Zu den beiden unterschiedlichen Auffassungen s. Tenorierungsbeispiel 8, Rn. 428.
[164] S. Tenorierungsbeispiel 11, Rn. 435.

1. Die Zulässigkeitsprüfung

Die **Zulässigkeitsprüfung** folgt weitgehend derjenigen nach § 80 Abs. 5 VwGO, auf den § 80a Abs. 3 Satz 2 VwGO verweist. Je nach Fall ist zusätzlich die **umstrittene Frage** zu erörtern, ob eine **Anrufung des VG ohne vorherige Behördenentscheidung über das Vollzugs- oder Aussetzungsbegehren** zulässig ist. *Eine Ansicht*[165] verlangt dies mit der Begründung, der Wortlaut des § 80a Abs. 3 Satz 2 VwGO sehe eine entsprechende Anwendung des § 80 Abs. 6 VwGO ausdrücklich vor. Bei einer Begrenzung der Anwendung des § 80 Abs. 6 VwGO auf Abgaben- und Kostensachen laufe die Vorschrift des § 80a Abs. 3 Satz 2 VwGO weitgehend leer, da von VAen mit Doppelwirkung nur ein äußerst geringer Anteil Kosten und Abgaben betreffe, während es sich in den meisten Fällen um Genehmigungen handele, die einen Dritten belasteten. Nach *h. M.*[166] stellt der Verweis in § 80a Abs. 3 Satz 2 VwGO auf § 80 Abs. 6 VwGO ein Redaktionsversehen dar. Es handele sich um eine **Rechtsgrundverweisung,** so dass die erfolglose Anrufung der Behörde nur in den seltenen Fällen des VA mit Doppelwirkung in Abgaben- und Kostenangelegenheiten Zulässigkeitsvoraussetzung sei; beim VA mit Doppelwirkung bedürfe es daher grundsätzlich keines vorangegangenen erfolglosen Behördenantrages. Der Meinungsstreit spielt keine Rolle, wenn die Voraussetzungen des § 80 Abs. 6 Satz 2 VwGO vorliegen. Dies ist bei baunachbarrechtlichen Eilanträgen häufig der Fall, denn der Nachbar, dem eine Abschrift der Baugenehmigung nicht zugestellt wird, erfährt in der Regel erst mit **Baubeginn** von der Existenz der Genehmigung. Dann aber **„droht die Vollstreckung"** i. S. d. **§ 80 Abs. 6 Satz 2 Nr. 2 VwGO.** 497

Dem Antrag fehlt das **Rechtsschutzbedürfnis,** wenn die begehrte Entscheidung dem Antragsteller keinerlei rechtlichen Vorteil (mehr) verschaffen kann. Dies ist regelmäßig in Baunachbarstreitigkeiten der Fall, wenn das Bauvorhaben bereits fertig gestellt ist.[167] 498

2. Die Begründetheitsprüfung

In der **Begründetheitsprüfung** sollten Sie auch hier zunächst den Maßstab der gerichtlichen Entscheidung darlegen.[168] Unter Heranziehung des Rechtsgedankens des § 80 Abs. 4 Satz 3 1. Alt.VwGO ist bei ernstlichen Zweifeln an der Rechtmäßigkeit des VA im Hinblick auf die Rechte des anfechtenden Dritten die aufschiebende Wirkung anzuordnen.[169] Nicht einheitlich beantwortet die Rechtsprechung in **Baunachbarstreitigkeiten** die Frage, welchem Interesse der Vorzug zu geben ist, wenn das Aufschubinteresse des Dritten und das Interesse des Bauherrn an der sofortigen Vollziehbarkeit der Baugenehmigung etwa gleich großes Gewicht haben. Nach *einer Ansicht*[170] hat der Gesetzgeber mit der Einfügung des § 212a BauGB eine Wertung dahingehend getroffen, dass es bei offener Sachlage grundsätzlich bei der gesetzlichen Ausgangslage, die die sofortige Vollziehbarkeit kraft Gesetzes vorsieht, verbleibt. Soweit der Bauherr trotz Vorliegens eines Widerspruchs bzw. Anhängigkeit einer 499

[165] *OVG Lüneburg* NVwZ-RR 2005, 69; *OVG Frankfurt/Oder* LKV 1998, 489.

[166] *OVG Koblenz* NVwZ-RR 2004, 224; Posser/Wolff/*Gersdorf*, § 80 Rn. 64; *Kopp/Schenke,* § 80a Rn. 21.

[167] *OVG Lüneburg* NordÖR 2005, 167; das Rechtsschutzinteresse ist aber zu bejahen, wenn die geltend gemachten Beeinträchtigungen auch oder nur von der Nutzung der baulichen Anlage ausgehen (*OVG Weimar* UPR 2005, 399).

[168] Beachten Sie auch hier gegebenenfalls den Prüfungsmaßstab des § 4 a Abs. 3 UmwRG (s. oben Rn. 473).

[169] Sodan/Ziekow/*Puttler,* § 80 Rn. 32.

[170] *OVG Saarlouis* NVwZ 1999, 444; *OVG Frankfurt/Oder* NVwZ-RR 1998, 484; *Huber,* NVwZ 2004, 915; s. auch *OVG Lüneburg* NVwZ-RR 2005, 17 und BauR 2014, 1263.

Klage unter Ausnutzung der sofortigen Vollziehbarkeit der Baugenehmigung sein Vorhaben ins Werk setze, handele er wirtschaftlich gesehen auf eigenes Risiko, falls sich im Hauptsacheverfahren dennoch das Vorliegen von Abwehransprüchen des Nachbarn herausstellen sollte. Dies müsse hingenommen werden. Folgen Sie dieser Auffassung, lehnen Sie bei offenem Ausgang in der Hauptsache den Eilantrag in der Regel ab. Nach der *Gegenmeinung*[171] lässt sich für den umfassenden Ausschluss der aufschiebenden Wirkung von Rechtsbehelfen Dritter gegen Baugenehmigungen eine materielle Wertung des Gesetzgebers durch die Neuregelung des § 212 a BauGB nicht feststellen. Der Gesetzgeber habe mit § 212 a Abs. 1 BauGB vielmehr lediglich eine Verfahrenslast anders als bisher verteilt. Statt des Bauherrn (vgl. § 80 a Abs. 1 Nr. 1, Abs. 3 VwGO) müsse der Nachbar das Verfahren auf Gewährung vorläufigen Rechtsschutzes einleiten. Teilen Sie diese Ansicht, ordnen Sie bei offenem Ausgang des Hauptsacheverfahrens zur Vermeidung vollendeter Tatsachen in der Regel die aufschiebende Wirkung des Rechtsbehelfs an.

499a Hat die Behörde dem Antrag des Dritten auf Aussetzung der sofortigen Vollziehung einer Baugenehmigung nach § 80 Abs. 1 Nr. 2 VwGO stattgegeben und begehrt der Bauherr gemäß § 80 a Abs. 3 VwGO die Anordnung der sofortigen Vollziehung der Baugenehmigung bzw. die Aufhebung der Aussetzung der sofortigen Vollziehung der Baugenehmigung[172], ist der Eilantrag des Bauherrn erfolgreich, wenn es formell **analog § 80 Abs. 3 Satz 1 VwGO** an einer ausreichenden Begründung des besonderen öffentlichen Interesses an der Aussetzung der Vollziehung der Baugenehmigung fehlt[173] oder materiell eine umfassende Interessenabwägung unter Berücksichtigung der **Erfolgsaussichten in der Hauptsache** ergibt, dass das Vollzugsinteresse des Bauherrn das Aussetzungsinteresse des beigeladenen Nachbarn überwiegt. Der Bauherr muss im Verfahren nach § 80 a Abs. 3 **kein besonderes Vollzugsinterersse** geltend machen.[174]

3. Formulierungsbeispiel

500 Hat ein Bauherr bereits mit den Bauarbeiten begonnen und wendet sich der Nachbar direkt an das VG, kann wie folgt formuliert werden:[175]

> „Der Antrag, mit dem der Antragsteller die Anordnung der aufschiebenden Wirkung seines Widerspruchs gegen die dem Beigeladenen erteilte Baugenehmigung zur Errichtung eines Einfamilienhauses in Bremen, Weserstraße 23 begehrt, ist gemäß §§ 80 a Abs. 3 Satz 2, 80 Abs. 5 Satz 1 1. Alt. VwGO i. V. m. § 212 a BauGB statthaft und auch ansonsten zulässig. Dem steht nicht entgegen, dass der Antragsteller vor Anrufung des Gerichts nicht erfolglos die Aussetzung der Vollziehung bei der Bauaufsichtsbehörde beantragt hat. Auf die in der Rechtsprechung umstrittene Frage, ob es sich bei § 80 a Abs. 3 Satz 2 VwGO um eine Rechtsgrund- oder Rechtsfolgenverweisung auf § 80 Abs. 6 VwGO handelt, braucht die Kammer hier nicht näher einzugehen. Denn der Beigeladene hatte zum Zeitpunkt des Eingangs des Antrags bei Gericht bereits mit den Bauarbeiten

---

[171] *OVG Münster* NVwZ 1998, 980; *Debus*, Jura 2006, 487, 490; *Kaplonek/Mittag*, JA 2006, 664, 669.

[172] S. dazu das Tenorierungsbeispiel 9, Rn. 432.

[173] *VG Neustadt* NVwZ NVwZ-RR 2011, 227; *Kopp/Schenke*, § 80 a Rn. 13 b.

[174] Vgl. *OVG Koblenz* BauR 2012, 1362 (näher dazu s. Rn. 502)

[175] Das Formulierungsbeispiel folgt der Auffassung, nach der bei offener Sachlage dem Aussetzungsbegehren des Antragstellers zwecks Vermeidung vollendeter Tatsachen stattgegeben wird.

begonnen. Somit drohte die Vollstreckung im Sinne des § 80 Abs. 6 Satz 2 Nr. 2 VwGO; eine vorherige Behördenentscheidung war daher nicht erforderlich.[176]

Der Antragsteller kann sich ferner auf eine Antragsbefugnis entsprechend § 42 Abs. 2 VwGO berufen, denn er macht u.a. geltend, die streitgegenständliche Baugenehmigung sei unter Missachtung des in § 30 Abs. 1 BauGB i.V.m. § 15 Abs. 1 Satz 2 BauNVO enthaltenen Gebots der Rücksichtnahme erteilt worden.

Der Antrag ist auch in der Sache erfolgreich.

Für die nach § 80 a Abs. 3 VwGO zu treffende eigene Ermessensentscheidung des Gerichts sind die gegenläufigen Interessen des Antragstellers und des Beigeladenen für den Zeitraum bis zur Entscheidung im Hauptsacheverfahren gegeneinander abzuwägen. Dabei ist die aufschiebende Wirkung des Rechtsbehelfs anzuordnen, wenn ernstliche Zweifel an der Vereinbarkeit des Vorhabens mit nachbarschützenden Vorschriften bestehen. Dies ist der Fall, wenn die Bedenken an der Rechtmäßigkeit der Baugenehmigung so gewichtig sind, dass ein Obsiegen des Nachbarn – was eine Verletzung nachbarschützender Normen voraussetzt – im Rechtsbehelfsverfahren wahrscheinlicher ist als ein Unterliegen. Lässt sich auch nach intensiver Prüfung nicht feststellen, ob der Rechtsbehelf des Nachbarn wahrscheinlich zum Erfolg führen wird, sind also die Erfolgsaussichten offen, ist nach Auffassung der Kammer unter Abwägung der gegenseitigen Interessen zur Vermeidung vollendeter Tatsachen in der Regel die aufschiebende Wirkung anzuordnen.[177]

In Anwendung dieser Grundsätze muss die Interessenabwägung zugunsten des Antragstellers ausfallen, weil im Rahmen der hier allein möglichen und gebotenen summarischen Prüfung nicht ausgeschlossen werden kann, dass die dem Beigeladenen erteilte Baugenehmigung gegen das im gesamten Bauplanungsrecht zu beachtende Gebot der Rücksichtnahme verstößt. (…)“

III. Das vorläufige Rechtsschutzverfahren mit dem Ziel der Aufhebung der Anordnung der sofortigen Vollziehung

Das **Aufbauschema** hierzu finden Sie in Rn. 902 und 907.

1. Die Zulässigkeitsprüfung

Hat die Behörde trotz Einwendungen Dritter die sofortige Vollziehung eines den Adressaten begünstigenden VA angeordnet (Beispiel: immissionsschutzrechtliche Genehmigung), folgt die Statthaftigkeit des Antrags aus § 80 a Abs. 3 Satz 1 i. V. m. Abs. 1 Nr. 1 VwGO.[178]Ein vorheriger erfolgloser Aussetzungsantrag des Dritten bei der Behörde ist nicht Zulässigkeitsvoraussetzung.[179] Ein solcher Antrag an die Behörde macht nämlich regelmäßig keinen Sinn, wenn diese in Kenntnis der wesentlichen 501

---

[176] Liegen die Voraussetzungen des § 80 Abs. 6 Satz 2 VwGO nicht vor, müssen Sie den Meinungsstreit (s. Rn. 497) entscheiden. Folgen Sie der *h. M.*, können Sie Ihre Prüfung fortsetzen. Schließen Sie sich der *Gegenmeinung* an, ist der Antrag als unzulässig abzulehnen; die weiteren Ausführungen gehören dann ins Hilfsgutachten.

[177] Kommt es in dem zu entscheidenden Fall auf den oben dargestellten Meinungsstreit an (was in der Klausur kaum der Fall sein dürfte), muss hierauf näher eingegangen werden.

[178]1 66S. Tenorierungsbeispiel 11, Rn. 435. Zur Erinnerung: Nach der *Gegenmeinung* stellt das Gericht gemäß § 80 a Abs. 3 Satz 2 i. V. m. § 80 Abs. 5 Satz 1 2. Alt. VwGO die aufschiebende Wirkung des Widerspruchs wieder her.

[179] *OVG Weimar* BeckRS 2006, 23838; *VG Hamburg* NordÖR 2007, 125.

Einwendungen die sofortige Vollziehung eines VA mit Doppelwirkung angeordnet hat. Im Übrigen gilt für die Zulässigkeitsprüfung weitgehend das in Rn. 497 Gesagte.

2. Die Begründetheitsprüfung

502 Die Anordnung der sofortigen Vollziehung hat bei dem dreiseitigen Rechtsverhältnis mehr **schiedsrichterlichen Charakter.**[180] Da der angefochtene VA dem Erlaubnisinhaber eine Rechtsposition einräumt, die ihm ein Dritter streitig macht, stehen sich in Fällen dieser Art nicht allein das öffentliche Vollzugsinteresse und das (zumeist private) Interesse an einer Beibehaltung des Status quo gegenüber. Vielmehr muss die vorläufige gerichtliche Regelung auch das Interesse des durch den VA Begünstigten an der Beibehaltung der ihm eingeräumten Rechtsposition in den Blick nehmen. Dieses Interesse ist a priori nicht weniger gewichtig als das Interesse des Drittanfechtenden. Weder § 80 a VwGO noch Art. 19 Abs. 4 GG verlangen eine Prüfung des besonderen öffentlichen Interesses an der Anordnung der sofortigen Vollziehung.[181] Deshalb muss der Antragsteller im Verfahren nach § 80 a Abs. 3 Satz 1 i.V.m. § 80 a Abs. 1 Nr. 1 VwGO **kein besonderes Aussetzungsintererss**e geltend machen.

Der Antrag ist daher begründet, wenn eine umfassende Güter- und Interessenabwägung nach § 80 a Abs. 3 Satz 1 i.V.m. § 80 a Abs. 1 Nr. 1 VwGO unter Berücksichtigung der **Erfolgsaussichten in der Hauptsache** ergibt, dass das Aussetzungsinteresse des Antragstellers das Verwirklichungsinteresse des Beigeladenen überwiegt. Dabei ist hinsichtlich der Erfolgsaussichten in der Hauptsache auf eine etwaige Verletzung von subjektiv-rechtlichen, also **nachbarschützenden Normen** abzustellen (§ 113 Abs. 1 Satz 1 VwGO), während es hinsichtlich der **Anordnung des Sofortvollzugs** auf die **Einhaltung der formalen Voraussetzungen** ankommt.[182] Ein überwiegendes Interesse des Antragstellers ist zu verneinen, wenn das von ihm eingelegte Rechtsmittel mit überwiegender Wahrscheinlichkeit erfolglos bleiben wird und zudem die Fortdauer der aufschiebenden Wirkung dem anderen, begünstigten Beteiligten gegenüber **unbillig erscheinen** muss.[183] Umgekehrt besteht kein anzuerkennendes Interesse an der auch nur vorläufigen Vollziehung eines erkennbar rechtswidrigen VA.

Auch hier trifft das Gericht eine **eigenständige Ermessensentscheidung,** ohne an die von der Behörde angeführten Gründe gebunden zu sein.[184]

3. Formulierungsbeispiel

503 „Der Antrag, mit dem der Antragsteller die Aufhebung der Anordnung der sofortigen Vollziehung der dem Beigeladenen erteilten Gaststättenerlaubnis begehrt, ist gemäß §§ 80a Abs. 3 Satz 1, 80a Abs. 1 Nr. 1 VwGO statthaft und auch ansonsten zulässig. (...)

Der Antrag ist auch in der Sache begründet.

Entfällt die aufschiebende Wirkung eines Rechtsbehelfs eines Dritten gegen den an einen anderen gerichteten, diesen begünstigenden Verwaltungsakt, weil die Behörde die sofortige Vollziehung gemäß § 80 Abs. 2 Satz 1 Nr. 4 VwGO im öffentlichen Interesse oder im überwiegenden Interesse des Begünstigten angeordnet hat, kann das Gericht der Hauptsache nach § 80a Abs. 3 Satz 1 i. V. m.

---

[180] *OVG Koblenz* BauR 2012, 1362.
[181] *BVerfG* NVwZ 2009, 240.
[182] *OVG Koblenz* BauR 2012, 1362.
[183] *OVG Koblenz* BauR 2012, 1362 unter Bezugnahme auf *BVerfG* NVwZ 2009, 240.
[184] Z. B. *OVG Lüneburg* NuR 2008, 265.

§ 80 a Abs. 1 Nr. 1 VwGO auf Antrag die Anordnung der sofortigen Vollziehung aufheben.[185] Liegen die formellen und materiellen Voraussetzungen der sofortigen Vollziehbarkeit des in Frage stehenden Verwaltungsaktes vor, hat es zwischen dem öffentlichen Interesse bzw. dem Interesse des Begünstigten an der sofortigen Vollziehung des angefochtenen Bescheids und dem Interesse der Antragstellerseite an der aufschiebenden Wirkung ihres Rechtsbehelfes abzuwägen. Dabei sind auch die Erfolgsaussichten des Hauptsacheverfahrens zu berücksichtigen, soweit sie bei der im Verfahren des vorläufigen Rechtsschutzes ausreichenden und auch nur möglichen summarischen Überprüfung hinreichend beurteilt werden können. Sind die Erfolgsaussichten jedoch nach summarischer Prüfung offen, so nimmt das Gericht eine Abwägung der für und gegen den Sofortvollzug sprechenden Interessen anhand der damit verbundenen Folgen vor.

Hiervon ausgehend fällt die Abwägung vorliegend zugunsten des Antragstellers aus. (…)"

IV. Das vorläufige Rechtsschutzverfahren mit dem Ziel der Anordnung der sofortigen Vollziehung

1. Der gerichtliche Entscheidungsmaßstab

Hier sind **zwei Konstellationen denkbar.** Zum einen kann der Adressat eines begünstigenden VA, gegen den ein Dritter Widerspruch oder Klage erhoben hat, die sofortige Vollziehung des VA beantragen (§ 80 a Abs. 3 Satz 1 i. V. m. Abs. 1 Nr. 1 VwGO).[186] Zum anderen ist auch ein Dritter befugt, die sofortige Vollziehung eines den Adressaten belastenden VA, gegen den dieser Widerspruch erhoben hat, zu beantragen (§ 80 a Abs. 3 Satz 1 i. V. m. Abs. 2 VwGO).[187] Der **gerichtliche Entscheidungsmaßstab** für die Anordnung der sofortigen Vollziehung richtet sich nach § 80 Abs. 2 Satz 1 Nr. 4 VwGO, auf den sowohl § 80 a Abs. 1 Nr. 1 als auch Abs. 2 VwGO verweist. Die Einzelheiten entnehmen Sie den folgenden beiden Formulierungsbeispielen. Die **Aufbauschemata** hierzu finden Sie in Rn. 902, 908 und 909. 504

2. Formulierungsbeispiel für einen Antrag nach § 80 a Abs. 3 i. V. m. Abs. 1 Nr. 1 VwGO

Die **Begründetheitsprüfung** bei einem Antrag des Begünstigten auf Anordnung der sofortigen Vollziehung eines VA, gegen den ein Dritter Widerspruch oder Klage erhoben hat **(§ 80 a Abs. 3 Satz 1 i. V. m. Abs. 1 Nr. 1 VwGO)** kann formuliert werden wie folgt: 505

„Der Antrag ist auch in der Sache begründet. Da der Widerspruch des Beigeladenen gegen die dem Antragsteller erteilte gaststättenrechtliche Erlaubnis aufschiebende Wirkung hat, kann das Gericht gemäß § 80 a Abs. 3 i. V. m. Abs. 1 Nr. 1 VwGO auf Antrag des Begünstigten die sofortige Vollziehung anordnen. Die Kammer folgt insofern der in Literatur und Rechtsprechung nahezu einhellig vertretenen Auffassung, dass das Gericht nicht nur über die Anordnung des Sofortvollzuges entscheidet, sondern ihn auch an Stelle der Behörde selbst anordnen kann.

---

[185] Oder die aufschiebende Wirkung des Rechtsbehelfs des Dritten wiederherstellen (s. Tenorierungsbeispiel 11, Rn. 435).

[186] S. hierzu das Tenorierungsbeispiel 10, Rn. 433.

[187] S. hierzu das Tenorierungsbeispiel 14, Rn. 441.

Mit der Anordnung der sofortigen Vollziehung trifft das Gericht eine eigene Ermessensentscheidung und befindet nicht über die Richtigkeit der behördlichen Entscheidung. Der Antrag des Begünstigten auf Anordnung der sofortigen Vollziehung ist begründet, wenn sein Vollzugsinteresse das Suspensivinteresse des Nachbarn überwiegt. Dies ist der Fall, wenn der eingelegte Rechtsbehelf des Dritten bei summarischer Beurteilung mit erheblicher Wahrscheinlichkeit keine Aussicht auf Erfolg hat und deshalb eine Fortdauer der grundsätzlichen aufschiebenden Wirkung des Rechtsbehelfs dem begünstigten Beteiligten gegenüber unbillig wäre.[188] Umgekehrt überwiegt das Suspendierungsinteresse des Dritten, wenn der begünstigende Verwaltungsakt offensichtlich rechtswidrig ist und dieser Verstoß auf der Verletzung nachbarschützender Vorschriften beruht oder wenn sich der Sachverhalt bei offener Sach- und Rechtslage so darstellt, dass dem Nachbarn unter Abwägung der gegenseitigen Interessen ein Zuwarten bis zum Abschluss des Hauptsacheverfahrens nicht zugemutet werden kann bzw. die Wiederherstellung rechtmäßiger Zustände dann für den Inhaber der Genehmigung nur mit unverhältnismäßig hohem Aufwand möglich wäre.[189]

Ausgehend hiervon muss die Abwägung hier zugunsten des Antragstellers ausfallen. (…)“

3. Formulierungsbeispiel für einen Antrag nach § 80 a Abs. 3 i. V. m. Abs. 2 VwGO

506 Bei einem Antrag des Drittbegünstigten auf Anordnung der sofortigen Vollziehung eines VA, gegen den der belastete Adressat des VA Widerspruch erhoben hat (**§ 80 a Abs. 3 Satz 1 i. V. m. Abs. 2 VwGO**), kann die **Begründetheitsprüfung** wie folgt eingeleitet werden:

„Der Antrag muss auch in der Sache Erfolg haben. Das Gericht kann nach § 80 a Abs. 3 Satz 1 i. V. m. Abs. 2 VwGO auf Antrag des durch die Beseitigungsverfügung Begünstigten die sofortige Vollziehung dieses Verwaltungsaktes nach § 80 Abs. 2 Satz 1 Nr. 4 VwGO anordnen. Gegenstand der gerichtlichen Prüfung bei einem Antrag eines Dritten auf Gewährung vorläufigen Rechtsschutzes nach der genannten Vorschrift ist allerdings nicht die Rechtmäßigkeit der Verfügung in vollem Umfang sondern nur in den Grenzen der Antragsbefugnis und der Rechtsverletzung des Antragstellers. Der Dritte muss daher substantiiert dartun, dass der von dem Adressaten der Verfügung eingelegte Rechtsbehelf voraussichtlich erfolglos bleiben wird und der Begünstigte ein besonderes Interesse an der sofortigen Vollziehung hat. Begehrt ein Nachbar – wie hier der Antragsteller – die Anordnung der sofortigen Vollziehung einer bereits gegen den Betroffenen

---

[188] S. z. B. *VGH München* BeckRS 2014, 47188; *OVG Münster* DÖV 2009, 92.

[189] Ob das Vollzugsinteresse des Begünstigten auch dann überwiegt, wenn der VA gegen nicht nachbarschützende Vorschriften verstößt und „nur“ objektiv rechtswidrig ist, wird in Rechtsprechung und Literatur unterschiedlich beurteilt. Überwiegend wird die Auffassung vertreten, Maßstab der Entscheidung sei eine Abwägung der widerstreitenden Bürgerinteressen. Dabei sei in erster Linie auf die überschaubaren Erfolgsaussichten des vom Dritten eingelegten, mit der Rechtsfolge des § 80 Abs. 1 Satz 2 VwGO ausgestatteten Rechtsbehelf abzustellen, nicht jedoch darauf, ob sich die Genehmigung aufgrund summarischer Prüfung als objektiv rechtmäßig oder rechtswidrig erweise (Sodan/Ziekow/*Puttler*, § 80 a Rn. 26; *OVG Münster* DÖV 2009, 92). Dieser Ansicht wird entgegengehalten, dass der Adressat eines begünstigenden VA grundsätzlich kein Vollzugsinteresse geltend machen könne (*Wüstenbecker*, BauR 1995, 313 f.).

erlassenen bauordnungsrechtlichen Verfügung, dann muss er in dem oben dargelegten Sinne geltend machen, dass der von dem Betroffenen angefochtene Verwaltungsakt offensichtlich rechtmäßig ist und der Sofortvollzug in seinem, des Antragstellers, überwiegenden Interesse geboten ist.[190]

Diese Voraussetzungen sind hier gegeben. (...)"

§ 18. Die Aufhebung der Vollziehung nach § 80 Abs. 5 Satz 3 VwGO

Ist der VA im Zeitpunkt der Entscheidung vollzogen, so kann das VG die Vollziehung gemäß **§ 80 Abs. 5 Satz 3 VwGO,** der nach § 80 a Abs. 3 Satz 2 VwGO auch für VAe mit Doppelwirkung Anwendung findet, vorläufig rückgängig machen oder in den Fällen des § 80 a Abs. 1 Nr. 2 VwGO auch Sicherungsmaßnahmen anordnen. § 80 Abs. 5 Satz 3 VwGO räumt dem Gericht entsprechend der im Hauptsacheverfahren geltenden Regelung des § 113 Abs. 1 Satz 2 VwGO prozessual die Befugnis ein, zusammen mit der Herstellung der aufschiebenden Wirkung des Rechtsbehelfs die Rückgängigmachung einer bereits erfolgten Vollziehung zu bewirken. Dabei ist der Begriff der Vollziehung in einem weiten Sinne zu verstehen, d. h. auch die **freiwillige Befolgung des VA** durch den Betroffenen unter dem Druck drohender Vollstreckungsmaßnahmen fällt darunter.[191] 507

Bei dem Antrag auf Aufhebung der Vollziehung nach § 80 Abs. 5 Satz 3 VwGO handelt es sich um ein **Annexverfahren,** das nicht isoliert stattfinden kann, sondern in unmittelbarem Zusammenhang mit § 80 Abs. 5 Satz 1 VwGO oder § 80 a Abs. 3 VwGO steht; dementsprechend muss vor Aufhebung der Vollziehung nach Satz 3 die aufschiebende Wirkung nach § 80 Abs. 5 Satz 1 VwGO wieder hergestellt oder angeordnet werden.[192] 508

§ 80 Abs. 5 Satz 3 VwGO gibt dem Gericht keine eigenständige Rechtsgrundlage bzw. Befugnisnorm für die Vollzugsfolgenbeseitigung. Er bildet lediglich die verfahrensrechtliche Grundlage, während die **materielle Grundlage** der **allgemeine Folgenbeseitigungsanspruch** ist.[193]

Das Gericht entscheidet über den Antrag auf Aufhebung der Vollziehung in entsprechender Anwendung der für seine Entscheidung im Aussetzungsverfahren geltenden Grundsätze. Es hat das öffentliche Interesse an dem Fortbestand des Vollzugs gegen das Interesse des Antragstellers an der Aufhebung der Vollziehung abzuwägen. Regelmäßig wird das Gericht bei seiner Entscheidung, ob es eine Rückgängigmachung der Vollziehung anordnet, sein **Ermessen** zu Gunsten des Antragstellers ausüben; ausnahmsweise kann das Gericht aber dem öffentlichen Interesse am weiteren Bestand des Vollzugs den Vorrang einräumen.[194] Mit einer Anordnung nach § 80 509

---

[190] Vgl. *OVG Berlin* LKV 1999, 196; *BGH* WM 1999, 2042; *Kopp/Schenke,* § 80 a Rn. 17; ähnlich *OVG Saarlouis* BeckRS 2013, 45672; *OVG Münster* NVwZ-RR 2007, 510 und *OVG Bautzen* SächsVBl. 2005, 148: Begehrt ein Nachbar die Anordnung der sofortigen Vollziehbarkeit einer ihn begünstigenden Nutzungsuntersagung, muss er neben der Verletzung eigener Rechte geltend machen, dass ihm ein Anspruch auf baubehördliches Einschreiten zusteht und dass der Sofortvollzug der auch objektiv rechtmäßigen Verfügung in seinem überwiegenden Interesse geboten ist.

[191] Sodan/Ziekow/*Puttler,* § 80 Rn. 163.

[192] S. z. B. *VGH Kassel* NVwZ-RR 2011, 474.

[193] Ausführlich dazu *Brosius-Gersdorf,* JA 2010, 41, 43 f.

[194] Vgl. *OVG Magdeburg* BeckRS 2008, 32759.

Abs. 5 Satz 3 VwGO kann das Gericht sowohl Vollstreckungshandlungen mit der Eigenschaft öffentlich-rechtlicher Realakte als auch solche mit VAqualität beseitigen.[195] Das **Aufbauschema** finden Sie unter Rn. 910.

§ 19. Die einstweilige Anordnung nach § 123 VwGO

I. Allgemeines

1. Typische Klausurthemen

510 Der vorläufige Rechtsschutz nach § 123 Abs. 1 VwGO ist seltener Prüfungsgegenstand im Zweiten Juristischen Staatsexamen als der Eilrechtsschutz nach den §§ 80, 80 a VwGO. Dennoch gibt es auch hier wiederkehrende Fallgestaltungen, die sich als **Klausurthema** eignen, insbesondere aus folgenden Bereichen:

Beamtenrechtlicher Konkurrentenstreit,[196] Zulässigkeit von sog. Einheimischenmodellen,[197] Begehren einer Partei auf Überlassung einer öffentlichen Einrichtung zur Durchführung eines Parteitages,[198] Zugangsanspruch eines Schaustellers zu einem Volksfest,[199] Antrag einer Bürgerinitiative auf Verpflichtung des Gemeinderats, sich in einer bestimmten Sitzung mit einem Einwohnerantrag zu befassen,[200] Rechtsschutz eines Nachbarn gegen Lärmeinwirkungen von einer Freizeitfläche,[201] Antrag des Nachbarn auf sofortiges Einschreiten der Bauaufsicht gegen den Bauherrn. Insbesondere die Anträge auf Baueinstellung sind durch die Aktivitäten des Gesetzgebers – vereinfachtes Baugenehmigungsverfahren, genehmigungsfreies Bauen bzw. Baufreistellungsverfahren – in den Vordergrund getreten.[202]

2. Das Verfahren nach § 123 VwGO

511 **Sinn und Zweck des Verfahrens nach § 123 VwGO** ist die Sicherung von Rechtspositionen bzw. die vorläufige Regelung in Bezug auf Rechtspositionen, die erst in einem nachfolgenden Hauptsacheverfahren durchgesetzt werden sollen, um einen effektiven Rechtsschutz zu gewährleisten. Einstweilige Anordnungen sind daher unabhängig von einer Klageerhebung zulässig. Das VG entscheidet hierüber durch **Beschluss.** Eine mündliche Verhandlung ist zwar möglich, stellt jedoch die absolute Ausnahme dar. Ebenso wie das Verfahren nach § 80 Abs. 5 VwGO ist dasjenige nach § 123 VwGO grundsätzlich ein **summarisches Verfahren,**[203] in dem die entscheidungserheblichen **Tatsachen** wegen der Eilbedürftigkeit nur **glaubhaft gemacht** werden müssen (§ 123 Abs. 3 VwGO i. V. m. § 920 ZPO). In der Regel erfolgt dies mittels eidesstattlicher Versicherung (§ 294 ZPO). **Streitgegenstand des Verfahrens** nach § 123 VwGO ist nicht das zu sichernde Recht (Satz 1) oder das zu regelnde Rechtsverhältnis (Satz 2), sondern nur dessen **vorläufige Sicherung bzw. vorläufige Regelung.** Sind die Voraussetzungen der einstweiligen Anordnung nach § 123 Abs. 1

[195] *OVG Bautzen* NVwZ-RR 2007, 68 zur Aufhebung einer Pfändungs- und Einziehungsverfügung.
[196] Vgl. *Hufen,* JuS 2014, 471; *Hebeler,* JA 2014, 731.
[197] S. dazu die Klausur von *Michl,* Jura 2015, 202.
[198] S. z. B. *OVG Weimar,* Beschl. v. 26.10.2004 – 2 EO 1377/04 – juris; *VGH München* BeckRS 2009, 40363.
[199] S. dazu die Klausur von *Broemel/Heinze,* JA 2014, 692.
[200] S. z. B. *OVG Schleswig* NVwZ 2006, 363; *VGH München* BayVBl. 2001, 500; *OVG Bremen* NVwZ-RR 2005, 54.
[201] S. z. B. *OVG Schleswig* NordÖR 2007, 252.
[202] S. dazu Rn. 407.
[203] S. hierzu näher Rn. 531.

VwGO erfüllt, so hat das Gericht sie zu erlassen. Es bestimmt ihren Inhalt gemäß § 123 Abs. 3 VwGO i. V. m. § 938 Abs. 1 ZPO nach **freiem Ermessen.**[204] Das Gericht ist befugt, vorläufige Verpflichtungs-, Leistungs- und Unterlassungsgebote zu erlassen sowie vorläufige Feststellungen zu treffen. § 938 Abs. 1 ZPO berechtigt das Gericht, **Nebenbestimmungen** (Befristungen, Auflagen, Bedingungen, Sicherheitsleistungen) anzuordnen. Begrenzt wird der große Ermessensspielraum des Gerichts durch das Antragsbegehren, durch den Normzweck und das materielle Recht. Auch darf das Gericht nur solche Anordnungen treffen, die erforderlich sind, um den Sicherungszweck zu erreichen.[205] Die Voraussetzungen für den Erlass einer einstweiligen Anordnung sind grundsätzlich aufgrund der tatsächlichen und rechtlichen Verhältnisse zu beurteilen, die im **Zeitpunkt der gerichtlichen Entscheidung** bestehen.[206]

II. Der Aufbau des Beschlusses nach § 123 VwGO

Das **Aufbauschema** finden Sie in Rn. 902 und 911.

1. Die Zulässigkeitsprüfung

Bei der Erörterung der Zulässigkeit des Antrags ergeben sich keine Besonderheiten gegenüber den §§ 80, 80 a VwGO. Ausführungen zum Verwaltungsrechtsweg sind in der Regel überflüssig. Dagegen ist immer auf die **Statthaftigkeit des Antrags** einzugehen. Gemäß § 123 Abs. 5 VwGO ist der vorläufige Rechtsschutz nach §§ 80 Abs. 5, 80 a Abs. 3 VwGO vorrangig, d. h. eine einstweilige Anordnung ist nur statthaft, wenn in der Hauptsache eine Verpflichtungsklage, eine allgemeine Leistungsklage oder eine Feststellungsklage zu erheben wäre. Einer **„vorläufigen Feststellung"** steht nicht entgegen, dass die einstweilige Anordnung regelmäßig einen vollstreckungsfähigen Inhalt erfordert.[207] Eine derartige Beschränkung liefe dem aus Art. 19 Abs. 4 GG folgenden Gebot effektiven Rechtsschutzes zuwider. Vorläufige Feststellungen sind daher gemäß § 123 Abs. 1 VwGO unter analoger Anwendung von § 43 VwGO statthaft, sofern hierfür aus Rechtsschutzgründen ein unabweisbares Bedürfnis besteht und der Antrag auf eine konkrete, der Vollstreckung fähige Maßnahme nicht in Betracht kommt.[208] 512

Wie bei der Bestimmung der richtigen Klageart im Hauptsacheverfahren können sich hier die gleichen Abgrenzungsfragen stellen. In Ausnahmefällen ist es sogar denkbar, dass kumulativer Rechtsschutz sowohl nach § 80 Abs. 5 VwGO als auch nach § 123 VwGO geboten ist.[209] Die weitere Frage, ob dabei im Einzelfall eine Sicherungs- oder Regelungsanordnung in Betracht kommt, kann in diesem Rahmen mit dargestellt werden; üblich ist aber die Erörterung im Rahmen der Begründetheit.[210]

Anzusprechen ist ferner die **Antragsbefugnis**, die der Klagebefugnis des Hauptsacheverfahrens entspricht. Dabei muss der Antragsteller geltend machen, einen Anspruch auf die begehrte Feststellung, Leistung oder das Unterlassen zu haben. Dieses Gel- 513

[204] Finkelnburg/*Dombert,* Rn. 215; *Koehl,* BayVBl. 2007, 573, 574.
[205] Finkelnburg/*Dombert,* Rn. 226 ff.
[206] Sodan/Ziekow/*Puttler,* § 123 Rn. 78 und 86; *OVG Münster* BeckRS 2014, 57341 zum Anordnungsgrund.
[207] Deshalb sieht eine tvA die „vorläufige Feststellung" als unzulässig an (z. B. *OVG Schleswig* NVwZ-RR 2000, 616).
[208] *BVerfG* NVwZ 2003, 856; *OVG Weimar* BeckRS 2015, 41413; *Kopp/Schenke,* § 123 Rn. 9; Finkelnburg/*Dombert,* Rn. 147; zur Tenorierung einer „vorläufigen Feststellung" s. Rn. 451.
[209] S. hierzu Finkelnburg/*Dombert,* Rn. 67.
[210] S. hierzu Rn. 518 f.

tendmachen eines Anordnungsanspruchs dürfen Sie nicht mit der Glaubhaftmachung des Anspruchs verwechseln. Denn die Glaubhaftmachung ist in der Sache eine Art Beweiserleichterung. Nach h. M.[211] sind weder die Glaubhaftmachung der Voraussetzungen des § 123 Abs. 1 VwGO noch das Bestehen eines Anordnungsgrundes noch die Zulässigkeit der Vorwegnahme der Hauptsache sonstige besondere Zulässigkeitsvoraussetzungen. Diese sind vielmehr der Begründetheit des Anordnungsbegehrens zuzuordnen.

514 Daneben hat der Antragsteller einen **Anordnungsgrund** zu **behaupten,** d. h. er muss darlegen, warum er nicht bis zu einer Entscheidung in der Hauptsache zuwarten kann.[212] Unerheblich für die Zulässigkeit des Antrags ist, ob die genannten Gründe tatsächlich zutreffen; dies ist erst in der Begründetheit zu erörtern.

515 Für den Antrag muss ferner ein **allgemeines Rechtsschutzinteresse** bestehen. Daran fehlt es regelmäßig, wenn der Antragsteller nicht zuvor einen Antrag bei der zuständigen Behörde gestellt hat.[213] Dies setzt allerdings keine förmliche Entscheidung der Behörde voraus. Begehrt der Antragsteller **vorläufigen vorbeugenden Rechtsschutz,** braucht er hierfür ein **qualifiziertes Rechtsschutzinteresse.**[214] Es muss für den Antragsteller unzumutbar sein, den Erlass des VA bzw. die Rechtsverletzung abzuwarten und sodann die Rechtsbehelfe der VwGO auszuschöpfen.[215]

Beachten Sie, dass Rechtsschutzinteresse und Anordnungsgrund zu unterscheiden sind. Die Dringlichkeit gehört zur Begründetheit des Antrags und kann erst geprüft werden, wenn ein Rechtsschutzinteresse gegeben und der Antrag auch ansonsten zulässig ist.

516 **Zuständiges Gericht** ist gemäß § 123 Abs. 2 Satz 1 VwGO das Gericht der Hauptsache. Ist die Hauptsache noch nicht rechtshängig – dies ist der Regelfall –, ist für den Erlass einer einstweiligen Anordnung das Gericht zuständig, bei dem im ersten Rechtszug die Hauptsache anhängig gemacht werden müsste, also meist das VG.

2. Die Begründetheitsprüfung

a) Der richtige Antragsgegner

517 § 123 VwGO regelt nicht, wer der richtige Antragsgegner ist. Aus der Akzessorietät dieses Verfahrens zum Hauptsacheverfahren folgt aber, dass der Antragsgegner des Anordnungsverfahrens stets der des bereits eingeleiteten oder beabsichtigten Klageverfahrens ist.[216]

b) Unterscheidung von Sicherungsanordnung und Regelungsanordnung

518 Die **Begründetheitsprüfung** eines Beschlusses nach § 123 VwGO ist **anders aufgebaut** als der Beschluss nach § 80 Abs. 5 VwGO. Es ist zunächst zu **differenzieren**

---

[211] Überzeugend hierzu Finkelnburg/*Dombert,* Rn. 107 f.; *Schoch,* Jura 2002, 318, 322; Sodan/Ziekow/*Puttler,* § 123 Rn. 75.

[212] *Happ/Allesch/Geiger/Metschke/Hüttenbrink,* S. 222; *Koehl,* BayVBl. 2007, 573, 574.

[213] H. M., s. z. B. *VGH Mannheim* NVwZ-RR 2005, 174 und *OVG Magdeburg* NVwZ-RR 1996, 75; entbehrlich ist der vorherige Antrag bei der Behörde nur bei besonderer Eilbedürftigkeit oder wenn diese von vornherein unmissverständlich zu erkennen gegeben hat, dass sie den Antrag ablehnen wird (vgl. *Kopp/Schenke,* § 123 Rn. 22).

[214] Finkelnburg/*Dombert,* Rn. 104 m. w. N.

[215] S. z. B. *VG Frankfurt* NJW 2008, 1096 zur Untersagung eines angekündigten Verbots eines Pokerturniers.

[216] Finkelnburg/*Dombert,* Rn. 249. Beachten Sie, dass in Verfahren, in denen in der Hauptsache die Verpflichtungsklage statthaft wäre, gemäß § 78 Abs. 1 Nr. 2 VwGO analog das Behördenprinzip gilt (s. *OVG Lüneburg* NordÖR 2008, 223).

zwischen der spezielleren Sicherungsanordnung (§ 123 Abs. 1 Satz 1 VwGO) **und der Regelungsanordnung** (§ 123 Abs. 1 Satz 2 VwGO).[217] In der gerichtlichen Praxis spielt diese Unterscheidung kaum eine Rolle, zumal sich die Abgrenzung zwischen den beiden Arten der einstweiligen Anordnung im Einzelfall als schwierig erweisen kann.[218] In der Klausur empfiehlt es sich jedoch, knapp aber deutlich herauszustellen, welche Art der einstweiligen Anordnung in Betracht kommt.[219] Dabei können Sie sich an die folgende gängige **Abgrenzungsregel** halten:

Die **Sicherungsanordnung** ist auf die **Sicherung eines bestehenden Zustandes** 519
gerichtet. Maßnahmen, die den status quo zugunsten des Antragstellers verbessern, sind nicht zulässig. Typische Anwendungsfälle für eine Sicherungsanordnung sind der beamtenrechtliche Konkurrentenstreit, die Unterlassung von nicht mehr rückgängig zu machenden Eingriffen wie die Abwehr der Inanspruchnahme eines Grundstücks teils für den Straßenbau oder die Verhinderung der drohenden Abschiebung.

Die **Regelungsanordnung** betrifft **sowohl zustandssichernde als auch zustands-** 520
verbessernde Maßnahmen, die den Antragsteller vor unzumutbaren Nachteilen schützen sollen, die während der Klärung des streitigen Rechtsverhältnisses in einem Hauptsacheverfahren drohen. Beispiele: Antrag auf Erlass einer einstweiligen Anordnung zur Überlassung einer öffentlichen Einrichtung zur Durchführung eines Parteitages, Antrag einer Bürgerinitiative auf Verpflichtung des Gemeinderats, sich in einer bestimmten Sitzung mit einem Einwohnerantrag zu befassen.

Erörtern Sie bei der Abgrenzung kurz, wo der Schwerpunkt des Rechtsschutzziels liegt. Dieses wird meist in der Erweiterung des Rechtskreises des Antragstellers liegen mit der Folge, dass die Regelungsanordnung häufiger in Betracht kommt.

c) Glaubhaftmachung von Anordnungsanspruch und Anordnungsgrund

Der Antrag auf Erlass einer einstweiligen Anordnung ist begründet, wenn die mate- 521
riellen Voraussetzungen des § 123 VwGO vorliegen. Dies ist der Fall, wenn der Antragsteller einen Anordnungsanspruch und einen Anordnungsgrund glaubhaft gemacht hat (§ 123 Abs. 3 VwGO i. V. m. § 920 Abs. 2 ZPO).

aa) Anordnungsanspruch

Der **Anordnungsanspruch** ist der zu sichernde/regelnde materielle Anspruch des 522
Antragstellers aus dem Hauptsacheverfahren. Der rechtsdogmatische Anknüpfungspunkt hierfür findet sich bei der Sicherungsanordnung im „Recht des Antragstellers" (§ 123 Abs. 1 Satz 1 VwGO), bei der Regelungsanordnung im „streitigen Rechtsverhältnis" (§ 123 Abs. 1 Satz 2 VwGO).

Ein **„Recht"** i. S. d. § 123 Abs. 1 Satz 1 VwGO ist jede subjektive Rechtsposition, die 523
beeinträchtigenden Zustandsveränderungen ausgesetzt sein kann. Hierzu können auch Verfahrensrechte gehören, die wie materielle Rechte vor ihrer endgültigen Verwirklichung entwertet werden können.[220] Zu den sicherungsfähigen Rechten zählen z. B. Status- und Teilhaberechte sowie rechtlich geschützte (Dritt-)Interessen, die durch einfaches Gesetz begründet werden können.

---

[217] Selbstverständlich kann die Abgrenzung von Sicherungs- und Regelungsanordnung auch schon im Rahmen der Statthaftigkeit erfolgen (s. Rn. 512).

[218] Vgl. *Redeker/von Oertzen,* § 123 Rn. 5; Schoch/*Schoch,* § 123 Rn. 50 hält den Verzicht auf eine Differenzierung für nicht mit dem Gesetz vereinbar.

[219] So auch *Decker/Konrad,* Assessorklausuren, 4. Klausur Lösungsvorschlag Rn. 4; *Geiger,* JuS 1998, 343, 349; *Mückl,* JA 2000, 329, 331; *Loos,* JA 2001, 871.

[220] Finkelnburg/*Dombert,* Rn. 152.

Der Begriff des **„Rechtsverhältnisses“** i. S. d. § 123 Abs. 1 Satz 2 VwGO deckt sich mit dem des § 43 Abs. 1 VwGO.[221] Für den Antragsteller muss sich daraus ein Rechtsanspruch ergeben, der in einem künftigen Hauptsacheverfahren geltend gemacht werden soll. Als regelungsfähige Rechtverhältnisse sind z. B. Verpflichtungsverhältnisse, die auf Erlass eines begünstigenden VA gerichtet sind (Genehmigung, Erlaubnis) oder Leistungs- und Feststellungsverhältnisse anzusehen.

524 Zu unterscheiden sind die tatsächliche und die rechtliche Seite des Anordnungsanspruchs („Glaubhaftmachung des Anspruchs“).[222] Dies bedeutet, dass der dem Eilantrag zugrunde liegende Sachverhalt glaubhaft gemacht werden muss (§ 294 ZPO), während die zu entscheidenden Rechtsfragen nicht Gegenstand der Glaubhaftmachung sind.

525 Ist der Behörde bei ihrer Entscheidung ein **Ermessen** eingeräumt und kommt das VG zu dem Ergebnis, dass der Antragsteller zwar keinen Rechtsanspruch auf die begehrte einstweilige Anordnung hat, die Entscheidung der Behörde aber ermessensfehlerhaft ist, so scheidet die Verpflichtung der Behörde zur Neubescheidung grundsätzlich aus.[223] Eine Verpflichtung der öffentlichen Hand zur **Neubescheidung des Antrags** auf Erteilung eines begünstigenden VA unter Beachtung der Rechtsauffassung des Gerichts **analog § 113 Abs. 5 Satz 2 VwGO** kommt ausnahmsweise aber dann in Betracht, wenn der Antragsteller ein berechtigtes Interesse hat, dass die Behörde möglichst frühzeitig und nicht erst nach Durchführung des Hauptsacheverfahrens in eine erneute Prüfung der Antragsvoraussetzungen eintritt, andererseits das Gericht in Bezug auf den Anordnungsgrund bei der Folgenabwägung eine vorläufige Einräumung der mit dem Antrag begehrten Rechtsposition für nicht vertretbar ansieht. Reicht eine Anordnung auf Neubescheidung (etwa aus Zeitgründen) nicht aus, um dem Antragsteller effektiven vorläufigen Rechtsschutz zu gewähren, muss das Gericht mit Rücksicht auf Art. 19 Abs. 4 GG den Antragsteller vorläufig so stellen, als ob die Verwaltung ihr Ermessen zugunsten des Antragstellers betätigt hätte.[224]

bb) Anordnungsgrund

526 Der **Anordnungsgrund** bei der Sicherungsanordnung liegt in der Gefährdung der Rechtsverwirklichung im Sinne der Rechtsvereitelung oder der wesentlichen Erschwerung der Rechtsverwirklichung. Bei der Regelungsanordnung ist der Anordnungsgrund gleichzusetzen mit Dringlichkeit bzw. Eilbedürftigkeit der Rechtsschutzgewährung. Es ist letztlich eine Frage des Einzelfalles, wann von einem besonderen Dringlichkeitsinteresse ausgegangen werden muss.[225]

cc) Glaubhaftmachung

527 Gegenstand der Glaubhaftmachung sind sämtliche dem vorläufigen Rechtsschutzgesuch zugrunde liegenden **Tatsachen** (§ 294 ZPO), nicht aber deren rechtliche Würdigung.[226] Der Antragsteller ist gehalten, das Gericht von der Wahrscheinlichkeit des behaupteten Anspruchs durch die **Vorlage geeigneter Beweismittel** (§ 173 VwGO i. V. m. § 294 ZPO) zu überzeugen. Einer Glaubhaftmachung bedarf es ausnahmsweise

---

[221] Finkelnburg/*Dombert,* Rn. 120.
[222] Schoch/*Schoch,* § 123 Rn. 69.
[223] *Happ/Allesch/Geiger/Metschke/Hüttenbrink,* S. 223; vgl. auch *VGH Mannheim* VBlBW 2006, 113, 114.
[224] Sodan/Ziekow/*Puttler,* § 123 Rn. 113. Zur Tenorierung s. Rn. 452.
[225] 209 Näher dazu Finkelnburg/*Dombert,* Rn. 132 ff. und 158 ff.
[226] *Hummels,* JuS 2011, 502, 502.

nicht, wenn Tatsachen offenkundig sind oder wenn ihr Vorhandensein gesetzlich vermutet wird.

d) Keine Vorwegnahme der Hauptsache

Nach *h. M.*[227] soll durch den Erlass einer einstweiligen Anordnung grundsätzlich weder die Hauptsache des Rechtsstreits vorweggenommen noch die Rechtsstellung des Antragstellers erweitert, sondern lediglich dessen Rechtsposition in der Weise gesichert werden, dass er sein Recht bei einem Obsiegen in der Hauptsache noch sinnvoll wahrnehmen kann. Aus Gründen des effektiven Rechtsschutzes (Art. 19 Abs. 4 Satz 1 GG) kann daher eine **Vorwegnahme in der Hauptsache** in den Fällen, in denen der Rechtsschutz in der Hauptsache zu spät käme (z. B. bei termingebundenen Ereignissen oder Existenzgefährdung des Antragstellers), zur Vermeidung irreparabler Schäden zulässig sein.[228] Entscheidendes Kriterium für die Beurteilung, ob das Verbot der Vorwegnahme der Hauptsache eingreift, ist die Reversibilität der Eilentscheidung.[229] Kann die vorläufige Regelung nach einer negativen Hauptsacheentscheidung für die Zukunft wieder rückgängig gemacht werden, liegt nur eine **vorläufige Vorwegnahme** vor. Diese unterliegt nicht dem Vorwegnahmeverbot.[230] Ist die vorläufige Regelung dagegen nicht reversibel und werden über den Zeitpunkt der Hauptsacheentscheidung hinaus vollendete Tatsachen geschaffen, ist eine **endgültige Vorwegnahme** anzunehmen, die dem Vorwegnahmeverbot und damit strengeren Anforderungen an Anordnungsanspruch und Anordnungsgrund unterliegt.[231] **528**

e) Reihenfolge der Prüfung

Die **Reihenfolge der Erörterung** orientiert sich an der jeweiligen Fallkonstellation. **529**
Kommen Sie bei Ihrer Prüfung zu dem Ergebnis, dass der Antragsteller zwar womöglich einen Anordnungsanspruch, nicht aber einen Anordnungsgrund glaubhaft gemacht hat, ist eine ausführliche Erörterung des Anordnungsanspruchs regelmäßig fehl am Platze, da dies für die zu treffende Entscheidung irrelevant ist. Formulieren Sie in solch einem Fall etwa so:

„Der Antrag ist allerdings unbegründet. Dabei braucht die Kammer nicht näher darauf einzugehen, ob der Antragsteller einen Anordnungsanspruch glaubhaft gemacht hat. Jedenfalls fehlt es hier an der Glaubhaftmachung des Anordnungsgrundes. Denn (…)“

Diese Vorgehensweise ist aber unzulässig, wenn eine Bejahung des Anordnungsanspruchs bei einer Fallgestaltung, in der dieser bei Versagung des vorläufigen Rechtsschutzes fortschreitend endgültig vereitelt wird, für die Prüfung des Anordnungsgrundes in weitem Umfang vorgreiflich ist. Dies gilt dann, wenn insoweit auch Grundrechtspositionen von Gewicht in Rede stehen. Hier hat eine sorgfältige und

---

[227] Anders Schoch/*Schoch,* § 123 Rn. 146 f., der es für unbedenklich hält, die Hauptsache bis zu einer rechtskräftigen Hauptsacheentscheidung auch endgültig vorwegzunehmen.

[228] Z. B. *BVerwG* NVwZ-RR 2014, 558.

[229] *Bongard,* NVwZ 2007, 1362, 1364 m. w. N.

[230] *BVerfG* NVwZ 2003, 1112. Beispiel: Gestattung einer vorläufigen baulichen Nutzung (s. z. B. *OVG Bremen* NVwZ-RR 2006, 162).

[231] *Bongard,* NVwZ 2007, 1362, 1364. Eine unzulässige Vorwegnahme der Hauptsache liegt z. B. vor, wenn der Antragsteller im Wege des Verfahrens nach § 123 Abs. 1 VwGO den Erlass einer Baugenehmigung begehrt (*OVG Bautzen* SächsVBl. 1993, 207). Zulässig kann die Vorwegnahme der Hauptsache dagegen sein beim Zugangsanspruch eines Schaustellers zu einem Volksfest.

eingehende Bewertung des Anordnungsanspruchs und damit der Erfolgsaussichten in der Hauptsache Vorrang in der Prüfungsabfolge. Sofern mit hinreichender Wahrscheinlichkeit ein Erfolg des Antragstellers im Hauptsacheverfahren angenommen werden kann, ist der Anordnungsgrund bei solcher Sachlage von Verfassungs wegen indiziert. Die einstweilige Anordnung muss dann zur Abwendung wesentlicher Nachteile ergehen, da andernfalls die Gefahr fortschreitender Rechtsvereitelung besteht, es sei denn, der Anordnung stünden sonst gewichtige Gründe entgegen.[232]

Fehlt es schon an der Glaubhaftmachung eines Anordnungsanspruchs, bedarf es regelmäßig keiner Prüfung eines Anordnungsgrundes:

> „Hat die Antragstellerin damit keinen Anordnungsanspruch glaubhaft gemacht, kommt es nicht mehr auf die weitere Frage an, ob sich die Antragstellerin daneben auf einen Anordnungsgrund berufen kann."

Sind in dem zu bearbeitenden Fall nach Ihrer Auffassung sowohl das Bestehen eines Anordnungsanspruchs als auch das Vorliegen eines Anordnungsgrundes zweifelhaft, empfiehlt sich folgende Vorgehensweise:

> „Im vorliegenden Fall ist schon die Glaubhaftmachung eines Anordnungsgrundes zweifelhaft, weil ein wesentlicher Nachteil für die Antragstellerin bei Verbleib auf ihrem Dienstposten nicht erkennbar ist. Insbesondere handelt es sich bei dem begehrten Dienstposten nicht um einen sog. Beförderungsdienstposten, wie im Einzelnen noch auszuführen sein wird. Diese Frage bedarf aber keiner abschließenden Erörterung. Die Antragstellerin hat jedenfalls keinen Anordnungsanspruch glaubhaft gemacht."

Kommen Sie zu dem Ergebnis, dass der Antragsteller nach den Verhältnissen im Zeitpunkt der gerichtlichen Entscheidung einen Anordnungsanspruch und einen Anordnungsgrund glaubhaft gemacht hat, so müssen Sie in einem weiteren Schritt noch prüfen, ob die Entscheidung in der Hauptsache vorweggenommen werden kann.[233]

f) Der rechtliche Prüfungsmaßstab

530 Zum **rechtlichen Prüfungsmaßstab** im Verfahren nach § 123 VwGO werden in Rechtsprechung und Literatur die verschiedensten Auffassungen vertreten.[234] Deren Feinheiten darzustellen, würde Zielsetzung und Rahmen dieser Schrift sprengen, aber die Grundzüge sollten geläufig sein.

aa) Summarisches Verfahren

531 Das Verfahren nach § 123 Abs. 1 VwGO ist vom Grundsatz her ein **summarisches Verfahren.**[235] Dabei bezieht sich die summarische Überprüfung sowohl auf die Sachverhaltsermittlung als auch auf die rechtliche Wertung.[236] Aber: Der Anspruch des

---

[232] *BVerfG* NVwZ-RR 2009, 945; vgl. auch *BVerfG* NVwZ 2014, 1572.

[233] Vgl. *Fichte,* Rn. 282.

[234] Eine umfassende Darstellung und Kommentierung hierzu finden Sie bei Finkelnburg/*Dombert,* Rn. 110 ff.

[235] *BVerfG* NJW 2014, 3711 ; *Kopp/Schenke,* § 123 Rn. 23; Sodan/Ziekow/*Puttler,* § 123 Rn. 85; ablehnend Finkelnburg/*Dombert,* Rn. 157 und 313 f.

[236] *Kopp/Schenke,* § 123 Rn. 24; Sodan/Ziekow/*Puttler,* § 123 Rn. 87; a. A. Schoch/*Schoch,* § 123 Rn. 22; *Koehl,* BayVBl. 2007, 573, 575, die eine strikte rechtliche Prüfung verlangen.

Betroffenen auf vorläufigen Rechtsschutz ist grundsätzlich um so stärker, je schwerer die dem Antragsteller durch den Zeitablauf drohenden Nachteile sind und je weniger diese Nachteile nach einem Obsiegen in der Hauptsache wieder rückgängig gemacht werden können. Drohen dem Antragsteller schwere, nicht wieder rückgängig zu machende Nachteile, insbesondere erhebliche Grundrechtsverletzungen, so darf sich das Gericht nicht auf eine summarische Prüfung beschränken; vielmehr hat es eine **eingehende abschließende Prüfung der Sach- und Rechtslage** auch unter **Einbeziehung der Grundrechtsfragen** vorzunehmen (so etwa in beamtenrechtlichen Konkurrentenstreitigkeiten).[237]

bb) Regelungsanordnung

Für die Beurteilung der Notwendigkeit einer **Regelungsanordnung** ist zunächst auf die **Erfolgsaussichten in der Hauptsache** abzustellen.[238] Hat der Antragsteller **überwiegende Erfolgsaussichten,** so kann die begehrte Regelung ergehen; ist ein Erfolg nicht oder weniger wahrscheinlich, so ist die beantragte Anordnung nicht notwendig, weil es an einer schutzwürdigen Rechtsposition fehlt. Eine gesonderte erfolgsunabhängige Interessenabwägung kommt neben der Prüfung des Anordnungsgrundes nicht in Betracht.[239] Eine **Folgenabwägung ohne Berücksichtigung der Erfolgsaussichten in der Hauptsache** wird dem Gericht nur bei **offener Hauptsachelage,** wenn die Komplexität der Sache eine Glaubhaftmachung gravierend erschwert und existentielle Nachteile für den Antragsteller nicht ausgeschlossen werden können, wenn eine „qualifizierte Beeinträchtigung hochrangiger Rechtsgüter“ vorliegt sowie nach *tvA* bei nicht eindeutiger Hauptsachelage eingeräumt.[240] 532

cc) Sicherungsanordnung

Bei der **Sicherungsanordnung** gelten die dargestellten Grundsätze in ähnlicher Weise, d. h. auch hier müssen **überwiegende Erfolgsaussichten in der Hauptsache** gegeben sein und der Antragsteller muss einen zumindest wahrscheinlich– bestehenden Anordnungsgrund glaubhaft gemacht haben. Nach *h. M.*[241] erlässt das VG eine Sicherungsanordnung, wenn die Verwirklichung eines Rechts des Antragstellers durch eine für ihn nachteilige Veränderung des bestehenden Zustandes so erheblich gefährdet wird, dass ihm ein vollständiger Rechtsverlust droht, wenn er auf den Ausgang des Hauptsacheverfahrens verwiesen wird. 533

Bei **beamtenrechtlichen Stellenbesetzungsverfahren**[242] ergibt sich ein **herabgestufter Prüfungsmaßstab.** Hier ist ein Sicherungsanspruch regelmäßig zu bejahen, wenn nach dem im Zeitpunkt der gerichtlichen Entscheidung erkennbaren Sach- und Streitstand nicht mit hinreichender Sicherheit ausgeschlossen werden kann, dass die vom 534

---

[237] Vgl. *BVerfG* NJW 2014, 3711 und DVBl 2013, 169 *VGH Mannheim* NVwZ 2013, 1022.

[238] *VGH Kassel* NVwZ-RR 2001, 366; *Kopp/Schenke,* § 123 Rn. 25; Finkelnburg/*Dombert,* Rn. 118 und 136.

[239] Vgl. z. B. *BVerfG* NJW 2003, 1305; NVwZ 1997, 479; *Koehl,* BayVBl. 2007, 573, 575; nach einer Mindermeinung (s. die Nachweise bei Finkelnburg/*Dombert,* Rn. 136) kann der Erlass einer Regelungsanordnung allein aufgrund einer isolierten Interessenabwägung zugelassen werden.

[240] Näher dazu Finkelnburg/*Dombert,* Rn. 137–141.

[241] Finkelnburg/*Dombert,* Rn. 150.

[242] Für die Beurteilung des Gerichts ist regelmäßig die Sach- und Rechtslage zum Zeitpunkt der Auswahlentscheidung maßgeblich, denn für deren Rechtmäßigkeit kommt es auf die Erwägungen an, die der Dienstherr in Ausübung seines Verwendungsermessens und des ihm vorbehaltenen Beurteilungsspielraums hinsichtlich der Eignung der Kandidaten angestellt hat (*VGH Mannheim* NVwZ-RR 2011, 909, *BVerwG* NVwZ-RR 2009, 604).

Dienstherrn getroffene Auswahlentscheidung zu Lasten des Antragstellers rechtsfehlerhaft ist. Es bedarf keiner darüber hinausgehenden Glaubhaftmachung der realistischen, nicht nur entfernten Möglichkeit, dass der Konkurrent bei Vermeidung des Fehlers einem der ausgewählten Mitbewerber vorgezogen würde.[243] Bei offenem Ausgang des Konkurrentenstreits ist dem Antrag auf Erlass einer einstweiligen Anordnung in der Regel stattzugeben.[244]

535 Auch im Rahmen eines **bauordnungsrechtlichen Genehmigungsfreistellungsverfahrens**[245] gilt ein geringerer Prüfungsmaßstab. Hier sind die zu § 80a Abs 3, § 80 Abs 5 VwGO entwickelten Grundsätze entsprechend anzuwenden.[246]

536 Ob bei der Sicherungsanordnung im Rahmen des Anordnungsgrundes Raum für eine Interessenabwägung ist, wird unterschiedlich beurteilt. Nach *tvA*[247] scheidet sie aus, weil der Tatbestand des § 123 Abs. 1 Satz 1 VwGO sie nicht eröffne. Dagegen ist nach *h. M.*[248] eine Sicherungsanordnung bei nicht eindeutiger oder offener Hauptsachelage aufgrund einer Interessenabwägung möglich.

dd) Strengerer Wahrscheinlichkeitsmaßstab bei Vorwegnahme der Hauptsache

537 Nimmt die einstweilige Anordnung die Hauptsache vorweg, so setzt die Stattgabe eine **weit überwiegende Wahrscheinlichkeit** eines Erfolgs in der Hauptsache voraus. Die Vorwegnahme der Hauptsache durch einen Eilrechtsbeschluss nach § 123 VwGO verlangt gerade wegen des Vorwegnahmecharakters der Entscheidung eine besonders sorgfältige Prüfung der Erfolgsaussichten; je mehr die Hauptsache vorweggenommen wird, desto wahrscheinlicher muss der Erfolg im Hauptsacheverfahren sein.[249]

ee) Prüfungsmaßstab bei Unwirksamkeit von Unionsrecht

538 Macht der Antragsteller einen Unterlassungsanspruch gegen eine auf EU-Recht gestützte nationale Maßnahme geltend, so gilt Folgendes:

Um sicherzustellen, dass es nur in Ausnahmefällen zur vorübergehenden Aussetzung von Unionsrecht kommt und das Verwerfungsmonopol des *EuGH* nicht umgangen wird, hat der *EuGH*[250] Kriterien entwickelt, von deren Vorliegen das nationale Gericht überzeugt sein muss, wenn es einstweiligen Rechtschutz gewähren will. Danach darf das VG eine einstweilige Anordnung in Bezug auf einen zur Durchführung einer Unionsverordnung ergangenen nationalen VA nur erlassen, wenn es erhebliche Zweifel an der Gültigkeit der Verordnung der Union hat und diese Gültigkeitsfrage, sofern der Gerichtshof mit ihr noch nicht befasst ist, diesem selbst vorlegt. Ferner muss die Entscheidung dringlich in dem Sinne sein, dass die einstweilige Anordnung erforder-

---

[243] *BVerfG* NVwZ 2003, 200; s. auch *BVerfG* NVwZ 2007, 1178: Aus Art. 33 Abs. 2 GG i. V. m. Art. 19 Abs. 4 GG folgt die Verpflichtung des Dienstherrn, dem unterlegenen Bewerber rechtzeitig vor der Ernennung des Konkurrenten Kenntnis vom Ausgang des Auswahlverfahrens zu geben; ferner muss der Dienstherr einen ausreichenden Zeitraum abwarten, um dem Mitbewerber die Möglichkeit zu geben, einen Eilantrag zu stellen.

[244] Vgl. *BVerfG* NVwZ 2006, 1401; *BVerwG* NVwZ 2011, 358; *VGH Mannheim* NVwZ-RR 2011, 909.

[245] Der Bauherr benötigt für sein Bauvorhaben keine Baugenehmigung und beginnt zu bauen. Der Nachbar möchte den status quo vorläufig sichern lassen und stellt einen Antrag nach § 123 Abs. 1 VwGO.

[246] *VGH München* NVwZ 1997, 923; *VG München* NVwZ 1997, 928.

[247] Finkelnburg/*Dombert,* Rn. 169, der allerdings auch hier eine Folgenabwägung ohne Berücksichtigung der Erfolgsaussichten in der Hauptsache für zulässig ansieht (Rn. 171).

[248] S. hierzu die Zitate bei Finkelnburg/*Dombert,* Rn. 170 Fn. 87 und 88.

[249] Z. B. *OVG Münster* BeckRS 2015, 40950; OVG Weimar NJW 2015, 1836.

[250] Slg. 1995 I-3761 („Atlanta").

lich ist um zu vermeiden, dass die sie beantragende Partei einen schweren und nicht wiedergutzumachenden Schaden erleidet. Schließlich muss das VG das Interesse der Union angemessen berücksichtigen. Entsprechende Klausurbeispiele zu dieser Thematik finden Sie in der JA 2011, 842 und Jura 2014, 752 (Veröffentlichung von Daten über Subventionsempfänger und Restaurantbesitzern im Internet).

ff) Prüfungsmaßstab bei potenziell unionsrechtswidrigem nationalem Recht

Bestehen Zweifel an der Vereinbarkeit nationaler Bestimmungen mit dem Unionsrecht, können die durch das supranationale EU-Recht verliehenen individuellen Rechte mittels einstweiliger Anordnung vorläufig gesichert bzw. durchgesetzt werden.[251] Im Rahmen der Normanwendung ist bei der Handhabung des § 123 VwGO **unionsrechtlichen Vorgaben Rechnung zu tragen.** Da es an einer einschlägigen Unionsrechtsregelung fehlt, sind vorläufige Maßnahmen zum Schutz der dem Einzelnen aus dem EU-Recht erwachsenden Rechte durch **Nichtanwendung entgegenstehender materieller nationaler Rechtsvorschriften** auf Grund innerstaatlichen Prozessrechts vorzunehmen.[252] **538a**

g) Formulierungsbeispiel für eine Regelungsanordnung

Nachfolgendes Beispiel einer Regelungsanordnung orientiert sich an der Auffassung, welche überwiegende Erfolgsaussichten in der Hauptsache verlangt: **539**

„Der Antrag auf Erlass einer einstweiligen Anordnung ist zulässig und begründet.

Nach § 123 Abs. 1 Satz 1 VwGO kann das Gericht auf Antrag, auch schon vor Klageerhebung, eine einstweilige Anordnung in Bezug auf den Streitgegenstand treffen, wenn die Gefahr besteht, dass durch die Veränderung eines bestehenden Zustandes die Verwirklichung eines Rechts des Antragstellers vereitelt oder wesentlich erschwert werden könnte. Der Erlass einer solchen Sicherungsanordnung scheidet hier aus, weil die Antragstellerin nicht den bestehenden Zustand gegen dessen drohende Veränderung gesichert haben will, sondern vielmehr eine vorläufige Erweiterung ihres Rechtskreises, nämlich… begehrt.

Nach § 123 Abs. 1 Satz 2 VwGO ist eine einstweiligen Anordnung darüber hinaus zur Regelung eines vorläufigen Zustandes in Bezug auf ein streitiges Rechtsverhältnis zulässig, wenn die Regelung nötig erscheint, um wesentliche Nachteile abzuwenden oder um drohende Gefahren zu verhindern oder wenn sie aus anderen Gründen erforderlich ist. Dabei darf grundsätzlich nicht die Hauptsache vorweggenommen werden. Eine Ausnahme von diesem Grundsatz gilt nach der in Art. 19 Abs. 4 Satz 1 GG gewährleisteten Rechtsschutzgarantie jedoch dann, wenn der in der Hauptsache geltend gemachte Anspruch hinreichend wahrscheinlich ist und wegen des Nichterfüllens dieses Anspruchs schwere, unzumutbare oder nicht anders abwendbare Nachteile drohen. Diese Voraussetzungen sind wie alle Voraussetzungen des § 123 Abs. 1 Satz 2 VwGO glaubhaft zu machen (§ 920 Abs. 2 ZPO i. V. m. § 123 Abs. 3 VwGO). Ob eine Regelungsanordnung nötig erscheint, beurteilt sich nach den Erfolgsaussichten in der Hauptsache. Danach kommt eine

---

[251] Dies gilt ebenso, wenn das VG zu dem Ergebnis kommt, die nationale Norm verstoße gegen die **EMRK** (s. dazu die Klausur von *Hindelang/Berner,* JuS 2013, 925).

[252] *EuGH* NJW 2007, 3555; Schoch/*Schoch,* § 123 Rn. 68b; *OVG Koblenz* NVwZ 2004, 363: Aus primärem Unionsrecht folgt aber keine Verpflichtung des nationalen Richters, vorläufigen Rechtsschutz unabhängig von den Erfolgsaussichten in der Hauptsache oder einer Folgenabwägung allein deshalb zu gewähren, weil hinsichtlich der Vereinbarkeit des nationalen Rechts mit Unionsrecht ein Vorabentscheidungsverfahren vor dem *EuGH* anhängig ist.

Regelungsanordnung nur in Betracht, wenn ein Obsiegen der Antragstellerin in der Hauptsache mit überwiegender Wahrscheinlichkeit zu erwarten wäre und auch ein Zuwarten auf die Hauptsacheentscheidung nicht zumutbar wäre.

In Anwendung dieser Grundsätze sind vorliegend die Voraussetzungen einer solchen Regelungsanordnung gegeben.

Die Antragstellerin hat glaubhaft gemacht, dass ihr im Zeitpunkt der gerichtlichen Entscheidung ein Anordnungsanspruch zusteht. Dieser folgt aus § ... Danach... Diese Voraussetzungen liegen hier vor, denn (...)

Die Antragstellerin hat ferner auch einen Anordnungsgrund glaubhaft gemacht, denn (...)

Dem Erlass der Regelungsanordnung nach § 123 Abs. 1 Satz 2 VwGO steht schließlich nicht das grundsätzliche Verbot der Vorwegnahme der Hauptsache entgegen. Wie ausgeführt, darf zur Gewährung effektiven Rechtsschutzes von diesem Verbot ausnahmsweise abgewichen werden, wenn die sonst zu erwartenden Nachteile für den Antragsteller unzumutbar und bei einem überwiegend wahrscheinlichen Obsiegen im Hauptsacheverfahren nicht mehr zu beseitigen wären. Davon ist hier auszugehen (...)“

§ 20. Das Abänderungsverfahren nach § 80 Abs. 7 VwGO

540 Gemäß § 80 Abs. 7 VwGO kann das **Gericht der Hauptsache** Beschlüsse über Anträge nach § 80 Abs. 5 jederzeit aufheben oder ändern. Jeder Beteiligte des vorangegangenen Eilverfahrens kann die Änderung oder Aufhebung wegen veränderter oder im ursprünglichen Verfahren ohne Verschulden nicht geltend gemachter Umstände beantragen. Über den eingeschränkten Wortlaut hinaus ist die **Vorschrift auch auf Anträge nach § 80 a VwGO und § 123 VwGO anwendbar.**[253] Die Beteiligtenstellung im Änderungsverfahren nach § 80 Abs. 7 VwGO entspricht der Stellung im Ausgangsverfahren.[254] Das praktische Erfordernis eines Abänderungsverfahrens folgt aus der **Bindungswirkung der gerichtlichen Eilentscheidung** für die Beteiligten bis zum Abschluss des Hauptsacheverfahrens; bis zu diesem Zeitpunkt kann sich aber – insbesondere, wenn sich das Hauptsacheverfahren über einen langen Zeitraum erstreckt – die Sach- und Rechtslage in entscheidenden Punkten ändern, die ein Festhalten an der betreffenden Eilentscheidung unzumutbar erscheinen lässt. Das Abänderungsverfahren schafft die Möglichkeit, derartigen Änderungen Rechnung zu tragen.[255] Es ist weder die Fortsetzung des Ausgangsverfahrens noch ein Rechtsmittelverfahren, sondern ein **eigenständiges Verfahren,** in dem über die Fortdauer der im Verfahren nach § 80 Abs. 5 VwGO getroffenen formell bestandskräftig gewordenen Entscheidung, nicht über deren ursprüngliche Rechtmäßigkeit befunden wird.[256] Prüfungsmaßstab für die Entscheidung ist allein, ob nach der jetzigen Sach-

---

[253] *Kopp/Schenke,* § 123 Rn. 35; *Schlaeger,* JA 2005, 894; *BVerfG* InfAuslR 1995, 246, 251; *VGH Mannheim* VBlBW. 2007, 34, 35.

[254] S. z.B. *OVG Lüneburg* BauR 2015, 478; Posser/Wolff/*Gersdorf,* § 80 Rn. 198.

[255] Stellt das VG nach § 80 Abs. 5 Satz 1 VwGO die aufschiebende Wirkung eines Rechtsbehelfs gegen einen VA wieder her oder ordnet diese an, so wäre die sofortige Vollziehung eines neuen VA mit gleichem oder im Wesentlichen gleichem Inhalt eine unzulässige Umgehung der Bindungswirkung des stattgebenden Beschlusses (vgl. *VGH Kassel* NVwZ-RR 2007, 822; *OVG Lüneburg* NVwZ-RR 1995, 376; Schoch/*Schoch,* § 80 Rn. 361).

[256] *OVG Lüneburg* NordÖR 2009, 428; Finkelnburg/*Külpmann,* Rn. 1171.

und Rechtslage die Anordnung oder Wiederherstellung der aufschiebenden Wirkung der Klage geboten ist oder die Voraussetzungen für den Erlass einer einstweiligen Anordnung nunmehr gegeben sind.[257]

Die Einleitung des Abänderungsverfahrens erfolgt in der Regel durch **Antrag eines** 541 **Beteiligten** des Ausgangsverfahrens und ausnahmsweise **von Amts wegen** durch das Gericht der Hauptsache. Ob das VG von der Abänderung von Amts wegen Gebrauch macht, steht allein in seinem pflichtgemäßen Ermessen. Im Abänderungsverfahren gelten die gleichen Grundsätze wie für eine Entscheidung nach § 80 Abs. 5 VwGO; das Gericht entscheidet – unabhängig von etwaigen Anträgen oder Anregungen der Beteiligten – auf der Grundlage seiner Rechtskenntnis über die Anordnung oder Wiederherstellung der aufschiebenden Wirkung.[258] Nach *h. M.*[259] ist hierfür eine Veränderung der Umstände nicht erforderlich. Es reicht danach aus, wenn das Gericht bei objektiv gleich gebliebener Sach- und Rechtslage zu besserer Rechtserkenntnis gelangt oder ihm die vorgenommene Interessenabwägung korrekturbedürftig erscheint. Nach der *Gegenmeinung*[260] kann das VG Beschlüsse nach § 80 Abs. 5 VwGO nur dann von Amts wegen ändern oder aufheben, wenn gewichtige Gründe dafür sprechen, den Belangen der materiellen Einzelfallgerechtigkeit und inhaltlichen Richtigkeit den Vorrang vor Rechtssicherheit und Vertrauensschutz einzuräumen. Der bloße Meinungswandel hinsichtlich der Beurteilung des Aussetzungsbegehrens reicht nach dieser Ansicht nicht aus. Erforderlich seien vielmehr ein erheblicher Tatsachenirrtum oder ein schwerer Verfahrensfehler im Ausgangsverfahren.

Stellt ein Beteiligter den Abänderungsantrag, muss er **„veränderte Umstände"** gel- 542 tend machen, die geeignet sind, eine Änderung der Entscheidung herbeizuführen.[261] Eine Veränderung in diesem Sinne liegt z. B. vor, wenn sich eine für die Rechtmäßigkeit des angefochtenen VA bedeutsame Tatsache nachträglich ändert.[262] Ein **Beispiel** hierfür:[263] Das VG hat auf den Eilantrag des Nachbars N gegen die dem beigeladenen Bauherrn B erteilte Baugenehmigung die aufschiebende Wirkung des Widerspruchs angeordnet. Die Bauaufsichtsbehörde erteilt danach dem B eine Nachtragsbaugenehmigung. Dieser stellt einen Antrag auf Aufhebung des stattgebenden Beschlusses wegen der inzwischen ergangenen Nachtragsbaugenehmigung.

In dem angegebenen Beispiel dauert die Anordnung der aufschiebenden Wirkung des Widerspruchs durch das VG grundsätzlich auch dann fort, wenn nachträglich eine Änderungsgenehmigung ergeht.[264] Der Antrag nach § 80 Abs. 7 Satz 2 VwGO ist daher statthaft. Für das Abänderungsverfahren gelten die für das Aussetzungsverfahren maßgebenden Bestimmungen entsprechend (zum **Aufbauschema** s. Rn. 902 und 912). Das Gericht der Hauptsache entscheidet durch Beschluss (zur **Tenorierung** s. Rn. 427). Es trifft seine Entscheidung nach den gleichen Grundsätzen wie die Ausgangsentscheidung. Da das Abänderungsverfahren ein selbstständiges Verfahren ist, enthält der Beschluss eine Kostenentscheidung sowie eine Streitwertfestsetzung.

---

[257] Vgl. *BVerwG*, Beschl. v. 10.3.2011 – 8 VR 2.11 – juris.
[258] *BVerwG* NVwZ 2005, 1422.
[259] Z.B. *BGH* NVwZ 2001, 352; *OVG Greifswald* BeckRS 2012, 60643.
[260] *OVG Münster* NVwZ 1999, 894.
[261] Macht der Antragsteller einen im Eilverfahren begangenen gerichtlichen Verstoß gegen den Grundsatz des rechtlichen Gehörs geltend, kommt nicht der Antrag nach § 80 Abs. 7 VwGO, sondern allein die **Anhörungsrüge** nach § 152 a VwGO in Betracht (*VGH Mannheim* NVwZ 2006, 218).
[262] S. näher dazu *Kopp/Schenke*, § 80 Rn. 197.
[263] Vgl. *VGH München* NVwZ-RR 2007, 821.
[264] *OVG Bautzen* SächsVBl. 2000, 55.

4. Abschnitt. Sonstige Beschlüsse des Verwaltungsgerichts

§ 21. Der Beschluss bei übereinstimmender Erledigung der Hauptsache

I. Das Verfahren bei übereinstimmender Erledigungserklärung

543 Haben die beiden **Hauptbeteiligten** des gerichtlichen Klage- oder vorläufigen Rechtsschutzverfahrens die Hauptsache insgesamt[1] **übereinstimmend für erledigt erklärt,**[2] so wird der **Rechtsstreit automatisch beendet.** Der zustimmenden Erklärung des einfach oder notwendig Beigeladenen bedarf es hierzu nicht.[3] Denn es unterliegt allein der Disposition von Kläger und Beklagtem bzw. Antragsteller und Antragsgegner, den Rechtsstreit für erledigt zu erklären und dem Gericht damit den Streitgegenstand zu entziehen Diese Wirkung tritt unabhängig davon ein, ob ein zum Rechtsstreit Beigeladener zustimmt oder widerspricht.[4]

544 Das VG prüft nicht, ob sich die Hauptsache durch ein erledigendes Ereignis nach Rechtshängigkeit tatsächlich erledigt hat. Die übereinstimmende Erledigungserklärung ist Ausfluss der auch für den Verwaltungsprozess maßgeblichen Dispositionsmaxime. Das VG hat nur die Frage zu beantworten, ob wirksame übereinstimmende Erledigungserklärungen der Hauptbeteiligten vorliegen oder der Beklagte der Erledigungserklärung des Klägers nicht innerhalb von zwei Wochen seit Zustellung des die Erledigungserklärung enthaltenden Schriftsatzes widerspricht und er vom Gericht auf die Folgen hingewiesen worden ist (s. § 161 Abs. 2 Satz 2 VwGO). Wird dies bejaht, **stellt das Gericht** entsprechend § 92 Abs. 3 VwGO das **Verfahren deklaratorisch ein** und entscheidet gem. § 161 Abs. 2 Satz 1 VwGO durch unanfechtbaren Beschluss (vgl. § 158 Abs. 2 VwGO) nur noch darüber, wer die **Kosten des Verfahrens** zu tragen hat. Diese Entscheidung ist nach billigem Ermessen unter Berücksichtigung der bisherigen Sach- und Rechtslage zu treffen.

II. Der Aufbau des Beschlusses

545 Der Beschluss wird wie gewöhnlich aufgebaut.[5] Im Rubrum ist darauf zu achten, dass nur ein richterliches Mitglied – entweder der Vorsitzende oder der Berichterstatter – über die übereinstimmende Erledigungserklärung entscheidet, sofern die Entscheidung im vorbereitenden Verfahren ergeht (§ 87 a Abs. 1 bzw. 3 VwGO). Der Tenor lautet wie folgt:

1. *Das Verfahren wird eingestellt.*
2. *Die Kosten des in der Hauptsache übereinstimmend für erledigt erklärten Verfahrens werden der Beklagten auferlegt.*
3. *Der Streitwert wird auf 5.000,– € festgesetzt.*[6]

---

[1] Zur nur teilweisen übereinstimmenden Erledigungserklärung s. Rn. 104, 130 und 388.

[2] Die Erledigungserklärung eines Beteiligten kann zurückgenommen werden, solange der Prozessgegner nicht ausdrücklich oder konkludent zugestimmt hat (*OVG Bremen* NVwZ-RR 2003, 700; *BGH* NJW 2002, 442).

[3] *BVerwG* NVwZ-RR 1992, 276; *OVG Lüneburg* NdsVBl. 2007, 219.

[4] *BVerwG* ThürVBl. 2007, 255.

[5] Ein ausführliches Muster finden Sie bei *Deckenbrock/Dötsch,* JuS 2004, 589, 590.

[6] Dieser Ausspruch ist entbehrlich, wenn der Bearbeitervermerk dies vorsieht.

Danach folgen die Gründe zu I. (in der Praxis meist weggelassen), in denen kurz der Sachverhalt dargestellt wird. Dabei empfiehlt es sich, bereits im Einleitungssatz klar zu stellen, dass die Beteiligten den Rechtsstreit übereinstimmend für erledigt erklärt haben. Im Anschluss an den Vortrag des Klägers wird dessen ursprünglich gestellter Antrag erwähnt. Danach folgen die Schilderung des erledigenden Ereignisses und die übereinstimmenden Erledigungserklärungen der Beteiligten. **546**

Die Gründe zu II. mit der rechtlichen Würdigung beziehen sich ausschließlich auf die Frage, wer die Kosten des Verfahrens zu tragen hat. Da die **Kostenentscheidung** unter **Berücksichtigung des bisherigen Sach- und Streitstandes** ergeht, kommt es grundsätzlich darauf an, wer die Kosten hätte tragen müssen, wenn sich die Hauptsache nicht erledigt hätte. Dies ist in der Regel diejenige Seite, die im Rechtsstreit voraussichtlich unterlegen wäre.[7] Es ist zu erörtern, ob die Klage zulässig und begründet gewesen ist. Sofern nicht der Bearbeitervermerk eine intensivere Untersuchung fordert, genügt eine summarische Prüfung.[8] Allerdings dürfen Sie sich nicht in „schwammigen Billigkeitserwägungen" verlieren. Bleiben die Erfolgsaussichten offen – etwa weil eine aufwendige Beweisaufnahme hätte durchgeführt werden müssen – sind die Kosten in der Regel zu teilen oder gegeneinander aufzuheben. Hat die Behörde den Kläger klaglos gestellt, so gilt Folgendes: Es gibt keinen allgemeinen Grundsatz, dass die klaglos stellende Behörde die Verfahrenskosten stets zu tragen hat.[9] Gibt die Behörde aber trotz im Wesentlichen unveränderter Sach- und Rechtslage ihren Rechtsstandpunkt erkennbar auf, gibt dieses Verhalten regelmäßig Anlass, sie mit den Kosten zu belasten.[10] **547**

Die Entscheidung endet mit dem Hinweis, dass der **Beschluss** gemäß § 158 Abs. 2 VwGO **unanfechtbar** ist. Enthält er einen Ausspruch zur Streitwertfestsetzung, so ist diesbezüglich die Streitwertbeschwerde nach § 68 Abs. 1 GKG statthaft mit der Folge, dass eine entsprechende Rechtsmittelbelehrung beizufügen ist. **548**

Eine kostenrechtliche Sonderregelung für die erledigte Untätigkeitsklage trifft § 161 Abs. 3 VwGO.[11]

III. Formulierungsbeispiel

Ein Formulierungsbeispiel aus dem Bereich des Gaststättenrechts:[12] **549**

Gründe

I.

Der Antragsteller, der im Besitz einer entsprechenden Gaststättenerlaubnis ist, betreibt in München die Diskothek „P 2". Um seinen Umsatz zu steigern, beschloss er, am 25. Juli 2015 eine sog. „Flatrate-Party" zu veranstalten. Dabei sollten die Besucher ein Eintrittsgeld von 15 € entrichten, welches alle bei der Veranstaltung georderten alkoholischen Getränke mit einschloss. Der Antragsteller ließ zur Werbung für die Veranstaltung in der Innenstadt von München

---

[7] *VGH München* BeckRS 2015, 42279; *Kopp/Schenke,* § 161 Rn. 16.
[8] *Schäfer,* JA 2001, 330, 333.
[9] Vgl. Schoch/*Clausing,* § 161 Rn. 24.
[10] *BVerwG* NJW 1991, 2920.
[11] Näher dazu *Kopp/Schenke,* § 161 Rn. 34.
[12] Zur rechtlichen Handhabe gegen sog. „Flatrate-Partys" und „Koma-Saufen" s. *Schröder/Führ,* NVwZ 2008, 145; *Scheidler,* GewArch 2007, 276; DÖV 2008, 189 und DVP 2009, 24; *VGH München* GewArch 2007, 428; *VG Hannover* GewArch 2007, 388 und die Klausur von *Biermann,* DVP 2007, 472.

bereits Anfang Juni 2012 Werbematerial verteilen. U.a war auf den Plakaten zu lesen: „*Flatrate-Party – Für nur 15 €: Saufen bis der Arzt kommt. Endlich auch in München – Koma-Party – Wer schafft am meisten?*". Mit für sofort vollziehbar erklärter Verfügung vom 3. Juli 2015 untersagte die Antragsgegnerin dem Antragsteller, in seiner Diskothek die „Flatrate-Party" am 25. Juli 2015 durchzuführen, da seine Gäste aufgrund des Konzepts der Veranstaltung zu übermäßigem Alkoholkonsum verleitet würden.

Der Antragsteller hat hiergegen um vorläufigen Rechtsschutz nachgesucht. Am 21. Juli 2015 hat er mit der Begründung den Rechtsstreit in der Hauptsache für erledigt erklärt, er habe kein Interesse mehr an der Durchführung einer „Flatrate-Party", da seine Gäste ohnehin lieber Milch und Mineralwasser trinken würden. Die Antragsgegnerin hat sich der Erledigungserklärung angeschlossen. Die Beteiligten haben sich nicht über die Kostentragungspflicht geeinigt.

II.

Nachdem die Beteiligten den Rechtsstreit übereinstimmend für erledigt erklärt haben, ist das Verfahren in entsprechender Anwendung des § 92 Abs. 3 VwGO einzustellen. Die zu treffende Kostenentscheidung regelt sich nach § 161 Abs. 2 Satz 1 VwGO. Danach entscheidet das Gericht im Falle der übereinstimmenden Erledigung des Rechtsstreits nach billigem Ermessen über die Kosten des Verfahrens; der bisherige Sach- und Streitstand ist zu berücksichtigen. Von Bedeutung ist dabei, ob und inwieweit die Beteiligten durch eigene Maßnahmen die Erledigung herbeigeführt haben. Daneben können bei der Billigkeitsentscheidung aber auch andere Erwägungen von Bedeutung sein. Billigem Ermessen entspricht es vorliegend, die Kosten des Verfahrens dem Antragsteller aufzuerlegen, weil dieser bei einer streitigen Entscheidung voraussichtlich unterlegen wäre.

Rechtsgrundlage für die Untersagung der Durchführung einer sog. „Flatrate-Party" am 25. Juli 2015 in dem Bescheid der Antragsgegnerin vom 3. Juli 2015 war § 5 Abs. 1 Nr. 1 GastG. Danach können Gewerbetreibenden, die einer Erlaubnis bedürfen, jederzeit Auflagen zum Schutze der Gäste gegen Ausbeutung und gegen Gefahren für Leben, Gesundheit oder Sittlichkeit erteilt werden. Die Voraussetzungen dieser Vorschrift waren hier gegeben. (...)

Die Festsetzung des Streitwertes beruht auf §§ 52 Abs. 1, 52 Abs. 2 GKG.

Dieser Beschluss ist hinsichtlich der Entscheidung über die Kosten unanfechtbar (§ 158 Abs. 2 VwGO). Die Festsetzung des Streitwertes kann nach Maßgabe des § 68 Abs. 1 GKG mit der Beschwerde angefochten werden.

§ 22. Die Vorabentscheidung über die Zulässigkeit des Verwaltungsrechtsweges

I. Voraussetzungen für eine Vorabentscheidung

550 Unter Rn. 148 wurde erläutert, dass im Falle der Unzulässigkeit des Verwaltungsrechtsweges das VG nach Anhörung der Beteiligten den Rechtsstreit durch Beschluss an das zuständige Gericht des zulässigen Rechtsweges verweist (§ 173 VwGO i. V. m. § 17 a Abs. 2 GVG). Keine Anwendung findet § 83 VwGO, denn diese Norm betrifft lediglich die örtliche und sachliche Zuständigkeit. Hält das VG dagegen den beschrittenen Rechtsweg für zulässig, ist es gemäß § 17 a Abs. 3 Satz 2 GVG zu einer Vorabentscheidung nur dann verpflichtet, wenn ein Beteiligter die Zulässigkeit des

Rechtsweges rügt (s. oben Rn. 149). In diesem Fall müssen Sie eine **Vorabentscheidung über die Zulässigkeit des Rechtsweges** fertigen. Beide Konstellationen werden im Folgenden kurz dargestellt.

II. Der Aufbau des Beschlusses

Das Rubrum weist keine Besonderheiten auf. Beim Betreff sollten Sie den Zusatz: 551
„hier: Zulässigkeit des Rechtsweges" aufnehmen. Der Tenor lautet im Falle der Verweisung:

1. *Der Rechtsweg zu den Gerichten der allgemeinen Verwaltungsgerichtsbarkeit ist unzulässig.*[13]
2. *Der Rechtsstreit wird an das Landgericht Konstanz verwiesen.*
3. *Die Entscheidung über die Kosten bleibt der Endentscheidung vorbehalten.*

In den Verweisungsbeschluss ist **keine Kostenentscheidung** aufzunehmen, weil das zuständige Gericht nach § 17b Abs. 2 Satz 1 GVG insgesamt über die Kosten einschließlich der durch die Verweisung verursachten entscheidet. Ein entsprechender Ausspruch im Tenor ist nicht erforderlich, wird in der Verwaltungsgerichtsbarkeit aber häufig praktiziert.[14]

Trifft das VG eine positive Vorabentscheidung über die Zulässigkeit des Verwaltungsrechtsweges, lautet der Tenor schlicht: *„Der Verwaltungsrechtsweg ist zulässig."*

Danach folgen die **Gründe zu I. und II.**, die Sie nach dem üblichen Schema aufbauen. 552
Handelt es sich um ein Hauptsacheverfahren, so machen Sie bei Verweisung und bei positiver Vorabentscheidung in den Beschlussgründen nur Ausführungen zum Rechtsweg. Alle anderen in der Arbeit angesprochenen Sachprobleme sind im Hilfsgutachten zu erörtern.

Im Eilverfahren ist bei Unzulässigkeit des Rechtswegs nach *hM* in gleicher Weise zu verfahren.[15] Auch im Falle der Zulässigkeit des Rechtsweges kann diesbezüglich eine positive Vorabentscheidung ergehen. Bei zulässigem Rechtsweg und besonderer Dringlichkeit ist dagegen trotz Rüge gemäß § 17a Abs. 3 Satz 2 GVG über den Eilantrag in der Sache zu entscheiden und in den Gründen zu I. und II. zu allen aufgeworfenen Problemen Stellung zu nehmen.

III. Formulierungsbeispiel für einen Verweisungsbeschluss

Gründe:

I.

Die Klägerin, eine Nachrichtenagentur, wendet sich dagegen, dass einem ihrer 553
Mitarbeiter am 20. Juli 2015 an einer Unfallstelle von der Polizei das Überschreiten der Absperrung untersagt worden ist.[16]

---

[13] Oder kurz: *„Der Verwaltungsrechtsweg ist unzulässig."*

[14] S. auch *Geiger,* JuS 1998, 343, 349.

[15] Beachte zum Meinungsstreit über die Anwendbarkeit des § 17a GVG im Eilverfahren Rn. 458.

[16] Das Formulierungsbeispiel orientiert sich an den Beschlüssen des *VG Osnabrück* vom 24.11.2011 – 6 A 203/11 – und des *OVG Lüneburg* NJW 2012, 2057. Formulierungsbeispiele für eine positive Vorabentscheidung finden Sie bei *VG Neustadt* BeckRS 2013, 58229 und *VG Frankfurt,* Beschl. v. 3.6.2014 – 5 K 659/14.F – juris.

Nach dem von der beklagten Polizeidirektion vorgelegten Unfallbefundbericht vom 20. Juli 2015 und der ergänzenden Stellungnahme des die Unfallstelle sichernden Polizeibeamten hatte sich ein Verkehrsunfall mit Todesfolge ereignet, bei dem der Unfallort als Tatort eines (fahrlässigen) Tötungsdelikts angesehen und abgesperrt wurde, um die Spuren zu sichern und den Verkehr umzuleiten. Der Mitarbeiter der Klägerin wurde zunächst daran gehindert, die als Tatort gesicherte Unfallstelle vor Durchführung laufender Ermittlungsarbeiten zu betreten. Ca. 40 Minuten nach seinem Eintreffen, nachdem die Tatortspuren gesichert waren, wurde der Mitarbeiter der Klägerin zum Unfallort vorgelassen.

Die Klägerin hat am 19. August 2015 Klage erhoben. Sie ist der Auffassung, bei der Absperrung des Unfallorts durch Untersagung des Betretens des Tatorts gegenüber ihrem Mitarbeiter habe es sich um einen ordnungsrechtlichen Platzverweis gehandelt. Dieser sei rechtswidrig gewesen.

Die Klägerin beantragt,

festzustellen, dass der am 20. Juli 2015 am Unfallort in Braunschweig, Ecke Berliner Straße/Tafelacker von Beamten der Polizeidirektion Braunschweig ausgesprochene Platzverweis gegenüber dem Mitarbeiter der Klägerin, Herrn Siegfried Matula, rechtswidrig war.

Die Beklagte beantragt,

die Klage abzuweisen.

Sie rügt die Zulässigkeit des Rechtsweges und führt hierzu aus, für den von der Klägerin geltend gemachten Anspruch sei die ordentliche Gerichtsbarkeit zuständig. Denn die polizeilichen Maßnahmen der Sicherung der Unfallstelle als Tatort insbesondere aufgrund eines angenommenen Verdachts einer fahrlässigen Tötung sowie die Hinderung von Personen am Betreten des Tatorts bzw. deren Wegverweisung seien dem staatsanwaltschaftlichen Ermittlungsverfahren i. S. d. § 160 StPO zuzurechnen.

II.

Der Rechtsstreit ist gemäß § 17 a Abs. 2 Satz 1 GVG i. V. m. § 173 VwGO an das Oberlandesgericht Braunschweig zu verweisen, da der Rechtsweg zu den Verwaltungsgerichten vorliegend nicht eröffnet ist.

Für das Begehren der Klägerin, festzustellen, dass der am 20. Juli 2015 am Unfallort in Braunschweig von Beamten der Polizeidirektion Braunschweig ausgesprochene Platzverweis gegenüber dem Mitarbeiter der Klägerin rechtswidrig war, ist der Verwaltungsrechtsweg nach § 40 Abs. 1 VwGO nicht gegeben. Aufgrund der besonderen Rechtswegregelung des § 23 Abs. 1 Satz 1 EGGVG entscheiden die ordentlichen Gerichte über die Rechtmäßigkeit der Anordnungen, Verfügungen oder sonstigen Maßnahmen, die von den Justizbehörden zur Regelung einzelner Angelegenheiten auf dem Gebiet der Strafrechtspflege getroffen werden. Der Rechtsschutz gegen Strafermittlungs- und Strafverfolgungsmaßnahmen ist somit Aufgabe der ordentlichen Gerichte. Der Regelung des Rechtsweges bei sog. Justizverwaltungsakten liegt die Annahme zugrunde, dass die ordentlichen Gerichte für die Entscheidung über die Rechtmäßigkeit von Verwaltungsmaßnahmen auf den im Einzelnen bezeichneten Gebieten besser gerüstet sind und ihnen deshalb von der Sache her näher stehen als die Gerichte der allgemeinen Verwaltungsgerichtsbarkeit.

Die von der Klägerin beanstandete polizeiliche Anordnung wurde im Zusammenhang mit strafprozessualen Maßnahmen im Rahmen eines strafrechtlichen Ermittlungsverfahrens nach § 160 StPO getroffen. Bei polizeilichen Maßnahmen auf der Grundlage der StPO enthält § 164 StPO die Befugnis zur Platzverweisung und sogar zur Festnahme von Störern, wenn dies für die Durchführung einer bestimmten Amtshandlung der Polizei erforderlich ist.

Normzweck des § 164 StPO ist es, Amtshandlungen strafprozessualer Art wie vorliegend die Tatortsicherung in einem Ermittlungsverfahren gegen Störungen und Widersetzlichkeiten zu schützen. Hiervon hat die Polizei ausweislich der dienstlichen Stellungnahme des zunächst die Tatortsicherung leitenden Polizeibeamten Gebrauch gemacht.

Zwar bleiben neben den strafprozessualen Maßnahmen auch die der Gefahrenabwehr dienenden Regelungen des allgemeinen Ordnungsrechts, insbesondere des Nds. SOG, anwendbar, wenn die Störung gleichzeitig eine konkrete Gefahr für die öffentliche Sicherheit hervorruft. Vorliegend fehlt es jedoch – abgesehen von der insoweit nicht maßgeblichen rechtlichen Würdigung der Klägerin – an jedem Anhalt dafür, dass gegen die Klägerin über das die Absperrung des Unfallorts durch Untersagen des Betretens des Tatorts gegenüber deren Mitarbeiter zur Geltung bringende Verbot hinaus zudem eine ordnungsrechtliche Anordnung, etwa ein Platzverweis nach § 17 Nds. SOG, ergangen wäre. Hierfür hat die Klägerin keine Umstände geltend gemacht.

Insofern ist die streitige Maßnahme als Strafverfolgungsmaßnahme dem Strafverfahrensrecht zuzuordnen und unterliegt deshalb als sog. Justizverwaltungsakt auf dem Gebiet der Strafrechtspflege aufgrund der abdrängenden Sonderzuweisung des § 23 Abs. 1 Satz 1 EGGVG i. V. m. § 40 Abs. 1 Satz 1 2. Halbsatz VwGO der Überprüfung durch die ordentlichen (Straf-)Gerichte. Gemäß § 25 Abs. 1 EGGVG ist das Oberlandesgericht zuständig, in dessen Bezirk die Beschwerdebehörde ihren Sitz hat, mithin das Oberlandesgericht Braunschweig.

Die Kostenentscheidung bleibt der Endentscheidung vorbehalten (s. § 17b Abs. 2 Satz 1 GVG).

Rechtsmittelbelehrung: Beschwerde nach § 17 Abs. 4 Satz 3 GVG i. V. m. §§ 146 Abs. 1, 147 VwGO.

§ 23. Der Vorlagebeschluss

Bei zunehmender Praxisrelevanz ist auch im Assessorexamen nicht auszuschließen, dass die gutachterliche Prüfung oder auch die Fertigung eines Vorlagebeschlusses an das *BVerfG,* ein Landesverfassungsgericht oder den *EuGH* verlangt werden. Deshalb an dieser Stelle einige kurze Anmerkungen dazu. 554

I. Der Vorlagebeschluss an das BVerfG

Art. 100 Abs. 1 GG begründet das Verwerfungsmonopol des *BVerfG* bezüglich nachkonstitutioneller, formeller Gesetze. Hält ein Richter ein solches Gesetz, auf dessen Gültigkeit es für die Entscheidung ankommt, für verfassungswidrig (bzw. ein Landesgesetz für unvereinbar mit Bundesrecht oder der jeweiligen Landesverfassung), so darf er die Norm nicht einfach unter Berufung auf das richterliche Prüfungsrecht in einer Rechtssache unangewendet lassen, sondern muss das **Ver-** 555

fahren aussetzen und das Gesetz entweder dem jeweiligen *LVerfG* (bei vermutlicher Unvereinbarkeit mit der jeweiligen Landesverfassung) oder dem *BVerfG* (bei vermutlicher Unvereinbarkeit mit dem Grundgesetz) zur Entscheidung **vorlegen.**[17] Das vorlegende Gericht muss zur Frage der **Entscheidungserheblichkeit** mit hinreichender Deutlichkeit darlegen, dass es im Falle der Gültigkeit der für verfassungswidrig gehaltenen Rechtsvorschrift zu einem anderen Ergebnis kommen würde als im Falle ihrer Ungültigkeit und wie es dieses Ergebnis begründen würde.[18] Ferner hat das vorlegende Gericht die für seine Überzeugung von der Verfassungswidrigkeit der Norm maßgeblichen Erwägungen nachvollziehbar und erschöpfend darzulegen.[19]

556 Der Tenor des Beschlusses lautet:

> *1. Das Verfahren wird ausgesetzt.*
>
> *2. Es wird die Entscheidung des Bundesverfassungsgerichts zu der Frage eingeholt, ob § (…) des (…) (Angabe des Gesetzes) mit Art. (…) GG unvereinbar ist.*

Anschließend folgen die Gründe zu I. mit der Sachverhaltsschilderung, die Gründe zu II. mit der Wiedergabe der maßgeblichen Norm sowie die Gründe zu III. mit der rechtlichen Würdigung. Diese sieht z. B. so aus:

> „Das Verfahren ist gemäß Art. 100 Abs. 1 Satz 2 i. V. m. Satz 1 GG und § 80 BVerfGG auszusetzen und es ist die Entscheidung des Bundesverfassungsgerichts zu der Frage einzuholen, ob die gesetzliche Regelung des § (…) mit Art. (…) GG unvereinbar ist.
>
> Die Voraussetzungen für eine Vorlage an das Bundesverfassungsgericht (vgl. § 80 Abs. 2 Satz 1 BVerfGG) liegen vor. (…)
>
> Die Beteiligten haben Gelegenheit gehabt, zu einer Vorlage an das Bundesverfassungsgericht Stellung zu nehmen und sind mit dieser einverstanden.
>
> Darüber hinaus ist die Verfassungsmäßigkeit des § (…) entscheidungserheblich. (…)
>
> Schließlich ist das vorlegende Gericht von der Verfassungswidrigkeit des § (…) überzeugt. (…)“

II. Der Vorlagebeschluss an den EuGH

557 In Rn. 317 wurde ausgeführt, dass das *VG* die maßgebliche deutsche Rechtsvorschrift nicht anwenden darf, wenn es davon überzeugt ist, dass die Norm europarechtswidrig ist **(acte-clair-Doktrin).** Hat das VG „nur“ Zweifel über die Europarechtskonformität der deutschen Vorschrift, ist es nach Art. 267 Abs. 2 AEUV zur Vorlage

[17] *Geis/Schmidt,* JuS 2012, 121. S. auch die Klausuren von *Barczak,* JuS 2012, 156 und *Huber,* Jura 2014, 1282. Zu den Grenzen der verfassungskonformen Auslegung im Zusammenhang mit der Vorlage nach Art. 100 Abs. 1 GG s. *BVerfG* NVwZ 2015, 510 und *Sachs,* JuS 2015, 472.

[18] Das vorlegende Gericht muss hierzu mit hinreichender Deutlichkeit darlegen, dass es im Falle der Gültigkeit der für verfassungswidrig gehaltenen Rechtsvorschrift zu einem anderen Ergebnis kommen würde als im Falle ihrer Ungültigkeit und wie es dieses Ergebnis begründen würde (vgl. *BVerfGE* 121, 233, 237 f.).

[19] Das vorlegende Gericht muss die für seine Überzeugung von der Verfassungswidrigkeit der Norm maßgeblichen Erwägungen nachvollziehbar und erschöpfend darlegen (vgl. *BVerfG* BeckRS 2011, 49799).

an den *EuGH* berechtigt.[20] Es ist über den Wortlaut des Art. 267 Abs. 2 AEUV hinaus zu einer Klärung unionsrechtlicher Fragen durch eine Vorabentscheidung beim *EuGH* sogar verpflichtet, wenn unklar ist, ob und inwieweit das Unionsrecht den Mitgliedstaaten einen Umsetzungsspielraum belässt, sofern Anlass zur Vorlage des nationalen Umsetzungsrechts wegen Unvereinbarkeit mit dem Grundgesetz nach Art. 100 Abs. 1 Satz 1 GG besteht.[21]

Ausnahmen von der Vorlagepflicht kommen in Betracht, wenn die Vorlagefrage vom Gerichtshof bereits entschieden worden ist bzw. sich eine gesicherte Rechtsprechung des Gerichtshofs auch in anderen Verfahrensarten entwickelt hat. Im **Verfahren des vorläufigen Rechtsschutzes** besteht nach allgemeiner Ansicht grundsätzlich **keine Vorlagepflicht,** wenn in absehbarer Zeit ein Hauptsacheverfahren zu erwarten ist, in dessen Rahmen die Frage dann im Wege einer Vorlage geklärt werden kann.[22]

Ein Vorlagebeschluss eines VG zum *EuGH* wird etwa wie folgt aufgebaut: 558

Zunächst folgt der Tenor:

1. Das Verfahren wird ausgesetzt.

2. Es wird gemäß Artikel 267 AEUV eine Vorabentscheidung des Gerichtshofs der Europäischen Union zu folgender Frage eingeholt: (…).

In den Gründen zu I. werden die maßgeblichen Vorschriften des Unionsrechts sowie des nationalen Rechts wiedergegeben. Danach (oder davor) folgt unter II. der **Vorlagesachverhalt.** Dessen Darstellung entspricht weitgehend dem eines Urteilstatbestands, allerdings ohne Sachanträge der Beteiligten. Stattdessen endet der Vorlagesachverhalt mit einer Formulierung wie der Folgenden: *„Die Beteiligten sind mit der Vorlage des Falles an den Gerichtshof der Europäischen Union einverstanden.“* Anschließend folgt die **Darstellung der Vorlagefrage.** Hier begründet das VG, warum es das Verfahren aussetzt und gemäß Art. 267 Abs. 2 AEUV eine Vorabentscheidung des EuGH einholt. Das VG macht Ausführungen zur **Entscheidungserheblichkeit der europarechtlichen Frage** sowie dazu, dass die **vorgelegte Frage der Klärung durch den EuGH bedarf.** Der Aussetzungs- und Vorlagebeschluss ist gemäß § 152 Abs. 1 VwGO, Art. 267 Abs. 2 AEUV unanfechtbar.

§ 24. Der Prozesskostenhilfebeschluss

I. Allgemeines

Gemäß **§ 166 VwGO i.V.m. § 114 ZPO** erhält im Verwaltungsprozess ein Beteiligter, 558a der nach seinen persönlichen und wirtschaftlichen Verhältnissen die Kosten der Prozessführung nicht, nur zum Teil oder nur in Raten aufbringen kann, auf Antrag Prozesskostenhilfe (PKH), wenn die beabsichtigte Rechtsverfolgung **hinreichende Aussicht auf Erfolg** bietet und **nicht mutwillig** erscheint.

---

[20] S. dazu die Gutachtensklausur von *Pechstein/Serafimova,* Jura 2014, 203. Näher zu den Verfahrensvoraussetzungen der Vorlage *Mächtle,* JuS 2015, 314. Zur Vorlageberechtigung von Widerspruchsausschüssen s. *Siegmund,* NordÖR 2014, 209.

[21] *EuGH,* Slg. 1987, I-4199; *BVerfG* NJW 2012, 45; *Frenz,* VR 2011, 165, 166.

[22] S. z. B. *OVG Berlin-Brandenburg,* Beschl. v. 30.6.2010 – OVG 11 S 28.10 – juris.

Über die Bewilligung von PKH entscheidet das VG ohne mündliche Verhandlung durch **Beschluss** (§ 166 VwGO i.V.m. § 127 Abs 1 Satz 1 ZPO).[23]

Die **Anforderungen** hinsichtlich der Erfolgsaussichten dürfen **nicht überspannt** werden. Ihre Prüfung dient nicht dazu, die Rechtsverfolgung selbst in das summarische Verfahren der PKH zu verlagern und dieses an die Stelle des Hauptsacheverfahrens treten zu lassen.[24] Hinreichende Erfolgsaussichten einer Klage oder eines Eilverfahrens sind daher schon dann zu bejahen, wenn nach einer **summarischen Überprüfung** des Sach- und Streitstandes der **Ausgang des Verfahrens offen** erscheint.[25] Maßgeblicher Zeitpunkt der Bewilligungsreife ist der Zeitpunkt, zu dem das Prozesskostenhilfegesuch einschließlich der Erklärungen über die persönlichen und wirtschaftlichen Verhältnisse vollständig vorliegt.[26] Das PKH-Gesuch ist bei dem Prozessgericht unter Darstellung des Streitverhältnisses und Vorlage der **„Erklärung über die persönlichen und wirtschaftlichen Verhältnisse“** zu stellen (§ 117 Abs. 1, Abs. 2 Satz 1 ZPO). Dabei ist – etwa durch die Bezeichnung als „Entwurf“ oder „beabsichtigte“ Klage – klarzustellen, ob zunächst nur ein **isolierter PKH-Antrag** bzw. eine bedingte Klageerhebung für den Fall der Bewilligung der PKH gestellt oder zugleich der Rechtsstreit in Gang gesetzt werden soll.[27]

Gemäß **§ 121 Abs. 2 ZPO** wird dem Antragsteller im erstinstanzlichen Verfahren vor dem VG auf Antrag ferner ein zur Vertretung bereiter Rechtsanwalt seiner Wahl **beigeordnet,** wenn die Vertretung durch einen Rechtsanwalt erforderlich erscheint oder der Gegner durch einen Rechtsanwalt vertreten ist.

II. Aufbau des Beschlusses

558b Im **Rubrum** eines PKH-Beschlusses werden die Beteiligten wie im Urteil bezeichnet, wenn es sich nicht um ein isoliertes PKH-Gesuch handelt. Bei einem ausschließlichen PKH-Antrag spricht man von „Antragsteller“ und „Antragsgegner“.[28]

Der **Tenor** lautet im Falle der Stattgabe: *„Dem Kläger (Antragsteller) wird Prozesskostenhilfe für das erstinstanzliche Verfahren vor dem Verwaltungsgericht ohne Ratenzahlungspflicht bewilligt und Rechtsanwalt Lahm, München, beigeordnet.“* Liegen die Voraussetzungen für die Bewilligung von PKH nicht vor, wird wie folgt tenoriert: *„Der Antrag auf Gewährung von Prozesskostenhilfe und Beiordnung eines Rechtsanwalts wird abgelehnt.“*

558c In den **Gründen zu I.**, auf die in der Praxis häufig verzichtet wird, wird der relevante Sachverhalt kurz und bündig dargestellt. In den **Gründen zu II.** folgt die rechtliche Begründung für die Bewilligung bzw. Ablehnung der PKH. In der Klausur dürfte es ausschließlich darum gehen, ob die Klage hinreichende Aussicht auf Erfolg hat. Die Frage, ob der Antragsteller nach seinen wirtschaftlichen Verhältnissen außerstande ist, die Prozesskosten ohne Gefährdung des Unterhalts für sich selbst oder unterhaltsberechtigte Personen aufzubringen, dürfte dagegen keine Rolle spielen.

---

[23] Auf die Neuregelung des § 166 Abs. 2 VwGO, wonach der Vorsitzende dem Urkundsbeamten der Geschäftsstelle des jeweiligen Rechtszugs das Verfahren insoweit übertragen kann, als es um die Prüfung der persönlichen und wirtschaftlichen Verhältnisse nach den §§ 114 – 116 ZPO geht, wird hier nicht näher eingegangen.

[24] Vgl. *BVerfG* BeckRS 2015, 46293 und *BVerfG* NJW 2008, 1060.

[25] Vgl. *BVerwG* NVwZ-RR 1999, 588

[26] Vgl. *BVerfG* NVwZ 2006, 1156; *BVerwG* NVwZ 2004, 111.

[27] *Barczak,* JA 2013, 937, 942.

[28] *Kaiser/Köster/Seegmüller,* Rn. 393.

Statthafter **Rechtsbehelf** gegen die Versagung von PKH ist die **Beschwerde** gemäß §§ 146, 147 VwGO. Jedoch kann die Entscheidung nur angefochten werden, wenn die Erfolgsaussichten in der Hauptsache vom Gericht verneint wurden. Hat das VG hingegen die persönlichen oder wirtschaftlichen Voraussetzungen verneint, ist die Beschwerde gegen diese Entscheidung gemäß § 146 Abs. 2 VwGO nicht statthaft. Gegen die Bewilligung der Prozesskostenhilfe durch das VG ist für den Prozessgegner gemäß § 166 VwGO i.V.m. § 127 Abs. 2 ZPO kein Rechtsmittel gegeben. Lediglich die Staatskasse kann nach § 166 VwGO i.V.m. **§ 127 Abs. 3 ZPO** dagegen Beschwerde einlegen. Diese kann allerdings nur darauf gestützt werden, dass der Beteiligte nach seinen persönlichen und wirtschaftlichen Verhältnissen Zahlungen zu leisten habe. **558d**

III. Formulierungsbeispiel

Ein Formulierungsbeispiel für einen isolierten PKH-Antrag aus dem Versammlungsrecht: **558e**

Dem Antragsteller wird für das Verfahren im ersten Rechtszug unter Beiordnung von Rechtsanwältin Dr. Hilf, Augsburg, ratenfreie Prozesskostenhilfe bewilligt.

Gründe

I.

Der Antragsteller begehrt die Bewilligung von Prozesskostenhilfe und Beiordnung eines Rechtsanwalts.

Der Antragsteller meldete mit Schreiben vom 4. Mai 2015 bei der Antragsgegnerin eine Versammlung für den 10. Mai 2015 zum Thema „Umgehung des Mindestlohns“ an. Die Teilnehmerzahl gab er mit 50 an. Als Veranstaltungsort war der Rathausplatz in der Innenstadt von Augsburg genannt, alternativ der Martin-Luther-Platz. In der Gefährdungsbewertung vom 5. Mai 2015 führte das Polizeipräsidium Augsburg aus, auf Grund der aktuellen Baustellensituation seien beide Plätze für die Kundgebung als ungeeignet einzustufen.

Mit Bescheid vom 7. Mai 2015 untersagte die Antragsgegnerin die vom Antragsteller angezeigte Kundgebung am 10. Mai 2015 und verbot ferner jede Ersatzveranstaltung im Stadtgebiet. Zur Begründung führte die Antragsgegnerin aus, sie, die Antragsgegnerin, und die Polizei als Sicherheitsbehörden könnten derzeit für eine Vielzahl zu erwartender Personen weder auf dem Rathausplatz noch auf dem Martin-Luther-Platz die öffentliche Sicherheit und Ordnung sicherstellen. Der Grund hierfür sei die aktuelle Baustellensituation im Bereich der Innenstadt.

Am 18. Mai 2015 stellte der Antragsteller einen isolierten Prozesskostenhilfeantrag, da er beabsichtige, gegen den Bescheid der Antragsgegnerin vom 7. Mai 2015 Fortsetzungsfeststellungsklage zu erheben, soweit darin jede Ersatzveranstaltung im Stadtgebiet verboten worden sei. Zur Begründung führte der Antragsteller aus, er sei aus wirtschaftlichen Gründen nicht in der Lage, die Kosten eines Prozesses aufzubringen. Die Klage habe hinreichende Aussicht auf Erfolg. Die Antragsgegnerin hätte die Versammlung nicht pauschal verbieten dürfen. Vielmehr hätte sie ihm als milderes Mittel einen geeigneten Veranstaltungsort wie den Moritzplatz im Rahmen einer Auflage zuweisen müssen.

Die Antragsgegnerin hat beantragt, den Antrag auf Bewilligung von Prozesskostenhilfe für das beabsichtigte Klageverfahren abzulehnen. Sie meint, auch wenn der Antragsteller vorhabe, in Zukunft Versammlungen abzuhalten, werde sich die Situation so nicht mehr wiederholen. Deshalb sei die Klage unzulässig.

Ergänzend wird Bezug genommen auf den Inhalt der beigezogenen Behördenakte sowie der Gerichtsakte.

II.

Der Antrag auf Bewilligung von Prozesskostenhilfe und Beiordnung eines Rechtsanwalts ist zulässig und begründet.

Nach § 166 VwGO i.V.m. § 114 Satz 1, § 117 ZPO erhält eine Partei, die nach ihren persönlichen und wirtschaftlichen Verhältnissen die Kosten der Prozessführung nicht aufbringen kann, auf Antrag Prozesskostenhilfe unter Beiordnung eines Rechtsanwalts, wenn die beabsichtigte Rechtsverfolgung hinreichende Aussicht auf Erfolg bietet und nicht mutwillig erscheint. Ausreichend ist hierfür eine gewisse Wahrscheinlichkeit des Erfolgs, ansonsten wäre die verfassungsrechtlich garantierte Chancengleichheit von Bemittelten und Unbemittelten bei der Rechtsverfolgung nicht hergestellt.

Im Zeitpunkt des Antrags auf Bewilligung von Prozesskostenhilfe, für deren Gewährung die nach § 117 Abs. 2 Satz 1 ZPO notwendige Erklärung über die persönlichen und wirtschaftlichen Verhältnisse vorgelegt worden ist, bedarf es noch keiner ausdrücklichen Klageerhebung. Es reicht die Absicht der Klageerhebung für den Fall der Antragsgewährung, die mit dem Schriftsatz des Bevollmächtigten des Antragsstellers vom 18. Mai 2015 ausdrücklich („Klageentwurf") angekündigt worden ist.

Ausgehend hiervon liegen im vorliegenden Fall im maßgeblichen Zeitpunkt der Bewilligungsreife – dem Zeitpunkt, zu dem das Prozesskostenhilfegesuch einschließlich der Erklärungen über die persönlichen und wirtschaftlichen Verhältnisse vollständig vorliegt – die Voraussetzungen für die Gewährung von Prozesskostenhilfe für die noch zu erhebende Klage vor. Es ist zu diesem Zeitpunkt zumindest offen, ob die vom Kläger beabsichtigte Fortsetzungsfeststellungsklage Erfolg haben wird.

Die erstrebte Klage wäre zulässig.

Nach § 113 Abs. 1 Satz 4 VwGO spricht das Gericht auf Antrag durch Urteil aus, dass der Verwaltungsakt rechtswidrig gewesen ist, wenn der Kläger ein berechtigtes Interesse an dieser Feststellung hat und sich der Verwaltungsakt vorher durch Zurücknahme oder anders erledigt hat.

Die tatbestandlichen Voraussetzungen hierfür sind erfüllt. Das streitige Versammlungsverbot hat sich durch Zeitablauf erledigt. Dem Kläger steht auch ein berechtigtes Interesse an der Feststellung der Rechtswidrigkeit zu. (…)

Die beabsichtigte Klage ist möglicherweise auch begründet.

Nach Art. 15 Abs. 1 des Bayerischen Versammlungsgesetzes – BayVersG – kann die zuständige Behörde eine Versammlung verbieten, wenn nach den zur Zeit des Erlasses der Verfügung erkennbaren Umständen die öffentliche Sicherheit oder Ordnung bei Durchführung der Versammlung unmittelbar gefährdet ist.

Es ist fraglich, ob das in Ziffer 2 des Bescheids vom 7. Mai 2015 ausgesprochene Verbot jeder Ersatzveranstaltung im Stadtgebiet am 10. Mai 2015 rechtmäßig erfolgte.

Zwischen den Beteiligten ist weitgehend unstreitig, dass die geplante Versammlung am Moritzplatz hätte durchgeführt werden können. Dort wäre auch nach Einschätzung der Polizei mit wesentlichen Beeinträchtigungen nicht zu rechnen gewesen. Jedenfalls ist den Behördenakten kein Anhaltspunkt für die Annahme zu entnehmen, dass es bei der Durchführung der Versammlung am Moritzplatz zu einer unmittelbaren Gefährdung der öffentlichen Sicherheit und Ordnung gekommen wäre.

Zu klären sein wird im Klageverfahren, ob dem Antragsteller vor dem angemeldeten Versammlungszeitpunkt der Ersatzplatz hätte angeboten werden müssen. Den Behördenakten ist hierzu nichts zu entnehmen. Danach haben weder ein Kooperationsgespräch noch eine Anhörung stattgefunden. Der Schutz des Art. 8 GG hätte eine solche Verfahrensweise aber möglicherweise geboten. In gleicher Weise finden sich im angegriffenen Bescheid keinerlei Ausführungen zur Frage, ob ein anderer Platz im Stadtgebiet zur Verfügung stand. Auch insoweit wird zu prüfen sein, ob die Antragsgegnerin von ihrem Ermessen in ausreichendem Umfang Gebrauch gemacht hat.

Da der Ausgang des noch anzustrengenden Klageverfahrens damit als offen anzusehen ist, war dem nach der vorliegenden Erklärung über die persönlichen und wirtschaftlichen Verhältnisse mittellosen Antragsteller Prozesskostenhilfe zu gewähren. Die Beiordnung der vertretungsbereiten Bevollmächtigten beruht auf § 121 Abs. 2 ZPO.

3. Teil. Die Entscheidung des Oberverwaltungsgerichts

1. Abschnitt. Das Normenkontrollurteil nach § 47 VwGO

§ 25. Allgemeines

Das in § 47 VwGO geregelte Normenkontrollverfahren hat sowohl in der Praxis als auch im Assessorexamen eine erhebliche Bedeutung. Nach § 47 Abs. 1 VwGO entscheidet das OVG[1] im Rahmen seiner Gerichtsbarkeit auf Antrag u. a. über die Gültigkeit von Bebauungsplänen (§ 47 Abs. 1 Nr. 1) sowie von anderen im Rang unter dem Landesgesetz stehenden Rechtsvorschriften, sofern das Landesrecht dies bestimmt (§ 47 Abs. 1 Nr. 2).[2] **Prüfungsrelevant** ist vor allem die **Kontrolle von Bebauungsplänen.** 559

Da die Kontrolle von Normen an sich der Verfassungsgerichtsbarkeit obliegt, weist das Verfahren gemäß § 47 VwGO einige Besonderheiten gegenüber dem üblichen Verwaltungsprozess auf. Die Normenkontrolle ist sowohl **subjektives Rechtsschutz- als auch objektives Beanstandungsverfahren.**[3]

Nach § 47 Abs. 5 Satz 1 VwGO entscheidet das OVG durch Urteil oder, soweit eine mündliche Verhandlung nicht erforderlich ist, durch Beschluss. Hält das OVG die überprüfte Rechtsvorschrift für ungültig, so erklärt es sie für unwirksam (Satz 2 Halbsatz 1). In diesem Fall ist die Entscheidung allgemein verbindlich und die Entscheidungsformel vom Antragsgegner ebenso zu veröffentlichen wie die Rechtsvorschrift bekannt zu machen wäre (Satz 2 Halbsatz 2). Die Normenkontrollentscheidung des OVG kann gemäß §§ 132 ff. VwGO mit der Revision bzw. Nichtzulassungsbeschwerde angefochten werden. 560

§ 26. Das Rubrum

Das Rubrum folgt den üblichen Regeln. Die Entscheidung des OVG ergeht „*Im Namen des Volkes*". Danach folgt „*In dem Normenkontrollverfahren*" oder „*In der Normenkontrollsache.*" Die Beteiligten werden, da es sich nicht um ein Klage-, sondern um ein **Antragsverfahren** handelt, als „*Antragsteller*" und „*Antragsgegner*" bezeichnet. Antragsgegner ist nach § 47 Abs. 2 Satz 2 VwGO die Körperschaft, 561

---

[1] In den Bundesländern Bayern, Baden-Württemberg und Hessen lautet die Bezeichnung „Verwaltungsgerichtshof" (VGH).

[2] Die Normenkontrolle eingeführt haben Baden-Württemberg (§ 4 BadWürttAGVwGO), Bayern (Art. 5 BayAGVwGO: nur Behörden), Brandenburg (§ 4 Abs. 1 BbgVwGG), Bremen (Art. 7 AGVwGO), Hessen (§ 15 Abs. 1 HessAGVwGO), Mecklenburg-Vorpommern (§ 13 MVAGGerStrG), Niedersachsen (§ 75 NdsJG), Rheinland-Pfalz (§ 4 RhPfAGVwGO) mit der Einschränkung, dass Rechtsverordnungen, die Handlungen eines Verfassungsorgans im Sinne des Art. 130 Abs. 1 der Verfassung für Rheinland-Pfalz sind, ausgeschlossen sind, Saarland (§ 18 SaarlAGVwGO), Sachsen (§ 24 SächsJG), Sachsen-Anhalt (§ 10 SachsAnhAGVwGO), Schleswig-Holstein (§ 5 SchlHAGVwGO) und Thüringen (§ 4 ThürAGVwGO). Berlin, Hamburg und Nordrhein-Westfalen haben bisher keine entsprechenden Regelungen getroffen.

[3] *BVerwG* NVwZ 2007, 223 und NVwZ 2008, 899.

Anstalt oder Stiftung, welche die Rechtsvorschrift erlassen hat. Probleme tauchen hier nicht auf. Als sonstige Beteiligte kommen der Vertreter des öffentlichen Interesses sowie gemäß §§ 47 Abs. 2 Satz 4 i. V. m. 65 Abs. 1 VwGO der Beigeladene in Betracht. Als Betreff geben Sie z. B. *„Normenkontrolle (Bebauungsplan)"* an. Je nach Bundesland ist der entscheidende Senat mit drei oder fünf Richtern besetzt (vgl. § 9 Abs. 3 Satz 1 2. HS VwGO).[4]

§ 27. Der Tenor

562 Der Tenor des Urteils enthält neben dem **Hauptausspruch,** der **Kostenentscheidung** und dem **Ausspruch über die vorläufige Vollstreckbarkeit** immer eine Entscheidung über die **(Nicht)Zulassung der Revision** (Ziffer 4 der Urteilsformel). Bleibt der Antrag erfolglos, lautet der Tenor zu 1): *„Der Antrag, den Bebauungsplan „Auf der Heide" der Gemeinde Mühlbach für nichtig zu erklären, wird abgelehnt".* Gibt das OVG dem Antrag in vollem Umfang statt, so wird wie folgt tenoriert:

1. *Der Bebauungsplan „Im Goldgrund" der Stadt Flensburg wird für unwirksam erklärt.*
2. *Die Antragsgegnerin hat die Kosten des Verfahrens zu tragen.*
3. *Das Urteil ist wegen der Kosten vorläufig vollstreckbar. Der Antragsgegnerin wird nachgelassen, die Vollstreckung durch Sicherheitsleistung in Höhe der festzusetzenden Kosten abzuwenden, wenn nicht der Antragsteller vor der Vollstreckung Sicherheit in gleicher Höhe leistet.*
4. *Die Revision wird (nicht) zugelassen.*

563 Eine Differenzierung in der Tenorierung zwischen Nichtigkeit und Unwirksamkeit findet nicht statt. Da gemäß § 214 Abs. 4 BauGB grundsätzlich jeder Fehler des Bebauungsplans in einem ergänzenden Verfahren heilbar ist[5] und das OVG die Frage der Heilbarkeit nicht mehr prüfen muss, bedarf es im Tenor auch nicht des zusätzlichen Ausspruchs der (Nicht-) Heilbarkeit.[6]

564 Die Kostenvorschriften der §§ 154 ff. VwGO sind analog anzuwenden.

Da der Tenor keinen vollstreckungsfähigen Inhalt hat, bezieht sich die Vollstreckbarkeitsentscheidung nur auf die Kosten.[7]

Ist die angegriffene Rechtsvorschrift inzwischen außer Kraft getreten, kann der Antragsteller das Normenkontrollverfahren in der Hauptsache für erledigt erklären. Widerspricht der Antragsgegner, ist nach Maßgabe der für das Klageverfahren geltenden Grundsätzen vorzugehen.[8] Der Tenor zu 1) des Urteils lautet im Falle der Stattgabe: *„Es wird festgestellt, dass das Normenkontrollverfahren in der Hauptsache erledigt ist".*

---

[4] Drei Berufsrichter z. B. in Rheinland-Pfalz (§ 2 Abs. 2 RhPfAGVwGO) und in Nordrhein-Westfalen (§ 109Abs. 2 NWJG), fünf Berufsrichter z. B. in Sachsen (§ 24 Abs. 2 SächsJG) und Hessen (§ 15 Abs. 2 Satz 1 HessAGVwGO), drei Berufsrichter und zwei ehrenamtliche Richter z. B. in Berlin (§ 2 Abs. 1 BerlAGVwGO) und Niedersachsen (§ 76 Abs. 2 NdsJG).

[5] Dies gilt nicht für materielle Fehler, die die Planung als Ganzes oder deren Grundzüge betreffen (s. *Koehl,* DVP 2008, 133).

[6] Wie hier *Kopp/Schenke,* § 47 Rn. 120; aA Sodan/Ziekow/*Ziekow,* § 47 Rn. 372; offen gelassen von *VGH München* ZfBR 2008, 374.

[7] *Kaiser/Kaiser,* Rn. 291.

[8] *BVerwG* NVwZ-RR 2002, 152.

Ebenso wie bei einer Fortsetzungsfeststellungsklage kann auch die Wiederholungsgefahr ein Rechtsschutzinteresse für die gerichtliche Überprüfung einer Rechtsnorm im Normenkontrollverfahren begründen, auch wenn von dieser Rechtsnorm selbst keine rechtlichen Wirkungen mehr ausgehen können. Daher kann der Antragsteller im Normenkontrollverfahren die **Feststellung** begehren, dass **die außer Kraft getretene Rechtsnorm ungültig war.**[9] Der Tenor zu 1) ist dann wie folgt zu fassen: „*Es wird festgestellt, dass die Rechtsverordnung der Antragsgegnerin vom 13. Februar 2015 insoweit ungültig war, als sie das Offenhalten von Verkaufsstellen aus Anlass des Maimarktes am Sonntag, den 24. Mai 2015, im Stadtgebiet von Potsdam gestattete.*“ 565

§ 28. Der Tatbestand

Der Tatbestand beginnt mit einem Einleitungssatz (z. B. „*Die Antragstellerin wendet sich gegen den Bebauungsplan „Kantstraße“ der Gemeinde Schöneberg*“). Danach stellen Sie die Verfahrensgeschichte der Satzung, soweit sie für die Entscheidung von Relevanz ist, dar. Ist ein Bebauungsplan Gegenstand des Verfahrens, beschreiben Sie genau, wo sich das Grundstück des Antragstellers befindet. Anschließend folgt das Datum der Antragstellung, der Vortrag und Antrag des Antragstellers, der Ablehnungsantrag und Sachvortrag des Antragsgegners, die Prozessgeschichte und der Schlusssatz nach § 117 Abs. 3 Satz 2 VwGO. 566

§ 29. Die Entscheidungsgründe

Die Entscheidungsgründe werden ebenso aufgebaut wie im verwaltungsgerichtlichen Urteil. Zu Beginn wird das Ergebnis bekannt gegeben (z. B. „*Der Normenkontrollantrag ist zulässig und begründet.*“) und anschließend die Zulässigkeit sowie Begründetheit des Antrags erörtert. Die **Aufbauschemata** für eine Normenkontrollentscheidung nach § 47 Abs. 1 Nr. 1 und § 47 Abs. 1 Nr. 2 VwG finden Sie in Rn. 913 und 914. 567

I. Die Zulässigkeit des Normenkontrollantrags

1. Die Statthaftigkeit des Antrags

Die Statthaftigkeit des Antrags richtet sich nach § 47 Abs. 1 VwGO. Nach dessen Nr. 1 sind **Satzungen,** die **nach den Vorschriften des BauGB** erlassen worden sind, sowie **Rechtsverordnungen** aufgrund des § 246 Abs. 2 BauGB mit der Normenkontrolle angreifbar. Dazu zählen insbesondere **Bebauungspläne** (§ 10 BauGB), Veränderungssperren (§ 16 Abs. 1 BauGB), Vorkaufsrechtssatzungen (§ 25 Abs. 1 BauGB), Innenbereichssatzungen (§ 34 Abs. 4 BauGB) und Außenbereichssatzungen (§ 35 Abs. 6 BauGB). Grundsätzlich nicht gemäß § 47 Abs. 1 Nr. 1 BauGB anfechtbar sind Flächennutzungspläne[10] und Bebauungsplanentwürfe.[11] Analog findet § 47 Abs. 1 Nr. 1 BauGB aber Anwendung auf **Flächennutzungspläne,** wenn darin Kon- 568

---

[9] *OVG Koblenz* NVwZ-RR 1996, 201 m. w. N..

[10] Dieser ist vom Grundsatz her nur ein vorbereitender Bauleitplan (vgl. *BVerwG* NVwZ 1991, 262).

[11] H. M., z. B. Sodan/Ziekow/*Ziekow,* § 47 Rn. 67; *VGH München* NVwZ-RR 2000, 469; *BVerwG* NVwZ-RR 2002, 256: „Etwas anderes kommt allenfalls dann in Betracht, wenn der Antragsteller durch Nachbarklagen gegen Baugenehmigungen nach § 33 BauGB keinen hinreichenden Rechtsschutz erlangen könnte.“

zentrationsflächen mit Ausschlusswirkung i. S. d. § 35 Abs. 3 Satz 3 BauGB dargestellt werden[12].

569 § 47 Abs. 1 Nr. 2 VwGO betrifft die Überprüfung von **im Rang unter dem Landesgesetz**[13] stehenden **Rechtsvorschriften,** sofern das **Landesrecht** die Normenkontrolle für anwendbar erklärt. Hier ist es erforderlich, die landesrechtliche Norm zu zitieren, die den Weg zur Normenkontrolle eröffnet.[14] Ein Formulierungsbeispiel:

„Der Antrag ist nach § 47 Abs. 1 Nr. 2 VwGO statthaft. Die Polizeiverordnung der Antragsgegnerin kann Gegenstand einer Normenkontrolle sein, weil das Land Sachsen-Anhalt mit § 10 SachsAnhAGVwGO von der Ermächtigung des § 47 Abs. 1 Nr. 2 VwGO Gebrauch gemacht hat, zu bestimmen, dass im Rang unter dem Landesgesetz stehenden Rechtsvorschriften auf ihre Gültigkeit zu überprüfen sind. (…)“

Im Assessorexamen dürften als sonstige untergesetzliche Rechtsvorschriften im Sinne der genannten Bestimmung vor allem Polizeiverordnungen, Geschäftsordnungen eines kommunalen Vertretungsorgans[15] oder andere kommunalen Satzungen (z. B. aus dem Kommunalabgabenrecht) in Betracht kommen. Ausbildungsrelevant sind insbesondere Alkoholverbotsverordnungen,[16] Bettelverbotssatzungen,[17] Taubenfütterungsverbotssatzungen,[18] Glasverbotsverordnungen,[19] polizeiliche Umweltschutzverordnungen,[20] ladenschluss- und arbeitszeitrechtliche Rechtsverordnungen,[21] oder Verordnungen über die Anleinpflicht für Hunde.[22]

---

[12] *BVerwG* NVwZ 2007, 1081: Durch die Schaffung des § 35 Abs. 3 Satz 3 BauGB hat der Gesetzgeber bestimmten Darstellungen des Flächennutzungsplans einen Grad rechtlicher Verbindlichkeit beigemessen, der den herkömmlichen Wirkungskreis des Flächennutzungsplans deutlich überschreitet. Im Anwendungsbereich von § 35 Abs. 3 Satz BauGB erfüllt der Flächennutzungsplan mithin eine dem Bebauungsplan vergleichbare Funktion. S. auch *BVerwG* NVwZ 2013, 1011; *OVG Lüneburg* BauR 2014, 838; *Decker,* JA 2015, 1, 7 und die Klausur von *Hyckel,* JuS 2015, 162.

[13] Nicht statthaft ist die Normenkontrolle bei Rechtsverordnungen des Bundes, *BVerwG* NJW 2000, 3584. Vorbehaltlich landesrechtlicher Besonderheiten kann auch eine durch Gesetz geänderte Norm einer landesrechtlichen Rechtsverordnung Gegenstand der Normenkontrolle nach § 47 Abs. 1 Nr. 2 VwGO sein (*BVerwG* NVwZ 2003, 730).

[14] Denkbar ist eine Klausur, die eine Vorschrift im Sinne des § 47 Abs. 1 Nr. 2 VwGO zum Gegenstand hat, ohnehin nur in den Bundesländern, die die Normenkontrolle eingeführt haben.

[15] S. z. B. *VGH Kassel* NVwZ 2007, 107.

[16] S. insbesondere *OVG Lüneburg* NordÖR 2013, 113; *VGH Mannheim* NVwZ-RR 2010, 55 und 59; s. auch die Klausur von *Kremer,* JuS 2012, 431.

[17] S. *VGH Mannheim* NVwZ 1999, 560 zu einer Polizeiverordnung, die das Betteln auf öffentlichen Straßen und in öffentlichen Anlagen schlechthin untersagt; vgl. hierzu auch die Klausur von *Kube,* JuS 1999, 176.

[18] S. hierzu die Klausur von *Böhm/Hagebölling,* JA 2014, 759.

[19] *VGH Mannheim* VBlBW 2013, 12; vgl. dazu auch *Marsch,* VBlBW 2013, 15.

[20] *VGH Mannheim* VBlBW 2013, 27; vgl. dazu auch *Waldhoff,* JuS 2013, 287 und *Berger,* NVwZ 2013, 1593.

[21] *BVerwG* NVwZ 2015, 590 mit Besprechung von *Wiebauer,* NVwZ 2015, 543; *BVerwG* NJW 1999, 1567; *OVG Berlin-Brandenburg* LKV 2015, 274 und die Klausur von *Jahn,* JuS 2002, 693.

[22] S. *OVG Weimar* ThürVBl 2008, 34; *OVG Koblenz* DÖV 2007, 82; *Waldhoff,* JuS 2007, 769 und die Klausuren von *Nolte/Tams,* Jura 2001, 253; *Schenke/Gebhardt,* Jura 2006, 64; *Decker/Konrad,* Assessorklausuren, Klausur Nr. 6.

Normenkontrollfähig gemäß § 47 Abs. 1 Nr. 2 VwGO sind nach der Rechtsprechung[23] auch **Regionalpläne,** da diesen wegen § 35 Abs. 3 Satz 2 BauGB Außenwirkung zukommt. Dagegen unterfallen **Verwaltungsvorschriften**[24] grundsätzlich nicht dem Anwendungsbereich des § 47 Abs. 1 Nr. 2 VwGO.[25] Etwas anderes gilt allerdings dann, wenn es um (abstrakt-generelle) Regelungen der Exekutive geht, die rechtliche Außenwirkung gegenüber dem Bürger entfalten und auf diese Weise dessen subjektiv-öffentlichen Rechte unmittelbar berühren.[26] 570

Gegenstand der verwaltungsgerichtlichen Normenkontrolle kann auch das Außerkrafttreten einer Satzung nach § 47 Abs. 1 Nr. 1 VwGO oder einer untergesetzlichen Norm nach § 47 Abs. 1 Nr. 2 VwGO wegen deren Funktionslosigkeit sein sein.[27] 570a

2. Zuständigkeit des Oberverwaltungsgerichts

Dieser Prüfungspunkt ist nur ausnahmsweise anzusprechen.[28] Da das OVG nach § 47 Abs. 1 VwGO nur **„im Rahmen seiner Gerichtsbarkeit"** entscheidet, ist der Normenkontrollantrag nur zulässig hinsichtlich solcher Rechtssätze, zu deren Vollzug im Verwaltungsrechtsweg anfechtbare oder mit Verpflichtungsklagen erzwingbare VAe ergehen können oder aus deren Anwendung sonstige öffentlich-rechtliche Streitigkeiten entstehen können, für die der Verwaltungsrechtsweg gegeben ist.[29] Enthält die beanstandete Satzung neben verwaltungsrechtlichen Regelungen z. B. auch Bestimmungen, die rein ordnungswidrigkeitsrechtlicher Natur sind (Beispiel: Die Bettelverbotssatzung der Stadt Bremerhaven enthält in § 7 die Regelung, dass das in § 2 verbotene Betteln auf öffentlichen Straßen in Bremerhaven eine Ordnungswidrigkeit im Sinne des Polizeigesetzes darstellt und mit einem Bußgeld bis zu 1.000,– € geahndet werden kann), so ist das OVG trotz des engen Zusammenhangs mit der gleichzeitig zur Prüfung gestellten öffentlich-rechtlichen Verbotsvorschrift nicht befugt, die Bewehrungsvorschrift im Falle der Nichtigkeit der Verbotsnorm mit der in § 47 Abs. 5 Satz 2 Halbsatz 2 VwGO angeordneten Wirkung für unwirksam zu erklären.[30] Der Antrag ist insoweit unzulässig; nach der abdrängenden Sonderzuweisung des § 68 OWiG sind hierfür die ordentlichen Gerichte zuständig.[31] 571

3. Partei- und Prozessfähigkeit

Antragsberechtigt sind nach § 47 Abs. 2 Satz 1 VwGO **natürliche und juristische Personen** sowie **jede Behörde.** Die genannte Vorschrift verdrängt als speziellere Regelung § 61 VwGO. Behörden sind anders als nach § 61 Nr. 3 VwGO nicht nur dann antragsberechtigt, wenn das Landesrecht dies bestimmt.[32] 572

Die Prozessfähigkeit richtet sich nach der allgemeinen Vorschrift des § 62 VwGO.

---

[23] *BVerwG* NVwZ 2004, 614; *VGH München* BayVBl. 2004, 272; *VGH Kassel* NVwZ-RR 2006, 670; *OVG Magdeburg,* UPR 2009, 392.

[24] Ausführlich dazu s. *Reimer,* Jura 2014, 678.

[25] S. etwa *VGH München* BayVBl 2010, 766.

[26] *BVerwG* NVwZ 2005, 602.

[27] *BVerwG* NVwZ 1999, 986 zu § 47 Abs. 1 Nr. 1 VwGO und *BVerwG* NVwZ 2013, 1547 zu § 47 Abs. 1 Nr. 2 VwGO.

[28] Er kann selbstverständlich auch schon vor der Statthaftigkeit des Antrags abgehandelt werden.

[29] *BVerwG* NVwZ-RR 2015, 69; *Kopp/Schenke,* § 47 Rn. 17.

[30] *Kube,* JuS 1999, 176, 178; *BVerwG* DVBl. 2005, 719.

[31] *OVG Schleswig* NordÖR 2003, 37. Unterschiedlich beurteilt wird die Frage, ob das OVG den Rechtsstreit diesbezüglich gemäß § 17 Abs. 2 GVG an das zuständige Gericht verweisen darf (verneinend *OVG Bautzen,* Urt. v. 19.1.2009 – 4 D 2/06 – juris).

[32] Sodan/Ziekow/*Ziekow,* § 47 Rn. 264; Schoch/*Gerhardt,* § 47 Rn. 82.

Natürliche Personen und juristische Personen des Privatrechts sind vor dem OVG nur postulationsfähig, wenn sie anwaltlich vertreten sind. Der Vertretungszwang ergibt sich aus § 67 Abs. 4 Satz 1 VwGO. Für juristische Personen des öffentlichen Rechts gilt § 67 Abs. 4 Satz 4 VwGO.

4. Die Antragsbefugnis

573 Die **Antragsbefugnis** müssen Sie immer erörtern. Nach § 47 Abs. 2 VwGO ist antragsbefugt **jede natürliche oder juristische Person,** die geltend macht, durch die Rechtsvorschrift oder deren Anwendung in ihren Rechten verletzt zu sein oder in absehbarer Zeit verletzt zu werden. Die **Anforderungen** an die Geltendmachung einer Rechtsverletzung in § 47 Abs. 2 Satz 1 VwGO sind **nicht höher als in § 42 Abs. 2 VwGO.**[33] Ausreichend ist, dass der Antragsteller hinreichend substantiiert Tatsachen vorträgt, die es zumindest als möglich erscheinen lassen, dass er durch den zur Prüfung gestellten Rechtssatz in einem subjektiven Recht verletzt wird.[34] Eine Rechtsverletzung ist dabei nicht nur dann möglich, wenn die Norm oder ihre Anwendung unmittelbar in eine Rechtsstellung eingreift. Entscheidend ist vielmehr, ob sich die mögliche Verletzung subjektiver Rechte der angegriffenen Norm tatsächlich und rechtlich zuordnen lässt.[35] Die **Antragsbefugnis fehlt** demnach nur, **wenn offensichtlich und eindeutig nach keiner Betrachtungsweise subjektive Rechte des Antragstellers verletzt sein können.**[36]

574 Antragsbefugt im Sinne des § 47 Abs. 2 VwGO in Bezug auf Bebauungspläne ist regelmäßig derjenige, der im Zeitpunkt des Satzungsbeschlusses **(Mit-)Eigentümer** eines im Plangebiet gelegenen Grundstücks ist und sich gegen eine bauplanerische Festsetzung wendet, die unmittelbar sein Grundstück betrifft.[37] Die Festsetzungen des Bebauungsplans bestimmen, soweit es um die bebauungsrechtlich zulässige Nutzung geht, Inhalt und Schranken des Eigentums. Veräußert der antragsbefugte Grundeigentümer, der sich gegen die Gültigkeit eines Bebauungsplans wendet, im Laufe des Verfahrens sein Grundstück und lehnt es der Erwerber ab, den Rechtsstreit in eigenem Namen fortzuführen, bleibt es gemäß **§§ 173 VwGO, 265 Abs. 2 ZPO** bei der Prozessführungsbefugnis des ursprünglichen Eigentümers.[38] Neben dem Eigentümer ist grundsätzlich auch der **Pächter** eines im Plangebiet gelegenen Grundstücks,[39] der **Mieter** einer Wohnung[40] sowie der **Grundstückserwerber** berechtigt, einen Normenkontrollantrag zu stellen, sobald der Besitz sowie Nutzungen und Lasten auf ihn übergegangen sind und der Antrag auf Eigentumsumschreibung beim Grundbuchamt gestellt oder zu seinen Gunsten eine Auflassungsvormerkung in das Grundbuch eingetragen worden ist.[41] Dabei ist es für die Antragsbefugnis ohne Belang, ob der Grundeigentümer die Absicht hat, das Grundstück selbst zu nutzen, zu veräußern, zu vermieten oder zu verpachten.

575 Auch der Eigentümer eines Grundstücks, das zwar im Plangebiet gelegen, aber von der angegriffenen Festsetzung nicht unmittelbar betroffen ist, oder der Eigentümer eines Grundstücks außerhalb des Plangebiets können antragsbefugt sein.[42] Für beide

---

[33] S. z. B. *BVerwG* NVwZ 2004, 1120.
[34] *BVerwG* NVwZ 1998, 732 und NVwZ-RR 2013, 1014.
[35] *BVerwG* GewArch 1999, 168.
[36] *BVerwG* NVwZ 2001, 1038.
[37] *BVerwG* NVwZ 2000, 1413; *OVG Münster* NVwZ-RR 2008, 13.
[38] *BVerwG* DÖV 2002, 128; *VGH Mannheim* VBlBW 2013, 24.
[39] *BVerwG* NVwZ 2000, 806.
[40] *BVerwG* NVwZ 2000, 807; s. auch *VGH Kassel* NVwZ-RR 2005, 312.
[41] *BVerwG* BauR 2002, 1199 und BauR 2014, 90.
[42] *BVerwG* BauR 2006, 352; *VGH München* BayVBl 2006, 407.

kommt eine Verletzung des in § 1 Abs. 7 BauGB enthaltenen **Gebots der fehlerfreien Abwägung** der privaten Belange im Bebauungsplanaufstellungsverfahren in Betracht. Nach der Rechtsprechung des *BVerwG*[43] hat das Abwägungsgebot **drittschützenden Charakter** hinsichtlich solcher privater Belange, die für die Abwägung erheblich sind. Danach reicht es aus, dass der Antragsteller Tatsachen vorträgt, die eine fehlerhafte Behandlung seiner Belange in der Abwägung als möglich erscheinen lassen. Macht der Antragsteller eine Verletzung des Abwägungsgebots geltend, so muss er einen eigenen Belang als verletzt benennen, der für die Abwägung überhaupt zu beachten war. Nicht erforderlich ist die Darlegung, dass der behauptete Abwägungsfehler auch beachtlich im Sinne von § 214 Abs. 3 Satz 2 BauGB ist. Zu berücksichtigen ist also der private Belang, der in der konkreten Planungssituation einen städtebaulich relevanten Bezug hat. Nicht abwägungsbeachtlich sind daher geringwertige oder mit einem Makel behaftete Interessen sowie solche, auf deren Fortbestand kein schutzwürdiges Vertrauen besteht oder solche, die für die Gemeinde bei der Entscheidung über den Plan nicht erkennbar waren.[44]

Die Antragsbefugnis eines nach §§ 3, 5 Abs. 2 UmwRG **anerkannten Umweltverbandes** gegen einen potentiell UVP-pflichtigen Bebauungsplan ergibt sich aus § 2 Abs. 1 UmwRG.[45] Danach kann eine nach § 3 UmwRG anerkannte inländische oder ausländische Vereinigung, ohne eine Verletzung in eigenen Rechten geltend machen zu müssen, unter bestimmten weiteren Voraussetzungen Rechtsbehelfe nach Maßgabe der VwGO gegen eine Entscheidung nach § 1 Abs. 1 Satz 1 UmwRG oder deren Unterlassen einlegen. **575a**

Als **schutzwürdige private Belange i. S. d. § 1 Abs. 7 BauGB** sind z. B. angesehen worden:[46] das Interesse eines außerhalb des Geltungsbereichs eines neuen Bebauungsplans ansässigen Anliegers, von der Überlastung eines sein Grundstück erschließenden Weges als Folge der Aufstellung des Bebauungsplans für ein neues Baugebiet verschont zu bleiben;[47] eine planbedingte Zunahme des Verkehrslärms, die die Geringfügigkeitsschwelle überschreitet;[48] der Schutz einer Wohnnutzung gegenüber einem Bebauungsplan, der eine mit Emissionen verbundene gewerbliche oder industrielle Nutzung in der Nachbarschaft zulässt;[49] das Interesse eines im Außenbereich ansässigen Landwirts am Erhalt seines Aussiedlerhofes gegen heranrückende Wohnbebauung, die die von ihm betriebene Tierhaltung als konfliktträchtig erscheinen lässt;[50] der Grundsatz des § 50 BImSchG, wonach zur Gewährleistung einer geordneten städtebaulichen Entwicklung unverträgliche Nutzungen (z. B. gewerbliche Nutzung und Wohnnutzung wegen ihrer prinzipiellen Konfliktanfälligkeit) grundsätzlich zu trennen sind.[51] **576**

Aber **aufgepasst:** Ob und in welchem Umfang dem Trennungsgrundsatz genügt ist, richtet sich nach objektiven Kriterien; private Verzichtserklärungen sind für die städtebauliche Ordnung grundsätzlich ohne Bedeutung. Dies bedeutet, dass sich bei der Aufstellung von Bebauungsplänen Abwägungsmängel wegen unzureichender Lösung eines Konflikts (z. B. die von einem landwirtschaftlichen Betrieb ausgehenden **577**

---

[43] NJW 1999, 592; DVBl 2011, 1414; s. auch *VGH Kassel* NVwZ-RR 2014, 673.
[44] *BVerwG* BeckRS 2009, 35167.
[45] *OVG Koblenz* DVBl 2015, 42.
[46] Eine ausführliche Übersicht finden Sie bei *Kopp/Schenke,* § 47 Rn. 73.
[47] *BVerwG* NVwZ 2001, 431; *VGH Mannheim* VBlBW 2004, 422.
[48] *BVerwG* BauR 2007, 2041.
[49] Vgl. *BVerwG* NVwZ 2000, 807.
[50] *VGH Kassel* NVwZ-RR 2004, 821, 822.
[51] Vgl. *OVG Lüneburg* BauR 2001, 1862; s. auch *BVerwG* BauR 2002, 1199.

schädlichen Umwelteinwirkungen) nicht allein durch einen (dinglich gesicherten) Verzicht auf die Abwehrrechte der von der Planung Betroffenen überwinden lassen. Private Vereinbarungen oder Verzichtserklärungen können aber dann bedeutsam sein, wenn sie sich nicht auf den Verzicht auf Abwehrrechte beschränken, sondern – objektiv – zu einer Konfliktlösung führen. Der Verzicht auf Abwehransprüche kann danach ein Indiz für das Vorhandensein einer Konfliktlösung sein, niemals aber selbst die Konfliktlösung darstellen.[52]

578 **Keine schutzwürdigen privaten Belange i. S. d. § 1 Abs. 7 BauGB** sind allgemeine Belange des Naturschutzes oder der Erholungswert der Landschaft oder das Interesse am Schutz vor Konkurrenzbetrieben.[53] Der alleinige Umstand, dass ein bisher unbebautes Grundstück künftig bebaut werden darf, macht das Interesse des Nachbarn an der Erhaltung des bisherigen Zustandes, z. B. wegen der Ortsrand- und Aussichtslage, ebenfalls noch nicht zu einem abwägungserheblichen Belang.[54] Auch das Interesse, mit einem – bisher nicht bebaubaren – Grundstück in den Geltungsbereich eines Bebauungsplans einbezogen zu werden, ist für sich genommen kein abwägungserheblicher Belang, der dem Eigentümer die Antragsbefugnis vermitteln kann.[55] Antragsbefugt ist der Antragsteller erst dann, wenn objektive Anhaltspunkte für eine willkürliche Nichteinbeziehung ersichtlich sind.[56]

579 Bei **sonstigen Rechtsnormen** ist jeder antragsbefugt, der aufgrund konkreter Umstände damit rechnen muss, dass auf der Grundlage der angefochtenen Rechtsvorschrift belastende Maßnahmen gegen ihn ergriffen werden, gegen die er mit der Anfechtungsklage vorgehen könnte. Gleiches gilt, wenn die Rechtsnorm dem Antragsteller gegenwärtig oder in absehbarer Zukunft unmittelbar Gebote und Verbote auferlegt, ohne dass es eines Umsetzungsaktes bedarf[57] (Beispiel: Hundehalter wendet sich gegen eine Polizeiverordnung, die das Ausführen gefährlicher Hunde ohne Maulkorb verbietet). Nur **mittelbar** von einer Rechtsnorm **Betroffene** sind antragsbefugt, wenn die Belange Dritter in einer von den Interessen der Allgemeinheit abgehobenen Weise in den Schutzbereich der Norm einbezogen sind und daraus auf ein subjektives Recht dieser Personen auf Berücksichtigung bei der Normgebung zu schließen ist, im Gegensatz zu einer Regelung, die ausschließlich dem Wohl der Allgemeinheit oder dem Schutz anderer dient. Ein mittelbares Betroffensein eines Dritten, das durch die Reaktion des Normadressaten ausgelöst wird, ohne dass die Norm auch dem Schutz des Dritten dient, genügt nicht (Beispiel: Beherbergungsgast bei der Bettensteuer).[58]

580 Wendet sich eine **Gemeinde** gegen eine der Normenkontrolle unterliegende Satzung, ist zu **differenzieren** zwischen der **Antragsbefugnis als juristische Person und als Behörde.** Vorrangig ist dabei die Antragsbefugnis als juristische Person zu erörtern.[59] Als solche kann eine Gemeinde, die Eigentümerin eines im Geltungsbereich der angegriffenen Satzung gelegenen Grundstücks ist, die Antragsbefugnis zwar nicht aus Art. 14 GG und anderen Grundrechten herleiten, wohl aber aus dem sachenrechtlichen Eigentum nach § 903 BGB.[60] Beruft sich die Gemeinde auf ihre Planungs-

[52] *BVerwG* NVwZ-RR 2002, 329.
[53] Vgl. *VGH Kassel* NVwZ-RR 2014, 673; *OVG Lüneburg* BauR 2007, 1840.
[54] *BVerwG* NVwZ 2000, 1413.
[55] *BVerwG* BauR 2007, 1711.
[56] *VGH Mannheim* UPR 2006, 356.
[57] *Ramsauer,* Rn. 21.16.
[58] *BVerwG* NVwZ-RR 2013, 1014.
[59] *Hufen,* JuS 2002, 406, 407.
[60] *OVG Bautzen* NVwZ 2002, 110.

hoheit, so ist sie antragsbefugt, wenn sie nachweist, dass die eigene Planung hinreichend konkret ist und durch die beanstandeten staatlichen Maßnahmen nachhaltig gestört wird. Dasselbe gilt, falls das Vorhaben wegen seiner Großräumigkeit wesentliche Teile des Gemeindegebiets einer durchsetzbaren gemeindlichen Planung entzieht, also eine im Einzelnen noch nicht konkretisierte gemeindliche Planung durch die angegriffene Fachplanung gänzlich verhindert oder grundlegend und nachhaltig behindert werden würde.[61] Die Frage, ob und in welchem Maße das jeweils anzuwendende Recht eine Beachtung gemeindlicher Belange überhaupt fordert und gestattet, ist erst im Rahmen der Begründetheit des Normenkontrollantrages zu prüfen.

Prüfungsrelevant ist in diesem Zusammenhang die **Anfechtung eines Bebauungsplans durch die Nachbargemeinde.** Besondere Bedeutung kommt dieser Thematik im Zusammenhang mit der Ansiedlung sog. Factory-Outlet-Center oder Einkaufszentren[62] zu. Die Antragsbefugnis der Nachbargemeinde kann sich aus dem in § 2 Abs. 2 BauGB verankerten **interkommunalen Abstimmungs- oder Rücksichtnahmegebot** ergeben. Dieses stellt sich als eine besondere Ausprägung des allgemeinen Abwägungsgebots dar.[63] Nach dessen Satz 1 sind die Bauleitpläne benachbarter Gemeinden aufeinander abzustimmen. Gemäß Satz 2 können sich die Nachbargemeinden auch auf die ihnen durch Ziele der Raumordnung zugewiesenen Funktionen sowie auf Auswirkungen auf ihre zentralen Versorgungsbereiche berufen. Unter einer **„benachbarten Gemeinde"** i. S. d. Bestimmung sind nicht nur die unmittelbar angrenzenden zu verstehen, sondern alle Gemeinden, die von den Auswirkungen einer Planung betroffen sind.[64] Einer Abstimmung bedarf es unabhängig davon, ob in der Nachbargemeinde bereits Bauleitpläne oder bestimmte planerische Vorstellungen bestehen, immer dann, wenn „unmittelbare Auswirkungen gewichtiger Art auf dem benachbarten Gemeindegebiet" in Betracht kommen,[65] die sich auch auf raumordnerische Belange beziehen können.[66] Es muss sich um eine gleichsam grenzüberschreitende Planung handeln, der auf der anderen Seite Rechte (und nicht nur Erwartungen) gegenüber- und entgegenstehen, die ihre Grundlage in der jeder Gemeinde zustehenden eigenverantwortlichen Bauleitplanung haben.[67] Von einem qualifizierten Abstimmungsbedarf i. S. d. § 2 Abs. 2 BauGB ist auszugehen, wenn der Bebauungsplan u. a. ein Einkaufszentrum oder einen großflächigen (Einzel)Handelsbetrieb i. S. d. § 11 Abs. 3 Satz 1 BauNVO zum Gegenstand hat.[68] 581

Ist der Normenkontrollantrag von einer **Gemeinde als Behörde** erhoben, so ist die Behörde nur antragsbefugt, wenn sie ein **besonders qualifiziertes Verhältnis zu der betreffenden Norm** hat. Dies ist der Fall, wenn die Behörde die beanstandete Norm anzuwenden hat oder durch den Vollzug der Norm in ihrem Tätigkeitsbereich „betroffen" wird, d. h. die Norm bei der Wahrnehmung ihrer Aufgaben zu beachten hat.[69] 582

Die Antragsbefugnis fehlt einem Antragsteller, wenn er mit seinen[70] Einwendungen präkludiert ist. Hierzu bestimmt **§ 47 Abs. 2 a VwGO,** dass ein Normenkontroll- 583

---

[61] *BVerwG* BauR 2007, 1711; *OVG Lüneburg* BauR 2009, 1425.
[62] S. z. B. *OVG Koblenz* NVwZ-RR 2013, 749; *BVerwG* NVwZ 2006, 458; *Patella,* BayVBl 2012, 421.
[63] *BVerwG* NVwZ 2006, 458, 459; *OVG Koblenz* BauR 2014, 1467.
[64] *BVerwG* NVwZ 1995, 694, 695.
[65] Vgl. *BVerwG* NVwZ 2003, 63; *OVG Magdeburg* BeckRS 2012, 45264.
[66] *Hoppe/Otting,* DVBl. 2004, 1125, 1129; s. auch *VGH Mannheim* NVwZ-RR 2008, 369.
[67] Vgl. BVerwGE 40, 323, 331.
[68] Vgl. *BVerwG* NVwZ 2003, 63; *OVG Berlin-Brandenburg* LKV 2007, 32.
[69] *BVerwG* NVwZ 2011, 1468.
[70] Dass ein Miteigentümer fristgerecht Einwendungen erhoben hat, steht der Präklusion nach § 47 Abs. 2 a VwGO nicht entgegen (*BVerwG* ZfBR 2015, 58).

antrag, der sich u. a. gegen einen Bebauungsplan richtet, unzulässig ist, wenn der Antragsteller nur Einwendungen geltend macht, die er im Rahmen der öffentlichen Auslegung (§ 3 Abs. 2 BauGB) oder im Rahmen der Beteiligung der betroffenen Öffentlichkeit (§ 13 Abs. 2 Nr. 2 und § 13a Abs. 2 Nr. 1 BauGB) nicht oder verspätet geltend gemacht hat, aber hätte geltend machen können, und wenn auf diese Rechtsfolge im Rahmen der Beteiligung hingewiesen worden ist. Diese Vorschrift begründet eine **formelle Präklusion,** die nur zur Unzulässigkeit eines Normenkontrollantrags, nicht hingegen zu einem materiell-rechtlichen Einwendungsausschluss bei der Inzidentkontrolle führt.[71] § 47 Abs. 2a VwGO läuft allerdings ins Leere, soweit der Antrag des Antragstellers trotz einer Präklusion subjektiver Rechte im Hinblick auf die Möglichkeit einer Verletzung anderer subjektiver Rechte zulässig ist. In diesem Fall hat das OVG auch über die präkludierten Einwendungen zu entscheiden; denn im Rahmen der Begründetheit kommt es nur auf die Verletzung objektiven Rechts an.[72]

5. Das Rechtsschutzinteresse

584 Neben der Antragsbefugnis bedarf es für die Zulässigkeit der Normenkontrolle nach allgemeinen Grundsätzen auch eines **Rechtsschutzbedürfnis**ses. Dieses ist bei Vorschriften, die von Behörden als gültig angesehen werden, regelmäßig zu bejahen, wenn eine Rechtsverletzung des Antragstellers durch die Feststellung der Nichtigkeit der angegriffenen Rechtsvorschrift verhindert, beseitigt, oder zumindest abgemildert werden kann.[73] Es **fehlt** dann, wenn die **Ungültigerklärung der Vorschrift** für den Antragsteller offensichtlich **keine rechtlichen oder faktischen Vorteile** bringen kann und die Inanspruchnahme des Gerichts deshalb als nutzlos erscheint.[74] Bei Bebauungsplänen kann ein Rechtsschutzinteresse auch dann zu bejahen sein, wenn ein Teil der im Plangebiet zulässigen Vorhaben bereits unanfechtbar genehmigt und verwirklicht ist.[75] Das Rechtsschutzinteresse kann ferner gegeben sein, wenn der Antragsteller eine Rechtsnorm angreift, von der selbst keine rechtlichen Wirkungen mehr ausgehen (z. B. Beschäftigter eines Einzelhandelsunternehmens wendet sich gegen eine aufgrund des Landesladenöffnungsgesetzes erlassene, inzwischen aber infolge Zeitablaufs erledigte Rechtsverordnung, wonach an einem bestimmten Sonntag vor Ort die Läden geöffnet werden durften). Erforderlich ist hier ein besonderes Interesse an der Feststellung, dass die Rechtsvorschrift rechtswidrig und ungültig war. Das ist entsprechend den zu § 113 Abs. 1 Satz 4 VwGO entwickelten Grundsätzen zu prüfen.[76]

Das Rechtsschutzbedürfnis einer **Behörde** ist immer dann gegeben, wenn sie nur mit der Ausführung der von ihr beanstandeten Norm befasst ist, ohne selbst über die Norm verfügen – insbesondere sie aufheben oder ändern – zu können.[77]

6. Form und Frist

585 Der Antrag ist nach § 81 Abs. 1 Satz 1 VwGO schriftlich durch einen im Sinne des § 67 Abs. 1 VwGO postulationsfähigen Prozessvertreter zu stellen. Die angegriffene Vorschrift soll bezeichnet werden (§ 82 Abs. 1 Satz 1 VwGO). Anmerkungen hierzu

---

[71] *BVerwG* BauR 2007, 515; *Ewer,* NJW 2007, 3171, 3172; *Starke,* JA 2007, 488, 491.
[72] *Kopp/Schenke,* § 47 Rn. 75 a; *OVG Münster* UPR 2009, 39.
[73] *Kopp/Schenke,* § 47 Rn. 89 m. w. N.; vgl. auch *OVG Münster* BeckRS 2015, 43311.
[74] *BVerwG* NVwZ 2002, 869; *VGH München* BayVBl. 2006, 407.
[75] *BVerwG* UPR 1999, 350.
[76] Z. B. *OVG Koblenz* NVwZ-RR 1996, 201.
[77] *BVerwG* NVwZ 2011, 1468.

sind in der Aufsichtsarbeit in der Regel entbehrlich. Kurz erwähnen sollten Sie dagegen die in § 47 Abs. 2 Satz 1 VwGO normierte **Jahresfrist.**[78] Hierauf ist in der Bekanntmachung des Bebauungsplans nicht hinzuweisen.[79] Für den Lauf der Frist kommt es nicht darauf an, ob die Norm wirksam in Kraft getreten ist. Entscheidend ist allein, dass die Rechtsvorschrift mit formellem Geltungsanspruch veröffentlicht worden ist.[80] Die Frist des § 47 Abs. 2 Satz 1 VwGO ist eine Ausschlussfrist, auf die die Vorschrift des § 60 VwGO grundsätzlich keine Anwendung findet.[81] Eine Wiedereinsetzung in den vorigen Stand kommt nach der Rechtsprechung des *BVerwG*[82] aber in Betracht, wenn der rechtzeitig gestellte isolierte Antrag auf Gewährung von Prozesskostenhilfe verspätet vom Gericht beschieden und deshalb die Frist des § 47 Abs. 2 Satz 1 VwGO versäumt wurde. In diesem Fall gebietet es Art. 3 Abs. 1 GG, dass der mittellose Antragsteller dem bemittelten Antragsteller in seinem Anspruch auf Gewährung gerichtlichen Rechtsschutzes aus Art. 19 Abs. 4 GG gleichgestellt wird.

Ob die Frist des § 47 Abs. 2 Satz 1 VwGO bei einem Normenkontrollantrag zur Feststellung der Funktionslosigkeit eines Bebauungsplans aufgrund einer Änderung der tatsächlichen Verhältnisse unbeachtlich ist, wird in Rechtsprechung und Literatur unterschiedlich beurteilt.[83]. Für Normenkontrollanträge nach § 47 Abs. 1 Nr. 2 VwGO gilt die Antragsfrist von einem Jahr nach Bekanntmachung der Rechtsvorschrift dagegen auch dann, wenn der Antragsteller geltend macht, die Rechtsvorschrift sei erst nach ihrer Bekanntmachung infolge einer Änderung der tatsächlichen oder rechtlichen Verhältnisse rechtswidrig geworden.[84].

II. Die Begründetheit des Normenkontrollantrags

1. Allgemeines

Obwohl der Antragsteller nach § 47 Abs. 2 VwGO eine individuelle Rechtsverlet- 586
zung geltend machen muss, ist der **zulässige Antrag** auch dann **begründet,** wenn diese Rechtsverletzung zwar nicht besteht, die angegriffene **Rechtsvorschrift** aber **objektiv unwirksam** ist. § 113 Abs. 1 Satz 1 VwGO gilt hier weder direkt noch entsprechend! Das Normenkontrollgericht prüft die Norm, soweit die Zulässigkeitsschwelle überschritten ist, in formeller und materieller Hinsicht unter jedem rechtlichen Gesichtspunkt, den der Antragsteller rügt oder der sich ansonsten aufdrängt.[85] Das Normenkontrollgericht kann daher die angegriffene Satzung auch aus Gründen als rechtsfehlerhaft ansehen, welche der Antragsteller nicht vorgetragen hat oder

[78] Diese gilt nicht, wenn die Funktionslosigkeit des Bebauungsplans geltend gemacht wird (*VGH Mannheim* NVwZ-RR 2010, 960).

[79] *BVerwG* BauR 2001, 1066.

[80] Vgl. *BVerwG* LKV 1996, 336.

[81] S. z.B. *OVG Münster* NVwZ 2005, 290; *VGH Mannheim* NVwZ-RR 2002, 610; *Kopp/Schenke*, § 47 Rn. 83.

[82] NVwZ-RR 2013, 387 mit Zustimmung von *Hebeler*, JA 2013, 959.

[83] Für Geltung der Antragsfrist: *Redeker/von Oertzen*, § 47 Rn. 26; *VGH München* NVwZ-RR 2015, 11; für Nichtanwendbarkeit der Antragsfrist: *VGH München* BayVBl 2013, 305; Posser/Wolff/*Giesberts*, § 47 Rn. 55; Sodan/Ziekow/*Ziekow*, § 47 Rn. 290. Als Regulativ kommt aber die Verwirkung in Betracht, vgl. *VGH München* BayVBl 2013, 305 und *BVerwG* BauR 2013, 1101.

[84] *BVerwG* NVwZ 2013, 1547; *VGH München* BeckRS 2014, 55951; kritisch dazu *Schenke*, NVwZ 2014, 341.

[85] *BVerwG* NVwZ 2002, 83 und NVwZ 2007, 223. Allerdings ist eine ungefragte Fehlersuche in der Regel nicht sachgerecht, wenn sie das Rechtsschutzbegehren des Antragstellers aus dem Auge verliert (*BVerwG* NJW 2002, 2807 und BeckRS 2008, 32136).

welche die privaten Belange des Antragstellers nicht berühren. Hierauf sollten Sie besonders achten. Der Einstieg „*Der Antrag ist begründet. Der Bebauungsplan ist ungültig und verletzt den Antragsteller in seinen Rechten*“ wäre daher falsch. Formulieren Sie stattdessen: „*Der Antrag ist begründet. Der angegriffene Bebauungsplan erweist sich als unwirksam.*“ und zeigen Sie sodann den oben genannten Prüfungsumfang des Gerichts auf.

587 Die Prüfung erstreckt sich auf formelle und materielle Fehler der angegriffenen Rechtsnorm.[86] Der Antrag ist begründet, wenn die Rechtsvorschrift im Zeitpunkt der letzten mündlichen Verhandlung gegen höherrangiges Recht verstößt und dieser Rechtsverstoß beachtlich ist. Vorbehaltlich des § 47 Abs. 3 VwGO[87] ist die Norm auf ihre Vereinbarkeit mit dem gesamten höherrangigen Recht zu überprüfen, also Bundes- und Landesverfassungsrecht. Nach *h. M.*[88] kann auch das europäische Unionsrecht Prüfungsmaßstab im Normenkontrollverfahren sein.

Achten Sie auf eine **saubere Trennung der formellen und materiellen Prüfungspunkte** (häufiger Fehler in Aufsichtsarbeiten!). Liegt bei einer Bebauungsplanüberprüfung ein Fehler vor, müssen Sie stets dessen Beachtlichkeit nach den §§ 214, 215 BauGB erörtern!

Die Ungültigkeit eines Teils einer Satzungsbestimmung führt dann nicht zu ihrer Gesamtunwirksamkeit, wenn die Restbestimmung auch ohne den unwirksamen Teil sinnvoll bleibt **(Grundsatz der Teilbarkeit)** und mit Sicherheit anzunehmen ist, dass sie auch ohne diesen erlassen worden wäre (Grundsatz des mutmaßlichen Willens des Normgebers).[89] Eine Gesamtunwirksamkeit ist dann festzustellen, wenn eine einzelne nichtige Festsetzung mit der gesamten Satzung in einem untrennbaren Zusammenhang steht.[90]

2. Die Passivlegitimation

588 Die Normenkontrolle ist gemäß § 47 Abs. 2 Satz 2 VwGO gegen den Rechtsträger des Organs zu richten, das die strittige Norm erlassen hat.

3. Die formelle Wirksamkeit der Rechtsnorm

589 Die Einhaltung der Verfahrens- und Formvorschriften durch den Normgeber unterliegt **uneingeschränkt** der **gerichtlichen Kontrolle.** Zu thematisieren können sein die örtliche und sachliche Zuständigkeit, die Einhaltung zwingender und wesentlicher Verfahrensvorschriften, die Mitwirkung anderer Hoheitsträger, Form und notwendi-

---

[86] Eine vorzügliche Aufbauhilfe zur Prüfung der Rechtmäßigkeit eines Bebauungsplans finden Sie unter www.saarheim.de/Anmerkungen/bebauungsplan.htm.

[87] Danach prüft das OVG die Vereinbarkeit der angefochtenen Rechtsvorschrift mit Landesrecht nicht, soweit gesetzlich vorgesehen ist, dass die Rechtsvorschrift ausschließlich durch das Verfassungsgericht eines Landes nachprüfbar ist. Von dieser Bestimmung Gebrauch gemacht haben Bayern (Art. 98 Satz 4 BayVerf., § 53 BayVerfGHG) für die Prüfung auf die Vereinbarkeit mit den Grundrechtsbestimmungen der bayerischen Verfassung und Hessen (Art. 132 HessVerf.) für die Prüfung von Rechtsverordnungen der Landesregierung und der Minister auf die Vereinbarkeit mit höherrangigem Recht. Ob es sich bei diesem Vorbehalt zugunsten der Verfassungsgerichtsbarkeit um eine eigenständige Zulässigkeitsvoraussetzung des Normenkontrollantrages oder um eine in der Begründetheit anzusprechende Beschränkung des Prüfungsmaßstabes handelt, ist umstritten (für Zulässigkeit z. B. Eyermann/*Schmidt,* § 47 Rn. 35; für Beschränkung des Prüfungsmaßstabs *Kopp/Schenke,* § 47 Rn. 101), bedarf aber keiner weiteren Vertiefung, da beides in der Klausur vertreten werden kann.

[88] S. dazu näher *Jeremias,* NVwZ 2014, 495.

[89] Vgl. *BVerwG* NVwZ 2015, 301 und NVwZ 2008, 902.

[90] *BVerwG* NVwZ 2015, 301.

ger Inhalt der Rechtsnorm.[91] Am Beispiel von **Bebauungsplänen** sind folgende formelle Punkte häufiger zu prüfen:

a) Kommunalrechtliche Verstöße beim Zustandekommen des Bebauungsplans

Das BauGB enthält keine abschließende Regelung der formellen Wirksamkeitsvoraussetzungen für Bauleitpläne. Soweit dies der Fall ist, richtet sich das bei der Aufstellung von Bauleitplänen einzuhaltende Verfahren nach dem jeweiligen Landesrecht.[92] Es sind daher ergänzend zu den Bestimmungen des Baugesetzbuchs auch einschlägige Vorschriften des Kommunalrechts zu beachten. Klausurrelevant sind vor allem Fehler bei der Beschlussfassung wegen (angeblicher) Befangenheit von Ratsmitgliedern (s. z. B. Art. 49 BayGemO, § 18 BadWürttGemO, § 31 NWGemO, § 25 HessGemO, § 22 SchlHGemO).[93] 590

b) Ordnungsgemäße Ausfertigung des Bebauungsplans

Viele formelle Fehler treten bei der Ausfertigung des Bebauungsplans auf. Hier nur einige Grundzüge:[94] **Ausfertigung** ist die unter Angabe des Datums handschriftlich verfasste Unterschrift des zuständigen Organs, mit der die Originalurkunde geschaffen und damit der Wille des Normgebers wahrnehmbar gemacht wird.[95] Sie bezeugt, dass ihr Inhalt mit dem Willen des zuständigen Organs übereinstimmt („Authentizität"). Schließlich erklärt sie, dass die für die Rechtswirksamkeit maßgebenden Verfahrensvorschriften beachtet worden sind (Legalität). Nach der Rechtsprechung des *BVerwG*[96] bestimmt Bundesrecht nicht, wann die Ausfertigung eines Bebauungsplans im Einzelnen zu erfolgen hat. Das Baugesetzbuch verlangt nur, dass die Ausfertigung der ortsüblichen Bekanntmachung (§ 10 Abs. 3 Satz 1 BauGB) vorausgehen muss. Bundesrecht lässt dagegen ungeregelt, ob sie vor der Genehmigung, die unter bestimmten Voraussetzungen nach § 10 Abs. 2 BauGB erforderlich ist, zu erfolgen hat. Diese Frage bleibt dem Landesrecht überlassen. Dieses bestimmt meist aber nur, dass Satzungen auszufertigen sind.[97] Grundsätzlich verlangen die OVGe, dass die Ausfertigung nach Abschluss aller für die Verkündung der Rechtsnorm erforderlichen Verfahrensabschnitte und unmittelbar vor ihrer Verkündung erfolgen muss.[98] Die zeitliche Reihenfolge lautet also Beschlussfassung, Genehmigung (sofern erforderlich), Ausfertigung und Bekanntmachung. Teilweise wird es jedoch als unschädlich angesehen, wenn die Genehmigung der Ausfertigung zeitlich nachfolgt.[99] 591

Zur ordnungsgemäßen Ausfertigung eines Bebauungsplans ist grundsätzlich die gesonderte Ausfertigung der zeichnerischen und der textlichen Festsetzungen erforderlich, sofern beide nicht untrennbar zu einer einheitlichen Urkunde verbunden sind.

---

[91] Schoch/*Gerhardt,* § 47 Rn. 95.

[92] *OVG Saarlouis* BeckRS 2012, 49495.

[93] S. z. B. *OVG Koblenz* NVwZ-RR 2000, 103 und *OVG Münster* NVwZ-RR 2003, 667.

[94] Ausführlich hierzu *Schenk,* VBlBW 1999, 161; *Decker,* JA 2001, 247.

[95] Nach *VGH Mannheim* VBlBW 2007, 303 ist die Herstellung einer Originalurkunde nicht erforderlich. Ausreichend für die ordnungsgemäße Ausfertigung eines Bebauungsplans sei die Unterzeichnung des den Satzungsbeschluss enthaltenden Gemeinderatprotokolls durch den Bürgermeister.

[96] BeckRS 2014, 56957; NVwZ-RR 1996, 630.

[97] Z. B. Art. 26 Abs. 2 Satz 1 BayGemO; Art. 63 Abs. 2 BadWürttLV.

[98] Z. B. *VGH München* NVwZ-RR 2003, 669; *OVG Münster* NVwZ-RR 2005, 7; *OVG Bautzen* SächsVBl. 2007, 217.

[99] *VGH München* BayVBl. 1993, 146.

Nimmt die Planurkunde aber eindeutig Bezug auf die textlichen Festsetzungen (sog. gedankliche Schnur), genügt die Ausfertigung der Planurkunde.[100]

c) Ermittlung und Bewertung des Abwägungsmaterials

592 Gemäß **§ 2 Abs. 3 BauGB** sind bei der Aufstellung der Bauleitpläne die Belange zu **ermitteln** und zu **bewerten,** die für die Abwägung von Bedeutung sind **(Abwägungsmaterial).** Die Vorschrift wurde im Zusammenspiel mit § 214 Abs. 1 Satz 1 Nr. 1 BauGB als **„Verfahrensgrundnorm"** durch das am 20. Juli 2004 in Kraft getretene Europarechtsanpassungsgesetz Bau zur stärkeren Gewichtung der verfahrensrechtlichen Anforderungen eingefügt. Die materiell-rechtliche Bestimmung über das Abwägungsgebot ist dagegen inhaltlich unverändert in § 1 Abs. 7 BauGB übernommen worden. Danach sind bei der Aufstellung der Bauleitpläne die öffentlichen und privaten Belange gegeneinander und untereinander gerecht abzuwägen. Was zum Abwägungsmaterial gehört, zeigen § 1 Abs. 6 und § 1 a BauGB. § 214 Abs. 1 Satz 1 Nr. 1 BauGB (lesen!) sieht vor, dass eine in wesentlichen Punkten nicht zutreffende Ermittlung oder Bewertung nach der Konzeption des Gesetzes ein grundsätzlich beachtlicher Verfahrensfehler ist, sofern der Mangel offensichtlich und auf das Ergebnis des Verfahrens von Einfluss gewesen ist. Schließlich bestimmt § 214 Abs. 3 Satz 2 Halbsatz 1 BauGB, dass Mängel, die Gegenstand der Regelung in Abs. 1 Satz 1 Nr. 1 sind, nicht als Mängel der Abwägung geltend gemacht werden können; im Übrigen sind Mängel im Abwägungsvorgang nur erheblich, wenn sie offensichtlich und auf das Ergebnis des Verfahrens von Einfluss gewesen sind (§ 214 Abs. 3 Satz 2 Halbsatz 2 BauGB). Sind diese Voraussetzungen gegeben, wird das OVG die Unwirksamkeit eines Bebauungsplans feststellen, sofern der Normenkontrollantrag innerhalb eines Jahres seit der Bekanntmachung des Bebauungsplans gestellt wurde.

Die durch das Europarechtsanpassungsgesetz Bau erfolgten Änderungen verkomplizieren die Rechtskontrolle von Bebauungsplänen gegenüber dem früheren Rechtsschutz deutlich.[101] Die nunmehr sehr differenzierte Regelung von Fehlern und ihren Rechtsfolgen dürfte im Einzelfall auch den Referendaren erhebliche Probleme bereiten.[102] Die Schwierigkeiten, welche dadurch auch für den Prüfungsaufbau entstehen, zeigt folgender Auszug aus einer Entscheidung des *VGH Mannheim:*[103] *„Zur weiteren Begründung verweist der Senat, wohl wissend, dass es sich bei § 2 Abs. 3 BauGB um eine „verfahrensrechtliche Grundnorm" handelt, insgesamt auf die späteren Ausführungen zur Abwägung. Dies geschieht allein aus Gründen besserer Verständlichkeit, da die Rügen der Antragstellerin häufig „ambivalent" sind, indem sie sowohl die Ermittlungs- als auch ohne klare Trennung die Abwägungsebene betreffen. Rechtliche Unterschiede sind mit dieser Begründungsreihenfolge nicht verbunden. Denn die Ermittlungs- und Bewertungspflicht nach § 2 Abs. 3 BauGB stellt einen wesentlichen und in den inhaltlichen Anforderungen wie den Rechtsfolgen identischen Ausschnitt des Abwägungsvorgangs im Sinne von § 214 Abs. 3 Satz 2 BauGB dar; zudem sind die Grenzen zwischen Ermittlungs-/Bewertungsfehlern und dem verbleibenden „Restbestand" an Fehlern im Abwägungsvorgang nur schwer zu ziehen."*

Es kann hier daher nur der Versuch unternommen werden, unter Heranziehung der veröffentlichten Literatur und Rechtsprechung einen vertretbaren Ansatz für eine

[100] Vgl. *VGH München* NVwZ-RR 2003, 669; *Schenk,* VBlBW 1999, 161, 164.

[101] So das zutreffende Fazit von *Stelkens,* UPR 2005, 81, 87. S. auch *Kersten,* Jura 2013, 478.

[102] S. z. B. den Aufbau der Klausuren von *Klement/Ritter,* Jura 2015, 403; *Kahl,* JA 2005, 280 und *Richter/Sokol,* JA 2011, 521 sowie die ausführliche Abhandlung von *Bernhardt,* JA 2008, 166.

[103] BeckRS 2011, 56606.

Klausurlösung anzubieten. Deshalb zunächst einige Anmerkungen zu der bisherigen Abwägungsfehlerlehre:

Bei der Abwägung wird unterschieden zwischen dem **Abwägungsvorgang** und dem **Abwägungsergebnis.** Das **Abwägungsgebot** ist **verletzt,** wenn eine (sachgerechte) Abwägung überhaupt nicht stattfindet **(Abwägungsausfall).** Es ist ferner verletzt, wenn in die Abwägung an Belangen nicht eingestellt wird, was nach Lage der Dinge in sie eingestellt werden muss **(Abwägungsdefizit)** oder wenn die Bedeutung der betroffenen privaten Belange verkannt **(Abwägungsfehleinschätzung)** bzw. wenn der Ausgleich zwischen diesen und den von der Planung berührten öffentlichen Belangen in einer Weise vorgenommen wird, die zur objektiven Gewichtigkeit einzelner Belange außer Verhältnis steht **(Abwägungsdisproportionalität).** Innerhalb des so gezogenen Rahmens ist dem Abwägungsgebot jedoch genügt, wenn sich die zur Planung berufene Kommune im Widerstreit verschiedener Belange für die Bevorzugung des einen und damit notwendigerweise für die Zurückstellung des anderen Belanges entscheidet. Die darin liegende Gewichtung der von der Planung berührten öffentlichen und privaten Belange ist ein wesentliches Element der planerischen Gestaltungsfreiheit und als solches der verwaltungsgerichtlichen Kontrolle weitgehend entzogen. Diese beschränkt sich im Rahmen des Abwägungsgebots daher auf die Frage, ob der Plangeber die abwägungserheblichen Gesichtspunkte rechtlich und tatsächlich zutreffend bestimmt hat und ob er auf der Grundlage des derart ermittelten Abwägungsmaterials die aufgezeigten Grenzen der ihm obliegenden Gewichtung eingehalten hat.[104] 593

Vor In-Kraft-Treten des Europarechtsanpassungsgesetzes Bau waren sämtliche Abwägungsfehler im Rahmen der materiellen Rechtmäßigkeit des Bebauungsplans zu prüfen. Die neue Rechtslage hat in der Literatur zu einer Auseinandersetzung u. a. um die Frage geführt, ob an der dargelegten Abwägungsfehlerlehre festzuhalten ist.[105] Das *BVerwG*[106] führte in einer Entscheidung vom 9. April 2008 aus, der Gesetzgeber habe mit der Einfügung des § 2 Abs. 3 BauGB das Ermitteln und Bewerten der von der Planung berührten Belange insgesamt als **verfahrensbezogene Pflicht** ausgestalten und eine hierauf abgestimmte Planerhaltungsvorschrift schaffen wollen. Inhaltlich entspreche die Vorschrift der bisherigen sich aus dem Abwägungsgebot ergebenden Rechtslage, nach der die Berücksichtigung aller bedeutsamen Belange in der Abwägung zunächst deren **ordnungsgemäße Ermittlung** und **zutreffende Bewertung** voraussetzt. In der Literatur wird, soweit ersichtlich, überwiegend die Meinung vertreten, dass – im Rahmen der **formellen Rechtmäßigkeit** zu prüfende – Verfahrensfehler i. S. d. § 2 Abs. 3 BauGB in Anlehnung an die herkömmliche Abwägungsfehlerlehre vorliegen, wenn die von der Planung berührten Belange überhaupt nicht ermittelt oder bewertet worden seien, die nach Lage der Dinge hätten ermittelt oder bewertet werden müssen (entspricht dem bisherigen **Abwägungsausfall**), oder wenn die Bedeutung der ermittelten Belange verkannt worden seien (entspricht bisheriger **Abwägungsfehleinschätzung und Abwägungsdefizit**). Im Rahmen der **materiellen Rechtmäßigkeit** gemäß § 1 Abs. 7 BauGB ist danach nur noch die **Abwägungsdisproportionalität** zu prüfen.[107] Eine fehlerhafte Einordnung eines Abwägungsman- 594

---

[104] S. ferner das Formulierungsbeispiel in Rn. 605.

[105] Ausführlich dazu *Martini/Finkenzeller,* JuS 2012, 126; *Bernhardt,* JA 2008, 166.

[106] NVwZ 2008, 899; s. auch *BVerwG* NVwZ 2013, 519; *OVG Münster* BauR 2014, 1430.

[107] S. *Voßkuhle/Kaiser,* JuS 2014, 1074, 1076; *Martini/Finkenzeller,* JuS 2012, 126; *Stelkens,* UPR 2005, 81, 84; nach *VGH Mannheim* BauR 2009, 1870 und *Happ,* NVwZ 2007, 304 FN 22 unterfällt der Abwägungsausfall nicht dem § 2 Abs. 3 BauGB; *Koehl,* DVP 2008, 133, 138 stuft die Abwägungsfehleinschätzung als materiellen Fehler ein. Für eine Aufgabe der bisherigen Abwägungsfehlerlehre plädiert *Bernhardt,* JA 2008, 166.

gels unter den verfahrensrechtlichen bzw. den materiell-rechtlichen Teil der Abwägung dürfte regelmäßig folgenlos sein.[108] Denn die Voraussetzungen für die Beachtlichkeit der Mängel sind im Wesentlichen gleich (vgl. § 214 Abs. 3 Satz 2 Halbsatz 1 i.V.m. § 214 Abs. 1 Nr. 1 einerseits und § 214 Abs. 3 Satz 2 Halbsatz 2 BauGB andererseits): Fehler im verfahrensrechtlichen Teil des Abwägungsvorgangs sind ebenso wie sonstige – materiell-rechtliche – Mängel des Abwägungsvorgangs nur dann beachtlich, wenn sie „offensichtlich und auf das Abwägungsergebnis von Einfluss gewesen sind". Fehler im Abwägungsergebnis sind dagegen stets beachtlich. Einzelheiten zu dieser Problematik können im Assessorexamen wegen ihrer Komplexität nicht erwartet werden, jedenfalls solange nicht, wie die Rechtsprechung zu einer Klärung beigetragen hat.

595 **Zum Prüfungsaufbau:** Erörtern Sie zunächst im Rahmen der formellen Rechtmäßigkeit des Bebauungsplans, ob ein **Ermittlung- oder Bewertungsfehler** in Form eines Abwägungsausfalls, einer Abwägungsfehleinschätzung oder/und eines Abwägungsdefizits vorliegt. Von einem Abwägungsausfall ist z. B. auszugehen, wenn die Gemeinde aufgrund von außerhalb des Planungsverfahrens getroffenen Entscheidungen derart festgelegt ist, dass eine Abwägung innerhalb des Planungsvorgangs tatsächlich nicht mehr stattfindet (typisches Beispiel: Die Gemeinde G schließt mit einem Lebensmitteldiscounter einen Vertrag über die Ansiedlung eines Marktes und verpflichtet sich, den dafür erforderlichen Bebauungsplan aufzustellen. Der Gemeinderat geht bei der Abwägung der verschiedenen Belange von einer Bindung an diese – nichtige – Vereinbarung aus).[109] Eine Abwägungsfehleinschätzung liegt z. B. vor, wenn die Gemeinde die Gesundheitsgefahr durch eine Schwermetallverunreinigung des Erdbodens verharmlost. Ein Abwägungsdefizit ist z. B. gegeben, wenn der Gemeinderat dem begründeten Verdacht, der Boden enthalte Altlasten, nicht weiter nachgeht.

Eine genaue Einordnung, ob es sich bei den drei genannten Fehlern im Abwägungsvorgang um „Mängel bei der Ermittlung und der Bewertung des Abwägungsmaterials" gemäß § 214 Abs. 3 Satz 2 Halbsatz 1, Abs. 1 Satz 1 Nr. 1 BauGB) handelt oder um „übrige Mängel im Abwägungsvorgang" (§ 214 Abs. 3 Satz 2 Halbsatz 2 BauGB) erscheint schwierig;[110] in der Klausur können Sie dies im Zweifel offen lassen,[111] denn die Anforderungen an die Beachtlichkeit der Mängel sind nach beiden Alternativen im Wesentlichen gleich.[112]

d) Sonstige formelle Fehler

596 Weitere potentielle Prüfungspunkte in der Klausur sind die Frage der Notwendigkeit eines Aufstellungsbeschlusses (vgl. § 2 Abs. 1 Satz 2 BauGB),[113] die ordnungsgemäße Bekanntmachung der Auslegung des Bebauungsplanentwurfs (§ 3 Abs. 2 Satz 2 BauGB),[114] die Auslegung des Bebauungsplans (§ 3 Abs. 2 Satz 1 BauGB), die orts-

---

[108] So zutreffend *Koehl,* DVP 2008, 133, 136. Teilweise prüfen die *OVG*e den § 2 Abs. 3 BauGB im Rahmen des § 1 Abs. 7 BauGB einfach mit (s. z.B. *VGH Mannheim* BauR 2014, 1120; *OVG Münster* BauR 2014, 1430).

[109] S. auch die Klausur von *Kahl,* JA 2005, 280.

[110] S. hierzu insbesondere der Versuch von *Stelkens,* UPR 2005, 81, der die Abwägungsfehleinschätzung und den vollständigen oder teilweisen Abwägungsausfall zu den „übrigen Mängeln im Abwägungsvorgang" zählt; die Gesetzgebungsmaterialien geben für die Beantwortung dieser Frage nichts her.

[111] So auch in der Klausur von *Kahl,* JA 2005, 280. Vgl. ferner *Kersten,* Jura 2013, 478.

[112] Vgl. *BVerwG* NVwZ 2007, 831.

[113] Nach *BVerwG* NVwZ-RR 2003, 172 ist das Vorliegen eines Aufstellungsbeschlusses keine Wirksamkeitsvoraussetzung für einen Bebauungsplan.

[114] S. dazu *VGH Mannheim* VBlBW 2002, 304.

übliche Bekanntmachung der Genehmigung des Bebauungsplans oder des Satzungsbeschlusses[115] (§ 10 Abs. 3 Satz 1 BauGB) oder die Beteiligung der Öffentlichkeit und der Behörden (§§ 3, 4 BauGB).[116]

e) Beachtlichkeit der Verfahrensfehler

Haben Sie einen Verfahrensverstoß festgestellt, stellt sich unmittelbar die Frage nach seiner **Beachtlichkeit.** Näheres hierzu bestimmt **§ 214 Abs. 1 Satz 1 BauGB** (lesen!). Dieser enthält einen abschließenden Katalog von Verstößen gegen Form- und Verfahrensvorschriften, die für die Wirksamkeit des Bebauungsplans beachtlich sind. Darin nicht ausdrücklich genannte Verfahrens- und Formfehler sind für die Wirksamkeit des Bebauungsplans von vornherein unbeachtlich.[117] **597**

Liegt ein Fehler bei der Ermittlung und Bewertung des Abwägungsmaterials vor, so ist dieser Fehler gemäß § 214 Abs. 1 Satz 1 Nr. 1 BauGB nur beachtlich, wenn entgegen § 2 Abs. 3 die von der Planung berührten Belange, die der Gemeinde bekannt waren oder hätten bekannt sein müssen, in wesentlichen Punkten nicht zutreffend ermittelt oder bewertet worden sind und wenn der Mangel offensichtlich und auf das Ergebnis des Verfahrens von Einfluss gewesen ist. Es ist daher zunächst zu prüfen, ob die Belange der Gemeinde bekannt waren oder hätten bekannt sein müssen. Belange, die bei der Entscheidung über den Plan nicht erkennbar waren, sind nicht abwägungsbeachtlich; was die planende Stelle nicht „sieht" und nach den gegebenen Umständen nicht zu „sehen" braucht, kann und muss sie bei der Abwägung nicht berücksichtigen. Private Belange, die der Gemeinde bekannt sind, muss sie in der Abwägung nur beachten, wenn die Belange in der konkreten Planungssituation einen städtebaulich relevanten Bezug haben; nicht abwägungsbeachtlich sind geringwertige oder mit einem Makel behaftete Interessen sowie solche, auf deren Fortbestand kein schutzwürdiges Vertrauen besteht.[118] Ist dagegen ein Belang in einem Punkt für die Abwägung von Bedeutung und hat die Gemeinde diesen Punkt nicht zutreffend ermittelt oder bewertet, so ist dieser Punkt **„wesentlich"** i.S.d. § 214 Abs. 1 Satz 1 Nr. 1 BauGB. Ein solcher Mangel ist **„beachtlich"**, wenn er **offensichtlich** und **auf das Ergebnis von Einfluss** gewesen ist. Dies ist der Fall, wenn nach den Umständen des jeweiligen Falls die konkrete Möglichkeit besteht, dass ohne den Mangel im Vorgang die Planung anders ausgefallen wäre. Eine solche konkrete Möglichkeit besteht immer dann, wenn sich anhand der Planunterlagen oder sonst erkennbarer oder nahe liegender Umstände die Möglichkeit abzeichnet, dass der Mangel im Abwägungsvorgang von Einfluss auf das Abwägungsergebnis gewesen sein kann. Das Europarechtsanpassungsgesetz Bau hat insoweit die Rechtslage nicht geändert.[119] Unbeachtlich wird der Verfahrensfehler nach § 214 Abs. 1 Satz 1 Nr. 1 BauGB, wenn er nicht innerhalb eines Jahres seit Bekanntmachung des Bebauungsplans schriftlich gegenüber der Gemeinde unter Darlegung des die Verletzung begründenden Sachverhalts geltend gemacht worden ist (§ 215 Abs. 1 Nr. 1 BauGB). Läuft die Frist noch, so hat das OVG den Verfahrensfehler von Amts wegen auch **598**

---

[115] *BVerwG* NVwZ 2001, 203: Die Bekanntmachung muss sich auf einen bestimmten Bebauungsplan beziehen; zu fordern ist, dass sie mittels einer schlagwortartigen Kennzeichnung einen Hinweis auf den räumlichen Geltungsbereich des Plans gibt und dass dieser Hinweis den Plan identifiziert.

[116] Ausführlich zu den formellen Rechtmäßigkeitsvoraussetzungen eines Bebauungsplans s. www.saarheim.de/Anmerkungen/bebauungsplan.htm; s. auch das **Aufbauschema** in Rn. 913.

[117] *Uechtritz*, ZfBR 2005, 11.

[118] *BVerwG* NVwZ 2008, 899.

[119] *BVerwG* NVwZ 2008, 899.

dann zu berücksichtigen, wenn der Antragsteller keine entsprechende Rüge erhoben hat.[120]

599 Haben Sie einen sonstigen Mangel im Abwägungsvorgang (s. § 214 Abs. 3 Satz 2 Halbsatz 2 BauGB) festgestellt, so beurteilt sich die Erheblichkeit des Mangels nach § 214 Abs. 3 Satz 2 Halbsatz 2 BauGB, d.h. der Mangel ist nur erheblich, wenn er offensichtlich und auf das Ergebnis des Verfahrens von Einfluss gewesen ist. Unbeachtlich wird ein solcher Mangel im Abwägungsvorgang ebenfalls nach Ablauf eines Jahres seit Bekanntmachung des Bebauungsplans (§ 215 Abs. 1 Nr. 3 BauGB).

600 Kommunalrechtliche Verfahrensfehler unterfallen nicht dem Anwendungsbereich der §§ 214, 215 BauGB. Eine eventuelle Unbeachtlichkeit ergibt sich hier aus den entsprechenden landesrechtlichen Regelungen.

4. Die materielle Wirksamkeit der Rechtsnorm

601 Hier müssen Sie prüfen, ob die Rechtsnorm aufgrund einer **gültigen Rechtsgrundlage** erlassen worden ist, ob sie mit dieser übereinstimmt und ob sie mit höherrangigem Recht im Übrigen vereinbar ist.[121]

601a Bei Bebauungsplänen kommen als klausurrelevante Prüfungspunkte Verstöße gegen § 1 Abs. 3 Satz 1 BauGB (Erforderlichkeit der Planung[122]), § 8 Abs. 2 Satz 1 BauGB (Entwicklung des Bebauungsplans aus dem Flächennutzungsplan), § 2 Abs. 2 BauGB (Interkommunales Rücksichtnahmegebot)[123] und vor allem § 1 Abs. 7 BauGB (Ordnungsgemäße Abwägung) in Betracht.[124] Da aufgrund der §§ 2 Abs. 3, 214 Abs. 3 Satz 2 BauGB Abwägungsausfall, Abwägungsdefizit und Abwägungsfehleinschätzung bereits im Rahmen der formellen Rechtmäßigkeit des Bebauungsplans zu prüfen sind (s. oben Rn. 593a–595), bleibt für den Anwendungsbereich des § 1 Abs. 7 BauGB nur noch die **Abwägungsdisproportionalität** übrig. Diese liegt vor, wenn die Gemeinde den Ausgleich zwischen den von der Planung berührten Belangen in einer Weise vorgenommen worden sind, die zur objektiven Gewichtung einzelner Belange außer Verhältnis steht. Solche Fehler werden nicht von der Ausschlusswirkung des § 214 Abs. 3 Satz 2 Halbsatz 1 BauGB erfasst.[125] Sie berühren stets das Abwägungsergebnis und sind zeitlich unbegrenzt überprüfbar, soweit eine schlechterdings nicht haltbare Planungsentscheidung getroffen worden ist.[126] Sie können daher als Ergebnis festhalten, dass Mängel im Abwägungsergebnis stets zur Unwirksamkeit des Bebauungsplans führen.

601b Bei untergesetzlichen Normen ist als Ermächtigungsgrundlage ausschließlich die in ihrer Präambel als Grundlage genannte gesetzliche Bestimmung maßgebend. Darauf, ob eine inhaltsgleiche Regelung auf eine andere Ermächtigungsgrundlage gestützt werden könnte, kommt es nicht an. Denn eine untergesetzliche Rechtsvorschrift muss das Gesetz, also die Rechtsgrundlage angeben, die zu ihrem Erlass ermächtigt. Diese Formvorschrift hat dergestalt zwingenden Charakter, dass die Gültigkeit der untergesetzlichen Norm – auch – davon abhängig ist, ob die in ihr selbst bezeichneten Rechtsgrundlagen hinreichende Ermächtigungsgrundlagen für ihren Erlass sind.[127]

---

[120] *VGH Mannheim* VBlBW 2002, 304.

[121] *Decker/Konrad,* Assessorklausuren, Klausur Nr. 6, Lösungsvorschlag Rn. 19.

[122] Eine Planung ist schon dann erforderlich, wenn sie vernünftigerweise geboten ist, um die bauliche Entwicklung durch die vorherige Planung zu ordnen.

[123] S. dazu Rn. 579.

[124] S. hierzu auch www.saarheim.de/Anmerkungen/bebauungsplan.htm.

[125] *Stelkens,* UPR 2005, 81, 84.

[126] BT-Drs. 15/2250 S. 65; *Uechtritz,* ZfBR 2005, 11, 16.

[127] *VGH Mannheim,* NVwZ-RR 2012, 939.

5. Die Nebenentscheidungen

Die Kostenentscheidung richtet sich nach den §§ 154 f. VwGO, die vorläufige Vollstreckbarkeit nach § 167 VwGO i. V. m. § 708 Nr. 10, 711 ZPO. 602

Am Ende folgt der Ausspruch über die (Nicht-)Zulassung der Revision:

„Die Revision ist nicht zuzulassen, da Gründe der in § 132 Abs. 2 VwGO genannten Art nicht vorliegen."

§ 30. Die Rechtsmittelbelehrung

Die Rechtsmittelbelehrung, die von den mitwirkenden Berufsrichtern zu unterschreiben ist, richtet sich nach § 133 Abs. 1 VwGO, sofern das OVG die Revision nicht zugelassen hat (Beschwerde gegen die Nichtzulassung der Revision). Hat das OVG dagegen die Revision in seinem Urteil zugelassen, muss die Rechtsmittelbelehrung nach § 139 Abs. 1, 3 VwGO erfolgen. 603

§ 31. Die Streitwertfestsetzung

Die Streitwertfestsetzung in dem dem Urteil nachfolgenden Beschluss beruht auf § 52 Abs. 1 GKG i. V. m. dem Streitwertkatalog für die Verwaltungsgerichtsbarkeit, der in Ziffer 9.8.1. bei Privatpersonen einen Rahmen von 7.500,– € bis 60.000,– € und gemäß Ziffer 9.8.2. bei Nachbargemeinden einen Betrag von 60.000,– € vorsieht. 604

§ 32. Formulierungsbeispiel

Das Formulierungsbeispiel ist so gewählt, dass ein formeller Fehler vorliegt, der im Rahmen eines ergänzenden Verfahrens geheilt werden kann. Daneben werden zwei materiell-rechtliche Probleme erörtert. Bei einem liegt ein – im Übrigen unbeachtlicher – Verstoß nicht vor, bei dem anderen ist der Abwägungsfehler so gravierend, dass eine Heilung durch ein ergänzendes Verfahren ausscheidet. 605

„Der Normenkontrollantrag ist zulässig und begründet. Er führt gemäß § 47 Abs. 5 Satz 2 VwGO zu der gerichtlichen Feststellung der Unwirksamkeit des Bebauungsplans „Im Goldgrund" der Antragsgegnerin.

Der Antrag ist nach § 47 Abs. 1 Nr. 1 VwGO statthaft und auch sonst zulässig. Hinsichtlich der Antragsbefugnis der Antragstellerin bestehen keine Bedenken. Für einen Normenkontrollantrag, mit dem sich – wie hier – der Eigentümer eines im Plangebiet gelegenen Grundstücks gegen eine Festsetzung des Bebauungsplans wendet, die unmittelbar seinen eigenen Grund und Boden betrifft, ist die Antragsbefugnis nach der Bestimmung des § 47 Abs. 2 Satz 1 VwGO, die die Geltendmachung einer Verletzung in eigenen Rechten maßgeblich sein lässt, regelmäßig zu bejahen. Die Antragstellerin macht substantiiert geltend, dass die geplante Erschließungsstraße längs des Schwanenweihers nicht ohne Inanspruchnahme ihres Grund und Bodens verwirklicht werden kann. Nach ihrem Vortrag erscheint es daher möglich, dass die angegriffene Festsetzung des Bebauungsplans rechtswidrig ist und Art. 14 Abs. 1 Satz 1 GG verletzt.

Die Antragstellerin ist mit ihrem Vorbringen nicht gemäß § 47 Abs. 2 a VwGO präkludiert, denn sie hat ihre jetzigen Einwendungen bereits im Rahmen der öffentlichen Auslegung geltend gemacht. (…)

Ferner hat die Antragstellerin auch die einjährige Antragsfrist des § 47 Abs. 2 Satz 1 VwGO eingehalten. Der angegriffene Bebauungsplan vom 28. Januar 2014 ist am 11. Februar 2014 im Amtsblatt der Gemeinde veröffentlicht und damit ortsüblich bekannt gemacht worden. Der am 2. Februar 2015 beim OVG eingegangene Antrag wahrt deshalb die Jahresfrist.

Der Antrag hat auch in der Sache Erfolg. Der zur Überprüfung gestellte Bebauungsplan leidet an mehreren Rechtsmängeln, die seine Unwirksamkeit im Sinne des § 47 Abs. 5 Satz 2 VwGO zur Folge haben.

Entgegen der Ansicht der Antragstellerin ist der Antragsgegnerin im formeller Hinsicht im Hinblick auf die in die Abwägung einzustellenden Belange kein nach § 214 Abs. 1 Satz 1 Nr. 1, § 2 Abs. 3 BauGB beachtlicher und nach § 215 Abs. 1 Satz 1 Nr. 1 BauGB beachtlich gebliebener Ermittlungs- oder Bewertungsfehler unterlaufen.

Dieses als Verfahrensnorm ausgestaltete Gebot tritt selbständig vor die (inhaltlichen) Anforderungen an die verhältnismäßige Gewichtung und den gerechten Ausgleich der konkurrierenden Belange gemäß § 1 Abs. 7 BauGB. Inhaltlich entspricht § 2 Abs. 3 BauGB der früheren sich aus dem Abwägungsgebot ergebenden Rechtslage, nach der die Berücksichtigung aller bedeutsamen Belange in der Abwägung zunächst deren ordnungsgemäße Ermittlung und zutreffende Bewertung voraussetzt. Die Bewertung nach dieser Vorschrift bedeutet daher vor dem Hintergrund einer noch vorzunehmenden Abwägungsentscheidung die Feststellung des jeweiligen Gewichts der abwägungserheblichen Belange. Daher sind Art und Ausmaß des Berührtseins des Belangs durch die betreffende Bauleitplanung sowie das Gewicht des jeweiligen Belangs im Verhältnis zu seiner Betroffenheit zu ermitteln und zu bewerten. Ebenso wie dem Abwägungsgebot aus § 1 Abs. 7 BauGB kommt damit bereits den vorgelagerten Ermittlungs- und Bewertungspflichten nach § 2 Abs. 3 BauGB besondere Bedeutung im Rahmen der inhaltsbestimmenden Funktion der Bauleitplanung im Sinne des Art. 14 Abs. 1 Satz 2 und Abs. 2 GG zu.

Den Planaufstellungsunterlagen lässt sich entnehmen, dass die abwägungserheblichen Belange hier ausreichend ermittelt und bewertet worden sind. (…)

Selbst wenn man mit der Antragstellerin aber einen Ermittlungsfehler annehmen würde, wäre dieser Mangel im Abwägungsvorgang unschädlich. Denn gemäß § 214 Abs. 1 Satz 1 Nr. 1 BauGB ist ein solcher Verfahrensfehler nur beachtlich, wenn (…). Diese Voraussetzungen sind hier nicht gegeben.

Ein nach § 214 Abs. 1 Satz 1 Nr. 2 BauGB für die Rechtswirksamkeit des Bebauungsplans beachtlicher Verfahrensfehler liegt allerdings darin, dass die Antragsgegnerin den Entwurf des Bebauungsplans und seine Begründung nicht in der Weise öffentlich ausgelegt hat, wie das § 3 Abs. 2 BauGB verlangt. Zweck der von § 3 Abs. 2 BauGB vorgeschriebenen öffentlichen Auslegung ist es, die Bürger von der beabsichtigten Planung zu unterrichten und es ihnen damit zu ermöglichen, sich mit Anregungen am Planungsverfahren zu beteiligen. Das Gesetz begnügt sich zur Erreichung dieses Zwecks nicht damit, dem Einzelnen ein Recht auf Einsichtnahme in den Planentwurf und die vorliegenden umweltbezogenen Stellungnahmen oder die Begründung zu geben, sondern verlangt eine Auslegung der genannten Unterlagen. Ein bloßes Bereithalten der Unterlagen ist daher nicht ausreichend. Erforderlich ist vielmehr, dass jeder Interessierte ohne weiteres, d.h. ohne noch Fragen und Bitten an die Bediensteten der Gemeinde stellen zu müssen, in die Unterlagen Einblick nehmen kann. Die Handhabung der öffentlichen Auslegung durch die Antragsgegnerin wird diesen Anforderungen nicht gerecht. (...)

Dieser Fehler ist auch nicht unbeachtlich, da die Jahres-Frist des § 215 Abs. 1 Nr. 1 BauGB für die Geltendmachung der genannten Verfahrensvorschrift noch nicht abgelaufen ist.

Der angefochtene Bebauungsplan ist auch in materiell-rechtlicher Hinsicht nicht mit höherrangigem Recht vereinbar.

Mängel ergeben sich allerdings nicht – wie die Antragstellerin meint – aus einem Verstoß gegen das Gebot des § 8 Abs. 2 Satz 1 BauGB, wonach Bebauungspläne aus dem Flächennutzungsplan zu entwickeln sind. (...)

Im Übrigen wäre ein Verstoß gegen § 8 Abs. 2 Satz 1 BauGB – unterstellt, er läge vor – jedenfalls gemäß § 214 Abs. 2 Nr. 2 BauGB unbeachtlich, da die sich aus dem Flächennutzungsplan ergebende geordnete städtebauliche Entwicklung nicht beeinträchtigt wird. Davon ist hier auszugehen, weil (...)

Der Bebauungsplan „Im Goldgrund" beruht jedoch auf einem Verstoß gegen das in § 1 Abs. 7 BauGB verankerte Abwägungsgebot. Danach sind bei der Aufstellung der Bauleitpläne die öffentlichen und privaten Belange gegeneinander und untereinander gerecht abzuwägen.

Da, wie oben ausgeführt, das Ermittlungs- und Bewertungsverfahren im Abwägungsvorgang ordnungsgemäß durchgeführt wurde, findet eine materielle Kontrolle nur noch in Bezug auf das Abwägungsergebnis statt und zwar im Hinblick auf die Vertretbarkeit des letztlich gefundenen Ausgleichs. Vorliegend liegt eine Abwägungsdisproportionalität vor, denn die Antragsgegnerin hat den Ausgleich zwischen den von der Planung berührten Belange in einer Weise vorgenommen, die zur objektiven Gewichtung einzelner Belange außer Verhältnis steht. (...)

Die festgestellte Abwägungsdisproportionalität hat hier zu einem Abwägungsergebnis geführt, das als Planung schlechterdings nicht haltbar ist. Wegen der festgestellten formellen und materiellen Fehler ist der Bebauungsplan für unwirksam zu erklären.

Die Kostenentscheidung folgt aus § 154 Abs. 1 VwGO. Der Ausspruch über die vorläufige Vollstreckbarkeit des Urteils hinsichtlich der Kosten beruht auf § 167 VwGO i.V.m. §§ 708 Nr. 11, 711 ZPO.

Gründe für die Zulassung der Revision gemäß § 132 Abs. 2 VwGO liegen nicht vor."

2. Abschnitt. Der Normenkontrollbeschluss nach § 47 VwGO

Nach § 47 Abs. 5 Satz 1 VwGO kann das OVG auch durch **Beschluss** entscheiden. 606
Diese Entscheidungsform soll es dem Normenkontrollgericht ermöglichen, in dafür geeigneten Fällen in vereinfachter und beschleunigter Weise über die Gültigkeit der Rechtsvorschrift zu befinden. Darüber, ob eine mündliche Verhandlung entbehrlich

ist, entscheidet das OVG nach richterlichem Ermessen.[1] Dieses Verfahrensermessen wird aber durch Art. 6 Abs. 1 Satz 1 EMRK[2] eingeschränkt. Nach der Rechtsprechung des *BVerwG*[3] folgt aus dem Zusammenwirken von § 47 Abs. 5 Satz 1 VwGO und Art. 6 Abs. 1 Satz 1 EMRK der Grundsatz, dass über einen Normenkontrollantrag, mit dem sich der Eigentümer eines im Plangebiet gelegenen Grundstücks gegen eine Festsetzung in einem Bebauungsplan wendet, die unmittelbar sein Grundstück betrifft, aufgrund einer öffentlichen Verhandlung zu entscheiden ist. Bei Betroffenheit eines Grundeigentümers außerhalb des Plangebiets im Normenkontrollverfahren sei gemäß Art. 6 Abs. 1 Satz 1 EMRK eine mündliche Verhandlung dann erforderlich, wenn die angegriffene planerische Festsetzung auf sein Grundeigentum unmittelbar einwirke und konkrete Beeinträchtigungen nicht erst in einem nachfolgenden Baugenehmigungsverfahren zu beurteilen seien.[4] Die Notwendigkeit einer mündlichen Verhandlung bei Normenkontrollanträgen eigentumsbetroffener Antragsteller entfällt aber dann, wenn der Normenkontrollantrag offensichtlich unzulässig ist.[5]

607 Unterschiede zum Aufbau des Normenkontrollurteils ergeben sich kaum. Der Beschluss ergeht nicht „Im Namen des Volkes". Im Tenor heißt es in Ziffer 3) *„Der Beschluss ist wegen der Kosten vorläufig vollstreckbar"* (oder: *„Die Kostenentscheidung ist vorläufig vollstreckbar"*) und die Streitwertfestsetzung erfolgt in Ziffer 5) des Tenors. In die Entscheidungsgründe leiten Sie wie folgt ein:

„Der Senat entscheidet gemäß § 47 Abs. 5 Satz 1 VwGO durch Beschluss. Die Sach- und Rechtslage lässt sich anhand der Akten und der gewechselten Schriftsätze abschließend beurteilen. Die Beteiligten konnten zu den entscheidungserheblichen Rechtsfragen Stellung nehmen.[6] Eine mündliche Verhandlung ist daher nicht erforderlich."

Ansonsten werden die Entscheidungsgründe genauso aufgebaut wie im Urteil.

3. Abschnitt. Die einstweilige Anordnung im Normenkontrollverfahren

608 Nach § 47 Abs. 6 VwGO kann das OVG auf Antrag eine **einstweilige Anordnung** erlassen, wenn dies **zur Abwehr schwerer Nachteile oder aus anderen wichtigen Gründen dringend geboten** ist.[1*] Die praktische Bedeutung des vorläufigen Rechtschutzes nach dieser Vorschrift ist gering. Auch im Assessorexamen hat es bisher keine Rolle gespielt. Es erscheint deshalb ausreichend, hierzu nur einige Hinweise zu geben.

609 Die Entscheidung ergeht durch **Beschluss,** der gemäß § 152 Abs. 1 VwGO unanfechtbar ist. Im Falle der Stattgabe lautet der Tenor zu 1): *„Der Vollzug des*

---

[1] *BVerwG* NVwZ 1989, 461.
[2] Dieser betrifft Streitigkeiten über „zivilrechtliche Ansprüche und Verpflichtungen".
[3] NVwZ 2000, 810.
[4] *BVerwG* DÖV 2002, 81.
[5] *BVerwG* NJW 2003, 2039, 2041 und BayVBl. 2008, 446.
[6] Ob bei einer Entscheidung durch Beschluss die Beteiligten vorher anzuhören sind, wird unterschiedlich beurteilt; dafür *Kopp/Schenke,* § 47 Rn. 140; dagegen *BVerwG* NVwZ-RR 1992, 405; *OVG Münster* NVwZ-RR 1997, 137.
[1*] Ausführlich zu § 47 Abs. 6 VwGO *Kerkmann,* BauR 2011, 1921.

Bebauungsplans „Hinter den Weiden" der Gemeinde Niederkirchen wird vorläufig ausgesetzt." Bleibt der Eilantrag erfolglos, so wird er abgelehnt.

Bei der Prüfung der Zulässigkeit des Antrags ergeben sich gegenüber dem Hauptsacheverfahren keine Besonderheiten. Das allgemeine Rechtsschutzinteresse scheitert in der Regel nicht daran, dass der Antragsteller gegen spätere Baugenehmigungen vorläufigen Rechtsschutz gemäß §§ 80, 80 a VwGO bzw. gegen Bauvorhaben, die im Freistellungsverfahren verwirklicht werden, gemäß § 123 VwGO erlangen könnte.[2] Wegen des unterschiedlichen Angriffsgegenstands stehen Eilverfahren nach § 47 Abs. 6 VwGO einerseits und den §§ 80, 80 a oder 123 VwGO andererseits gleichberechtigt nebeneinander und können parallel stattfinden. 610

In der Begründetheitsprüfung erfolgt eine **summarische Überprüfung** der Erfolgsaussichten. Nach *h. M.*[3] sind in Anlehnung an die Rechtsprechung des *BVerfG* zu § 32 BVerfGG die Nachteile abzuwägen, die eintreten würden, wenn eine einstweilige Anordnung nicht erlassen wird, der Normenkontrollantrag aber später Erfolg hat, gegenüber den Folgen, die entstünden, wenn die Vorschrift vorläufig außer Vollzug gesetzt wird, sie sich im Hauptsacheverfahren aber als gültig erweist. Die Erfolgsaussichten der Hauptsache sollen dabei grundsätzlich außer Betracht bleiben. Die für den Erlass der einstweiligen Anordnung sprechenden Gründe müssen so schwer wiegend sein, dass sie diese unabweisbar machen.[4] Geht es nur um schwere Nachteile für den Antragsteller selbst, ist zu berücksichtigen, ob er diese auch durch vorläufigen Rechtsschutz in anderen Verwaltungsstreitverfahren in zumutbarer Weise abwenden kann.[5] 611

Über den Inhalt der einstweiligen Anordnung entscheidet das OVG nach seinem Ermessen.

4. Abschnitt. Das Berufungszulassungsverfahren

§ 33. Allgemeines

Auch das Berufungszulassungsverfahren kann Gegenstand einer Examensarbeit sein. Im Folgenden sind daher Grundzüge dargestellt, die klausurrelevant sein können. 612

Das **Berufungszulassungsverfahren** unterscheidet sich vom **Berufungsverfahren**[1] dadurch, dass das Berufungsverfahren eine zweite Tatsacheninstanz ist, während im Zulassungsverfahren ausschließlich geprüft wird, ob die im Einzelnen in § 124 Abs. 2 VwGO genannten Zulassungsgründe gegeben sind. Das Berufungszulassungsverfahren ähnelt daher eher einem Revisionszulassungsverfahren.

Die Entscheidung des OVG ergeht nach § 124 a Abs. 5 Satz 1 VwGO in der Form eines **Beschlusses.** Gemäß Satz 3 soll der Beschluss kurz begründet werden. Mit der Ablehnung des Zulassungsantrags wird das angefochtene erstinstanzliche Urteil rechtskräftig (§ 124 a Abs. 5 Satz 4 VwGO). Lässt das OVG dagegen die Berufung zu, geht das Zulassungsverfahren automatisch gemäß § 124 a Abs. 5 Satz 5 VwGO in das Berufungsverfahren über; der Einlegung einer Berufung bedarf es nicht. 613

---

[2] S. z. B. *OVG Lüneburg* NVwZ 2002, 109; *Kopp/Schenke,* § 47 Rn. 149; a. A. *VGH München* NVwZ-RR 2010, 44.

[3] *Bosch/Schmidt,* § 76 m. w. N.; *OVG Berlin-Brandenburg* NVwZ-RR 2008, 231.

[4] Vgl. *BVerfG* NJW 1994, 2143; *OVG Münster* BeckRS 2015, 43066.

[5] *Ramsauer,* Rn. 21.31.

[1] S. dazu Rn. 661.

§ 34. Das Rubrum

614 Das Rubrum eines (Nicht)Zulassungsbeschlusses entspricht dem Rubrum eines Beschlusses im vorläufigen Rechtsschutzverfahren mit gewissen Modifikationen. So wird oben links nicht nur das Aktenzeichen des OVG, sondern darunter auch das Aktenzeichen des VG aufgeführt. Bei der Bezeichnung der Beteiligten spricht man etwa im Fall der vorausgegangenen Klageabweisung von *„Kläger und Antragsteller"* sowie von *„Beklagte und Antragsgegnerin"*. Beim Betreff wird der Streitgegenstand des Verfahrens mit dem Zusatz *„Zulassung der Berufung"* angegeben. Das OVG entscheidet in der Besetzung von drei Berufsrichtern (§ 9 Abs. 3 Satz 1 VwGO).

Ein Beispiel für ein vollständiges Rubrum in einem Berufungszulassungsverfahren:

OBERVERWALTUNGSGERICHT MECKLENBURG-VORPOMMERN
2 L 112/15
4 A 256/15 VG Greifswald

BESCHLUSS

In der Verwaltungsstreitsache
der Gabriele Windhose, Finkenweg 7, 19067 Leezen
– Klägerin und Antragstellerin –
Prozessbevollmächtigte: Rechtsanwältin Taifun,
Rosa-Luxemburg-Straße 1, 17489 Greifswald
gegen
den Oberbürgermeister der Hansestadt Greifswald,
Gustebiner Wende 13, 17491 Greifswald
– Beklagter und Antragsgegner –
wegen Gewerbeuntersagung
– Zulassung der Berufung –
hat der 2. Senat des Oberverwaltungsgerichts Mecklenburg-Vorpommern am 11. August 2015 durch
die Vorsitzende Richterin am Oberverwaltungsgericht Sturm,
den Richter am Oberverwaltungsgericht Hagel,
den Richter am Verwaltungsgericht Mistral,
beschlossen:

§ 35. Der Tenor

615 Der Tenor des Beschlusses besteht aus dem **Hauptausspruch,** gegebenenfalls der **Kostenentscheidung** sowie der **Streitwertfestsetzung.** Ist der Antrag erfolgreich, so wird wie folgt tenoriert:

1. *Die Berufung der Klägerin gegen das Urteil des Verwaltungsgerichts Greifswald vom 11. Mai 2015 – 4 A 56/15 – wird zugelassen.*
2. *Die Kostenentscheidung bleibt der Endentscheidung vorbehalten.*

Der Tenor zu 2) ist an sich entbehrlich, denn eine Kostenentscheidung ist im Falle der Berufungszulassung nicht nötig; die Kosten des Zulassungsverfahrens sind Teil der Kosten des Berufungsverfahrens. Gibt das OVG dem Antrag nur teilweise statt, so lautet der Tenor z. B. so:

„Die Berufung der Klägerin gegen das Urteil des Verwaltungsgerichts Greifswald vom 11. Mai 2015 – 4 A 56/15 – wird insoweit zugelassen, als sie sich gegen den Bescheid der Beklagten vom 13. Oktober 2011 wendet. Im Übrigen wird der Zulassungsantrag abgelehnt."

Bleibt der Antrag erfolglos, so kann[2] differenziert werden, ob das Begehren bereits unzulässig oder „nur" unbegründet ist. 616

1. *Der Antrag der Klägerin auf Zulassung der Berufung gegen das Urteil des Verwaltungsgerichts Greifswald vom 11. Mai 2015 – 4 A 56/15 – wird abgelehnt.*
2. *Die Klägerin hat die Kosten des Zulassungsverfahrens zu tragen.*
3. *Der Streitwert wird für das Zulassungsverfahren auf 15.000,– € festgesetzt.*

Manche OVGe tenorieren auch *„Der Antrag... wird zurückgewiesen"* und bei Unzulässigkeit des Antrags *„Der Antrag... wird verworfen."*

Da mit einer negativen Entscheidung über den Zulassungsantrag das angefochtene Urteil des VG rechtskräftig wird (§ 124 a Abs. 5 Satz 4 VwGO), ist im Tenor ein Ausspruch über die Kostentragungspflicht zu treffen. Die Kostenentscheidung folgt aus § 154 Abs. 2 VwGO, denn der Zulassungsantrag ist ein Rechtsmittel im Sinne dieser Vorschrift. Die Streitwertfestsetzung beruht auf den §§ 52, 47 Abs. 3 GKG.

§ 36. Die Gründe

Während in der verwaltungsgerichtlichen Praxis häufig von der Darstellung des Sachverhalts abgesehen wird, dürfen Sie im Examen nicht so verfahren. Unterteilen Sie den Beschluss in die Gründe zu I. und II. 617

I. Die Darstellung des Sach- und Streitstandes

Sofern der Bearbeitervermerk nichts Gegenteiliges aussagt, stellen Sie in den Gründen zu I. in knapper Form den bisherigen Sachverhalt dar. Der **Klausurtext** dürfte in der Regel aus der **Antragsschrift,** dem **erstinstanzlichen Urteil** und der **Niederschrift** über die mündliche Verhandlung vor dem VG bestehen. Orientieren Sie sich am Tatbestand des Urteils und kürzen Sie den Sachverhalt so weit, dass er noch verständlich ist. Teilen Sie die tragenden Gründe, auf die das VG seine Entscheidung gestützt hat, mit und räumen Sie dem Vortrag des Antragstellers in Ihrer Arbeit entsprechend Platz ein. Denn allein sein Zulassungsvorbringen ist der Entscheidung des OVG zugrunde zulegen. Dazu folgendes Formulierungsbeispiel: 618

„Mit Bescheid vom 23. Dezember 2014 setzte der Beklagte gegen die Klägerin einen Erschließungsbeitragsbescheid in Höhe von 2.948,20 € fest und forderte sie

---

[2] Viele Gerichte differenzieren im Tenor nicht, ob der Antrag unzulässig oder unbegründet ist. Der Tenor lautet immer: *„Der Antrag wird abgelehnt."*

zur Zahlung innerhalb von vier Wochen auf. Der Bescheid wurde der Klägerin per Postzustellungsurkunde am 29. Dezember 2014 durch Übergabe des Schriftstücks an ihren in der Wohnung anwesenden Lebensgefährten zugestellt. Hiergegen erhob die Klägerin am 3. Februar 2015 Widerspruch. Diesen wies der Beklagte wegen Verfristung mit Widerspruchsbescheid vom 30. März 2015 zurück; auch ein Antrag auf Wiedereinsetzung blieb erfolglos. Die am 10. April 2015 erhobene Klage hat das Verwaltungsgericht durch Urteil vom 3. August 2015 abgewiesen. Das Verwaltungsgericht hat die Rechtsansicht vertreten, der Erschließungsbeitragsbescheid sei bestandskräftig geworden, da dessen Zustellung wirksam durch Übergabe des Schriftstücks an den Lebensgefährten der Klägerin nach § 3 Abs. 2 ThürVwZVG i. V. m. § 178 Abs. 1 Nr. 1 ZPO erfolgt sei. Wiedereinsetzungsgründe lägen nicht vor.

Gegen das ihr am 12. August 2015 zugestellte Urteil hat die Klägerin am 17. August 2015 Antrag auf Zulassung der Berufung gestellt, den sie damit begründet, es beständen ernstliche Zweifel an der Richtigkeit des Urteils. Entgegen der Auffassung des Verwaltungsgerichts sei der angefochtene Bescheid nicht bestandskräftig geworden, da er nicht ordnungsgemäß zugestellt worden sei.

Wegen der weiteren Einzelheiten wird auf den Inhalt der Gerichtsakte Bezug genommen."

II. Die rechtliche Würdigung

619 In den Gründen zu II. legt das OVG dar, ob der Zulassungsantrag zulässig und begründet ist. Die Reihenfolge der Prüfung zunächst der Zulässigkeit und anschließend der Begründetheit braucht nicht eingehalten zu werden. Das OVG kann die Zulässigkeit offen lassen, wenn der Antrag jedenfalls unbegründet ist.[3] Sie müssen auf die Zulässigkeit des Antrags dann näher eingehen, wenn der Fall Anlass hierzu bietet (meist bei der Darlegung der Zulassungsgründe). Das **Aufbauschema** finden Sie in Rn. 915.

1. Die Zulässigkeit des Berufungszulassungsantrages

a) Die Statthaftigkeit des Antrags

620 Dieser Punkt ist in der Regel unproblematisch und bedarf daher keinerlei Ausführungen. Die Berufungszulassung ist nach § 124 Abs. 1 VwGO gegen Endurteile einschließlich näher bezeichneter Teil- und Zwischenurteile statthaft, wenn nicht bereits das VG die Berufung gemäß §§ 124 a Abs. 1 Satz 1 i. V. m. 124 Abs. 2 Nrn. 3 oder 4 VwGO zugelassen hat. Hat das VG durch Gerichtsbescheid entschieden, so besteht gemäß § 84 Abs. 2 Nr. 2 VwGO wahlweise die Möglichkeit, die Zulassung der Berufung oder mündliche Verhandlung zu beantragen.

b) Die Form des Zulassungsantrags

621 Der Antrag ist gemäß §§ 125 Abs. 1 Satz 1, 81 Abs. 1 VwGO **schriftlich**[4] von einem nach § 67 VwGO zugelassenen **Prozessvertreter** zu stellen. Nicht zwingend erforderlich ist die ausdrückliche Bezeichnung als Antrag auf Zulassung der Berufung. Ebenso ist eine falsche Bezeichnung des Rechtsmittels unschädlich, solange der Wille,

[3] Schoch/*Meyer-Ladewig/Rudisile,* § 124 a Rn. 123.
[4] Nach Maßgabe des § 55 a VwGO kann der Antrag auch auf elektronischem Wege eingereicht werden.

die Zulassung der Berufung zu beantragen, nicht zweifelhaft ist.[5] Allerdings scheidet eine Umdeutung des unzulässigen Rechtsmittels der Berufung in einen zulässigen Antrag auf Zulassung der Berufung nach Ablauf der Rechtsmittelfrist aus, wenn die unzulässige Berufung von anwaltlich vertretenen Rechtsmittelführern eingelegt worden ist.[6]

§ 67 Abs. 4 Satz 1 und 3 i. V. m. Abs. 2 Satz 1 VwGO sieht vor dem OVG einen **Vertretungszwang** durch einen Rechtsanwalt oder einen Rechtslehrer an einer deutschen Hochschule im Sinne des Hochschulrahmengesetzes mit Befähigung zum Richteramt vor. Sonderregelungen enthält § 67 Abs. 4 Satz 4–6. Interessant ist Satz 4, wonach sich juristische Personen des öffentlichen Rechts und Behörden einschließlich der von ihnen zur Erfüllung ihrer öffentlichen Aufgaben gebildeten Zusammenschlüsse durch eigene Beschäftigte mit Befähigung zum Richteramt oder durch Beschäftigte mit Befähigung zum Richteramt anderer Behörden oder juristischer Personen des öffentlichen Rechts einschließlich der von ihnen zur Erfüllung ihrer öffentlichen Aufgaben gebildeten Zusammenschlüsse vertreten lassen können. **622**

Nach § 124 a Abs. 4 Satz 3 VwGO ist das **angefochtene Urteil** zu **bezeichnen.** Hierzu gehört grundsätzlich die Angabe des Gerichts, des Aktenzeichens, des Datums des Urteils und der Beteiligten. Allerdings sind unvollständige oder unzutreffende Angaben unschädlich, wenn nicht zweifelhaft ist, um welches Urteil es sich handelt.[7] **623**

c) Einhaltung der Antragsfrist

Der Zulassungsantrag ist nach § 124 a Abs. 4 Satz 1 und 2 VwGO **innerhalb eines Monats nach Zustellung des Urteils** (bzw. des Gerichtsbescheids) **beim VG** zu stellen. Eine Begründung ist zu diesem Zeitpunkt noch entbehrlich. Die Frist ist nicht gewahrt, wenn der Antrag innerhalb der Frist beim OVG eingeht. **624**

Bei eindeutig fristgemäßer Einreichung des Antrags brauchen Sie zu diesem Prüfungspunkt nichts zu sagen. Ist dagegen die Fristeinhaltung zweifelhaft, sollten Sie auf Folgendes achten: Die Frist beginnt mit der Zustellung der vollständigen Urteilsausfertigung des VG an den Berufungskläger (§§ 56, 116 Abs. 1 Satz 2 VwGO). Die Frist berechnet sich nach den §§ 57 Abs. 2 VwGO, 222 ZPO. Sie beginnt nicht zu laufen bei der Zustellung eines unvollständigen Urteils, z. B. bei unvollständiger oder unrichtiger Rechtsmittelbelehrung, bzw. bei wesentlichen Zustellungsmängeln oder fehlender Zustellung. Da das Urteil gemäß § 56 Abs. 2 VwGO von Amts wegen nach den Vorschriften der ZPO zugestellt wird, können auch hier Einzelheiten zum allgemeinen Zustellungsrecht geprüft werden. Hat der Berufungskläger die Frist versäumt, ist gegebenenfalls die Wiedereinsetzung in den vorigen Stand nach § 60 VwGO zu erörtern.

Die Begründung des Antrages auf Zulassung der Berufung ist, soweit sie nicht bereits mit dem Antrag vorgelegt worden ist, innerhalb von zwei Monaten nach vollständiger Zustellung des Urteils beim OVG einzureichen (§ 124 a Abs. 4 Satz 4 und 5 VwGO). Bei nicht fristgerechter Begründung wird der Antrag als unzulässig abgelehnt.

d) Beschwer

Zu erörtern ist dieser Prüfungspunkt in der Regel nicht. Der Antragsteller ist beschwert, wenn die angefochtene Entscheidung des VG ihm etwas versagt, was er **625**

---

[5] Vgl. *VGH Mannheim* NVwZ 1998, 865.

[6] Vgl. *BVerwG* NVwZ 1998, 1297 und *BVerwG* NJW 2009, 162; *VGH München* NJW 2013, 3048.

[7] *Kopp/Schenke*, § 124 a Rn. 47.

beantragt hatte. Ausnahmsweise kann dem Rechtsmittelführer aber die **Beschwer** – darunter ist das Rechtsschutzinteresse für die Rechtsmittelinstanz zu verstehen – fehlen, wenn z. B. nach Erlass der erstinstanzlichen Entscheidung eine **Erledigung der Hauptsache** eingetreten ist. Die Erledigung der Hauptsache wirkt auf das Zulassungsverfahren über mit der Folge, dass es für die Fortsetzung des Zulassungsverfahrens am Rechtsschutzinteresse fehlt. Der Antragsteller kann den Berufungszulassungsantrag daher zwar allein zu dem Zweck stellen, um in dem Zulassungsverfahren durch übereinstimmende Erledigungserklärungen eine Verfahrensbeendigung herbeizuführen. Ebenso kann der Antragsteller, sofern im Berufungszulassungsverfahren ein erledigendes Ereignis eintritt, den Rechtsstreit einseitig für erledigt erklären.[8] Es besteht jedoch kein schutzwürdiges Rechtsschutzinteresse an der Zulassung der Berufung, um (erst) in dem zugelassenen Rechtsmittelverfahren die Hauptsache für erledigt erklären zu können.[9] Etwas anderes gilt dann, wenn der Antragsteller nach Eintritt des erledigenden Ereignisses zulässigerweise auf die Fortsetzungsfeststellungsklage umstellt und dies bereits im Berufungszulassungsantrag zum Ausdruck bringt. Darin muss er im Einzelnen darlegen, weshalb ihm trotz Wegfalls des Rechtsschutzbedürfnisses für die erhobene Klage gleichwohl ein Fortsetzungsfeststellungsinteresse zur Seite steht.[10]

e) Darlegung der Zulassungsgründe

626 Nach **§ 124 a Abs. 4 Satz 4 VwGO** sind in dem Antrag die **Gründe,** aus denen die Berufung zuzulassen ist, **darzulegen.** Die Darlegungspflicht dient dazu, dem OVG ohne weitere Ermittlungen die Feststellung zu ermöglichen, ob der geltend gemachte Zulassungsgrund vorliegt oder nicht. Genügt der Antragsteller diesem Erfordernis nicht zumindest sinngemäß, so ist der Antrag unzulässig.[11] Etwas anderes soll aber dann gelten, wenn das Urteil des VG offensichtlich unrichtig ist.[12] In diesem Fall kann das OVG die Berufung auch ohne ausdrückliche Rüge von Amts wegen zulassen.

627 Dem in § 124 a Abs. 4 Satz 4 VwGO niedergelegten Darlegungserfordernis ist nach der Rechtsprechung Genüge getan, wenn der Antragsteller sich auf einen oder mehrere der in § 124 Abs. 2 VwGO aufgeführten Zulassungsgründe beruft und näher erläutert, weshalb er den jeweiligen Grund im konkreten Fall für gegeben erachtet. **Unschädlich** ist die **fehlende ausdrückliche Benennung eines Zulassungsgrundes** oder dessen **falsche Bezeichnung,** solange das Vorbringen des Rechtsmittelführers einem der in § 124 Abs. 2 VwGO genannten **Gründe zuzuordnen** ist.[13] Denn Art. 19 Abs. 4 GG verpflichtet das den Zulassungsantrag prüfende Gericht dazu, den Vortrag des jeweiligen Antragstellers angemessen zu würdigen und durch sachgerechte Auslegung selbstständig zu ermitteln, welche Zulassungsgründe der Sache nach geltend gemacht werden und welche Einwände welchen Zulassungsgründen zuzuordnen sind.

Das *BVerfG*[14] hat zu den Darlegungsanforderungen im Berufungszulassungsverfahren ausgeführt, die Voraussetzungen an die Darlegung der Zulassungsgründe dürften nicht derart erschwert werden, dass sie auch von einem durchschnittlichen, nicht auf

---

[8] *OVG Koblenz* BeckRS 2014, 49920; *VGH Mannheim* NVwZ-RR 2007, 823.

[9] *OVG Münster* DÖV 2001, 476; *OVG Berlin* NVwZ 1998, 85; *OVG Schleswig* NVwZ 2000, 1317; vgl. auch BVerwGE 72, 93.

[10] *VGH Mannheim* NVwZ-RR 1998, 371; *OVG Lüneburg* NVwZ-RR 2007, 67.

[11] Schoch/*Meyer-Ladewig/Rudisile,* § 124 a Rn. 93.

[12] *VGH Mannheim* DVBl. 2001, 1548.

[13] Vgl. *BVerfG* NVwZ 2011, 546 und BayVBl 2011, 338; *BerlVerfGH* BeckRS 2014, 52423.

[14] Z. B. *BVerfG* NVwZ 2005, 1176 m. w. N. und NJW 2009, 3642.

das gerade einschlägige Rechtsgebiet spezialisierten Rechtsanwalt mit zumutbarem Aufwand nicht mehr erfüllt werden könnten. Die Gerichte können danach **nur ein Mindestmaß an Substantiierung der Zulassungsgründe** verlangen. Die schlichte Bezugnahme auf den erstinstanzlichen Vortrag genügt allerdings nicht.[15] Erforderlich ist vielmehr eine Begründung, die es dem OVG ermöglicht, in der Regel ohne weitere Ermittlungen anhand der Ausführungen des Antragstellers zu erkennen, ob der behauptete Zulassungsgrund vorliegt.[16] Hat das VG das Urteil auf mehrere tragende Gründe gestützt, muss der Antragsteller für jeden Punkt der Begründung den geltend gemachten Zulassungsgrund vortragen.[17] Denn jede dieser Begründungen kann – für sich genommen – hinweggedacht werden, ohne dass sich etwas am Ergebnis des VG ändern würde. Welche Anforderungen an die Darlegung im Einzelnen erfüllt sein müssen, hängt letztlich von dem jeweiligen Zulassungsgrund und vom Einzelfall ab.

Darlegung und Vorliegen des Zulassungsgrundes sind **eng miteinander verknüpft.** Auch wenn die Darlegung des Zulassungsgrundes in der Zulässigkeit und das Vorliegen des Zulassungsgrundes in der Begründetheit des Antrags zu erörtern sind, können Sie sinnvollerweise auf das Darlegungserfordernis hinsichtlich des gerügten Zulassungsgrundes erst eingehen, wenn Sie zuvor dessen inhaltliche Voraussetzungen des Zulassungsgrundes dargestellt haben. In der Praxis lassen viele OVGe häufig offen, ob der Antrag den Anforderungen des § 124 a Abs. 4 Satz 4 VwGO genügt, wenn der betreffende Zulassungsgrund jedenfalls in der Sache nicht vorliegt. Die Formulierung lautet dann z. B.: 628

„Es kann dahinstehen, ob die Klägerin mit den wiedergegebenen „Begründungen" dem Darlegungsgebot des § 124 a Abs. 4 Satz 4 VwGO Genüge getan hat. Der geltend gemachte Zulassungsgrund liegt jedenfalls nicht vor."

Für die **Klausur** bietet sich **folgende Vorgehensweise** an:

Macht der Antragsteller mehrere Zulassungsgründe geltend, so sollten Sie diese der Übersichtlichkeit und des besseren Verständnisses wegen nacheinander abhandeln. Zuerst gehen Sie auf die Zulassungsgründe ein, die mangels ausreichender Darlegung schon in der Zulässigkeitsprüfung scheitern. Danach erörtern Sie die Zulassungsgründe, die den Anforderungen des § 124 a Abs. 4 Satz 4 VwGO genügen, und stellen dar, ob die erstinstanzliche Entscheidung gegen den gerügten Zulassungsgrund verstößt. Ist ein Zulassungsgrund unzureichend dargelegt, stellen Sie in der Zulässigkeit (kurz) die Voraussetzungen des geltend gemachten Zulassungsgrundes dar, um sodann auszuführen, dass der Antrag nicht den Anforderungen des § 124 a Abs. 4 Satz 4 VwGO genügt. Hat der Antragsteller den gerügten Zulassungsgrund ausreichend dargelegt, genügt die entsprechende Feststellung zu Beginn der Begründetheit, um danach ausführlich darauf einzugehen, ob der Verstoß vorliegt. 629

Da Darlegung und Vorliegen eines Zulassungsgrundes eng miteinander verknüpft sind, wird beides im Folgenden aus didaktischen Gründen zusammen in der Begründetheit erörtert.

2. Die Begründetheit des Zulassungsantrags

Zunächst stellen Sie das Ergebnis (z. B. „*In der Sache hat der Zulassungsantrag jedoch keinen Erfolg*") voran. Sodann gehen Sie, sofern nicht einzelne Zulassungsgründe 630

---

[15] *VGH Mannheim* VBlBW 2009, 359.
[16] *OVG Münster* NVwZ 1997, 1224.
[17] *BVerwG* NVwZ-RR 2004, 542.

bereits an der Hürde des Darlegungserfordernisses in der Zulässigkeit gescheitert sind, auf das geltend gemachten Zulassungsbegehren ein. Die in § 124 Abs. 2 Nrn. 1–5 VwGO enumerativ aufgezählten Zulassungsgründe werden im Folgenden erörtert. Dargestellt sind nur die Grundzüge, denn mehr ist im Examen nicht zu fordern. Es versteht sich von selbst, dass der **Schwerpunkt** in **der Klausur** – wie in der Praxis – auf dem **Zulassungsgrund des § 124 Abs. 2 Nr. 1 VwGO** liegen dürfte, denn hier können Sie in etwas veränderter Form Ihre Kenntnisse im materiellen Recht am besten unter Beweis stellen.

a) Der Zulassungsgrund des § 124 Abs. 2 Nr. 1 VwGO

631 Nach § 124 Abs. 2 Nr. 1 VwGO ist die Berufung zuzulassen, wenn ernstliche Zweifel an der Richtigkeit des Urteils bestehen. **„Ernstliche Zweifel"** im Sinne dieser Vorschrift liegen nach inzwischen einheitlicher *Auffassung*[18] vor, wenn bei der im Zulassungsverfahren allein möglichen summarischen Überprüfung aufgrund der Begründung des Zulassungsantrages und der angefochtenen Entscheidung des VG gewichtige gegen die Richtigkeit der Entscheidung sprechenden Gründe zutage treten, aus denen sich ergibt, dass ein Erfolg der erstrebten Berufung mindestens ebenso wahrscheinlich ist wie ein Misserfolg. Das ist der Fall, wenn ein einzelner tragender Rechtssatz oder eine erhebliche Tatsachenfeststellung mit schlüssigen Gegenargumenten in Frage gestellt wird.[19]

632 Der Zulassungsgrund der ernstlichen Zweifel an der Richtigkeit der Entscheidung muss auf das Resultat der Entscheidung bezogen sein, d. h. **das Urteil muss im Ergebnis unrichtig sein.**[20] Nicht ausreichend sind daher Zweifel lediglich an der Richtigkeit der tragenden Begründung, wenn sich die angegriffene Entscheidung aus anderen Gründen als zutreffend darstellt und dies bereits ohne den Aufwand eines Berufungsverfahrens im Zulassungsverfahren zuverlässig festgestellt werden kann.[21] Stellt das Berufungsgericht bei der Überprüfung des angefochtenen Urteils auf ernstliche Zweifel an seiner Richtigkeit auf andere rechtlichen Erwägungen ab als das VG, kann dies mit Rücksicht auf den Anspruch der Verfahrensbeteiligten auf Gewährung rechtlichen Gehörs einen vorherigen Hinweis hierauf erfordern.[22]

Ist das im Klausurtext abgedruckte Urteil des VG – Ihrer Ansicht nach – inhaltlich fehlerhaft (z. B. Ermächtigungsgrundlage ist unzutreffend, Begründung falsch), im Ergebnis aber richtig, so ist es Ihre Aufgabe, darzulegen, dass die Begründung des VG zwar mit Mängeln behaftet ist, das Rechtsmittel aber dennoch keinen Erfolg haben kann, weil sich die Entscheidung des VG aus anderen Erwägungen im Ergebnis als richtig erweist. Im Zweifel liegt hier ein Schwerpunkt der Arbeit!

633 Die **Darlegung ernstlicher Zweifel** an der Richtigkeit der Entscheidung des VG im Sinne des § 124 Abs. 2 Nr. 1 VwGO setzt voraus, dass sich der Antragsteller mit den Gründen der angefochtenen Entscheidung auseinander setzt. Nicht erforderlich ist die Darlegung, dass das Urteil nicht aus anderen Gründen richtig ist.[23] Der Antrag-

---

[18] *BVerfG* NVwZ 2010, 634 und NVwZ 2011, 546; *VGH Mannheim* JZ 2009, 738; *Kopp/Schenke,* § 124 Rn. 7; *Niesler,* JuS 2007, 728, 730.

[19] *BVerfG* NVwZ 2011, 546; *OVG Lüneburg* BeckRS 2015, 41104; *Geis/Thirmeyer,* JuS 2013, 517, 519.

[20] *BVerwG* NVwZ-RR 2004, 542; *VGH Kassel* NVwZ-RR 2002, 235; *OVG Lüneburg* NVwZ-RR 2013, 28.

[21] *BVerwG* NVwZ-RR 2004, 542; *VGH Mannheim* NVwZ 1998, 414.

[22] *BVerfG* NVwZ 2007, 688; ein rechtlicher Hinweis genügt allerdings nicht, wenn das Berufungsgericht beim Austausch der Gründe auf Erwägungen abstellt, die grundsätzliche Bedeutung haben (*BVerfG* NVwZ 2007, 805).

[23] *BVerwG* NVwZ-RR 2004, 542.

steller muss aber einen **tragenden Rechtssatz** oder eine **erhebliche Tatsachenfeststellung** in der angefochtenen Entscheidung **mit schlüssigen Gegenargumenten in Frage stellen** und aufzeigen, warum diese Erwägungen im konkreten Fall entscheidungserheblich waren, so dass die Entscheidung im Ergebnis unzutreffend ist.[24] Der Vortrag muss erkennen lassen, dass er auf einer Sichtung und Durchdringung des Streitstoffs aufbaut. Ob die Annahmen des Antragstellers zutreffen, ist eine Frage der Begründetheit des Zulassungsantrags. Enthält die angegriffene Entscheidung mehrere Begründungen, die unabhängig voneinander das Ergebnis tragen, so muss sich die Antragsbegründung zu jedem dieser Gründe verhalten.

Fraglich ist, ob im Zulassungsverfahren auch neu vorgebrachte (alte) Tatsachen oder **634** Beweismittel bzw. eine nach Erlass des verwaltungsgerichtlichen Urteils entstandene Änderung der Sach- oder Rechtslage zu berücksichtigen sind, sofern der Rechtsstreit nach dem einschlägigen materiellen Recht aufgrund der Sach- und Rechtslage im Zeitpunkt der letzten mündlichen Verhandlung zu beurteilen ist. Zu diesem Problemkreis zunächst ein Beispiel:

Die kreisfreie Stadt S versagt dem A die Erteilung eines Bauvorbescheids zur Errichtung eines Wochenendhauses im Außenbereich von S. Der von A nach erfolglos durchgeführtem Vorverfahren erhobenen Verpflichtungsklage auf Erteilung des Bauvorbescheids gibt das VG statt, weil das Bauvorhaben als sonstiges Vorhaben i. S. d. § 35 Abs. 2 BauGB genehmigungsfähig sei. S beantragt fristgerecht die Zulassung der Berufung und rügt den Zulassungsgrund des § 124 Abs. 2 Nr. 1 VwGO. Zur Begründung beruft S sich ausschließlich darauf, sie habe nach Erlass des Urteils eine Veränderungssperre nach § 16 BauGB erlassen. Infolgedessen habe der A keinen Anspruch auf einen Vorbescheid.

In diesem Fall hängt die Zulassung der Berufung wegen eines Verstoßes gegen § 124 Abs. 2 Nr. 1 VwGO davon ab, ob das OVG die nach Ergehen des erstinstanzlichen Urteils ergangene Veränderungssperre berücksichtigen darf. Entscheidungserheblich können neue Tatsachen und Beweismittel sowie Rechtsänderungen nur sein, wenn nicht nach dem jeweiligen materiellen Recht auf den Zeitpunkt der letzten Verwaltungsentscheidung abzustellen ist (wie z. B. in der Regel bei der Anfechtungsklage). Die Frage nach der Bedeutung neuer Tatsachen und Beweismittel sowie Rechtsänderungen stellt sich mithin nur dann, wenn diese nach dem materiellen Recht im Berufungsverfahren bei der Prüfung der Begründetheit der Klage zu beachten wären, im Wesentlichen daher bei Verpflichtungs-, Leistungs- und Feststellungsklagen.

Nach inzwischen *einhelliger Rechtsprechung*[25] hat das OVG auch solche nach materiellem Recht entscheidungserheblichen und von dem Antragsteller innerhalb der Antragsfrist vorgetragenen Tatsachen und Rechtsänderungen zu berücksichtigen, die erst nach Erlass der verwaltungsgerichtlichen Entscheidung eingetreten sind. U. a. führt das *BVerwG*[26] hierzu aus: „§ 124 Abs. 2 Nr. 1 VwGO öffnet den Zugang zur Rechtsmittelinstanz mit Blick auf das prognostizierte Ergebnis des angestrebten Rechtsmittels. … Es kommt nicht darauf an, ob das VG angesichts der ihm erkennbaren Tatsachengrundlage in der Sache richtig entschieden hat. Zwar macht eine

[24] Vgl. *BVerfG* NVwZ 2011, 5465.

[25] Grundlegend *BVerwG* NVwZ 2003, 490 und NVwZ 2004, 2510; ebenso *VGH Mannheim* VBlBW 2003, 403; s. aber *OVG Lüneburg* NordÖR 2003, 196: Beruft sich ein Beteiligter im Zulassungsverfahren wegen des Bestehens ernstlicher Zweifel an der Richtigkeit des angefochtenen Urteils auf neue Tatsachen, die er ohne weiteres in das erstinstanzliche Verfahren hätte einführen können, so fehlt es an einer hinreichenden Darlegung eines Zulassungsgrundes i. S. d. § 124 Abs. 2 Nr. 1 VwGO.

[26] NVwZ 2003, 490.

Änderung der Sachlage die Entscheidung des VG bezogen auf dessen Entscheidungszeitpunkt nicht unrichtig. Entscheidend ist jedoch die im Ergebnis richtige Entscheidung über den Streitgegenstand. Im Lichte dieses Zweckes sind im Zulassungsverfahren alle vom Antragsteller dargelegten tatsächlichen Gesichtspunkte zu berücksichtigen, die für den Erfolg des angestrebten Rechtsmittels entscheidungserheblich sein könnten. Dazu gehören auch solche Umstände, die das VG nicht berücksichtigen konnte, weil sie erst nach seiner Entscheidung eingetreten sind.... Es ist unerheblich, ob der Rechtsmittelführer die neuen Tatsachen selbst geschaffen hat, um dem angegriffenen Urteil den Boden zu entziehen." Ferner sind auch solche Tatsachen, die bei Erlass des erstinstanzlichen Urteils bereits vorhanden waren, aber vom VG nicht zur Kenntnis genommen werden konnten, weil die Beteiligten sie – aus welchen Gründen auch immer – seinerzeit nicht vorgetragen hatten, im Berufungszulassungsverfahren zu berücksichtigen.

In der Klausur ist daher der Erlass der Veränderungssperre im Wochenendhaus-Beispiel als Änderung der Rechtslage im Berufungszulassungsverfahren zu berücksichtigen. Ist die Veränderungssperre formell und materiell wirksam zustande gekommen, so ist dem Zulassungsantrag stattzugeben.

Bezieht sich das neue Vorbringen nicht nur auf den Streitgegenstand, über den das VG entschieden hat, sondern verändert der Antragsteller auch den Klagegrund, so dass die neuen Tatsachen nur dann berücksichtigt werden können, wenn die Voraussetzungen für eine Klageänderung nach § 91 VwGO vorliegen, so ist dies nicht geeignet, ernstliche Zweifel an der Richtigkeit der Ausgangsentscheidung zu begründen. Denn eine **Klageänderung kommt im Zulassungsverfahren** von vornherein **nicht in Betracht.**[27]

635 Unterschiedlich beurteilt wird die Frage, ob die Zulassung der Berufung nach § 124 Abs. 2 Nr. 1 VwGO auch begehrt werden kann, wenn das angefochtene Urteil ernstlichen Richtigkeitszweifeln aus tatsächlichen Gründen begegnet, die auf Verfahrensmängel wie unzureichende Sachaufklärung oder Aktenauswertung zurückführen sind (z. B. die Behauptung, das VG hätte angesichts der von dem Kläger vorgelegten privatärztlichen Stellungnahmen nicht allein aufgrund des Gutachtens des TÜV ohne Einholung eines weiteren Gutachtens über seine Fahrtauglichkeit entscheiden dürfen).[28]

b) Der Zulassungsgrund des § 124 Abs. 2 Nr. 2 VwGO

636 Nach § 124 Abs. 2 Nr. 2 VwGO ist die Berufung zuzulassen, wenn eine **Rechtssache besondere tatsächliche oder rechtliche Schwierigkeiten** aufwirft. Dies ist regelmäßig der Fall, wenn das Berufungsgericht im Zeitpunkt seiner Entscheidung über den Zulassungsantrag keine positive oder negative Aussage zur Erfolgsaussicht der angestrebten Berufung treffen kann, diese Erfolgsaussichten vielmehr offen sind. Die Voraussetzungen des § 124 Abs. 2 Nr. 2 VwGO sind gegeben, wenn zu der aufgeworfenen Rechtsfrage in Literatur und obergerichtlicher Rechtsprechung Uneinheitlichkeit besteht.[29] Auch indiziert ein erhöhter Begründungsaufwand besonder rechtliche Schwierigkeiten i. S. d. § 124 Abs. 2 Nr. 2 VwGO.[30]

---

[27] *VGH München* BayVBl. 2006, 470; *OVG Greifswald* NordÖR 2006, 206; Schoch/*Meyer-Ladewig/Rudisile*, § 124 Rn. 26 k.

[28] Bejahend *VGH Mannheim* NVwZ 1998, 1088; *OVG Hamburg* NVwZ 1998, 863; verneinend *VGH Mannheim* NVwZ 1998, 645; *Berkemann*, DVBl. 1998, 446, 455.

[29] *BVerfG* NJW 2009, 3642.

[30] *BVerfG* NJW 2009, 3642.

Die **Übertragung des Rechtsstreits auf den Einzelrichter** gemäß § 6 Abs. 1 Satz 1 VwGO ist kein Indiz dafür, dass die Rechtssache im Verständnis von § 124 Abs. 2 Nr. 2 VwGO keine besonderen tatsächlichen und rechtlichen Schwierigkeiten bietet.[31] Umgekehrt liegt der genannte Zulassungsgrund nicht schon deshalb vor, weil die Kammer entschieden hat.[32] 637

Für die **Darlegung des Zulassungsgrundes** des § 124 Abs. 2 Nr. 2 VwGO muss der Rechtsmittelführer den Zulassungsgrund des § 124 Abs. 2 Nr. 2 VwGO nicht ausdrücklich bezeichnen. Er muss allerdings darlegen, welche begründeten Zweifel gegen die erstinstanzliche Entscheidung bestehen, die den Ausgang des Rechtsstreits als offen erscheinen lassen. Macht der Antragsteller ernstliche Zweifel an der Richtigkeit des angefochtenen Urteils geltend, so kann die Berufung auch ohne ausdrückliche Benennung des § 124 Abs. 2 Nr. 2 VwGO durch den Antragsteller zugelassen werden, wenn seine konkreten Angriffe gegen die Entscheidung des VG zwar keine überwiegende Wahrscheinlichkeit für einen Erfolg der Berufung ergeben, diese Angriffe aber andererseits begründeten Anlass zu Zweifeln an der Richtigkeit der erstinstanzlichen Entscheidung ergeben, die sich nicht ohne weiteres im Zulassungsverfahren klären und deshalb den Ausgang des Rechtsstreits als offen erscheinen lassen.[33]

c) Die Zulassungsgründe des § 124 Abs. 2 Nr. 3 und Nr. 4 VwGO

Diese Zulassungsgründe dürften in der Prüfungsarbeit keine Rolle spielen und werden daher nur kurz angesprochen. Die Berufung ist nach § 124 Abs. 2 Nr. 3 VwGO zuzulassen, wenn die Rechtssache **„grundsätzliche Bedeutung"** hat. Diese Voraussetzungen liegen nur vor, wenn die Rechtssache eine für die Entscheidung dieses Verfahrens erhebliche, bisher höchstrichterlich oder obergerichtlich nicht geklärte Rechtsfrage aufwirft, die im Interesse der Einheitlichkeit der Rechtsprechung oder der Fortentwicklung des Rechts einer obergerichtlichen Klärung in einem Berufungsverfahren bedarf.[34] Zur **Darlegung** der grundsätzlichen Bedeutung ist es nötig, eine bestimmte bisher noch ungeklärte und für die Entscheidung des OVG erhebliche Rechtsfrage zu formulieren und anzugeben, worin die allgemeine, über den Einzelfall hinausgehende Bedeutung dieser Rechtsfrage bestehen soll.[35] Der Begriff „grundsätzliche Bedeutung" muss in der Begründung nicht verwendet werden; es genügt, dass aus den Ausführungen hinreichend deutlich auf das Vorliegen der grundsätzlichen Bedeutung geschlossen werden kann.[36] 638

Die Berufung ist ferner nach § 124 Abs. 1 Nr. 4 VwGO zuzulassen, wenn die erstinstanzliche Entscheidung von einer Entscheidung des – übergeordneten[37] – OVG, des BVerwG, des gemeinsamen Senats der obersten Gerichtshöfe des Bundes oder des BVerfG **abweicht** und auf dieser Abweichung beruht. Das Divergenzgericht muss dieselbe Vorschrift angewendet haben und das Urteil des VG muss auf der Abweichung beruhen. Der Rechtsmittelführer hat die Entscheidung, von der das Urteil des VG abweicht, so genau zu bezeichnen, dass sie identifiziert werden kann; erforderlich ist grundsätzlich die Angabe des Datums und Aktenzeichens. Die Begründung muss 639

---

[31] *OVG Lüneburg* NdsVBl. 1997, 282; *OVG Münster* NVwZ 1999, 202.

[32] *OVG Münster* BeckRS 2015, 41339.

[33] *OVG Münster* NVwZ 1999, 202; *Seibert,* DVBl. 1997, 932, 935.

[34] *BVerfG* NVwZ 2007, 805; *OVG Lüneburg* NVwZ-RR 2013, 28; *Johlen,* LKV 2015, 6, 9. Nach *tvA* erfasst § 124 Abs. 2 Nr. 3 VwGO auch Tatsachenfragen (so *Niesler,* JuS 2007, 728, 730; Sodan/Ziekow/*Seibert,* § 124 Rn. 138).

[35] Vgl. *BVerwG* DÖV 1998, 117; *OVG Hamburg* NVwZ-RR 2009, 995.

[36] Schoch/*Meyer-Ladewig/Rudisile,* § 124 a Rn. 104.

[37] Die Abweichung von einer Entscheidung eines anderen OVG ist unerheblich. Gegebenenfalls kommt hier die Berufungszulassung nach § 124 Abs. 2 Nr. 3 VwGO in Betracht.

den das erstinstanzliche Urteil tragenden (abstrakten) Rechtssatz angeben und aufzeigen, dass dieser von einem in der Rechtsprechung der in § 124 Abs. 2 Nr. 4 VwGO genannten Gerichte in Anwendung derselben Rechtsvorschrift aufgestellten ebensolchen Rechtssatz abweicht; dabei ist die Gegenüberstellung der voneinander abweichenden Rechtssätze unverzichtbar.[38] Schließlich muss angegeben werden, dass die angefochtene Entscheidung auf dieser Divergenz beruht.

d) Der Zulassungsgrund des § 124 Abs. 2 Nr. 5 VwGO

640 Nach § 124 Abs. 2 Nr. 5 VwGO ist die Berufung zuzulassen, wenn ein der Beurteilung des Berufungsgerichts unterliegender **Verfahrensmangel** geltend gemacht wird und vorliegt, auf dem die Entscheidung beruhen kann. Zu den Verfahrensmängeln im Sinne dieser Norm gehören z. B. die unzureichende Sachaufklärung des Gerichts (z. B. Verletzung der Aufklärungspflicht nach § 86 Abs. 1 Satz 1 VwGO, Verstoß gegen den Überzeugungsgrundsatz nach § 108 Abs. 1 Satz 1 VwGO) oder die Verletzung des rechtlichen Gehörs (Art. 103 Abs. 1 GG). Der behauptete Verfahrensmangel muss tatsächlich vorliegen. Es reicht aus, wenn die Entscheidung des VG auf dem Verfahrensmangel beruhen kann. Die Zulassung der Berufung kommt daher auch dann in Betracht, wenn sich die erstinstanzliche Entscheidung materiellrechtlich als zutreffend erweisen kann.[39] Die Zulassung scheidet allerdings aus, wenn es auf die Frage offensichtlich nicht ankommt.[40]

641 Das VG verletzt seine Pflicht zur erschöpfenden **Aufklärung des Sachverhalts** nicht, wenn ein anwaltlich vertretener Beteiligter auf schriftsätzlich angekündigte Beweisanträge in der mündlichen Verhandlung nicht mehr durch Stellung eines förmlichen Beweisantrags zurückkommt.[41] Die Ankündigung in einem Schriftsatz genügt insoweit nicht. Hat der Kläger nur einen Hilfsantrag gestellt, so ist das VG nicht gehalten, diesen vor Erlass des Urteils zu verbescheiden.

Der Verfahrensmangel der fehlerhaften Sachaufklärung ist nur dann ausreichend dargelegt, wenn angegeben wird, welche Ermittlungen sich dem VG hätten aufdrängen müssen, welche Aufklärungsmöglichkeiten in Betracht gekommen wären, welches Ergebnis die Sachaufklärung voraussichtlich gehabt hätte und inwiefern dieses Ergebnis zu einer dem Rechtsmittelführer günstigeren Entscheidung hätte führen können.[42]

642 Das **rechtliche Gehör** ist z. B. verletzt, wenn das VG in Abwesenheit des Prozessbevollmächtigten des Klägers verhandelt und entscheidet, obwohl dieser zuvor um Terminsverlegung gebeten hatte, um an einer für den gleichen Zeitpunkt wie die mündliche Verhandlung des Gerichts anberaumten Sitzung des Gemeinderats, dessen Mitglied er ist, teilnehmen zu können.[43] Dies stellt regelmäßig einen erheblichen Grund i. S. d. über § 173 VwGO anwendbaren § 227 Abs. 1 ZPO dar.

643 Zur **Darlegung** des Verfahrensmangels „Verletzung des rechtlichen Gehörs" ist es erforderlich, tatsächliche oder rechtliche Ausführungen des Urteils zu bezeichnen, zu denen sich zu äußern der Zulassungsantragsteller aufgrund der Verletzung des rechtlichen Gehörs gehindert war. Auch muss der Rechtsmittelführer darlegen, was er bei ausreichender Gewährung rechtlichen Gehörs vorgetragen hätte und weshalb dies

---

[38] Eyermann/*Happ,* § 124 a Rn. 73.
[39] Vgl. *BVerwG* Buchholz 310 § 132 Nr. 281.
[40] *BVerwG* Buchholz 310 § 132 Nr. 301.
[41] *BVerwG* NVwZ 2004, 1511; *OVG Lüneburg* InfAuslR 2008, 78.
[42] *Bader,* NJW 1998, 409, 411.
[43] *VGH Mannheim* NVwZ 2000, 213.

unter Zugrundelegung der Rechtsansicht des VG entscheidungserheblich gewesen wäre.

3. Die Nebenentscheidungen

Am Ende des Nichtzulassungsbeschlusses folgen die Nebenentscheidungen, d. h. der **Ausspruch über die Kostentragungspflicht** und die **Streitwertfestsetzung.** Die Kostenentscheidung ergibt sich aus § 154 Abs. 2 VwGO, da es sich bei dem Berufungszulassungsantrag um ein Rechtsmittel i. S. d. genannten Vorschrift handelt.[44] Die Festsetzung des Streitwerts beruht auf den §§ 52, 47 Abs. 3 GKG. Schließlich folgt noch der Hinweis, dass der Beschluss gemäß § 152 Abs. 1 VwGO **unanfechtbar** ist. 644

Im Falle der (Teil)Stattgabe bleiben die Kostenentscheidung sowie die Festsetzung des Streitwerts der Schlussentscheidung über die zugelassene Berufung vorbehalten. Am Ende des Beschlusses wird daher lediglich auf die weitere Verfahrensweise hingewiesen (z. B. „*Einer besonderen Einlegung der Berufung bedarf es nicht. Die Berufung ist innerhalb eines Monats nach Zustellung des Beschlusses über die Zulassung der Berufung nach Maßgabe des § 124 a Abs. 6 VwGO zu begründen*“).

§ 37. Die Rechtsmittelbelehrung

Der Beschluss über die Nichtzulassung der Berufung ist gemäß § 152 Abs. 1 VwGO nicht mit der Beschwerde zum BVerwG anfechtbar, so dass es keiner Rechtsmittelbelehrung bedarf. Es genügt ein kurzer Hinweis auf die Unanfechtbarkeit des Beschlusses. Haben Sie die Berufung aber zumindest teilweise zugelassen, so muss dieser Beschluss zur Notwendigkeit und Fristgebundenheit der Berufungsbegründung einer Rechtsmittelbelehrung (Berufungsbegründung innerhalb eines Monats nach Zustellung des Beschlusses über die Zulassung der Berufung, s. § 124 a Abs. 6 Satz 1 VwGO) enthalten, die von der Unterschrift der Richter gedeckt ist.[45] 645

§ 38. Formulierungsbeispiel

Das Beispiel ist so gewählt, dass auf alle fünf Zulassungsgründe eingegangen wird. Teilweise genügt das Vorbringen des Antragstellers nicht den Darlegungsanforderungen des § 124 a Abs. 4 Satz 4 VwGO. Bei einem Zulassungsgrund wird offen gelassen, ob der Antragsteller der Darlegungspflicht in ausreichendem Maße nachgekommen ist, und gleich geprüft, ob der Zulassungsgrund vorliegt. Zwei weitere Zulassungsgründe sind ordnungsgemäß gerügt, liegen aber nicht vor. 646

Nun zum **Fall:** Der Kläger begehrt nach erfolglosem Vorverfahren die Erteilung einer Baugenehmigung. Das VG weist seine Klage in Kammerbesetzung mit der Begründung ab, das Grundstück des Klägers liege im Außenbereich, wie dem Lageplan und den in der mündlichen Verhandlung überreichten Lichtbildern zu entnehmen sei. Das Bauvorhaben sei, da nicht nach § 35 Abs. 1 BauGB privilegiert, nach § 35 Abs. 2 und 3 BauGB unzulässig, da es die natürliche Eigenart der Landschaft beeinträchtige. Der Kläger beantragt die Zulassung der Berufung und macht Folgendes geltend: Es sei der Zulassungsgrund des § 124 Abs. 2 Nr. 2 VwGO gegeben, weil die Kammer und nicht der Einzelrichter über seine Klage entschieden habe. Es bestünden weiter ernstliche Zweifel an der Richtigkeit des Urteils, weil das streitgegenständliche Grundstück

---

[44] Schoch/*Meyer-Ladewig/Rudisile,* Vorb. § 124 Rn. 1.
[45] *BVerwG* NVwZ 2000, 190.

entgegen der Annahme des VG nicht im Außen-, sondern im Innenbereich von Höningen liege und damit nach § 34 Abs. 2 BauGB i. V. m. § 4 BauNVO genehmigungsfähig sei. Ferner habe das VG einen Verfahrensfehler nach § 124 Abs. 2 Nr. 5 VwGO begangen, indem es ohne Durchführung einer Ortsbesichtigung, die er in seiner Klagebegründung angeregt habe, zu dem unzutreffenden Ergebnis gekommen sei, das streitgegenständliche Grundstück liege im Außenbereich. Die vom VG vorgenommene Abgrenzung von Innen- und Außenbereich widerspreche der ständigen Rechtsprechung des BVerwG, so dass auch der Zulassungsgrund des § 124 Abs. 2 Nr. 4 VwGO vorliege. Schließlich habe das VG die Genehmigungsfähigkeit des Bauvorhabens nach § 35 Abs. 2 BauGB nur deswegen verneint, weil es dem öffentlichen Belang der natürlichen Eigenart der Landschaft nach § 35 Abs. 3 Nr. 5 BauGB eine zu große Gewichtigkeit beigemessen habe. Die Frage, wie hoch die Anforderungen an den öffentlichen Belang der „natürlichen Eigenart der Landschaft" zu stellen seien, sei aber von grundsätzlicher Bedeutung i. S. d. § 124 Abs. 2 Nr. 3 VwGO.

647 Die Gründe zu II. des ablehnenden Beschlusses könnten so aufgebaut werden:

„Der Antrag auf Zulassung der Berufung gegen das Urteil des Verwaltungsgerichts hat keinen Erfolg, weil die geltend gemachten Zulassungsgründe entweder nicht hinreichend dargelegt sind oder aber nicht vorliegen.

1. Soweit der Kläger und Antragsteller – im Folgenden nur noch Kläger genannt – den Zulassungsgrund auf § 124 Abs. 2 Nr. 4 VwGO stützt, wonach die Berufung zuzulassen ist, wenn der Beschluss von einer Entscheidung der in dieser Vorschrift genannten Gerichte abweicht und auf dieser Abweichung beruht, genügt das Begehren schon nicht den Darlegungsanforderungen des § 124 a Abs. 4 Satz 4 VwGO. Danach sind in dem Antrag die Gründe, aus denen die Berufung zuzulassen ist, darzulegen. Für die Divergenzrüge bedeutet dies, dass der Antragsteller die Entscheidung, von der das Urteil des Verwaltungsgerichts abgewichen ist, so genau konkretisieren muss, dass sie identifiziert werden kann. Ferner hat die Begründung den das erstinstanzliche Urteil tragenden abstrakten Rechtssatz anzugeben und aufzuzeigen, dass dieser von einem in der Rechtsprechung der in § 124 Abs. 2 Nr. 4 VwGO genannten Gerichte in Anwendung derselben Rechtsvorschrift aufgestellten ebensolchen Rechtssatz abweicht. Erforderlich ist hierzu die Gegenüberstellung der voneinander abweichenden Rechtssätze. Schließlich ist anzugeben, dass die angefochtene Entscheidung auf dieser Divergenz beruht.
   Diesen Anforderungen genügt der Antrag nicht. Der Kläger hat lediglich pauschal behauptet, das Verwaltungsgericht sei von der ständigen Rechtsprechung des Bundesverwaltungsgerichts zur Abgrenzung von Innen- und Außenbereich abgewichen. Damit hat er aber weder eine bestimmte Entscheidung des Bundesverwaltungsgerichts mit Datum und Aktenzeichen benannt, von der das Urteil des Verwaltungsgerichts abgewichen sein soll noch hat er einen vom Bundesverwaltungsgericht aufgestellten Rechtssatz formuliert, mit dem die tragende Begründung der erstinstanzliche Entscheidung nicht zu vereinbaren sei.
2. Der Kläger hat in seinem Zulassungsantrag ferner keine Gründe dargetan, nach denen die Rechtssache grundsätzliche Bedeutung im Sinne des § 124 Abs. 2 Nr. 3 VwGO hat.
   Für grundsätzlich bedeutsam hält der Kläger den Umstand, „dass das Verwaltungsgericht in seiner Entscheidung die Genehmigungsfähigkeit seines Bauvorhabens allein deswegen verneint habe, weil es dem öffentlichen Belang

der natürlichen Eigenart der Landschaft nach § 35 Abs. 3 Nr. 5 BauGB eine zu große Gewichtigkeit beimesse.

Grundsätzliche Bedeutung im Sinne des § 124 Abs. 2 Nr. 3 VwGO ergibt sich aus diesen Ausführungen nicht. Grundsätzliche Bedeutung ist nur dann gegeben, wenn die Klärung einer für die Beurteilung des Streitfalles maßgeblichen Rechtsfrage über den zu entscheidenden konkreten Fall hinaus wesentliche Bedeutung für die einheitliche Auslegung und Anwendung oder für die Fortbildung des Rechts hat. Daran mangelt es hier, denn die von dem Kläger erhobenen Einwände betreffen lediglich die Frage, ob in seinem Einzelfall, also gerade unter Beachtung des von ihm vorgetragenen Sachverhalts öffentliche Belange im Sinne des § 35 Abs. 3 BauGB dem Bauvorhaben entgegenstehen.

3. Das angefochtene Urteil leidet ferner nicht an einem Verfahrensmangel, auf dem die Entscheidung beruhen kann (§ 124 Abs. 2 Nr. 5 VwGO). Dabei kann offen bleiben, ob der Kläger diesen Zulassungsgrund in einer den Anforderungen des § 124a Abs. 4 Satz 4 VwGO genügenden Weise dargelegt hat, denn der geltend gemachte Verfahrensfehler liegt jedenfalls nicht vor.

   Das Verwaltungsgericht hat seine Aufklärungspflicht (§ 86 VwGO) durch seine Entscheidung ohne Durchführung einer Ortsbesichtigung nicht verletzt. Der Kläger sieht einen solchen Verfahrensmangel darin, dass das Verwaltungsgericht die beantragte Augenscheineinnahme nicht durchgeführt und stattdessen Dinge unterstellt habe, die mit der tatsächlichen Situation nicht übereinstimmten. Ausweislich der Niederschrift über die Verhandlung vor dem Verwaltungsgericht hat der Antragsteller jedoch keinen Beweisantrag gestellt. Eine entsprechende Beweiserhebung musste sich dem Verwaltungsgericht auch nicht aufdrängen. Aufgrund des bei den Akten befindlichen Lageplans sowie den Lichtbildern, die das Grundstück des Klägers und dessen unmittelbare Umgebung zeigen, war das Verwaltungsgericht vielmehr auch ohne eine Ortsbesichtigung in der Lage, die Frage nach der Zuordnung des klägerischen Grundstücks zum Innen- oder Außenbereich von Höningen hinreichend verlässlich zu beurteilen. Im Übrigen haben die Beteiligten bei der Tatsachenaufklärung eine weit reichende Mitwirkungspflicht. Ein Gericht verstößt deshalb grundsätzlich nicht gegen seine Pflicht zur erschöpfenden Aufklärung des Sachverhalts, wenn es von einer Beweiserhebung absieht, die eine von einem Rechtsanwalt vertretene Partei im Termin zur mündlichen Verhandlung nicht beantragt hat.

4. Soweit sich der Kläger ferner auf den Zulassungsgrund des § 124 Abs. 2 Nr. 1 VwGO bezieht, genügt sein Vorbringen zwar den Darlegungsanforderungen des § 124a Abs. 4 Satz 4 VwGO. In seiner Antragsschrift macht der Kläger ins Einzelne gehende Ausführungen dergestalt, dass das streitgegenständliche Grundstück entgegen der Annahme des Verwaltungsgerichts nicht dem Außen-, sondern dem Innenbereich von Höningen zuzuordnen sei und damit nach § 34 Abs. 2 i. V. m. § 4 BauNVO genehmigt werden müsse.

   Der geltend gemachte Zulassungsgrund liegt jedoch nicht vor. Im Ergebnis bestehen nämlich an der Richtigkeit des Urteils des Verwaltungsgerichts zum hier maßgeblichen Zeitpunkt des Ergehens der verwaltungsgerichtlichen Entscheidung keine ernsthaften Zweifel.

   Zu Recht ist das Verwaltungsgericht davon ausgegangen, dass das klägerische Grundstück dem Außenbereich von Höningen zuzuordnen ist. In Übereinstimmung mit der Rechtsprechung des Senats und des Bundesverwaltungsgerichts hat es ausgeführt,… Ernstliche Zweifel ergeben sich hieraus nicht. (…)

5. Die Berufung ist schließlich auch nicht deshalb zuzulassen, weil die Rechtssache besondere tatsächliche oder rechtliche Schwierigkeiten i. S. d. § 124 Abs. 2 Nr. 2 VwGO aufwiese. Das Vorliegen dieses Zulassungsgrundes kann nicht allein aus dem Umstand hergeleitet werden, dass die Kammer des Verwaltungsgerichts von der Möglichkeit der Übertragung der Angelegenheit auf den Einzelrichter keinen Gebrauch gemacht hat (vgl. § 6 Abs. 1 Satz 1 VwGO). Diese Übertragung soll zwar erfolgen, wenn die Sache keine besonderen Schwierigkeiten tatsächlicher oder rechtlicher Art aufweist. Bei einem Urteil der Kammer folgt aber gemäß § 124 Abs. 2 Nr. 2 VwGO nicht zwangsläufig die Zulassung der Berufung. Selbst wenn die Voraussetzungen des § 6 Abs. 1 Satz 2 und Abs. 2 VwGO, die eine Übertragung auf den Einzelrichter ausschließen, nicht vorliegen, bleibt der Kammer nach § 6 Abs. 1 Satz 1 VwGO bei jeder Entscheidung über die Übertragung auf den Einzelrichter ein – wenn auch geringer – Spielraum („soll“). Die tatbestandlichen Voraussetzungen des § 124 Abs. 2 Nr. 2 VwGO müssen deshalb bei einem Urteil der Kammer vom Rechtsmittelführer dargelegt und vom Oberverwaltungsgericht selbstständig geprüft und bejaht werden.

Da der Antragsteller mit seinem Antrag erfolglos bleibt, hat er die Kosten des Zulassungsverfahrens zu tragen (§ 154 Abs. 2 VwGO).

Die Streitwertfestsetzung beruht auf §§ 52 Abs. 1, 47 Abs. 3 GKG.

Dieser Beschluss ist unanfechtbar (§ 152 Abs. 1 VwGO)“.

5. Abschnitt. Die Beschwerde

§ 39. Allgemeines

648 Die Beschwerde findet nach § 146 Abs. 1 VwGO gegen Entscheidungen des VG statt, die nicht Urteile oder Gerichtsbescheide sind. Gemäß § 150 VwGO entscheidet das OVG hierüber durch Beschluss. Examensrelevant dürfte hier die Beschwerde gegen Beschlüsse des VG in vorläufigen Rechtsschutzverfahren sein. Hierauf beschränken sich die folgenden Anmerkungen.

§ 40. Das Rubrum

649 Im Rubrum spricht man von „Antragsteller und Beschwerdeführer“ und „Antragsgegner und Beschwerdegegner“ bzw. wenn der Antragsgegner des Ausgangsverfahrens die Beschwerde erhoben hat, von „Antragsteller und Beschwerdegegner“ und „Antragsgegner und Beschwerdeführer“ oder „Antragsteller im Ausgangsverfahren und Antragsgegner im Beschwerdeverfahren“ und umgekehrt. Ein vollständiges Rubrum einer Beschwerdeentscheidung finden Sie im Formulierungsbeispiel unter Rn. 660.

§ 41. Der Tenor

650 Der Tenor besteht wie üblich aus **Hauptausspruch, Kostenentscheidung** und **Streitwertfestsetzung.** Im Fall der Stattgabe lautet er wie folgt:

1. *Unter Abänderung des Beschlusses des Verwaltungsgerichts Meiningen vom 2. Juli 2015 – 3 K 1045/15.Me – wird der Antragsgegner im Wege einer einstweiligen Anordnung verpflichtet, dem Antragsteller mit Beginn des Schuljahres 2015/2016 den Besuch der Klasse 5 des Wolfram-Grönemeyer-Gymnasiums in Erfurt vorläufig zu gestatten.*
2. *Die Kosten des Verfahrens in beiden Rechtszügen hat der Antragsgegner zu tragen.*
3. *Der Streitwert des Beschwerdeverfahrens wird auf 4.000,– € festgesetzt.*

Bleibt die Beschwerde ohne Erfolg, ist wie folgt zu tenorieren:

1. *Die Beschwerde der Antragsteller gegen den Beschluss des Verwaltungsgerichts Braunschweig vom 2. Juli 2015 – 9 A 207/15 – wird zurückgewiesen.*
2. *Die Antragsteller tragen die Kosten des Beschwerdeverfahrens.*
3. *Der Streitwert des Beschwerdeverfahrens wird auf 8.000,– € festgesetzt.*

Ist die Beschwerde teilweise begründet, so ist sie im Tenor im Übrigen zurückzuweisen.

§ 42. Die Gründe

Die „Gründe" des Beschlusses bestehen auch hier aus der Sachverhaltsdarstellung (Gründe zu I.) und der rechtlichen Würdigung (Gründe zu II.). **651**

I. Die Darstellung des Sach- und Streitstandes

Die Sachverhaltsschilderung entspricht derjenigen im Berufungszulassungsverfahren.[1] Stellen Sie den bisherigen Sachverhalt auf das Wesentliche gekürzt dar. Geben Sie die tragenden Gründe des Beschlusses des VG wieder und lassen Sie dem Vortrag des Beschwerdeführers entsprechend Raum (s. Formulierungsbeispiel unter Rn. 660). **652**

II. Die rechtliche Würdigung

Die Beschwerde ist begründet, wenn sie zulässig und begründet ist. Das **Aufbauschema** finden Sie in Rn. 916.

1. Die Zulässigkeit der Beschwerde

Statthaft ist die Beschwerde vorbehaltlich des § 146 Abs. 2 VwGO nach Abs. 1 der genannten Vorschrift gegen Beschlüsse des VG, vornehmlich gegen solche im vorläufigen Rechtsschutzverfahren. Mit Ausnahme der Beschwerden gegen Beschlüsse in Verfahren der Prozesskostenhilfe besteht auch hier **Vertretungszwang** (§ 67 Abs. 4 Satz 1 VwGO). **653**

Die Beschwerde ist innerhalb von zwei Wochen nach Bekanntgabe der Entscheidung beim VG einzulegen (§ 147 Abs. 1 Satz 1 VwGO); die **Frist** ist auch gewahrt, wenn die Beschwerde innerhalb der Frist beim Beschwerdegericht eingeht (§ 147 Abs. 2 VwGO). Die Beschwerde gegen Beschlüsse des VG in Verfahren des vorläufigen Rechtsschutzes ist innerhalb eines Monats nach Bekanntgabe der Entscheidung **654**

[1] S. Rn. 618.

gegenüber dem OVG zu **begründen**[2] und muss einen bestimmten Antrag enthalten (§ 146 Abs. 4 Satz 1, 2 VwGO). Zum **Antrag** gehören grundsätzlich der Rechtsmittelantrag – also der Antrag auf Aufhebung bzw. Änderung des angefochtenen Beschlusses – sowie der Sachantrag. Auch wenn man § 146 Abs. 4 Satz 3 VwGO nicht das Erfordernis einer ausdrücklichen förmlichen Antragstellung entnimmt, so müssen doch jedenfalls die innerhalb der Begründungsfrist eingereichten Schriftsätze des Beschwerdeführers ihrem gesamten Inhalt nach erkennen lassen, in welchem Umfang und mit welchem Ziel die Entscheidung angefochten werden soll.[3] Ist ein Antrag nicht explizit gestellt, das Rechtsschutzziel aber klar und eindeutig bestimmbar, so ist das Begehren zulässig.[4] Enthält die Beschwerde keinen Antrag, so ist sie als unzulässig zu verwerfen.

655 Für die **Begründung** bestimmt § 146 Abs. 4 Satz 3 VwGO, dass der Beschwerdeführer die Gründe darlegen muss, aus denen die Entscheidung abzuändern oder aufzuheben ist und sich mit der angefochtenen Entscheidung auseinander setzen muss. Bei nicht gesetzeskonformer Begründung ist die Beschwerde gemäß § 146 Abs. 4 Satz 4 VwGO als unzulässig zu verwerfen. Ferner bestimmt Satz 6 der genannten Vorschrift, dass das OVG nur die dargelegten Gründe prüft. Diese Regelung ist nach ihrem Sinn und Zweck dahin zu verstehen, dass sie den Beschwerdeführer dazu veranlassen soll, innerhalb der Frist alle aus seiner Sicht gegen die erstinstanzliche Entscheidung sprechenden Gesichtspunkte vorzutragen, und insoweit den Prüfungsumfang des OVG einschränkt.[5] Dieses soll bei seiner zunächst vorzunehmenden Prüfung, ob die erstinstanzliche Entscheidung des VG Bedenken unterliegt, auf die Berücksichtigung der Gesichtspunkte beschränkt sein, die mit der Beschwerde fristgerecht vorgetragen wurden. Es besteht also eine **verstärkte Darlegungs- und Mitwirkungspflicht des Beschwerdeführers,** das sonst den Verwaltungsprozess prägende Amtsermittlungsprinzip tritt in diesem Bereich zurück.

656 Dies bedeutet für das formelle Erfordernis des § 146 Abs. 4 Satz 3 VwGO, dass der Beschwerdeführer nicht pauschal auf das erstinstanzliche Vorbringen Bezug nehmen oder dieses unverändert wiederholen kann.[6] Die Beschwerdebegründung muss eine **neue Begründung des verfolgten Anspruchs** enthalten. Der Beschwerdeführer hat von der Entscheidung des VG auszugehen und aufzuzeigen, wo und weshalb diese aus seiner Sicht nicht tragfähig und überprüfungsbedürftig ist. Dabei muss er sich an der Begründungsstruktur der angegriffenen Entscheidung orientieren.[7] Kommt er dem nicht nach, ist die Beschwerde unzulässig. Mögliche Mängel der Verwaltungsentscheidung, die bereits in der Zeit des erstinstanzlichen Verfahrens vorlagen, vom Antragsteller aber trotz der Möglichkeit dazu nicht vorgebracht wurden, bleiben außer Betracht.[8] Hat das VG den Beschluss auf mehrere die angegriffene Entscheidung selbstständig tragende Gründe gestützt, muss der Beschwerdeführer jeden dieser Gründe in Frage stellen.[9] Er ist auch berechtigt, **neue** nach Ergehen des erstinstanzlichen Beschlusses eingetretene **Tatsachen** innerhalb

[2] Diese Frist ist nicht verlängerbar; nach Fristablauf erstmals geltend gemachte Beschwerdegründe bleiben unberücksichtigt (*OVG Saarlouis* BeckRS 2015, 40115; *OVG Greifswald* NVwZ-RR 2003, 318; Schoch/*Meyer-Ladewig/Rudisile,* § 146 Rn. 13 a.

[3] S. auch *VGH Mannheim* NVwZ 2002, 1388.

[4] Schoch/*Meyer-Ladewig/Rudisile,* § 146 Rn. 13 c.

[5] S. z. B. *VGH Kassel* LKRZ 2007, 430.

[6] *VGH Mannheim* NVwZ-RR 2006, 74.

[7] Vgl. *OVG Münster* BeckRS 2008, 30218.

[8] *OVG Lüneburg* NVwZ-RR 2007, 521.

[9] *OVG Saarlouis* BeckRS 2015, 40115; *OVG Münster* NVwZ-RR 2004, 706.

der Frist des § 146 Abs. 4 Satz 1 VwGO vorzutragen.[10] Der Beschwerdeführer kann nicht darauf verwiesen werden, die geänderte Sachlage in einem Abänderungsverfahren nach § 80 Abs. 7 VwGO geltend zu machen. Nach Ablauf der Beschwerdebegründungsfrist erstmalig vorgetragene Gesichtspunkte, die über eine bloße – und zulässige – Ergänzung oder Vertiefung der fristgerecht geltend gemachten Beschwerdegründe hinausgehen, müssen dagegen unberücksichtigt bleiben.[11] Ferner ist eine Erweiterung oder Änderung des Streitgegenstandes im Beschwerdeverfahren bei im Wesentlichen gleicher Sach- und Rechtslage regelmäßig nicht statthaft.[12]

Mangels Rechtsschutzinteresses unzulässig ist die Beschwerde, wenn bereits vor **657**
Einlegung der Beschwerde durch Zeitablauf Erledigung in der Hauptsache eingetreten ist; ebenso wenig kommt in diesem Fall im einstweiligen Rechtsschutz nach §§ 80, 80 a, 123 VwGO noch eine Sachentscheidung analog § 113 Abs. 1 Satz 4 VwGO in Betracht.

2. Die Begründetheit der Beschwerde

Die Beschwerde ist begründet, wenn das Eilrechtsschutzgesuch des Antragstellers **658**
und Beschwerdeführers zulässig und begründet ist oder die Beschwerde des Antragsgegners oder Beigeladenen gegen die stattgebende Entscheidung des VG Erfolg hat. Die Entscheidung des Beschwerdegerichts richtet sich nach denselben Regeln wie beim vorläufigen Rechtsschutz nach den §§ 80, 80 a bzw. § 123 VwGO, d. h. das OVG trifft eine originäre Entscheidung über die vorläufige Änderung oder Beibehaltung des status quo, die – gesteuert von einer Prognose über die Erfolgsaussichten in der Hauptsache – die Interessen der Beteiligten gegeneinander abwägt. Erweisen sich die dargelegten Beschwerdegründe nicht als berechtigt, ist die Beschwerde zurückzuweisen. Hält das Beschwerdegericht die gegen die erstinstanzliche Entscheidung fristgerecht vorgetragenen Bedenken für zutreffend, so kann es im Rahmen des § 146 Abs. 4 Satz 6 VwGO im Wege teleologischer Reduktion aus Gründen effektiven Rechtsschutzes gemäß Art. 19 Abs. 4 GG und in Anlehnung an das Berufungszulassungsverfahren jedenfalls solche offensichtlichen und im bisherigen behördlichen und gerichtlichen Verfahren bereits angelegten Gesichtspunkte berücksichtigen, nach denen sich die nach der Beschwerdebegründung zweifelhafte erstinstanzliche Entscheidung jedenfalls aus anderen Gründen im Ergebnis als richtig erweist.[13]

Stellen Sie also, sofern es in dem von Ihnen zu bearbeitenden Fall darauf ankommt, zu Beginn der Begründetheit kurz dar, dass der Prüfungsrahmen des OVG nicht vollständig eingeschränkt ist und erörtern die Zulässigkeit und Begründetheit des vorläufigen Rechtsschutzgesuchs nach denselben Regeln wie beim Ver-

---

[10] *VGH Mannheim* KStZ 2013, 236; *Geis/Thirmeyer,* JuS 2013, 799, 804; Sodan/Ziekow/*Guckelberger,* § 146 Rn. 82.

[11] *VGH Mannheim* NJW 2013, 889; *VGH Kassel* LKRZ 2007, 430; *OVG Bautzen* SächsVBl. 2008, 23: außerhalb der Frist entstandene neue Tatsachen können nur mit einem Antrag nach § 80 Abs. 7 VwGO ins Verfahren eingeführt werden; a. A. *Jäger,* DVBl. 2009, 156 f.: maßgeblicher Zeitpunkt für die Berücksichtigung von Veränderungen der Sach- und Rechtslage zur Bildung der Entscheidungsgrundlagen im Beschwerdeverfahren ist der Zeitpunkt der Beschwerdeentscheidung.

[12] *OVG Berlin-Brandenburg* BeckRS 2008, 39795; *VGH Mannheim* VBlBW 2006, 285.

[13] So *VGH München* NVwZ 2004, 251: § 144 Abs. 4 VwGO analog; *OVG Münster* NWVBl 2013, 152; *VGH Mannheim* DVBl 2013, 795; *Geis/Thirmeyer,* JuS 2013, 799, 804; Sodan/Ziekow/*Guckelberger,* § 146 Rn. 114; Einzelheiten dazu sind streitig (zum Meinungsstand s. ausführlich Sodan/Ziekow/*Guckelberger,* § 146 Rn. 100–113).

fahren nach den §§ 80, 80 a bzw. 123 VwGO. Eine Entscheidung darüber, ob der Beschluss des VG aufrechterhalten bleiben kann, erfordert eine Interessenabwägung des Beschwerdegerichts auf der Grundlage der Erkenntnisse des Beschwerdeverfahrens.

659 Am Ende des Beschlusses folgen die Nebenbestimmungen (**Kostenentscheidung** § 154 Abs. 2 VwGO, **Streitwertfestsetzung** §§ 52 Abs. 2, 53 Abs. 3, 47 Abs. 1 GKG) sowie der **Hinweis auf die Unanfechtbarkeit** (§§ 152 Abs. 1 VwGO).

§ 43. Formulierungsbeispiel

660 Das Formulierungsbeispiel hat einen Antrag nach § 123 Abs. 1 Satz 1 VwGO zum Gegenstand, bei dem das VG das Vorliegen eines Anordnungsanspruchs verneint hat, während das angerufene OVG den Antrag wegen fehlender Glaubhaftmachung des Anordnungsgrundes für unbegründet hält.[14]

OVG Berlin-Brandenburg

1110 S 130/12

Beschluss

In der Verwaltungsstreitsache
des Herrn Dr. Gustav Reiche, Pankower Allee 18, 13409 Berlin,
– Antragsteller und Beschwerdeführer –
Prozessbevollmächtigter: Rechtsanwalt Dr. Benedikt Müller Hermannstr. 22, 12049 Berlin,
gegen
die Bundesrepublik Deutschland, vertreten durch den Bundesminister des Innern, Alt-Moabit 101 D, 10559 Berlin,
– Antragsgegner und Beschwerdegegner –
beigeladen: Frau Doris Elsässer, Sperlingsgasse 12, 10178 Berlin
wegen Dienstpostenbesetzung
(hier: Antrag auf Gewährung vorläufigen Rechtsschutzes)
hat der 10. Senat des Oberverwaltungsgerichts Berlin-Brandenburg aufgrund der Beratung vom 19. Juli 2012, an der teilgenommen haben
Vizepräsident des Oberverwaltungsgerichts Swietek
Richterin am Oberverwaltungsgericht Seiler
Richter am Oberverwaltungsgericht Meyer
beschlossen:
Die Beschwerde gegen den Beschluss des Verwaltungsgerichts Berlin vom 5. Juni 2015 – 26 A 298.15 – wird zurückgewiesen.
Die Kosten des Beschwerdeverfahrens trägt der Antragsteller mit Ausnahme der außergerichtlichen Kosten der Beigeladenen.
Der Streitwert des Beschwerdeverfahrens wird auf 5.000,– € festgesetzt.

---

[14] Das Formulierungsbeispiel folgt der Meinung, dass das Beschwerdegericht auf der zweiten Stufe eine volle Prüfungsbefugnis hat.

Gründe

I.

Der Antragsteller wendet sich mit der vorliegenden Beschwerde dagegen, dass das Verwaltungsgericht seinen Antrag abgelehnt hat, die Antragsgegnerin im Wege einer einstweiligen Anordnung zu verpflichten, ihm den Dienstposten eines Referenten in der Zentralabteilung des Bundesministeriums des Innern zu übertragen.

Der Antragsteller steht als Regierungsdirektor (Besoldungsgruppe A 15) im Dienst der Antragsgegnerin und ist in der Abteilung O (Verwaltungsorganisation, Kommunalwesen, Statistik) eingesetzt. Die Beigeladene ist ebenfalls bei der Antragsgegnerin als Regierungsdirektorin in der Abteilung IS (Innere Sicherheit) beschäftigt. Am 27. Oktober 2014 schrieb die Antragsgegnerin hausintern einen in die Besoldungsgruppe A 15 eingestuften Dienstposten in der Abteilung Z (Zentralabteilung) aus. Sowohl der Antragsteller als auch die Beigeladene bewarben sich um diesen Dienstposten, den die Antragsgegnerin der Beigeladenen demnächst übertragen will.

Hiergegen suchte der Antragsteller am 4. Mai 2015 um vorläufigen Rechtsschutz nach und machte geltend, die Antragsgegnerin habe die Eignungsbewertung vorliegend fehlerhaft nicht nach dem Grundsatz der Bestenauslese vorgenommen. Da er der geeignetere Bewerber sei, habe er einen Anspruch auf Übertragung des begehrten Dienstpostens.

Das Verwaltungsgericht lehnte den Antrag mit Beschluss vom 5. Juni 2015 ab und führte zur Begründung aus, der Antragsteller habe einen Anordnungsanspruch nicht glaubhaft gemacht. Bei der in Rede stehenden Maßnahme handele es sich um eine Umsetzung. Als innerbehördliche Maßnahme stehe sie im Ermessen des Dienstherrn, dem bei der Ermessensausübung sehr weite Grenzen gesetzt seien. Anhaltspunkte für einen Ermessensmissbrauch seien nicht erkennbar. Da es sich bei dem von dem Antragsteller angestrebten Dienstposten nicht um einen Beförderungsdienstposten handele, brauche der Dienstherr eine solche Auswahlentscheidung nicht nach dem Grundsatz der Bestenauslese zu treffen.

Der Antragsteller hat hiergegen am 11. Juni 2015 Beschwerde eingelegt und diese mit Schriftsatz vom 22. Juni 2015 begründet. Er führt aus, das Verwaltungsgericht sei zu Unrecht davon ausgegangen, dass bei der Übertragung eines Dienstpostens der Grundsatz der Bestenauslese nicht anzuwenden sei, weil er sich nicht als Beförderungsdienstposten darstelle. Im Übrigen habe die Antragsgegnerin tatsächlich Eignungsgesichtspunkte geprüft und diese falsch gewichtet. Dies habe das Verwaltungsgericht verkannt.

Er beantragt, unter Aufhebung des Beschlusses des Verwaltungsgerichts Berlin vom 5. Juni 2015 – 26 A 298.15 – die Antragsgegnerin im Wege einer einstweiligen Anordnung zu verpflichten, ihm den Dienstposten eines Referenten in der Abteilung Z des Bundesministeriums des Innern zu übertragen.

Die Antragsgegnerin beantragt, die Beschwerde zurückzuweisen. Sie führt aus, das Verwaltungsgericht habe das Vorliegen eines Anordnungsanspruchs zutreffend verneint.

Wegen der weiteren Einzelheiten wird auf die Gerichts- und Behördenakten Bezug genommen.

II.

Die Beschwerde ist nach § 146 Abs. 1 VwGO statthaft. Sie ist auch sonst zulässig. Die Einlegungs- und die Begründungsfrist – Letztere durch am 19. Juli

2015 beim erkennenden Gericht eingegangenen Schriftsatz – sind eingehalten (vgl. §§ 147 Abs. 1 Satz 1, 146 Abs. 4 Satz 1 VwGO). Die Beschwerde enthält auch den nach § 146 Abs. 4 VwGO erforderlichen Antrag.

Die Beschwerdeschrift genügt ferner den inhaltlichen Anforderungen nach § 146 Abs. 4 Satz 3 VwGO. Danach muss der Beschwerdeführer die Gründe darlegen, aus denen die Entscheidung abzuändern oder aufzuheben ist und sich mit der angefochtenen Entscheidung auseinander setzen. Nicht ausreichend ist in diesem Zusammenhang die pauschale Bezugnahme des Beschwerdeführers auf sein erstinstanzliches Vorbringen. Er muss sich vielmehr inhaltlich mit den tragenden Gründen des Verwaltungsgerichts auseinander setzen und aufzeigen, weshalb diese aus seiner Sicht nicht haltbar und überprüfungsbedürftig sind. Erforderlich ist ferner eine neue Begründung des verfolgten Anspruchs. Diesen Anforderungen genügt das Beschwerdevorbringen des Antragstellers. Er hat im Einzelnen Ausführungen dazu gemacht, dass die Annahme des Verwaltungsgerichts, er könne sich nicht auf einen Anordnungsanspruch berufen, weil Anhaltspunkte für einen Ermessensmissbrauch bei der Übertragung des angestrebten Dienstpostens hier nicht erkennbar seien, seiner Ansicht nach unzutreffend ist.

Die Beschwerde ist jedoch unbegründet. Die vom Antragsteller ordnungsgemäß dargelegten Gründe sind nicht geeignet, die Richtigkeit der Entscheidung des Verwaltungsgerichts in Frage zu stellen. Dieses hat den Erlass der von dem Antragsteller begehrten einstweiligen Anordnung, den Antragsgegner zu verpflichten, ihm den Arbeitsplatz eines Referenten in der Abteilung Z des Antragsgegners zu übertragen, im Ergebnis zu Recht abgelehnt.

Zutreffend hat das Verwaltungsgericht den Antrag auf Erlass einer einstweiligen Anordnung als nach § 123 Abs. 1 Satz 2 VwGO statthaft und auch ansonsten als zulässig angesehen. In der Hauptsache wäre eine Leistungsklage auf Zuweisung des von dem Antragsteller begehrten Dienstpostens gegeben. Die Umsetzung eines Beamten, d. h. die Zuweisung eines Amtes im konkret-funktionellen Sinne, stellt eine bloße innerorganisatorische Maßnahme ohne Verwaltungsaktsqualität dar, so dass eine Anfechtungsklage in der Hauptsache nicht zulässig ist.

Das vorläufige Rechtsschutzgesuch des Antragstellers ist jedoch unbegründet.

Nach § 123 Abs. 1 Satz 1 VwGO kann das Gericht auf Antrag eine einstweilige Anordnung in Bezug auf den Streitgegenstand treffen, wenn die Gefahr besteht, dass durch eine Veränderung des bestehenden Zustandes die Verwirklichung eines Rechts des Antragstellers vereitelt oder wesentlich erschwert werden könnte. Voraussetzung für den Erlass einer einstweiligen Anordnung ist gemäß § 123 Abs. 1, 3 VwGO in Verbindung mit §§ 920 Abs. 2, 294 ZPO, dass der Antragsteller einen Anspruch auf eine bestimmte Leistung glaubhaft macht (Anordnungsanspruch) und dass dieser Anspruch gefährdet ist und durch eine vorläufige Maßnahme gesichert werden muss (Anordnungsgrund). Vorliegend fehlt es bereits an der erforderlichen Glaubhaftmachung eines Anordnungsgrundes.

Der Senat ist an der Prüfung dieses Erfordernisses nicht durch die Bestimmung des § 146 Abs. 4 Satz 6 VwGO gehindert, nach der das OVG im Rahmen des Beschwerdeverfahrens nur die in der Beschwerdebegründung dargelegten Gründe prüft.

Der Sinn und Zweck der Regelung in § 146 Abs. 4 Satz 6 VwGO, die in engem Zusammenhang mit dem Begründungs- und Darlegungserfordernis der Sätze 1 bis 3 des § 146 Abs. 4 VwGO steht, liegt darin, den Beschwerdeführer zu veranlassen, alle aus seiner Sicht gegen die erstinstanzliche Entscheidung sprechenden Gesichtspunkte fristgerecht vorzutragen und insoweit den Prüfungsumfang des Beschwerdegerichts einzuschränken. Dieses soll bei seiner Prüfung, ob die Entscheidung des Verwaltungsgerichts Bedenken unterliegt auf die mit der Beschwerde – fristgerecht – vorgebrachten Gründe beschränkt sein. Diese Beschränkung des Prüfungsumfangs erstreckt sich entgegen des insoweit offenen Wortlauts des § 146 Abs. 4 Satz 6 VwGO indes allein auf die Gesichtspunkte, aus denen sich die Entscheidung nach Ansicht des Beschwerdeführers als unrichtig erweisen soll, nicht hingegen auf die Gründe, aus denen die Entscheidung tatsächlich richtig ist. Insofern steht dem Beschwerdegericht nach Auffassung des Senats eine umfängliche Kontrollbefugnis zu. Der Beschwerde ist daher nicht bereits dann stattzugeben, wenn die vom Beschwerdeführer vorgebrachten Bedenken gegen die Entscheidung durchgreifen. Das Beschwerdegericht hat vielmehr bei Vorliegen dieser Voraussetzungen in einem weiteren Schritt – ohne die Beschränkung des § 146 Abs. 4 Satz 6 VwGO – anhand der für die Verfahren des vorläufigen Rechtsschutzes geltenden allgemeinen Maßstäbe zu prüfen, ob dem Antragsbegehren zu entsprechen ist. Dabei ist es nicht gehindert, auch Gesichtspunkte in die Prüfung einzustellen, die das Verwaltungsgericht in seiner angefochtenen Entscheidung nicht behandelt bzw. abschließend entschieden hat.

Dementsprechend kann bereits bei der Prüfung, ob aufgrund des Beschwerdevorbringens Bedenken gegen die Entscheidung des Verwaltungsgerichts bestehen, berücksichtigt werden, ob in der Beschwerdebegründung nicht angesprochene, für einen Erfolg des Antragsbegehrens aber dennoch notwendige Voraussetzungen vorliegen. Fehlt es an einer dieser Voraussetzungen, kann das Begehren keinen Erfolg haben und muss auch die Entscheidung der ersten Instanz im Ergebnis richtig sein.

So stellt sich die Situation hier dar. Denn es mangelt bereits an der für den Erlass der begehrten einstweiligen Anordnung zwingend erforderlichen Glaubhaftmachung eines Anordnungsgrundes. Ein solcher liegt vor, wenn dem Antragsteller die Gefahr einer Vereitelung oder wesentlichen Erschwerung der Verwirklichung eines ihm zustehenden Rechts droht (§ 123 Abs. 1 Satz 1 VwGO oder der Erlass einer einstweiligen Anordnung mit dem erstrebten Inhalt zur Abwendung wesentlicher Nachteile oder aus anderen Gründen nötig erscheint (§ 123 Abs. 1 Satz 2 VwGO).

Einen Anordnungsgrund in diesem Sinne hat der Antragsteller nicht glaubhaft gemacht. Zwar ist in den Fällen einer Dienstpostenkonkurrenz das Vorliegen eines Anordnungsgrunds zur Sicherung des materiellen Bewerbungsverfahrensanspruchs grundsätzlich möglich. Dabei ist ein Anordnungsgrund regelmäßig anzunehmen, wenn es sowohl für den um vorläufigen Rechtsschutz nachsuchenden Beamten als auch für den vom Dienstherrn ausgewählten Konkurrenten um einen sog. Beförderungsdienstposten geht, d. h. einen Dienstposten, der höher bewertet ist als ihr jeweiliges derzeitiges Statusamt.[15]

Anders ist die Lage jedoch, wenn die Bewerber um einen Dienstposten konkurrieren, der sich nicht als Beförderungsdienstposten darstellt.[16] Bei einer derartigen Konstellation, in der die Übertragung des Dienstposten für beide Bewerber eine bloße Umsetzung bedeutet, könnte der Dienstposten nämlich für den Fall, dass die von dem um vorläufigen Rechtsschutz nachsuchenden Beamten

[15] *BVerwG* NVwZ 2014, 75.

[16] *BVerwG* NVwZ 2005, 702; *OVG Berlin Brandenburg* NVwZ-RR 2014, 655; *OVG Münster* NVwZ-RR 2003, 50.

angestrebte neue Auswahlentscheidung zu einem anderen Ergebnis kommt, durch eine (erneute) Umsetzung des Dienstposteninhabers für eine Besetzung mit dem aufgrund der wiederholten Auswahlentscheidung vorgesehenen Bewerber bereit gehalten werden. Mit Blick darauf sind für den um vorläufigen Rechtsschutz nachsuchenden Beamten keine mit der Konkurrenz um einen Beförderungsdienstposten vergleichbar gewichtigen Nachteile zu befürchten, wenn der erstrebte Dienstposten zunächst einmal mit dem Konkurrenten besetzt wird.

Deshalb genügt es bei einer derartigen Fallgestaltung für die Glaubhaftmachung eines Anordnungsgrunds nicht, dass die Übertragung des Dienstpostens auf den Konkurrenten unmittelbar bevorsteht. Vielmehr ist darüber hinaus glaubhaft zu machen, dass mit einer solchen Dienstpostenübertragung gerade für den um vorläufigen Rechtsschutz nachsuchenden Beamten wesentliche Nachteile verbunden sind. Daran fehlt es jedoch hier.

Die Kostenentscheidung beruht auf §§ 154 Abs. 2, 162 Abs. 3 VwGO. Die Festsetzung des Streitwertes folgt aus den §§ 52 Abs. 5 Satz 1 Nr. 1, Satz 2, 53 Abs. 3 Nr. 1, 47 Abs. 1 GKG.

Diese Entscheidung ist unanfechtbar (§ 152 Abs. 1 VwGO).

6. Abschnitt. Berufung und Revision

661 Hierzu nur das Wichtigste:[1] Haben das VG in seinem Urteil gemäß § 124 a Abs. 1 Satz 1 VwGO oder das OVG nach § 124 a Abs. 5 VwGO die Berufung zugelassen,[2] so entscheidet es hierüber in der Regel nach Durchführung einer mündlichen Verhandlung **durch Urteil.** Daneben kann es gemäß § 130 a VwGO durch **Beschluss** entscheiden. Im Berufungsverfahren wird die Streitsache im Rahmen der Berufungsanträge im gleichen Umfang wie durch das VG in tatsächlicher und rechtlicher Hinsicht geprüft (§ 128 Satz 1 VwGO). Das Berufungsgericht berücksichtigt daher grundsätzlich auch neue Tatsachen und Beweismittel (§ 128 Satz 2 VwGO).

662 **Zulässig** ist die Berufung, wenn sie durch einen vor dem OVG postulationsfähigen Prozessvertreter (§ 67 VwGO) des Rechtsmittelführers innerhalb der vorgeschriebenen Fristen eingelegt ist. Diese **Fristen** sind unterschiedlich ausgestaltet:

Hat bereits das VG die Berufung in seinem Urteil zugelassen, so ist sie gemäß § 124 a Abs. 2 VwGO innerhalb eines Monats nach Zustellung des vollständigen Urteils beim VG einzulegen; sie muss das angefochtene Urteil bezeichnen. Die Berufungsbegründung muss, sofern sie nicht sogleich mit der Einlegung der Berufung erfolgt ist, gemäß § 124 a Abs. 3 Satz 1 VwGO innerhalb von zwei Monaten nach Zustellung des erstinstanzlichen Urteils erfolgen.[3]

---

[1] Eine gelungene Darstellung zu Berufung und Revision finden Sie bei *Happ/Allesch/Geiger/Metschke/Hüttenbrink,* S. 143–185; *Geis/Thirmeyer,* JuS 2013, 517 sowie die Klausuren von *Koehl,* JuS 2012, 63; *Sauer,* JuS 2004, 1085 und *Decker/Konrad,* Assessorklausuren, Klausur Nr. 6.

[2] Das OVG ist an die Zulassung auch dann gebunden, wenn das VG die Berufung zu Unrecht zugelassen hat (*OVG Schleswig* NordÖR 2005, 314).

[3] § 124 a Abs. 3 Satz 3 VwGO sieht die Möglichkeit einer Verlängerung der Begründungsfrist vor.

Bei Zulassung durch das OVG ist die Berufung innerhalb der Frist von einem Monat (§ 124 a Abs. 6 Satz 1 VwGO) nach Zustellung des Zulassungsbeschlusses gegenüber dem OVG in einem gesonderten Schriftsatz zu begründen.[4] Nach § 124 a Abs. 6 Satz 3 i. V. m. Abs. 3 Satz 4 VwGO muss die Begründung einen bestimmten **Antrag** sowie die im Einzelnen angeführten **Berufungsgründe** enthalten.[5] Mangelt es an einem dieser Erfordernisse, so ist die Berufung unzulässig (§ 124 a Abs. 3 Satz 5).

Die Begründungspflicht verfolgt den Zweck, eine Zusammenfassung und Beschränkung des Rechtsstoffs in der Berufung zu erreichen und das Berufungsverfahren dadurch zu straffen und zu beschleunigen. Die Begründung muss deshalb zum einen erkennen lassen, in welchen Punkten tatsächlicher oder rechtlicher Art das angefochtene Urteil nach Ansicht des Berufungsklägers unrichtig ist, und zum anderen im Einzelnen angeben, aus welchen Gründen er die tatsächliche und rechtliche Würdigung des vorinstanzlichen Urteils in den angegebenen Punkten für unrichtig hält.[6] Soweit die Berufung nicht auf neue Tatsachen oder Erkenntnisse gestützt wird, ist mithin eine inhaltliche Auseinandersetzung mit den Gründen der angefochtenen Entscheidung erforderlich. Die pauschale Bezugnahme auf das Vorbringen in der ersten Instanz reicht dafür nicht aus.[7] Hat der Berufungsführer im Zulassungsantrag bereits erschöpfend vorgetragen, genügt es, wenn er darauf in einem innerhalb der Frist des § 124 a Abs. 6 Satz 1 VwGO eingehenden Schriftsatz Bezug nimmt und gemäß § 124 a Abs. 6 Satz 3 i. V. m. Abs. 3 Satz 4 VwGO seine Berufungsanträge formuliert.[8]

Der Rechtsmittelführer muss durch die erstinstanzliche Entscheidung **formell beschwert** sein, d. h. die angegriffene Entscheidung muss ihm etwas versagt haben, was er beantragt hatte.

In der **Begründetheit** wird geprüft, ob das erstinstanzliche Urteil, soweit seine Über- **663**
prüfung beantragt ist, in tatsächlicher und rechtlicher Hinsicht unrichtig ist.[9] Die Berufung des vor dem VG unterlegenen Klägers ist erfolgreich, wenn die Klage zulässig und begründet ist. Die Berufung des in der ersten Instanz unterlegenen Beklagten hat Erfolg, wenn die Klage unzulässig oder unbegründet ist.

§ 129 VwGO schreibt eine Bindung des OVG an die Berufungsanträge vor. Daraus folgt ein Verbot der reformatio in peius in Bezug auf den Tenor der Entscheidung.[10] Grundsätzlich darf daher das erstinstanzliche Urteil nicht zum Nachteil des Berufungsklägers abgeändert werden. Ferner darf die Entscheidung auch nicht zu Gunsten des Berufungsklägers über den gestellten Antrag hinausgehen.

Gegen die Berufungsentscheidung des OVG ist das **Rechtsmittel der Revision zum** **664**
BVerwG eröffnet, wenn das OVG in seinem Urteil oder Beschluss die Revision zugelassen hat (§ 139 Abs. 1 VwGO). Hat das OVG die Revision nicht zugelassen, muss der Rechtsmittelführer zunächst **Nichtzulassungsbeschwerde** erheben (§ 133 Abs. 1 VwGO). Das Revisionsverfahren ist ausschließlich auf eine Rechtskontrolle beschränkt (s. § 137 VwGO). Das BVerwG entscheidet durch Urteil über die Revision (vgl. § 141 Satz 2 VwGO).

---

[4] *BVerwG* BeckRS 2013, 56776.
[5] Vgl. *BVerwG* NJW 2008, 1014.
[6] Vgl. *BVerwG* NVwZ 2012, 1490.
[7] *VGH Mannheim* VBlBW 2009, 360.
[8] *BVerwG* BeckRS 2013, 56776.
[9] *Geis/Thirmeyer,* JuS 2013, 517, 521.
[10] *Geis/Thirmeyer,* JuS 2013, 517, 521; *Niesler,* JuS 2007, 728, 732.

4. Teil. Die verwaltungsbehördlichen Entscheidungen

Neben verwaltungsgerichtlichen Urteilen, Gerichtsbescheiden und Beschlüssen sind im Assessorexamen häufig auch verwaltungsbehördliche Entscheidungen anzufertigen. In erster Linie werden Aufgaben gestellt, bei denen Sie über einen Widerspruch zu befinden haben. In der Regel wird dabei der **Entwurf eines Widerspruchsbescheides** verlangt. In Betracht kommt aber auch ein **Abhilfebescheid** oder ein **Vorlagebericht** an die Widerspruchsbehörde. Schließlich kann auch der **Entwurf eines Ausgangsbescheids** gefordert sein, insbesondere in den Bundesländern, in denen das Vorverfahren abgeschafft worden ist. Diese Entscheidungsformen sind nachfolgend mit den jeweiligen Besonderheiten und Formulierungsbeispielen im Einzelnen erläutert. **665**

Andere Verwaltungsentscheidungen wie die schriftliche Anhörung des Bürgers (s. § 28 VwVfG) oder die isolierte Anordnung der sofortigen Vollziehung[1] oder isolierte Entscheidungen nach § 80 Abs. 4,[2] § 80 a Abs. 1 und 2 VwGO dürften hingegen weniger examensrelevant sein; ihre Abfassung kann anhand der Grundsätze zu den zuvor genannten Bescheiden erfolgen. Auch die **verwaltungsinterne Stellungnahme** (Beispiel: der Landrat erbittet vom Abteilungsleiter eine Stellungnahme zu einem bestimmten Vorgang oder zu bestimmten Rechtsfragen) wird nicht gesondert erörtert, ihr Aufbau folgt demjenigen eines öffentlich-rechtlichen Gutachtens. Dieses ist im Fünften Teil (Rn. 798 ff.) im Einzelnen dargestellt. **666**

1. Abschnitt. Der Widerspruchsbescheid

§ 44. Allgemeines

Nach § 68 Abs. 1 und 2 VwGO ist vor Erhebung der Anfechtungsklage und der Versagungsgegenklage grundsätzlich ein Widerspruchsverfahren durchzuführen.[3] Damit verfolgt der Gesetzgeber eine dreifache normative Zwecksetzung: die Selbstkontrolle der Verwaltung durch die Widerspruchsbehörde, den Individualrechtsschutz durch eine um Zweckmäßigkeitserwägungen erweiterte Kontrolle sowie die Entlastung der Verwaltungsgerichte.[4] Trotz seiner Regelung in der VwGO handelt es sich nicht um einen Teil des Verwaltungsprozesses, sondern um **ein das gerichtliche Verfahren vorbereitendes Verwaltungsverfahren.** Im Unterschied zu einer gerichtlichen Entscheidung liegt der Sache nach **kein kontradiktorisches Streitverfahren** vor, d. h. die Behörde, die den Ausgangsbescheid erlassen hat, ist prinzipiell nicht Beteiligte des Widerspruchsverfahrens und damit nicht Widerspruchsgegnerin. Sie hat deshalb keine Anträge bei der Widerspruchsbehörde zu stellen, sondern über die Abhilfe zu entscheiden und bei Verweigerung die Verwaltungsakten mit einer **667**

---

[1] Ein Beispiel hierfür finden Sie bei *Weidemann/Barthel,* DVP 2003, 165, 172.
[2] S. hierzu *Weber,* KommJur 2006, 134.
[3] Zu den Ausnahmen s. oben Rn. 259.
[4] *BVerwG* NVwZ-RR 2014, 869; *Schübel-Pfister,* JuS 2014, 412, 413.

Stellungnahme vorzulegen. Die Ausgangsbehörde hat aber dann eigene Rechte im Widerspruchsverfahren, wenn sie abweichend von § 73 Abs. 1 Nr. 3 VwGO in Selbstverwaltungsangelegenheiten nicht selbst den Widerspruchsbescheid erlässt. Hier kann die Entscheidung der Widerspruchsbehörde in die Rechte der Selbstverwaltungskörperschaft eingreifen, so dass diese am Widerspruchsverfahren zu beteiligen ist.[5]

668 **Form und Inhalt des Widerspruchsbescheids** sind im Gesetz nur **unvollkommen geregelt.** § 73 Abs. 1 VwGO bestimmt nur, dass ein Widerspruchsbescheid ergeht. Daneben enthält § 79 i. V. m. § 37 Abs. 1, 3 und 4 VwVfG Anforderungen an die Form des Widerspruchsbescheids. In den einzelnen Bundesländern hat sich eine unterschiedliche Verwaltungspraxis herausgebildet, die teilweise durch Verwaltungsvorschriften ausgefüllt wird. So sind z. B. in Bayern und Baden-Württemberg[6] die Widerspruchsbescheide regelmäßig in der dritten Person abgefasst. Dagegen wird in Norddeutschland eher der persönliche Stil bevorzugt.[7] Unabhängig vom Stil ergeht der Widerspruchsbescheid in der Regel in Bescheidform. In Rheinland-Pfalz und dem Saarland wird der Widerspruchsbescheid, sofern er von einem Stadt- bzw. Kreisrechtsausschuss erlassen wird, in Beschlussform abgefasst. Dies rechtfertigt sich aus dem Umstand, dass die Widerspruchsausschüsse mit mehreren Personen besetzt sind und grundsätzlich mündlich verhandeln. Dies wirkt sich auch auf die Form des Widerspruchsbescheids aus. Richten Sie sich in jedem Fall nach der in „Ihrem“ Bundesland gebräuchlichen Form des Widerspruchsbescheids.

Der Widerspruchsbescheid ist als solcher zu bezeichnen. Er besteht aus Eingangsteil, Tenor, Begründung und einer Rechtsbehelfsbelehrung (vgl. § 73 Abs. 3 VwGO).

§ 45. Der Eingangsteil

I. Der Eingangsteil in der Bescheidform

669 Im Eingangsteil werden zunächst die **Behörde** sowie **Aktenzeichen, Ort und Datum** des Ergehens des Widerspruchsbescheids aufgeführt. Unmittelbar anschließen sollte sich die **Angabe der Zustellungsart** (z. B. „*Gegen Empfangsbekenntnis*“ oder „*Gegen Postzustellungsurkunde*“), denn gemäß § 73 Abs. 3 Satz 1, 2 VwGO ist der Widerspruchsbescheid von Amts wegen nach den Vorschriften des Verwaltungszustellungsgesetzes zuzustellen. Danach wird der Adressat des Widerspruchsbescheids benannt. Liegt keine Vertretung durch einen Verfahrensbevollmächtigten vor, ist der Widerspruchsführer persönlich aufzuführen. Wird der Widerspruchsführer durch einen Verfahrensbevollmächtigten vertreten und hatte dieser schriftliche Vollmacht angezeigt, so ist der Widerspruchsbescheid aufgrund § 7 Abs. 1 Satz 2 VwZG bzw. der inhaltsgleichen landesrechtlichen Bestimmung zwingend an den Bevollmächtigten zuzustellen und daher der Bevollmächtigte als Adressat des Bescheids anzugeben.

670 Bei **Drittwidersprüchen** ist es sinnvoll, zwei verschiedene Texte zu entwerfen und sich in erster Linie an denjenigen zu wenden, in dessen Rechte der Widerspruchsbescheid eingreift. Weisen Sie den Widerspruch zurück, richtet sich der Bescheid an den Widerspruchsführer; heben Sie den Ausgangsbescheid auf, richten Sie den Widerspruchsbescheid an den ursprünglich Begünstigten. Dem Widerspruchsführer wird

---

[5] So z. B. *Volkert,* 2. Kapitel Rn. 4.
[6] S. z. B. die Klausur in VBlBW 2008, 453 (Text) und 499 (Lösung).
[7] S. z. B. die Klausur von *Leopold,* JA 2012, 136.

ein kurzer auf seine Interessen zugeschnittener Widerspruchsbescheid erteilt, dem eine Ausfertigung des ausführlichen Bescheids an den „Unterlegenen“ beigefügt ist, auf den Sie inhaltlich Bezug nehmen.[8]

Danach folgt der **Betreff,** der z. B. wie folgt aussieht: 671

„Vollzug des Waffengesetzes, Widerspruch des Herbert Hoffmann, Talstraße 9, 25355 Barmstedt, vom 13. Juli 2015 gegen den Bescheid der Kreisverwaltung Pinneberg vom 26. Juni 2015, Aktenzeichen 23–122–345“

„Einweisung der Maria Hilflos in das Haus Ihres Mandanten Franz Wohlfahrt, Auf dem Berg 7, 99510 Apolda, durch die Stadt Jena

Ihr Widerspruch vom 16. Juli 2015.“

Die Bezeichnung des Betreffs soll es dem Widerspruchsführer erleichtern, sofort herauszufinden, um welche Sache es geht. Hat dieser eine untechnische Formulierung wie „Beschwerde“ oder „Einspruch“ verwandt, sollten Sie im Betreff diese Ausdrucksweise aufgreifen.[9] Den fehlerhaften Sprachgebrauch stellen Sie erst zu Beginn der rechtlichen Würdigung richtig.

Nach der Bezugszeile folgt die **Erlassformel** (z. B. *„Die Regierung von Unterfranken* 672
erlässt folgenden Widerspruchsbescheid:“). Unabhängig von der Formulierung sollte im Eingangsteil auf jeden Fall der Begriff *„Widerspruchsbescheid“* verwendet werden, damit der Adressat, mit dem im Widerspruchsverfahren möglicherweise keinerlei Korrespondenz geführt worden ist, sofort erkennen kann, dass der Bescheid den erhobenen Widerspruch betrifft.

II. Der Eingangsteil in der Beschlussform

In einigen Bundesländern (Rheinland-Pfalz und Saarland, wenn die Entscheidung 673
durch einen **Stadt- bzw. Kreisrechtsausschuss** ergeht) ist die **Form** des Widerspruchsbescheids einem **gerichtlichen Beschluss angenähert.** In diesem Fall wird der Eingangsteil wie ein gerichtliches Rubrum abgefasst. Hierzu ein Beispiel:[10]

Landkreis Germersheim

– Kreisrechtsausschuss –

WIDERSPRUCHSBESCHEID

Gegen Empfangsbekenntnis 10. Juli 2015

KRA 845/15

In dem Widerspruchsverfahren

des Ernst Seefeldt, Am Feldrain 7, 67870 Kandel

– Widerspruchsführer –

Verfahrensbevollm.: Rechtsanwalt Dr. Rainer Spengler,

Schillerstraße 10, 67433 Neustadt

gegen

[8] *Volkert,* 2. Kapitel Rn. 10.

[9] *Volkert,* 2. Kapitel Rn. 12.

[10] Ein Beispiel aus dem Saarland finden Sie unter www.saarheim.de/Aktenauszug/feurigaufgabe.htm#feurig5.

den Landkreis Germersheim, vertreten durch den Landrat,
Luitpoldplatz 1, 76726 Germersheim

– Widerspruchsgegner –

wegen Erteilung einer Gaststättenerlaubnis
hat der Kreisrechtsausschuss des Landkreises Germersheim aufgrund der mündlichen Verhandlung
vom 3. Juli 2015, an der teilgenommen haben
Vorsitzender: Kreisrechtsdirektor Hans Mahlein,
Beisitzerin Helma Jauch
Beisitzer Werner Raab
folgenden Widerspruchsbescheid erlassen

§ 46. Der Tenor

I. Allgemeines

674 An den Eingangsteil schließt sich die **Entscheidungsformel** an. Leitender Gesichtspunkt bei der Formulierung des Tenors ist der für VAe allgemein geltende Grundsatz der inhaltlichen Bestimmtheit (§ 79 i. V. m. § 37 Abs. 1 VwVfG). Die Entscheidungsformel muss ohne Zuhilfenahme anderer Schriftstücke unmissverständlich und klar verständlich sein und auf einen Blick erkennen lassen, wie entschieden worden ist und wie sich danach die durch den Ausgangsbescheid geschaffene Rechtslage nunmehr gestaltet.[11] **Unklarheiten** im Widerspruchsbescheid gehen zu **Lasten der Verwaltung.** Kernstück der Tenorierung ist der **Hauptausspruch,** d. h. die Frage, ob die vom Widerspruchsführer angegriffene Entscheidung Bestand hat bzw. ob die von ihm begehrte Regelung erlassen wird. Ferner werden in den Tenor die **Kostenentscheidung** sowie gegebenenfalls ein **Ausspruch über die Hinzuziehung eines Bevollmächtigten als notwendig** oder über die **Anordnung bzw. Aussetzung der sofortigen Vollziehung** aufgenommen.

II. Tenorierungsbeispiele

Die folgenden Tenorierungsbeispiele sind in unpersönlicher Rede wiedergegeben. Die Ausgangsbehörde wird nicht als Widerspruchsgegnerin bezeichnet.[12]

675 **Beispiel 1.** Der Widerspruchsführer erhebt verspätet Widerspruch gegen den Beitragsbescheid der Gemeinde *G* und beantragt Wiedereinsetzung in den vorigen Stand. Zugleich begehrt er die Aussetzung der sofortigen Vollziehung des Beitragsbescheids. Der Widerspruch hat keinen Erfolg.

1. *Der Widerspruch wird zurückgewiesen.*
2. *Der Antrag auf Aussetzung der sofortigen Vollziehung des Beitragsbescheids vom 12. Juni 2015 wird abgelehnt.*
3. *Der Widerspruchsführer hat die Kosten des Widerspruchsverfahrens zu tragen.*

---

[11] *Oberrath/Hahn,* JA 1996, 152.
[12] S. aber Rn. 418.

Bleibt der Anfechtungs- bzw. Verpflichtungswiderspruch **erfolglos,** wird er **zurückgewiesen.** Ebenso wie im Klageverfahren kommt im Tenor nicht zum Ausdruck, ob der Widerspruch unzulässig oder unbegründet ist. Der Ausspruch über die Wiedereinsetzung in den vorigen Stand nach § 70 Abs. 2 i. V. m. § 60 Abs. 1 VwGO kann, muss aber nicht in den Tenor aufgenommen werden. Es genügt, die Wiedereinsetzung inzidenter in den Gründen zu gewähren.[13] 676

Hat der Widerspruchsführer daneben ausdrücklich oder zumindest sinngemäß einen **Antrag auf Aussetzung der sofortigen Vollziehung** des angefochtenen Bescheides nach § 80 Abs. 4 VwGO gestellt, so trifft die Widerspruchsbehörde hierüber einen Ausspruch in Ziffer 2) des Tenors. Wird dem Antrag stattgegeben, tenorieren Sie wie folgt: „*Die sofortige Vollziehung des Bescheids vom 12. Juni 2015 wird ausgesetzt*" oder „*Die aufschiebende Wirkung des Widerspruchs gegen den Beitragsbescheid vom 12. Juni 2015 wird bis zu einer Entscheidung des Verwaltungsgerichts über eine evtl. Anfechtungsklage angeordnet.*" 677

Bleibt ein Widerspruch, der gemäß § 80 Abs. 1 Satz 1 VwGO aufschiebende Wirkung hat und dessen sofortige Vollziehung die Ausgangsbehörde nicht angeordnet hat, erfolglos, kann die **Widerspruchsbehörde** aufgrund ihrer Befugnis, die **sofortige Vollziehung des Ausgangsbescheids selbst anzuordnen,** hiervon Gebrauch machen (z. B. bei einer Fahrerlaubnisentziehung). In den Tenor der Entscheidung wird der Zusatz: „*Die sofortige Vollziehung der Fahrerlaubnisentziehung wird hiermit angeordnet*" aufgenommen. 678

In Ziffer 3) des Tenors findet sich der Ausspruch über die nach § 73 Abs. 3 Satz 3 VwGO zu treffende **Kostenentscheidung.** Anders als die §§ 154, 155 VwGO trifft § 73 Abs. 3 Satz 3 VwGO keine Aussage dazu, wer die Kosten im konkreten Fall zu tragen hat und ob es Erstattungen gibt. Es wird nur darüber entschieden, wer die Kosten dem Grunde nach zu tragen hat (sog. **Kostengrund- oder Kostenlastentscheidung**). Diese Frage beurteilt sich nach dem jeweils einschlägigen Verwaltungsverfahrensgesetz (z. B. § 80 VwVfG bzw. die nahezu inhaltsgleichen Parallelvorschriften der Länder wie § 80 HbgVwVfG oder § 80 ThürVwVfG). Die Festsetzung der Kosten der Höhe nach erfolgt nicht im Widerspruchsbescheid, sondern in einem gesonderten, nachfolgenden Kostenfestsetzungsbescheid. Konkrete Zahlen oder Beträge erscheinen daher nicht im Tenor. Soweit dies in der Praxis teilweise anders gehandhabt wird, ist das für Ihre Prüfungsarbeit irrelevant. Hier genügt in jedem Fall eine Kostengrundentscheidung. 679

Kosten im Sinne des § 73 Abs. 3 Satz 3 VwGO sind die Verwaltungskosten der Widerspruchsbehörde (Gebühren und Auslagen) und die zur zweckentsprechenden Rechtsverfolgung notwendigen Aufwendungen der Beteiligten einschließlich der Ausgangsbehörde im Widerspruchsverfahren.[14] In der Regel erhebt die Widerspruchsbehörde für ihre Tätigkeit im Widerspruchsverfahren Verwaltungskosten aufgrund von verwaltungsrechtlichen Vorschriften des Bundes (§ 80 VwVfG) oder des jeweiligen Bundeslandes.[15] Bleibt der Widerspruch wie im Beispielsfall erfolglos, hat der Widerspruchsführer grundsätzlich[16] die Kosten des Widerspruchsverfahrens zu tragen (s. z. B. § 80 Abs. 1 Satz 3 VwVfG). Besteht im Ausgangsverfahren Gebührenfreiheit, so gilt dies auch für das Widerspruchsverfahren. In diesen Fällen empfiehlt sich folgende (zusätzliche) Tenorierung: „*Verwaltungskosten werden nicht erhoben.*"

---

[13] Ebenso *Linhart,* Rn. 206.

[14] Schoch/*Dolde,* § 73 Rn. 56.

[15] Zu Einzelheiten hierzu s. *Volkert,* 2. Kapitel Rn. 63 f.

[16] Zu Ausnahmen s. z. B. § 80 Abs. 1 Satz 3, Halbsatz 2 VwVfG.

680 **Beispiel 2.** Der Widerspruch im Ausgangsfall hat nur deshalb keinen Erfolg, weil ein festgestellter Verfahrensverstoß nach § 45 VwVfG unbeachtlich ist.

> 1. *Der Widerspruch wird zurückgewiesen.*
> 2. *Die Gemeinde G hat die Kosten des Widerspruchsverfahrens zu tragen.*

681 In diesem Beispielsfall liegen die Voraussetzungen des **§ 80 Abs. 1 Satz 2 VwVfG**[17] vor. Danach hat der Rechtsträger, dessen Behörde den VA erlassen hat, die Kosten des Widerspruchsverfahrens zu tragen, wenn der Widerspruch nur deshalb keinen Erfolg hat, weil die **Verletzung einer Verfahrens- oder Formvorschrift** nach § 45 **unbeachtlich** ist. § 80 Abs. 1 Satz 2 VwVfG durchbricht also das „Verliererprinzip", wenn der VA ursprünglich formell rechtswidrig war, inzwischen aber geheilt worden ist. Hintergrund dieser Vorschrift ist es, die Ausgangsbehörde zu sorgfältigem und verfahrensfehlerfreiem Handeln anzuhalten. Beachten Sie, dass die genannte Kostenregelung nur auf § 45 VwVfG, nicht aber auf § 46 VwVfG Bezug nimmt! Ist der Verfahrensfehler unbeachtlich im Sinne des § 46 VwVfG, bleibt es bei der ansonsten geltenden Kostentragungspflicht des Widerspruchsführers.[18]

682 **Beispiel 3.** Im Ausgangsfall ist der Widerspruch erfolgreich. Der Widerspruchsführer hatte einen Rechtsanwalt, dessen Gebühren und Auslagen er geltend macht.

> 1. *Der Bescheid der Gemeinde G vom 12. Juni 2015 wird aufgehoben. Die sofortige Vollziehung des Bescheids wird ausgesetzt.*
> 2. *Die Gemeinde G hat die Kosten des Widerspruchsverfahrens zu tragen. Die Zuziehung eines Bevollmächtigten wird für notwendig erklärt.*

683 Bei einem **erfolgreichen Anfechtungswiderspruch** hebt die Widerspruchsbehörde den Bescheid analog § 113 Abs. 1 Satz 1 VwGO auf. Damit endet die Wirksamkeit des VA (§ 43 Abs. 2 VwVfG). Falsch wäre z. B. die Tenorierung *„Der Widerspruch ist begründet"* oder *„Ihrem Widerspruch gebe ich statt"*, denn damit wird nicht deutlich, in Bezug auf welche Verfügung und welchen Widerspruch entschieden wurde.

Da der Beitragsbescheid trotz der Aufhebung im Widerspruchsbescheid bis zum Eintritt der Bestandskraft der Aufhebung nach § 80 Abs. 2 Satz 1 Nr. 1 VwGO sofort vollziehbar bleibt, empfiehlt es sich, im Tenor einen Ausspruch über die Aussetzung der sofortigen Vollziehung zu treffen.[19] Dies gilt jedenfalls dann, wenn ein Dritter gegen den Widerspruchsbescheid Anfechtungsklage erheben könnte.

684 Da der Widerspruch erfolgreich ist, hat gemäß § 80 Abs. 1 Satz 1 VwVfG oder der entsprechenden landesgesetzlichen Regelung der Rechtsträger, dessen Behörde den angefochtenen VA erlassen hat, demjenigen, der Widerspruch erhoben hat, die zur zweckentsprechenden Rechtsverfolgung oder Rechtsverteidigung notwendigen Aufwendungen zu erstatten. Genießt die Behörde sachliche oder persönliche Gebührenfreiheit, formulieren Sie wieder (zusätzlich) *„Verwaltungskosten werden nicht erhoben."*

685 Wurde der Widerspruchsführer durch einen Rechtsanwalt vertreten, so kann er gemäß § 80 Abs. 2 VwVfG bzw. den Parallelvorschriften der Länder dessen Gebüh-

---

[17] In den Landesgesetzen finden sich inhaltsgleiche Regelungen.

[18] *Vahle,* DVP 2003, 429, 431.

[19] Vgl. *BVerwG* NVwZ 1983, 472. Nach *Volkert,* 2. Kapitel Rn. 58 ist außer in Drittbeteiligungsfällen im Tenor keine Regelung zur sofortigen Vollziebarkeit erforderlich; vgl. auch *Larsen,* VR 2012, 80, 83.

ren und Auslagen geltend machen, sofern die **Zuziehung eines Bevollmächtigten notwendig** war. Hierüber hat die Widerspruchsbehörde von Amts wegen zu entscheiden. Es gelten dieselben Grundsätze wie zu § 162 Abs. 2 Satz 2 VwGO im gerichtlichen Verfahren.[20] Eine entsprechende Aussage im Tenor ist Voraussetzung für die Erstattung von Anwaltskosten und darf daher nicht vergessen werden (s. § 80 Abs. 3 Satz 2 VwVfG).

Beispiel 4. Der Widerspruch gegen den Bescheid, mit dem die Gemeinde *G* einen Betrag in Höhe von 750,– € zurückfordert, ist in Höhe von 500,– € erfolgreich. 686

1. *Der Bescheid vom 12. Juni 2015 wird insoweit aufgehoben, als darin ein Betrag von mehr als 250,– € gefordert wird. Im Übrigen wird der Widerspruch zurückgewiesen.*
2. *Die Widerspruchsführerin hat 1/3 und die Gemeinde G 2/3 der Kosten des Widerspruchsverfahrens zu tragen.*

Bei nur **teilweiser Aufhebung** dürfen Sie ebenso wie im gerichtlichen Verfahren die Zurückweisung im Übrigen nicht vergessen. Aus dem Wort „soweit" in § 80 Abs. 1 Satz 1 VwVfG[21] folgt, dass die **Kosten gequotelt** werden. Die Quoten richten sich nach dem Verhältnis des Erfolges zum gesamten Streitgegenstand. Allerdings können Sie bei einem nur geringen Teilerfolg von der Regelung des § 155 Abs. 1 Satz 3 VwGO analog Gebrauch machen.

Beispiel 5. Nachbar *N* begehrt bei der Stadtverwaltung *S* – Untere Bauaufsichtsbehörde – erfolglos den Erlass einer Nutzungsuntersagungsverfügung gegen *B*. Sein Widerspruch hat Erfolg. 687

1. *Unter Aufhebung des Bescheids der Stadt S vom 12. Juni 2015 wird diese verpflichtet, gegen B eine bauordnungsrechtliche Nutzungsuntersagungsverfügung zu erlassen.*
2. *Die Stadt S hat die Kosten des Widerspruchsverfahrens zu tragen.*

Im Falle eines **erfolgreichen Verpflichtungswiderspruchs** stellt sich die Frage, ob die Widerspruchsbehörde neben der Aufhebung des Ausgangsbescheids analog § 113 Abs. 1 Satz 1 VwGO den begehrten VA selbst erlässt oder die Ausgangsbehörde anweist, den VA zu erlassen. Mit dieser Streitfrage brauchen Sie sich im Examen nicht näher auseinander zu setzen. Denn eine Verpflichtung, den VA selbst zu erlassen, besteht nach der Rechtsprechung des *BVerwG*[22] jedenfalls nicht. Das *BVerwG* führt hierzu aus, die Frage, ob sich die Widerspruchsbehörde darauf beschränke, die Ausgangsbehörde zur Erteilung des begehrten VA zu verpflichten oder selbst den VA zu erlassen, bestimme sich nach dem Verwaltungsverfahrensrecht oder dem Kommunalrecht des Landes. Auch aus den – bundesrechtlich bedeutsamen – Zwecken des der Klageerhebung vorgeschalteten Widerspruchsverfahrens, nämlich verbessertem Rechtsschutz für den Betroffenen, Entlastung der Verwaltungsgerichte und Selbstkontrolle der Verwaltung, lasse sich nicht herleiten, dass die Widerspruchsbehörde gemäß § 73 VwGO zum Erlass einer Sachentscheidung verpflichtet wäre. Im Falle der Stattgabe können Sie daher wie oben tenorieren. 688

---

[20] S. Rn. 386.

[21] Art. 80 Abs. 1 Satz 3 BayVwVfG und § 80 Abs. 1 Satz 4 ThürVwVfG sehen dies ausdrücklich vor.

[22] NVwZ 2008, 437.

689 Hat die **Widerspruchsbehörde** nur eine **eingeschränkte Überprüfungskompetenz** – z. B. bei der Überprüfung von VAen, die von der Ausgangsbehörde in Selbstverwaltungsangelegenheiten erlassen worden sind –, verpflichtet die Widerspruchsbehörde die Ausgangsbehörde nach allgemeiner Auffassung zum Erlass des beantragten VA. Eine Zurückverweisung an die Ausgangsbehörde unter Beachtung der Rechtsauffassung der Widerspruchsbehörde analog § 113 Abs. 5 Satz 2 VwGO kommt nur in Betracht, wenn die Sache nicht spruchreif ist und deshalb keine abschließende Entscheidung in der Sache möglich ist.[23]

690 Hinsichtlich des Kostenausspruchs ist darauf hinzuweisen, dass § 80 Abs. 1 Satz 1 VwVfG auch für die Fälle des Verpflichtungswiderspruchs gilt, auch wenn darin nur vom „angefochtenen" VA gesprochen wird.

691 **Beispiel 6.** Im Beispiel 5 bleibt der Widerspruch des *N* erfolglos. Der am Verfahren beteiligte und durch einen Rechtsanwalt vertretene *B* beantragt, die Hinzuziehung seines Bevollmächtigten für notwendig zu erklären.

Hier lautet der Tenor zu 2):

„Der Widerspruchsführer hat die Kosten des Widerspruchsverfahrens mit Ausnahme der dem Beteiligten entstandenen Kosten zu tragen."

692 Im Unterschied zum gerichtlichen Verfahren scheidet die **Erstattung der Aufwendungen des Begünstigten** bei **Drittwidersprüchen** im Widerspruchsverfahren aus, da § 80 VwVfG bzw. die Parallelvorschriften der Länder dies nicht vorsehen. Wegen der abschließenden Regelung dieser Bestimmungen lehnt die Rechtsprechung eine analoge Anwendung des § 162 Abs. 3 VwGO ab.[24] Eine Spezialregelung gibt es in Bayern. Hier sieht Art. 80 Abs. 2 Satz 2 BayVwVfG eine Erstattung von Aufwendungen anderer Beteiligter vor, wenn sie aus Billigkeit demjenigen, der die Kosten des Widerspruchsverfahrens zu tragen hat oder der Staatskasse auferlegt werden.[25]

693 **Beispiel 7.** Auf den Widerspruch gegen eine bauordnungsrechtliche Beseitigungsanordnung samt Zwangsgeldandrohung in Höhe von 500,– € bestätigt die Widerspruchsbehörde den Ausgangsbescheid unter Erhöhung der Zwangsgeldandrohung auf 2.000,– €.

1. *Der Widerspruch wird unter Erhöhung der in Ziffer 2 des Bescheids vom 12. Juni 2015 verfügten Zwangsgeldandrohung von 500,– € auf 2.000,– € zurückgewiesen.*
2. *Der Widerspruchsführer hat die Kosten des Widerspruchsverfahrens zu tragen.*

Verbösert die Widerspruchsbehörde den Ausgangsbescheid, so muss dies im Tenor zum Ausdruck kommen.[26]

694 **Beispiel 8.** Nach Erhebung des Widerspruchs gegen die Ordnungsverfügung der Gemeinde G hat sich die Hauptsache erledigt. Der Widerspruchsführer begehrt die Feststellung, dass die Ordnungsverfügung rechtswidrig gewesen ist.

Die Frage, ob ein **Fortsetzungsfeststellungswiderspruch** statthaft ist, wurde unter Rn. 262 erörtert. Folgen Sie der *h. M.* und begehrt der Widerspruchsführer trotz

---

[23] S. z. B. die Klausur in VBlBW 2004, 357, 395, 397; *Rüssel/Ernst,* VR 2004, 37, 47.
[24] *BVerwG* NVwZ 1985, 335.
[25] S. hierzu auch *VGH München* BayVBl. 1994, 533.
[26] S. auch die Tenorierungsbeispiele bei *Stein,* VR 2009, 148, 149.

Hauptsacheerledigung eine Widerspruchsentscheidung in der Sache, so weisen Sie den Widerspruch wegen fehlenden Rechtsschutzbedürfnisses wie im Beispielsfall 1 zurück. Die *Gegenmeinung*[27] tenoriert bei Vorliegen eines berechtigten Interesses entsprechend § 113 Abs. 1 Satz 4 VwGO wie folgt:

1. *Es wird festgestellt, dass die Ordnungsverfügung der Gemeinde G vom 12. Juni 2015 rechtswidrig gewesen ist.*
2. Die Gemeinde G hat die Kosten des Widerspruchsverfahrens zu tragen.

Beispiel 9. Der Widerspruchsführer erklärt nach Erlass des von ihm begehrten VA das Widerspruchsverfahren für erledigt. 695

Erledigt sich das Widerspruchsverfahren durch Zurücknahme des Widerspruchs, Erledigungserklärung oder sonstige tatsächliche Gegebenheiten wie dem Erlass des begehrten oder Aufhebung des angefochtenen VA, wird das Widerspruchsverfahren eingestellt; eine Sachentscheidung darf nicht mehr ergehen.[28] Aus Gründen der Rechtssicherheit hält es *eine Ansicht*[29] für empfehlenswert, einen deklaratorischen Einstellungsbescheid zu erlassen, der eine Kostenentscheidung nach § 73 Abs. 3 Satz 3 VwGO mitumfasst. Der Tenor lautet:

1. *Das Widerspruchsverfahren wird eingestellt.*
2. *Der Widerspruchsführer hat die Kosten des Widerspruchsverfahrens zu tragen.*

Nach der *Gegenmeinung*[30] ist das Widerspruchsverfahren formlos einzustellen; es ergeht auch keine Kostenentscheidung.

§ 47. Die Sachverhaltsdarstellung

Die **Darstellung des Sachverhalts entspricht** unabhängig davon, ob Sie den Widerspruchsbescheid in Beschluss- oder Bescheidform abfassen, weitgehend **derjenigen des Tatbestands eines verwaltungsgerichtlichen Urteils.** Der Sachverhalt sollte zumindest Angaben darüber enthalten, wer wann wogegen mit welcher Begründung Widerspruch erhoben hat. Die Aufnahme der Widerspruchsbegründung verfolgt den Zweck, dem Widerspruchsführer zu zeigen, dass die Widerspruchsbehörde seine Begründung zur Kenntnis genommen und verstanden hat. Es genügt, stichwortartig die wesentlichen Argumente des Widerspruchsführers darzulegen. Die Sachverhaltsschilderung wird in der Regel damit enden, dass die Ausgangsbehörde dem Widerspruch nicht abgeholfen hat. Gegebenenfalls sollten Sie angeben, was die Ausgangsbehörde zur Begründung ihrer Nichtabhilfe ausgeführt hat.[31] 696

Der **Aufbau** sieht wie folgt aus: 697

1. Evtl. Einleitungssatz
2. Feststehender Sachverhalt des Ausgangsverfahrens Gegebenenfalls Antrag, Bescheid, wesentliche Gründe angeben,

---

[27] *Pietzner/Ronellenfitsch,* Rn. 1283; *Kopp/Schenke,* § 73 Rn. 9.
[28] *BVerwG* BayVBl. 2002, 249; s. zur Hauptsacheerledigung im Widerspruchsverfahren ausführlich *Engelbrecht,* JuS 1997, 550.
[29] *Pietzner/Ronellenfitsch,* Rn. 1278; *Exner/Richter-Hopprich,* JuS 2015, 521, 523.
[30] *VG Karlsruhe* VBlBW 2002, 81; Schoch/*Dolde,* § 73 Rn. 42.
[31] *Linhart,* Rn. 133.

3. Zeitform: Imperfekt, Fakten im Präsens
4. Widerspruchsverfahren Erhebung des Widerspruchs, Zeitform: Perfekt; Vorbringen der Beteiligten in indirekter Rede,[32]
5. Zeitform: Präsens; Beweiserhebungen, Auskünfte etc., Zeitform: Perfekt; Gegebenenfalls Nichtabhilfe

698 Hierzu ein **Beispiel** (in persönlichem Stil):

„Am 14. April 2015 verursachten Sie in Elmshorn in der Fichtenstraße einen Verkehrsunfall. Da Anlass für die Annahme bestand, dass Sie ihr Fahrzeug in angetrunkenem Zustand gelenkt hatten, veranlasste die anwesende Polizei die Entnahme einer Blutprobe, die einen BAK von 1,7 Promille ergab. Am 20. April 2015 baten wir Sie daraufhin, bis spätestens 8. Juli 2015 ein medizinisch-psychologisches Gutachten über ihre Fahrtauglichkeit beizubringen. Da Sie dieser Aufforderung nicht fristgerecht Folge geleistet haben, kündigte Ihnen die Fahrerlaubnisbehörde des Kreises Nordfriesland mit Schreiben vom 15. Juli 2015 die Entziehung ihrer Fahrerlaubnis der Klasse 3 an und bat Sie um Stellungnahme. Sie teilten dem Kreis in Ihrem Antwortschreiben vom 22. Juli 2015 lediglich mit, bei der Trunkenheitsfahrt habe es sich um einen einmaligen Ausrutscher gehandelt, ansonsten seien Sie Abstinenzler. Mit Bescheid vom 12. August 2015 entzog der Landrat des Kreises Nordfriesland Ihnen daraufhin die Fahrerlaubnis der Klasse 3 mit der Begründung, bei einem BAK-Gehalt von 1,7 Promille bestünden erhebliche Zweifel an der Fahreignung eines Kraftfahrers. Diese Zweifel könnten nur durch die Beibringung eines positiven medizinisch-psychologischen Gutachtens ausgeräumt werden. Da Sie das geforderte Gutachten nicht innerhalb der Ihnen gesetzten Frist beigebracht hätten, habe er, der Landrat, von Ihrer fehlenden Fahrtauglichkeit ausgehen dürfen.

Hiergegen haben Sie unter dem 2. September 2015 Widerspruch erhoben, mit dem Sie geltend machen, Ihr Fall sei so atypisch gelagert, dass die Beibringung eines medizinisch-psychologischen Gutachtens gegen den Grundsatz der Verhältnismäßigkeit verstoße.

Der Landrat des Kreises Nordfriesland hat ihrem Widerspruch nicht abgeholfen."

§ 48. Die rechtliche Würdigung

I. Übersicht

699 Die rechtliche Würdigung gliedert sich wie folgt:

1. Bekanntgabe des Ergebnisses
2. Zuständigkeit der Widerspruchsbehörde
3. Zulässigkeit des Widerspruchs

---

[32] **Anträge** werden im Widerspruchsbescheid regelmäßig nicht aufgeführt; etwas anderes gilt etwa bei der Abfassung eines Widerspruchsbescheids eines **Rechtsausschusses** in **Rheinland-Pfalz** oder dem **Saarland.**

4. Begründetheit des Widerspruchs
   a) formelle Rechtmäßigkeit
   b) materielle Rechtmäßigkeit
   c) Zweckmäßigkeitskontrolle (soweit zulässig)
5. Begründung der Kostenentscheidung.

Das **Aufbauschema** für den Anfechtung- und Verpflichtungswiderspruch finden Sie in Rn. 917.

II. Die Bekanntgabe des Ergebnisses

Zu Beginn der rechtlichen Würdigung stellen Sie das Ergebnis voran. Im Falle der **Stattgabe** formulieren Sie: *„Der (Ihr) Widerspruch ist zulässig und begründet"* oder bei **Teilstattgabe** *„Der Widerspruch ist zwar zulässig, in der Sache jedoch nur in dem aus dem Tenor ersichtlichen Umfang begründet."* Im Falle des **Unterliegens** lautet der Einstieg etwa *„Der zulässige Widerspruch ist unbegründet."* 700

III. Die Zuständigkeit der Widerspruchsbehörde

Längere Ausführungen zur Zuständigkeit der Widerspruchsbehörde sind in der Prüfungsarbeit regelmäßig nicht angebracht.[33] Meist genügt eine kurze Einleitung wie: 701

„Das Landesamt für Straßenbau und Verkehr Mecklenburg-Vorpommern ist gemäß § 73 Abs. 1 Satz 2 Nr. 1 VwGO i. V. m. § 1 Abs. 4 der Straßenverkehr – Zuständigkeitslandesverordnung zur Entscheidung über ihren Widerspruch sachlich und örtlich zuständig."

„Der Kreisrechtsausschuss des Landkreises Neunkirchen ist zur Entscheidung über den Widerspruch sachlich und örtlich zuständig (§ 73 Abs. 1 Satz 2 Nr. 1 und 3, Abs. 2 VwGO i. V. m. § 8 Abs. 1 Nr. 2 a SaarlAGVwGO)."

Auch wenn Sie sich zu diesem Prüfungspunkt knapp fassen können, sollten Sie die einschlägigen Bestimmungen genau zitieren. Hiermit dokumentieren Sie, dass Sie die verschiedenen Zuständigkeitsvorschriften sauber auseinander halten können.

Die **sachliche und örtliche Zuständigkeit der Widerspruchsbehörde** ergibt sich aus § 73 Abs. 1 Satz 2 VwGO. Grundsätzlich entscheidet über den Widerspruch nach Nr. 1 dieser Bestimmung die nächsthöhere Behörde, soweit nicht durch Gesetz eine andere höhere Behörde bestimmt ist. Nächsthöhere Behörde ist diejenige, die der Ausgangsbehörde nach dem einschlägigen Organisationsrecht des Bundes oder Landes unmittelbar übergeordnet ist. Abweichend von Satz 2 Nr. 1 kann durch Gesetz bestimmt werden, dass die Behörde, die den VA erlassen hat, auch für die Entscheidung über den Widerspruch zuständig ist. 702

Ist die nächsthöhere Behörde eine oberste Bundes- oder Landesbehörde, ist nach **§ 73 Abs. 1 Satz 2 Nr. 2 VwGO** die Behörde Widerspruchsbehörde, die den VA erlassen hat. Die zitierte Vorschrift geht von einem **dreistufigen Verwaltungsaufbau** mit 703

---

[33] Ebenso *Rosenauer,* in: Leuze-Mohr, Kapitel 3 Rn. 6; zu eng in diesem Zusammenhang *Volkert,* 2. Kapitel, Rn. 88, der der Ansicht ist, eine Aussage zur Zuständigkeit der Widerspruchsbehörde sei nur notwendig, wenn der Widerspruchsführer die Zuständigkeit der Widerspruchsbehörde anzweifele.

Ministerium, Mittel- und Unterbehörden aus. Ist die Mittelbehörde Ausgangsbehörde, entscheidet sie über den Widerspruch selbst. Hat also z. B. die Landesdirektion Sachsen einen Bescheid erlassen, ist sie zugleich zuständige Widerspruchsbehörde. § 73 Abs. 1 Satz 2 Nr. 2 VwGO kommt auch in den Bundesländern zum Tragen, in denen es keine Mittelinstanz gibt (Berlin, Brandenburg, Bremen, Hamburg, Mecklenburg-Vorpommern, Saarland und Schleswig-Holstein). Die genannten Bundesländer können aber auch aufgrund der Ermächtigung des § 185 Abs. 2 VwGO andere Regelungen treffen. So bestimmt z. B. Art. 9 Abs. 1 BremAGVwGO, dass abweichend von der Vorschrift des § 73 Abs. 1 Satz 2 Nr. 2 VwGO der zuständige Senator den Widerspruchsbescheid erlässt, sofern nicht eine andere Stelle die nächsthöhere Behörde ist. Machen Sie sich also mit den entsprechenden Bestimmungen Ihres Bundeslandes vertraut.

704 Im **Beamtenrecht** gelten die **Spezialregelungen** der §§ 54 Abs. 3 Satz 1 BeamtStG und 126 Abs. 3 Satz 1 BBG. Danach erlässt grundsätzlich die oberste Dienstbehörde den Widerspruchsbescheid. Meist hat diese ihre Befugnis zur Entscheidung über den Widerspruch nach § 54 Abs. 3 Satz 2 BeamtStG, § 126 Abs. 3 Satz 2 BBG allerdings auf eine andere Behörde übertragen.

705 In **Selbstverwaltungsangelegenheiten** erlässt nach Ziffer 3 die Selbstverwaltungsbehörde den Widerspruchsbescheid, soweit nicht durch Gesetz etwas anderes bestimmt wird. Hintergrund dieser Regelung ist, dass in Selbstverwaltungsangelegenheiten eine nächsthöhere Behörde nicht vorhanden ist. Selbstverwaltungsangelegenheiten sind nur die weisungsfreien Angelegenheiten des eigenen Wirkungskreises, nicht die Auftragsangelegenheiten oder die Pflichtaufgaben nach Weisung.[34] Für den übertragenen Wirkungskreis gilt § 73 Abs. 1 Satz 2 Nrn. 1 und 2 VwGO.

706 Nach **§ 73 Abs. 2 VwGO** bleiben Vorschriften unberührt, nach denen **Ausschüsse oder Beiräte** über den Widerspruch entscheiden. In Rheinland-Pfalz entscheiden anstelle der in § 73 Abs. 1 Satz 2 Nrn. 1 und 3 VwGO genannten Behörden nach § 6 Abs. 1 RhPfAGVwGO sog. Kreis- und Stadtrechtsausschüsse über Widersprüche. Dies gilt ebenso im Saarland, wo es zusätzlich den Rechtssausschuss für den Regionalverband gibt (§ 7 und 8 SaarlAGVwGO).[35] In Hamburg entscheiden Widerspruchsausschüsse nach Maßgabe des § 7 Abs. 2 HmbAGVwGO i. V. m. der Verordnung über die Widerspruchsausschüsse. In Hessen findet in bestimmten Fällen (s. hierzu § 7 HessAGVwGO) vor der Entscheidung durch die Widerspruchsbehörde eine mündliche Anhörung durch Anhörungsausschüsse statt, wenn die Ausgangsbehörde dem Widerspruch nicht abhelfen will.[36] Auf Bundesebene gibt es ebenfalls Vorschriften, die Ausschüsse zu zuständigen Widerspruchsbehörden bestimmt haben.

IV. Die Zulässigkeit des Widerspruchs

707 Für die Zulässigkeit des Widerspruchs gelten dieselben Zulässigkeitsvoraussetzungen wie für die Anfechtungs- bzw. Verpflichtungsklage. Eine bestimmte Reihenfolge gibt es ebenso wie bei der Klage nicht, d. h. Sie können Ihre Prüfung der jeweiligen Situation anpassen. Erörtern Sie nur die Punkte, die wirklich problematisch sind.

---

[34] *Pietzner/Ronellenfitsch,* Rn. 1182.

[35] Ausführlich zum Vorverfahren im Saarland *Guckelberger/Heimpel,* LKRZ 2009, 246.

[36] Nach der Rechtsprechung des *VGH Kassel* (NJW 1987, 1096) ist ein Verstoß gegen die in § 7 HessAGVwGO vorgeschriebene Anhörungspflicht allerdings unbeachtlich.

1. Die Zulässigkeit des Verwaltungsrechtsweges

Dieser Prüfungspunkt spielt in der Praxis kaum eine Rolle, da dem Widerspruch in der Regel ein VA und damit eine hoheitliche Maßnahme zugrunde liegt. Ist Streitgegenstand eine beamtenrechtliche Maßnahme, die kein VA ist (z. B. Umsetzung), so ergibt sich der Verwaltungsrechtsweg aus § 54 Abs. 1 BeamtStG und § 126 Abs. 1 BBG. 708

2. Die Statthaftigkeit des Widerspruchs

Statthaft ist der Widerspruch gemäß § 68 VwGO, wenn im nachfolgenden Klageverfahren die **Anfechtungs- oder Verpflichtungsklage** die geeignete Klageart ist und das Vorverfahren nicht gemäß § 68 Abs. 1 Satz 2 VwGO ausgeschlossen ist.[37] Daneben ist ein Widerspruch auch bei **beamtenrechtlichen Leistungs- und Feststellungsklagen** Sachurteilsvoraussetzung. Konstellationen, in denen gegebenenfalls näher darauf einzugehen ist, ob ein VA im Sinne des § 35 VwVfG vorliegt, sind unter Rn. 188 ff. erörtert worden. 709

Da die VwGO keine ausdrücklichen Anforderungen an den Inhalt eines Widerspruchs enthält, muss er **nicht ausdrücklich als solcher bezeichnet** werden. Es genügt, wenn der Betroffene deutlich macht, dass er sich von der angegriffenen Maßnahme beschwert fühlt, sich deshalb dagegen wehrt und die Überprüfung sowie Aufhebung der Maßnahme begehrt.[38]

Nicht statthaft ist der Widerspruch gegen einen Widerspruchsbescheid oder nur die Kostenentscheidung des Abhilfe- oder Widerspruchsbescheids.[39]

Der Widerspruch muss sich gegen einen bereits existenten VA richten; ein sog. **„vorfristiger" Widerspruch** ist dagegen **unzulässig,** weil der anzugreifende VA erst mit Bekanntgabe rechtliche Existenz erlangt.[40] Ein derartig „auf Vorrat" eingelegter Widerspruch wird auch nicht etwa dadurch statthaft, dass der beanstandete VA nachträglich ergeht. Vielmehr ist in diesen Fällen erneut Widerspruch einzulegen. 710

Hat sich der streitgegenständliche VA vor der Entscheidung über den Widerspruch erledigt,[41] ist hier darauf einzugehen, ob der gegen den erledigten VA eingelegte Widerspruch als sog. **Fortsetzungsfeststellungswiderspruch** analog § 113 Abs. 1 Satz 4 VwGO zulässig ist bzw. bleibt.[42] Folgen Sie der *h. M.*, müssen Sie das Verfahren einstellen und nach billigem Ermessen noch über die Kosten des Verfahrens (§ 73 Abs. 3 Satz 3 VwGO) entscheiden. Nach den allgemeinen Grundsätzen des Kostenrechts hat danach derjenige die Kosten zu tragen, der voraussichtlich unterlegen wäre. Bestreitet der Widerspruchsführer trotz Erledigung der Hauptsache die Erledigung und begehrt er eine Widerspruchsentscheidung in der Sache, so dürfen Sie das Widerspruchsverfahren nicht einstellen, sondern müssen den Widerspruch wegen fehlenden Rechtsschutzinteresses zurückweisen.[43] Die Begründetheit des Widerspruchs ist im Hilfsgutachten abzuhandeln. Halten Sie mit der *Gegenmeinung* den Fortsetzungsfeststellungswiderspruch für statthaft, müssen Sie in der Zulässigkeitsprüfung neben den üblichen Voraussetzungen zusätzlich das berechtigte Interesse im Sinne des § 113 Abs. 1 Satz 4 VwGO ansprechen. 711

---

[37] S. hierzu näher oben Rn. 259.

[38] *VGH Mannheim* VBlBW 2014, 230; vgl. auch *BVerwG* NVwZ 2014, 676.

[39] *BVerwG* NVwZ-RR 2014, 869; s. dazu auch *Schübel-Pfister,* JuS 2015, 418, 420.

[40] *Schmidt,* DÖV 2001, 857; s. auch *BVerwG* BeckRS 2007, 24689.

[41] Ob sich der VA erledigt hat, ist gegebenenfalls hier zu prüfen.

[42] Die unterschiedlichen Auffassungen zu dieser Problematik wurden bereits unter Rn. 262 dargestellt.

[43] *Pietzner/Ronellenfitsch,* Rn. 1280.

3. Die Widerspruchsbefugnis

712 Die **Widerspruchsbefugnis** und die Gründe, auf die ein Widerspruch gestützt werden kann, sind entsprechend dem Umfang der Prüfungsbefugnis der Widerspruchsbehörde nach § 68 Abs. 1 VwGO zu erörtern. Danach genügt schon die in der Widerspruchseinlegung zu sehende **konkludente Behauptung einer Rechtsbetroffenheit,** deren tatsächliche Grundlagen die Behörde im Zweifel festzustellen hat.[44] Bei **gebundenen VAen** liegt eine Beschwer des Widerspruchsführers vor, wenn er durch den VA in eigenen Rechten verletzt sein kann. Anders als bei § 42 Abs. 2 VwGO ist dagegen bei **ErmessensVAen** die Möglichkeit der Verletzung in eigenen Rechten nicht notwendig. Die Widerspruchsbefugnis kann hier auch auf die bloße Unzweckmäßigkeit des VA gestützt werden, sofern die Ermessensnorm zumindest auch dem Interesse des Widerspruchsführers zu dienen bestimmt ist.[45]

Ausführungen zur Widerspruchsbefugnis beim Anfechtungswiderspruch sind ebenso wie bei der Anfechtungsklage nur erforderlich, wenn der Sachverhalt hierzu Anlass gibt. Beim Verpflichtungswiderspruch sollten Sie zumindest kurz auf die anspruchsbegründende Norm eingehen.

713 Das Widerspruchsrecht kann im Einzelfall verwirkt sein. In der Praxis und in Klausuren stellt sich die Frage der Verwirkung regelmäßig in den Fällen, in denen ein begünstigender VA (Baugenehmigung etc.) einem hiervon betroffenen Dritten (Nachbar etc.) nicht bekannt gegeben worden ist. Die **Verwirkung** des Widerspruchsrechts setzt voraus, dass seit der Möglichkeit der Widerspruchserhebung längere Zeit verstrichen ist und besondere Umstände hinzutreten, die die verspätete Geltendmachung als einen Verstoß gegen Treu und Glauben erscheinen lassen, weil die Behörde oder der von dem VA Begünstigte auf dessen Bestand vertrauen durfte.[46]

4. Allgemeine Verfahrensvoraussetzungen

714 Hierzu zählen die **Handlungsfähigkeit** (§§ 12, 79 VwVfG), die **Beteiligungsfähigkeit** (§§ 11, 79 VwVfG) sowie die Vorschriften über die **Vertretung** (§§ 14–19, 79 VwVfG). Ansprechen müssen Sie diese allgemeinen Verfahrensvoraussetzungen nur, wenn sie problematisch sind. Ist Streitgegenstand z. B. ein vom Nachbar gegen eine dem Bauherrn erteilte Baugenehmigung erhobener Widerspruch, so ist der Bauherr Beteiligter des Widerspruchsverfahrens nach § 79 i. V. m. § 13 Abs. 2 Satz 2 VwVfG. Da § 13 VwVfG nicht, wie § 65 VwGO für das gerichtliche Verfahren von der Beiladung, sondern von der „Hinzuziehung als Beteiligte" spricht, empfiehlt es sich, nur diesen Begriff zu verwenden.

5. Das allgemeine Widerspruchsinteresse

715 Das Erfordernis eines allgemeinen Widerspruchsinteresses soll verhindern, dass die Widerspruchsbehörde eine Sachentscheidung trifft, die weder für die Verwaltung noch für den Widerspruchsführer einen rechtlichen Nutzen besitzt. Dieser Prüfungspunkt dürfte in der Examensarbeit nur ausnahmsweise eine Rolle spielen.

6. Form und Frist des Widerspruchs

716 Nach § 70 Abs. 1 Satz 1 VwGO ist der Widerspruch innerhalb eines Monats, nachdem der VA dem Beschwerten bekannt gegeben worden ist, schriftlich oder zur Niederschrift bei der Behörde zu erheben, die den VA erlassen hat. Die Frist wird

---

[44] *Kopp/Schenke,* § 69 Rn. 6.
[45] *OVG Koblenz* DVBl. 2012, 511; *Kopp/Schenke,* § 69 Rn. 6.
[46] Z. B. *BVerwG* NVwZ-RR 2004, 314.

auch durch Einlegung bei der Behörde, die den Widerspruchsbescheid zu erlassen hat, gewahrt. Im Allgemeinen wahrt auch die Klageerhebung nicht die Einhaltung der Widerspruchsfrist.[47]

Zur Wahrung der **Schriftform** gehört grundsätzlich die **eigenhändige Unterschrift.** 717
Ist die **Widerspruchsschrift nicht unterzeichnet,** so genügt sie im Hinblick auf die geringere Förmlichkeit des Widerspruchsverfahrens gleichwohl dem Erfordernis der Schriftform, wenn sich aus ihr allein oder in Verbindung mit beigefügten Anlagen hinreichend sicher, ohne Rückfrage oder Beweiserhebung, ergibt, dass sie von dem Widerspruchsführer herrührt und mit dessen Willen in den Verkehr gelangt ist.[48] Daher kann der Widerspruch formwirksam auch per **Computerfax** eingelegt werden.[49] Für die Einlegung eines Widerspruchs per **E-Mail** gilt Folgendes: Der Widerspruch ist nur dann formgerecht erhoben, wenn der Widerspruchsführer das elektronische Dokument gemäß § 70 VwGO i. V. m. §§ 79, 3 a Abs. 2 VwVfG mit einer **qualifizierten elektronischen Signatur** versehen hat und die Behörde gemäß § 3 a Abs. 1 i. V. m. Abs. 2 VwVfG den Zugang für elektronische Dokumente mit qualifizierter elektronischer Signatur eröffnet hat.[50] Besondere Anforderungen an den Inhalt des Widerspruchs bestehen nicht. Weder muss der Widerspruch ausdrücklich als solcher bezeichnet werden noch schreibt das Gesetz eine Widerspruchsbegründung vor. Aus der abgegebenen Erklärung muss aber hinreichend erkennbar sein, dass der Betroffene sich durch einen bestimmten VA beschwert fühlt und eine Nachprüfung begehrt bzw. eine Änderung anstrebt.[51]

Die dargelegten Grundsätze gelten auch für den Fall, dass der Widerspruch **„zur** 718
Niederschrift bei der Behörde" erhoben wird. Hier ist es ausreichend, wenn der Widerspruch in Anwesenheit des Widerspruchsführers zu Protokoll genommen, vorgelesen und von ihm – günstigerweise durch Beifügung der Unterschrift – genehmigt wird. Nicht formgerecht ist die fernmündliche Durchsage des Rechtsbehelfs und Anfertigung eines Vermerks darüber. Ebenso wenig genügt ein Aktenvermerk über den persönlich vorgetragenen mündlichen „Widerspruch".[52] Auf die Form des Widerspruchs sollten Sie nur näher eingehen, wenn der Aufgabentext Anlass hierfür bietet.

Probleme im Zusammenhang mit der **Einhaltung der Widerspruchsfrist** des § 70 719
VwGO finden sich häufiger in Prüfungsarbeiten. Um die Monatsfrist in Lauf zu setzen, bedarf es zunächst der ordnungsgemäßen Bekanntgabe des dem Widerspruch zugrunde liegenden Bescheids. Die Bekanntgabe richtet sich nach § 41 VwVfG bzw. den entsprechenden landesgesetzlichen Bestimmungen. Wurde der VA förmlich zugestellt, so müssen Sie die Bestimmungen des VwZG oder die in der Regel inhaltsgleichen landesrechtlichen Zustellungsvorschriften heranziehen.

---

[47] *Frank,* VBlBW 2011, 174.

[48] BVerwGE 30, 274; NJW 2002, 1137; *OVG Lüneburg* NdsVBl 2014, 292: Dies ist nicht der Fall, wenn ein Dritter den Widerspruch verfasst und auch den Briefumschlag eigenhändig beschriftet.

[49] *VG Neustadt* NJW 2007, 619; s. auch Rn. 176.

[50] Ausführlich dazu *Kintz,* NVwZ 2004, 1429; s. auch *VGH Kassel* NVwZ-RR 2006, 377; *OVG Lüneburg* NVwZ 2005, 470 und BeckRS 2012, 45324; *VG Sigmaringen* VBlBW 2005, 154.

[51] *Kopp/Schenke,* § 70 Rn. 5 m. w. N.; *VGH Mannheim* NVwZ-RR 2002, 407: Allein in der Stellung eines Antrags auf vorläufigen Rechtsschutz und dessen Zugang bei der Behörde liegt regelmäßig nicht zugleich die Erhebung eines Widerspruchs.

[52] *OVG Weimar* NVwZ-RR 2002, 408; *Schoch,* Jura 2003, 752, 753. In Betracht kommt aber ein Antrag auf Wiedereinsetzung in den vorigen Stand verbunden mit der Nachholung eines formgerechten Widerspruchs (*Clausing,* JuS 2003, 170, 173).

720 Ist der angefochtene Bescheid ordnungsgemäß bekannt gegeben bzw. korrekt zugestellt worden, läuft die Monatsfrist nur, wenn der Bescheid eine **richtige Rechtsbehelfsbelehrung** im Sinne des § 58 Abs. 1 VwGO enthält. Heißt es im Aktenauszug bei der Wiedergabe des Bescheids nur: *„Rechtsbehelfsbelehrung ordnungsgemäß"*, können Sie sich der Berechnung der Frist und einer eventuell beantragten Wiedereinsetzung in den vorigen Stand zuwenden. Ist die Rechtsbehelfsbelehrung im Wortlaut wiedergegeben und liegt mehr als ein Monat zwischen Bekanntgabe des Bescheids und Widerspruchseinlegung, müssen Sie sich die Rechtsbehelfsbelehrung näher ansehen. Ist diese fehlerhaft, können die Fristberechnung sowie Ausführungen zur Wiedereinsetzung in den vorigen Stand überflüssig werden. Eine ordnungsgemäße Belehrung, die den gesetzlichen Mindestanforderungen genügt, lautet z. B.:

„Gegen diesen Bescheid kann innerhalb eines Monats nach seiner Bekanntgabe/Zustellung schriftlich oder zur Niederschrift bei der Stadt Saarbrücken Widerspruch erhoben werden."

721 **Fehlerhaft** ist eine **Rechtsbehelfsbelehrung** dann, wenn sie die in § 58 Abs. 1 VwGO zwingend geforderten Mindestangaben nicht enthält oder wenn diesen Angaben ein unzutreffender oder irreführender Zusatz beigefügt ist, der sich generell eignet, die Einlegung des Rechtsbehelfs zu erschweren.[53] Dies gilt z. B. für den Zusatz, der Widerspruch müsse bei der Widerspruchsbehörde eingereicht werden,[54] er müsse begründet werden[55] oder er müsse schriftlich eingelegt werden ohne den Hinweis auf die Möglichkeit einer Einlegung auch zur Niederschrift[56]. Ebenso wie bei der Klage (s. Rn. 282) ist strittig, ob die Belehrung über die Form des Widerspruchs unrichtig ist, wenn der Widerspruch elektronisch eingelegt werden kann, darüber aber nicht belehrt worden ist. Fehlt die Rechtsbehelfsbelehrung oder ist sie inhaltlich unrichtig, beginnt die Monatsfrist für den Widerspruch nicht zu laufen. In diesem Fall ist der Widerspruch innerhalb eines Jahres zulässig (§ 58 Abs. 2 VwGO).[57] Wird fälschlich über eine längere als die gesetzliche Rechtsbehelfsfrist belehrt, beginnt, da die Belehrung über die längere (unrichtige) Frist auch die kürzere (richtige) Frist einschließt, die Widerspruchsfrist zu laufen mit der Folge, dass sie bis zum Ablauf der längeren Frist genutzt werden kann.[58]

722 Die **Fristberechnung** selbst erfolgt nach *h. M.*[59] gemäß § 57 Abs. 2 VwGO i. V. m. §§ 222 ZPO, 187 ff. BGB, nach der *Gegenmeinung*[60] gemäß §§ 79, 31 VwVfG i. V. m. §§ 187 ff. BGB. Für welche Verweisungskette Sie sich entscheiden, ist unerheblich, da beide zum selben Ergebnis führen. Bei der Berechnung der Fristen sollten Sie besonders aufmerksam sein, wenn das Fristende rechnerisch auf ein Wochenende oder auf einen Feiertag fällt (§ 222 Abs. 2 ZPO); die Frist endet in diesem Fall mit Ablauf des nachfolgenden Werktages.

723 Ist die Monatsfrist trotz ordnungsgemäßer Rechtsbehelfsbelehrung nicht eingehalten, prüfen Sie die **Wiedereinsetzung in den vorigen Stand.**[61] Diese richtet sich nicht

---

[53] *BVerwG* NJW 1991, 508.
[54] BVerwGE 3, 273.
[55] *BVerwG* NJW 1979, 1670.
[56] *BVerwG* NJW 1979, 1670.
[57] Vgl. auch *Linhart,* Rn. 114: die Jahresfrist tritt an Stelle der Widerspruchsfrist.
[58] S. *Pietzner/Ronellenfitsch,* Rn. 1351 m. w. N.
[59] S. z. B. BVerwGE 39, 258; *VGH Mannheim* NVwZ 1992, 799; Schoch/*Dolde,* § 70 Rn. 15.
[60] *Linhart,* Rn. 115; Schoch/*Meissner,* § 57 Rn. 3; *Redeker/von Oertzen,* § 70 Rn. 2.
[61] Ausführlich zur Wiedereinsetzung im Widerspruchsverfahren *Weidemann,* DVP 2015, 101.

nach § 32 VwVfG,[62] sondern nach § 60 Abs. 1 bis 4 VwGO, da § 70 Abs. 2 VwGO hierauf verweist. Liegen diese Voraussetzungen nicht vor, kann sich die Widerspruchsbehörde nach *h. M.*[63] **über die Verfristung hinwegsetzen,** sofern nicht ein Ausnahmefall besteht. Setzen Sie sich, sofern es darauf ankommt, auf jeden Fall mit den beiden Meinungen auseinander. Folgen Sie der Gegenmeinung, erörtern Sie die Begründetheit des Widerspruchs im Hilfsgutachten.

V. Die Begründetheit des Anfechtungswiderspruchs

Der Anfechtungswiderspruch ist analog § 113 Abs. 1 Satz 1 VwGO begründet, wenn der VA formell und/oder materiell rechtswidrig ist und den Widerspruchsführer in seinen Rechten verletzt.

1. Die formelle Rechtmäßigkeit des Ausgangsbescheids

a) Zur Notwendigkeit von Ausführungen

Ausführungen zur formellen Rechtmäßigkeit sind nur geboten, wenn der Sachverhalt 724
einen entsprechenden Hinweis enthält. Formell rechtmäßig ist der VA, wenn ihn die **zuständige Behörde** unter Beachtung der einschlägigen **Verfahrens- und Formvorschriften** erlassen hat.[64] Ein Verfahrensfehler im Ausgangsverfahren führt in den seltensten Fällen zur Stattgabe des Widerspruchs. Stellen Sie sich gedanklich folgende Fragen:[65] Liegt ein Verfahrensmangel vor? Ist der Fehler beachtlich? Ist der Fehler heilbar? Welche Behörde hat den Fehler zu heilen? Wurde die heilende Verfahrenshandlung wirksam durchgeführt?

b) Zuständigkeit der Ausgangsbehörde

Der VA ist formell rechtmäßig, wenn er von der sachlich und örtlich zuständigen 725
Behörde erlassen worden ist. Ein Verfahrensverstoß liegt z. B. vor, wenn der VA vom Bürgermeister erlassen wurde, diesem aber die erforderliche Organkompetenz hierzu gefehlt hat.

Beispiel: Bürgermeister übt das Vorkaufsrecht für die Gemeinde nach § 28 Abs. 2 BauGB aus, ohne zuvor den notwendigen Gemeinderatsbeschluss einzuholen; diese Verfahrensweise ist nur zulässig, wenn es sich bei der Ausübung des Vorkaufsrechts um ein Geschäft der laufenden Verwaltung handelt. Ein solcher Verfahrensverstoß ist nur heilbar, indem das zuständige Organ die erforderliche Handlung vor Erlass des Widerspruchsbescheids nachholt.

c) Anhörung vor Erlass des Verwaltungsakts

Ein **Verfahrensfehler,** der in Examensarbeiten häufig vorkommt, ist die **unterlassene** 726
Anhörung nach § 28 Abs. 1 VwVfG.[66] Prüfen Sie zuerst, ob nicht die Voraussetzungen der Abs. 2 oder 3 dieser Vorschrift vorliegen, nach denen ausnahmsweise von einer vorherigen Anhörung abgesehen werden kann. Es genügt, dass die Behörde unter diesen Gesichtspunkten eine sofortige Entscheidung für notwendig halten durfte.[67] War eine Anhörung erforderlich, müssen Sie auf die Beachtlichkeit des Verfahrensverstoßes eingehen. Ein in der unterbliebenen Anhörung liegender etwaiger Verfahrensfehler ist nach der Rechtsprechung des *BVerwG*[68] dann nicht gegeben,

[62] Dieser Fehler kommt in Prüfungsarbeiten gelegentlich vor.
[63] S. hierzu Rn. 125 und 265.
[64] Ausführlich zu fornellen Fehlern eines VA und seinen Folgen s. *Fremuth,* JA 2012, 844.
[65] S. *Hufen,* JuS 1999, 313, 316.
[66] Bzw. den inhaltsgleichen landesrechtlichen Vorschriften.
[67] *BVerwG* NVwZ 2005, 1435.
[68] S. z. B. *BVerwG* DVBl. 2001, 567, 568.

wenn bei Anhörung keine tatsächlichen oder rechtlichen Gesichtspunkte geltend gemacht worden wären, die der Behörde bei Erlass des VA nicht ohnehin schon bekannt waren und ihrer Entscheidung zugrunde liegen.

727 Der **Verfahrensverstoß der unterbliebenen Anhörung** vor Erlass eines nicht nichtigen VA ist nach § 46 VwVfG **unbeachtlich,** wenn offensichtlich ist, dass die Verletzung die Entscheidung in der Sache nicht beeinflusst hat.[69] § 46 VwVfG ist anwendbar auf die Fallgruppe der **rechtlichen Alternativlosigkeit** der Entscheidung (gebundene Entscheidung, Reduzierung des Ermessens auf Null bei Ermessensentscheidungen) sowie auf solche Fälle, in denen die Rekonstruktion des Entscheidungsvorgangs ergibt, dass sich der Fehler tatsächlich nicht auf das Ergebnis ausgewirkt hat, er also auf die Willensbildung für die Entscheidung unter keinem denkbaren Gesichtspunkt Einfluss haben konnte (sog. **tatsächliche Alternativlosigkeit**).[70]. Damit werden auch solche Entscheidungen erfasst, in denen zwar das Ermessen nicht auf Null reduziert ist, in denen die Behörde aber bei Vermeidung des Verfahrensfehlers dieselbe materiell rechtmäßige Entscheidung getroffen hätte. Daneben ist eine Unbeachtlichkeit nach § 46 VwVfG auch auf der Tatbestandsseite bei der Anwendung von unbestimmten Rechtsbegriffen mit Beurteilungsspielraum möglich.[71] **Offensichtlich** ist der Verfahrensverstoß, wenn die fehlende Kausalität gleichsam auf den ersten Blick klar erkennbar ist.[72]

728 Greift § 46 VwVfG nicht ein, prüfen Sie, ob der Fehler nach § 45 Abs. 1 Nr. 3 VwVfG geheilt werden kann. Der **Anhörungsmangel** ist **geheilt,** wenn der Betroffene seine Einwendungen im Vorverfahren vorbringen kann, die Behörde seine Argumente zur Kenntnis nimmt und bei ihrer Entscheidung in Erwägung zieht.[73] Die Nachholung der Anhörung muss nicht notwendig durch die Ausgangsbehörde vorgenommen werden. Die versäumte Anhörung ist bei ErmessensVAen auch dann im Vorverfahren wirksam nachgeholt, wenn die Widerspruchsbehörde zur vollen Überprüfung des VA befugt ist und die mit dem Widerspruch vorgetragenen Tatsachen gewürdigt hat.[74] Dagegen kann die Widerspruchsbehörde eine unterbliebene Anhörung eines Beteiligten nicht ordnungsgemäß nachholen, wenn in Selbstverwaltungsangelegenheiten einer Gemeinde das für die Nachprüfung von Zweckmäßigkeitsüberlegungen zuständige Organ der Gemeinde den Inhalt der Widerspruchsschrift, mit der sich der Beteiligte geäußert hat, nicht zur Kenntnis genommen und im Rahmen der Abhilfeentscheidung erwogen hat, während die Widerspruchsbehörde auf die Rechtsprüfung beschränkt ist und Zweckmäßigkeitsüberlegungen nicht nachprüfen darf.[75]

729 Ein **Formulierungsbeispiel** für die Erörterung einer im Ausgangsverfahren unterbliebenen Anhörung:

„Soweit der von Ihnen angefochtene Bescheid in formeller Hinsicht rechtswidrig ist, wird dieser Mangel durch diesen Widerspruchsbescheid geheilt.

---

[69] S. auch *Guckelberger,* JuS 2011, 577, 580 f.

[70] *Kopp/Ramsauer,* § 46 Rn. 25 f.

[71] *Sodan,* DVBl. 1999, 729, 734.

[72] Fehlende Ursächlichkeit des Mangels ist auch dann gegeben, wenn sie sich erst mit Hilfe von Akten und sonstigen Unterlagen objektiv eindeutig feststellen bzw. nachweisen lässt (*Kopp/Ramsauer,* § 46 Rn. 36).

[73] *Pietzner/Ronellenfitsch,* Rn. 1199 m. w. N.

[74] So *BVerwG* NVwZ 1984, 578, 579; a. A. *BVerwG* NVwZ 1983, 609, das die fehlende Anhörung vor Erlass eines im Ermessen stehenden VA nur dann als unbeachtlich ansieht, wenn die Anhörung von der erlassenden Behörde nachgeholt worden ist.

[75] *BVerwG* NVwZ-RR 1991, 337.

Vor dem Erlass eines belastenden Verwaltungsakts ist der Betroffene nach § 1 Abs. 1 BerlVwVfG i. V. m. § 28 Abs. 1 VwVfG grundsätzlich anzuhören. Dies ist hier nicht erfolgt. Auch liegen die Voraussetzungen des § 28 Abs. 2 und 3 VwVfG, wonach in bestimmten Fällen von einer vorherigen Anhörung abgesehen werden kann, nicht vor.

Der Formmangel ist auch nicht nach § 1 Abs. 1 BerlVwVfG i. V. m. § 46 VwVfG unbeachtlich. Die Anwendbarkeit dieser Regelung scheidet aus, weil nicht offensichtlich ist, dass die unterbliebene Anhörung Ihrer Person die Entscheidung in der Sache nicht beeinflusst hat. Die Polizeiverfügung des Bezirksamtes Mitte von Berlin beinhaltet eine Ermessensentscheidung. Hätte das Bezirksamt Ihre im Widerspruchsverfahren vorgebrachten Argumente schon vor Erlass der Verfügung zur Kenntnis genommen, bin ich nicht der Auffassung, dass die Ermessensentscheidung des Bezirksamtes erkennbar in dem entschiedenen Sinne hätte ausfallen müssen.

Die fehlende Anhörung Ihrer Person ist aber im Widerspruchsverfahren nachgeholt worden, was nach § 1 Abs. 1 BerlVwVfG i. V. m. § 45 Abs. 1 Nr. 3, Abs. 2 VwVfG zulässig ist. Sie hatten in ausreichendem Maße Gelegenheit, zu dem Bescheid vom 15. Juli 2015 Stellung zu nehmen. Das Bezirksamt Mitte von Berlin, das Ihr Widerspruchsvorbringen zur Kenntnis genommen hat, hat sich in seiner Nichtabhilfeentscheidung, deren Wortlaut ich Ihnen in der Sachverhaltsdarstellung auszugsweise mitgeteilt habe, auch ausführlich mit Ihrer Begründung auseinander gesetzt.“

d) Die Begründung des Verwaltungsakts

Ein weiterer Verfahrensfehler liegt vor, wenn der VA nicht, wie dies § 39 Abs. 1 VwVfG grundsätzlich verlangt (zu Ausnahmen s. Abs. 2), mit einer **Begründung** versehen worden ist. Dieser Verstoß ist gemäß § 45 Abs. 1 Nr. 2 VwVfG heilbar. Es geht hier nur um die **Heilung eines formellen Begründungsfehlers,** also die Fälle gänzlich fehlender oder den formellen Mindestanforderungen des § 39 Abs. 1 VwVfG nicht genügenden Begründungen.[76] Ist eine formell ordnungsgemäße Begründung materiell inhaltlich unrichtig, so hindert § 45 Abs. 1 Nr. 2 VwVfG die Widerspruchsbehörde nicht, die gegebene Begründung des VA zu ergänzen, zu ändern oder den Bescheid auf eine andere Rechtsgrundlage zu stützen.[77] Die Problematik des sog. „Nachschiebens von Gründen“ stellt sich im Widerspruchsverfahren grundsätzlich nicht, da maßgeblicher Zeitpunkt für die Beurteilung der Sach- und Rechtslage regelmäßig die Entscheidung der Widerspruchsbehörde ist. 730

e) Die Bekanntgabe des Verwaltungsakts

Ein VA wird gemäß § 43 Abs. 1 VwVfG nur wirksam, wenn er bekannt gegeben wird. In der Regel sind hier Ausführungen entbehrlich, da Sie sich dazu im Zweifel schon in der Zulässigkeitsprüfung geäußert haben (Einhaltung der Widerspruchsfrist). Eigenständige Anmerkungen zu diesem Prüfungspunkt sind dann angebracht, wenn der streitgegenständliche VA zuzustellen war (in einigen Bundesländern etwa bei der Androhung eines Zwangsmittels), aber nur einfach bekannt gegeben worden 731

---

[76] *Lindner/Jahr,* JuS 2013, 673, 675 f.; *Klein,* apf 2010, 353, 355; *Beaucamp,* JA 2007, 117, 118; *Pietzner/Ronellenfitsch,* Rn. 1193 m. w. N.; a. A. *Warg,* Jura 2010, 819: auch inhaltliche Mängel können über § 45 Abs. 1 Nr. 2 VwVfG behoben werden.

[77] Vgl. z.B. *OVG Bautzen* BeckRS 2014, 45307.

war. Da der Widerspruchsführer den VA aber tatsächlich erhalten hat, liegt eine Heilung des Zustellungsmangels nach § 8 VwZG bzw. der entsprechenden landesrechtlichen Vorschrift vor.

2. Die materielle Rechtmäßigkeit des Ausgangsbescheids

732 Die Prüfung der materiellen Rechtmäßigkeit des VA erfolgt auf der Tatbestandsseite ebenso wie bei der Anfechtungsklage. Wie Sie insbesondere § 79 Abs. 1 Nr. 1 VwGO entnehmen können, ist grundsätzlich die **Sach- und Rechtslage im Zeitpunkt der Entscheidung über den Widerspruch maßgebend.**[78] Aufgrund des verfahrensrechtlichen Zusammenhangs zwischen Ausgangs- und Widerspruchsverfahren ist das Widerspruchsverfahren unabhängig von seiner prozessrechtlichen Ausformung als Fortsetzung des Ausgangsverfahrens anzusehen. Änderungen in tatsächlicher und rechtlicher Hinsicht nach Erlass des Ausgangsbescheids müssen im Widerspruchsverfahren also berücksichtigt werden.[79] Die **Widerspruchsbehörde hat** aufgrund der durch den Devolutiveffekt des Widerspruchs begründeten Sachherrschaft die **ursprüngliche Entscheidungskompetenz der Ausgangsbehörde.** Bei ihrer Entscheidung über den Widerspruch ist die Widerspruchsbehörde daher nicht an die für den angefochtenen VA maßgeblichen Gründe gebunden. Sie kann den im Rahmen ihrer durch den Widerspruch eingeräumten Kompetenz den angegriffenen VA auch mit anderen Gründen bestätigen und den Widerspruch zurückweisen. Sie kann ferner den belastenden VA aufheben, ihn durch einen anderen ersetzen oder die in einer angefochtenen Genehmigung enthaltenen Auflagen ändern oder neue Auflagen hinzufügen. Änderungen des Ausgangsbescheids können im Widerspruchsverfahren unabhängig von §§ 48, 49 VwVfG erfolgen.[80] Versetzen Sie sich bei der Prüfung der Rechtmäßigkeit des angefochtenen VA daher gedanklich in die Lage eines Sachbearbeiters, der den Bescheid erstmals erlässt. Als Widerspruchsbehörde sind Sie befugt, andere rechtliche und tatsächliche Gesichtspunkte zur Begründung des von der Ausgangsbehörde erlassenen VA anzuführen. Ein Beispiel: Hat die Ausgangsbehörde in der bauordnungsrechtlichen Beseitigungsanordnung darauf abgestellt, der streitgegenständliche Holzschuppen befinde sich im Außenbereich und sei weder nach § 35 Abs. 1 noch nach § 35 Abs. 2 BauGB genehmigungsfähig, so ist es der Widerspruchsbehörde nicht verwehrt, die Beseitigungsanordnung darauf zu stützen, der Schuppen liege zwar im unbeplanten Innenbereich, füge sich dort aber nicht in die nähere Umgebung ein.

733 Ist der **Ausgangsbescheid nicht hinreichend bestimmt** i. S. d. § 37 Abs. 1 VwVfG,[81] so muss die **Widerspruchsbehörde** diesen **Fehler grundsätzlich heilen.**[82] Diese Verpflichtung folgt aus dem umfassenden Prüfungsrecht der Widerspruchsbehörde nach § 68 Abs. 1 Satz 1 VwGO. Hieraus ergibt sich nach Sinn und Zweck des Vorverfahrens zugleich eine dementsprechende Prüfungspflicht; eine Selbstbeschränkung dieser Befugnis und Verpflichtung ist nicht zulässig. Die Widerspruchsbehörde hat

[78] S. z. B. *BVerwG* NVwZ-RR 2007, 89. Eine – examensrelevante – **Ausnahme** gilt z. B. im **Baunachbarrecht.** Hier beurteilt sich die Frage, ob eine angefochtene Baugenehmigung den Nachbarn in seinen Rechten verletzt, grundsätzlich nach der Sach- und Rechtslage im Zeitpunkt der Genehmigungserteilung. Spätere Änderungen zu Lasten des Bauherrn bleiben außer Betracht. Dagegen sind nachträgliche Änderungen zu seinen Gunsten zu berücksichtigen (*BVerwG* NVwZ 1998, 1179). Diese Grundsätze sind auch auf den Widerspruch des Nachbarn zu übertragen (*OVG Weimar* UPR 2005, 399).

[79] S. z. B. *BVerwG* NVwZ 2009, 459.

[80] *BVerwG* NVwZ 2009, 459.

[81] Näher dazu unten Rn. 788.

[82] Vgl. *OVG Bremen* NVwZ-RR 2003, 549, 550.

daher, sofern dies erforderlich ist, den Sachverhalt durch eigene Ermittlungen weiter aufzuklären und, wenn dazu Veranlassung besteht, den Ausgangsbescheid abzuändern. Eine mangelnde Bestimmtheit des Ausgangsbescheids ist durch eine genauere Angabe in der Begründung auszuräumen.[83]

Stützt sich die Widerspruchsbehörde bei der Zurückweisung des Widerspruchs auf eine Rechtsgrundlage, die alternativ verschiedene Tatbestandsmerkmale aufweist, braucht sie nur das Tatbestandsmerkmal zu erläutern, welches sie im gegebenen Fall für einschlägig hält. Um die Überzeugungskraft des Widerspruchsbescheides zu erhöhen, ist es aber sinnvoll, in der Entscheidung auf weitere Ablehnungsgründe einzugehen, sofern solche vorliegen. **734**

Gibt es zu einer entscheidungserheblichen Frage in der Rechtsprechung oder Literatur unterschiedliche Auffassungen, so müssen Sie hierauf in dem Bescheid ebenso eingehen wie im Urteil. Im Falle des Verschweigens des Meinungsstreits läuft die Widerspruchsbehörde nämlich Gefahr, bei den Betroffenen den Eindruck zu wecken, sie habe die aufgetretenen Rechtsfragen oberflächlich geprüft.

Auf der **Tatbestandsseite** der Ermächtigungsgrundlage finden sich häufig **unbestimmte Rechtsbegriffe** wie die Zuverlässigkeit zum Führen von Waffen oder die öffentliche Ordnung. Diese Begriffe müssen von der Widerspruchsbehörde – ebenso wie von der Ausgangsbehörde im Erstbescheid – sorgfältig ausgelegt werden, weil der Gesetzgeber die abstrakten Klauseln gewählt hat, um der Verwaltung die Möglichkeit zu geben, die Vielzahl der nicht voraussehbaren Fälle einzelfallgerecht behandeln zu können. Dies erfordert eine Auseinandersetzung mit der hierzu ergangenen Rechtsprechung, die die Rechtmäßigkeit der Entscheidung bestätigt. **735**

Auf der **Rechtsfolgenseite** kommt der wesentliche Unterschied zwischen Klage und Widerspruchsbescheid zum Tragen, sofern die Behörde eine Ermessensnorm anzuwenden hat. Da die **Widerspruchsbehörde** nach § 68 Abs. 1 Satz 1 VwGO im Widerspruchsverfahren neben der Rechtmäßigkeit grundsätzlich[84] auch die Zweckmäßigkeit des VA nachprüft, ist sie **nicht wie das VG auf eine Ermessensüberprüfung nach Maßgabe des § 114 VwGO beschränkt.**[85] Die Ausführungen zur Ermessensausübung dürfen sich daher nicht darin erschöpfen, den Ausgangsbescheid auf Ermessensfehler hin zu überprüfen. Das Wort „Ermessensfehlgebrauch" darf im Widerspruchsbescheid nicht auftauchen, wenn der Widerspruchsbehörde die volle Prüfungskompetenz zusteht. Dies wird in Prüfungsarbeiten leider häufig übersehen, was negative Auswirkungen auf die Bewertung hat. Vergegenwärtigen Sie sich stets den Prüfungsumfang der Widerspruchsbehörde und legen diesen in Ihrer Arbeit dar. Ein gelungener Widerspruchsbescheid im Assessorexamen zeichnet sich dadurch aus, dass die Begründung der Sachentscheidung erkennen lässt, dass die Widerspruchsbehörde ihre Prüfungskompetenz voll ausgeschöpft hat. **736**

Ist die Widerspruchsbehörde aber grundsätzlich befugt, die Ermessenserwägungen der Ausgangsbehörde uneingeschränkt abzuändern und zu ersetzen, bedeutet dies, dass sie nicht nur andere Gründe für eine bereits getroffene Ermessensentscheidung berücksichtigen, sondern auch eine **neue eigenständige Ermessensentscheidung** treffen kann.[86] Die Widerspruchsbehörde kann auch einen wegen Ermessensunterschreitung rechtswidrig als gebundener VA erlassenen Bescheid dadurch heilen, dass

---

[83] Z. B. bei der Überprüfung eines ordnungsrechtlichen Aufenthaltsverbots durch Beifügung eines Lageplanes, damit für den Adressaten klar erkennbar ist, innerhalb welcher Bereiche eines Ortes er sich nicht aufhalten darf.

[84] Zu Ausnahmen s. Rn. 741.

[85] Z.B. *BVerwG* NVwZ 2000, 329; *OVG Bautzen* BeckRS 2014, 45307.

[86] *Klein,* apf 2004, 1, 5; *Pietzner/Ronellenfitsch,* Rn. 1211 m. w. N.

sie – falls erforderlich – die Rechtsgrundlage auswechselt und ihn auf zutreffende Ermessenserwägungen stützt. Das ergibt sich aus dem umfassenden Kontrollzweck des Widerspruchsverfahrens sowie der verfahrensrechtlichen Einheit von Ausgangs- und Widerspruchsbescheid. Ein „Nachschieben von Gründen", wie es im gerichtlichen Verfahren nach § 114 Satz 2 VwGO zulässig ist, gibt es im Widerspruchsverfahren daher nicht.

Aus Gründen der Rechtsstaatlichkeit muss die Widerspruchsbehörde bei Ermessensentscheidungen deutlich machen, dass sie die Befugnis, Ermessen auszuüben, erkannt hat, und darlegen, welche Überlegungen für ihre Entscheidung maßgebend waren. Die Begründung soll die Abwägung des Für und Wider der sich gegenüberstehenden Belange erkennen lassen. Auf die Zweckmäßigkeit der Maßnahme sollte zumindest kurz eingegangen werden.

Der Widerspruch ist erfolgreich, wenn der Ausgangsbescheid zwar rechtmäßig ist, die Widerspruchsbehörde innerhalb der Entscheidungsalternativen aber eine andere als die von der Ausgangsbehörde getroffene Maßnahme als zweckmäßig ansieht und die Ermessensnorm zumindest auch den Interessen des Widerspruchsführers zu dienen bestimmt ist.

737 Ein **Formulierungsbeispiel** für eine Ermessensentscheidung bei uneingeschränkter Prüfungskompetenz:

> „Liegt daher eine Gefahr für die öffentliche Sicherheit vor, so können die Ordnungsbehörden nach § 14 Abs. 1 NWOBG die notwendigen Maßnahmen zur Abwehr der Gefahr treffen. Ihnen ist also ein Ermessensspielraum eingeräumt, den sie pflichtgemäß auszufüllen haben. Die Gemeinde Mehlingen hat dieses ihr zustehende Ermessen in dem angefochtenen Bescheid rechtsfehlerfrei ausgeübt; die Widerspruchsbehörde sieht daher keine Veranlassung, eigene abweichende Ermessenserwägungen anzustellen und macht sich deshalb die Ermessensentscheidung der Gemeinde Mehlingen zu eigen. Die Behörde handelt immer dann pflichtgemäß, wenn sie gegen ordnungswidrige Zustände einschreitet. (...) Die Gemeinde Mehlingen hat auch die gesetzlichen Grenzen des Ermessens eingehalten. (...) Die getroffene Maßnahme ist auch verhältnismäßig. (...) Anhaltspunkte dafür, dass die rechtmäßige Maßnahme unzweckmäßig sein könnte, liegen nicht vor."

3. Die Einschränkung der Prüfungskompetenz der Widerspruchsbehörde

738 Eine **Einschränkung der Prüfungskompetenz** der Widerspruchsbehörde ergibt sich zunächst **bei Drittwidersprüchen.** Dem Widerspruch des Anfechtenden darf nur stattgegeben werden, wenn der dem Begünstigten erteilte VA gegen drittschützende Rechte verstößt. Ist der Ausgangsbehörde bei ihrer Entscheidung ein **Beurteilungsspielraum** eingeräumt, so ist durch Auslegung zu ermitteln, ob der Kontrollmaßstab der Widerspruchsbehörde beschränkt ist. So kann bei Prüfungsentscheidungen die Widerspruchsbehörde ebenso wie das VG die ergangene Entscheidung nur darauf überprüfen, ob die Ausgangsbehörde einen Verfahrensfehler begangen hat, ob sie von zutreffenden Tatsachen ausgegangen ist, die Entscheidung keine sachfremden Erwägungen enthält und ob kein Verstoß gegen allgemein gültige Bewertungsmaßstäbe vorliegt.[87] Dagegen sind Beurteilungsspielräume bei der Überprüfung von dienst-

[87] Schoch/*Dolde*, § 68 Rn. 38 m. w. N.; s. auch *Beaucamp*, JA 2002, 314.

lichen Beurteilungen eines Beamten von der Widerspruchsbehörde in vollem Umfang selbst auszufüllen.[88]

739 Die Widerspruchsbehörde ist ferner eingeschränkt prüfungsbefugt, wenn man von einer **fehlenden Normverwerfungskompetenz** ausgeht. Dieses Problem taucht auf, wenn die Frage, ob der angefochtene VA rechtmäßig ist bzw. der Widerspruchsführer einen Anspruch auf den von ihm begehrten VA hat, u. a. davon abhängt, ob eine untergesetzliche Vorschrift (z. B. eine kommunale Satzung) wirksam ist. Enthält der Sachverhalt keine Anhaltspunkte für eine Unwirksamkeit der Satzung, brauchen Sie sich mit dieser Thematik nicht auseinander zu setzen. Drängt sich die Unwirksamkeit der untergesetzlichen Norm auf oder rügt der Widerspruchsführer dies ausdrücklich, gehen Sie sinnvollerweise wie folgt vor: Halten Sie die Satzung für wirksam, führen Sie dies aus. Denn eine **Prüfungskompetenz** steht der Widerspruchsbehörde ebenso wie der Ausgangsbehörde unzweifelhaft zu. Kommen Sie zu dem Ergebnis, die Satzung sei unwirksam, müssen Sie auf die Streitfrage eingehen, ob die Norm trotzdem anzuwenden ist. Nach *h. M.*[89] steht der Widerspruchsbehörde ebenso wie der Ausgangsbehörde grundsätzlich keine Inzident-Verwerfungskompetenz gegenüber Satzungen und anderen Rechtsnormen im Range unter dem förmlichen Gesetz zu. Hauptargument dieser Ansicht ist, dass § 47 Abs. 2 Satz 1 VwGO, wonach auch die Behörde einen Normenkontrollantrag stellen kann, teilweise sinnlos wäre, wenn den Behörden ein eigenes Normverwerfungsrecht zustünde. Auch die Grundsätze der Rechtssicherheit und Rechtsklarheit werden als Gründe für ein Festhalten an der untergesetzlichen Norm angeführt. Nach der *Gegenmeinung*[90] ist die Verwaltungsbehörde im Hinblick auf die Gesetzesbindung des Art. 20 Abs. 3 GG gehalten, im Einzelfall von den Festsetzungen einer untergesetzlichen Norm abzuweichen, wenn diese gegen geltendes Recht verstößt. Teilweise wird danach differenziert, ob der Gesetzesverstoß evident ist. So argumentiert der *VGH Kassel,*[91] es sei verständlich, wenn in Zweifelsfällen die Verwaltungsbehörde von der Gültigkeit einer förmlich in Kraft gesetzten Norm ausgehe und die Klärung strittiger Rechtsfragen den Gerichten überlasse. Es dürfe und müsse aber erwartet werden, dass ein bei klarem Sachverhalt und bei im Schrifttum oder in der Rechtsprechung schon geklärter rechtlicher Problematik möglicher eindeutiger Schluss bereits von der zuständigen Verwaltungsbehörde gezogen und nicht den VGen zugeschoben werde. Das *BVerwG*[92] hat die Frage, wie Behörden grundsätzlich vorzugehen haben, wenn sie überzeugt sind, ein für ihre Entscheidung erheblicher Bebauungsplan sei unwirksam, in seinem Urteil vom 31. Januar 2001 zwar offen gelassen, aber mehrere Argumente angeführt, die gegen eine grundsätzliche Normverwerfungskompetenz von Behörden sprechen: „Eine ausdrückliche Regelung ist nicht ersichtlich. Jedoch folgt aus der Planungshoheit der Gemeinde, dass sie zur Nichtigkeit ihres Bebauungsplanes zu hören und ihr Gelegenheit zu geben ist, Rechtssicherheit herzustellen und die aus der Sicht des Städtebaus gebotenen Konsequenzen zu ziehen. Ferner müssen an der Baurechtslage Interessierte ausreichend unterrichtet

---

[88] *OVG Koblenz* NVwZ-RR 1993, 313.

[89] *OVG Münster* BeckRS 2014, 50474; *OVG Koblenz* NVwZ-RR 2013, 747; *BGH* NVwZ 2013, 167; Schoch/*Gerhardt,* Vorb. § 47 Rn. 10. Allerdings handeln Bedienstete der Baugenehmigungsbehörde amtspflichtwidrig, wenn sie einen unwirksamen Bebauungsplan anwenden (*BGH* NVwZ 2013, 167).

[90] *Rabe,* ZfBR 2003, 329; *OVG Lüneburg* NVwZ 2000, 1061; *Nonnenmacher/Feickert,* VBlBW 2007, 328 sprechen sich für eine „moderate inzidente Normverwerfungskompetenz“ der Behörde aus, sofern die normerlassende Stelle über die Wirksamkeitszweifel informiert und die Norm nicht innerhalb einer angemessenen oder gesetzlich bestimmten Frist geändert wurde.

[91] NVwZ-RR 1994, 691; zustimmend *Diedrich,* BauR 2000, 819, 825.

[92] NVwZ 2001, 1035; vgl. auch *BGH* NVwZ 2004, 1143, 1144 und *Anders,* NuR 2007, 657.

werden.... Weiter ist zu erwägen, ob sich aus der „Gerichtsgeprägtheit der Gewaltenteilung", dem im Rechtsstaatsgebot verankerten Grundsatz der Rechtssicherheit und dem Gleichheitssatz des Art. 3 Abs. 1 *GG ableiten lässt, dass zur Normverwerfung – im Sinne der Nichtanwendung mängelbehafteter und daher nichtiger untergesetzlicher Rechtsvorschriften – ausschließlich die Gerichte befugt sind.*" In dem entschiedenen Einzelfall billigte das *BVerwG* der Behörde allerdings eine Normverwerfungskompetenz zu, da die Nichtigkeit der untergesetzlichen Norm bereits in einem gerichtlichen Verfahren inzident festgestellt worden und den Beteiligten zuvor die Rechtsauffassung der Behörde hinsichtlich der Unwirksamkeit der in Rede stehenden Norm hinreichend deutlich gemacht worden war.

Entscheiden Sie sich für die *h. M.,* legen Sie die untergesetzliche Norm trotz ihrer Unwirksamkeit Ihrer Prüfung zugrunde und verweisen auf die fehlende Verwerfungsbefugnis. Alternativ zum Abfassen eines Widerspruchsbescheids können Sie auch ein Schreiben an die Aufsichtsbehörde mit der Bitte um Überprüfung der entscheidungsrelevanten untergesetzlichen Vorschrift fertigen und die sonstigen Rechtsfragen des Falles in einem Hilfsgutachten erörtern. Folgen Sie der *Gegenmeinung* oder sehen den Gesetzesverstoß als evident an, lassen Sie die betreffende Satzung etc. unberücksichtigt. Ein Formulierungsbeispiel zu dieser Problematik finden Sie bei der Erörterung des Verpflichtungswiderspruchs, da die (fehlende) Normverwerfungskompetenz der Behörde im Examen vor allem im Zusammenhang mit der Beantragung einer Baugenehmigung prüfungsrelevant sein dürfte.

740 **Beachten Sie:** Eine **Normverwerfungskompetenz** steht der Widerspruchsbehörde nach *h. M.* dann zu, wenn sie zu dem Ergebnis kommt, dass die von ihr anzuwendende nationale Vorschrift **europarechtswidrig** ist.[93] Dies folgt aus dem materiellen Anwendungsvorrang des Unionsrechts.

741 Abweichend von der Regel des § 68 Abs. 1 Satz 1 VwGO ist die **Widerspruchsbehörde** auf eine **bloße Rechtmäßigkeitskontrolle** in den Fällen beschränkt, in denen sie über Widersprüche in **Selbstverwaltungsangelegenheiten** entscheidet, soweit der Landesgesetzgeber in § 73 Abs. 1 Satz 2 Nr. 3 VwGO eine andere Behörde als die Selbstverwaltungskörperschaft bestimmt hat (Art. 119 Nr. 1 BayGO, § 17 Abs. 1 Satz 2 BadWürttAGVwGO, § 6 Abs. 2 RhPfAGVwGO, § 8 Abs. 2 SaarlAGVwGO, § 27 Abs. 1 Satz 2 SächsJG). Hier darf die Widerspruchsbehörde nur prüfen, ob der kommunalen Behörde bei der Ausübung des Ermessens Rechtsfehler im Sinne des § 114 VwGO unterlaufen sind, nicht aber, ob die Selbstverwaltungskörperschaft innerhalb des Ermessensspielraums die zweckmäßigste Entscheidung getroffen hat. Diese Kontrollbefugnis verbleibt allein bei der Selbstverwaltungsbehörde, die sie im Rahmen des Abhilfeverfahrens nach § 72 VwGO vornehmen muss. Die Widerspruchsbehörde teilt die von der Selbstverwaltungskörperschaft angestellten Zweckmäßigkeitserwägungen im Widerspruchsbescheid nicht als eigene Erwägungen, sondern als Stellungnahme der kommunalen Behörde mit. Hierzu ein **Formulierungsbeispiel:**

> „Es war nicht festzustellen, dass der Widerspruchsgegner von seinem Ermessen in einer fehlerhaften Weise Gebrauch gemacht hat. Da der Kreisrechtsausschuss im Übrigen nach § 6 Abs. 2 Satz 1 RhPfAGVwGO nicht befugt ist, die Zweckmäßigkeit des angefochtenen Verwaltungsakts zu überprüfen, war der Widerspruch zurückzuweisen."

---

[93] Vgl. *EuGH* NZA 2011, 53 („Fuß"); ausführlich dazu *Burger,* DVBl 2011, 895 und *Demleitner,* NVwZ 2009, 1525. Zur Vorlageberechtigung von Widerspruchsausschüssen s. *Siegmund,* NordÖR 2014, 209.

4. Die reformatio in peius

Unter Rn. 352 ff. wurde ausführlich dargestellt, dass die Widerspruchsbehörde grundsätzlich befugt ist, den angefochtenen VA zum Nachteil des Widerspruchsführers abzuändern. Die reformatio in peius dürfte sich für Prüfungsarbeiten, die einen Widerspruchsbescheid zum Gegenstand haben, allerdings weniger eignen. Dies hängt damit zusammen, dass der Widerspruchsführer gemäß § 71 VwGO vor der Verböserung grundsätzlich anzuhören ist. Eine reformatio in peius kommt im Examen daher sinnvollerweise nur in Betracht, wenn der Sachverhalt entweder einen entsprechenden Hinweis auf die Anhörung nach § 71 VwGO enthält oder die Voraussetzungen des § 46 VwVfG vorliegen, d. h. der Verfahrensfehler unbeachtlich wäre. Nehmen Sie eine Verböserung im Widerspruchsbescheid vor, bauen Sie den Fall nach dem üblichen Schema auf und legen am Ende dar, dass die Widerspruchsbehörde befugt war, den VA zu Lasten des Widerspruchsführers abzuändern. 742

5. Die Anordnung bzw. Aussetzung der sofortigen Vollziehung

Ist Streitgegenstand ein VA, der gemäß § 80 Abs. 2 Satz 1 Nr. 1–3 VwGO von Gesetzes wegen sofort vollziehbar ist oder dessen sofortige Vollziehung die Ausgangsbehörde nach § 80 Abs. 2 Satz 1 Nr. 4 VwGO angeordnet hat, muss die Widerspruchsbehörde grundsätzlich auch eine **Entscheidung über die Fortdauer der sofortigen Vollziehung** treffen. Ein gesonderter Antrag des Widerspruchsführers ist hierfür, wie sich aus § 80 Abs. 4 Satz 1 VwGO ergibt, nicht erforderlich. Dies gilt auch bei Dittwidersprüchen nach § 80 a VwGO, denn auch in diesen Fällen kann die Behörde daneben gemäß § 80 Abs. 4 Satz 1 VwGO von sich aus tätig werden.[94] 743

Hat zum Zeitpunkt des Ergehens des Widerspruchsbescheids bereits das VG nach § 80 Abs. 5 Satz 1 VwGO die Vollziehung ausgesetzt bzw. den Antrag auf Aussetzung der sofortigen Vollziehung abgelehnt, ist die Widerspruchsbehörde daran gehindert, über die sofortige Vollziehung des angefochtenen VA zu entscheiden. Wegen der Bindungswirkung des verwaltungsgerichtlichen Beschlusses nach § 80 Abs. 5 VwGO bedarf es eines Abänderungsantrages nach § 80 Abs. 7 Satz 2 VwGO. Dagegen ist die Widerspruchsbehörde aufgrund ihrer Stellung als Rechtsbehelfsbehörde befugt, eine bereits ergangene Entscheidung der Ausgangsbehörde über die Fortdauer der sofortigen Vollziehung zu ändern. Ebenso kann sie eine eigene zuvor isoliert getroffene Entscheidung über die Aussetzung der sofortigen Vollziehung im Widerspruchsbescheid abändern oder aufheben.

Die Vollziehbarkeit ist auszusetzen, wenn die rechtlichen Voraussetzungen hierfür im Zeitpunkt der Entscheidung nicht (mehr) gegeben sind. Die Anforderung von öffentlichen Kosten und Abgaben soll nach § 80 Abs. 4 Satz 3 VwGO nur ausgesetzt werden, wenn ernstliche Zweifel an der Rechtmäßigkeit des angegriffenen VA bestehen oder wenn die Vollziehung für den Abgaben- oder Kostenpflichtigen eine unbillige, nicht durch überwiegende öffentliche Interessen gebotene Härte zur Folge hätte.[95]

Ob der Maßstab des § 80 Abs. 4 Satz 3 VwGO als gesetzliche Konkretisierung des Verhältnismäßigkeitsprinzips auch für die Aussetzung von VAen Anwendung findet, 744

[94] *Kopp/Schenke,* § 80 a Rn. 7; Sodan/Ziekow/*Puttler,* § 80 a Rn. 9; *OVG Münster* BauR 2000, 80 und *VG Neustadt* NVwZ-RR 2011, 227 zur Aussetzung der Vollziehung einer Baugenehmigung ohne Antrag des Dritten; a. A. *OVG Hamburg* NVwZ 2002, 356, 357; Schoch/*Schoch,* § 80 a Rn. 31 und 36, die einen Antrag verlangen.

[95] Zu den Einzelheiten s. Rn. 488.

die unter § 80 Abs. 2 Satz 1 Nr. 2–4 VwGO fallen, ist umstritten.[96] Eines Eingehens auf diesen Meinungsstreit bedarf es in der Prüfungsarbeit nicht. Denn eine Aussetzung der Vollziehung nach § 80 Abs. 4 VwGO ist jedenfalls zulässig, wenn im zu entscheidenden Fall der individuellen Interessenlage des Widerspruchsführers gegenüber dem kollidierenden Interesse besonders Rechnung getragen werden müsste. Dies ist anzunehmen, wenn der angefochtene VA offensichtlich rechtswidrig ist oder durch die sofortige Vollziehung dem Betroffenen ein nicht wiedergutzumachender Nachteil droht oder die sofortige Vollziehung eine unbillige, nicht durch überwiegende kollidierende Interessen gebotene Härte zur Folge hat.[97]

745 Überprüft die Widerspruchsbehörde einen von der Ausgangsbehörde für sofort vollziehbar erklärten VA, so ist sie auch befugt, eine unzureichende, den Anforderungen des § 80 Abs. 3 Satz 1 VwGO nicht genügende Begründung durch eine eigenständige Begründung zu ersetzen.[98] Gibt es keinen Anlass für eine Korrektur der Begründung, können die Ausführungen hierzu auf ein Minimum beschränkt werden *(„Die Anordnung der sofortigen Vollziehung durch die Gemeinde Hütschenhausen habe ich ebenfalls geprüft. Sie genügt dem Begründungserfordernis des § 80 Abs. 3 Satz 1 VwGO und ist auch in materieller Hinsicht nicht zu beanstanden.“).*

Macht die Widerspruchsbehörde von ihrer Kompetenz Gebrauch, die sofortige Vollziehung des angefochtenen VA nach § 80 Abs. 2 Satz 1 Nr. 4 VwGO selbst anzuordnen,[99] muss sie das besondere Vollzugsinteresse ebenfalls besonders begründen. Hierzu folgendes **Formulierungsbeispiel:**

„Aufgrund des § 80 Abs. 2 Satz 1 Nr. 4 VwGO habe ich die sofortige Vollziehung der Ausweisungsverfügung angeordnet, da dies im öffentlichen Interesse geboten ist. Straftaten wie das von Ihnen begangene unerlaubte Handeltreiben mit Heroin in nicht geringen Mengen stellen wegen der allgemein bekannten, ganz ungewöhnlich hohen Gefährlichkeit dieses Rauschgifts für die Gesundheit der Konsumenten und der weit verbreiteten Kriminalisierung von Heroinsüchtigen eine ganz erhebliche Gefahr für die öffentliche Sicherheit und Ordnung dar. Das generalpräventive Element, andere Ausländer vor der Begehung ähnlicher Straftaten abzuschrecken, kann nur dann in erforderlichem Maße Erfolg haben, wenn deutlich wird, dass die Begehung derartiger, in hohem Maße gemeingefährlicher Straftaten nach ihrer Verurteilung die unverzügliche Entfernung des Täters aus dem Bundesgebiet zur Folge hat.

Sie können sich auch nicht auf besondere Umstände wie etwa ungewöhnlich enge persönliche Bindungen an die Bundesrepublik Deutschland oder hier lebende enge Familienangehörige berufen, die ein das festgestellte Allgemeininteresse am Sofortvollzug der Ausweisungsverfügung verdrängendes persönliches Interesse an einem vorläufigen Verbleib bis zur endgültigen gerichtlichen Entscheidung über die Rechtmäßigkeit der Ausweisungsverfügung rechtfertigen könnten. Die Anordnung der sofortigen Vollziehung der Ausweisung ist daher aus generalpräventiven Gründen gerechtfertigt.“

---

[96] Nach einer Ansicht (z. B. Finkelnburg/*Külpmann,* Rn. 834) kann sich die Behörde an der Interessenbewertung des § 80 Abs. 4 Satz 3 VwGO orientieren, nach a. A. (*Kopp/Schenke,* § 80 Rn. 116) gelten dieselben Grundsätze wie für die gerichtliche Entscheidung.

[97] *Pietzner/Ronellenfitsch,* Rn. 1525.

[98] Vgl. *Volkert,* 2. Kapitel Rn. 57.

[99] Dies ist keine reformatio in peius!

VI. Die Begründetheit des Verpflichtungswiderspruchs

1. Die Prüfung der Anspruchsvoraussetzungen

Der Verpflichtungswiderspruch ist analog § 113 Abs. 5 VwGO begründet, wenn zum Zeitpunkt der Entscheidung über den Widerspruch die Ablehnung des begünstigenden VA formell und materiell rechtswidrig ist und der Widerspruchsführer hierdurch in seinen Rechten verletzt wird. Der Widerspruchsführer muss einen **Rechtsanspruch auf den begehrten VA** haben. Dies ist regelmäßig nur bei gebundenen Entscheidungen der Fall. Steht der beantragte begünstigende VA im Ermessen der Behörde, hat der Widerspruchsführer grundsätzlich nur einen Anspruch auf ermessensfehlerfreie Entscheidung. 746

Im Hinblick auf den umfassenden Kontrollzweck des Widerspruchsverfahrens darf sich die Widerspruchsbehörde nicht auf eine Überprüfung der Gründe beschränken, die in dem ablehnenden Bescheid angeführt sind. Die Widerspruchsbehörde ist vielmehr verpflichtet, über die Begründetheit des begehrten Anspruchs, soweit möglich, in vollem Umfang und abschließend zu entscheiden. Ist die Widerspruchsbehörde zu einer vollen Recht- und Zweckmäßigkeitskontrolle befugt, so muss sie dem Widerspruch stattgeben, wenn die Ablehnung des beantragten VA unzweckmäßig ist, die Ermessensvorschrift zumindest auch den Interessen des Widerspruchsführers zu dienen bestimmt ist und diese Interessen durch die Unzweckmäßigkeit der Ablehnung berührt werden.[100]

2. Die Einschränkung der Prüfungskompetenz der Widerspruchsbehörde

Die beim Anfechtungswiderspruch dargestellten Einschränkungen gelten hier entsprechend. Ist die Widerspruchsbehörde nur zu einer Rechtmäßigkeitskontrolle berechtigt oder hat sie Beurteilungsspielräume zu respektieren, ist sie ebenso wie das VG bei ErmessensVAen darauf beschränkt, die Ausgangsbehörde zur Neubescheidung analog § 113 Abs. 5 Satz 2 VwGO zu verpflichten.[101] 747

Die unter Rn. 739 erörterte Frage, ob der Behörde eine **Normverwerfungskompetenz** zusteht, spielt auch beim Verpflichtungswiderspruch eine Rolle, z. B. wenn der Widerspruchsführer die Erteilung eines Bauvorbescheids oder einer Baugenehmigung für ein Bauvorhaben begehrt, das im Geltungsbereich eines (möglicherweise) ungültigen Bebauungsplans liegt. Hierzu ein **Formulierungsbeispiel** in persönlicher Rede:

> „Auch wenn der Bebauungsplan „In der grünen Au" der Gemeinde Mühlbach, wie von Ihnen zutreffend gerügt, wegen fehlerhafter Ausfertigung nicht wirksam ist, bin ich daran gehindert, ihr Baugesuch in bauplanungsrechtlicher Hinsicht nach § 34 Abs. 1 BauGB zu beurteilen. Denn Verwaltungsbehörden haben nach der h. M. in Rechtsprechung und Literatur, deren Auffassung ich teile, keine Verwerfungskompetenz im Hinblick auf Bebauungspläne. Dafür spricht bereits die Grundkonzeption des Baugesetzbuches, das in § 2 Abs. 2 Satz 1 den Gemeinden die Kompetenz zur Bauleitplanung zuweist. Eingriffe in dieses Recht, das wesentlicher Bestandteil der gemeindlichen Selbstverwaltungsgarantie des Art. 28 Abs. 2 Satz 1 GG ist, sehen das BauGB und die sonstigen Gesetze nur in eng umgrenzten Fällen und gesichert durch eine strenge Verfahrensordnung vor, z. B. das Verfahren nach § 47 VwGO, die präventive Versagung der Genehmigung oder nachträgliche Maßnahmen der Kommunalaufsicht nach Landesrecht,

[100] *Linhart*, 181.
[101] Vgl. *Pietzner/Ronellenfitsch*, Rn. 1272.

die allesamt dadurch gekennzeichnet sind, dass die Beteiligung der Gemeinde gesichert ist und somit verfahrensrechtlich die Geltendmachung der Belange der Gemeinde gewahrt ist. Diese Verfahrenssicherungen würden im Ergebnis außer Kraft gesetzt, wenn die Baugenehmigungsbehörde eine Verwerfungskompetenz hätte, die verfahrensrechtlich ohne jede Beteiligung der Gemeinde möglich wäre. Auch die Grundsätze der Rechtssicherheit und Rechtsklarheit erfordern ein Festhalten am Bebauungsplan. Dies gebietet es, auch die inzidente Verwerfung der Verwaltung abzulehnen.

Aus Art. 20 Abs. 3 GG ist nach meiner Auffassung keine Verwerfungskompetenz herzuleiten, sondern lediglich das Recht und die Pflicht der Verwaltungsbehörde, die Gültigkeit von Rechtsnormen zu prüfen. Kommt die Behörde nach Prüfung der Wirksamkeit des Bebauungsplans zu dem Ergebnis, dass eine Nichtigkeit vorliegt, so kann sich die Verwaltungsbehörde an den Normgeber mit der Bitte um förmliche Aufhebung des Bebauungsplans oder Heilung der vorgefundenen Fehler wenden und die Entscheidung solange aussetzen. Bleibt die Gemeinde, die ihrerseits nach Art. 20 Abs. 3 GG an Recht und Gesetz gebunden ist, bei der Auffassung, dass die Norm gültig sei, ist die Verwaltungsbehörde daran gebunden.

Ich halte auch eine Differenzierung der Verwerfungskompetenz nach der Evidenz des Fehlers des Bebauungsplans, wie sie teilweise in der Rechtsprechung vertreten wird, für nicht sachgerecht. Die Unterscheidung in evidente und nicht evidente Fälle der Fehlerhaftigkeit von Bebauungsplänen wäre ihrerseits mit so großen Abgrenzungsproblemen verbunden, dass für die Verwaltung und den Bauherrn die Unsicherheit noch größer wäre.

Beurteilt sich Ihr Baugesuch daher nach § 30 Abs. 1 BauGB i. V. m. dem Bebauungsplan „In der grünen Au" der Gemeinde Mühlbach, so ist es nicht genehmigungsfähig, da es gegen die Ziffer 2.3 der textlichen Festsetzungen verstößt. (...)"

Noch ein **Hinweis:** Kommen Sie bei Ihrer gedanklichen Prüfung zu dem Ergebnis, dass der Widerspruchsführer auch nach § 34 BauGB keinen Anspruch auf die beantragte Baugenehmigung hätte, sollten Sie das – sofern Ihr Zeitrahmen dies zulässt – im Anschluss an Ihre Ausführungen zu § 30 Abs. 1 BauGB kurz ansprechen (z. B.: „Sie hätten im Übrigen auch dann keinen Anspruch auf die Erteilung der Baugenehmigung, wenn sich Ihr Vorhaben nach der Vorschrift des § 34 Abs. 1 BauGB richten würde...."). Sehen Sie die Satzung als nicht gültig an und ergäbe sich sowohl nach dem Bebauungsplan als auch nach § 34 BauGB ein Anspruch auf die Baugenehmigung, so können Sie die Frage nach der Normverwerfungskompetenz mangels Entscheidungserheblichkeit offen lassen.

748 Eine weitere Einschränkung der Prüfungskompetenz ergibt sich für die Widerspruchsbehörde grundsätzlich dann, wenn sie die Versagung einer bauaufsichtlichen Genehmigung überprüft, die auf der **Verweigerung des gemeindlichen Einvernehmens** nach § 36 Abs. 1 BauGB beruht. Nach der Rechtsprechung des *BVerwG*[102] durfte in der Vergangenheit sich weder die untere Bauaufsichtsbehörde noch die Widerspruchsbehörde über das versagte Einvernehmen der Gemeinde hinwegsetzen. Eine **Ersetzung des gemeindlichen Einvernehmens** war danach nur im Wege der kommunalaufsichtlichen Beanstandung und Ersatzvornahme möglich. Der Gesetzgeber hat auf diese Rechtsprechung reagiert und mit dem zum 1. Januar 1998 einge-

[102] NVwZ 1986, 557.

führten § 36 Abs. 2 Satz 3 BauGB der „zuständigen Behörde", die der Landesgesetzgeber bestimmt, die Befugnis eingeräumt, das rechtswidrig versagte Einvernehmen zu ersetzen. Hat „Ihr" Landesgesetzgeber die Widerspruchsbehörde mit einer solchen Befugnis ausgestattet, können Sie im Widerspruchsbescheid entsprechend verfahren und je nach Rechtslage die Ausgangsbehörde verpflichten, die beantragte Baugenehmigung zu erteilen bzw. die Baugenehmigung selbst erteilen. Achten Sie aber darauf, dass die Gemeinde vorher anzuhören ist. Gegebenenfalls ist die sofortige Vollziehung der Ersetzungsentscheidung anzuordnen, wenn nicht das Landesrecht vorsieht, dass auch insoweit die aufschiebende Wirkung ausgeschlossen ist (z. B. Art. 67 Abs. 3 Satz 2 BayBauO; § 54 Abs. 4 Satz 5 BadWürttLBO; § 70 Abs. 4 Satz 3 ThürBauO; § 71 Abs. 4 Satz 2 RhPfLBauO; § 70 Abs. 3 Satz 3 BbgBauO). Fehlen in den Ländern spezifisch baurechtliche Zuständigkeitsregelungen, verbleibt es bei der alten Rechtslage; d. h. nur die Kommunalaufsichtsbehörden können das Einvernehmen ersetzen. Je nach Fragestellung in der Prüfungsarbeit müssten Sie bei dieser Rechtslage einen zurückweisenden Widerspruchsbescheid mit Hilfsgutachten oder ein Schreiben an die Kommunalaufsichtsbehörde mit der Bitte um Überprüfung fertigen. In diesem Schreiben wäre darzulegen, warum Ihrer Ansicht nach die Gemeinde zu Unrecht ihr Einvernehmen versagt hat.

3. Die reformatio in peius

Zwar kann sich in der Praxis auch beim Verpflichtungswiderspruch die Problematik der reformatio in peius stellen, wenn dem Widerspruchsführer bereits Leistungen bewilligt worden sind, dieser mit seinem Widerspruch mehr begehrt und die Widerspruchsbehörde zu dem Ergebnis kommt, es bestehe überhaupt kein Anspruch. Für die Prüfungsarbeit eignet sich diese Konstellation nicht, so dass hierauf nicht näher eingegangen wird. 749

VII. Die Begründung der Kostenentscheidung

Am Ende des Widerspruchsbescheids folgt die Begründung der Nebenentscheidung über die Kosten des Widerspruchsverfahrens und, soweit erforderlich, über die Hinzuziehung eines Bevollmächtigten als notwendig. Beispiel aus Hamburg: 750

„Die Kostenlastentscheidung beruht auf § 73 Abs. 3 Satz 3 VwGO, § 80 Abs. 1 Satz 1 HmbVwVfG. Gemäß § 12 Abs. 3 HmbGebG werden Gebühren nicht erhoben, soweit der Widerspruch – wie hier – erfolgreich ist. Die Zuziehung eines Bevollmächtigten für das Vorverfahren durfte vom Standpunkt eines verständigen, nicht rechtskundigen Widerspruchsführers für erforderlich gehalten werden und war daher nach § 80 Abs. 2 HmbVwVfG für notwendig zu erklären."

§ 49. Die Rechtsbehelfsbelehrung

Gemäß § 73 Abs. 3 Satz 1 VwGO muss der Widerspruchsbescheid eine Rechtsbehelfsbelehrung enthalten. In der Regel wird von Ihnen nicht erwartet, dass Sie den vollständigen Text der Rechtsbehelfsbelehrung niederschreiben. Es genügt dann der Hinweis: „*Rechtsbehelfsbelehrung: Klage zum Verwaltungsgericht Magdeburg nach §§ 73 Abs. 3, 58 Abs. 1, 74 VwGO*". Verlangt der Bearbeitervermerk ausdrücklich den Entwurf der Rechtsbehelfsbelehrung, so beschränken Sie die Belehrung auf den nach § 58 Abs. 1 VwGO notwendigen Inhalt. Unter Rn. 238 wurde eine ausführliche 751 über die Anforderungen des § 58 Abs. 1 VwGO hinausgehende ordnungsgemäße Belehrung dargestellt. Im Folgenden daher eine „kurze“, nach den Maßstäben des *BVerwG* aber gleichwohl richtige Rechtsbehelfsbelehrung für den Fall des § 79 Abs. 1 Nr. 1 VwGO:

> „Gegen den Bescheid der Gemeinde Maxdorf vom 8. Juni 2015 kann innerhalb eines Monats nach Zustellung dieses Widerspruchsbescheids Klage zum Verwaltungsgericht Gießen in Gießen erhoben werden.“

Die Angabe der postalischen Anschrift der Verwaltungsbehörde bzw. des Gerichts, also die Bezeichnung von Postleitzahl, Straße und Hausnummer,[103] erfordert § 58 Abs. 1 VwGO nicht.[104] Das *BVerwG*[105] verlangt unter Bezugnahme auf den Wortlaut des § 58 Abs. 1 VwGO auch keine Belehrung über den notwendigen Inhalt der Klageschrift (§§ 81, 82 VwGO).

751a Die Rechtsbehelfsbelehrung für Dritte, die durch den Widerspruchsbescheid erstmals beschwert werden (§ 79 Abs. 1 Nr. 2 VwGO), kann wie folgt gefasst werden:

> „Gegen diesen Widerspruchsbescheid kann innerhalb eines Monats nach seiner Zustellung Klage zum Verwaltungsgericht Gießen in Gießen erhoben werden.“

752 Ob eine Belehrung über den Antrag nach §§ 80 Abs. 5, 80 a Abs. 3 VwGO erforderlich ist, wenn Sie im Widerspruchsbescheid zugleich eine Nebenentscheidung nach den §§ 80 Abs. 4, 80 a Abs. 1 bzw. 2 VwGO getroffen haben, ist streitig.[106] In der Prüfungsarbeit kann es jedenfalls nicht schaden, eine entsprechende Belehrung über das vorläufige Rechtsschutzgesuch anzufügen. Diese kann so formuliert werden:

> „Auf Ihren Antrag kann das Verwaltungsgericht die aufschiebende Wirkung eines etwaigen Rechtsbehelfs ganz oder teilweise wieder herstellen. Dieser Antrag ist ebenfalls beim Verwaltungsgericht Gießen in Gießen zu stellen.“

§ 50. Die Begleitverfügungen

753 Im Bearbeitervermerk finden sich gelegentlich Zusätze wie „Etwaige Anregungen an die Ausgangsbehörde sind in einem Begleitschreiben zu formulieren; weitere rechtliche Erwägungen können – falls für notwendig befunden – in einem kurzen Aktenvermerk festgehalten werden“. Aber auch wenn in der Aufgabenstellung „nur“ der Entwurf eines Widerspruchsbescheides verlangt wird, sollten Sie diesem die nach dem normalen Verwaltungsgang erforderlichen Begleitverfügungen anfügen.[107] Hierzu zählt das **Schreiben an die Ausgangsbehörde,** mit dem dieser eine Abschrift des

---

[103] Diese Daten hätten Sie in der Klausur im Zweifel ohnehin nicht parat.

[104] *BVerwG* NJW 2009, 2322.

[105] S. die Nachweise bei Schoch/*Meissner,* § 58 Rn. 32 Fn. 93; nach a. A. (z. B: *Kopp/Schenke,* § 58 Rn. 10) sollen Hinweise auf Formvorschriften, soweit sie für Rechtsbehelfe zwingend gelten, auch zu zwingenden Bestandteilen der Rechtsbehelfsbelehrung gehören.

[106] Für nach der VwGO nicht notwendig halten eine Belehrung hierüber z. B. *OVG Lüneburg* NVwZ-RR 1995, 176; Eyermann/*Schmidt,* § 58 Rn. 3; als notwendig sehen eine entsprechende Belehrung dagegen an z. B. Sodan/Ziekow/*Czybulka,* § 58 Rn. 25; *Schoch,* in: Schoch, § 80 Rn. 327.

[107] S. auch die Klausur von *Leopold,* JA 2012, 136.

Widerspruchsbescheides und möglicherweise der überlassene Verwaltungsvorgang übersandt werden. In dieses Schreiben sind gegebenenfalls Rechtsausführungen aufzunehmen, die keinen Eingang in den Widerspruchsbescheid gefunden haben sowie Anregungen an die Ausgangsbehörde zur weiteren Vorgehensweise. Hierzu ein **Formulierungsbeispiel** (Begleitverfügung der Landesdirektion Sachsen):

Verfügung an:

Landratsamt Bautzen – Bauaufsichtsamt –

Bahnhofstr. 9, 02625 Bautzen

Anliegender Widerspruchsbescheid wird Ihnen zur Kenntnisnahme übersandt. Der Verwaltungsvorgang ist beigefügt. Sollte der Widerspruchsführer Klage erheben, werden Sie gebeten, entsprechende Mitteilung zu machen.

Der Fall gibt Anlass, noch auf Folgendes hinzuweisen:

Ihr Bescheid war unzureichend begründet. Insbesondere fehlten Ausführungen zur Ausübung des Ermessens. Nach § 80 Satz 1 SächsBO kann die teilweise oder vollständige Beseitigung einer Anlage, die im Widerspruch zu öffentlich-rechtlichen Vorschriften errichtet oder geändert wurde, angeordnet werden, wenn nicht auf andere Weise rechtmäßige Zustände hergestellt werden können. Zwar soll die Bauaufsichtsbehörde bei Beseitigungsanordnungen das ihr eingeräumte Ermessen nach zumindest teilweise vertretener Ansicht grundsätzlich durch ein im öffentlichen Interesse gebotenes Einschreiten verwirklichen. Ein behördliches Ermessen wird durch die Norm nach dieser Meinung nur eröffnet, um in Ausnahmefällen zu ermöglichen, von dem an sich gebotenen Einschreiten abzusehen, wenn dies nach den konkreten Umständen opportun ist. Eine Begründungspflicht nach § 1 SächsVwVfG i. V. m. § 39 Abs. 1 Satz 3 VwVfG entfällt daher in der Regel. Unabhängig davon, ob man diese Auffassung teilt, hatte der Widerspruchsführer in seiner Stellungnahme zu Ihrem Anhörungsschreiben besondere Gründe vorgetragen, die durchaus geeignet waren, eine gegenteilige Entscheidung zu rechtfertigen. Die fehlende Ermessensausübung hat zu einer für Sie nachteiligen Kostenentscheidung nach § 1 SächsVwVfG i. V. m. § 80 Abs. 1 Satz 2 VwVfG geführt.

Weiter wäre es sinnvoll gewesen, zur Durchsetzung der Beseitigungsverfügung ein geeignetes Zwangsmittel nach § 20 Abs. 1 und 2 SächsVwVG anzudrohen. Es wird daher angeregt, dies in einer gesonderten Verfügung nachzuholen. Hier dürfte allein die Ersatzvornahme in Betracht kommen, da der Widerspruchsführer bereits deutlich zum Ausdruck gebracht hat, dass er unter keinen Umständen den Schuppen freiwillig beseitigen werde. Als Widerspruchsbehörde steht der Landesdirektion die rechtliche Befugnis der Androhung von Zwangsmitteln nicht zu. Denn die Zwangsmittelandrohung ist ein rechtlich selbstständiger Verwaltungsakt, dessen Erlass in die Zuständigkeit der Anordnungsbehörde in ihrer Funktion als Vollstreckungsbehörde fällt. Die durch den Devolutiveffekt begründete Sachherrschaft der Widerspruchsbehörde beschränkt sich nur auf den angefochtenen Verwaltungsakt. Ein Selbsteintrittsrecht steht der Landesdirektion daher nicht zu.[108]

Im Auftrag

Sammer

---

[108] *VGH München* NJW 1982, 460.

754 Werden durch den Widerspruchsbescheid Dritte erstmals beschwert (vgl. § 79 Abs. 1 Nr. 2 VwGO), muss eine Abschrift des Bescheides diesen gegenüber bekannt gegeben (z. B. an den in eine bestimmte Wohnung eingewiesenen Obdachlosen, wenn die Einweisungsverfügung auf den Widerspruch des Wohnungsinhabers aufgehoben wird) und mit einer Rechtsbehelfsbelehrung versehen werden. Eine förmliche Zustellung ist wegen der Bestimmung des § 74 Abs. 1 Satz 2 VwGO nach *h. M.*[109] nicht erforderlich. Der Text lautet etwa so:

Sehr geehrte Frau Semmelsberger,

anliegenden Widerspruchsbescheid übersende ich Ihnen zur Kenntnisnahme.

Rechtsbehelfsbelehrung:

Gegen den anliegenden Widerspruchsbescheid können Sie innerhalb eines Monats nach dessen Bekanntgabe Klage zum Verwaltungsgericht Potsdam in Potsdam erheben.

Mit freundlichen Grüßen

Im Auftrag

Rösler

Schließlich wird in die Begleitverfügung noch ein Wiedervorlagetermin zur Kontrolle des Bestandskrafttermins aufgenommen (z. B. „*WV 1.4.*“).

§ 51. Formulierungsbeispiel

755 Das Formulierungsbeispiel hat einen Verpflichtungswiderspruch gegen die Versagung einer beantragten straßenrechtlichen Sondernutzungserlaubnis zum Gegenstand.[110] Der Widerspruchsbescheid ist in unpersönlicher Rede abgefasst, wie dies in Baden-Württemberg, wo der Fall spielt, üblich ist.[111]

Stadt Freiburg im Breisgau Freiburg, 13. April 2015

– Amt für öffentliche Ordnung –

Baslerstraße 2

79100 Freiburg i. Br.

Aktenzeichen 22. 41. 24

Einschreiben

Herr Franz Braumeister

Hermannstraße 12

79098 Freiburg

Vollzug des Straßengesetzes für Baden-Württemberg (StrG)

Ihr Widerspruch vom 12. März 2015 gegen den Bescheid der Stadt Freiburg i. Br. vom 27. Februar 2015

[109] BVerwGE 22, 14, 15.

[110] Zu straßenrechtlicher Sondernutzungserlaubnis für Freisitzflächen vor einer Gaststätte *Scheidler,* GewArch 2012, 285. Zur Abgrenzung von Gemeingebrauch und Sondernutzung s. *Siegel,* NVwZ 2013, 479.

[111] Zu einem in persönlichem Stil abgefassten Widerspruchsbescheid s. die Klausur von *Broemel/Heinze,* JA 2015, 221.

Zum Antrag auf Erteilung einer Sondernutzungserlaubnis vom 9. Februar 2015

Sehr geehrter Herr Braumeister,

auf Ihren Widerspruch vom 12. März 2015 gegen den Ablehnungsbescheid vom 27. Februar 2015 ergeht folgender

Widerspruchsbescheid:

1. Der Widerspruch wird zurückgewiesen.
2. Der Widerspruchsführer hat die Kosten des Widerspruchsverfahrens zu tragen.
3. Die Gebühr für diesen Widerspruchsbescheid wird auf 80,– € festgesetzt.

Begründung:

I. Der Widerspruchsführer betreibt in Freiburg im Anwesen Hermannstraße 12 eine Schank- und Speisewirtschaft. Am 9. Februar 2015 beantragte er eine Sondernutzungserlaubnis zum Aufstellen von vier Tischen mit jeweils vier Stühlen vor seiner Gaststätte zur Bewirtung seiner Gäste mit kleineren Speisen und Getränken.

Diesen Antrag lehnte die Stadt Freiburg i. Br. mit Bescheid vom 27. Februar 2015 mit der Begründung ab, die Hermannstraße stelle neben ihrer Erschließungsfunktion für die angrenzenden Anwesen die Hauptverkehrsverbindung vom Friedrichsring zum Schlossbergring dar. Besonders zu beachten sei, dass in der Hermannstraße eine Verkehrsbreite von nur fünf bis sieben Metern vorhanden sei. Unter Berücksichtigung des Schutzbedürfnisses des Fußgänger- und Radfahrerverkehrs sowie der Leichtigkeit und Sicherheit des Kraftfahrzeugverkehrs könne eine weitere Einengung der Verkehrsflächen nicht hingenommen werden.

Hiergegen legte der Widerspruchsführer am 12. März 2015 Widerspruch ein und führte zur Begründung aus, die Sicherheit und Leichtigkeit des Verkehrs werde durch die Aufstellung von Tischen und Stühlen nicht wesentlich beeinträchtigt. Das Fahrzeugaufkommen in der Hermannstraße sei sehr gering und beschränke sich auf den Anliegerverkehr. Als Inhaber eines eingerichteten und ausgeübten Gewerbebetriebs, der die begehrte Erlaubnis gerade für den Betrieb benötige, könne er insoweit grundrechtlich geschützte Interessen geltend machen.

Das Amt für öffentliche Ordnung der Stadt Freiburg i. Br. hat das Anwesen des Widerspruchsführers sowie dessen unmittelbare Umgebung im Vorverfahren in Augenschein genommen.

II. Die Stadt Freiburg i. Br. ist zur Entscheidung über den Widerspruch sachlich und örtlich zuständig (§ 73 Abs. 1 Satz 2 Nr. 3 VwGO i. V. m. § 48 Abs. 2 Satz 1 StrG). Die Aufgabe der Straßenaufsicht gehört zu den Selbstverwaltungsaufgaben der Gemeinde i. S. d. Art. 28 Abs. 2 Satz 1 GG und § 2 Abs. 2 GemO.[112] Da hier durch Gesetz nicht anderes bestimmt ist, ist der Stadtkreis Freiburg in Selbstverwaltungsangelegenheiten als Selbstverwaltungsbehörde selbst Widerspruchsbehörde.[113]

III. Der zulässige Widerspruch ist unbegründet. Der Bescheid der Stadt Freiburg i. Br. ist rechtmäßig und verletzt den Widerspruchsführer nicht in seinen Rechten; dieser hat keinen Anspruch auf Erteilung der von ihm beantragten

---

[112] *Engel,* VBlBW 2008, 41, 46.

[113] Vgl. *Schaefer,* VBlBW 2007, 447, 451; *VGH Mannheim* NVwZ-RR 2003, 238.

Sondernutzungserlaubnis (§ 113 Abs. 5 Satz 1 VwGO analog).
Die Stadt Freiburg i. Br. war zur Entscheidung über die Erteilung einer Sondernutzungserlaubnis an einer Gemeindestraße im eigenen Wirkungskreis (§ 16 Abs. 2 Satz 1, § 50 Abs. 3 Nr. 3 StrG) zuständig.
Rechtsgrundlage für die Erteilung einer straßenrechtlichen Sondernutzungserlaubnis ist § 16 Abs. 1 Satz 1 StrG. Danach bedarf die Benutzung der Straßen über den Gemeingebrauch hinaus der Erlaubnis der Straßenbaubehörde. Es liegt auf der Hand, dass die vom Widerspruchsführer beantragte Aufstellung von Tischen und Stühlen auf der Straßenfläche vor der Gaststätte eine Nutzung der Straße über den Gemeingebrauch hinaus ist. Die erforderliche Sondernutzungserlaubnis kann von der Stadt Freiburg i. Br. als zuständiger Straßenbaubehörde erteilt werden, wobei die Erteilung gemäß § 16 Abs. 2 Satz 1 StrG im pflichtgemäßen Ermessen steht.
Das Ermessen wird gemäß § 40 BadWürttVwVfG nur dann fehlerfrei ausgeübt, wenn es die zur Ermessensentscheidung ermächtigte Behörde dem Sinn und Zweck des zugrunde liegenden Gesetzes entsprechend betätigt. Bei der Entscheidung über die Erteilung einer Sondernutzungserlaubnis erfordert eine ordnungsgemäße Ermessensausübung eine Abwägung aller einschlägigen, für und gegen den Antrag sprechenden Belange. Neben den privaten Interessen des Antragstellers sind dabei die Sicherheit und Leichtigkeit des Verkehrs und sonstige unmittelbar auf den Straßengrund bezogene sachliche Erwägungen in die Abwägung einzustellen. Ferner können grundsätzlich auch andere bauplanerische und baupflegerische Belange sachgerechte Ermessensgesichtspunkte bei der Entscheidung über Sondernutzungserlaubnisse sein. Daneben kann dem auf Art. 3 Abs. 1 GG beruhenden Gleichbehandlungsgebot dann maßgebliche Bedeutung zukommen, wenn die Behörde anderen Personen vergleichbare Sondernutzungen des öffentlichen Verkehrsraums gestattet hat.[114]
Nach diesen Grundsätzen gelangt die Stadt Freiburg i. Br. bei ihrer Abwägung der widerstreitenden Interessen zu dem Ergebnis, dass das öffentliche Interesse an der Sicherheit und Leichtigkeit des Verkehrs gegenüber dem privaten und wirtschaftlichen Interesse des Widerspruchsführers an einer Außenbewirtschaftung überwiegt. Es wird hierbei berücksichtigt, dass die Hermannstraße neben ihrer Erschließungsfunktion für die angrenzenden Anwesen auch die Aufgabe der Hauptverkehrsverbindung vom Friedrichring zum Schlossbergring hat. Weiterhin ist darauf abzustellen, dass in der Hermannstraße die verfügbare Verkehrsbreite nur fünf bis sieben Meter beträgt. Die genannten Gesichtspunkte haben sich bei Einnahme des Augenscheins im Vorverfahren bestätigt. Es kann keine Rede davon sein, dass das Fahrzeugaufkommen in der Hermannstraße sehr gering ist und sich auf den Anliegerverkehr beschränkt. Hinsichtlich des Anwohnerverkehrs hat sich ergeben, dass auf der gegenüberliegenden Straßenseite der Hermannstraße westlich und östlich der vom Widerspruchsführer beanspruchten Straßenfläche zudem Garageneinfahrten liegen. Das Interesse dieser Anlieger, die Stra-

[114] Nach *h.M.* darf neben wegerechtlichen Belangen im engeren Sinne auch auf andere Gesichtspunkte abgestellt werden, sofern sie mit der Straße und ihrem Widmungszweck (noch) in einem hinreichend engen sachlichen Zusammenhang stehen (s. z.B. *OVG Koblenz*, Urt. v. 4.12.2014 – 1 A 10294/14.OVG – juris; *OVG Münster* GewArch 2014, 447; *VGH Mannheim* NVwZ-RR 2014, 539).

ße im Rahmen des Gemeingebrauchs zum Ein- und Ausfahren zu nutzen, ist ebenfalls zu berücksichtigen. Die Zulassung der Sondernutzung würde diese Nutzung zumindest erschweren. Angesichts der festgestellten örtlichen Verhältnisse sowie der Verkehrsverhältnisse gelangt die Stadt Freiburg i. Br. zu dem Abwägungsergebnis, dass im Interesse der zahlreichen Verkehrsteilnehmer eine weitere Einengung der Verkehrsflächen in der Hermannstraße nicht hingenommen werden kann. Eine zweckmäßigere Entscheidung als die Ablehnung der beantragten Sondernutzungserlaubnis ist nicht ersichtlich.[115]

IV. Der Widerspruch war daher zurückzuweisen.

V. Die Kostenlastentscheidung beruht auf § 73 Abs. 3 Satz 3 VwGO i. V. m. § 80 Abs. 1 Satz 3 BadWürttVwVfG.

Rechtsbehelfsbelehrung:

Gegen den Bescheid vom 27. Februar 2015 in Gestalt dieses Widerspruchsbescheids kann innerhalb eines Monats nach Zustellung dieses Widerspruchsbescheids Klage erhoben werden. Die Klage ist bei dem Verwaltungsgericht Freiburg, Habsburgerstraße 103, 79104 Freiburg i. Br. zu erheben.

Bierbrauer, Regierungsdirektor

2. Abschnitt. Der Abhilfebescheid

§ 52. Grundsätzliches

Statt des Entwurfs eines Widerspruchsbescheids kann **im Examen** auch die **Anfertigung eines Abhilfebescheids** verlangt sein. Die Prüfung der Abhilfemöglichkeit ist ein wesentlicher Bestandteil des Widerspruchsverfahrens. Es beinhaltet die Verpflichtung der Ausgangsbehörde, den angefochtenen VA nochmals umfassend zu kontrollieren. Die Abhilfebefugnis der Ausgangsbehörde ist dabei beschränkt auf die positive Entscheidung zugunsten des Widerspruchsführers. Abhilfe bedeutet die Beseitigung der Beschwer des Widerspruchsführers. Die Ausgangsbehörde hebt den angefochtenen VA mittels Abhilfebescheid auf bzw. erlässt den begehrten VA. 756

Regelungen zur Abhilfe finden sich in den §§ 73 Abs. 1 Satz 1, 72 VwGO. Die letztgenannte Vorschrift bestimmt, dass die Behörde, sofern sie den Widerspruch für begründet hält, diesem abhilft und über die Kosten entscheidet. Mit der Abhilfeentscheidung ändert die Ausgangsbehörde den angefochtenen Verwaltungsakt ganz oder teilweise ab und gestaltet damit das Verwaltungsrechtsverhältnis. Der Abhilfebescheid ist selbst VA.[1] 757

---

[115] **Beachten Sie:** Wären in dem Beispielsfall Ausgangs- und Widerspruchsbehörde nicht identisch, so wäre die Widerspruchsbehörde auf die Prüfung beschränkt, ob der Ausgangsbehörde bei der Ausübung des Ermessens Rechtsfehler im Sinne des § 114 VwGO unterlaufen sind. Denn die Widerspruchsbehörde ist nicht zur Prüfung befugt, ob die Selbstverwaltungskörperschaft bei der Entscheidung über die Erteilung der Sondernutzungserlaubnis an den Widerspruchsführer innerhalb des Ermessensspielraums die zweckmäßigste Entscheidung getroffen hat.

[1] *BVerwG* DVBl 2012, 49.

§ 72 VwGO ist darauf zugeschnitten, dass Ausgangsbehörde und Widerspruchsbehörde verschiedenen Rechtsträgern angehören. Nach *h. M.*[2] ist daher **eine dem Widerspruchsbescheid vorausgehende Nichtabhilfeentscheidung bei Identität von Ausgangs- und Widerspruchsbehörde nicht erforderlich.** Denn Abhilfe- und Devolutiveffekt seien Institute, die auf das Tätigwerden zweier selbstständiger Entscheidungsinstanzen zugeschnitten seien. Dieser Sinn gehe aber verloren, wenn über den Rechtsbehelf die Erlassbehörde selbst zu entscheiden habe. Nach der *Gegenmeinung,*[3] die sich auf den Wortlaut des § 73 Abs. 1 VwGO beruft, kann die mit der Widerspruchsbehörde identische Ausgangsbehörde, sofern sie dem Widerspruch stattgeben will und es sich nicht um einen VA mit Drittwirkung handelt, auch durch einen Abhilfebescheid entscheiden. Folgen Sie bei Identität von Ausgangs- und Widerspruchsbehörde der *h. M.,* entwerfen Sie einen Widerspruchsbescheid. Schließen Sie sich der *Gegenmeinung* an, fertigen Sie je nach Ergebnis einen Abhilfebescheid oder eine verwaltungsinterne Nichtabhilfeentscheidung.

758 Liegt Ihrer Prüfungsaufgabe ein Sachverhalt zugrunde, in dem Ausgangs- und Widerspruchsbehörde verschiedenen Rechtsträgern angehören und lautet die Fragestellung etwa *„Die Entscheidung der Gemeinde ist zu entwerfen"*, so kommen mehrere Entscheidungen in Betracht. Halten Sie den Widerspruch zumindest teilweise für unbegründet, müssen Sie einen Vorlagebericht an die Widerspruchsbehörde fertigen, in dem Sie Ihre Nichtabhilfeentscheidung begründen.[4] Zwar ist die Ausgangsbehörde bei teilweise erfolgreichem Widerspruch nicht daran gehindert, einen Teilabhilfebescheid zu erlassen. Da die Sache aber ohnehin der Widerspruchsbehörde vorgelegt werden muss und die Ausgangsbehörde nicht befugt ist, im Teilabhilfebescheid teilweise über die Kosten des Widerspruchsverfahrens zu entscheiden, erscheint es zweckmäßig, die Teilabhilfe zu unterlassen und den Vorgang an die Widerspruchsbehörde weiterzuleiten. Auf den Teilabhilfebescheid wird daher im Folgenden nicht näher eingegangen.

759 Sehen Sie den **Widerspruch insgesamt** als **begründet** an, ist in der Regel ein **Abhilfebescheid** zu entwerfen. Denkbar ist aber auch ein **Rücknahme- oder Widerrufsbescheid nach den §§ 48, 49, 50 VwVfG.**[5] Rücknahme bzw. Widerruf fallen nicht unter § 72 VwGO und haben insbesondere hinsichtlich der Kosten andere Voraussetzungen und andere Rechtsfolgen als ein Abhilfebescheid. Abhilfe ist die Aufhebung des Ausgangsbescheids aus Anlass des Widerspruchs und schließt das Widerspruchsverfahren ab. Die Rücknahme bzw. der Widerruf führt dagegen zur Erledigung des Verwaltungsverfahrens. Die Behörde muss in dem Bescheid daher klarstellen, ob sie einen Abhilfe- oder Rücknahme- bzw. Widerrufsbescheid erlassen will.[6] Eine **Abhilfeentscheidung kann in der Regel** auch **nicht in eine Rücknahmeentscheidung umgedeutet werden.**[7]

Nach der Rechtsprechung des *BVerwG*[8] ist die Ausgangsbehörde zwar befugt, in einem Widerspruchsverfahren zwischen Abhilfe und Rücknahme zu wählen. Die **Wahlfreiheit der Behörde** zwischen beiden Verfahrensweisen steht aber unter dem **Vorbehalt,** dass der auch im Öffentlichen Recht geltende **Grundsatz von Treu und Glauben** (§ 242 BGB) einzuhalten ist. Eine verfassungskonforme Handhabung des

---

[2] *BVerwG* NVwZ 1985, 577; *Kopp/Schenke,* § 72 Rn. 1.
[3] *Redeker/von Oertzen,* § 72 Rn. 2; *Engst,* Jura 2006, 166, 173.
[4] S. hierzu Rn. 764.
[5] Bzw. den entsprechenden landesrechtlichen Vorschriften.
[6] Schoch/*Dolde,* § 72 Rn. 16.
[7] *BVerwG* UPR 2000, 35.
[8] NVwZ 1997, 272; NVwZ-RR 2003, 871.

§ 72 VwGO i. V. m. § 80 Abs. 1 Satz 1 VwVfG verlangt daher, dass die Ausgangsbehörde einen Widerspruchsführer, der eine Verletzung in seinen Rechten geltend macht und im Widerspruchsverfahren „obsiegt“ hätte, nicht ohne tragfähigen Grund um den zu erwartenden Kostenausspruch bringt. Insbesondere wäre eine Verwaltungspraxis, welche zielgerichtet nur zur Vermeidung von Kostenlasten in eine bestimmte Verfahrensweise ausweicht, mit dem Gleichheitssatz und dem Rechtsstaatsgebot nicht zu vereinbaren. Unterlässt die Behörde treuwidrig die Abhilfeentscheidung nach § 72 VwGO, ohne die der Kostenerstattungsanspruch des Widerspruchsführers nach § 80 Abs. 1 Satz 1 VwVfG ausscheidet, dann ist sie im Hinblick auf die Kosten so zu stellen, als wäre eine Abhilfeentscheidung ergangen.[9] Halten Sie den Widerspruch gegen einen den Widerspruchsführer belastenden VA für begründet, sollten Sie sich daher immer für den Entwurf eines Abhilfebescheids entscheiden.

Anders ist die Situation möglicherweise dann, wenn ein **Drittwiderspruch** im Streit steht und der angefochtene VA zwar objektiv rechtswidrig ist, aber keine Rechte des Widerspruchsführers verletzt. Hierzu ein typisches Beispiel aus dem Baunachbarrecht: Der Nachbar erhebt Widerspruch gegen eine dem Bauherrn erteilte Baugenehmigung. Die Ausgangsbehörde kommt bei ihrer Nichtabhilfeprüfung zu dem Ergebnis, die Baugenehmigung sei zwar objektiv rechtswidrig, der Nachbar sei aber nicht in eigenen Rechten verletzt. Innerhalb des Widerspruchsverfahrens kommt hier nur die Fertigung eines Vorlageberichts an die Widerspruchsbehörde in Betracht, da der Widerspruch mangels subjektiver Rechtsverletzung keine Aussicht auf Erfolg hat. Denkbar ist daneben aber auch die Rücknahme der Baugenehmigung nach der landesrechtlichen Parallelvorschrift zu § 48 VwVfG außerhalb des Widerspruchsverfahrens. Dabei ist streitig, ob die Rücknahme des begünstigenden VA im Rahmen der § 50 VwVfG entsprechenden landesgesetzlichen Bestimmung auch auf Gründe gestützt werden kann, auf die der Drittanfechtende sich im Rechtsbehelfsverfahren nicht berufen kann.[10] Entscheiden Sie sich neben dem Anfertigen eines Vorlageberichts für die Aufhebung der Baugenehmigung, müssen Sie im Hinblick auf die Anhörungspflicht vor Erlass eines belastenden VA ein Anhörungsschreiben verfassen. 760

Durch die **Vorlage der Streitsache an die Widerspruchsbehörde** wird die **Abhilfebefugnis der Ausgangsbehörde** nach *h. M.*[11] **nicht beseitigt,** sie bleibt vielmehr für die gesamte Dauer des Widerspruchsverfahrens erhalten. Die Abhilfeentscheidung setzt nach allgemeiner Auffassung außer der Rechtswidrigkeit des angefochtenen VA die **Zulässigkeit des eingelegten Widerspruchs** voraus.[12] Prüfungsumfang und Prüfungskompetenz entsprechen abgesehen von einigen Modifikationen den im Widerspruchsverfahren geltenden Regeln. Die Ausgangsbehörde muss grundsätzlich neu vorgetragene Tatsachen berücksichtigen und auch Fehler, die im Widerspruchsverfahren geheilt werden können, korrigieren. Kann ein Dritter durch den Abhilfebescheid beschwert werden, so soll er nach § 71 VwGO vor Erlass des Abhilfebescheides gehört werden. Ist die Widerspruchsbehörde abweichend von § 68 Abs. 1 Satz 1 VwGO nicht zur Überprüfung der Zweckmäßigkeit des Bescheids berechtigt, 761

---

[9] *BVerwG* NVwZ-RR 2003, 871 und NJW 2009, 2968.

[10] Auf die Prüfung der Begründetheit des von dem Dritten eingelegten Rechtsbehelfs verzichtet *VGH München* NVwZ 1997, 701; die *h. M.* verlangt dagegen, dass der Rechtsbehelf des Dritten zulässig und nicht offensichtlich unbegründet ist (z. B. Stelkens/*Sachs,* § 50 Rn. 95; sowohl Zulässigkeit als auch Begründetheit fordert *Kopp/Ramsauer,* § 50 Rn. 24.

[11] *Pietzner/Ronellenfitsch,* Rn. 1036; *Schoch,* Jura 2003, 752, 756; *OVG Lüneburg* NVwZ-RR 2003, 326, 327; a. A. *Pache/Knauff,* DÖV 2004, 656, 658: die Kompetenz zur Entscheidung über den Widerspruch steht nach Eintritt des Devolutiveffekts allein der Widerspruchsbehörde zu.

[12] *BVerwG* NVwZ 2000, 195.

geht die Abhilfeprüfung inhaltlich über die Prüfungsmöglichkeiten der Widerspruchsbehörde hinaus.[13] Eine fehlerhafte Ermessensausübung im Ausgangsbescheid kann in diesen Fällen nur durch die Ausgangsbehörde im Abhilfeverfahren durch eine fehlerfreie Ermessensentscheidung ersetzt werden. Kommt die Ausgangsbehörde zu dem Ergebnis, dass der Widerspruch zulässig und begründet ist, muss sie ihm abhelfen; die Abhilfe steht nicht in ihrem Ermessen.[14]

§ 53. Die Gestaltung des Abhilfebescheids

762 Der Abhilfebescheid ist **wie der Widerspruchsbescheid aufgebaut.** Je nach Bundesland oder Behörde wird er in persönlicher oder unpersönlicher Rede abgefasst. Aus Klarstellungsgesichtspunkten sollte im Eingangsteil der Begriff „Abhilfebescheid" verwendet werden. Der **Tenor** muss deutlich machen, dass die Entscheidung ein Widerspruchsverfahren beendet. In der Begründung des Bescheids erfolgen zunächst eine knappe Sachverhaltsdarstellung und anschließend die rechtliche Würdigung.[15] Zwingender Bestandteil des Abhilfebescheids ist die von § 72 VwGO geforderte **Kostenentscheidung.** Umstritten ist, ob der Abhilfebescheid mit einer Rechtsbehelfsbelehrung (Klage, s. § 68 Abs. 1 Satz 2 Nr. 2 VwGO) zu versehen ist.[16] Da der Abhilfebescheid nicht zugestellt werden muss,[17] steht es im pflichtgemäßen Ermessen der Ausgangsbehörde, ob die Bekanntgabe mittels einfachen Briefes durch die Post oder durch förmliche Zustellung erfolgen soll. Ist der Widerspruch bei der Widerspruchsbehörde bereits registriert, bedarf es der Information dieser Behörde, dass dem Widerspruch abgeholfen worden ist. Dazu übersendet man sinnvollerweise der Widerspruchsbehörde eine Abschrift des Abhilfebescheides mit einem kurzen Anschreiben.

Betrifft das Abhilfeverfahren einen VA mit Drittwirkung und wird dem Widerspruch nach Anhörung des Dritten (§ 71 VwGO) abgeholfen, muss sich der Abhilfebescheid auch an den Dritten richten. Es werden daher zwei inhaltsgleiche Bescheide gefertigt und zum einen an den Widerspruchsführer sowie zum anderen an den Dritten adressiert. Der beschwerte Dritte kann hiergegen unmittelbar Klage erheben (§ 68 Abs. 1 Satz 2 Nr. 2 VwGO).

§ 54. Formulierungsbeispiel

763 Das folgende Formulierungsbeispiel für einen Abhilfebescheid wird in unpersönlicher Form verfasst, wie dies in Hessen üblicherweise der Fall ist.

---

[13] S. auch Art. 119 Nr. 1 BayGO, in dem normiert ist, dass in Angelegenheiten des eigenen Wirkungskreises, in denen die Rechtsaufsichtsbehörde im Widerspruchsverfahren auf die Prüfung der Rechtmäßigkeit beschränkt ist, die Selbstverwaltungskörperschaft zuvor nach § 72 VwGO auch die Zweckmäßigkeit zu überprüfen hat.

[14] Schoch/*Dolde,* § 72 Rn. 11.

[15] Vgl. *Fichte,* Rn. 54, der einen ausführlichen Sachbericht für fehlerhaft hält; nach Eyermann/*Rennert,* § 72 Rn. 7 ist eine Begründung bei der Vollabhilfe überhaupt nicht erforderlich. Im Assessorexamen sollten Sie dieser Ansicht aber nicht folgen. Im Zweifel ergibt sich die Begründungspflicht aus dem Bearbeitervermerk.

[16] Nach *Volkert,* 3. Kapitel Rn. 15 hat eine Rechtsbehelfsbelehrung in der Regel zu unterbleiben; nach *Redeker/von Oertzen,* § 72 Rn. 3 ist eine Rechtsbehelfsbelehrung erforderlich, wenn dem Widerspruchsführer Kosten auferlegt werden.

[17] Vgl. Eyermann/*Rennert,* § 72 Rn. 7.

Stadt Langen 19. März 2015

Der Bürgermeister

Südliche Ringstraße 80

63225 Langen (Hessen)

Gegen Empfangsbekenntnis[18]

Frau Rechtsanwältin Dr. Franka Bruchhagen

Zeil 12

60313 Frankfurt a. M.

Abhilfebescheid

In dem Widerspruchsverfahren

des Heribert Schaaf, Mörfelder Landstraße 358, 60528 Frankfurt a. M.

– Widerspruchsführer –

wegen Sicherstellung eines Pkw

ergeht auf den Widerspruch vom 10. Februar 2015 gegen den Bescheid des Bürgermeisters der Stadt Langen vom 12. Januar 2015, Aktenzeichen FD 37–041.15 W 24/15, folgende Entscheidung:

1. Der Kostenbescheid vom 12. Januar 2015 wird aufgehoben.
2. Der Bürgermeister der Stadt Langen hat dem Widerspruchsführer die zur zweckentsprechenden Rechtsverfolgung notwendigen Aufwendungen zu erstatten. Die Zuziehung eines Bevollmächtigten durch den Widerspruchsführer für das Vorverfahren war notwendig.
3. Widerspruchskosten (Gebühren und Auslagen) werden nicht erhoben.

Gründe:

I.

Am 27. Dezember 2014 war das Fahrzeug des Widerspruchsführers, ein VW Golf mit dem amtlichen Kennzeichen F – ZU 212, um 10.00 Uhr ordnungsgemäß vor dem Gebäude Goethestraße 6 in Langen, in dem sich das Gymnasium des Kreises Offenbach befindet, abgestellt. Infolge eines Sturms löste sich ein Dachziegel des Gebäudes Goethestraße 6 und zerschlug die Heckscheibe des Pkw. Daraufhin beauftragte eine städtische Politesse zum Zwecke der Eigentumssicherung ein Abschleppunternehmen mit der Sicherstellung des Fahrzeugs. Nach Anhörung des Widerspruchsführers wurde dieser mit Kostenbescheid vom 12. Januar 2015 aufgefordert, die vorgestreckten Kosten in Höhe von 102,25 –, die anlässlich der Sicherstellung seines Fahrzeugs entstanden waren, zu ersetzen. Zur Begründung ist in dem Bescheid ausgeführt, dass aus Gründen des Eigentumsschutzes sowie zur Verhinderung von Straftaten ein Abschleppdienst angefordert worden sei, um das Fahrzeug umzusetzen und sicherstellen zu lassen. Dies sei erfolgt, da nicht bekannt gewesen sei, wo sich der Widerspruchsführer oder ein sonstiger Berechtigter aufhielt. Gemäß § 43 Abs. 3 Satz 1 HessSOG sei der Widerspruchsführer zum Ersatz der Kosten verpflichtet.

Hiergegen richtet sich der von der Verfahrensbevollmächtigten des Widerspruchsführers erhobene Widerspruch vom 10. Februar 2015, den sie damit

[18] Die Zustellung des Abhilfebescheids ist, wie ausgeführt, nicht erforderlich.

begründet, die Störerauswahl sei ermessensfehlerhaft erfolgt. Vorrangig Verantwortlicher sei der Kreis Offenbach als Träger des Dreieich-Gymnasiums. Von dem Dach der Schule sei die Gefahr für die dort ordnungsgemäß abgestellten Wagen ausgegangen. Nach Aussage des vom Widerspruchsführer besuchten Verwandten seien bereits drei Wochen vorher Ziegel vom Dach gefallen, so dass dessen schadhafter Zustand dem Kreis Offenbach auch bekannt gewesen sei. Entsprechende Maßnahmen habe der Kreis aber nicht getroffen.

Von einer Anhörung vor dem bei der Stadt Langen gebildeten Ausschuss zur Anhörung über Widersprüche hat der Ausschussvorsitzende gemäß § 7 Abs. 4 Satz 1 Nr. 1 HessAGVwGO abgesehen, da dem Widerspruch abzuhelfen war.

II.

1. Der Widerspruch ist zulässig; er wurde insbesondere form- und fristgerecht im Sinne des § 70 Abs. 1 VwGO erhoben.
2. Der Widerspruch ist auch begründet, so dass diesem gemäß § 72 VwGO abzuhelfen war.

Zwar war die Sicherstellung des Fahrzeugs rechtmäßig. Die Befugnis des Bürgermeisters der Stadt Langen zum Abschleppen des Pkw ergab sich daraus, dass der Bürgermeister als Ordnungsbehörde nach § 85 Abs. 1 Satz 1 Nr. 4 HessSOG i. V. m. § 1 Nr. 5 HessSOG-DVO zuständig ist für die Überwachung des Straßenverkehrs. Bei dieser Aufgabe handelt es sich um eine Auftragsangelegenheit i. S. d. § 85 Abs. 1 Satz 2 HessSOG i. V. m. § 4 Abs. 2 HessGO, die der Bürgermeister nach § 4 Abs. 2 Satz 4 HessGO in alleiniger Verantwortung wahrnimmt.

Der Abschleppvorgang war als Standardmaßnahme in Form der Sicherstellung nach § 40 Nr. 2 HessSOG zu qualifizieren, da das Fahrzeug zum Schutz vor weiteren Beschädigungen oder Diebstahl in behördlichen Gewahrsam genommen werden musste. Andere Schutzmaßnahmen waren nicht möglich bzw. nicht ausreichend.

Zwischen der Sicherstellungsentscheidung und der Kostenentscheidung ist indessen zu differenzieren. Die Verfahrensbevollmächtigte des Widerspruchsführers hat mit Ihrem Widerspruch zu Recht darauf hingewiesen, dass das der Ordnungsbehörde in § 43 Abs. 3 HessSOG eingeräumte Ermessen bei der Inanspruchnahme des Widerspruchsführers für die Kosten der Sicherstellung im Kostenbescheid vom 12. Januar 2015 fehlerhaft ausgeübt worden ist. Zwar hat der Widerspruchsführer als Eigentümer seines Pkw gemäß § 43 Abs. 1 i. V. m. § 7 HessSOG für die Kosten der Abschleppmaßnahme grundsätzlich einzustehen. Bei einer Sicherstellung nach § 40 Nr. 2 HessSOG, die ausschließlich zugunsten des Eigentümers oder eines anderen Berechtigten und in dessen Interesse erfolgt, bedarf es nämlich nach Sinn und Zweck der genannten Regelung einer von der Sache ausgehenden Gefahr im Sinne des § 7 Abs. 1 HessSOG nicht.

Neben dem Widerspruchsführer als Zustandsstörer im Sinne des § 7 Abs. 2 Satz 1 HessSOG ist aber auch der Kreis Offenbach, der Träger des Dreiech-Gymnasiums, als Zustandsverantwortlicher anzusehen. Als Eigentümer des Wagens war der Widerspruchsführer im Gegensatz zum Kreis Offenbach nicht nur „Störer", sondern zugleich durch die Verletzung seines Eigentums „Gestörter" bzw. „Opfer". Dies ist ein Umstand, der bei der Ermessensentscheidung erheblich ins Gewicht fallen muss. Dem weiteren Einwand in der Widerspruchsschrift, bereits vor drei Wochen seien ebenfalls Ziegel vom Dach des Gymnasiums gefallen, ist der Bürgermeister nachgegangen und hat von der Zentralabteilung des Kreises Offenbach die Auskunft erhalten, die Schadhaftigkeit des Daches sei seit längerem bekannt gewesen. Bisher sei aber mangels verfügbarer finanzieller

Mittel nichts geschehen. Im Hinblick hierauf übt der Bürgermeister der Stadt Langen sein Ermessen nunmehr dahingehend aus, dass der Kreis Offenbach als primär Verantwortlicher für die Kosten der Sicherstellung aufzukommen hat.

Die Kostenentscheidung ergibt sich aus § 72 VwGO i. V. m. § 80 Abs. 1 Satz 1 Hess VwVfG. Da der Widerspruch in der Sache erfolgreich war, waren nach Maßgabe des § 14 HessAGVwGO keine Widerspruchskosten zu erheben.

Auf den Antrag der Verfahrensbevollmächtigten des Widerspruchsführers war nach § 80 Abs. 2 HessVwVfG auch darüber zu befinden, ob die Zuziehung eines Rechtsanwaltes durch den Widerspruchsführer notwendig war. Notwendig ist die Zuziehung eines Rechtsanwalts dann, wenn sie vom Standpunkt einer verständigen, nicht rechtskundigen Partei für erforderlich gehalten werden durfte. Dies ist hier zu bejahen, da es um komplexe und nicht einfache rechtliche Fragen ging.

Im Auftrag

Möller

Das Schreiben an die Widerspruchsbehörde kann wie folgt gefasst werden:

Stadt Langen 19. März 2015

Der Bürgermeister

An den Landrat des Kreises Offenbach

Postfach 1265

63112 Dietzenbach

Widerspruch des Herrn Heribert Schaaf gegen den Kostenbescheid vom 12. Januar 2015, Aktenzeichen FD 37–041.15 W 24/15

hier: Verfahrensbeendigung durch Abhilfe

In dem Verfahren des Herrn Schaaf gegen den Bürgermeister der Stadt Langen wird mitgeteilt, dass dem Widerspruch von Herrn Schaaf vollständig abgeholfen wurde. Der Abhilfebescheid liegt diesem Schreiben zu Ihrer Kenntnisnahme bei. Das Widerspruchsverfahren hat damit seinen Abschluss gefunden.

Im Auftrag

Möller

3. Abschnitt. Der Vorlagebericht

§ 55. Grundsätzliches

Hält die Ausgangsbehörde den Widerspruch für nicht zulässig oder nicht begründet, 764
so ist sie zur Vorlage des Widerspruchs an die Widerspruchsbehörde verpflichtet. Eine **Abgabenachricht** an den Widerspruchsführer ist in § 72 VwGO nicht vorgeschrieben; wird sie gleichwohl vorgenommen, handelt es sich dabei nicht um eine Regelung i. S. d. VA-Begriffs sondern lediglich um eine **unselbstständige Verfahrenshandlung** im Rahmen des Widerspruchsverfahrens.[1]

[1] *BVerwG* DVBl 2012, 49.

Legt die Ausgangsbehörde den Widerspruch vor, fertigt der zuständige Sachbearbeiter einen **Vorlagebericht,** der von seiner Gestaltung her **ähnlich aufgebaut ist wie ein Abhilfe- oder Widerspruchsbescheid.** Folgende **Besonderheiten** sind zu beachten:

765 Adressat des Vorlageberichts ist die Widerspruchsbehörde und nicht ein bestimmter dort beschäftigter Sachbearbeiter. Der Vorlagebericht wird mit einfacher Post an die Widerspruchsbehörde übersandt. Als Betreff ist der Gegenstand des Widerspruchsverfahrens kurz zu bezeichnen. Auf eine Anrede sowie Höflichkeitsfloskeln ist im behördlichen Schriftverkehr grundsätzlich zu verzichten.[2] Da der Vorlagebericht nur ein Schreiben von Behörde zu Behörde ist, wird die Entscheidung, dem Widerspruch nicht abzuhelfen, nicht in Form eines Tenors vorangestellt. Damit die Widerspruchsbehörde aber sofort über den Inhalt des Schreibens orientiert ist, empfiehlt es sich, stets damit einzuleiten, dass ein Widerspruchsvorgang nach negativ verlaufener Abhilfeprüfung zur Entscheidung vorgelegt wird.[3] Anschließend folgt die **Rechtfertigung der Nichtabhilfe.** Zunächst wird der **Sachverhalt** ähnlich wie in einem Widerspruchsbescheid dargestellt. Dabei ist es jedenfalls im Examen empfehlenswert, auch die Widerspruchsbegründung im Vorlagebericht wiederzugeben.[4] Hat der Widerspruchsführer neue Tatsachen vorgebracht, muss sich der Vorlagebericht hierzu äußern. Das Ergebnis eigener Ermittlungen der Ausgangsbehörde nach Widerspruchserhebung ist mitzuteilen.

766 Im Anschluss an die Sachverhaltsdarstellung folgt die **Begründung, warum** auf der Grundlage des festgestellten Sachverhalts eine **Abhilfe nicht möglich** ist, dass die angegriffene Entscheidung recht- und zweckmäßig ist. Die **rechtliche Würdigung ist auf die problematischen Punkte zu beschränken.** Auch wenn dies in der Praxis häufig anders gehandhabt wird, sollte die Begründung weder mit einem Antrag noch mit der Bitte, den Widerspruch zurückzuweisen, abgeschlossen werden.[5] Dem Vorlagebericht sind sämtliche Verwaltungsakten beizufügen. Die Benachrichtigung des Widerspruchsführers über die Abgabe des Vorgangs an die Widerspruchsbehörde ist grundsätzlich nicht erforderlich, da dies ohne wesentlichen Erkenntniswert für den Widerspruchsführer ist.

§ 56. Formulierungsbeispiel

767 Ein **Formulierungsbeispiel** für einen Vorlagebericht:[6]

Stadt Schmölln Schmölln, 11. September 2015

An das

Landratsamt Altenburger Land

Lindenaustraße 9

04600 Altenburg

Betreff: Widerspruch der Frau Erna Steuber Blumenstraße 43, 04626 Schmölln, gegen die Obdachloseneinweisung der Familie Pauli durch die kreisangehörige Stadt Schmölln vom 28. August 2015

---

[2] So zumindest sehen es zahlreiche Empfehlungen von Ministerien; ebenso *Volkert,* 6. Kapitel Rn. 39.

[3] *Volkert,* 6. Kapitel Rn. 40.

[4] *Volkert,* 6. Kapitel Rn. 42 will hierauf in der Praxis mit der Begründung verzichten, der Widerspruchsbehörde sei es zuzumuten, das Widerspruchsschreiben selbst im Original zu lesen.

[5] *Volkert,* 6. Kapitel Rn. 46.

[6] S. auch die Klausur von *Pinski/Makus,* JuS 2005, 153, 157.

Anlage: 1 Band Verwaltungsakten des Ordnungsamtes der Stadt Schmölln

Frau Erna Steuber hat – vertreten durch ihre Bevollmächtigte – Widerspruch gegen den Bescheid unseres Ordnungsamtes vom 28. August 2015 betreffend die Einweisung der Familie Pauli in deren bisherige Wohnung in der ersten Etage des im Eigentum der Widerspruchsführerin stehenden Hauses Blumenstraße 43 in 04626 Schmölln eingelegt.

Eine Abhilfe des Widerspruchs ist uns nicht möglich. Auch eine erneute Prüfung der Angelegenheit führte zu keinem anderen Ergebnis. Wir legen Ihnen als zuständige Widerspruchsbehörde den Vorgang daher zur Entscheidung vor.

Dem Widerspruchsverfahren liegt folgender Sachverhalt zugrunde:

Mit Bescheid vom 26. Juni 2015 hatte unser Ordnungsamt unter Anordnung des Sofortvollzuges die Familie Pauli erstmalig in ihre bisherige Wohnung in der ersten Etage des im Eigentum der Widerspruchsführerin stehenden Hauses Blumenstraße 43 in Schmölln eingewiesen, weil die Familie infolge einer drohenden Zwangsvollstreckung nach einem rechtskräftigen Räumungsurteil ab 1. Juli 2015 ohne Unterkunft gewesen wäre. Diese erste Einweisung war bis zum 31. August 2015 befristet. Da aber bis zu diesem Zeitpunkt weder Familie Pauli noch wir eine anderweitige Unterkunft beschaffen konnten, verfügten wir am 28. August 2015 erneut eine Einweisung der Familie Pauli in die bisherige Wohnung bis zum 31. Oktober 2015.

Gegen diese Einweisungsverfügung richtet sich der Widerspruch der Frau Steuber, der am 4. September 2015 beim Ordnungsamt einging. Die Widerspruchsführerin beruft sich darauf, sie sei vor der erneuten Einweisung nicht angehört worden. Das Ordnungsamt habe nicht genügend Anstrengungen unternommen, um die Familie Pauli anderweitig unterzubringen. Die Einweisung für insgesamt vier Monate verstoße auch gegen den Grundsatz der Verhältnismäßigkeit.

Der Widerspruch ist nach unserer Auffassung zulässig, aber nicht begründet. Wir haben unsere Entscheidung überprüft und konnten keinen Rechtsfehler erkennen.

Es kann unseres Erachtens offen bleiben, ob wir die Widerspruchsführerin vor Erlass der erneuten Einweisungsverfügung hätten gemäß § 28 Abs. 1 ThürVwVfG anhören müssen oder ob dies wegen Gefahr im Verzug i. S. d. § 28 Abs. 2 Nr. 1 ThürVwVfG im Hinblick auf die drohende Obdachlosigkeit der Familie Pauli entbehrlich war. Wir haben das Widerspruchsvorbringen von Frau Steuber zur Kenntnis genommen und es im Rahmen unserer Nichtabhilfeentscheidung, wie die folgenden Ausführungen aufzeigen werden, ausreichend gewürdigt.

Die Einweisungsverfügung ist in materieller Hinsicht nicht zu beanstanden.

Als nach §§ 1, 2 Abs. 1, 4 Abs. 3 Satz 2 des Thüringer Gesetzes über die Aufgaben und Befugnisse der Ordnungsbehörden – OBG – zuständige Ordnungsbehörde haben wir die Aufgabe, von dem Einzelnen und dem Gemeinwesen Gefahren abzuwehren, durch die die öffentliche Sicherheit oder Ordnung bedroht wird. Die Ordnungsbehörde hat Störungen der öffentlichen Sicherheit oder Ordnung zu beseitigen, soweit es im öffentlichen Interesse geboten ist (§§ 5 Abs. 1, 2 Abs. 1 OBG). Hierzu gehört unter anderem auch die Unterbringung Obdachloser, insbesondere dann, wenn – wie hier – deren Leben und Gesundheit aufgrund der noch vorherrschenden kalten Witterung ohne Unterbringung bedroht sein würde. Diese Aufgabe ist unter Berücksichtigung aller Umstände nach pflichtgemäßem Ermessen zu erfüllen (§ 7 Abs. 1 OBG).

Der Widerspruchsführer ist als Nichtstörer nach § 13 Abs. 1 OBG in Anspruch zu nehmen. Zwar ist die Wiedereinweisung eines durch gerichtliches Räumungsurteil Verurteilten in seine bisherige Wohnung nur als äußerstes Mittel unter Beschränkung auf das notwendigste räumliche und zeitliche Maß rechtens. Wir haben entgegen der Behauptung der Widerspruchsführerin jedoch alle Möglichkeiten zur Unterbringung der Familie Pauli in einer anderweitigen Unterkunft ausgeschöpft. Aufgrund des Widerspruchs haben wir in der Angelegenheit nochmals ermittelt, um dem Widerspruch von Frau Steuber gegebenenfalls abhelfen zu können. Allerdings stehen uns derzeit weder gemeindeeigene Unterkünfte zur Verfügung noch konnten wir für Familie Pauli auf dem freien Wohnungsmarkt in Schmölln eine Wohnung anmieten. Von den Vermietern der in Betracht kommender Wohnungen war keiner bereit, einen Mietvertrag mit Familie Pauli zu schließen. Die wenigen Hotels und Pensionen in unserer Stadt sind derzeit, wie Ihnen bekannt sein dürfte, infolge eines großen Bauprojekts in der Stadt mit Arbeitskräften belegt.

Die nochmalige Einweisung für weitere zwei Monate halten wir nicht für unverhältnismäßig. Nach der Rechtsprechung wird in der Regel erst die Einweisung für sechs Monate als absolute Höchstgrenze angesehen. Letztlich sind die Umstände des jeweiligen Einzelfalles maßgeblich. In Anbetracht der Tatsache, dass momentan trotz intensiver Bemühungen offensichtlich keine andere Wohnung für Familie Pauli zu finden ist und deren Einweisung in die Wohnung der Widerspruchsführerin insgesamt die Dauer von vier Monaten nicht überschreitet, sehen wir uns im Hinblick auf die Zweckmäßigkeit der Verfügung nicht in der Lage, die Einweisungsdauer auf nur einen weiteren Monat zu befristen.

Nach unserer Ansicht hat der Widerspruch daher keinen Erfolg.

gez. Ramelow Amtsrat

4. Abschnitt. Der Ausgangsbescheid

§ 57. Einführung

768 Der **Entwurf eines Erst- bzw. Ausgangsbescheids** ist im Assessorexamen gefordert, wenn die Fragestellung etwa lautet „Die Entscheidung des Landratsamtes/der Gemeinde etc. ist zu fertigen“ oder „Sie sind Sachbearbeiter bei der Kreisverwaltung K – Untere Bauaufsichtsbehörde – und sollen eine Entscheidung über die weiteren rechtlichen Schritte fällen“. Entscheidungen aus dem allgemeinen und speziellen Polizei- und Ordnungsrecht eignen sich dafür besonders, da sie regelmäßig eine breite Palette tatsächlicher und rechtlicher Erwägungen abdecken.[1]

769 Der Ausgangsbescheid ist – entsprechend seiner Funktion, dem Adressaten die Entscheidung und die wesentlichen Gründe in gedrängter Form mitzuteilen – **im Urteilsstil abzufassen.** Er besteht ebenso wie der Widerspruchsbescheid aus **Eingangsteil, Tenor, Begründung und einer Rechtsbehelfsbelehrung.** Stilistisch sind sowohl

[1] S. z. B. die Klausuren von *Haurand/Vahle,* DVP 2013, 374; *Broemel/Heinze,* JA 2014, 933; *Gerke,* JuS 2009, 940 und *Schirmer,* DVP 2012, 30.

der **persönliche Briefstil** („... entziehe ich Ihnen den Waffenschein") als auch der **unpersönliche Behördenstil** *(„wird Herrn Müller die Fahrerlaubnis entzogen")* gebräuchlich.[2] Vorherrschend dürfte allerdings der Briefstil sein. Unabhängig hiervon sollten Sie im Bescheid nicht vom *„Antragsteller"* oder *„Betroffenen"*, sondern immer von *„Frau Schaurer"* und *„Herr Merker"* sprechen.

§ 58. Der Eingangsteil

Hier ergeben sich kaum Besonderheiten gegenüber dem Eingangsteil eines Widerspruchsbescheides. Wie jedes geschäftliche Schreiben beginnt auch der Bescheid mit der **Bezeichnung der erlassenden Behörde** (vgl. § 37 Abs. 3 VwVfG). Rechts oben werden **Ort und Datum** vermerkt. Weitere Angaben im Behördenkopf sind die **Postanschrift der erlassenden Behörde,** das **Aktenzeichen** sowie üblicherweise die bearbeitende **Organisationseinheit der Behörde.** 770

Danach folgt, sofern der Bescheid zugestellt werden soll, die **Angabe der Zustellungsart** (z. B. *„Gegen Empfangsbekenntnis"* oder *„Gegen Einschreiben"*) und unmittelbar darunter **Name und Anschrift des Empfängers.** Grundsätzlich kann die Behörde wählen zwischen der Übermittlung des VA mit der Post nach § 41 Abs. 2 VwVfG und der förmlichen Zustellung (vgl. § 2 Abs. 3 Satz 1 VwZG). Ausnahmsweise ist die Zustellung von Ausgangsbescheiden gesetzlich vorgeschrieben wie z. B. durch die §§ 15 Abs. 1 Satz 1 PBefG, 13 Abs. 7 Satz 1 VwVG; außerdem durch landesrechtliche Vorschriften, insbesondere solche über die Androhung eines Zwangsmittels.[3] In diesen Fällen hat die Behörde zwingend die Zustellungsvorschriften zu beachten, d. h. eine bloße Bekanntgabe des VA genügt nicht. Entscheidet sich die Behörde kraft behördlicher Anordnung – meist zur Beweissicherung – für die Zustellung eines VA in den Fällen, in denen die Bekanntgabe eines VA nach Maßgabe der §§ 41, 43 VwVfG ausreichend wäre, gelten die Vorschriften des VwZG oder der entsprechenden landesrechtlichen Vorschriften ebenso, d. h. die Behörde kann sich nicht darauf berufen, ein Zustellungsfehler sei unschädlich, weil eine Zustellung von Gesetzes wegen nicht erforderlich gewesen sei.[4] 771

Für welche Zustellungsart Sie sich entscheiden, hängt u. a. davon ab, ob der Beteiligte des Verwaltungsverfahrens durch einen Bevollmächtigten vertreten wird oder nicht. Wird der Beteiligte nicht durch einen Bevollmächtigten vertreten und ist die Zustellung des Bescheids gesetzlich vorgeschrieben, verfügen Sie die Zustellung des Bescheids an den Beteiligten entweder durch Einschreiben oder Postzustellungsurkunde. Hat ein Bevollmächtigter im Vorfeld der Entscheidung schriftliche Vollmacht vorgelegt, so ist der Bescheid nach § 7 Abs. 1 Satz 2 VwZG zwingend an den Bevollmächtigten zuzustellen. In der Regel erfolgt dies gegen Empfangsbekenntnis (§ 5 Abs. 4 VwZG). 772

Ist keine Zustellung vorgeschrieben und hat sich die Behörde für die **schlichte Bekanntgabe des VA** an den nicht durch einen Bevollmächtigten vertretenen Adressaten nach § 41 Abs. 2 VwVfG entschieden, genügt die einfache Übersendung des Bescheids an den Beteiligten mit der Post oder die elektronische Übermittlung, sofern der Adressat i. S. d. § 3 a VwVfG einen Zugang für elektronische Dokumente eröffnet 773

---

[2] Näher hierzu *Linhart,* Rn. 18 ff.; *Volkert,* 1. Kapitel Rn. 58 ff.; s. auch *Diebold,* in: Leuze-Mohr, Kapitel 2 Rn. 17.

[3] Z. B. Art. 36 Abs. 7 BayVwZVG; § 63 Abs. 6 NWVwVG; § 59 Abs. 6 SachsAnhSOG.

[4] Eine unwirksame Zustellung kann also nicht in eine schlichte Bekanntgabe umgedeutet werden, vgl. *BFH* NVwZ 1996, 207; s. auch Sodan/Ziekow/*Brenner,* § 74 Rn. 15.

hat.[5] Fraglich ist aber, ob der Bescheid auch dann an den Beteiligten gerichtet werden kann, wenn der Beteiligte einen Bevollmächtigten mandatiert hat. Hier bestimmt § 41 Abs. 1 Satz 2 VwVfG einerseits, dass die Bekanntgabe des VA dem Beteiligten gegenüber vorgenommen werden kann, wenn sich ein Bevollmächtigter bestellt hat; andererseits soll sich die Behörde nach § 14 Abs. 3 VwVfG an den Bevollmächtigten wenden, wenn dieser sich für das Verwaltungsverfahren bestellt hat. Nach *h. M.*[6] ist § 41 Abs. 1 VwVfG eine Sonderregelung, die für die Bekanntgabe des VA den § 14 Abs. 3 VwVfG verdrängt. Folgen Sie dieser Ansicht, steht es Ihnen frei den Bescheid entweder an den Beteiligen oder seinen Bevollmächtigten zu richten.

774 Danach ist der **Betreff** anzugeben, der kurz und stichwortartig die Angelegenheit nennt, die durch den Bescheid geregelt wird (z. B.: *„Vollzug des Landesstraßengesetzes; Ihr Antrag auf Erteilung einer Sondernutzungserlaubnis vom 18. August 2015“*). Im **Bezug** soll auf vorangegangenen Schriftverkehr und sonstige Kontakte hingewiesen werden, um dem Empfänger die Einordnung des Schreibens zu erleichtern. In Antragsverfahren sollte auf jeden Fall das Antragsschreiben angegeben werden. Wird der Beteiligte durch einen Rechtsanwalt vertreten und Sie adressieren den Bescheid an den Bevollmächtigten, ist Name und Adresse des Mandanten anzugeben (z. B. *„Antrag Ihres Mandanten Heinrich Müller, Am Weinstock 12, 65205 Wiesbaden vom 18. August 2015 auf Erteilung einer wasserrechtlichen Erlaubnis“*).

775 Anschließend folgt die **Anrede** (*„Sehr geehrte Frau Pohl“*) und die **Überschrift des Bescheids.** Im Bemühen um eine bürgerfreundliche Bescheidgestaltung wird die Überschrift meist nicht mehr dem Bescheid vorangestellt, sondern als Abschluss der Erlassformel deutlich abgesetzt dem Tenor vorangestellt. Dabei genügt es, bei belastenden oder einen Antrag ablehnenden VAen den Begriff *„Bescheid“* oder *„Verfügung“* zu gebrauchen. Ist der VA gesetzlich besonders bezeichnet (z. B. Baugenehmigung, Beseitigungsanordnung, Aufenthaltserlaubnis), empfiehlt sich die Verwendung dieses Begriffs.

§ 59. Der Tenor des Bescheids

I. Grundsätzliches

776 Der Adressat ist unmittelbar nach der Anrede und der Überschrift über die von der Behörde getroffene Regelung zu unterrichten. Infolge der **strikten Trennung von Tenor und Begründung** darf in die Entscheidungsformel nichts aufgenommen werden, was systematisch in die Begründung gehört, also keine Sachverhaltselemente (*„Auf Ihren Antrag vom (…) erteile ich Ihnen die Genehmigung.“*), keine rechtlichen Ausführungen (*„Gemäß § 4 Abs. 1 GastG versage ich Ihnen (…)“*) und keine Ratschläge, Empfehlungen und Hinweise auf vom Gesetz an die Entscheidung angeknüpfte weitere Verhaltenspflichten (*„Sie sind gemäß § 50 Abs. 1 AufenthG zur Ausreise verpflichtet“*).[7]

Im Tenor müssen sämtliche Regelungen aufgeführt sein, die der Bescheid als Abschluss des Verwaltungsverfahrens trifft.[8] Hierzu gehören der **Hauptausspruch, evtl. Nebenbestimmungen** wie Auflagen, Befristungen, Bedingungen etc., die **Anord-**

[5] Sofern das Gesetz für den VA ausdrücklich Schriftform angeordnet hat, muss dieser allerdings mit einer qualifizierten elektronischen Signatur versehen sein (§ 3 a Abs. 2 VwVfG); ferner muss der Adressat auch hierfür einen Zugang eröffnet haben.

[6] *BVerwG* NVwZ 1998, 1292; *OVG Schleswig* NordÖR 2003, 263.

[7] *Gerke*, JuS 2009, 940, 942.

[8] Ausführlich zur Tenorierung belastender VAe s. *Weber*, KommJur 2008, 89.

nung der sofortigen Vollziehung, die **Androhung von Zwangsmitteln** sowie die **Kostenentscheidung.** Nicht in den Tenor aufgenommen wird eine Entscheidung über die Wiedereinsetzung in den vorigen Stand (s. § 32 VwVfG). Die einzelnen Teile des Tenors sind optisch zu trennen und fortlaufend zu nummerieren.

II. Der Hauptausspruch

Der Hauptausspruch muss, da er Grundlage für eine sich anschließende Verwaltungs- 777
vollstreckung ist, den Anforderungen des Bestimmtheitsgebots des § 37 Abs. 1 VwVfG genügen. Der **VA** muss daher inhaltlich so **hinreichend bestimmt** sein, dass sein Inhalt für den Adressaten wie für die vollstreckende Behörde und im Rahmen der Vollstreckung eingeschaltete Dritte so klar, vollständig und unzweideutig erkennbar ist, dass sie ihr Verhalten danach richten können.[9] Unklarheiten gehen grundsätzlich zu Lasten der Behörde.[10]

Ergeht der Bescheid auf Antrag des Beteiligten, lautet die Hauptentscheidung im Falle der Stattgabe z. B. so: *„Ich erteile Ihnen die Sondernutzungserlaubnis zum Aufstellen eines Imbisswagens am 13. September 2015 in Homburg auf der Brunnenstraße aus Anlass des Festumzuges. Der genaue Standort ergibt sich aus dem beigefügten Lageplan.“* Bleibt der Antrag ohne Erfolg, so wird er abgelehnt: *„Der Antrag auf Wiedererteilung der Fahrerlaubnis wird abgelehnt.“* Bei teilweiser Stattgabe dürfen Sie die Ablehnung im Übrigen nicht vergessen. Ergeht die Entscheidung von Amts wegen (meist Gebote oder Verbote), so muss im Tenor klar und unmissverständlich zum Ausdruck gebracht werden, was von dem Adressaten des VA verlangt wird. Ein Beispiel:

„Ihnen wird ab 1. Juli 2015 ein auf sechs Monate befristetes Aufenthaltsverbot für bestimmte Bereiche der Stadtgemeinde Bremen (Bahnhofsvorplatz, Bereich An der Weide und Am Dobben, Bereich Vor dem Steintor) erteilt. Wegen des räumlichen Geltungsbereichs des Verbots wird auf den beigefügten Plan Bezug genommen.“

Fügen Sie dem VA **Nebenbestimmungen** im Sinne des § 36 VwVfG bei, so müssen 778
diese ebenfalls im Tenor aufgeführt sein. Je nach Fall können die Nebenbestimmungen bei der Tenorierung in den GrundVA eingearbeitet, von ihm aber auch durch Bildung einer anderen Tenornummer optisch abgegrenzt werden.[11] Die sprachliche Verknüpfung von VA und Nebenbestimmung ist in der Regel sachgerecht bei Bedingungen, Befristungen und Widerrufsvorbehalt. Dagegen sollte eine Auflage im Sinne des § 36 Abs. 2 Nr. 4 VwVfG ebenso wie ein Auflagenvorbehalt regelmäßig als selbstständige Regelung formuliert und der Hauptregelung nachgestellt werden.

Nicht unter den Begriff der Nebenbestimmungen im Sinne des § 36 VwVfG fällt die sog. „modifizierende Auflage“, die häufig nur sehr schwer von der isolierten Auflage nach § 36 Abs. 2 Nr. 4 VwVfG abzugrenzen ist.[12] Nehmen Sie eine **„modifizierende Auflage“** in den Bescheid auf, so ist diese weder im Tenor als Auflage zu bezeichnen noch als Nebenbestimmung aufzuführen sondern in den GrundVA einzubauen:

---

[9] *Kopp/Ramsauer,* § 37 Rn. 5 m. w. N.
[10] Beispiele für rechtmäßige und beanstandete Tenorierungen finden Sie bei *Weber,* KommJur 2008, 89, 92 ff.
[11] So zutreffend *Linhart,* Rn. 37; *Rüssel/Ernst,* VR 2004, 37, 41.
[12] Ausführlich dazu s. Rn. 203 f.

„Ich erteile Ihnen die Baugenehmigung für die Errichtung eines Warenautomaten auf Ihrem Grundstück Plan-Nr. 1245/3 in Bad Hersfeld mit der Maßgabe, dass für dessen Betrieb das Ladenöffnungsgesetz gilt. Im Übrigen wird Ihr Antrag abgelehnt."

III. Die Anordnung der sofortigen Vollziehung

779 Ordnen Sie bei belastenden VAen die sofortige Vollziehung des Bescheids an, so muss dies in jedem Fall im Tenor geschehen. Besteht die Hauptentscheidung aus mehreren VAen (z. B. Beseitigungsverfügung und Nutzungsuntersagung) und sollen nicht alle davon für sofort vollziehbar erklärt werden, müssen Sie die Beschränkung deutlich zum Ausdruck bringen (z. B. *„Die sofortige Vollziehung der Ziffer 2 dieses Bescheides wird angeordnet"*).

IV. Die Androhung von Zwangsmitteln

780 Erlassen Sie einen für den Beteiligten belastenden VA und fügen Sie diesem eine **Zwangsmittelandrohung** bei, ist diese, da sie ein selbstständiger VA ist,[13] ebenfalls in den Tenor aufzunehmen. Bei der Formulierung müssen Sie sehr aufmerksam sein, denn hier treten in der Praxis immer wieder – vermeidbare – Fehlerquellen auf. Daher **einige Grundzüge zum Verwaltungsvollstreckungsrecht:**[14]

Die Vollstreckung von VAen richtet sich, soweit Bundesbehörden handeln, nach dem VwVG. Die Verwaltungsvollstreckung durch Landes- und Kommunalbehörden wird durch das Landesrecht geregelt.

Die Androhung eines Zwangsmittels stellt bereits eine Vollstreckungsmaßnahme dar, da sie den Beginn der Zwangsvollstreckung einleitet. Sie kann nach § 13 Abs. 2 VwVG bzw. den landesgesetzlichen Regelungen mit dem GrundVA verbunden werden und soll mit ihm verbunden werden, wenn dessen sofortige Vollziehung angeordnet wird oder der Rechtsbehelf keine aufschiebende Wirkung hat. Die Androhung erfüllt gegenüber dem Pflichtigen eine Warnfunktion. Diesem wird deutlich gemacht, welche Zwangsmaßnahmen auf ihn zukommen können und ihm wird die Möglichkeit eingeräumt, innerhalb einer bestimmten Frist der Verfügung freiwillig nachzukommen.[15]

781 Sofern Sie von dem Beteiligten eine Handlung verlangen, müssen Sie ihm im Tenor eine **angemessene Frist** setzen. Entbehrlich ist die Fristsetzung, auch wenn die gesetzlichen Regelungen möglicherweise nicht differenzieren, dagegen bei Unterlassungspflichten (z. B. Verbot an den Bürger, sein Wiesengelände zum Zwecke der landwirtschaftlichen Bearbeitung zu zerstören).

Die Fristbestimmung einer Zwangsmittelandrohung muss so gestaltet sein, dass der Adressat eindeutig erkennen kann, bis zu welchem Zeitpunkt er die geforderte Handlung vorgenommen haben muss; eine Verpflichtung zu „unverzüglichem" Handeln entspricht diesem Bestimmtheitserfordernis nicht.[16]

Fraglich ist, ob Sie dem Fristsetzungserfordernis auch dann Genüge tun, wenn Sie die Frist nicht als vollstreckungsrechtliche Frist, sondern als materiell-rechtliche Frist als

---

[13] *BVerwG* NVwZ 1998, 393; *OVG Bautzen* NVwZ-RR 2007, 68, 69.

[14] Ausführlich dazu *Muckel*, JA 2012, 272 und JA 2012, 355; *Horn*, Jura 2004, 447 und 597; *App*, JuS 2004, 786; s. auch die Klausur von *Weber*, JA 2007, 536.

[15] *VGH Mannheim* NVwZ 1991, 686.

[16] *VGH Mannheim* NVwZ-RR 1995, 506; *OVG Greifswald* NVwZ-RR 1997, 762.

Teil der Grundverfügung formulieren (z. B.: *„Ich fordere Sie auf, den Schuppen auf Ihrem Grundstück Flur-Nr. 224/3 in Flensburg innerhalb eines Monats nach Bestandskraft dieses Bescheids zu entfernen“*). Der *VGH Kassel*[17] hat diese Frage für die Vollstreckung nach § 69 HessVwVG[18] grundsätzlich bejaht und zur Begründung ausgeführt, auch wenn die Frist auf die Grundverfügung bezogen sei, sei die unter Fristsetzung angedrohte Vollstreckungsmaßnahme im Sinne des § 69 HessVwVG mit dem VA verbunden. Dies gelte jedenfalls dann, wenn es sich bei der gesetzlichen Frist nicht um eine Verpflichtungsentstehungsfrist handele, bei der die durch den VA begründete Pflicht erst nach Ablauf der in dem Bescheid genannten Frist entstehe, sondern um eine Befolgungsfrist. Eine andere Frage ist, ob es – zusätzlich zur vollstreckungsrechtlichen Fristsetzung – auch einer Fristsetzung in der Grundverfügung bedarf. Dies dürfte zu verneinen sein.[19]

Welcher **Zeitraum angemessen** ist, innerhalb dessen die Erfüllung der Verpflichtung dem Vollstreckungsschuldner billigerweise zugemutet werden kann, ist nach den Umständen des Einzelfalles, insbesondere der Dringlichkeit und unter Berücksichtigung der dem Schuldner zu Gebote stehenden Möglichkeiten und Mittel zu beurteilen. Bei der Bemessung der Frist ist jedoch Folgendes stets zu beachten: Die Gesamtfrist, die die Behörde dem Vollstreckungsschuldner bei der Androhung setzt, sollte grundsätzlich aus der **Rechtsschutzfrist** (Rechtsbehelfsfrist) **plus** der **Erzwingungsfrist** bestehen. Gibt die Behörde dem Schuldner in dem Bescheid unter Androhung eines Zwangsmittels auf, eine bestimmte Verpflichtung zu erfüllen und ordnet sie nicht den Sofortvollzug an, sollte die Frist nicht an die Zustellung des Bescheids oder ein konkretes Datum geknüpft werden. Denn legt der Schuldner gegen den Bescheid Widerspruch ein, so braucht er wegen der aufschiebenden Wirkung des Rechtsbehelfs die ihm gesetzte Frist nicht zu beachten. Die Androhung erledigt sich hierdurch und entfaltet keine den Schuldner belastende Wirkung mehr. Formulieren Sie also: „… innerhalb von einem Monat nach Bestandskraft dieses Bescheids“. Haben Sie aber den Sofortvollzug der Grundverfügung angeordnet, so sind Sie solchen Beschränkungen nicht unterworfen; d. h. Sie können die Zwangsmittelandrohung mit einer kalendermäßig gesetzten Frist versehen *(„innerhalb von zwei Wochen nach Zustellung dieses Bescheids“).*

Für **welches Zwangsmittel** Sie sich entscheiden, hängt von den näheren Umständen **782**
des zu beurteilenden Falles ab. In Betracht kommen regelmäßig nur die Androhung eines Zwangsgeldes oder der Ersatzvornahme. Die Androhung unmittelbaren Zwangs scheidet gewöhnlich aus, da sie zum einen in den meisten Fällen kein geeignetes Zwangsmittel darstellt und zum anderen als ultima ratio nur als letzte Möglichkeit in Betracht kommt. Eine besondere Form der Anwendung unmittelbaren Zwangs ist die Versiegelung einer Baustelle im Bauordnungsrecht.[20]

Bei **vertretbaren Handlungen** sehen manche Länder einen Vorrang der Ersatzvornahme gegenüber der Zwangsgeldandrohung vor, in anderen Ländern trifft das Gesetz keine entsprechende Aussage, so dass die Auswahl der Zwangsmittel dem pflichtgemäßen Ermessen der Behörde überlassen bleibt. Verinnerlichen Sie daher die Regelungen „Ihres“ Bundeslandes.

Entscheiden Sie sich für die Androhung eines Zwangsgelds, müssen Sie für jede einzelne im Tenor geforderte Verhaltensweise einen konkreten Betrag nennen.

---

[17] NVwZ-RR 1998, 76; ebenso *Brühl*, JuS 1997, 926, 929.

[18] Nach dieser Vorschrift können VAe vollstreckt werden, wenn u. a. dem Pflichtigen verbunden mit der Androhung eine zumutbare Frist zur Erfüllung seiner Verpflichtung gesetzt worden und die Frist abgelaufen ist.

[19] Vgl. *VGH München* BRS 29 Nr. 177.

[20] S. z. B. Art. 75 Abs. 2 BayBO; § 64 Abs. 2 BadWürttBauO.

Fraglich ist, ob Sie zur zwangsweisen Durchsetzung von Duldungs- oder Unterlassungspflichten ein Zwangsgeld **„für jeden Fall der Zuwiderhandlung"** androhen dürfen. Nach der Rechtsprechung des *BVerwG*[21] ist das möglich, sofern eine gesetzliche Regelung dies ausdrücklich zulässt (z. B. § 57 Abs. 3 Satz 2 NWVwVG[22], § 17 Abs. 6 Satz 2 BremVwVG[23]). Ein allgemeiner Grundsatz, nach dem trotz Fehlens einer ausdrücklichen Regelung die Androhung eines Zwangsgeldes für jeden Fall der Zuwiderhandlung zulässig wäre, liegt darin aber nicht.

Der Rahmen für die **Höhe des Zwangsgeldes** ist in den Vollstreckungsgesetzen unterschiedlich geregelt und reicht von höchstens 5.000,– € bis zu höchstens 1 Mio. –.[24] Die vorgesehenen Zwangsgeldobergrenzen stellen einen Höchstsatz dar, der nach dem Grundsatz der Verhältnismäßigkeit nur unter besonderen Voraussetzungen und in der Regel erst nach Wiederholung des Zwangsmittels auszuschöpfen ist. Bei der in das Ermessen der Verwaltungsbehörde gestellten Bemessung der Höhe des angedrohten Zwangsgeldes ist danach in erster Linie auf die Wichtigkeit des ordnungsbehördlichen Zwecks abzustellen und die wirtschaftliche Lage des Pflichtigen zu berücksichtigen.

Drohen Sie bei einer Handlung die **Ersatzvornahme** an, ist nach den Vollstreckungsgesetzen in der Androhung der **Kostenbetrag vorläufig zu veranschlagen.** Der Sinn dieser Regelung besteht darin, durch die Kostenangabe dem Vollstreckungsschuldner deutlich zu machen, mit welchen finanziellen Forderungen er zu rechnen hat.

Bei **unvertretbaren Handlungen** kommt regelmäßig die Auferlegung eines Zwangsgeldes und als ultima ratio die Anwendung unmittelbaren Zwangs in Betracht.

783 Eine gesonderte **Anordnung der sofortigen Vollziehung der Zwangsmittelandrohung** ist **in der Regel nicht erforderlich,** da nahezu alle Bundesländer von der Möglichkeit des Ausschlusses der aufschiebenden Wirkung von Rechtsbehelfen bei Maßnahmen der Verwaltungsvollstreckung Gebrauch gemacht haben.[25] Sollte dies in Ihrem Bundesland nicht der Fall sein – so beschränkt Art. 11 BremAGVwGO den Ausschluss der aufschiebenden Wirkung bei Maßnahmen der Verwaltungsvollstreckung auf die Beitreibung von Geldbeträgen –, müssen Sie, sofern Sie dies für notwendig erachten, die gesonderte Anordnung der sofortigen Vollziehung im Tenor aussprechen.

V. Die Kostenentscheidung

784 Die Tenorierung des Bescheids endet mit dem Ausspruch über die Kosten *(„Sie haben die Kosten des Verfahrens zu tragen. Für diesen Bescheid wird eine Gebühr von 120,– € festgesetzt.")*. Diese Entscheidung betrifft allein die der Behörde für die Durchführung des Verwaltungsverfahrens entstandenen Kosten.[26] Verwaltungskosten sind Gebühren und Auslagen. Inwieweit Gebühren erhoben und Auslagen erstattet verlangt werden können, richtet sich nach den einschlägigen Verwaltungskostengesetzen (auf Bundesebene das Verwaltungskostengesetz des Bundes, auf Länderebene meist Landesgebührengesetze oder Landesverwaltungskostengesetze, die die Exe-

---

[21] NVwZ 1998, 393; verneint für § 13 VwVG vom *BVerwG* NVwZ 1998, 393; für Landesrecht *OVG Lüneburg* NordÖR 2010, 507; *VGH Mannheim* NVwZ-RR 2003, 238.

[22] *OVG Münster* BeckRS 2010, 55446.

[23] S. hierzu *OVG Bremen* NVwZ 1999, 314.

[24] *Volkert,* 1. Kapitel Rn. 113.

[25] Z. B. § 99 Abs. 1 Satz 2 MVSOG; § 20 RhPf und SaarlAGVwGO; § 4 BerlAGVwGO; in Thüringen hat der Gesetzgeber sogar eine doppelte Absicherung gewählt: § 8 AGVwGO und § 30 VwZVG.

[26] Ausführlich hierzu *Volkert,* 1. Kapitel Rn. 122 ff.

kutive ermächtigen, die Gebühren in Gebührenordnungen, Gebührenverzeichnissen oder Kostentarifen näher zu bestimmen). In der Regel wird die Gebührenfestsetzung im Examen nicht verlangt.

Der Beteiligte hat mangels entsprechender Rechtsgrundlage keinen Anspruch auf Erstattung von Kosten, die ihm im Verwaltungsverfahren entstanden sind. Daher scheidet auch die Hinzuziehung eines Bevollmächtigten für notwendig aus.

§ 60. Die Begründung des Bescheids

I. Funktion der Begründung

VAe greifen regelmäßig in Rechte und Freiheiten der Adressaten ein, das heißt sie sind nur bei Vorliegen der gesetzlichen Voraussetzungen zulässig. Zu ihrer Rechtfertigung bedürfen sie daher grundsätzlich einer **Begründung,** § 39 Abs. 1 Satz 1 VwVfG, die dem betroffenen Bürger Klarheit über den Umfang der ihm auferlegten Einschränkungen und gegebenenfalls einzulegender Rechtsmittel verschafft und gleichzeitig der Selbstkontrolle der Verwaltung dient. Die Begründung wird vom Tenor durch die Überschrift („*Gründe*“ oder „*Begründung*“) abgesetzt und ist durch sinnvolle Absätze zu gliedern. Inhaltlich kann sie ihre Funktion nur erfüllen, wenn gemäß § 39 Abs. 1 Satz 2 VwVfG die wesentlichen tatsächlichen und rechtlichen Gründe mitgeteilt werden, die die Behörde zu ihrer Entscheidung bewogen haben. Die Begründung muss also eine Darstellung des entscheidungserheblichen Sachverhalts sowie dessen rechtliche Würdigung enthalten, wobei Sprache und Stil möglichst klar und verständlich, dabei gleichzeitig neutral und sachlich sein sollten. 785

II. Die Sachverhaltsdarstellung

Die Sachverhaltsdarstellung soll eine möglichst knappe, aber präzise Zusammenstellung der für die Entscheidung maßgeblichen Tatsachen beinhalten. In der Praxis verzichten die Behörden bei einfach gelagerten Sachverhalten, deren Einzelheiten den Beteiligten bereits bekannt sind, regelmäßig auf eine geschlossene Darstellung des Sachverhalts und binden stattdessen die entsprechenden tatsächlichen Umstände sogleich in die rechtliche Würdigung ein. Hiervon sollten Sie im Examen, in dem im Zweifel ein für den Beteiligten belastender VA zu entwerfen ist, aber keinen Gebrauch machen. Stellen Sie Ihrer rechtlichen Würdigung in jedem Fall eine **zusammenfassende Sachverhaltsdarstellung** voran, die Sie ebenso wie in Urteil oder Widerspruchsbescheid **chronologisch aufbauen.** Bemühen Sie sich um eine einfache und verständliche Sprache. Soweit dem Bescheidadressaten nach § 28 Abs. 1 VwVfG Gelegenheit zur Stellungnahme gegeben worden ist, ist dies ebenso zu erwähnen wie der wesentliche Inhalt der Stellungnahme des Beteiligten. Dessen Vorbringen ist sprachlich deutlich als solches zu kennzeichnen. 786

III. Die rechtliche Würdigung

1. Die Begründung der Hauptentscheidung

Die Begründung der Hauptentscheidung folgt dem **gleichen Aufbau wie beim Widerspruchsbescheid** (zum **Aufbauschema** s. Rn. 918). Zunächst ist, soweit nicht selbstverständlich, die Zuständigkeit zum Erlass des Bescheids zu erörtern, wobei Anmerkungen zu den formellen Voraussetzungen in der Regel entbehrlich sind. Entwerfen Sie einen Bescheid, der in Rechte eines Beteiligten eingreift, ohne Anhörung des Beteiligten, weil nach Ihrer Ansicht die Voraussetzungen des § 28 Abs. 2 787 oder 3 VwVfG erfüllt sind, sollten Sie, sofern Sie der *h. M.*[27] folgen, unter Berufung auf diese Bestimmung eine ausdrückliche Ermessensentscheidung hinsichtlich des Verzichts auf die Anhörung treffen. Als nächstes ist die materielle Rechtsgrundlage des Bescheids zu benennen. Erörtern Sie unabhängig davon, ob es sich um ein Antragsverfahren oder ein Verfahren von Amts wegen handelt, die einzelnen Tatbestandsmerkmale der einschlägigen Vorschrift, sofern der Sachverhalt hierzu Anlass bietet.

788 Achten Sie darauf, dass der Bescheid den Anforderungen an das **Bestimmtheitgebot** genügt (§ 37 Abs. 1 VwVfG). Die Anforderungen an die notwendige Bestimmtheit richten sich nach den Besonderheiten des jeweils anzuwendenden materiellen Rechts. Grundsätzlich sollte sich die hinreichende Bestimmtheit des VA bereits aus dem Tenor des Bescheids ergeben.[28] Allerdings reicht es aus, dass sich der Regelungsgehalt aus der Anordnung insgesamt einschließlich ihrer Begründung ergibt. Auf die subjektiven Vorstellungen der erlassenden Behörde kommt es in diesem Zusammenhang nicht an.[29] Vielmehr muss für den Betroffenen und einen objektiven verständigen Dritten aus dem Entscheidungssatz im Zusammenhang mit den Gründen des VA die getroffene Regelung so klar und unzweideutig erkennbar sein, dass sie ihr Verhalten danach ausrichten können.[30] Unklare Angaben im Hauptausspruch sind daher unschädlich, wenn eine hinreichende Konkretisierung durch sprachlich genau gefasste Formulierungen in der Begründung erfolgt.[31] Nicht hinreichend bestimmt wäre z. B. die Verpflichtung des Adressaten, einen „ordnungsgemäßen Zustand" herzustellen oder „die Immissionsrichtwerte der TA-Lärm einzuhalten ohne genauer anzugeben, auf welche Art und Weise dies sichergestellt werden soll. Bestimmt ist hingegen die – infolge unterschiedlichen Geländeniveaus vorgenommene – Festlegung der Geländeoberfläche in der Baugenehmigung.

Soweit Dritte von einem VA betroffen werden, muss dieser auch ihnen gegenüber bestimmt sein. Eine Baugenehmigung ist u.a. dann nachbarrechtswidrig, wenn Bauschein und genehmigte Unterlagen hinsichtlich nachbarschutzrelevanter Nutzungen unbestimmt sind und infolgedessen bei der Ausübung der durch die Baugenehmigung zugelassenen baulichen Nutzung eine Verletzung von Nachbarrechten nicht auszuschließen ist.[32]

In Bezug auf die Frage, ob die Ausgangsbehörde eine **Normverwerfungskompetenz** hat, kann auf die Ausführungen in Rn. 739 verwiesen werden.

789 Besondere Bedeutung kommt der **Begründung von Ermessensentscheidungen** zu. Gesetzesformulierungen wie „kann, darf, soll" weisen auf einen Ermessensspielraum der Verwaltung hin, ob sie einschreiten will (Handlungs- oder Entschließungsermessen) und wie sie handeln will (Auswahlermessen in Bezug auf Mittel, Adressat und der zur Erfüllung der Verpflichtung gesetzten Zeit). **§ 39 Abs. 1 Satz 3 VwVfG** schreibt ausdrücklich vor, dass die Begründung von Ermessensentscheidungen auch die Gesichtspunkte erkennen lassen soll, von denen die Behörde bei der Ausübung ihres Ermessens ausgegangen ist. Voraussetzung für eine korrekte Ausübung des Ermessens ist stets die **vollständige und zutreffende Feststellung des entschei-**

---

[27] *VGH Kassel* NVwZ-RR 2012, 163; *OVG Weimar* NVwZ-RR 1997, 287; *Kopp/Ramsauer,* § 28 Rn. 45.
[28] S. Rn. 777.
[29] *BVerwG* NVwZ 2007, 1324, 1325; *VGH Mannheim* NuR 2014, 54.
[30] Vgl. *BVerwG* NVwZ 2014, 889: Die Begründung bestimmt den Inhalt der getroffenen Regelung mit, sodass sie in aller Regel unverzichtbares Auslegungskriterium ist.
[31] *Klein,* apf 2003, 10, 11.
[32] *OVG Koblenz* NVwZ-RR 2013, 794.

dungserheblichen Sachverhalts. Die Begründung muss deutlich machen, dass die Behörde das ihr zukommende Ermessen betätigt hat und nicht etwa von einer gebundenen Entscheidung ausgegangen ist. Fehl am Platze sind daher Redewendungen wie „ich sehe mich gezwungen,..." oder „daher war... anzuordnen". Stattdessen sollten Sie im Anschluss an die Erörterung der Tatbestandsmerkmale der anzuwendenden Rechtsvorschrift ausdrücklich auf das bestehende Ermessen hinweisen und danach die für die Ermessensbetätigung maßgeblichen Gesichtspunkte darstellen.

Die Begründung muss, um den Anforderungen des § 40 VwVfG gerecht zu werden, 790
erkennen lassen, dass die Behörde sich von dem Zweck der Ermächtigung entsprechenden Erwägungen hat leiten lassen und die Grenzen ihres Handlungsspielraums erkannt und eingehalten hat. Zuerst klären Sie daher das Ziel der zu vollziehenden Vorschrift. Dann gehen Sie auf alternative Handlungsmöglichkeiten ein, die sich anbieten, um das Gesetzesziel zu verwirklichen. Legen Sie die Gründe dar, warum Sie sich für eine bestimmte Entscheidungsalternative entschieden haben. Bei belastenden VAen ist auf den **Grundsatz der Verhältnismäßigkeit** einzugehen, denn es ist die für den Bescheidempfänger mildeste Form des Einschreitens zu finden. Prüfen Sie die Geeignetheit, Erforderlichkeit und Verhältnismäßigkeit (im engeren Sinne) der Maßnahme. Häufig ist auch der Grundsatz der Gleichbehandlung anzusprechen. Ist mit der Tatbestandserfüllung typischerweise die Ermessensausübung vorgezeichnet (intendiertes Ermessen), können Sie auf Ermessenserwägungen verzichten, solange kein atypischer Sachverhalt vorliegt.[33] Gleichwohl empfiehlt es sich, deutlich zu machen, dass Sie sich bewusst sind, eine solche ermessenslenkende Vorschrift anzuwenden. Enthält der Sachverhalt Anhaltspunkte für eine besondere Situation, die eine andere Entscheidung möglich erscheinen lässt, müssen Sie die Ermessensentscheidung ausdrücklich begründen.

Bei Antragsverfahren (z. B. Antrag auf Erteilung einer straßenrechtlichen Sondernut- 791
zungserlaubnis) konzentrieren sich die Ermessenserwägungen auf die Abstimmung und Abwägung der Belange des Antragstellers und der Allgemeinheit durch Nebenbestimmungen, deren Erlass gemäß § 36 VwVfG im Ermessen der Behörde steht.

2. Die Begründung der Anordnung der sofortigen Vollziehung

Ordnen Sie bei belastenden VAen die sofortige Vollziehung nach § 80 Abs. 2 Satz 1 792
Nr. 4 VwGO an, müssen Sie dies gemäß § 80 Abs. 3 Satz 1 VwGO grundsätzlich begründen. Die Anforderungen an die Begründungspflicht wurden unter Rn. 469 ausführlich dargestellt, so dass zur Vermeidung von Wiederholungen hierauf Bezug genommen wird.

3. Die Androhung von Zwangsmitteln

Die Androhung eines bestimmten Zwangsmittels muss im Bescheid ebenfalls begrün- 793
det werden. Zitieren Sie die maßgeblichen Vorschriften und legen Sie, sofern erforderlich, im Einzelnen dar, warum Sie sich für das getroffene Zwangsmittel entschieden haben. Bei der Zwangsgeldandrohung empfiehlt es sich, Ausführungen zur Rechtfertigung der Höhe des angedrohten Betrags zu machen. Dies gilt jedenfalls dann, wenn sich der Betrag im oberen Bereich des Zwangsgeldrahmens bewegt.

4. Die Begründung der Kostenentscheidung

Zuletzt ist die im Tenor getroffene Kostenentscheidung zu begründen. Hier reicht im 794
Allgemeinen die Angabe der Rechtsgrundlage *(„Die Kostenentscheidung beruht auf*

[33] Ausführlich zum intendierten Ermessen s. Rn. 338.

Art. 1, 2 BayKostG i. V. m. Ziffer 1.41.2. des Kostenverzeichnisses.“). In der Praxis ist es darüber hinaus wichtig, die Stelle des Kostentarifs, die die Gebührenerhebung rechtfertigt, genau zu bezeichnen, wenn im Tenor des Bescheids die Kosten der Höhe nach festgesetzt werden. Da Ihnen im Examen solche Gebührenverzeichnisse nicht zur Verfügung stehen dürften, brauchen Sie weder im Tenor eine Gebührenfestsetzung vorzunehmen noch hierauf in der Begründung der Kostenentscheidung einzugehen.

§ 61. Rechtsbehelfsbelehrung und Schlussformel

795 An die rechtliche Würdigung schließt sich die **Rechtsbehelfsbelehrung** an. Wie bereits ausgeführt, sollten Sie sich im Examen, um unnötige Fehler zu vermeiden, auf eine Formulierung beschränken, die den Mindestanforderungen des § 58 Abs. 1 VwGO genügt:[34]

„Gegen diesen Bescheid kann innerhalb eines Monats nach seiner Bekanntgabe[35] schriftlich oder zur Niederschrift Widerspruch bei der Stadt Wiesbaden erhoben werden.“

796 Am Ende des Bescheids folgt noch die nach § 37 Abs. 3 VwVfG erforderliche **Unterschrift** des Behördenleiters oder der zeichnungsberechtigten Person *(„Im Auftrag, Dr. Schädler, Regierungsdirektorin“).* Haben Sie den Bescheid im persönlichen Briefstil abgefasst, sollten Sie der Unterschrift eine Grußformel voranstellen. Welche Formulierung Sie verwenden (z. B. *„mit freundlichen Grüßen, mit vorzüglicher Hochachtung, hochachtungsvoll“*), dürfte nicht zuletzt vom Tenor der Entscheidung abhängen.

§ 62. Formulierungsbeispiel

797 Die landesrechtlichen Normen sind solche des Bundeslandes Schleswig-Holstein.[36]

Der Landrat des Kreises Schleswig-Flensburg Schleswig, 25. Juni 2015

– Untere Bauaufsichtsbehörde –

Aktenzeichen 15–232

Gegen Empfangsbekenntnis

Frau Rechtsanwältin

Dr. Beatrix Uhse

Brockdorff-Rantzau-Straße 80

24837 Schleswig

Vollzug der Landesbauordnung und des Landesverwaltungsvollstreckungsgesetzes

---

[34] Eine ausformulierte Rechtsbehelfsbelehrung bei fakultativer Widerspruchseinlegung (s. Rn. 259) finden Sie bei *Kroiß/Neurauter,* Muster Nr. 45 Anmerkung 8.

[35] Oder „Zustellung“.

[36] In der Praxis werden die hier als Fußnote beigefügten Rechtsprechungsnachweise in den Text integriert. Zu der Thematik der bauplanungsrechtlichen Zulässigkeit von prostitutiven Einrichtungen in einem allgemeinen Wohngebiet s. auch die Klausur von *Broemel/Heinze,* JA 2014, 933.

Nutzungsuntersagung gegenüber Ihrem Mandanten Olaf Orion, Glücksburger Straße 17, 24986 Satrup

Sehr geehrte Frau Dr. Uhse, ich erlasse gegen Ihren Mandanten, Herrn Olaf Orion, folgenden

Bescheid:

1. Ihrem Mandanten, Herrn Olaf Orion, wird die Nutzung seines Anwesens Glücksburger Straße 17 in 24986 Satrup zum Zwecke derAusübung der Wohnungsprostitution untersagt.
2. Die sofortige Vollziehung wird angeordnet.
3. Für den Fall, dass die unzulässige Nutzung nicht binnen vier Wochen nach Zustellung dieser Verfügung aufgegeben wird, wird Herrn Orion ein Zwangsgeld in Höhe von 2.000,– € angedroht.
4. Herr Orion hat die Kosten des Verfahrens zu tragen. Für diese Entscheidung wird eine Verwaltungsgebühr in Höhe von 150,– € festgesetzt.

Begründung:

I.

Unserer Entscheidung liegt folgender Sachverhalt zugrunde:

Herr Orion ist Alleineigentümer des Grundstücks in Satrup in der Glücksburger Straße 17, das mit einem zu Wohnzwecken genehmigten Reihenhaus bebaut ist. Dieses liegt im Geltungsbereich des Bebauungsplans „Wonnenäcker", der den baurechtlichen Gebietstypus für den betreffenden Bereich als allgemeines Wohngebiet festsetzt.

Anfang 2015 beschwerten sich Nachbarn darüber, dass in dem Haus Ihres Mandanten der Wohnungsprostitution nachgegangen werde. Daraufhin nahmen zwei Bedienstete des Bauordnungsamtes mehrere Ortsbesichtigungen vor. Diese stellten fest, dass in dem Anwesen zwei Damen tatsächlich Wohnungsprostitution betreiben. Im Rahmen einer Anhörung äußerten Sie sich dahingehend, Ihr Mandant habe den beiden Damen zwei Zimmer in seinem Haus zur Verfügung gestellt, in denen diese regelmäßig der Prostitution nachgingen Dies sei aber als freiberufliche Tätigkeit in einem allgemeinen Wohngebiet zulässig und könne daher nicht beanstandet werden. Ferner finde in dem nur etwa einhundert Meter entfernten Anwesen „Villa Romantica" seit Jahren Wohnungsprostitution statt, ohne dass sich das Ordnungsamt in der Vergangenheit daran gestört habe. Schließlich müsse das Bauordnungsamt vorrangig die Mieterinnen in Anspruch nehmen.

II.

Ich bin als untere Bauaufsichtsbehörde gemäß § 61 Abs. 1 Satz 1 LBO sachlich und nach § 61 Abs. 2 LBO örtlich für die Untersagung der Nutzung des o. g. Anwesens Ihres Mandanten zu Zwecken der Wohnungsprostitution zuständig.

Rechtsgrundlage für die unter Ziffer 1 des Tenors getroffene Maßnahme ist § 59 Abs. 1 Satz 2 i. V. m. Abs. 2 Nr. 4 LBO. Danach können die Bauaufsichtsbehörden die Nutzung von baulichen Anlagen, die im Widerspruch zu öffentlichrechtlichen Vorschriften genutzt werden, untersagen.

Die tatbestandlichen Voraussetzungen dieser Bestimmung für die Untersagung der Nutzung zu Zwecken der Wohnungsprostitution sind gegeben, denn das Anwesen Ihres Mandanten wird nicht nur wie genehmigt zum Wohnen, sondern auch zu gewerblichen Zwecken genutzt. Für eine gewerbliche Nutzung gelten aber andere Vorschriften als für eine Wohnnutzung, so dass die Nutzungsänderung genehmigungspflichtig ist (s. § 63 Abs. 2 LBO). Nach der verwaltungsgerichtlichen Rechtsprechung[37] stellt auch die so genannte Wohnungsprostitution eine – regelmäßig störende – gewerbliche Nutzung dar. Eine Wohnungsprostitution in diesem Sinne liegt hier, ohne dass dies einer besonderen Begründung bedarf, weil Herr Orion dies selbst eingeräumt hat, vor.

Ist die aufgenommene Nutzung zu Prostitutionszwecken aber formell baurechtswidrig, so braucht hier nicht näher auf die von Ihrem Mandanten aufgeworfene Frage eingegangen zu werden, ob die in seinem Anwesen betriebene Wohnungsprostitution in einem allgemeinen Wohngebiet zulässig ist, weil es sich um einen sonstigen nicht störenden Gewerbebetrieb handeln soll (s. § 4 Abs. 3 Nr. 2 BauNVO). Denn für den Erlass eines Nutzungsverbotes reicht es aus, dass die beanstandete Nutzung ohne Genehmigung stattfindet.[38] Etwas anderes kann allenfalls dann gelten, wenn das Vorhaben offensichtlich genehmigungsfähig ist, sich die Genehmigungsfähigkeit also auf den ersten Blick aufdrängt. Dies ist hier nicht der Fall. Zwar steht der Gebietscharakter – ein allgemeines Wohngebiet nach § 4 BauNVO – fest. Allerdings genügt die Wohnungsprostitution nicht den Anforderungen des § 13 BauNVO, da es sich nicht um eine freiberufliche Tätigkeit im Sinne der genannten Vorschrift handelt. Darüber hinaus ist im Einzelnen zu prüfen, ob ein störender Gewerbebetrieb vorliegt. Dabei ist das Gesetz zur Regelung der Rechtsverhältnisse der Prostituierten auf diese bauplanungsrechtliche Beurteilung ohne Einfluss. Aus diesem Gesetz mag über die dort getroffenen zivil- und strafrechtlichen Bestimmungen hinaus eine generelle Änderung sozialethischer Wertungen im Zusammenhang mit der Prostitution ableitbar sein. Sie hat aber keinen maßgebenden Einfluss auf das städtebauliche Leitbild eines dem Wohnen dienenden Baugebietes und auf die negative Einschätzung der Auswirkungen von Bordellen und Wohnungsprostitution auf das Wohnumfeld.[39] Eine offensichtliche Genehmigungsfähigkeit der Wohnungsprostitution ergibt sich auch nicht aus § 4 Abs. 3 Nr. 2 BauNVO. Dies folgt aus der prinzipiellen Unvereinbarkeit eines derartigen Gewerbebetriebes mit den dem bauplanungsrechtlichen Begriff des Wohnens und des Wohngebiets zugrunde liegenden städtebaulichen Ordnungszielen. Gewerbliche Prostitution geht mit Störungen einher, die mit dem Charakter eines Baugebiets als allgemeines Wohngebiet nicht vereinbar sind. Im allgemeinen Wohngebiet soll in erster Linie störungsfreies Wohnen gewährleistet sein. In einer solchen Umgebung besteht schon generell die Gefahr, dass durch eine gewerbliche Nutzung, insbesondere in der Form der Ausübung der Prostitution, bodenrechtlich beachtliche Spannungen begründet werden.[40] Vorliegend kam es bedingt durch den Betrieb der beiden Damen in dem Anwesen Ihres Mandanten bereits zu Beschwerden verschiedener Eigentümer und Bewohner der benachbarten Wohngebäude.

Eine offensichtliche Genehmigungsfähigkeit ist damit nicht gegeben. Ihrem Mandanten steht es aber frei, beim Bauordnungsamt einen Antrag auf Erteilung einer Nutzungsänderungsgenehmigung zu stellen.

---

[37] *BVerwG* NVwZ-RR 1996, 84 und UPR 2014, 397; *OVG Bremen* NordÖR 2014, 314.

[38] *OVG Münster* BeckRS 2014, 48095; *OVG Saarland* NVwZ-RR 2009, 727; *OVG Schleswig* BeckRS 1996, 13897; zu dieser Thematik s. auch die Abhandlung von *Lindner,* JuS 2014, 118.

[39] Vgl. *VGH München* BeckRS 2010, 31417; *OVG Koblenz* DÖV 2004, 395.

[40] *BVerwG* NVwZ-RR 1998, 540.

Die Entscheidung über den Erlass einer Nutzungsuntersagungsverfügung steht gemäß § § 59 Abs. 2 Nr. 4 LBO im pflichtgemäßen Ermessen der zuständigen Behörde. Diese hat ihr Ermessen entsprechend dem Zweck der Ermächtigung auszuüben und die gesetzlichen Grenzen des Ermessens einzuhalten. Es ist daher u. a. unter Beachtung des Grundsatzes der Effektivität der Gefahrenabwehr sowie des Verhältnismäßigkeitsprinzips und des Grundsatzes des Vertrauensschutzes zu prüfen, ob die angeordnete Maßnahme geboten ist.

Unter Beachtung dieser Prinzipien waren folgende Ermessenserwägungen für den Erlass der Nutzungsuntersagung ausschlaggebend:

Zwar sind hier mehrere Störer für die baurechtswidrige Nutzung verantwortlich. Neben Herrn Orion als Zustandsstörer sind die beiden Damen, die in den zwei Räumen der Prostitution nachgehen, Verhaltensstörerinnen. Damit stellt sich die Frage nach der Auswahl des in Anspruch zu nehmenden Störers. Die Entscheidung hierüber trifft die Behörde ebenfalls nach pflichtgemäßen Ermessen. Sie ist prinzipiell befugt, entweder alle oder einzelne Störer oder nur einen einzelnen Verantwortlichen heranzuziehen. Gesetzliche Richtschnur für die fehlerfreie Ausübung des Auswahlermessens muss beim Zusammentreffen von Verhaltens- und Zustandsstörer der Gesichtspunkt der schnellen und wirksamen Gefahrenbeseitigung sein. Aufgrund dessen kann der Zustandsstörer vor dem Verhaltensstörer in Anspruch zu nehmen sein.

Gemessen hieran haben wir uns dafür entschieden, auch gegen Herrn Orion vorzugehen. Denn er ist als Eigentümer des Anwesens rechtlich und tatsächlich in der Lage, auf die Nutzung seines Eigentums Einfluss zu nehmen. Eine alleinige Heranziehung der beiden Damen – diese werden in den nächsten Tagen ebenfalls eine Ordnungsverfügung erhalten – erweist sich unter Effektivitätsgesichtspunkten im Rahmen der Gefahrenabwehr als nicht zweckmäßig, weil damit die tatsächliche Nutzung des Anwesens zu Zwecken der Prostitutionsausübung nicht dauerhaft verhindert und durch ein bloßes Auswechseln der dort tätigen Damen fortgesetzt werden könnte.

Die Nutzungsuntersagung widerspricht auch nicht den Grundsätzen der Gleichbehandlung. Das etwa einhundert Meter entfernt gelegene Gebäude der Villa „Romantica“ befindet sich als Hinteranwesen abseits der Straße und weist keine unmittelbare Nachbarschaft auf. Zudem ist das Anwesen von seiner äußeren Aufmachung her eher unauffällig. Es verfügt auch über eigene Parkplätze hinter dem Gebäude. Schließlich existiert dieser Betrieb mehr als 7 Jahre, ohne dass es in dieser Zeit nach unseren Erkenntnissen auch nur zur geringsten Störung gegenüber der Nachbarschaft bzw. zu Beschwerden aus dieser gekommen wäre. Diese signifikanten Unterschiede zu dem Anwesen Ihres Mandanten – dieses verfügt nur über einen Stellplatz, die Fenster im Obergeschoss sind rot beleuchtet und mit der Aufschrift „House of love“ versehen, die unmittelbaren Nachbarn haben sich in den vergangenen zwei Monaten mehrfach beschwert – rechtfertigen es, gegen Herrn Orion das in Ziffer 1 des Tenors ausgesprochene Nutzungsverbot zu treffen.

Die Anordnung der sofortigen Vollziehung in Ziffer 2 des Tenors beruht auf § 80 Abs. 2 Satz 1 Nr. 4 VwGO. Für die sofortige Vollziehung der Nutzungsuntersagung ist ein besonderes öffentliches Interesse gegeben, das über jenes Interesse hinausgeht, das den Verwaltungsakt selbst rechtfertigt. Ein privates Interesse, von dem Sofortvollzug des Nutzungsverbots einstweilen verschont zu bleiben, steht Herrn Orion nicht zur Seite. Dagegen steht die Beachtung des formellen Baurechts und der vorherigen Genehmigung vor Aufnahme einer Nutzung im öffentlichen Interesse. Die Hinnahme einer ungenehmigten Nutzung bis zu einer unanfechtbaren Entscheidung über ihre Rechtmäßigkeit würde das Baugenehmigungsverfahren und die mit ihm verbundene Kontrolle unterlaufen. Diesem öffentlichen Interesse kann nur durch die sofortige Vollziehung des Nutzungsverbots Geltung verschafft werden. Herr Orion kann sich auch nicht auf Umstände wie langjährige Duldung oder sonstige Vertrauensgesichtspunkte berufen, die einer sofortigen Vollziehung im Einzelfall entgegenstehen könnten.

Die Androhung des Zwangsgeldes stützt sich auf die §§ 236, 237 LVwG. Eine Ersatzvornahme kommt hier nicht in Betracht, da von Herr Orion nicht nur eine vertretbare Handlung, sondern primär ein Unterlassen verlangt wird.

Trotz der Vorschrift des § 236 Abs. 2 Satz 2 LVwG, wonach eine Frist nicht bestimmt zu werden braucht, wenn u.a. eine Unterlassung erzwungen werden soll, räume ich Herrn Orion eine Frist von vier Wochen nach Zustellung des Bescheids ein. Denn eine Zwangsmittelandrohung bedarf bei Unterlassungspflichten dann einer Frist, wenn zu deren Erfüllung im konkreten Fall zumindest bestimmte Vorbereitungshandlungen nötig sind.[41] Davon ist vorliegend auszugehen, denn die Nutzungsuntersagungsverfügung umfasst auch die Verpflichtung von Herrn Orion als Eigentümer und Vermieter des Anwesens Glücksburger Straße 17 in Satrup zu einem aktiven Tätigwerden gegenüber seien beiden Mieterinnen, nämlich zur Unterbindung der Prostitutionsausübung. Eine Frist von vier Wochen zur Beendigung der Mietverhältnisse (Vertragsauflösung, Kündigung, gegebenenfalls nur Änderungskündigung) erscheint angemessen.

Bei der in das Ermessen der Behörde gestellten Bemessung der Höhe des angedrohten Zwangsgeldes habe ich auf die Wichtigkeit des ordnungsbehördlichen Zwecks abgestellt, aber auch die wirtschaftliche Lage Ihres Mandanten berücksichtigt. Ein Betrag von 2.000,– € erscheint mir als erforderlich, aber auch als angemessen, um Herrn Orion anzuhalten, die unter Ziffer 1 des Bescheidtenors angeordnete Nutzungsuntersagung zu beachten.

Die Kostenentscheidung folgt aus §§ 1, 2 VwKG i. V. m. Ziffer 8 der Anlage 1 zu § 1 BauGebVO.

Rechtsbehelfsbelehrung: Widerspruch gemäß § 68 VwGO

Im Auftrag

Schwarzer

---

[41] Vgl. *OVG Berlin-Brandenburg* NVwZ-RR 2015, 90; *OVG Koblenz* NVwZ-RR 2010, 757.

5. Teil. Das öffentlich-rechtliche Gutachten

§ 63. Grundsätzliches

Einen besonderen Klausurtypus stellt das **öffentlich-rechtliche Gutachten** dar, das unterschiedliche Fragestellungen zum Gegenstand haben kann und – je nach Perspektive – zusätzlich einen konkreten Handlungs- oder Entscheidungsvorschlag erfordert. Besonderes Augenmerk ist deshalb auf die konkrete Aufgabenstellung zu richten. 798

Hier einige **typische Beispiele:**[1]

Beispiel: „Zur Vorbereitung der Entscheidung des Verwaltungsgerichts ist ein Gutachten (mit/ohne Sachbericht) zu den prozessualen und materiell-rechtlichen Fragen des Falles zu erstatten. Der Tenor der gerichtlichen Entscheidung ist zu entwerfen. Es ist auf alle aufgeworfenen Rechtsfragen – gegebenenfalls in einem Hilfsgutachten – einzugehen."

„In einem Gutachten sind die Erfolgsaussichten des Widerspruchs zu prüfen."

„Die zuständige Abteilungsleiterin, Frau Dr. Menges, übergibt dem ihr zugewiesenen Rechtsreferendar Rudolf die gesamten Verwaltungsvorgänge mit der Bitte, die darin aufgeworfenen Rechtsfragen bis zum nächsten Besprechungstermin am 13. August 2015 gutachtlich zu klären. Fertigen Sie das Gutachten des Referendars Rudolf."

„Zur Vorbereitung der von der Aufsichtsbehörde zu treffenden Maßnahmen sollen Sie die angesprochenen materiellen Rechtsfragen gutachtlich untersuchen. Hierbei sollen Sie insbesondere auf folgende Fragen eingehen: (...) Legen Sie dar, welche förmlichen aufsichtlichen Schritte in Betracht kommen. Führen Sie aus, ob und auf welche Weise die F-Fraktion mit Aussicht auf Erfolg eigene Rechte wegen (...) gerichtlich verfolgen kann."[2]

Zuerst sollten Sie sich den **Sinn und Zweck des Gutachtens im Assessorexamen** vergegenwärtigen. Während die Urteilsbegründung der Rechtfertigung des getroffenen Judikats gegenüber den Betroffenen dient, ist es Aufgabe des Gutachtens, als **Beratungs- und Entscheidungsgrundlage für eine noch zu treffende Entscheidung** zu dienen. Es muss auch dann als Arbeitsgrundlage geeignet bleiben, wenn die Adressaten des Gutachtens – in der Praxis sind dies in der Regel die Kammerkollegen am Gericht oder der Vorgesetzte in einer Behörde – in einzelnen Rechtsfragen oder hinsichtlich des Schwerpunkts der Entscheidung anderer Auffassung sind. Daher sind **alle Gesichtspunkte zu erörtern, die für die Entscheidung erheblich sein könnten;** ferner dürfen erheblich weniger Fragen dahingestellt bleiben als beim Urteil.[3] Der Leser muss sich anhand des Gutachtens eine eigene Meinung zu dem Streitfall bilden können. Mögliche Einwände gegen den Vorschlag und die Begründung sind mit dem Ziel abzuhandeln, den Leser in den Stand zu setzen, sie selbst auf ihre Stichhaltigkeit zu überprüfen. Dieser muss die im Einzelnen erforderlichen gedanklichen Schritte kritisch nachvollziehen und gegebenenfalls auch zu einer anderen Auffassung gelangen können.[4] 799

---

[1] S. z.B. die Gutachtensklausuren von *Attendorn/Baier,* JuS 2013, 158; VBlBW 2013, 356 (Text) und 396 (Lösung) Nicht erörtert wird hier das Anwaltsgutachten. Hierauf wird gesondert unter Rn. 817 ff. eingegangen.

[2] Ein Beispiel für ein Gutachten zu bestimmten Rechtsfragen finden Sie bei *Kintz,* JuS 2011, 827.

[3] *Klein/Czajka,* S. 6.

[4] Vgl. *Ramsauer,* Rn. 3. 01.

800 Da Ihnen der Stil eines Gutachtens vom Studium her vertraut ist, sollte es Ihnen keine Probleme bereiten, mit diesem auch im Assessorexamen zurecht zu kommen. Vom Grundsatz her gelten die gleichen Regeln. Der **Gutachtenstil** darf aber **nicht Selbstzweck** sein. Vermeiden Sie übertriebenen Gutachtenstil. Verwenden Sie sparsam Formulierungen wie *„Es ist zu prüfen"* oder *„Fraglich könnte sein"*, denn dadurch wirkt das Gutachten schwerfällig. Eine Arbeit wird nicht schon dadurch den Ansprüchen der Logik und des Gutachtenstils gerecht, dass diese Begriffe permanent wiederholt werden. **Variieren Sie zwischen Gutachten- und Urteilsstil.**[5] Da Sie Ihre Fähigkeit, Wesentliches von Unwesentlichem zu trennen, in der Prüfungsarbeit unter Beweis stellen sollen, **beschränken Sie den Gutachtenstil auf die zentralen Problemkreise der Aufgabe.** Selbstverständlichkeiten brauchen nicht näher begründet zu werden. Unproblematische Prüfungspunkte können und sollten wegen der knapp bemessenen Bearbeitungszeit kurz im Urteilsstil abgehandelt werden.[6] Wählen Sie eine klare und leicht verständliche Sprache.

801 Ein **Formulierungsbeispiel** für eine Zulässigkeitsprüfung im Urteil:

„Der Verwaltungsrechtsweg nach § 40 Abs. 1 VwGO ist gegeben. Bei Anwendung des Bundesimmissionsschutzgesetzes liegt eine öffentlich-rechtliche Streitigkeit nichtverfassungsrechtlicher Art vor.

Richtige Klageart zur Geltendmachung eines Anspruchs auf Erlass eines Verwaltungsakts gegen einen Dritten ist die Verpflichtungsklage nach § 42 Abs. 1 VwGO.

Da das Landratsamt über den Widerspruch des Klägers sachlich nicht entschieden hat, könnte die Verpflichtungsklage hier in Form der Untätigkeitsklage gemäß § 75 VwGO zulässig sein. Voraussetzung hierfür wäre, dass seit Erhebung des Widerspruchs durch den Kläger mehr als drei Monate vergangen sind. Der Widerspruch ging beim Landratsamt am 4. Mai 2015 ein. Die Klageerhebung erfolgte am 26. Juni 2015. Damit wäre die Drei-Monats-Frist nicht eingehalten. Entscheidend ist aber der Zeitpunkt der mündlichen Verhandlung des Verwaltungsgerichts. Diese war hier am 17. August 2015. Danach ist die Drei-Monats-Frist gewahrt.

Der Kläger müsste nach § 42 Abs. 2 VwGO klagebefugt sein. Er begehrt, den Beklagten zu immissionsschutzrechtlichem Einschreiten gegen die Beigeladene zu verpflichten. Die Anspruchsgrundlage hierfür könnte § 25 Abs. 2 BImSchG sein. Danach… Dieser Vorschrift müsste nachbarschützende Wirkung zukommen. (…) Im Ergebnis ist der Kläger daher klagebefugt."

Nach diesem Schema – Unproblematisches kurz im Urteilsstil, Erörterungsbedürftiges im Gutachtenstil – verfahren Sie unabhängig von der konkreten Fragestellung.

§ 64. Der Aufbau des öffentlich-rechtlichen Gutachtens

802 Ist nach dem Bearbeitervermerk zunächst ein **Sachbericht** zu fertigen, so orientieren Sie sich an den Grundsätzen, die für das Abfassen des Tatbestands eines Urteils gelten. Ordnen Sie das Faktenmaterial und reduzieren Sie es auf das Wesentliche.

---

[5] Vgl. *Beyerbach,* JA 2014, 813, 817.
[6] *Knödler/Loos,* JA 2003, 974, 977.

Wird nach dem Bearbeitervermerk **ausschließlich** die **gutachtliche Abhandlung bestimmter konkreter Fragestellungen** verlangt (z. B.: „*Erging der Ordnungsruf des Bürgermeisters B gegen das Ratsmitglied R zu Recht?*" oder „*Ist der Bebauungsplan ordnungsgemäß ausgefertigt worden?*"), so ist der Umfang der Aufgabenstellung teilweise schwierig zu bestimmen. Der Schwerpunkt der Bearbeitung muss in einem derartigen Fall auf der Fertigung eines Rechtsgutachtens anhand der einschlägigen Vorschriften liegen. Es empfiehlt sich aber jedenfalls dann, zusätzlich auch mögliche Rechtsmittel gegen belastende Entscheidungen kurz darzustellen, wenn die Absicht einer Anfechtung aufgrund der Person des Fragestellers besonders nahe liegt, es sich zum Beispiel um einen vom Ordnungsruf betroffenen Zuhörer, oder einen Grundstückseigentümer im Geltungsbereich des Bebauungsplans handelt.

Sollen Sie die **Erfolgsaussichten eines Widerspruchs/einer Klage** gutachtlich prüfen, halten Sie sich an das Aufbauschema eines verwaltungsgerichtlichen Urteils. Gehen Sie nur auf problematische Punkte ausführlich ein.

Da im Verwaltungsprozess der Amtsermittlungsgrundsatz (§ 86 Abs. 1 VwGO) gilt, 803
findet eine Schlüssigkeitsprüfung der Klage im Rahmen der Begründetheit nicht statt. Eine Frage der Praktikabilität und der allgemeinen Aufbaugrundsätze ist es, ob Sie im öffentlich-rechtlichen Gutachten die Darlegungs- und Beweisstation trennen.[7] Üblich ist es, die vorhandenen Beweise an der Stelle im Gutachten zu würdigen, an der es materiell auf sie ankommt.

Aufgrund der Funktion des Gutachtens als Entscheidungsvorschlag haben Sie auch Fragen zu erörtern, auf die es nach Ihrer Lösung an sich nicht mehr ankommt. Überprüfen Sie den angefochtenen VA daher auf alle in Betracht kommenden formellen und materiellen Fehler. Haben Sie z. B. die Rechtswidrigkeit eines Abschleppkostenbescheids gegen den Halter des Fahrzeugs damit begründet, der Pkw sei nicht verkehrswidrig geparkt gewesen, so sollten Sie auch darauf eingehen, wenn die Behörde von ihrem Auswahlermessen fehlerhaft Gebrauch gemacht hat. Stützen Sie Ihre gutachterliche Bearbeitung auf mehrere tragende Gründe, um so überzeugender ist Ihre Lösung.[8] Kommen für den angefochtenen VA oder den von dem Kläger gegenüber der Behörde begehrten Anspruch mehrere Rechtsgrundlagen in Betracht, so handeln Sie alle potentiellen Ermächtigungsgrundlagen ab. Meist ist es sinnvoll, die einschlägige Vorschrift zuletzt zu prüfen.[9]

Rechtmäßigkeitsvoraussetzungen mit logischem Vorrang[10] **dürfen im Gutachten** 804
– im Unterschied zum Urteil[11] – **nicht dahingestellt bleiben.**[12] Dies bedeutet in dem oben genannten Beispiel, dass Sie die Rechtswidrigkeit des Kostenbescheids nicht allein damit begründen dürfen, die Behörde habe von ihrem Auswahlermessen fehlerhaft Gebrauch gemacht. Sie müssen vielmehr zwingend vorrangig prüfen, ob der Abschleppvorgang seinerseits rechtswidrig war. Ebenso wie im Urteil können Sie im Gutachten dagegen Fragen logischen Vorrangs innerhalb einer Rechtmäßigkeitsvoraussetzung dahingestellt sein lassen, wenn sich die nachfolgende Frage mit einfacherer Gedankenführung und anerkannten Rechtsargumenten begründen lässt.[13]

---

[7] Ausführlich hierzu *Klein/Czajka*, S. 11 f.

[8] Entsprechend verfahren auch immer wieder die VGe in ihren Entscheidungen.

[9] *Ramsauer*, Rn. 3.12.

[10] Ein logischer Vorrang liegt vor, wenn eine Tatbestandsvoraussetzung eine andere denknotwendig voraussetzt.

[11] Hier können Rechtmäßigkeitsvoraussetzungen mit logischem Vorrang offen bleiben, wenn die nachrangige Rechtmäßigkeitsvoraussetzung überzeugender und einfacher zu begründen ist.

[12] *Klein/Czajka*, S. 7.

[13] *Klein/Czajka*, S. 8.

Das gilt insbesondere dann, wenn die Klärung einer einzelnen Tatbestandsvoraussetzung der anzuwendenden Norm eine zeit- und kostenaufwändige Beweisaufnahme erfordern würde, auf deren Ergebnis es aber nicht ankommt, weil eine weitere Voraussetzung jedenfalls nicht gegeben ist. Dementsprechend sollte die Zuordnung eines Grundstücks zum Innen- oder Außenbereich offen gelassen werden, wenn das streitgegenständliche Bauvorhaben unabhängig von der Anwendbarkeit des § 34 oder § 35 BauGB jedenfalls gegen das Gebot der Rücksichtnahme verstößt. Soweit weder prozessuale noch logische Vorrangregeln eingreifen, richtet sich die Reihenfolge nach allgemeinen Zweckmäßigkeitserwägungen.[14] Die gutachtliche Prüfungsreihenfolge richtet sich in diesen Fällen nach Gesichtspunkten der Darstellungstechnik, der Schwerpunktsetzung und der Verständlichkeit.

Hilfserwägungen für den Fall, dass der Leser Ihrer vorgeschlagenen Lösung nicht folgt, würden an sich der Funktion des praktischen Gutachtens entsprechen, sind aber in Prüfungsarbeiten nicht üblich.[15] Die Justizprüfungsämter erwarten, dass sich die Referendare für ein Ergebnis entscheiden und nicht Lösungen mit unterschiedlichen Endergebnissen anbieten.[16] Gleiches gilt, wenn es zu einer bestimmten Rechtsfrage verschiedene Auffassungen gibt. In diesem Fall müssen Sie sich mit den Meinungen auseinander setzen und sich für eine entscheiden. Eine Streitfrage können Sie aber – ebenso wie im Urteil – dahingestellt sein lassen, wenn es auf ihre Beantwortung nicht ankommt. Eine Alternativlösung sollten Sie nur dann anbieten, wenn der Bearbeitervermerk dies ausdrücklich vorsieht.[17]

Das Gutachten endet mit dem **Entscheidungsvorschlag,** der auch einen Ausspruch über die Kostentragungspflicht sowie gegebenenfalls die vorläufige Vollstreckbarkeit enthalten muss.

§ 65. Das Hilfsgutachten

805 Unabhängig davon, ob Sie in Ihrer Prüfungsarbeit ein Urteil, einen Beschluss oder ein Gutachten zu fertigen haben, kann die Situation eintreten, dass Sie bei Ihrer Lösung nicht auf alle im Aufgabentext aufgeworfene Fragen eingegangen sind. Im **Bearbeitervermerk** findet sich meist der **Hinweis,** dass die angesprochenen Rechtsfragen, sofern sie für die Hauptentscheidung nicht von Bedeutung waren, **gegebenenfalls in einem Hilfsgutachten** zu erörtern sind. Unter den Referendaren besteht oft Unklarheit, was in einem Hilfsgutachten im Einzelnen erörtert werden muss. Was ist z. B., wenn der Kläger Wiedereinsetzung in den vorigen Stand beantragt hat, es hierauf in Ihrer Lösung aber nicht ankommt, weil die Klagefrist wegen fehlerhafter Rechtsbehelfsbelehrung noch nicht abgelaufen war? Müssen Sie in einem Hilfsgutachten alternative Lösungen von Rechtsfragen erörtern, wenn Sie sich in der Hauptentscheidung für eine bestimmte Rechtsauffassung entschieden haben? Haben Sie bei angenommener Unzulässigkeit der Klage noch weitere Sachurteilsvoraussetzungen der Klage im Hilfsgutachten zu prüfen, wenn der Bearbeitervermerk nur davon spricht, im Falle der Unzulässigkeit der Klage sei die Begründetheit im Rahmen eines Hilfsgutachtens zu erörtern? Die Beantwortung solcher Fragen ist nicht immer ein-

[14] *Ramsauer,* Rn. 3.16.
[15] *Ramsauer,* Rn. 3.11.
[16] So wäre es unzulässig, im Gutachten die Frage offen zu lassen, ob die Aufhebung eines VA als Widerruf oder Rücknahme zu behandeln ist, und den Fall für beide Alternativen durchzuprüfen.
[17] *Ramsauer,* Rn. 3.11.

fach und hängt unter Umständen sogar von dem jeweiligen Geschmack des Korrektors ab.[18] Auf **folgende Leitlinien** sollten Sie sich aber verlassen können:

Aus dem Bearbeitervermerk, der das Hilfsgutachten ausdrücklich erwähnt, ist nicht **806**
zu schließen, die im Aufgabentext angesprochenen Rechtsprobleme könnten nicht alle in der Hauptentscheidung abgehandelt werden. Der Vermerk ist nur ein Problemhinweis, kein vorweggenommenes Ergebnis.[19] Fehlt ein entsprechender Vermerk, so bedeutet dies umgekehrt nicht, dass ein Hilfsgutachten ausscheidet. Denn es ist eine „allgemein anerkannte und deshalb selbstverständliche Regel der juristischen Fallbearbeitung", dass z. B. die Begründetheit einer Klage in einem Hilfsgutachten zu prüfen ist, falls ihre Zulässigkeit verneint wird.[20]

Für die Frage, was im Einzelnen im Hilfsgutachten angesprochen werden muss, ist in erster Linie die Fallfrage entscheidend. Lautet der Bearbeitervermerk, es sei auf alle aufgeworfenen Rechtsfragen einzugehen, so haben Sie im Hilfsgutachten – neben der Erörterung der Begründetheit der Klage – auch weitere Sachurteilsvoraussetzungen der Klage zu prüfen, wenn Sie die Unzulässigkeit der Klage aus anderen Gründen bejaht haben. Ebenso ist in dem oben genannten Beispiel die Frage, ob dem Kläger bei unterstellter Verfristung der Klage Wiedereinsetzung in den vorigen Stand zu gewähren gewesen wäre, im Hilfsgutachten zu beantworten.

Liegt eine Klageänderung nach § 91 VwGO vor, deren Sachdienlichkeit das Gericht verneint hat, ist im Hilfsgutachten kurz zu prüfen, ob bei statthafter Klageänderung die geänderte Klage zulässig und begründet wäre.[21]

Ein Hilfsgutachten ist ferner angebracht, wenn der Gutachter eine vom Gericht durchgeführte Beweisaufnahme für seinen Entscheidungsvorschlag als entbehrlich ansieht.[22]

Nicht in ein Hilfsgutachten, sondern in den Text der Entscheidung gehören aber zusätzliche Begründungen, Hilfsbegründungen und das sog. Offen lassen von Fragen.[23]

---

[18] *Beyerbach*, JA 2014, 813, 818.
[19] *Schnapp*, JuS 1998, 420, 421.
[20] *OVG Münster* NWVBl. 1996, 96.
[21] *Ramsauer*, Rn. 3.21.
[22] *Klein/Czajka*, S. 14.
[23] Ausführlich dazu *Schnapp*, JuS 1998, 420, 421 (der Beitrag bezieht sich allerdings auf das Referendarexamen).

6. Teil. Die öffentlich-rechtliche Anwaltsklausur

§ 66. Übersicht

Anwaltsklausuren sind in den meisten Bundesländern an der Tagesordnung.[1] Denkbar sind insbesondere **folgende Varianten:**[2] Gutachten zu bestimmten Rechtsfragen oder den Erfolgsaussichten eines Widerspruchs oder einer Klage, Entwurf eines Mandantenschreibens, Verfassen eines Widerspruchs, einer Klageschrift, einer Klageerwiderung, eines Antrags auf Gewährung vorläufigen Rechtsschutzes oder einer Rechtsmittelbegründungsschrift. Hinzugekommen ist seit 2014 die sog. **Kautelarklausur.** Hier sind in einem Gutachtenteil die Zielvorgaben eines fiktiven Mandanten zu untersuchen und ferner die notwendigen Schriftstücke wie Vertragsentwürfe, Satzungen oder Vergleichsvorschläge nebst Erörterungsschreiben an die Mandantschaft anzufertigen. In erster Linie wird dieser Klausurtyp im Zivilrecht Prüfungsgegenstand sein.[3] Allerdings sind auch Fallgestaltungen im Öffentlichen Recht nicht ausgeschlossen.[4] 807

Achten Sie auf die genaue Fragestellung im Bearbeitervermerk. Einige typische Beispiele:

„D beauftragt R, gegen die Verfügung der Stadt Essen Klage zu erheben. Entwerfen Sie den Schriftsatz des R."

„A beauftragt Rechtsanwalt R in einem umfassenden Gutachten zu prüfen, welche geeigneten rechtlichen Schritte gegen die Vorgehensweise der Stadt Leipzig möglich sind. Das Gutachten soll auch Überlegungen zur Zweckmäßigkeit des Vorgehens enthalten. Dem Gutachten ist eine Sachverhaltsschilderung voranzustellen, die den Anforderungen des § 117 Abs. 3 VwGO entspricht."

„C bittet Rechtsanwalt R, in einem Gutachten zu folgenden Punkten Stellung zu nehmen: – Sollte ein gerichtliches Vorgehen erfolgversprechend sein, soll R einen entsprechenden Antrag formulieren."

„Der Sachverhalt ist im Hinblick auf eine mögliche Rechtsverteidigung zu begutachten. Das Gutachten hat mit einem umfassenden Vorschlag zu enden. Sollte eine Rechtsverteidigung Erfolg versprechen, ist eine Klageerwiderung zu entwerfen. Werden die Erfolgsaussichten der Rechtsverteidigung verneint oder erscheint diese mit erheblichen Risiken verbunden, so ist dies in einem Aktenvermerk niederzulegen."

„Das Verwaltungsgericht hat die Klage des F abgewiesen. F bittet Rechtsanwältin R hiergegen Rechtsmittel zu erheben. Verfassen Sie die Rechtsmittelschrift."

„Rechtsanwältin R soll rechtzeitig vor der nächsten Gemeinderatssitzung einen Formulierungsvorschlag für die einschlägigen Bestimmungen der Geschäftsordnung entwerfen."

---

[1] So bestimmt z. B. § 37 Abs. 2 Satz 2 Nr. 3 NJAVO, dass eine der beiden anzufertigenden öffentlich-rechtlichen Klausuren eine gutachterlich-rechtsberatende Aufgabenstellung zum Gegenstand haben muss.

[2] S. ferner *Koehl,* JuS 2012, 63 und *Decker/Konrad,* Anwaltsklausur, Klausur Nr. 3 mit einer Berufungsbegründungsschrift und Klausur Nr. 6 mit einem Normenkontrollantrag; *Koehl/Spieß,* § 3 Rn. 89 mit einem ausformulierten Vergleichsvorschlag; *Mürbe/Geiger/Haidl,* § 11 mit einem ausformulierten Satzungsentwurf; die zum 1. Januar 2005 eingeführte Anhörungsrüge nach § 152 a VwGO (näher dazu *Happ/Allesch/Geiger/Metschke/Hüttenbrink,* S. 226 ff.) dürfte dagegen in Aufsichtsarbeiten keine Bedeutung erlangen.

[3] S. dazu näher *Singbartl/Zintl,* JuS 2015, 15; *Eiden,* JuS 2014, 496; *Diercks-Harms,* JA 2013, 801; *Kaiser,* JA 2010, 449 und die Assessorklausur von *Sagmeister,* JuS 2012, 549.

[4] S. dazu die Rn. 859–876.

„Falls das Rechtsgutachten zu dem Ergebnis kommt, dass das Verwaltungsgericht womöglich in eine kostspielige Beweisaufnahme eintreten wird, soll geprüft werden, ob der Rechtsstreit stattdessen durch Abschluss eines Vergleichs beendet werden kann. Formulieren Sie vorsorglich einen Vergleichsvorschlag."

808 Auch wenn Sie sich in Ihrer Referendarausbildung noch nicht sehr intensiv mit diesem Klausurtyp beschäftigt haben, besteht **kein Anlass zur Panik.** Die Anwaltsklausur unterscheidet sich nicht wesentlich von den anderen Ihnen bekannten Klausurtypen.[5] Der **Aufgabentext** besteht in der Regel aus einem Aktenvermerk des Anwalts über ein Mandantengespräch, dem alle relevanten Bescheide, sonstige behördliche Verfahrensvorgänge, Schreiben des Mandanten etc. beigefügt sind.

Machen Sie sich die Rolle des Rechtsanwalts im Gefüge der Rechtspflege und in seiner Beziehung zu seinem Mandanten bewusst.[6] Nach § 1 BRAO ist der Rechtsanwalt zwar ein unabhängiges Organ der Rechtspflege, er ist aber auch **Interessenvertreter seines Mandanten.** Seine Aufgabe ist es daher, den Mandanten bestmöglich zu beraten und bei der Wahrnehmung seiner Interessen zu vertreten. Zu Ihrer Aufgabe als Referendar, der in die Rolle des Anwalts eintritt, gehört folglich, dass Sie nach Maßgabe der jeweiligen Aufgabenstellung die Sach- und Rechtslage eingehend prüfen und dementsprechend Handlungsalternativen für den Mandanten erarbeiten und formulieren.

809 Zu den wesentlichen Arbeiten des Anwalts gehören zunächst die **exakte Aufklärung des Sachverhalts** und die **Analyse der Interessenlage des Mandanten.** Es wäre ein Missverständnis zu glauben, die Amtsermittlungspflicht der Behörde nach § 24 VwVfG oder des VG nach § 86 VwGO entbinde den Anwalt von einer sorgfältigen Ermittlung des Sachverhalts.[7] Nach §§ 26 Abs. 2 VwVfG, 82 Abs. 1 Satz 3, 87 Abs. 1 Nr. 2 VwGO sollen die Beteiligten eines Verwaltungs- bzw. Gerichtsverfahrens bei der Ermittlung des Sachverhalts mitwirken und insbesondere ihnen bekannte Tatsachen und Beweismittel angeben. Das Gericht ist nicht verpflichtet, über den Sachvortrag der Beteiligten und sich aufdrängende Probleme hinaus den Sachverhalt zu erforschen. Wendet sich der Kläger z. B. gegen einen VA, der auf eine Satzung oder eine andere untergesetzliche Norm gestützt ist, so braucht das Gericht nicht ungefragt auf Fehlersuche gehen. Aufgabe des Anwalts ist es dann, konkret Mängel aufzuzeigen, die zumindest Zweifel an der Rechtmäßigkeit der Norm aufkommen lassen, denen dann das Gericht nachgehen wird.[8]

810 In der Praxis beginnt daher die Tätigkeit eines Anwalts nach der Beauftragung durch seinen Mandanten damit, den zu lösenden Fall sorgfältig vorzubereiten. Dies geschieht in der Regel durch das **persönliche Informationsgespräch mit dem Mandanten**[9] sowie das **Studium des vorhandenen Aktenmaterials.** Verfügt der Mandant hierüber nicht bzw. nur unvollständig, so kann der Anwalt während eines laufenden Verwaltungsverfahrens in die Behörden- bzw. Gerichtsakten Einsicht nehmen (§§ 29 VwVfG, 100 VwGO). Ziel dieses Vorgehens ist es, einen Eindruck über die anstehenden tatsächlichen und rechtlichen Probleme des Falles zu erhalten. Durch die Ein-

---

[5] Ausführlich zu den anwaltlichen Aufgabenstellungen im Assessorexamen s. das Skript von *Diercks-Harms,* abrufbar unter http://cms2.niedersachsen.de/portal/live.php?navigation_id=3816&article_id=10676&_psmand=13. S. auch *Barczak,* JA 2013, 937, der die Anwaltsklausur in weiten Teilen als „umgedrehte" Behörden-, Urteils- bzw. Beschlussklausur bezeichnet.

[6] Zu den Grundlagen anwaltlicher Tätigkeit s. *Heussen,* in: Römermann/Hartung, §§ 5 ff.; zum Rechtsverhältnis zwischen Anwalt und Mandant s. *Schnabel,* JA 2005, 896.

[7] *Johlen,* in: Römermann/Hartung, § 42 Rn. 20; *Wahrendorf/Lemke,* JA 1997, 788, 791.

[8] *Johlen,* in: Römermann/Hartung, § 42 Rn. 21.

[9] S. hierzu ausführlich *Breßler/Cichy,* JuS 2006, 975.

sichtnahme in die Verwaltungsvorgänge ergeben sich oft zusätzliche oder neue Aspekte für die Begründung des Rechtsbehelfs. Im Unterschied zur täglichen Arbeit eines Rechtsanwaltes sind Sie in der Klausur allein auf den Aufgabentext angewiesen, so dass eine weitere Aufklärung des Sachverhalts ausscheidet. Im Bearbeitervermerk heißt es hierzu gewöhnlich: „*Es ist davon auszugehen, dass eine weitere Aufklärung des Sachverhalts durch den Rechtsanwalt nicht möglich ist.*“ Sie sind also allein auf die im Klausurtext enthaltenen Angaben des Mandanten, abgedruckten Bescheide, Aktenvermerke etc. angewiesen. Bei der Würdigung des Tatsachenmaterials dürfen Sie in der Rolle des Anwalts grundsätzlich von der Richtigkeit tatsächlicher Informationen des Mandanten ausgehen.[10]

Der Anwalt muss das Rechtsschutzziel seines Mandanten ermitteln. Da Verwaltungs- **811**
bzw. Verwaltungsgerichtsverfahren immer der Durchsetzung subjektiver Rechte, nicht aber einem öffentlichen Interesse dienen, muss daher die **Antrags-, Widerspruchs- bzw. Klagebefugnis im Mittelpunkt der anwaltlichen Prüfung** stehen. In der Regel lässt sich das Begehren des Mandanten wie folgt umschreiben: Er wendet sich gegen einen Realakt, einen ihn belastenden VA oder benötigt anwaltlichen Rat wegen der Anfechtung einer ihm erteilten Genehmigung durch einen Dritten; er begehrt eine Genehmigung oder Leistung von der öffentlichen Hand; er wehrt sich gegen eine Genehmigung, die einem Dritten von der öffentlichen Hand erteilt wurde. Der Anwalt muss auch prüfen, ob das Begehren des Mandanten eilbedürftig ist und deshalb vorläufiger Rechtsschutz in Betracht kommt.

Unabhängig davon, ob Sie in der Prüfungsarbeit ein Gutachten, ein Mandanten- **812**
schreiben oder eine Klageschrift entwerfen sollen, muss die Arbeit gewöhnlich eine **Sachverhaltsdarstellung** entsprechend § 117 Abs. 3 VwGO enthalten.[11] In einigen Bundesländern ist der Sachbericht häufig erlassen.[12] Das **Herzstück der Anwaltsklausur** ist aber wie bei allen anderen Klausurtypen die **rechtliche Würdigung.** Je nach formaler Aufgabenstellung – beispielsweise dem Entwurf einer Klageschrift – wäre es praxisfremd und würde der Aufgabe des Rechtsanwaltes als Interessenvertreter einer Partei nicht gerecht, eine umfassende Prüfung der Sach- und Rechtslage in der zu fertigenden Klageschrift vorzunehmen. In den meisten Fällen wird deshalb ausdrücklich die Voranstellung eines Gutachtens verlangt, dem je nach Ergebnis der rechtlichen Prüfung ein Schreiben an den Mandanten, eine Klageschrift oder Klageerwiderung folgt. Nachfolgende Beispiele mit Erläuterungen sollen dies verdeutlichen.

§ 67. Anwaltsgutachten und Mandantenschreiben

I. Allgemeines

Im **anwaltlichen Gutachten** sind **alle aufgeworfenen Rechtsfragen** zu **erörtern.** **813**
Völlig unproblematische Punkte sollten Sie auch hier ebenso wenig ansprechen wie im Urteil. Daneben muss gerade das Anwaltsgutachten in der Regel **umfassende Zweckmäßigkeitserwägungen** dazu enthalten, wie das konkrete Rechtsschutzziel des Mandanten am effektivsten erreicht werden kann. Dabei sind **sämtliche Vorgehensmöglichkeiten mit ihren Vor- und Nachteilen** zu **erläutern** und im Grundsatz der sicherste Weg zu wählen. Je nach Ziel des Mandanten sind aber auch andere Faktoren (Zeit, Kosten etc.) zu berücksichtigen bei der Beurteilung, ob beispielsweise Eilrechtsschutz zu beantragen ist, bei Nachbarstreiten der Zivil- oder öffentlich-

[10] *Kukk*, in: Adler u. a., Kapitel 9 Rn. 85 ff.
[11] *Wahrendorf/Lemke*, JA 1997, 788, 792.
[12] Z. B. Bayern.

rechtliche Rechtsweg die besten Erfolgsaussichten bietet oder ob durch die Geltendmachung formeller Mängel zumindest ein Aufschub behördlicher Maßnahmen für den Mandanten erreicht werden kann.

814 Machen Sie sich bewusst, dass der **Adressat Ihres Gutachtens** der **Mandant** und nicht das Gericht ist. Dieser muss in die Lage versetzt werden, eine eigenverantwortliche Entscheidung in Kenntnis der günstigen als auch der negativen tatsächlichen und rechtlichen Umstände zu treffen. Im Falle fehlender oder unsicherer Erfolgsaussichten ist ausdrücklich auf die Risiken eines Rechtsbehelfs (Kostentragungspflicht im Falle des Unterliegens!) hinzuweisen. Besteht z. B. eine gefestigte Rechtsprechung, die dem Begehren des Mandanten entgegen steht, so ist dies im Gutachten deutlich zu machen und vom Beschreiten des Rechtsweges abzuraten. Im Falle einer Widerspruchseinlegung ist gegebenenfalls auf die Möglichkeit der Verböserung durch die Widerspruchsbehörde ebenso hinzuweisen wie auf die evtl. Unbeachtlichkeit bzw. Heilung von formellen Fehlern. Liegen Ermessensfehler der Behörde vor, ist der Mandant auf die Möglichkeit der Ergänzung von Ermessenserwägungen durch die Behörde im Verwaltungsprozess nach § 114 Satz 2 VwGO aufmerksam zu machen. Zu den damit für den Mandanten verbundenen Risiken haben Sie Stellung zu nehmen. Dazu folgendes Formulierungsbeispiel:

815 „… Die Untersagungsverfügung des Oberbürgermeisters der Stadt Saarbrücken erfüllt damit den Tatbestand des § 25 Abs. 1 BImSchG. Der Bescheid dürfte dennoch rechtswidrig sein, weil die angestellten Ermessenserwägungen wohl unzureichend sind. (…) Hinsichtlich der Erfolgsaussichten einer anzustrengenden Klage ist allerdings darauf hinzuweisen, dass der Oberbürgermeister der Stadt Saarbrücken nach erfolgter Klageerhebung, die aus Zweckmäßigkeitsüberlegungen zumindest auch auf die fehlerhafte Ermessensausübung gestützt werden muss, da – wie dargelegt – die Tatbestandsvoraussetzungen für eine Untersagung des Betriebs nach § 25 Abs. 1 BImSchG gegeben sind, möglicherweise auf die Klagebegründung reagiert und in prozessual zulässiger Weise nach § 114 Satz 2 VwGO zusätzliche Ermessenserwägungen nachschiebt. Dies hätte zur Folge, dass die Klage voraussichtlich abgewiesen würde. Um der zwingenden Kostentragungspflicht im Falle des Unterliegens zu entgehen, bliebe lediglich die Möglichkeit, nach erfolgtem Nachschieben von weiteren Ermessenserwägungen, die die Rechtmäßigkeit des Bescheids tragen, den Rechtsstreit in der Hauptsache für erledigt zu erklären. In diesem Falle würde das Gericht – eine Erledigungserklärung des Oberbürgermeisters der Stadt Saarbrücken unterstellt – nach § 161 Abs. 2 Satz 1 VwGO nur noch über die Kosten des Verfahrens entscheiden, die nach meinen Ausführungen dem Oberbürgermeister der Stadt Saarbrücken aufzuerlegen wären. Diese Verfahrensweise würde jedoch nichts daran ändern, dass die Untersagungsverfügung bestandskräftig würde.“

816 Beispiele für Anwaltsgutachten finden Sie in: JuS 2014, 256; JA 2012, 216; JuS 2011, 827; VBlBW 2010, 49 (Text) und VBlBW 2010, Heft 2 (Lösung); BayVBl. 2009, 350 (Text) und 381 (Lösung); VBlBW 2009, 197 (Text) und 236 (Lösung); BayVBl. 2008, 221 (Text) und 250 (Lösung); VBlBW 2008, 117 (Text) und 153 (Lösung); JuS 2007, 943.

II. Der Aufbau des Anwaltgutachtens

1. Die Sachverhaltsdarstellung

817 Ist nach dem Bearbeitervermerk auch ein **Sachbericht** verlangt, so fassen Sie zunächst die wichtigsten, aus anwaltlicher Sicht „unstreitigen“ Fakten zusammen. Es folgen

der bisherige Verfahrensablauf, in knapper Form die Ansichten des Mandanten zu dem Fall und der Gegenstand des erteilten Mandats.[13]

2. Die rechtliche Würdigung

Anschließend erfolgt die **rechtliche Würdigung** des Sachverhalts. Dabei ist es eine Frage des persönlichen Stils, ob Sie einen Handlungsvorschlag an dieser Stelle, schon vor der Darstellung des Sachverhalts oder erst am Ende der rechtlichen Würdigung formulieren; bedenken Sie jedenfalls, dass der Mandant in der Regel das Ergebnis Ihrer Prüfung und die Erfolgsaussichten eines weiteren Vorgehens so schnell wie möglich erfahren und sich dann erst mit der Begründung im Einzelnen auseinander setzen will. Rechtliche Ausführungen sind je nach Bedeutung der angesprochenen Fragen nicht im reinen **Gutachtenstil,** sondern im **Urteilsstil** abzufassen; anderenfalls wäre eine Gewichtung der Probleme kaum möglich.[14] Wahren Sie stets die Übersichtlichkeit, bilden Sie Absätze und fassen Sie am Ende das Ergebnis nochmals zusammen. Stellen Sie unterschiedliche Auffassungen in Rechtsprechung und Literatur dar und gehen Sie darauf ein, welche Konsequenzen es für den zu begutachtenden Fall hat, wenn Sie der einen oder der anderen Ansicht folgen. Gehen Sie ausdrücklich auf vom Mandanten im Vorfeld geäußerte Rechtsansichten ein. Der Aufbau bestimmt sich nach den Anforderungen an eine effiziente und juristisch logische anwaltliche Aktenbearbeitung. In der Regel empfiehlt sich ein Aufbau des Gutachtens **getrennt nach Zulässigkeit und Begründetheit des in Betracht kommenden Rechtsbehelfs.**[15] Denn die Erfolgsaussichten einer Klage oder eines vorläufigen Rechtsschutzgesuchs hängen im Verwaltungsprozess von der Überwindung zahlreicher prozessualer Hürden ab, ehe die materielle Rechtslage zu prüfen ist. Zielt das Anwaltsgutachten auf eine Klageerhebung ab, sind Ausführungen zum sachlich und örtlich zuständigen Verwaltungsgericht erforderlich. Auch auf ablaufende Widerspruchs- oder Klagefristen ist einzugehen. 818

Es versteht sich von selbst, dass prozessuale Überlegungen äußerst knapp zu halten sind, wenn in der Sache keine Erfolgsaussichten bestehen. Namentlich dann, wenn die materielle Rechtslage zugunsten des Mandanten zu beurteilen ist, ist es aus Zweckmäßigkeitsgründen vertretbar, diese vorab darzustellen und Verfahrensfragen erst anschließend zu erörtern; zum Beispiel die Frage, ob Bewilligung von Prozesskostenhilfe beantragt, ein Hauptsacheverfahren eingeleitet oder Eilrechtsschutz – bei der Behörde oder sofort beim Gericht – beantragt werden oder ob ein Abänderungsantrag bei der Behörde gestellt oder Widerspruch gegen deren Entscheidung eingelegt werden soll.[16] 819

Am Ende des Gutachtens stellen Sie die erforderlichen (prozess-)taktischen Überlegungen dar. Hier haben Sie die spezifische Fallgestaltung hinsichtlich der Zweckmäßigkeit des weiteren Vorgehens aufzuarbeiten. Die Ausführungen verbinden das Gutachten mit dem praktischen Teil; das Ergebnis des Gutachtens soll in den praktischen Teil nach den besonderen Belangen des Mandanten widerspruchsfrei übergeleitet werden.[17] 820

---

[13] S. auch *Proppe,* JA 2006, 377, 384.
[14] Vgl. auch *Barczak,* JA 2013, 937, 939.
[15] S. auch *Proppe,* JA 2006, 377, 384.
[16] *Wahrendorf/Lemke,* JA 1997, 788, 792.
[17] *Diercks-Harms,* S.163.

3. Formulierungsbeispiel für ein Anwaltsgutachten

821 Das Formulierungsbeispiel betrifft einen Fall, in dem einem Gewerbetreibenden eine straßenrechtliche Sondernutzungserlaubnis zum Betreiben eines Imbissstandes vor einem Fußballstadion mit der Einschränkung erteilt wird, kein Vollbier verkaufen zu dürfen. Achten Sie auf die **Anmerkungen** in den **Fußnoten!**

1. Sachverhaltsdarstellung

Es handelt sich um den Fall einer anwaltlichen Beratung, die am 9. März 2015 bei Rechtsanwältin Warstein in Bremen stattgefunden hat. Mandant ist Herr Jever aus Bremen. Dieser betreibt seit fünf Jahren an Spieltagen von Werder Bremen vor dem Weserstadion einen Imbissstand. Mit Bescheid vom 13. Februar 2015 verlängerte die Stadt Bremen seine Sondernutzungserlaubnis für die Dauer von einem Jahr, versah diese aber erstmals mit der „einschränkenden Bestimmung", künftig nur noch Light-Bier zu verkaufen. Zugleich drohte die Stadt Bremen dem Mandanten für jeden Fall der Zuwiderhandlung ein Zwangsgeld in Höhe von 500 € an. Der Mandant legte hiergegen am 17. Februar 2015 Widerspruch ein und verkaufte beim nächsten Heimspiel am 1. März 2015 Vollbier. Wegen dieses Verstoßes setzte die Stadt Bremen am 5. März 2015 das zuvor angedrohte Zwangsgeld fest.[18]

Der Mandant bittet um anwaltliche Beratung in dieser Sache. Er weist darauf hin, dass… und möchte wissen, ob (…) Vor allem geht es ihm um. (…)[19]

2. Gutachten

a) Rechtsschutzziel

Zunächst ist zu klären, was das Rechtsschutzziel des Mandanten ist. Einerseits könnten die Erfolgsaussichten des bereits eingelegten Widerspruchs im Hinblick darauf überprüft werden, ob der Widerspruch aufrechterhalten werden soll oder zurückzunehmen ist. Andererseits geht es dem Mandanten aber primär darum, möglichst schon beim nächsten Heimspiel von Werder Bremen wieder Vollbier verkaufen zu dürfen und nicht erneut mit einer Zwangsgeldfestsetzung überzogen zu werden. Daher liegt es nahe, die Erfolgsaussichten eines vorläufigen Rechtsschutzgesuchs zu prüfen, da dies für den Mandanten zum gegenwärtigen Zeitpunkt den weitestgehenden Rechtschutz bieten würde. Hierauf hat sich somit die gutachterliche Prüfung zu erstrecken.

b) Zulässigkeit des vorläufigen Rechtsschutzgesuchs

Zunächst ist die statthafte Antragart fraglich. Der Mandant wendet sich ausschließlich gegen die „einschränkende Bestimmung", nur noch Light-Bier verkaufen zu dürfen. Die statthafte Antragsart hängt entscheidend davon ab, ob es sich hierbei um ein isoliert anfechtbare Nebenbestimmung i. S. d. § 36 VwVfG oder um eine Inhaltsbestimmung in Form einer sog. „modifizierenden Auflage" handelt. (…)[20]

---

[18] Da die Sachverhaltsdarstellung niemals ein Schwerpunkt der Klausur ist, fassen Sie sich an dieser Stelle kurz. Ist der Sachbericht nach dem Bearbeitervermerk erlassen, sollten Sie des besseren Verständnisses wegen die Fakten dennoch bei der Erläuterung des Rechtsschutzziels kurz erwähnen.

[19] Aus dem im Klausurtext enthaltenen Vermerk des Anwalts über das Mandantengespräch ergeben sich regelmäßig mehrere rechtliche Gesichtspunkte, die der Mandant oder der Anwalt aufwirft. Diese Erwägungen sind hier darzustellen.

[20] Hier müssen Sie sich jetzt ausführlich damit auseinandersetzen, was für oder gegen die Qualifizierung der „einschränkenden Bestimmung" als Inhaltsbestimmung oder Nebenbestim-

Die Antragsbefugnis des Mandanten ist in Bezug auf den Hauptantrag unproblematisch gegeben. (...)[21]

c) Begründetheit des vorläufigen Rechtsschutzgesuchs

Der Hauptantrag nach § 80 Abs. 5 Satz 3 VwGO analog ist begründet, wenn... Diese Voraussetzungen liegen hier vor. (...)[22]

d) Zulässigkeit und Begründetheit des Hilfsantrags

Für den Fall, dass das Gericht hier von einer Inhaltsbestimmung ausgeht, ist der Antrag nach § 123 Abs. 1 VwGO statthaft.... Der Hilfsantrag könnte begründet sein, wenn zugunsten des Mandanten ein Anordnungsanspruch und ein Anordnungsgrund glaubhaft gemacht werden könnte. Dies setzt voraus, dass (...).[23]

e) Vorgehen gegen die Zwangsgeldfestsetzung

(...)

d) Zweckmäßigkeitsüberlegungen

Der Mandant ist darüber in Kenntnis zu setzen, dass die Erfolgsaussichten des vorläufigen Rechtsschutzgesuchs nicht abschließend beurteilt werden können. Insoweit ist er über das Kostenrisiko zu informieren. Letztlich ist es der Entscheidung des Mandanten zu überlassen, ob ein Eilantrag gestellt werden soll. Darin sollten die für den Mandanten sprechenden Gesichtspunkte, wie sie im Gutachten dargelegt sind, herausgestellt werden.

---

mung spricht. Im Anwaltsgutachten braucht – anders als in der Gerichtsklausur – keine Entscheidung hierzu getroffen werden. Der Anwalt wählt die für den Mandanten günstigere Rechtslage – Qualifizierung der „Einschränkung" als isoliert anfechtbare Nebenstimmung, da der Widerspruch dann aufschiebende Wirkung hat und der Mandant beim nächsten Heimspiel Vollbier verkaufen kann – und beantragt daher die Feststellung, dass der Widerspruch aufschiebende Wirkung hat. Da aber nicht vorhergesehen werden kann, ob das anzurufende VG Bremen diese Rechtsauffassung teilt, sollte neben dem **Hauptantrag** zusätzlich ein **Hilfsantrag** nach § 123 Abs. 1 VwGO auf vorläufige Gestattung des Vollbierverkaufs gestellt werden. Da hier ein Schwerpunkt der Arbeit liegt, sollten Sie sich ausführlich mit den in Rechtsprechung und Literatur vertretenen Auffassungen zur Anfechtbarkeit von Neben- und Inhaltsbestimmungen auseinandersetzen (s. dazu Rn. 203 f.).

[21] Wie oben ausgeführt, werden unproblematische Punkte im Urteilsstil abgehandelt.

[22] Bei der faktischen Vollziehung ist der zulässige Antrag ohne weitere Interessenabwägung begründet (s. Rn. 492 f.).

[23] Hier prüfen Sie jetzt, ob die Light-Bier-Beschränkung voraussichtlich rechtmäßig ist. In diesem Zusammenhang kommt es maßgeblich darauf an, ob die Behörde nur straßenrechtliche oder auch ordnungsrechtliche Gesichtspunkte in ihre Ermessensentscheidung einstellen darf. Für den Mandanten ist es günstiger, wenn nur straßenrechtliche Aspekte berücksichtigt werden dürfen. Richten Sie Ihre Argumentation daher entsprechend darauf aus. Jedoch können Sie nicht ausschließen, dass das Gericht der gegenteiligen Auffassung folgen wird. Daher müssen Sie auch für diesen Fall Argumente zugunsten des Mandanten vortragen. So kann der Anwalt geltend machen, die Wahrscheinlichkeit, dass es unmittelbar durch den Bierausschank des Mandanten zu einer Straftat kommt, sei gering, die Maßnahme sei also schon ungeeignet. Angesichts der gravierenden Umsatzeinbußen, die der Mandant durch das Verbot des Vollbierverkaufs erleide und der geringen Wahrscheinlichkeit eines kausalen Beitrags zu der Begehung von Straftaten sei die Maßnahme auch nicht verhältnismäßig im engeren Sinne.

III. Das Mandantenschreiben

1. Inhalt des Mandantenschreibens

822 Häufig ist in der Klausur **zusätzlich** zu dem Gutachten ein **Mandantenschreiben** zu fertigen. In diesem Fall kann das Anschreiben kurz gehalten, der Entscheidungsvorschlag hierin aufgenommen und hinsichtlich der aufgeworfenen Rechtsfragen vollinhaltlich auf das Gutachten verwiesen werden.[24] Da Mandanten zumeist keine Juristen sind, ist besonders auf Verständlichkeit der Ausführungen zu achten. Sofern z. B. das Beschreiten des gerichtlichen Rechtsweges keine hinreichende Erfolgsaussichten hat, sollten Sie in dem Mandantenschreiben ferner das Risiko eines solchen Vorgehens und insbesondere die zu erwartende Kostentragungspflicht in den Vordergrund stellen.[25] Der Mandant ist auf die Einhaltung von Fristen gesondert aufmerksam zu machen ebenso wie auf die Möglichkeit, bei Vorliegen der Voraussetzungen Prozesskostenhilfe nach § 173 VwGO i. V. m. §§ 114 ff. ZPO zu beantragen.

Sollen Sie **ausschließlich** ein **Mandantenschreiben** entwerfen, so folgt dieses den Regeln des Anwaltsgutachtens. Sie müssen umfassend zu allen aufgeworfenen Rechtsfragen Stellung nehmen und dem Mandanten einen Vorschlag bezüglich des weiteren Vorgehens machen.[26]

2. Formulierungsbeispiel für ein Mandantenschreiben

823 Rechtsanwalt Gerd Schroeder Hannover, den 7. April 2015

Trammplatz 56, 30158 Hannover

Frau Heidi Kurz

Kettlersheide 24, 28857 Syke

Baugenehmigung des Landkreises Diepholz an Ihren Nachbarn Sven Lang vom 12. Januar 2015

Sehr geehrte Frau Kurz,

unter Bezugnahme auf unser am 2. April 2015 geführtes Gespräch in meiner Kanzlei bedanke ich mich für die Übertragung des Mandats in der oben genannten Angelegenheit.

Sie haben mich gebeten, Ihre rechtlichen Interessen im Hinblick auf die Erteilung der Baugenehmigung für Ihren Nachbarn, Herrn Sven Lang, wahrzunehmen. Nach gründlicher Durchsicht Ihrer Unterlagen und der von mir inzwischen vorgenommenen Einsicht in die einschlägigen Bebauungsplanakten gehe ich von folgendem Sachverhalt aus:[27]

Sie sind Eigentümerin des im Geltungsbereich des Bebauungsplans „XY" der Stadt Syke gelegenen Grundstücks FlurNr. 124/4 in der Kettlersheide 24. Ihr Nachbar ist Eigentümer des angrenzenden Grundstücks 124/5 in der Kettlersheide 26. Der Bebauungsplan setzt für die Anliegergrundstücke der Kettlersheide ein allgemeines Wohngebiet mit einer Beschränkung der Anzahl der

---

[24] *Koehl/Spieß,* § 1 Rn. 18.

[25] Ein Mandantenschreiben, das sich ausschließlich mit der Frage des Kostenrisikos eines Verwaltungsprozesses beschäftigt, finden Sie bei *Koehl/Spieß,* § 3 Rn. 36.

[26] S. z. B. die Klausuren von *Meyer,* JA 2012, 216 und JA 2013, 780; *Kintz,* JuS 2014, 256; *Decker/Konrad,* Anwaltsklausur, Klausur Nr. 8, Seite 102 ff; BayVBl 2015, 248 (Text) und 284 (Lösung); BayVBl 2014, 27 (Text) und 59 (Lösung).

[27] Die Sachverhaltsdarstellung ist häufig nach dem Bearbeitervermerk erlassen.

Wohnungen nach § 9 Abs. 1 Nr. 6 BauGB fest. Ihr Nachbar hat am 13. März 2015 mit den Bauarbeiten für die Verwirklichung eines 3-Familienhauses begonnen. Von der bereits am 12. Januar 2015 erteilten Baugenehmigung hatten Sie vor Beginn der Bauarbeiten keine Kenntnis. Nachdem Ihnen die Kreisverwaltung Diepholz auf Ihre Nachfrage am 20. März 2015 eine Abschrift der Baugenehmigung zugestellt hatte, haben Sie mich am 2. April 2015 in meiner Kanzlei aufgesucht und mich gebeten, die Rechtslage unter jedem rechtlichen Gesichtspunkt zu prüfen. Ferner sollte ich Sie über das Ergebnis und eventuelle rechtlichen Schritte gegen die Ihrem Nachbarn erteilte Baugenehmigung schriftsätzlich unterrichten.

Zu den aufgeworfenen Fragen darf ich wie folgt Stellung nehmen:

In Betracht käme gemäß § 68 Abs. 1 Satz 1 VwGO die Einlegung eines Widerspruchs gegen die Ihrem Nachbarn erteilte Baugenehmigung. Zwar hat das Land Niedersachsen von der Möglichkeit, das Vorverfahren auszuschließen, in § 80 NdsJG in großem Umfang Gebrauch gemacht. Dies gilt gemäß § 80 Abs. 4 a NdsJG aber nicht für Verwaltungsakte, die – wie hier – nach der Niedersächsischen Bauordnung erlassen worden sind. Zuständige Widerspruchsbehörde wäre der Landkreis Diepholz. Der Widerspruch wäre zulässig, wenn er bis spätestens am 20. April 2015 bei der Kreisverwaltung in Diepholz eingeht.

Die Erfolgsaussichten eines Widerspruchs sind jedoch in der Sache äußerst gering. Zwar verstößt die Baugenehmigung gegen die Ziffer 4.3 der Festsetzungen des Bebauungsplans „XY“, der eine sog. Zwei-Wohnungs-Klausel enthält. Auf die objektive Rechtswidrigkeit einer dem Bauherrn erteilten Baugenehmigung kann sich ein Nachbar jedoch nicht berufen. Nach § 42 Abs. 2 VwGO muss vielmehr eine subjektive Rechtsverletzung vorliegen.

Ob eine auf § 9 Abs. 1 Nr. 6 BauGB gestützte Beschränkung der Wohnungszahl zusätzlich zu ihrem objektiv-rechtlichen Kerngehalt auch Nachbarschutz vermittelt, ist nach der Rechtsprechung des Bundesverwaltungsgerichts durch Auslegung des jeweiligen Bebauungsplans zu klären. Eine Regelvermutung für oder gegen eine nachbarschützende Ausgestaltung besteht nicht.[28] Fehlt es auch bei Anlegung eines großzügigen Maßstabs an erkennbaren Hinweisen auf eine nachbarschützende Zielrichtung, so ist von einer bloßen städtebaulichen Zielsetzung der Zwei-Wohnungs-Klausel auszugehen.

Dieser Rechtsprechung des Bundesverwaltungsgerichts folgt auch das Oberverwaltungsgericht Niedersachsen, das im Falle eines gerichtlichen Vorgehens nach Ablehnung eines Widerspruchs durch den Landkreis Diepholz und Abweisung einer Klage durch das zuständige Verwaltungsgericht Hannover in zweiter Instanz über Ihr Rechtsmittel entscheiden würde.

Unter dieser Vorgabe habe ich die gesamten Vorgänge im Zusammenhang mit der Aufstellung des Bebauungsplans „XY“ bei der Stadt Syke eingesehen und bin zu folgendem Ergebnis gekommen:

Der Bebauungsplan „XY“ enthält keine hinreichenden Anhaltspunkte dafür, dass die Stadt Syke der Zwei-Wohnungs-Klausel über ihren städtebaulichen Kerngehalt hinaus auch drittschützende Wirkung zu Gunsten der Anwohner beilegen wollte. In der Planbegründung vom 3. April 2010 wird lediglich dargelegt, dass man zwecks Befriedigung der damaligen Bauplatznachfrage und des Wohnungs-

[28] Z. B. *BVerwG* NVwZ 1993, 1100; *OVG Lüneburg* BRS 64 Nr. 177; vgl. dazu auch *Gassner*, NordÖR 2012, 384.

bedarfs ein Wohngebiet ausweisen wolle. Hinweise darauf, dass damit ein bestimmter Gebietscharakter im Sinne gehobenen Wohnens (Villengebiet) geschaffen und gewährleistet werden sollte, fehlen. Auch in den Vorlagen der Verwaltung und in den Stadtratsprotokollen zum Bebauungsplanverfahren finden sich keinerlei Ausführungen zur Gebietsqualität und zur Schutzrichtung der Wohnungszahlbeschränkung.... Auch aus einer Gesamtschau der Zwei-Wohnungs-Klausel mit anderen Festsetzungen des Bebauungsplans „XY" lässt sich nicht schließen, dass es dem Stadtrat um die Sicherung eines hochwertigen Wohngebiets mit besonders niedriger Wohndichte gerade auch zum Schutz der Gebietseigentümer ging. (...)

Die Einlegung eines Widerspruchs gegen die Ihrem Nachbarn erteilte Baugenehmigung ist im Ergebnis daher wenig erfolgversprechend. Im Falle des Unterliegens hätten Sie die gesamten Kosten des Widerspruchsverfahrens zu tragen.

Teilen Sie mir bitte umgehend mit, ob Sie angesichts dieser Sach- und Rechtslage gleichwohl Widerspruch gegen die Baugenehmigung erheben wollen. Da die Widerspruchsfrist am 20. April 2015, 24 Uhr, abläuft, müssten Sie mir bis spätestens 19. April 2015 einen entsprechenden Auftrag erteilen.

gez. Schroeder
Rechtsanwalt

§ 68. Entwurf einer Klageschrift

824 Ist in der Aufgabenstellung ausdrücklich und ausschließlich[29] der Entwurf einer Klageschrift verlangt, spricht vieles dafür, dass – jedenfalls nach einem vertretbaren Lösungsweg – die Klage Erfolgsaussichten hat. Die Klageschrift besteht aus dem **Eingangsteil,** der weitgehend einem gerichtlichen Rubrum gleicht sowie der **Begründung des Klagebegehrens.** Das Klageziel ergibt sich regelmäßig aus dem Bearbeitervermerk und dem Sachvortrag des Mandanten.

I. Der Eingangsteil

825 Die Form des „Kopfes" einer Klageschrift ist nicht vorgeschrieben, sie lehnt sich aber erkennbar an die gebräuchliche Gestaltung des Rubrums in der schriftlichen Fassung des am Ende der Instanz ergehenden Urteils an.

826 Der Eingangsteil beginnt mit der **Angabe des Rechtsanwalts** bzw. der Anwaltskanzlei und der **Bezeichnung des VG,** an das die Klageschrift gerichtet ist. Probleme dürften sich hier kaum stellen, denn meistens wird eine Verwaltungsentscheidung angegriffen, die eine Rechtsbehelfsbelehrung unter Benennung des zuständigen Gerichtes enthält. Die sachliche Zuständigkeit des VG ist in § 45 VwGO, die örtliche Zuständigkeit in § 52 VwGO geregelt.

827 Danach folgt die Überschrift *„Klage"* und anschließend die **Angabe der Beteiligten,** des Betreffs und des **Antrags.** Der zur Wahrung der Klagefrist erforderliche Mindestinhalt der Klageschrift ergibt sich aus § 82 Abs. 1 VwGO. Danach muss die Klage den Kläger, den Beklagten und den Gegenstand des Klagebegehrens bezeich-

[29] Wird daneben ein vorgeschaltetes Gutachten verlangt, sind in der Klageschrift konkrete Bezugnahmen auf den Vermerk erlaubt, um Schreibarbeit zu sparen.

nen. Ferner soll die Klage einen bestimmten Antrag enthalten. Zu den Angaben über den Kläger gehört nach zutreffender Ansicht grundsätzlich auch dessen Anschrift.[30]

In Bezug auf den Beklagten bestimmt § 78 Abs. 1 Nr. 1 Halbsatz 2 VwGO zwar, dass die Angabe der Behörde, die den VA erlassen hat, ausreicht. Diese Vorschrift enthebt insbesondere wegen der Existenz „janusköpfiger" Behörden, die sowohl als Staatsbehörde als auch als Behörde einer Körperschaft handeln können, den Kläger von der Notwendigkeit, das Handeln der Behörde richtig einordnen zu müssen, und damit des Risikos, den falschen Beklagten zu benennen. Von einem Rechtsanwalt und **im Assessorexamen** von Ihnen wird aber auf jeden Fall die **Angabe des richtigen Beklagten erwartet.** Achten Sie also darauf, ob in dem Bundesland, in dem Sie Ihre Prüfung ablegen, das Rechtsträger- oder das Behördenprinzip gilt. Auch sollten Sie mit den Vertretungsregelungen vertraut sein. Unter Umständen ergibt sich der richtige Beklagte aus der im Klausurtext enthaltenen Rechtsbehelfsbelehrung.

Die Angabe eines im Laufe des Verfahrens Beizuladenden (z. B. Bauherr bei der Nachbarklage) ist fakultativ; der „gute" Anwalt wird ihn in jedem Fall benennen.[31]

Anschließend bezeichnen Sie kurz den **Streitgegenstand** (z. B.: *„wegen Anfechtung* **828**
eines Leistungsbescheids"). Ist Gegenstand des Verfahrens nicht eine bestimmte Geldsumme oder ist gesetzlich kein fester Wert bestimmt (s. § 63 Abs. 1 GKG), so empfiehlt es sich, auch Angaben zum vorläufigen Streitwert zu machen, um dem Gericht eine Gebührenberechnung ohne weitere Rückfrage zu ermöglichen.

Danach – oder je nach Formulierung davor – sollten Sie auf die Bevollmächtigung des Anwalts Bezug nehmen und darauf verweisen, dass die schriftliche Vollmacht der Klageschrift beiliegt. Aus § 67 Abs. 3 VwGO folgt nämlich die Pflicht des Anwalts, seine schriftliche Vollmacht dem Gericht vorzulegen. Es gibt hier mehrere Formulierungsmöglichkeiten etwa wie *„Namens und ausweislich beigefügter Vollmacht erhebe ich hiermit Klage"* oder *„bestelle ich mich unter Vorlage einer entsprechenden Vollmacht zum Prozessbevollmächtigten der Klägerin und erhebe in deren Namen und Auftrag Klage."*

Auch wenn § 82 Abs. 1 VwGO nur verlangt, dass die Klage einen Antrag enthalten **829**
soll, wird in Anwaltsklausuren die **Formulierung des konkreten Sachantrags** auch dann erwartet, wenn dies im Bearbeitervermerk nicht gesondert erwähnt ist. Verwenden Sie hierauf größte Sorgfalt. Die Antragstellung ist ausgehend vom Begehren des Klägers auf den späteren – erfolgreichen – Tenor auszurichten. Insbesondere bei der Verpflichtungsklage ist darauf zu achten, dass gegebenenfalls „nur" die Neubescheidung statt Verpflichtung zum Erlass des begehrten VA beantragt wird. Ein teilweises Unterliegen im Prozess zieht nämlich unweigerlich eine Kostentragungspflicht nach sich. Beziehen Sie auch Nebenforderungen vollständig in den Antrag ein (z. B. bei einer Leistungsklage). In Zweifelsfällen empfiehlt es sich, im Wege der Eventualklagehäufung Haupt- und Hilfsantrag zu stellen (z. B. Anfechtungsklage und hilfsweise Verpflichtungsklage, wenn Unklarheit darüber besteht, ob die streitgegenständliche Verfügung als isolierte Auflage oder modifizierende Auflage zu qualifizieren ist).[32] Der in Anwaltsschriftsätzen übliche weitere Antrag, dem Beklagten die Kosten des Verfahrens aufzuerlegen sowie das Urteil für vorläufig vollstreckbar zu erklären, ist dagegen entbehrlich, denn dieser Ausspruch ergeht im Urteil von

---

[30] S. hierzu Rn. 180.

[31] *Mürbe/Geiger/Haidl,* § 9 S. 201; *Barczak,* JA 2013, 937, 941.

[32] *Breucker,* in: Adler, u. a., Kapitel 9 Rn. 25.

Amts wegen (§ 161 Abs. 1 VwGO).[33] Begehrt der Kläger allerdings den zusätzlichen Ausspruch, die Hinzuziehung eines Bevollmächtigten für notwendig zu erklären (§ 162 Abs. 2 Satz 2 VwGO), so sollten Sie diesen Antrag unabhängig von der in Rechtsprechung und Literatur umstrittenen Frage, ob die Hinzuziehung eines Bevollmächtigten nur auf Antrag für notwendig erklärt wird,[34] in Ihren Antrag mit aufnehmen.[35]

Ist die Klage verfristet, sollten Sie das Wiedereinsetzungsgesuch in den Antrag aufnehmen und optisch herausstellen.

II. Die Klagebegründung

Die Klagebegründung besteht aus der Sachverhaltsdarstellung (z. B. unter 1.) und der rechtlichen Würdigung (z. B. unter 2.).

1. Die Sachverhaltsdarstellung

830 Auch wenn die Darstellung des Sachverhalts letztlich dem Aufbau eines Urteilstatbestands ähnelt, sollten Sie diesen nicht unreflektiert übernehmen.[36] Hat der Mandant die für die Klage wesentlichen Fakten im Aufgabentext ungeordnet an verschiedenen Stellen vorgetragen – dies wird häufig der Fall sein –, so ordnen Sie den Sachvortrag dennoch so, dass er gut verständlich ist. Die Informationen sollen möglichst kurz, übersichtlich gegliedert und klar in der Aussage sein. Eine solche Darstellung erspart spätere Wiederholungen, die durch gezielte Verweisungen ersetzt werden können. Bauen Sie die **Sachverhaltsschilderung chronologisch** auf und stellen Sie nur diejenigen Sachverhaltselemente dar, die für die Erreichung des angestrebten Ziels erforderlich sind.[37] Ein Einleitungssatz ist zwar nicht erforderlich, des besseren Verständnisses wegen aber auch hier sinnvoll. Verwenden Sie die Beteiligtenbezeichnungen des Klageverfahrens, sprechen Sie also von Kläger und Beklagtem. Einseitige Informationen des Mandanten geben Sie im Konjunktiv wieder. Rechtsausführungen sollten im Rahmen der Sachverhaltsdarstellung möglichst unterlassen werden.[38]

831 Nach Möglichkeit sollten Sie **zum Nachweis auf die Behördenakten und die Bescheide Bezug nehmen** (z. B. *„Beweis: Beiziehung der Bauakten des Bezirksamtes Altona"*). § 82 Abs. 2 Satz 1 VwGO verlangt sogar, dass die angefochtene Verfügung und der Widerspruchsbescheid in Urschrift oder Abschrift beigefügt werden soll. Die Nichtbeachtung dieser Bestimmung ist allerdings unschädlich, da das VG die Verwaltungsakte, die der Streitigkeit vorangeht, ohnehin von Amts wegen beizieht.

832 Zwar entbindet der **Amtsermittlungsgrundsatz** (§§ 86 Abs. 1, 108 Abs. 1 Satz 1 VwGO)[39] den Kläger grundsätzlich von der Verpflichtung, einzelne entscheidungserhebliche Tatsachen förmlich unter Beweis zu stellen. Denn das Gericht hat von sich aus die notwendigen Feststellungen zu treffen und hierzu alle vernünftigerweise zu Gebote stehenden Möglichkeiten einer Aufklärung des für die Entscheidung maßgeblichen Sachverhalts auszuschöpfen, die geeignet sein können, die für die Ent-

[33] *Mürbe/Geiger/Haidl,* § 1 S. 20 und *Koehl/Spieß,* § 3 Rn. 6 empfehlen die Aufnahme des Antrags zu den Kosten und der vorläufigen Vollstreckbarkeit in der Klausur, da er auch in der Praxis üblich ist.

[34] S. hierzu das Tenorierungsbeispiel Nr. 4, Rn. 53.

[35] So auch *Koehl/Spieß,* § 3 Rn. 7.

[36] Vgl. *Wahrendorf/Lemke,* JA 1997, 788, 792.

[37] *Groß,* JuS 1999, 171, 172.

[38] Vgl. hierzu *Groß,* JuS 1999, 171, 172.

[39] Ausführlich dazu s. *Müller,* JuS 2014, 324.

scheidung erforderliche Überzeugung des Gerichts zu begründen.[40] Dennoch ist gegebenenfalls ein **förmlicher Beweisantrag** sinnvoll oder notwendig, wenn sich eine zur Sachverhaltsermittlung zur Verfügung stehende Erkenntnisquelle für das Gericht nicht aufdrängt oder es sich um Tatsachen handelt, die nur den Beteiligten bekannt sein können.[41] Die Amtsermittlungspflicht des Gerichts hat dort ihre Grenzen, wo die Mitwirkungs- bzw. Prozessförderungspflicht der Beteiligten beginnt.[42] Das bedeutet, dass jeder Beteiligte grundsätzlich alle in seine Sphäre fallenden Ereignisse vortragen muss.[43]

Ein förmlicher Beweisantrag ist gemäß § 86 Abs. 2 VwGO zwar in mündlicher Verhandlung zu stellen, er zwingt das Gericht zur förmlichen Verbescheidung durch Beschluss, wenn es dem Antrag nicht nachgehen will. Die schriftsätzliche Ankündigung empfiehlt sich gleichwohl, damit das Gericht frühzeitig reagieren, etwa die mündliche Verhandlung als Ortstermin bestimmen kann. Je nach Fallkonstellation kann auch ein so genannter **Hilfsbeweisantrag,** über den das Gericht erst im Urteil befinden muss, dem Anliegen des Mandanten aber eher dienlich sein. Beispiel: Der Anwalt hält einen Baunachbarstreit wegen Unzumutbarkeit von Lärmbeeinträchtigungen auch ohne Einholung eines Sachverständigengutachtens für entscheidungsreif, sollte aber vorsorglich dennoch einen entsprechenden Hilfsbeweisantrag stellen. Inhaltlich muss der Beweisantrag bestimmt und auf die Feststellung konkret zu bezeichnender entscheidungserheblicher Tatsachen gerichtet sein. Ferner muss das Beweismittel konkret angegeben werden. Für die unter Beweis gestellte Behauptung muss auch eine gewisse Wahrscheinlichkeit bestehen. Dies ist nicht der Fall, wenn die Unrichtigkeit der zu Beweis gestellten Behauptung bereits zur vollen, durch die Beweiserhebung nicht mehr zu erschütternden Überzeugung des Gerichts feststeht.[44] Heben Sie in der Klausur die Beweisangebote zur besseren Erkennbarkeit optisch hervor, etwa durch Absätze und Einrücken im Text:

> „(…) Nach diesen Gegebenheiten ist davon auszugehen, dass von der Skater-Anlage der Beklagten unzumutbare Lärmbeeinträchtigungen auf das Grundstück der Klägerin ausgehen.
>
> Beweis: Einholung eines Sachverständigengutachtens."

Die Ankündigung eines Hilfsbeweisantrages kann z. B. so dargestellt werden:

> „(…) Die Haltung von 35 Papageien in einem allgemeinen Wohngebiet ist daher gemäß §§ 4, 14 BauNVO unzulässig, ohne dass darüber gesondert Beweis erhoben werden müsste. Sollte das angerufene Gericht anderer Auffassung sein, ergibt sich deren Unzulässigkeit jedenfalls aus dem Umstand, dass der von den Papageien auf dem Nachbargrundstück ausgehende Lärm unzumutbar im Sinne des § 15 Abs. 1 Satz 2 BauNVO ist.
>
> Beweis: Einholung eines Sachverständigengutachtens."

---

[40] *BVerwG* NVwZ-RR 2013, 479; *Kopp/Schenke,* § 86 Rn. 5 m. w. N.; *Jacob,* JuS 2011, 510.

[41] Vgl. *BVerwG* DÖV 1981, 27; zum Beweisantragsrecht im Verwaltungsprozess ausführlich s. *Vierhaus,* DVBl. 2009, 629.

[42] *BVerwG* NVwZ-RR 2013, 479; *Mürbe/Geiger/Haidl,* § 9 S. 202.

[43] *BVerwG* DÖV 1987, 744.

[44] *Johlen,* in: Römermann/Hartung, § 42 Rn. 27 f.

2. Die rechtliche Würdigung

833 An die Sachverhaltsdarstellung schließt sich die rechtliche Würdigung des Falles an. Die Ausführungen sind nach den angestrebten Rechtsfolgen zu gliedern. Halten Sie sich an das Aufbauschema eines Urteils, d. h. erörtern Sie **zunächst die Zulässigkeit und danach die Begründetheit der Klage.** Verwenden Sie auch in der Klageschrift den **Urteilsstil.**[45] Auch hier gilt der Grundsatz, dass die Darlegung unproblematischer Fragen zu unterbleiben hat. Ist die Klage verfristet und wird Wiedereinsetzung in den vorigen Stand beantragt, weil z. B. die zuverlässige Rechtsanwaltsgehilfin erstmals vergessen hatte, die Frist in den Kalender einzutragen, sollten Sie Bezug nehmen auf eine der Klageschrift beigefügte eidesstattliche Versicherung der Anwaltsgehilfin. Gliedern Sie Ihren Vortrag in Abschnitte, um die Übersichtlichkeit der Klageschrift zu wahren. Wenn Sie Rechtsauffassungen wiedergeben, so ist es in der Praxis sinnvoll, entsprechende Belegstellen aus Rechtsprechung und Literatur zu zitieren. In der Klausur ist dies mangels Verfügbarkeit kaum möglich, es genügt, eine bestimmte Rechtsmeinung ohne Zitat wiederzugeben. Beschränken Sie sich nicht auf den Vortrag derjenigen Umstände, die nach der von Ihnen vertretenen Auffassung der Klage zum Erfolg verhelfen sollen. Anders als beim Urteil, in dem das Gericht lediglich seine eigene Rechtsmeinung darlegen und begründen muss, ist es Ihre Aufgabe als Anwalt, hilfsweise auch alle sonstigen Gesichtspunkte herauszustellen, die dem Rechtsschutzziel Ihres Mandanten förderlich sind – namentlich für den Fall, dass das Gericht der von Ihnen vertretenen Auffassung nicht folgt. Dazu folgendes Beispiel:

> „Die bauplanungsrechtliche Genehmigungsfähigkeit des Bauvorhabens ergibt sich aus § 35 Abs. 1 Nr. 1 BauGB. Denn bei der landwirtschaftlichen Produktionshalle, die der Kläger errichten möchte, handelt es sich um ein privilegiertes Vorhaben im Sinne dieser Vorschrift. (…) Sollte das Gericht diese Auffassung nicht teilen, so folgt der Genehmigungsanspruch jedenfalls aus § 35 Abs. 2 BauGB, denn dem Vorhaben stehen keine öffentlichen Belange im Sinne des § 35 Abs. 3 BauGB entgegen. (…)“

834 Kommen Sie in der Arbeit an einen Punkt, bei dem zwei (oder mehrere) **unterschiedliche Rechtsauffassungen** vertreten werden (können), so ist es selbstverständlich, dass Sie ausgehend von der Parteirolle des Rechtsanwalts die **für den Mandanten günstigste Ansicht zu vertreten** und zu begründen versuchen.[46] Es ist allerdings nicht ratsam, für den Kläger ungünstige Auffassungen einfach zu „unterschlagen“. Gehen Sie davon aus, dass auch dem Gericht entsprechende Meinungsstreite geläufig sind. Setzen Sie sich daher mit der für den Kläger ungünstigen Rechtsmeinung auseinander und legen Sie dar, warum Sie nicht diese, sondern die Ihnen günstige Gegenmeinung vertreten. Hat das angerufene VG oder das für das Rechtsmittel gegen die Entscheidung des VG zuständige OVG die betreffende Rechtsfrage schon im Sinne des Klägers entschieden, so können Sie sich hierauf selbstverständlich berufen und die Begründung entsprechend kurz fassen. Anders ist die Situation, wenn das VG in Übereinstimmung mit dem OVG die zu entscheidende Rechtsfrage entgegen der Rechtsansicht des Klägers beurteilt hat. In diesem Fall muss die Begründung besonders ausführlich ausfallen, d. h. der Kläger muss darlegen, dass er die gegenteilige Meinung des Gerichts kennt, diese aber nicht für zutreffend hält. Dies kann in etwa wie folgt geschehen:

---

[45] Vgl. *Mürbe/Geiger/Haidl*, § 1 S. 23.

[46] S. auch die Vorbemerkung zu der Anwaltsklausur in BayVBl. 2005, 124.

„Der Kläger beruft sich primär auf die Verletzung des vom BVerwG entwickelten sog. Gebietserhaltungsanspruchs.[47] Darunter versteht man den Schutzanspruch des Nachbarn auf die Bewahrung der Gebietsart nach der BauNVO, der über das Rücksichtnahmegebot hinausgeht.... Dieser Anspruch steht dem Kläger vorliegend zur Seite. Sein Grundstück liegt ebenso wie das Grundstück des Beigeladenen im Geltungsbereich des Bebauungsplans „Grüne Au", so dass er sich unmittelbar auf die Einhaltung der Festsetzungen des Bebauungsplans über die Art der baulichen Nutzung berufen kann.

Soweit die Beklagte im Widerspruchsbescheid die Auffassung vertreten hat, eine Rechtsverletzung des Klägers scheide aus, weil sein Grundstück innerhalb des festgesetzten Plangebiets in einem allgemeinen Wohngebiet, das des Beigeladenen dagegen in dem unmittelbar angrenzenden Gewerbegebiet liege, kann dem nicht gefolgt werden. Zwar kann sich die Beklagte zur Stützung ihrer Rechtsmeinung zugegebenermaßen auf entsprechende Entscheidungen der Rechtsprechung[48] berufen. Danach gilt der kraft Gesetzes wirkende drittschützende Charakter der Festsetzung der Gebietsart nur innerhalb des jeweiligen Baugebiets, hier also des Gewerbegebiets. Dieser Auffassung ist grundsätzlich zuzustimmen. Denn zwischen dem Grundstück des Bauherrn und dem Grundstück des Nachbarn besteht nicht das für ein Plangebiet typische wechselseitige Verhältnis, das die in einem Plangebiet zusammengefassten Grundstücke zu einer bau- und bodenrechtlichen Schicksalsgemeinschaft zusammenschließt. Der vorliegende Fall zeichnet sich jedoch durch die Besonderheit aus, dass die Beklagte ausweislich ihrer Begründung zum Bebauungsplan nur ein eingeschränktes Gewerbegebiet ausgewiesen hat, um die angrenzende Wohnbebauung vor Immissionen zu schützen. Die Ausweisung eines eingeschränkten Gewerbegebiets mit nur nicht störenden Gewerbebetrieben an der Grenze zum allgemeinen Wohngebiet dient nach dem erkennbaren Willen der Beklagten daher gerade auch dem Schutz der Wohnbebauung in dem benachbarten Baugebiet, in dem der Kläger wohnt. Folglich gilt der Gebietserhaltungsanspruch hier ausnahmsweise auch gebietsübergreifend."[49]

Noch einige Anmerkungen zu den **Besonderheiten,** die je nach Klageart zu beachten sind: **835**

Handelt es sich um eine gewöhnliche **Anfechtungsklage** gegen einen belastenden VA, so wird der Anwalt darstellen, dass die gesetzlichen Voraussetzungen für den Erlass dieses VA nicht erfüllt sind. Für die Stattgabe der Klage können bereits formelle Fehler ausreichen. Achten Sie aber auf die Unbeachtlichkeits- bzw. Heilungsvorschriften der §§ 45, 46 VwVfG. Ist der VA auf eine Satzung oder eine andere untergesetzliche Norm gestützt, so sollte der Anwalt deren Rechtmäßigkeit besonders sorgfältig prüfen und auf Zweifel ausdrücklich hinweisen, um das Gericht zu einer intensiven Prüfung anzuhalten. Denn das Gericht kann inzidenter die Norm verwerfen. Ist Streitgegenstand ein VA, der auf der Grundlage einer Ermessensnorm ergangen ist und liegt – Ihrer Ansicht nach – ein Ermessensfehler vor, so stellen Sie dies im Einzelnen dar. Eine etwaige Heilung fehlerhaften Ermessensgebrauchs gemäß § 114 Satz 2 VwGO brauchen Sie in der Klageschrift nicht zu berücksichtigen, weil **836**

[47] Ausführlich dazu *BVerwG* NJW 1994, 1546; s. auch *Decker,* JA 2007, 55.
[48] *BVerwG* NVwZ 2008, 427 und BeckRS 2013, 46322; *OVG Münster* NVwZ-RR 2005, 100, 102.
[49] Vgl. *OVG Koblenz* BauR 2000, 527.

ein Nachschieben von Gründen durch die Behörde erst in der Klageerwiderung in Betracht kommt und dem gegebenenfalls durch eine hierauf abgegebene Erledigungserklärung Rechnung getragen werden kann.[50]

837 Hat die Klausur eine **Drittanfechtung** zum Gegenstand, so achten Sie darauf, dass eine Klage nur dann Erfolgsaussichten hat, wenn bei der Erteilung einer Genehmigung etc. gegen eine drittschützende Norm verstoßen wurde und Ihr Mandant zum Kreis der durch diese Norm Begünstigten gehört. Der Verstoß gegen sonstiges objektives Recht ist dagegen ohne Belang, Ausführungen hierzu in der Klageschrift sind überflüssig.

838 Bei der **Verpflichtungsklage** geht es allein um die Frage, ob dem Kläger gegen die Behörde ein materieller Anspruch zusteht. Ob die behördliche Ablehnungsentscheidung formell fehlerhaft ergangen ist, interessiert nicht, denn dies kann der Klage nicht zum Erfolg verhelfen. Da bei der Verpflichtungsklage grundsätzlich die Sach- und Rechtslage im Zeitpunkt der letzten mündlichen Verhandlung in der Tatsacheninstanz maßgeblich ist, wird der Anwalt auch prüfen, ob während des Klageverfahrens noch fehlende Voraussetzungen für den Erlass des VA geschaffen werden können (z. B. durch Anpassung der Baupläne, wenn eine Baugenehmigung begehrt wird). Andererseits muss der Anwalt auch darauf achten, dass auch materielle Fehler des Versagungsbescheids oder des Widerspruchsbescheids in der Zwischenzeit unbeachtlich geworden sein können. Ein typisches Beispiel hierfür ist die Ablehnung einer Baugenehmigung für ein Bauvorhaben im unbeplanten Innenbereich. Sofern die Gemeinde in der Zwischenzeit eine wirksame Veränderungssperre verhängt hat, kommt es nicht mehr darauf an, ob sich das Bauvorhaben des Klägers in die nähere Umgebung im Sinne des § 34 Abs. 1 BauGB einfügt. Die Klagebegründung muss in diesem Fall darauf ausgerichtet sein, die Wirksamkeit der Veränderungssperre zu verneinen. Bei behördlichem Beurteilungs- oder Ermessensspielraum sollte der Anwalt zur Vermeidung unnötiger Kosten einen Verpflichtungsantrag nur stellen, wenn er die Streitsache für spruchreif hält. Auch wenn in solch einem Fall in dem Antrag auf Erlass eines Verpflichtungsurteils als Minus ein Bescheidungsantrag enthalten ist, empfiehlt sich gleichwohl die Stellung eines Hilfsantrages, den Beklagten zur Neubescheidung des Antrags zu verpflichten.[51]

839 Bei einer **Feststellungsklage** dürfen Ausführungen zur Zulässigkeit nicht fehlen. Der Anwalt hat darzulegen, dass ein konkretes Rechtsverhältnis i. S. d. § 43 Abs. 1 VwGO vorliegt und worin das „berechtigte Interesse" besteht. Auch sollte er begründen, warum nicht die Leistungs- oder Gestaltungsklage vorrangig ist. Bei der Fortsetzungsfeststellungsklage ist ebenfalls auf das „berechtigte Interesse" besonders einzugehen. Bei der allgemeinen Leistungsklage ist darzutun, dass der Mandant einen Rechtsanspruch auf das geforderte Handeln, Dulden oder Unterlassen hat.

840 Die Klageschrift schließt mit der **Unterschrift des Anwalts** (vgl. § 81 VwGO). Diese braucht zwar nicht lesbar sein, muss aber einen individuellen Bezug zum Namen erkennen lassen und darf nicht ohne weiteres nachahmbar sein. Schreiben Sie den Namen des Rechtsanwaltes aus, dann spielen in der Praxis auftauchende Probleme – Handzeichen, Paraphe, bloßes Diktatzeichen, Computerfax ohne Unterschrift – in der Klausur keine Rolle.

---

[50] Vgl. *Schübel-Pfister,* JuS 2010, 976, 977.
[51] *Johlen,* in: Römermann/Hartung, § 42 Rn. 16.

III. Formulierungsbeispiel[52]

Rechtsanwalt Berlin-Tiergarten, 2. September 2015 841

Dr. Tobias Tengelmann

Lessingstraße 12, 10555 Berlin

Verwaltungsgericht Berlin

Kirchstraße 7

10557 Berlin

Namens und im Auftrag des Herrn Ludwig Lidl, Bergstraße 42, 13591 Berlin, erhebe ich unter Beifügung einer schriftlichen Vollmacht (Anlage 1) hiermit

KLAGE

gegen das Land Berlin, Bezirksamt Spandau – Bau- und Wohnungsaufsichtsamt –

beizuladen: Ernst und Martina Edeka, Mittelstraße 44, 13585 Berlin

wegen Anfechtung einer Baugenehmigung

vorläufiger Streitwert: 7.500,– €.

In der anzuberaumenden mündlichen Verhandlung werde ich beantragen,

1. die den Beizuladenden erteilte Baugenehmigung des Bezirksamtes Spandau vom 7. April 2015 und den Widerspruchsbescheid der Senatsverwaltung für Bau- und Wohnungswesen vom 13. Juli 2015 aufzuheben.

2. dem Beklagten die Kosten des Verfahrens aufzuerlegen sowie die Hinzuziehung eines Rechtsanwalts für das Vorverfahren für notwendig zu erklären.

BEGRÜNDUNG:

Der Klage liegt folgender Sachverhalt zugrunde:

Der Kläger ist nach dem Wohnungseigentumsgesetz Eigentümer einer Wohnung in dem Gebäudekomplex „G" auf dem Grundstück FlurNr. 234/8 in Berlin-Spandau, die Beizuladenden sind Eigentümer des seitlich angrenzenden Grundstücks FlurNr. 234/9. Beide Grundstücke liegen im Geltungsbereich des am 8. März 2010 in Kraft getretenen Bebauungsplans „Bergstraße" des Bezirksamtes Spandau, der den betreffenden Bereich als „allgemeines Wohngebiet" festsetzt. Am 7. April 2015 erhielten die Beizuladenden von dem Bezirksamt Spandau eine Baugenehmigung zur Errichtung eines Lebensmittelmarktes, dessen Verkaufsfläche in den Bauplänen mit 760 qm angegeben ist (Anlage 2). Diese Baugenehmigung wurde der Wohnungseigentümergemeinschaft am 13. April 2015 bekannt gegeben.

Der gegen die Baugenehmigung rechtzeitig eingelegte Widerspruch des Klägers (Anlage 3) wurde mit Widerspruchsbescheid der Senatsverwaltung für Bau- und Wohnungswesen vom 13. Juli 2015 (Anlage 4) mit der Begründung zurückgewiesen, der Kläger sei als einzelner Wohnungseigentümer schon nicht widerspruchsbefugt. Ungeachtet dessen sei die Baugenehmigung objektiv rechtmäßig. Der Kläger werde hierdurch auch nicht in subjektiven Rechten verletzt, denn ein

[52] Das Formulierungsbeispiel geht davon aus, dass nach dem Bearbeitervermerk kein zusätzliches Gutachten verlangt ist; eine ausformulierte Klageschrift finden Sie auch bei *Mürbe/Geiger/Haidl*, § 9 S. 209 ff.; s. ferner die Klausuren in BayVBl. 2005, 93 (Text) und 124 (Lösung); VBlBW 2007, 117 (Text) und 154 (Lösung); *Decker/Konrad, Assessorklausuren*, Klausur Nr. 3; *Decker/Konrad, Anwaltsklausur, Klausur Nr. 2.* S. auch BayVBl 2014, 674 (Text) und 705 (Lösung) mit einer Klageschreift nebst vorläufigem Rechtsschutzgesuch in einem Schriftsatz.

Verstoß gegen das allein zu prüfende Gebot der Rücksichtnahme liege mangels Unzumutbarkeit der Beeinträchtigung nicht vor.

In rechtlicher Hinsicht ist Folgendes auszuführen:

Die Klagefrist des § 74 Abs. 1 VwGO ist zwar verstrichen. Der Widerspruchsbescheid vom 13. Juli 2015 einschließlich einer ordnungsgemäßen Rechtsbehelfsbelehrung wurde mir am 20. Juli 2015 per Empfangsbekenntnis zugestellt. Die Klagefrist endete somit am 20. August 2015. Bezüglich der Versäumung der Klagefrist beantrage ich[53] aber

WIEDEREINSETZUNG IN DEN VORIGEN STAND

Meine langjährige und ansonsten stets ordnungsgemäß arbeitende Anwaltsgehilfin, Frau Ellen Fix, trug versehentlich die Frist für eine mögliche Klageerhebung nicht in den für Rechtsmittelfristen bestimmten Fristenkalender ein. Frau Fix, die aufgrund ihrer sorgfältigen Arbeitsweise von mir mit der Fristenbetreuung beauftragt ist, wurde von mir zu Beginn ihrer Tätigkeit in meiner Kanzlei ordnungsgemäß angeleitet. Es gab bisher noch nie irgendwelche Versäumnisse der Frau Fix. Bei einer routinemäßigen Kontrolle verschiedener Akten und des Fristenkalenders am 2. September 2015 stellte ich die Nichteintragung der hier eventuell doch in Gang gesetzten Klagefrist fest. Ich habe dann – sicherheitshalber – sofort die vorliegende Klageschrift verfasst. Zur Glaubhaftmachung dieses Vortrags füge ich die eidesstattliche Versicherung meiner Gehilfin, Frau Ellen Fix, bei (Anlage 5).

Zur Sache selbst ist Folgendes anzumerken:

Entgegen der Ansicht des Beklagten ist der Kläger als Eigentümer einer Wohnung in dem Gebäudekomplex „G“ nach dem Wohnungseigentumsgesetz klagebefugt im Sinne des § 42 Abs. 2 VwGO.Denn der einzelne Wohnungseigentümer (§ 1 Abs. 2 WEG) kann aus eigenem Recht nach § 13 Abs. 1 WEG öffentlich-rechtliche Beeinträchtigungen seines Sondereigentums abwehren. (...)[54]

Die angefochtene Baugenehmigung verletzt den Kläger in seinen Rechten. Zwar kann dieser nicht die objektive Rechtswidrigkeit der den Beizuladenden erteilten Baugenehmigung rügen, so dass sich eine Auseinandersetzung mit den diesbezüglichen Ausführungen in dem Widerspruchsbescheid erübrigt. Die Senatsverwaltung für Bau- und Wohnungswesen ist jedoch unzutreffend davon ausgegangen, der Kläger könne sich nur auf eine mögliche Verletzung des Gebots der Rücksichtnahme berufen; ein Verstoß liege indessen nicht vor. Nach der Rechtsprechung des Bundesverwaltungsgerichts hat der Kläger vielmehr einen weitergehenden Anspruch, den so genannten Gebietserhaltungsanspruch. (...)[55]

Dieser Anspruch steht dem Kläger zur Seite. Wie ausgeführt, liegen beide Grundstücke im Geltungsbereich des gültigen Bebauungsplans „Bergstraße“ des Bezirksamtes Spandau, der den betreffenden Bereich als „allgemeines Wohngebiet“ festsetzt.

Nach § 4 Abs. 2 Nr. 2 BauNVO sind u. a. nur Läden zulässig, die der Versorgung des Gebiets dienen. Deren Zulässigkeit richtet sich vor allem nach dem Warensortiment und der Größe der Verkaufsfläche. Der Verbrauchermarkt der Beizuladenden soll nach den genehmigten Bauplänen eine Verkaufsfläche von ca.

---

[53] In Anwaltsschriftsätzen wird stattdessen häufig auch die Formulierung „der Unterzeichner“ verwendet.

[54] Ausführlich dazu s. *OVG Bremen* NordÖR 2015, 209.

[55] Es folgen Ausführungen zu Inhalt und Umfang dieses Anspruchs.

760 qm haben, wird aber nach Berechnung des Unterzeichners eine tatsächliche Verkaufsfläche von ca. 820 qm haben, so dass der Markt schon wegen seiner Größe in einem allgemeinen Wohngebiet unzulässig ist. In der Vergangenheit hat die Rechtsprechung Selbstbedienungsläden (für Lebensmittel) mit einer Verkaufsfläche von um die 700 qm nicht mehr als Läden zur wohnungsnahen Versorgung sondern als großflächige Einzelhandelsbetriebe im Sinne des § 11 Abs. 3 Satz 1 Nr. 2 BauNVO angesehen.

So z. B. *BVerwG* NVwZ 1987, 1076; *OVG Lüneburg* NVwZ-RR 2003, 486.[56]

Zwar ist zuzugeben, dass in den letzten Jahren im Lebensmitteleinzelhandel eine rasante Entwicklung stattgefunden hat mit der unverkennbaren Tendenz zur Vergrößerung der Verkaufsfläche. Auch ist dem Beklagten nicht zu widersprechen, soweit er in dem Widerspruchsbescheid unter Bezugnahme auf eine Stellungnahme der Industrie- und Handelskammer darauf hingewiesen hat, dass sich für die Neuerrichtung von Läden unter 800 qm heute kaum mehr Investoren finden, weil kleinere Läden sich nicht mehr rentieren. Im Einklang damit geht die jüngere verwaltungsgerichtliche Rechtsprechung davon aus, dass das Merkmal der Großflächigkeit erst ab einer Verkaufsfläche von 800 qm erfüllt ist.

S. *BVerwG* NVwZ-RR 2006, 452; *VGH Mannheim* NuR 2011, 149.

Unter Zugrundelegung dieser Rechtsprechung stellt sich das Vorhaben des Beizuladenden als großflächiger Einzelhandelsbetrieb im Sinne des § 11 Abs. 3 Satz 1 Nr. 2 BauNVO dar. Entgegen der Darstellung in den genehmigten Bauplänen beträgt die Verkaufsfläche nicht lediglich 760 qm, sondern tatsächlich 820 qm. Denn die Beizuladenden haben in den Bauplänen die Thekenbereiche, die von Kunden nicht betreten werden dürfen (Wurst- und Käsetheke) sowie die Flächen des Kassenvorraums nicht als Verkaufsfläche sondern zu Unrecht als Produktions- bzw. sonstige Flächen angegeben. Nach der zitierten Rechtsprechung des *BVerwG* sind diese Flächen bei der Berechnung der Verkaufsfläche jedoch einzubeziehen. Ein Lebensmittelmarkt in der Größenordnung von 820 qm ist außer in Kerngebieten aber nur in für sie festgesetzten Sondergebieten zulässig. Daher kann der von den Beizuladenden zu betreibende Markt auch nicht ausnahmsweise nach § 4 Abs. 3 Nr. 3 BauNVO als sonstiger nicht störender Gewerbebetrieb zugelassen werden.

Ist das Bauvorhaben der Beizuladenden somit aber gebietsunverträglich, so hat der Kläger allein aus der Gebietsfestsetzung des Bebauungsplans als „allgemeines Wohngebiet" einen Abwehranspruch.

Nur hilfsweise wird noch darauf hingewiesen, dass das Bauvorhaben der Beizuladenden entgegen den Ausführungen in dem Widerspruchsbescheid der Senatsverwaltung für Bau- und Wohnungswesen auch gegen das Gebot der Rücksichtnahme verstößt. Diesem kommt in bestimmten Fällen drittschützende Wirkung zu; es vermittelt Nachbarschutz, soweit in „qualifizierter und zugleich individualisierter Weise auf schutzwürdige Interessen eines erkennbar abgegrenzten Kreises Dritter Rücksicht zu nehmen ist".

So die ständige Rechtsprechung des Bundesverwaltungsgerichts, s. z. B. BVerwGE 52, 122, 126.

---

[56] In der Klausur ist die genaue Angabe des Zitats selbstverständlich nicht möglich, so dass es genügt, z. B. auf die entsprechende „Rechtsprechung des Bundesverwaltungsgerichts" Bezug zu nehmen.

Danach nimmt der Verbrauchermarkt nicht genügend Rücksicht auf das Anwesen des Klägers, denn sämtliche Stellplätze sollen nach den Bauplänen unmittelbar vor dem Schlafzimmerfenster angeordnet werden. Die hiervon ausgehenden Emissionen sind für den Kläger nicht hinnehmbar.

Beweis: Einholung eines Sachverständigengutachtens.

Der Klage ist daher antragsgemäß stattzugeben.

gez. Dr. Tengelmann
Rechtsanwalt

Anlagen

- 1 Prozessvollmacht des Klägers (Anlage 1)
- Bescheid vom 7. April 2015 in Kopie (Anlage 2)
- Widerspruch vom 20. April 2015 (Anlage 3)
- Widerspruchsbescheid vom 13. Juli 2015 in Kopie (Anlage 4)
- Eidesstattliche Versicherung der Frau Ellen Fix (Anlage 5)

§ 69. Entwurf eines vorläufigen Rechtsschutzgesuchs

I. Allgemeines

842 Der Antrag auf Gewährung vorläufigen Rechtsschutzes lehnt sich bezüglich des Aufbaus an denjenigen einer Klageschrift an. Nur selten wird das VG unmittelbar nach Eingang des Antrags eine Entscheidung fällen. In der Regel wird es dem Antragsgegner zunächst die Antragsschrift mit der Bitte um kurzfristige Stellungnahme und Vorlage der Verwaltungsakten übersenden. Damit ist in den meisten Fällen gewährleistet, dass eine Vollstreckung zu Lasten des Mandanten für die Dauer des einstweiligen Rechtsschutzverfahrens nicht durchgeführt wird. Denn die Behörde trifft allgemein die verfassungsrechtliche Obliegenheit, während eines Gerichtsverfahrens um die Gewährung vorläufigen Rechtsschutzes vor dem Hintergrund der Effektivität verwaltungsgerichtlichen Eilrechtsschutzes von Maßnahmen des Verwaltungszwanges abzusehen.[57] Hat die Behörde dagegen im Vorfeld bereits zu erkennen gegeben, dass sie die angekündigte Vollstreckung in jedem Fall betreiben will, empfiehlt es sich, zugleich mit dem Eilantrag das Gericht zu bitten, die Behörde ausdrücklich dazu anzuhalten, bis zu einer Entscheidung des Eilverfahrens keine Vollstreckungsmaßnahmen zu ergreifen.[58] Hat die Behörde eine solche „Stillhaltezusage" verweigert und drohen dem Antragsteller ohne eine Zwischenregelung unzumutbar schwere, anders nicht abwendbare Nachteile, weil durch die Vollziehung des VA vollendete Tatsachen geschaffen würden, kann der Anwalt im Einzelfall auch den Erlass eines sog. **„Hängebeschlusses"** (auch „Schiebeverfügung" oder „Zwischenentscheidung" genannt) durch das VG beantragen,[59] durch den der Behörde förmlich

---

[57] *BVerfG* NJW 1987, 2219.

[58] *Kukk*, in: Adler, u. a. Kapitel 9 Rn. 125.

[59] S. dazu *OVG Münster* BeckRS 2014, 59608: Eine von dem VG im Verfahren des vorläufigen Rechtsschutzes getroffene Zwischenentscheidung bzw. deren Ablehnung trifft der Sache nach für einen befristeten Zeitraum eine Entscheidung über das einstweilige Rechtsschutzbegehren des jeweiligen Antragstellers und ist daher beschwerdefähig.

aufgegeben wird, bis zu einer Entscheidung über den Eilantrag mit Vollstreckungsmaßnahmen zuzuwarten.

II. Formulierungsbeispiel[60]

Rechtsanwältin Barbara Branding Mainz, den 25. September 2015 843

Justin-Bieber-Allee 483
55118 Mainz
Verwaltungsgericht Mainz
Ernst-Ludwig-Str. 9
55116 Mainz

Antrag nach § 80 Abs. 5 VwGO

In dem Verwaltungsrechtsstreit

des Herrn Ricky Reus, Tintenstr. 25, 55268 Nieder-Olm,

– Antragsteller –

Verfahrensbevollmächtigte: RAin Branding, Mainz

gegen

das Land Rheinland-Pfalz, vertreten durch den Präsidenten des Polizeipräsidiums Mainz, Valenciastr. 2, 55118 Mainz,

– Antragsgegner –

wegen Beamtenrechts (dienstliche Anordnung)

beantrage ich namens und in Vollmacht des Antragstellers,

die aufschiebende Wirkung des Widerspruchs des Antragstellers vom 7. August 2015 gegen den Bescheid des Antragsgegners vom 3. August 2015 in der Gestalt des Widerspruchsbescheids des Polizeipräsidiums Mainz vom 22. September 2015 wiederherzustellen,

hilfsweise

den Antragsgegner im Wege einer einstweiligen Anordnung zu verpflichten, das Gebot der Entfernung von zwei Tätowierungen auf den Unterarmen des Antragstellers bis zum Abschluss des Hauptsacheverfahrens wieder rückgängig zu machen.

Begründung:

I.

Der Antragsteller steht als Polizeihauptmeister im Dienst des Landes Rheinland-Pfalz. Vom September 2011 bis Januar 2015 war er in Koblenz zur Bekämpfung der Rauschgiftkriminalität, u. a. als Rauschgiftfahnder eingesetzt. Zum 1. Februar 2015 ließ er sich aus familiären Gründen zur Polizeiinspektion Mainz versetzen. Dort sollte er im uniformierten Außendienst eingesetzt werden. Er hat sich Anfang Februar 2014 nach einer durchzechten Nacht auf den rechten Unterarm einen zähnefletschenden Pitbull und auf den linken Unterarm eine zur Fratze verzogene Clownsmaske tätowieren lassen. Mit Schreiben vom 3. August 2015

---

[60] Prozessual angelehnt an *VGH München* BayVBl. 2003, 212; *OVG Koblenz* NJW 2003, 3793 und *BVerwG* DVBl. 2006, 1187; s. zu dieser Thematik auch die Klausur in der JuS 2007, 35; ein ausformuliertes vorläufiges Rechtsschutzgesuch finden Sie auch bei *Mürbe/Geiger/Haidl*, § 10 S. 220 ff. und *Stegmüller*, JuS 2010, 907.

(Anlage 1) wies ihn der Leiter der Polizeidirektion Mainz darauf hin, dass sein derzeitiges Erscheinungsbild nicht dem Rundschreiben des Ministeriums des Innern und für Sport Rheinland-Pfalz vom 1. Juli 2009 über das Erscheinungsbild der Polizei Rheinland-Pfalz – Tragen der Dienstkleidung (s. Anlage 2) entspreche, und forderte ihn auf, seine Tätowierungen bis spätestens 30. September 2015 entfernen zu lassen. Bis dahin wurde ihm untersagt, in Uniform Außendienst zu leisten. Hiergegen legte der Antragsteller sofort Widerspruch ein (Anlage 3). Nach dem 15. August 2015 wurde der Antragsteller von der Polizeiinspektion Mainz zur Einsatzzentrale der Polizeidirektion Mainz abgeordnet. Mit Widerspruchsbescheid vom 22. September 2015 wies das Polizeipräsidium Mainz den Widerspruch mit der Begründung zurück, die als VA zu qualifizierende dienstliche Anordnung vom 3. August 2015 sei rechtmäßig und verletze den Antragsteller nicht in seinen Rechten. Zugleich ordnete das Polizeipräsidium die sofortige Vollziehung der dienstlichen Anordnung an (Anlage 4).

In einem Gespräch mit seinen Vorgesetzten wurden dem Antragsteller inzwischen disziplinarrechtliche Maßnahmen angedroht, sollte er nicht bis zum 30. September 2015 seine Tätowierungen entfernen lassen.

II.

A. Der Hauptantrag auf Wiederherstellung der aufschiebenden Wirkung des Widerspruchs ist aus folgenden Erwägungen zulässig und begründet:

Die Statthaftigkeit des Antrages ergibt sich aus §§ 123 Abs. 5 i. V. m. 80 Abs. 5 Satz 1 Nr. 2 VwGO. Denn das Rechtsschutzgesuch betrifft eine Maßnahme, die sich nach dem Empfängerhorizont als Verwaltungsakt erweist und damit in ihrer Durchsetzung nur nach Maßgabe von § 80 Abs. 5 Satz 1 VwGO gehemmt werden kann. Zwar war die dienstliche Anordnung vom 3. August 2015 ihrer Rechtsnatur nach zunächst nicht als Verwaltungsakt, sondern als behördeninterne Maßnahme zu werten. Denn diese Anordnung ist – ausgehend von ihrem objektiven Sinngehalt – nicht auf die unmittelbare Rechtswirkung nach außen gerichtet, sondern spricht den Antragsteller in seiner Eigenschaft als Amtsträger und Glied der Verwaltung an, indem sie dessen dienstliches Erscheinungsbild als uniformierter Polizeibeamter regelt. Ob eine innerdienstliche Maßnahme im Einzelfall Auswirkungen auf die Rechtsstellung des Beamten hat, ist für ihre Rechtsnatur grundsätzlich ohne Belang.

Allerdings ist die dienstliche Anordnung vom 3. August 2015 nach Auffassung des Unterzeichners durch den Widerspruchsbescheid vom 22. September 2015 zum Verwaltungsakt geworden. Diese Einordnung ist hier zwar nicht deshalb zwingend, weil ein Widerspruchsverfahren gegen die dienstliche Anordnung vom 3. August 2015 stattgefunden hat; denn dieses ist gemäß § 54 Abs. 2 BeamtStG im Beamtenrecht auch bei Leistungs- und Feststellungsklagen durchzuführen. Die Widerspruchsbehörde hat der dienstlichen Anordnung aber diese „Gestalt" i. S. v. § 79 Abs. 1 Nr. 1 VwGO gegeben, indem sie die Anordnung ausdrücklich als Verwaltungsakt bezeichnet und deren sofortige Vollziehung gemäß § 80 Abs. 1 Satz 1 Nr. 4 VwGO angeordnet hat. Der Adressat einer solchen Regelung darf sein weiteres Vorgehen an dieser behördlichen Festlegung ausrichten. Sollte die angerufene Kammer anderer Rechtsansicht sein, so wäre nach diesseitiger Rechtsauffassung jedenfalls dem Hilfsantrag stattzugeben (dazu unten B.).

In formeller Hinsicht genügt die Begründung der Vollziehungsanordnung nicht den Anforderungen des § 80 Abs. 3 Satz 1 VwGO. (…)

Des Weiteren ist die dienstliche Anordnung vom 3. August 2015 nicht offensichtlich rechtmäßig. Dies folgt bereits daraus, dass die dienstliche Anordnung nicht in Form eines Verwaltungsakts ergehen durfte....

Selbst wenn der Antragsgegner eine VA-Befugnis zum Erlass der streitgegenständlichen Anordnung gehabt haben sollte, ist diese jedenfalls inhaltlich zu beanstanden. Die auf die Vorgaben des Ministeriums des Innern und für Sport in seinem Rundschreiben vom 1. Juli 2009 gestützte Anordnung findet keine genügend bestimmte gesetzliche Rechtsgrundlage in den herangezogenen §§ 35 Abs. 1 Satz 2 BeamtStG, 59 LBG. (...)[61]

Sollte das Gericht gleichwohl der Auffassung sein, dass die dienstliche Anordnung offensichtlich rechtmäßig ist, fehlt es jedenfalls an dem erforderlichen besonderen Vollzugsinteresse.

Der Antragsteller wird in seinen Grundrechten – Art. 2 Abs. 1 GG und Art. 2 Abs. 2 Satz 1 GG – fühlbar und nachhaltig beeinträchtigt. Zum einen ist die Entfernung von Tätowierungen sehr schmerzhaft. Zum anderen wirkt sich dies nicht nur im dienstlichen, sondern auch im privaten Bereich aus. Dieser Zustand kann sich, wenn ein verwaltungsgerichtliches Hauptsachestreitverfahren durchgeführt wird, über Jahre erstrecken. Sollte der Antragsteller dann zuletzt obsiegen, hätte er ohne rechtfertigenden Grund längere Zeit mit einem seinem Lebens- und Identitätsgefühl nicht entsprechenden Aussehen leben müssen. Diese Beeinträchtigung kann rückwirkend nicht beseitigt werden. Auf der anderen Seite hält sich die Beeinträchtigung der Belange des Dienstherrn im – ganz konkret zu betrachtenden – vorliegenden Fall deutlich in Grenzen. Denn bis zum Abschluss des Hauptsacheverfahrens ist das Tragen der Winteruniform im Sommer ohne Einschränkung des Dienstbetriebs möglich.

Da die Vorgesetzten des Antragstellers zuletzt in einem Gespräch unmissverständlich erklärt haben, disziplinarrechtlich gegen ihn vorzugehen, sollte er der dienstlichen Anordnung bis zum 30. September 2015 nicht nachkommen und da nicht damit zu rechnen ist, dass der Antragsgegner einer eventuellen Bitte des Gerichts nachkommt, mit Vollzugsmaßnahmen abzuwarten, wird vor einer Entscheidung über den Eilantrag der Erlass eines sog. Hängebeschlusses beantragt.

B. Sollte das Gericht der Auffassung sein, dass neben dem Antrag gemäß § 80 Abs. 5 Satz 1 2. Alt. VwGO auch der Antrag nach § 123 Abs. 1 Satz 1 VwGO statthaft ist, so sind auch dessen Voraussetzungen gegeben. Der Anordnungsanspruch ergibt sich aus dem Umstand, dass sich die dienstliche Anordnung nicht auf eine ausreichende Rechtsgrundlage stützen kann. Zur Begründung kann auf die Ausführungen unter A. verwiesen werden. Ein Anordnungsgrund ist ebenfalls gegeben....

[61] Nach einer Auffassung sind großflächige Tätowierungen, die beim Tragen der vorgeschriebenen Dienstkleidung eines Polizeibeamten sichtbar sind, nicht hinzunehmen; Bewerber um die Einstellung in den Polizeidienst können daher abgelehnt werden (s. *Günther,* ZBR 2013, 116; *OVG Münster* ZBR 2015, 57; *VGH Kassel* NVwZ-RR 2015, 54). Nach der Gegenmeinung (*VG Aachen,* ZBR 2013, 139 mit Anmerkung von *Muckel,* JA 2013, 240; *VG Köln,* ZBR 2013, 141) erfordern es weder die besonderen Sachnotwendigkeiten des Polizeivollzugsdienstes den Bürgern gegenüber noch die Vermeidung innerdienstlicher Konflikte, Einstellungsbewerbern mit großflächigen Tätowierungen im sichtbaren Armbereich von vornherein, generell und ausnahmslos die notwendige Eignung für den gehobenen Polizeivollzugsdienst abzusprechen. So kann es ausreichend sein, im Sommer auf das Tragen der Sommeruniform zu verzichten. Vgl. hierzu auch die Abhandlung von *Michaelis,* JA 2015, 370.

Aufgrund der erheblichen Nachteile, die dem Antragsteller drohen, bitte ich, dem Antrag stattzugeben.

Rechtsanwältin Branding

§ 70. Entwurf einer Klage- oder Antragserwiderung

I. Allgemeines

844 Gelegentlich werden Rechtsanwälte auch durch einen Träger öffentlicher Gewalt auf Beklagtenseite beauftragt; eine derartige Konstellation kann ebenfalls Gegenstand einer Examensaufgabe sein. In diesen Fällen ist nach dem Bearbeitervermerk regelmäßig zunächst ein Anwaltsgutachten zu den Erfolgsaussichten einer Rechtsverteidigung zu erstatten und jedenfalls dann eine Klage- oder Antragserwiderung zu verfassen, wenn sie nach einer vertretbaren Auffassung begründet ist.

845 Die **Formalien der Klageerwiderung** entsprechen im Wesentlichen denjenigen der Klageschrift. Zusätzlich sind vorab das Aktenzeichen eines anhängigen Verfahrens anzugeben und die Beteiligten namentlich zu benennen. In der Sache wird die Klageerwiderung üblicherweise mit dem Klageabweisungsantrag eingeleitet. Verlangt der Bearbeitervermerk eine dem § 117 Abs. 3 VwGO entsprechende Sachverhaltsdarstellung, so ist diese chronologisch aufzubauen. Dabei sollte streitiger, von der Schilderung der Klägerseite abweichender Tatsachenvortrag herausgestellt und gegebenenfalls hierauf bezogene Beweisanträge angekündigt werden. In der anschließenden rechtlichen Stellungnahme sind insbesondere die Sachargumente des Klägers zu erörtern. Gelegentlich bietet die Klagebegründung Anlass, Verfahrensfehler zu beheben oder unzureichende Ermessenserwägungen nachzubessern und durch entsprechenden Vortrag in der Klageerwiderung zu heilen.

846 Für die Antragserwiderung in einem einstweiligen Rechtsschutz- oder Normenkontrollverfahren gelten weitgehend die gleichen Regeln.[62]

II. Formulierungsbeispiel

847 Das Formulierungsbeispiel für eine Klageerwiderung (ohne Sachverhaltsdarstellung) geht davon aus, dass es zusätzlich zu einem Anwaltsgutachten verlangt wird, in dem die Rechtsausführungen bereits ausführlich abgehandelt worden sind. Achten Sie auf die Hinweise in den Fußnoten.[63]

---

[62] S. zu einer Antragserwiderungsschrift des Beigeladenen die Klausur in den VBlBW 2004, 438 (Text) und 485 (Lösung); *Decker/Konrad,* Anwaltsklausur, Klausur Nr. 1. Zu einer Antragserwiderung im Normenkontrollverfahren s. BayVBl 2014, 285 (Text) und 316 (Lösung).

[63] Das Formulierungsbeispiel betrifft einen Fall, in dem der Kläger eine 8 Meter hohe Mobilfunkanlage auf dem Dach seines im Geltungsbereich eines Bebauungsplans liegenden Wohngebäudes errichten möchte. Da die Mobilfunkanlage bezogen auf das gesamte infrastrukturelle Versorgungsnetz eine untergeordnete Funktion hat, ist sie als untergeordnete Nebenanlage i. S. d. § 14 Abs. 2 Satz 2 BauNVO zu qualifizieren (z. B. *BVerwG* NVwZ 2012, 579: Mit § 14 Abs. 2 Satz 2 BauNVO sollte eine Spezialregelung geschaffen werden, welche dazu dient, diesen speziellen Infrastruktursystemen einen erleichterten Zugang zu allen Baugebieten zu verschaffen). Daher benötigt der Kläger – die Mobilfunkanlage ist gemäß Art. 57 Abs. 1 Nr. 5 a BayBO verfahrensfrei – nach Art. 63 Abs. 2 BayBO, § 31 Abs. 1 BauGB eine Ausnahme von den Festsetzungen des Bebauungsplans.

Rechtsanwältin Vanessa Vodafone München, den 4. September 2015

Computerfaxstraße 12

55118 München

Verwaltungsgericht München

Bayerstraße 30

80335 München

Az.: M 1 K 15.22

In der Verwaltungsstreitsache

Funkloch. /. Landeshauptstadt München

zeige ich unter Vorlage der Vollmacht (siehe Anlage) die Vertretung der Landeshauptstadt München an und beantrage,

die Klage abzuweisen.

Begründung:

Die Klage ist wegen Versäumung der Klagefrist unzulässig. Der gestellte Wiedereinsetzungsantrag kann nach § 60 VwGO keinen Erfolg haben.

Der Kläger hat nicht hinreichend glaubhaft gemacht, dass er „ohne Verschulden" im Sinne von § 60 Abs. 1 VwGO an der Einhaltung der gesetzlichen Frist verhindert war. Vielmehr hätte er die Fristversäumung bei Anwendung derjenigen Sorgfalt, die für einen gewissenhaften, seine Rechte und Pflichten sachgerecht wahrnehmenden Prozessführenden geboten und ihm nach den Umständen des Einzelfalles zuzumuten ist, vermeiden können. Hierbei muss er sich ein Verschulden seiner Prozessbevollmächtigten gemäß § 173 VwGO in Verbindung mit § 85 Abs. 2 ZPO wie eigenes Verschulden zurechnen lassen.

Nach den Angaben der Prozessbevollmächtigten in der Klageschrift sowie der beigefügten eidesstattlichen Versicherung von Frau Fehlerteufel hat diese es versäumt, die Klagefrist in den Fristenkalender einzutragen. Diesen Fehler muss sich die Prozessbevollmächtigte des Klägers zurechnen lassen. Denn die Bearbeitung von prozessualen Fristen kann ein Rechtsanwalt nur geschultem Personal überlassen. Frau Fehlerteufel ist aber nach ihrem eigenen Vortrag noch Auszubildende und seit dem 1. Januar 2014 in der Kanzlei beschäftigt. Auch wenn sie in der Vergangenheit angeblich schon mehrmals mit Fristensachen betreut war, kann in ihr noch kein geschultes und bewährtes Personal gesehen werden, dem die Bearbeitung von prozessualen Fristen übertragen werden kann.[64]

Sollte die Kammer dieser Argumentation nicht folgen und die Klage als zulässig ansehen, ist die Klage jedenfalls unbegründet.

Mit seinem Hauptantrag auf Feststellung, dass er für die Errichtung einer Mobilfunkanlage der Firma e-plus auf dem Dach seines Anwesens keine Ausnahme nach Art. 63 Abs. 2 BayBO i. V. m. § 31 Abs. 1 BauGB bedürfe, kann der Kläger nicht durchdringen. Dieser vertritt in der Klageschrift die Auffassung, der Bebauungs-

---

[64] In dem vorgeschalteten Gutachten wäre diese Problematik ausführlicher abzuhandeln. Nach der Rechtsprechung darf ein Rechtsanwalt die Bearbeitung prozessualer Fristen im Allgemeinen nicht an Auszubildende übertragen (s. dazu im Einzelnen Schoch/*Bier*, § 60 Rn. 42 m. w. N.; vgl. aber *Kopp/Schenke*, § 60 Rn. 21: Ein Rechtsanwalt kann grundsätzlich auch die Fristenüberwachung und Ausgangskontrolle an einen zuverlässigen Azubi delegieren). Da nicht absehbar ist, ob das angerufene VG der Ansicht der Beklagten folgen wird, sind in der Klageerwiderung auf jeden Fall auch Ausführungen zur Begründetheit zu machen.

plan „Wellental“ der Landeshauptstadt München, der das Grundstück des Klägers als Teil eines allgemeinen Wohngebiets ausweist, sei wegen fehlerhafter Ausfertigung nicht wirksam. Daher bedürfe er keiner Ausnahme von den Festsetzungen des Bebauungsplans. Dieser Rechtsansicht kann jedoch nicht gefolgt werden.

Zwar ist der genannte Bebauungsplan tatsächlich fehlerhaft ausgefertigt worden. Die öffentliche Bekanntmachung erfolgte am 7. Juli 2011, während die Ausfertigung des Plans erst am 9. Juli 2011 vorgenommen wurde.[65] Dieser Verfahrensfehler ist aber unschädlich, denn der Oberbürgermeister der Landeshauptstadt München hat den Bebauungsplan am 17. August 2015 neu ausgefertigt. Die öffentliche Bekanntmachung erfolgte am 20. August 2015 im Amtsblatt der Stadt München.

Beweis: Anlage

Somit liegt ein wirksamer Bebauungsplan vor, der von den Beteiligten zu beachten ist.[66] Da es im vorliegenden Verfahren für die Beurteilung der Rechtmäßigkeit der Entscheidung über den Ausnahmeantrag auf den Zeitpunkt der mündlichen Verhandlung ankommt, ist diese Änderung im Verfahren zu berücksichtigen. Der Bebauungsplan ist nunmehr ordnungsgemäß ausgefertigt und weist auch ansonsten keine Mängel auf. Der Kläger muss dessen Festsetzungen beachten und kann sein Begehren, auf dem Dach seines Anwesens eine Mobilfunkanlage zu errichten, nur mittels Zulassung einer Ausnahme von den Festsetzungen des Bebauungsplans erreichen. Der Hauptantrag ist daher abzuweisen.

Ungeachtet dessen braucht der Kläger auch dann eine Ausnahmeentscheidung nach § 31 Abs. 1 BauGB, wenn man von der Unwirksamkeit des Bebauungsplans ausgeht. Denn nach § 34 Abs. 2 BauGB, der im Falle der Ungültigkeit des Bebauungsplans anwendbar wäre, da sich das Anwesen des Klägers dann in einem faktischen reinen Wohngebiet befinden würde, ist § 31 Abs. 1 BauGB entsprechend anzuwenden.

Die Klage bleibt aber auch mit ihrem Hilfsantrag erfolglos. Die Verpflichtungsklage auf Zulassung einer Ausnahme von den Festsetzungen des Bebauungsplans ist gemäß § 113 Abs. 5 Satz 1 VwGO nur begründet, wenn der Kläger einen Rechtsanspruch auf die begehrte Ausnahme nach § 31 Abs. 1 BauGB hat. Dies ist aber nicht der Fall. Zwar ist die streitgegenständliche Mobilfunkanlage als fernmeldetechnische Nebenanlage i. S. d. § 14 Abs. 2 Satz 2 BauNVO einzustufen und kann deshalb in einem reinen Wohngebiet ausnahmsweise zulässig sein. Jedoch steht die Zulassung einer Ausnahme nach § 31 Abs. 1 BauGB im pflichtgemäßen Ermessen der Bauaufsichtsbehörde. Die Beklagte ist sich bewusst, dass für die Ausübung des Ermessens häufig nur wenig Raum besteht, wenn – wie hier – eine nach § 14 Abs. 2 Satz 2 BauNVO privilegierte fernmeldetechnische Nebenanlage betroffen ist. Vorliegend liegen die Voraussetzungen für eine Ermessensreduzierung zugunsten des Klägers aber nicht vor. Die Beklagte hat in ihre Ermessensentscheidung sowohl die Interessen des Klägers als auch diejenigen Gesichtspunkte eingestellt, die einen städtebaulichen Bezug haben. Danach stehen einer Befreiung hier gewichtige Interessen entgegen. (...) Soweit der Kläger in der Klageschrift moniert hat, die in dem streitgegenständlichen Be-

[65] Rechtsausführungen dazu, warum die Ausfertigung fehlerhaft war, sind in dem Gutachten zu machen.

[66] Im vorgeschalteten Gutachten wäre kurz darauf einzugehen, dass die Neuausfertigung des Bebauungsplans auch ohne neue Abwägung des Stadtrates möglich war.

scheid angestellten Ermessenserwägungen seien fehlerhaft, kann dem nicht gefolgt werden. (...) Ergänzend weist die Beklagte darauf hin, dass gegen die Errichtung einer Mobilfunkanlage auf dem Dach des klägerischen Anwesens auch spricht, dass (...).[67] Eventuell dem Bescheid und dem Widerspruchsbescheid anhaftende Ermessensfehler sind somit jedenfalls mit der heutigen Klageerwiderung geheilt worden.

Es wird daher gebeten, die Klage sowohl mit ihrem Hauptantrag als auch mit ihrem Hilfsantrag abzuweisen.

Vodafone

Rechtsanwältin

§ 71. Entwurf einer Rechtsmittelbegründungsschrift

848 Denkbar ist in manchen Bundesländern auch der **Entwurf einer Berufungszulassungs-, Berufungs**[68]**- oder Beschwerdeschrift.** Der Klausurtext besteht bei dieser Aufgabenstellung in der Regel aus der erstinstanzlichen Entscheidung, der Klage- bzw. Antragsschrift, gegebenenfalls der Niederschrift über die mündliche Verhandlung sowie einem Vermerk über ein Mandantengespräch. Der Aufbau der Rechtsmittelbegründungsschrift entspricht dem Aufbau der Klageschrift. Die rechtliche Würdigung ist bei einer Berufungszulassungsschrift wegen der Beschränkung des Rechtsmittels auf die Zulassungsgründe des § 124 Abs. 2 Nrn. 1–5 VwGO allerdings anders zu gestalten. Hierauf wird im Folgenden eingegangen.

I. Die Berufungszulassungsschrift

1. Allgemeines

849 Der Eingangsteil einer Berufungszulassungsschrift gleicht dem der Klageschrift, so dass auf die Ausführungen hierzu verwiesen werden kann. Achten Sie darauf, ob der Rechtsanwalt den Rechtsmittelführer bereits im verwaltungsgerichtlichen Verfahren vertreten hat. War dies nicht der Fall, vergessen Sie nicht hierauf hinzuweisen *(„Hiermit zeige ich unter Vorlage einer Vollmacht an, dass ich den Antragsteller vertrete.“).* Den Antrag *(„die Berufung gegen das Urteil des Verwaltungsgerichts Stade vom 23. Juli 2015 – 4 A 234/15 – zuzulassen“)* – heben Sie – wie üblich – optisch hervor. Damit haben Sie auch dem Erfordernis des § 124 a Abs. 4 Satz 3 VwGO Genüge getan, wonach in der Antragsschrift die angegriffene Entscheidung zu bezeichnen ist.

850 Danach folgt – sofern der Bearbeitervermerk nichts Gegenteiliges aussagt – die knappe **Darstellung des Sachverhalts.** Den Schwerpunkt legen Sie auf die Wiedergabe der tragenden Gründe des VG, denn diese sind der Angriffspunkt Ihres Schriftsatzes. Berufen Sie sich in Ihrer Antragsschrift auf **neue Tatsachen und Beweismittel,** vergessen Sie nicht, diese in die Sachverhaltsschilderung aufzunehmen.

851 Bei der rechtlichen Würdigung sind Anmerkungen zur Antrags- bzw. Begründungsfrist entbehrlich, sofern die **Fristen** des § 124 a Abs. 4 Satz 1 und 4 VwGO eingehalten sind. Liegt Verfristung vor und begehren Sie Wiedereinsetzung in den vorigen

---

[67] Hiermit nimmt die Beklagte ein auch im Rahmen einer Verpflichtungsklage zulässiges Nachschieben von Gründen nach § 114 Satz 2 VwGO vor (s. Rn. 374).

[68] S. dazu *Decker/Konrad,* Anwaltsklausur, Klausur 3; *Koehl,* JuS 2012, 63.

Stand oder behaupten Sie, die Frist sei nicht in Lauf gesetzt worden, so beginnen Sie Ihre rechtlichen Ausführungen hiermit.

Das Herzstück der Antragsschrift ist die **inhaltliche Auseinandersetzung mit den in § 124 Abs. 2 Nrn. 1–5 VwGO genannten Zulassungsgründen.** Dies verlangt § 124 a Abs. 4 Satz 4 VwGO, wonach in dem Antrag die Gründe, aus denen die Berufung zuzulassen ist, darzulegen sind. Die Anforderungen an die Darlegungspflicht wurden ausführlich unter Rn. 626 f. erörtert. Vorsorglich sollten Sie die entsprechenden Passagen nochmals nachlesen.

852 Bauen Sie die Antragsschrift so auf, dass auch das strengste Gericht Ihren Zulassungsantrag nicht schon aus formalen Gründen ablehnt. Ein Mandant akzeptiert eine „Niederlage“ vor Gericht eher, wenn sein Begehren nur in der Sache erfolglos geblieben ist. Heißt es in dem ablehnenden Beschluss aber, der Antrag sei schon wegen fehlender bzw. unzureichender Darlegung der Zulassungsgründe unzulässig, gewinnt ein Mandant schnell den Eindruck, er habe den Rechtsstreit nur deswegen verloren, weil sein Prozessbevollmächtigte nicht sorgfältig gearbeitet habe. Achten Sie beim Verfassen der Antragsschrift daher auf Folgendes:

853 Die Antragsbegründung muss sich mit den Urteilsgründen im Einzelnen auseinander setzen, den Streitstoff entsprechend durchdringen und aufbereiten. Dem OVG wird dadurch ermöglicht, ohne weitere Ermittlungen allein anhand der Ausführungen in der Antragsschrift zu entscheiden, ob der behauptete Zulassungsgrund vorliegt.

Machen Sie **mehrere Zulassungsgründe** geltend, **benennen Sie jeden Grund ausdrücklich.** Sie sollten sich nicht darauf verlassen, dass der angerufene Senat des zur Entscheidung berufenen OVG großzügig ist und z. B. die Berufung wegen besonderer tatsächlicher oder rechtlicher Schwierigkeiten zulässt, obwohl Sie nur ernstliche Zweifel an der Richtigkeit des erstinstanzlichen Urteils gerügt haben. Nehmen Sie an jeder Stelle der Antragsbegründung eine Zuordnung zu den zuvor genannten Zulassungsgründen vor und legen Sie im Einzelnen dar, warum der jeweilige Zulassungsgrund gegeben ist. Denn: Es ist nicht Aufgabe des Gerichts, von sich aus die Begründung einem von mehreren in der Antragsschrift genannten Zulassungsgründen zuzuordnen.

Bei dem **Zulassungsgrund des § 124 Abs. 2 Nr. 1 VwGO** – dieser dürfte immer **Schwerpunkt einer Antragsschrift** sein – müssen Sie sich mit den tragenden Begründungen des VG auseinander setzen. Nehmen Sie auf diese Passagen des Urteils ausdrücklich Bezug. Wenn nötig, zitieren Sie aus der Entscheidung und legen ausführlich dar, warum das Urteil des VG Ihrer Ansicht nach falsch ist. Behalten Sie stets im Hinterkopf, dass es allein darauf ankommt, ob die Entscheidung des VG im Ergebnis unrichtig ist, d. h. eine **unzureichende Begründung oder falsche Rechtsanwendung ist grundsätzlich so lange unschädlich wie der Tenor stimmt.**

Hat das VG das Urteil auf mehrere tragende Gründe gestützt, müssen Sie für jeden Punkt der Begründung den geltend gemachten Zulassungsgrund vortragen.

Sofern Sie im Zulassungsverfahren erstmals neue Tatsachen und Beweismittel vortragen, begründen Sie, dass diese in zulässiger Weise in das Verfahren eingeführt werden können.[69]

Machen Sie einen Verfahrensmangel i. S. d. § 124 Abs. 2 Nr. 5 VwGO geltend, so müssen Sie diesen benennen und darlegen, dass dieser Mangel tatsächlich gegeben ist. Bezüglich der Einzelheiten kann auch hier auf die Ausführungen unter Rn. 640–643 Bezug genommen werden.

---

[69] S. Rn. 634.

2. Formulierungsbeispiel[70]

In dem Rechtsstreit Müller ./. Landkreis Sächsische Schweiz-Osterzgebirge beantrage ich, 854

die Berufung gegen das Urteil des Verwaltungsgerichts Dresden vom 23. Juli 2015 – 2 K 2987/14 – zuzulassen.

Begründung:

Das am 30. Juli 2015 zugestellte Urteil des VG ist in mehrfacher Hinsicht unrichtig.

1. Die Berufung ist zunächst wegen eines Verstoßes gegen den Zulassungsgrund des § 124 Abs. 2 Nr. 5 VwGO zuzulassen. Das Urteil beruht auf einer Verletzung des Grundsatzes des rechtlichen Gehörs. Nachdem der Unterzeichner, der die Klägerin im Klageverfahren von Beginn an vertreten hat, am 7. Mai 2015 die Ladung zur mündlichen Verhandlung am 23. Juli 2015 um 16.00 Uhr erhalten hatte, beantragte er sofort die Verlegung des Termins mit der Begründung, zu diesem Zeitpunkt sei eine Gemeinderatssitzung der Gemeinde Struppen anberaumt, an der er als Ratsmitglied teilnehmen müsse. Dies wurde durch die Vorlage der entsprechenden Unterlagen im Einzelnen belegt. Das VG lehnte die Terminsverlegung mit der Begründung ab, die Teilnahme des Prozessbevollmächtigten an der Gemeinderatssitzung stelle keinen erheblichen Grund dar, der die Vertagung des Termins rechtfertige. Die mündliche Verhandlung wurde daraufhin zwar in Anwesenheit der Klägerin, aber in Abwesenheit des Unterzeichners durchgeführt.
   Hierdurch hat das VG den Anspruch der Klägerin auf rechtliches Gehör verletzt.[71] Der verfassungsrechtliche Anspruch auf rechtliches Gehör (Art. 103 Abs. 1 GG) umfasst neben der Befugnis eines Beteiligten, an einer gerichtlichen mündlichen Verhandlung teilzunehmen und sich dort zu Tatsachen und Rechtsfragen zu äußern, auch das Recht, sich durch einen Rechtsanwalt vertreten zu lassen. Aus dem Gebot zur Beachtung des rechtlichen Gehörs folgt auch die Pflicht des Gerichts zur Vertagung eines anberaumten Termins zur mündlichen Verhandlung, wenn sich ein Verfahrensbeteiligter anwaltlich vertreten lässt und der Prozessbevollmächtigte i. S. d. über § 173 VwGO anwendbaren § 227 Abs. 1 Satz 1 ZPO an der Terminswahrnehmung gehindert ist.
   Die vom Unterzeichner als Hinderungsgrund geltend gemachte Zugehörigkeit zum Gemeinderat seiner Wohnsitzgemeinde und die Überschneidung des angesetzten Gerichtstermins mit der bereits anberaumten Gemeinderatssitzung stellt einen erheblichen Grund i. S. d. § 227 Abs. 1 Satz 1 ZPO dar und engte daher das Ermessen des Gerichts bei der Entscheidung über den gestellten Verlegungsantrag in der Form ein, dass dem Antrag zur Wahrung des rechtlichen Gehörs zwingend zu entsprechen war. Dies folgt aus den Vorschriften der Sächsischen Gemeindeordnung. Nach § 35 Abs. 2 Satz 1 SächsGemO darf niemand daran gehindert werden, das Amt eines Gemeinderats auszuüben. Steht das Ratsmitglied in einem Dienst- oder Arbeitsverhältnis, ist ihm die für seine Tätigkeit erforderliche freie Zeit zu gewähren. Das besondere öffentliche Interesse an der Wahrnehmung dieses Amtes wird im Übrigen

---

[70] Ohne Sachverhaltsdarstellung; zu einer Berufungszulassungsschrift s. auch die Klausur in BayVBl. 2004, 348 und 381.

[71] *VGH Mannheim* NVwZ 2000, 213.

auch in der gesetzlichen Verpflichtung zur Sitzungsteilnahme (§ 35 Abs. 4 SächsGemO) und der Androhung von Sanktionen im Falle einer pflichtwidrigen Säumnis deutlich (§ 19 Abs. 4 SächsGemO). Die in den genannten Vorschriften zum Ausdruck kommende Wertentscheidung des sächsischen Gesetzgebers ist auch bei der Ermessensentscheidung des VGs über den Terminsverlegungsantrag eines Rechtsanwalts zu beachten, der sich hierbei auf seine Funktion als Gemeinderat und eine Verhinderung durch eine zeitgleich anberaumte Gemeinderatssitzung beruft.

Der Unterzeichner hatte den Hinderungsgrund auch den Erfordernissen des § 227 Abs. 2 ZPO entsprechend glaubhaft gemacht. Hierzu hatte er eine Kopie der Einladung zu der Gemeinderatssitzung am 23. Juli 2015 um 15.30 Uhr sowie eine Bescheinigung über seine Mitgliedschaft im Rat der Gemeinde Struppen vorgelegt.

Auf die Frage, ob eine sachliche Notwendigkeit zur Teilnahme des Unterzeichners an der mündlichen Verhandlung bestand, bei der die Klägerin anwesend war, kommt es nicht an. Insofern bedarf es keiner Ausführungen dazu, was der Unterzeichner im Falle der Anwesenheit zugunsten der Klägerin noch vorgetragen hätte.

2. Die Berufung gegen das Urteil des *VG Dresden* ist ferner wegen eines Verstoßes gegen § 124 Abs. 2 Nr. 1 VwGO zuzulassen. Denn es bestehen ernstliche Zweifel an der Richtigkeit des Urteils.

„Ernstliche Zweifel" im Sinne dieser Vorschrift liegen nach der Rechtsprechung des Bundesverfassungsgerichts (s. z. B. Beschl. v. 20. Dezember 2010 – 1 BvR 2011/10 –, NVwZ 2011, 546), der auch das angerufene OVG Bautzen folgt, vor, wenn ein einzelner tragender Rechtssatz oder eine erhebliche Tatsachenfeststellung mit schlüssigen Argumenten in Frage gestellt wird. Sie sind nicht erst dann gegeben, wenn bei der im Zulassungsverfahren allein möglichen summarischen Überprüfung der Erfolg des Rechtsmittels wahrscheinlicher ist als der Misserfolg.

Vorliegend überwiegen die für die Unrichtigkeit des Urteils sprechenden Gründe. Das *VG Dresden* hat auf Seite 5 des Urteilsumdrucks ausgeführt, der Rechtmäßigkeit der Androhung des Zwangsgeldes nach § 20 SächsVwVG stehe nicht entgegen, dass die Schwester der Klägerin Miteigentümerin des Grundstücks sei und gegen diese bisher keine Duldungsverfügung ergangen sei. Vollstreckungshindernisse müssten erst bei der Vollstreckung der streitgegenständlichen Verfügung ausgeräumt sein. Die Androhung eines Zwangsmittels sei aber noch keine unmittelbare Vollstreckungsmaßnahme.

Diese Rechtsauffassung ist nach Ansicht des Unterzeichners unzutreffend. Zwar ist diesem bewusst, dass die vom *VG Dresden* vertretene Meinung auch von anderen Verwaltungsgerichten geteilt wird (s. etwa *OVG Saarland* BRS 55 Nr. 203). Dem kann sich der Unterzeichner jedoch nicht anschließen. Vielmehr müssen bestehende Vollstreckungshindernisse nicht erst mit der Festsetzung des Zwangsgeldes sondern schon mit seiner Androhung ausgeräumt sein. Eine Zwangsmittelandrohung ist bereits eine Vollstreckungsmaßnahme, da sie die Vollstreckung einleitet. Daher darf eine Zwangsmittelandrohung unabhängig davon, ob sie mit dem Grundverwaltungsakt verbunden wird oder – wie hier – isoliert erfolgt, erst ergehen, wenn keine Vollstreckungshindernisse eine Befolgung der behördlichen Anordnung unmöglich machen (s. z. B. *VGH Mannheim* NVwZ-RR 1998, 553).

Die dargestellten ernstlichen Zweifel an der Richtigkeit der erstinstanzlichen Entscheidung sind auch auf das Resultat der Entscheidung bezogen, d. h. das Urteil des *VG Dresden* ist im Ergebnis unrichtig.

3. Im Hinblick auf die dargestellte Uneinheitlichkeit der obergerichtlichen Rechtsprechung ist die Berufung auch wegen besondere rechtlicher Schwierigkeiten der Rechtssache (§ 124 Abs. 2 Nr. 2 VwGO) zuzulassen.
4. Schließlich liegen nach Auffassung des Unterzeichners auch die Voraussetzungen der Berufungszulassung nach § 124 Abs. 2 Nr. 3 VwGO vor. Denn die Streitsache hat grundsätzliche Bedeutung. Das ist dann der Fall, wenn es maßgebend auf eine konkrete, über den Einzelfall hinausgehende Rechtsfrage ankommt, deren Klärung im Interesse der Einheit oder der Fortbildung des Rechts geboten erscheint. Die Frage, ob das Vollstreckungshindernis bereits zum Zeitpunkt der Androhung des Zwangsmittels oder erst zu Beginn der Erfüllungsfrist beseitigt sein muss, erfüllt diese Voraussetzungen.

Die Berufung ist daher aus den genannten Gründen antragsgemäß zuzulassen.

Tillich

Rechtsanwalt

II. Die Beschwerdeschrift

1. Allgemeines

Die Beschwerdeschrift orientiert sich an der Berufungszulassungsschrift. Die Beschwerdebegründungsschrift muss gemäß § 146 Abs. 4 Satz 3 VwGO einen **Antrag** enthalten und die Gründe darlegen, aus denen die Entscheidung abzuändern oder aufzuheben ist und sich mit der angefochtenen Entscheidung auseinander setzen.[72] Dem Prozessbevollmächtigten des Beschwerdeführers kommt daher bei der Abfassung der Begründungsschrift eine besondere Verantwortung zu. Das **Begründungs- und Darlegungserfordernis des § 146 Abs. 4 Satz 3 VwGO** ist entsprechend seiner Zielsetzung ähnlich wie das Darlegungserfordernis des § 124 a Abs. 4 Satz 4 VwGO auszulegen und anzuwenden.[73] Folglich muss der Beschwerdeführer sich inhaltlich mit den tragenden Gründen der Entscheidung des VG auseinander setzen und angeben, warum er die angefochtene Entscheidung in den angegebenen Punkten für unzutreffend hält. Hat das VG seinen Beschluss auf mehrere voneinander unabhängige, selbstständig tragende rechtliche Erwägungen gestützt, hat der Beschwerdeführer für jede dieser Erwägungen darzulegen, warum sie nach seiner Auffassung die angefochtene Entscheidung nicht trägt.[74] 855

[72] Ausführlich dazu s. Rn. 634.
[73] *Seibert,* NJW 2002, 265, 268.
[74] *Seibert,* NJW 2002, 265, 269.

2. Formulierungsbeispiel[75]

856 Landkreis Neunkirchen Ottweiler, den 6. April 2015

– Der Landrat –
Wilhelm-Heinrich-Straße 36
66546 Ottweiler
VG Saarlouis[76]
Kaiser-Wilhelm-Straße 15
66740 Saarlouis

Beschwerde

In dem Verwaltungsrechtsstreit

des Manfred Mohn, Methadonstraße 34, 66571 Eppelborn

– Antragsteller und Beschwerdegegner –

Prozessbevollmächtigte: Helga Hanf, Marlboroallee 6, 66104 Saarbrücken

gegen

den Landrat des Landkreises Neunkirchen, Wilhelm-Heinrich-Straße 36, 66546 Ottweiler

– Antragsgegner und Beschwerdeführer –

lege ich namens des Antragsgegners gegen den Beschluss des Verwaltungsgerichts Saarlouis

vom 19. August 2015 – 3 F 104/15 – Beschwerde ein,

mit dem Antrag,

unter Aufhebung des Beschlusses des Verwaltungsgerichts Saarlouis vom 19. August 2015 – 3 F 104/15 – den Antrag des Antragstellers auf Wiederherstellung der aufschiebenden Wirkung des Widerspruchs gegen die Fahrerlaubnisentziehungsverfügung des Antragsgegners vom 17. Juli 2015 abzulehnen.

Begründung:

Der Antragsteller ist seit 2009 im Besitz der Fahrerlaubnis der Klasse B. Am 4. November 2014 wurde er einer polizeilichen Verkehrskontrolle unterzogen, weil er mit seinem PKW zweimal die Mittellinie einer Straße in Neunkirchen überfahren hatte. Hierbei wurden träge Pupillen beim Antragsteller festgestellt. Im Aschenbecher seines Fahrzeugs wurden Reste eines mit Haschisch versetzten Joints gefunden. Er machte gegenüber der Polizei keine Angaben. In seiner Hosentasche trug er 0,5 g Haschisch.

Daraufhin gab die Straßenverkehrsbehörde des Landkreises Neunkirchen dem Antragsteller am 21. November 2014 auf, ein medizinisch-psychologisches Gutachten über seine Fahrtauglichkeit bis zum 12. Januar 2015 beizubringen. Zur Begründung ist ausgeführt, aufgrund des festgestellten Cannabis-Konsums sei zu überprüfen, ob der Antragsteller die Fähigkeit zum Trennen von Konsum und Verkehrsteilnahme unter Cannabiseinfluss besitze, oder ob zu erwarten sei, dass er auch zukünftig ein Kraftfahrzeug unter Einfluss von Betäubungsmitteln oder deren Nachwirkungen führen werde.

---

[75] Eine ausformulierte Beschwerdeschrift finden Sie auch bei *Decker/Konrad,* Anwaltsklausur, Klausur Nr. 4.

[76] Die Beschwerdeschrift könnte auch an das OVG gerichtet werden (§ 147 Abs. 2 VwGO).

Hiergegen legte der Antragsteller „Widerspruch“ ein, den er damit begründete, dass es sich um eine einmalige Verfehlung gehandelt habe und dass keinerlei Auffälligkeiten in Bezug auf seine Fähigkeit zum Führen von Kraftfahrzeugen festgestellt worden seien. Die Anordnung der Beibringung eines Gutachtens sei rechtswidrig, weil er weder gelegentlich Cannabis zu sich nehme noch weitere Tatsachen Zweifel an seiner Fahreignung begründeten.

Nachdem der Antragsteller das geforderte Gutachten nicht innerhalb der ihm auferlegten Frist beigebracht hatte, entzog ihm der Antragsgegner am 17. Juli 2015 die Fahrerlaubnis der Klasse B. Zugleich ordnete er die unverzügliche Abgabe des Führerscheins des Antragstellers an; außerdem wurde die sofortige Vollziehung dieser Entscheidung angeordnet. Zur Begründung ist im Wesentlichen ausgeführt, dass aus der Weigerung des Antragstellers, sich der zu Recht angeordneten Untersuchung zu unterziehen, geschlossen werden müsse, dass er Mängel verbergen wolle, die seine Kraftfahreignung ausschlössen. Deshalb sei ihm die Fahrerlaubnis zu entziehen gewesen. Aus dem gleichen Grund sei die sofortige Vollziehung anzuordnen gewesen.

Nach Zustellung der Verfügung hat der Antragsteller hiergegen rechtzeitig Widerspruch eingelegt und am 7. August 2015 unter dem Aktenzeichen 3 F 104/15 beim VG Saarlouis um vorläufigen Rechtsschutz nachgesucht. Dem hat das Gericht mit dem hier angegriffenen Beschluss vom 19. August 2015 entsprochen und zur Begründung vornehmlich ausgeführt, die sofortige Vollziehung der Fahrerlaubnisentziehung genüge nicht dem Begründungserfordernis des § 80 Abs. 3 Satz 1 VwGO. Im Übrigen sei die Entziehung der Fahrerlaubnis nach summarischer Prüfung der Sach- und Rechtslage offensichtlich rechtswidrig. Denn der Antragsteller habe sich nicht zu Unrecht geweigert, ein medizinisch-psychologisches Gutachten beizubringen. Der einmalige oder gelegentliche Konsum sei nicht als hinreichendes Verdachtselement für eine Fahreigungsprüfung zu bewerten. Die Feststellungen der Polizei seien auch nicht ausreichend gewesen für die Annahme, der Antragsteller sei nicht in der Lage, den Konsum von Haschisch und die Teilnahme am Straßenverkehr zu trennen.

Der Beschluss des Verwaltungsgericht hält nach Auffassung des Antragsgegners einer rechtlichen Überprüfung nicht stand. Als Beschwerdegründe werden geltend gemacht, dass das Verwaltungsgericht zu Unrecht von einer nicht ausreichenden Begründung der Anordnung der sofortigen Vollziehung ausgegangen ist (1.) und dass die Fahrerlaubnisentziehung materiell offensichtlich rechtswidrig ist (2.).

Im Einzelnen:

1. Entgegen der Auffassung des Verwaltungsgerichts genügt die Anordnung der sofortigen Vollziehung der Fahrerlaubnisentziehung den gesetzlichen Anforderungen. Nach § 80 Abs. 3 Satz 1 VwGO ist, wenn – wie hier – die Behörde gemäß § 80 Abs. 2 Satz 1 Nr. 4 VwGO im öffentlichen Interesse die sofortige Vollziehung des Verwaltungsaktes anordnet, das besondere Interesse an der sofortigen Vollziehung schriftlich zu begründen. Zweck des Begründungserfordernisses ist es, (…)[77]
   Den sich aus dem Vorstehenden ergebenden Anforderungen hat der Antragsgegner im vorliegenden Fall genügt. Er hat das besondere öffentliche Interesse

[77] S. Rn. 469.

an der sofortigen Vollziehung der Entziehung der Fahrerlaubnis hinreichend damit begründet, dass von der weiteren Teilnahme des Antragstellers am öffentlichen Straßenverkehr eine unverhältnismäßig große Gefahr für die übrigen Verkehrsteilnehmer ausgehe; dies bedeute eine unzumutbare Gefahr für Leben und Gesundheit anderer Verkehrsteilnehmer; demgegenüber müsse das Interesse des Antragstellers daran, die Fahrerlaubnis zu behalten, zurücktreten. Damit hat der Antragsgegner auf den vorliegenden konkreten Einzelfall, nämlich gerade auf den Antragsteller bezogen und auch für diesen nachvollziehbar aufgezeigt, dass wegen der beachtlichen Gefahren für hochwertige Rechtsgüter die Vollziehung der Fahrerlaubnisentziehung bereits vor einer gerichtlichen Entscheidung in der Hauptsache besonders dringlich ist; er hat sich nicht auf pauschale oder formelhafte Wendungen oder auf die bloße Wiedergabe der gesetzlichen Voraussetzungen, unter denen der Sofortvollzug angeordnet werden kann, beschränkt. Der Auffassung des Verwaltungsgerichts auf Seite 2 des angefochtenen Beschlusses, die Begründung des Sofortvollzuges sei nur formelhaft, kann daher nicht gefolgt werden.
Für den Fall, dass der angerufene Senat ebenso wie das Verwaltungsgericht die angegebene Begründung der sofortigen Vollziehung der Fahrerlaubnisentziehung vom 18. Januar 2012 als unzureichend ansehen sollte, wird vorsorglich folgende ergänzende Begründung abgegeben: (…) Der Antragsgegner ist auch befugt, den Verfahrensverstoß nach § 80 Abs. 3 Satz 1 VwGO im Eilverfahren zu heilen. Zwar ist dem Antragsgegner bekannt, dass zu dieser Rechtsfrage unterschiedliche Meinungen vertreten werden. (…)[78]

2. Der Antrag des Antragstellers auf Wiederherstellung der aufschiebenden Wirkung ist auch materiell unbegründet. Bei der nach § 80 Abs. 5 Satz 1 Alt. 2 VwGO vorzunehmenden Interessenabwägung ist dem öffentlichen Interesse an der sofortigen Vollziehung der Verfügung gegenüber dem privaten Interesse des Betroffenen in aller Regel schon dann der Vorrang einzuräumen, wenn der dringende Verdacht besteht, dass er zum Führen von Kraftfahrzeugen ungeeignet ist. So liegt es hier.
Rechtsgrundlage der vom Antragsteller angefochtenen Entscheidung ist § 3 Abs. 1 Satz 1 StVG i. V. m. § 46 Abs. 1 der Fahrerlaubnis-Verordnung – FeV –. Danach hat die Fahrerlaubnisbehörde die Fahrerlaubnis zu entziehen, wenn sich ihr Inhaber als ungeeignet zum Führen von Kraftfahrzeugen erweist. Dies gilt gemäß § 46 Abs. 1 Satz 2 FeV u. a., wenn Erkrankungen oder Mängel nach der Anlage 4 vorliegen und die Eignung zum Führen von Kraftfahrzeugen ausgeschlossen ist. In Nr. 9.2.2. der Anlage 4 zur FeV wird ausgeführt, dass die Eignung zum Führen von Kraftfahrzeugen bei gelegentlicher Einnahme von Cannabis nur dann zu bejahen ist, wenn der Kraftfahrer zwischen Konsum und Fahren trennen kann, kein zusätzlicher Gebrauch von Alkohol oder anderen psychoaktiv wirkenden Stoffen vorliegt und keine Störung der Persönlichkeit und kein Kontrollverlust bestehen.
Hiervon ausgehend ist beim Antragsteller entgegen der Auffassung des Verwaltungsgerichts in dem Beschluss vom 19. August 2015 bei summarischer Beurteilung derzeit von einer fehlenden Fahreignung auszugehen. Da zugunsten des Antragstellers hier „nur" von einem gelegentlichen Konsum von

---

[78] Sie sollten hier auf die beiden unter Rn. 471 dargestellten Meinungen eingehen und sich der Auffassung anschließen, die die Befugnis der Behörde zur Heilung des Verfahrensverstoßes im gerichtlichen Eilverfahren bejaht.

Cannabis ausgegangen wurde,[79] hat der Antragsgegner dem Antragsteller zunächst die Gelegenheit eingeräumt, seine Fahreignung durch ein medizinisch-psychologisches Gutachten nachzuweisen.[80] Rechtsgrundlage für die Aufforderung der Vorlage eines medizinisch-psychologischen Gutachtens ist § 14 Abs. 1 Satz 3 FeV. Danach kann die Beibringung eines medizinisch-psychologischen Gutachtens angeordnet werden, wenn gelegentliche Einnahme von Cannabis vorliegt und weitere Tatsachen Zweifel an der Eignung begründen. Gemäß § 11 Abs. 8 FeV darf die Fahrerlaubnisbehörde bei ihrer Entscheidung auf die Nichteignung des Betroffenen schließen, wenn sich dieser weigert, sich untersuchen zu lassen, oder wenn er das geforderte Gutachten nicht fristgerecht beibringt. Zwar ist Voraussetzung insoweit, dass die Untersuchungsanordnung rechtmäßig ist und die Weigerung ohne ausreichenden Grund erfolgt. Diese Voraussetzungen hat der Antragsgegner aber beachtet.

Das Verwaltungsgericht geht in dem angefochtenen Beschluss unzutreffend davon aus, der Antragsteller habe der Anordnung, ein medizinisch-psychologisches Gutachten beizubringen, nicht nachkommen müssen. Die tragende Begründung des Verwaltungsgerichts hierzu lautet: „Der einmalige oder gelegentliche Konsum ist nicht als hinreichendes Verdachtselement für eine Fahreignungsprüfung zu bewerten. (...) Die Feststellungen der Polizei waren nicht ausreichend für die Annahme, der Antragsteller sei nicht in der Lage, den Konsum von Haschisch und die Teilnahme am Straßenverkehr zu trennen". Diese rechtliche Würdigung ist nicht haltbar.

Der Antragsgegner hat konkrete tatsächliche Verdachtsmomente dafür ermittelt, dass der Antragsteller den Konsum von Cannabis und die aktive Teilnahme am Straßenverkehr nicht zuverlässig zu trennen vermag oder zu trennen bereit ist. Es ist wissenschaftlich anerkannt, dass die Fahrtüchtigkeit eines Kraftfahrzeugführers im akuten Haschischrausch und während der Dauer einer mehrstündigen Abklingphase aufgehoben ist. Maßgebend für die Entscheidung des Antragsgegners, von dem Antragsteller ein medizinisch-psychologisches Gutachten zu fordern, war insbesondere, dass im Verlauf der polizeilichen Kontrolle am 4. November 2014 im Aschenbecher des Fahrzeugs des Antragstellers die Reste eines mit Haschisch versetzten Joints gefunden worden waren. Dies legte die Annahme nahe, dass im Fahrzeug selbst und mit hoher Wahrscheinlichkeit auch in engem zeitlichem Zusammenhang mit einer Teilnahme am Straßenverkehr Haschisch konsumiert worden war. Dies hat das Verwaltungsgericht in seiner angefochtenen Entscheidung nicht hinreichend gewürdigt. Da der Antragsteller, der bei der Kontrolle allein in seinem Fahrzeug angetroffen wurde, hierzu auch keine Erklärungen abgegeben hat, durfte der Antragsgegner hieraus den Schluss ziehen, dass er selbst der Konsument gewesen ist. Die polizeilichen Feststellungen anlässlich der Kontrolle des Antragstellers, also der Fund einer kleinen Menge Haschisch an dessen Person und die Feststellung frischer Konsumspuren in seinem Fahrzeug, legte nach

[79] Davon ist nach der Rechtsprechung des *BVerwG* (BeckRS 2014, 57534) auszugehen, wenn der Betroffene in **zumindest zwei selbständigen Konsumvorgängen** Cannabis zu sich genommen hat und diese Konsumvorgänge einen gewissen, auch zeitlichen Zusammenhang aufweisen.Ein gelegentlicher Konsument von Cannabis trennt dann nicht in der gebotenen Weise zwischen diesem Konsum und dem Führen eines Kraftfahrzeugs, wenn er fährt, obwohl eine durch den Drogenkonsum bedingte Beeinträchtigung seiner Fahrtüchtigkeit nicht auszuschließen ist.

[80] Zu den Reaktionsmöglichkeiten der Fahrerlaubnisbehörde nach Besitz oder Konsum von Cannabis s. *Pott,* NZV 2012, 111.

Auffassung des Antragsgegners in hinreichender Weise den Verdacht nahe, dass der Antragsteller den für einen früheren Zeitpunkt unstreitigen Konsum von Drogen nicht eingestellt hatte. Die gegenteilige Ansicht des Verwaltungsgerichts kann daher keinen Bestand haben.

Die angefochtene Verfügung begegnet auch ansonsten keinen rechtlichen Bedenken. Die Anordnung der Ablieferung des Führerscheins (Nr. 2 der Verfügung) findet ihre Rechtsgrundlage in §§ 3 Abs. 2 Satz 3 StVG, 47 Abs. 1 Satz 2 FeV.

Es wird daher gebeten, der Beschwerde stattzugeben.

Gerda Gras

§ 72. Entwurf eines Widerspruchsschreibens

I. Allgemeines

857 Die Tätigkeit des Rechtsanwalts im Vorverfahren betrifft in der Regel die Einlegung eines Widerspruchs oder die Begründung eines vom Mandanten bereits zuvor erhobenen Widerspruchs. Das **Widerspruchsschreiben** wird **ähnlich aufgebaut wie eine Klageschrift.** Achten Sie aber auf einige Besonderheiten: Das Widerspruchsschreiben enthält in der Praxis meistens keine Darstellung des Sachverhalts, da sich dieser hinreichend aus dem Ausgangsbescheid ergibt. Möglich ist aber der Hinweis im Bearbeitervermerk, dass eine Sachverhaltsschilderung verlangt wird. Ferner sollten Sie, wenn der anzufechtende Bescheid von der Behörde für sofort vollziehbar erklärt worden ist, zusätzlich einen Aussetzungsantrag nach § 80 Abs. 4 VwGO oder – sofern ein VA mit Doppelwirkung im Streit steht – gegebenenfalls einen Antrag nach § 80 a Abs. 1 Nr. 2 VwGO stellen. Da die Gebühren und Auslagen eines Rechtsanwalts im Vorverfahren nicht automatisch, sondern nur dann erstattungsfähig sind, wenn die Zuziehung eines Bevollmächtigten notwendig war (s. § 80 Abs. 3 VwVfG bzw. die entsprechende landesrechtliche Regelung), sollten Sie im Widerspruchsschreiben immer den Antrag stellen, die Hinzuziehung eines Bevollmächtigten im Vorverfahren für notwendig zu erklären.

II. Formulierungsbeispiel

858 Rechtsanwalt Dresden, 3. August 2015

Dr. Ludwig Lichtenstein

Südring 12, 39112 Magdeburg

Landeshauptstadt Magdeburg – Fachbereich Bürgerservice und Ordnung –

Bei der Hauptwache 4, 39104 Magdeburg[81]

Gewerbeuntersagung des Betriebes von Herrn Bernhard Blank, Ihr Aktenzeichen 23–12

Sehr geehrte Damen und Herren,

Ich vertrete die rechtlichen Interessen von Herr Bernhard Blank, Säumnisweg 56, 39122 Magdeburg und lege unter Beifügung einer schriftlichen Vollmacht (Anlage 1) hiermit

[81] Gemäß § 70 Abs. 1 Satz 1 VwGO ist der Widerspruch bei der Behörde zu erheben, die den VA erlassen hat. Nicht zu beanstanden wäre nach § 70 Abs. 1 Satz 2 VwGO auch die Einlegung des Widerspruchs unmittelbar bei der Widerspruchsbehörde, hier beim Landesverwaltungsamt Halle.

WIDERSPRUCH

gegen die Gewerbeuntersagungsverfügung vom 2. Juli 2015 ein mit dem Antrag, die Verfügung vom 2. Juli 2015 aufzuheben sowie die Hinzuziehung eines Rechtsanwalts für das Vorverfahren für notwendig zu erklären.

Ferner beantrage ich die sofortige Aussetzung der sofortigen Vollziehung.

Begründung:

I.

Der Widerspruchsführer ist seit 1. April 2006 mit dem Gewerbe „Bauunternehmung, Dienstleistung am Hoch- und Tiefbau" in Magdeburg gemeldet. Nachdem das Gewerbe zunächst florierte, gab es in der jüngeren Vergangenheit mangels ausreichender Auftragslage gewisse finanzielle Schwierigkeiten. Mit Schreiben vom 20. Mai 2015 zeigte das Finanzamt Magdeburg I Ihrem Fachbereich Bürgerservice und Ordnung an, dass der Widerspruchsführer aus seiner gewerblichen Tätigkeit 54.643,56 € schulde. Zuletzt habe er eine gültige Steuererklärung für den Veranlagungszeitraum 2009 eingereicht. Die AOK Sachsen-Anhalt teilte am 5. Juni 2015 mit, dass der Widerspruchsführer noch Beiträge zur Sozialversicherung in Höhe von 21.004,07 € schulde.

Ohne vorher zu dem Sachverhalt angehört worden zu sein, erhielt der Widerspruchsführer am 6. Juli 2015 per Postzustellungsurkunde völlig überraschend die genannte Gewerbeuntersagungsverfügung Ihrer Behörde vom 2. Juli 2015. Zur Begründung haben Sie ausgeführt, aufgrund der erheblichen Steuerschulden und der Nichtbegleichung der Sozialversicherungsbeiträge sei von einer gewerberechtlichen Unzuverlässigkeit des Widerspruchsführers auszugehen. Wegen angeblicher Dringlichkeit haben Sie darüber hinaus die sofortige Vollziehung der Verfügung angeordnet.

Der Widerspruchsführer hat jedoch eine Erbschaft in Höhe von 330.000,– € gemacht (Beweis: Erbschein vom 26. Juni 2015 sowie aktueller Kontoauszug des Widerspruchsführers vom heutigen Tage). Diesen Betrag wird er vollständig in den Gewerbebetrieb investieren. Er wird noch in der kommenden Woche die Steuer- und Versicherungsschulden begleichen und dies Ihnen umgehend nachweisen.

II.

Die angefochtene Verfügung kann keinen Bestand haben.

Der Bescheid vom 2. Juli 2015 ist bereits formell fehlerhaft, da dem Mandanten entgegen § 1 Abs. 1 SachsAnhVwVfG i. V. m. § 28 Abs. 1 VwVfG keine Gelegenheit gegeben worden ist, sich vor der Verfügung zu den entscheidungserheblichen Tatsachen zu äußern.[82]

Auch inhaltlich ist die Verfügung zu beanstanden. Die Voraussetzungen der von Ihnen als Rechtsgrundlage genannten Vorschrift des § 35 Abs. 1 Satz 1 GewO sind nicht gegeben. Danach ist ein Gewerbetreibender als unzuverlässig anzusehen, wenn er nach dem Gesamteindruck seines Verhaltens nicht die Gewähr dafür bietet, dass er sein Gewerbe in Zukunft ordnungsgemäß betreibt. Es kann offen bleiben, ob, wie von Ihnen angenommen, die Tatbestandsvoraussetzungen des § 35 Abs. 1 Satz 1 GewO zum Zeitpunkt des Erlasses der Gewerbeuntersagung am 2. Juli 2015 gegeben waren. Die Gewerbeuntersagungsverfügung ist

---

[82] Rechtsanwalt Dr. Lichtenstein sollte auf diesen Punkt nicht näher eingehen, da ihm die Möglichkeit der Heilung dieses Verfahrensverstoßes im Vorverfahren bekannt ist.

ihrem Regelungsgehalt nach ein Dauerverwaltungsakt, für deren Beurteilung die Sachlage im Zeitpunkt der letzten Verwaltungsentscheidung maßgebend ist. Dies folgt aus der Regelung des vom Untersagungsverfahren gesonderten Wiedergestattungsverfahrens des § 35 Abs. 6 GewO.[83]

Der Widerspruchsführer muss also zum Zeitpunkt der Entscheidung über den Widerspruch unzuverlässig sein. Unzuverlässig im Sinne des § 35 Abs. 1 Satz 1 GewO ist, wer nicht die Gewähr dafür bietet, künftig sein Gewerbe ordnungsgemäß auszuüben. Die ordnungsgemäße Ausübung eines Gewerbes setzt die wirtschaftliche Leistungsfähigkeit des Gewerbetreibenden voraus. Denn andernfalls ist nicht gewährleistet, dass zum Beispiel die öffentlichen Verpflichtungen, die der Gewerbebetrieb mich sich bringt, auch erfüllt werden. Zwar räumt der Widerspruchsführer ein, in der Vergangenheit seine Steuerschulden nicht immer fristgerecht nachgekommen zu sein sowie die Sozialabgaben für seine beiden Beschäftigten nicht rechtzeitig beglichen zu haben. Der Widerspruchsführer hat aber in der vergangenen Woche eine Erbschaft in Höhe von 330.000,– € gemacht. Der Widerspruchsführer verfügt aufgrund der Erbschaft nach Abzug der Schulden nunmehr über eine ausreichende wirtschaftliche und finanzielle Basis, um künftig insbesondere seine öffentlich-rechtlichen Zahlungsverpflichtungen fristgerecht nachzukommen. Die pünktliche Zahlung der Steuern und Versicherungsbeiträge an den Staat und die Sozialversicherungsträger ist daher gewährleistet, eine Gefährdung des Wohls der Allgemeinheit ist nicht länger zu befürchten.

Sind somit die Voraussetzungen des § 35 Abs. 1 Satz 1 GewO nicht erfüllt, so ist dem Widerspruch stattzugeben.

Im Hinblick auf die von Ihnen vorgenommene Anordnung der sofortigen Vollziehung der Verfügung beantrage ich darüber hinaus die umgehende Aussetzung der sofortigen Vollziehung nach § 80 Abs. 4 Satz 1 VwGO. Da der angefochtene Verwaltungsakt, wie dargelegt, rechtswidrig ist, besteht kein besonderes Vollzugsinteresse. Sollten Sie dem Aussetzungsbegehren nicht bis zum 15. März 2012 nachgekommen sein, werde ich nach Verstreichen dieser Frist das Verwaltungsgericht Magdeburg anrufen und einen Antrag auf Wiederherstellung der aufschiebenden Wirkung des Widerspruchs nach § 80 Abs. 5 Satz 1 2. Alt. VwGO stellen.

Die Voraussetzungen für die Hinzuziehung eines Bevollmächtigten nach § 1 SachsAnhVwVfG i. V. m. § 80 Abs. 2 VwVfG sind gegeben. Es ist dem Widerspruchsführer nach seinen persönlichen Verhältnissen und wegen der Schwierigkeit der rechtlichen Frage, wann gewerberechtliche Unzuverlässigkeit vorliegt, nicht zuzumuten, das Vorverfahren selbst zu führen.

Rechtsanwalt Dr. Lichtenstein

§ 73. Entwurf von Rechtssätzen

I. Allgemeines

859 Wie in Rn. 807 bereits angemerkt, wurde 2014 im Zweiten Juristischen Staatsexamen eine neue an der anwaltlichen Praxis orientierte Variante einer Prüfungsklausur eingeführt. Die Prüflinge haben neben einem **Gutachtenteil** auch weitere **notwendige Schriftstücke** nebst **Erörterungsschreiben an die Mandantschaft** zu fertigen. Dazu

[83] *BVerwG* NVwZ 1982, 503; vgl. auch *OVG Magdeburg* NVwZ-RR 2012, 307.

zählt unter anderem der Entwurf von Satzungen, Verordnungen oder Geschäftsordnungen etc., die im öffentlichen Recht verbreitet sind. Dabei handelt es sich um Gesetze im materiellen Sinn.[84] Klausurrelevant dürften insbesondere sein: **kommunale Satzungen**[85] (z. B. Geschäftsordnung des Gemeinderats, Satzungen aus dem Kommunalabgabenrecht) sowie **Gefahrenabwehrverordnungen** (z. B. Bettelverbotsverordnung, Verordnungen über die Anleinpflicht für Hunde, Taubenfütterungsverbotsverordnungen). Gelegentlich beauftragen Kommunen Rechtsanwälte mit dem Entwurf von Verordnungen oder Satzungen, die sich außerhalb des üblichen Rahmens bewegen.

Werden Sie in der Klausur mit einer solchen Fragestellung konfrontiert, empfiehlt 860
sich folgendes Vorgehen:[86]

Im vorgeschalteten Gutachten prüfen Sie zunächst, welches rechtliche Instrumentarium zur Verfügung steht, um das ins Auge gefasste Ziel zu erreichen. Steht fest, dass dies ein Rechtssatz in Form einer Verordnung oder einer Satzung ist, können Sie sich kurz fassen. Nennen Sie als nächstes die Ermächtigungsgrundlage. Anschließend müssen Sie erörtern, ob der Rechtssatz wirksam erlassen werden kann. Zu den **formellen Anforderungen** zählen Zuständigkeitsfragen, Formfragen und besondere Verfahrensvorschriften. Der Schwerpunkt der Arbeit dürfte darauf entfallen, welche materiell-rechtlichen Anforderungen die Ermächtigungsgrundlage vorgibt. In diesem Zusammenhang prüfen Sie insbesondere, ob die Verordnung oder die Satzung **mit höherrangigem Recht in Einklang** steht.

Kommen Sie zu dem Ergebnis, dass der Rechtssatz wirksam erlassen werden kann, formulieren Sie die Verordnung oder die Satzung aus. Die Arbeit schließen Sie, sofern der Bearbeitervermerk dies vorsieht, mit dem Erörterungsschreiben an den Auftraggeber.

II. Formulierungsbeispiel

Das nachfolgende Formulierungsbeispiel betrifft einen Fall, in dem die bayerische 861
Landeshauptstadt München einen Rechtsanwalt beauftragt, gutachterlich zu prüfen, ob im Stadtgebiet rechtmäßig das Füttern von Tauben verboten werden kann. Falls ja, soll der Rechtsanwalt einen Formulierungsvorschlag für eine entsprechende Verordnung entwerfen.

A. Gutachten 862

(...)[87]

B. Verordnung der Stadt München über das Taubenfütterungsverbot 863

Die Landeshauptstadt München erlässt aufgrund Art. 16 des Landesstraf- und Verordnungsgesetzes[88] folgende Verordnung:

---

[84] In der öffentlich-rechtlichen Klausur dürfte eine Befassung mit dem Erlass formeller Gesetze ausgeschlossen sein (ebenso *Mürbe/Geiger/Haidl,* § 11 S. 228).

[85] S. z. B. die Klausur von *Mürbe/Geiger/Haidl,* § 11 S. 230.

[86] Nach *Mürbe/Geiger/Haidl,* § 11 S. 229 f.

[87] Zur Rechtmäßigkeit einer Taubenfütterungsverbotsverordnung s. z. B. *VGH München* BeckRS 2014, 55871 und *VG Stuttgart* BeckRS 2014, 55757. S. dazu auch die Klausur von *Böhm/Hageböllíng,* JA 2014, 759.

[88] Danach können Gemeinden zur Verhütung von Gefahren für das Eigentum und zum Schutz der öffentlichen Reinlichkeit Verordnungen über die Bekämpfung verwilderter Tauben erlassen.

§ 1 Fütterungsverbot

Es ist verboten, im Stadtgebiet der Landeshauptstadt München verwilderte Tauben zu füttern. Dieses Verbot erfasst auch das Auslegen von Futter- und Lebensmitteln, die zum Füttern von verwilderten Tauben bestimmt sind.

§ 2 Ordnungswidrigkeit

Gemäß Art. 16 Abs. 2 Landesstraf- und Verordnungsgesetz kann mit Geldbuße belegt werden, wer vorsätzlich oder fahrlässig dem Fütterungsverbot nach § 1 zuwiderhandelt.

§ 3 In-Kraft-Treten

Die Verordnung tritt zum 1. Juni 2015 in Kraft.

864 **C. Erörterungsschreiben**

Das Erörterungsschreiben an den Auftraggeber sollte in knapper Form abgefasst sein und wegen der Einzelheiten auf das anliegende Rechtsgutachten Bezug nehmen.

§ 74. Entwurf eines Vertrages

I. Allgemeines

865 Zu den neuen Klausurformen, die seit 2014 in allen Bundesländern Gegenstand von Prüfungsaufgaben im Assessorexamen sein können, zählt ferner der Entwurf von Verträgen, an denen ein Hoheitsträger beteiligt ist. In Betracht kommt hier das Abfassen eines **privatrechtlichen Vertrages** oder eines **öffentlich-rechtlichen Vertrages** nach §§ 54 ff. VwVfG.[89] Zur Abgrenzung von privatrechtlichem und öffentlich-rechtlichem Vertrag s. Rn. 160. Ein privatrechtlicher Vertrag ist beispielsweise ein Nutzungsvertrag über die Aufstellung von Hinweisschildern außerhalb der Straßenfahrbahn,[90] s. dazu das Formulierungsbeispiel in Rn. 870. Beispiele für öffentlich-rechtliche Verträge sind: Sondernutzungsverträge, Subventionsverträge, städtebauliche Verträge, (z.B. Folgekostenverträge und Verträge über sog. Einheimischenmodelle)[91] oder Verträge im Zusammenhang mit der Veranstaltung von Klassenfahrten.[92]

866 Im vorgeschalteten **Gutachten** gehen Sie auf alle formellen und materiellen Punkte ein, die beachtet werden müssen, damit der Vertrag wirksam geschlossen werden kann. Im Falle des öffentlich-rechtlichen Vertrages prüfen Sie zunächst, ob überhaupt ein solcher Vertrag das geeignete Instrument ist (Abgrenzung zum privatrechtlichen Vertrag, kein Handlungsformverbot). Der Vertrag kommt zustande durch zwei übereinstimmende Willenserklärungen (§ 62 VwVfG iVm §§ 145 ff. BGB). In Betracht kommen sowohl **koordinationsrechtliche Verträge** als auch **subordinationsrecht-**

[89] Näher zum öffentlich-rechtlichen Vertrag s. *Voßkuhle/Kaiser,* JuS 2013, 687.

[90] Kodal/Krämer/*Stahlhut,* Straßenrecht, 7. Auflage 2010, Kap. 28 Rn. 15.

[91] Ausführlich dazu *Decker,* JA 2012, 286; zu der Problematik der Zulässigkeit von Einheimischenmodellen s. auch *EuGH,* NZBau 2013, 446, die Besprechung von *Ruffert,* JuS 2013, 1051 und die Klausur von *Michl,* Jura 2015, 202.

[92] Weitere Beispiele finden Sie bei *Kopp/Ramsauer,* § 54 Rn. 36 ff. und *Pietzner/Ronellenfitsch,* Rn. 158.

liche Verträge (§ 54 Satz 2 VwVfG).[93] Zu den subordinationsrechtlichen Verträgen[94] zählen auch Vergleichsverträge (§ 55 VwVfG) und Ausgleichsverträge (§ 56 VwVfG).

Die **Rechtmäßigkeitsvoraussetzungen** des öffentlich-rechtlichen Vertrages sind Folgende: 867

1. Zulässigkeit der Vertragsform: § 54 Satz 1 VwVfG
2. Formelle Rechtmäßigkeit
   a) Handeln der zuständigen Behörde
   b) Form (§ 57 VwVfG): grundsätzlich Schriftform (Warn- und Beweisfunktion!)
   c) Verfahren, gegebenenfalls Zustimmung (§ 58 VwVfG)
3. Materielle Rechtmäßigkeit
   a) Kein Verstoß gegen einschlägiges Fachrecht
   b) Besondere Voraussetzungen für Vergleichs- und Austauschverträge (§§ 55, 56 VwVfG)
4. Fehlerfolgen
   a) Nichtigkeitsgründe des § 59 Abs. 2 Nr. 1 – 4 VwVfG (nur bei subordinationsrechtlichen Verträgen)
   b) Nichtigkeitsgründe des § 59 Abs. 1 VwVfG i. V. m. BGB (Geschäftsunfähigkeit; Scheingeschäft, Formverstoß, Verstoß gegen die guten Sitten, Handeln ohne Vertretungsmacht, Anfechtung)
   c) Schwebende Unwirksamkeit nach § 58 VwVfG.

Kann der öffentlich-rechtliche Vertrag wirksam geschlossen werden, so formulieren Sie im Anschluss an das Gutachten den **Vertragstext.**

II. Beispiel

Fall: Landwirt David Demeter (D) betreibt im Außenbereich der in Nordrhein-Westfalen gelegenen Gemeinde Wenden einen Ökohof. Er vermarktet sein Obst und Gemüse überwiegend selbst in einer kleinen Verkaufsstelle auf dem Hof. Der Betrieb des D liegt abgelegen und ist für Kunden nur schwer zu finden. D wendet sich daher an die Gemeinde Wenden und fragt, ob er auf der Straßenböschung am Beginn des Abzweigs von der öffentlichen Straße auf unbestimmte Zeit ein Hinweisschild mit werbendem Charakter aufstellen kann. Der Gemeinderat von Wenden ist mit der Aufstellung des Schildes einverstanden, verlangt aber den Abschluss eines besonderen Gestattungsvertrages. Außerdem soll die Gemeinde von allen Ansprüchen Dritter freigestellt werden, die sich im Zusammenhang mit der Aufstellung des Schildes ergeben könnten. Zudem soll D alle dadurch entstehenden Kosten ersetzen. Der Gemeinderat legt außerdem Wert darauf, dass D Beginn und Ende der Arbeiten zur Aufstellung des Schildes rechtzeitig anzeigt. Bürgermeister B bittet Rechtsanwalt R, die Rechtslage zu beurteilen. R soll umfassend angeben, welche Rechtsvorschriften von den Beteiligten bezüglich der Aufstellung des Schildes zu beachten sind, und einen entsprechenden Nutzungsvertrag entwerfen. 868

Im **Gutachten** müssen Sie prüfen, ob dem Vorhaben baurechtliche, straßenrechtliche oder straßenverkehrsrechtliche Vorschriften entgegenstehen. Verneinen Sie dies, kann der Nutzungsvertrag wirksam geschlossen werden. Wie oben ausgeführt, sind Nutzungsverträge über die Aufstellung von Hinweisschildern, die außerhalb 869

[93] Ausführlich dazu s. *Kopp/Ramsauer,* § 54 Rn. 47 ff.

[94] Nach *h. M.* erfasst § 54 Satz 2 VwVfG alle öffentlich-rechtlichen Fälle, in denen die Behörde dem Vertragspartner gegenüber bezüglich des Vertragsgegenstandes, auch zum Erlass eines VA ermächtigt wäre, oder in den sonst aufgrund der maßgeblichen Rechtsvorschriften ein Über-/Unterordnungsverhältnis besteht (z. B. *BVerwG* NVwZ 2000, 1285).

der Fahrbahn auf der Böschung angebracht werden, zivilrechtlicher Natur. Nach dem Grundsatz der Vertragsfreiheit können die Bedingungen der Straßenbenutzung frei vereinbart werden, soweit nicht gesetzliche Verpflichtungen der Beteiligten entgegenstehen. Zu beachten sind insbesondere die §§ 134, 138 BGB. Eine Vereinbarung, wonach der Berechtigte der Gemeinde alle Aufwendungen zu ersetzen hat, die der Gemeinde im Zusammenhang mit der Ausübung der Nutzung entstehen, ist möglich (vgl. § 18 Abs. 3 Satz 1 NWStrWG). Die Benutzung kann von einer Gegenleistung in Form eines Nutzungsentgelts abhängig gemacht werden. Nach dem für jedes Vertragsverhältnis geltenden Grundsatz von Treu und Glauben (§ 242 BGB) muss eine gewisse Relation zwischen Zweck und Vorteil der Nutzung einerseits und dem Entgelt andererseits gegeben sein. Bei der Bemessung der Gegenleistung kann der Rechtsgedanke des § 19a Abs. 2 Satz 3 NWStrWG herangezogen werden, wonach Art und Ausmaß der Einwirkung auf die Straße und den Gemeingebrauch sowie das wirtschaftliche Interesse des Nutzers zu berücksichtigen sind.

Der Nutzungsvertrag darf auch eine Freistellung der Gemeinde von Haftungsansprüchen Dritter sowie Regelungen enthalten, die als Sondernutzungserlaubnis nach § 18 NWStrWG möglich sind. So hat der Erlaubnisnehmer nach § 18 Abs. 3 Satz 1 NWStrWG auf Verlangen der für die Erlaubnis zuständigen Behörde die mit der Sondernutzung verbundenen Anlagen auf seine Kosten zu ändern und dem Träger der Straßenbaulast alle Kosten zu ersetzen, die diesem durch die Sondernutzung zusätzlich entstehen. § 18 Abs. 4 Satz 1 NWStrWG bestimmt, dass der Erlaubnisnehmer verpflichtet ist, die mit der Sondernutzung verbundenen Anlagen nach den bestehenden gesetzlichen Vorschriften und anerkannten Regeln der Technik zu errichten und zu unterhalten. Ferner kann die Straßenbaubehörde gemäß § 18 Abs. 4 Satz 3 NWStrWG beim Erlöschen oder beim Widerruf der Erlaubnis sowie bei der Einziehung der Straße vom Erlaubnisnehmer verlangen, dass dieser innerhalb einer angemessenen Frist die Anlagen entfernt und den benutzten Straßenteil in einen ordnungsgemäßen Zustand versetzt. Nach § 18 Abs. 6 NWStrWG hat der Erlaubnisnehmer gegen den Träger der Straßenbaulast keinen Ersatzanspruch bei Widerruf der Erlaubnis oder bei Sperrung, Änderung oder Einziehung der Straße. § 22 NWStrWG regelt, dass die für die Erteilung der Sondernutzungserlaubnis zuständige Behörde die erforderlichen Maßnahmen zur Beendigung der Benutzung oder zur Erfüllung der Auflagen anordnen kann. Sind solche Anordnungen nicht oder nur unter unverhältnismäßigem Aufwand möglich oder nicht erfolgversprechend, so kann sie den rechtswidrigen Zustand auf Kosten des Pflichtigen beseitigen oder beseitigen lassen.

870 Formulieren Sie am Ende den Vertragsentwurf mit den entsprechenden Einschränkungen und Freistellungsklauseln. Der Vertragstext könnte etwa so aussehen:

Nutzungsvertrag

zwischen der Gemeinde Wenden, Hauptstraße 75, 57482 Wenden, vertreten durch den Bürgermeister

und

Herrn David Demeter, Am sonnigen Hang 12, 57422 Wenden

1. Die Gemeinde Wenden gestattet dem Berechtigten, Herrn David Demeter, die Straßenböschung am Beginn der A-Straße – 400 m von seinem Grundstück entfernt – zum Einbetonieren eines Hinweisschildes auf den landwirtschaftlichen Betrieb des Berechtigten zu benutzen.

2. Das Recht auf Benutzung wird auf unbestimmte Zeit eingeräumt. Der Vertrag ist unter Einhaltung einer Frist von vier Monaten kündbar.[95]
3. Der Berechtigte ersetzt der Gemeinde alle im Zusammenhang mit der Aufstellung des Schildes sich ergebenden Aufwendungen und Schäden.
4. Von allen Ansprüchen Dritter, die infolge der Benutzung oder der Herstellung, des Bestehens, der Unterhaltung, der Änderung oder der Beseitigung der Anlage gegen die Gemeinde oder gegen einen für diese tätigen Bediensteten geltend gemacht werden, stellt der Berechtigte die Gemeinde und den betreffenden Bediensteten frei; es sei denn, dass diesen Vorsatz oder grobe Fahrlässigkeit trifft.
5. Kommt der Berechtigte einer Verpflichtung, die sich aus dem Vertrag ergibt, trotz vorheriger Aufforderung innerhalb einer gesetzten Frist nicht nach, so ist die Gemeinde berechtigt, das Erforderliche auf Kosten des Berechtigten zu veranlassen oder den Vertrag fristlos zu kündigen. Wird die Sicherheit des Verkehrs gefährdet, können Aufforderung und Fristsetzung unterbleiben.
6. Im Falle der Kündigung des Vertrages oder bei Sperrung, Änderung oder Einziehung der Straße besteht kein Anspruch auf Entschädigung gegen die Gemeinde.
7. Ist für die Ausführung der baulichen Anlage eine behördliche Genehmigung, Erlaubnis oder dergleichen oder eine privatrechtliche Zustimmung Dritter erforderlich, so hat der Berechtigte diese einzuholen.
8. Der Beginn und die Beendigung der Bauarbeiten sind der Gemeinde rechtzeitig anzuzeigen.
9. Die Bauarbeiten sind so durchzuführen, dass die Sicherheit des Verkehrs nicht und die Leichtigkeit des Verkehrs möglichst wenig beeinträchtigt werden.
10. Die Anlage ist so zu errichten und zu erhalten, dass sie den gesetzlichen Vorschriften, den Anforderungen der Sicherheit und Ordnung sowie den anerkannten Regeln der Technik genügen.
11. Bei Beendigung des Vertragsverhältnisses durch Kündigung, Aufgabe der Nutzung oder Einziehung der Straße ist die Anlage zu beseitigen und die Straße wieder ordnungsgemäß herzustellen.
12. Für diese Nutzung wird ein einmaliges Entgelt in Höhe von 200 € vereinbart. Dieser Betrag ist sofort fällig.

____________________ ____________________

(Bürgermeister B) Gemeinde Wenden) (David Demeter)

Das Anschreiben an die Gemeinde Wenden kann kurz gefasst werden. 871

§ 75. Entwurf eines Vergleichsvorschlags

I. Allgemeines

Zu den neuen Anwaltsklausuren, mit denen Sie im Zweiten Juristischen Staatsexamen theoretisch rechnen müssen, zählt schließlich der Entwurf eines **Vergleichsvorschlags** im Verwaltungsverfahren sowie im Gerichtsverfahren. Gemäß **§ 55 VwVfG** kann ein öffentlich-rechtlicher Vertrag im Sinne des § 54 Satz 2, durch den eine bei verständiger Würdigung des Sachverhalts oder der Rechtslage bestehende Ungewiss- 872

[95] Nutzungsverträge werden üblicherweise mit dem Vorbehalt der Kündigung versehen.

heit durch gegenseitiges Nachgeben beseitigt wird, geschlossen werden, wenn die Behörde den Abschluss des Vergleichs zur Beseitigung der Ungewissheit nach pflichtgemäßem Ermessen für zweckmäßig hält. Im verwaltungsgerichtlichen Verfahren können nach **§ 106 Satz 1 VwGO** die Beteiligten, um den Rechtsstreit vollständig oder zum Teil zu erledigen, zur Niederschrift des Gerichts oder des beauftragten oder ersuchten Richters einen Vergleich schließen, soweit sie über den Gegenstand des Vergleichs verfügen können.[96]

Ist die Klausur so angelegt, dass Sie als mandatierter Rechtsanwalt in dem vorgeschalteten Gutachten zu dem Ergebnis kommen, dass auf der einen Seite die Erfolgsaussichten in der Streitsache aus tatsächlichen und/oder rechtlichen Gründen offen sind und eventuell eine kostenintensive Beweisaufnahme erforderlich sein wird, auf der anderen Seite aber zumindest eine gewisse Einigungsbereitschaft bei den Beteiligten nicht ausgeschlossen ist, kommt der Entwurf eines Vergleichsvorschlags in Betracht.

II. Formulierungsbeispiel

873 **Fall:** Silencius Still (S) bewohnt in Berlin ein Reihenhaus in einem reinen Wohngebiet. Im unmittelbar angrenzenden Reihenhaus wohnt die vor drei Monaten zugezogene Familie Krach (K). Deren dreizehnjähriger Sohn spielt Schlagzeug, was den S massiv stört. Er wendet sich an die Immissionsschutzbehörde und verlangt die vollständige Unterbindung des Schlagzeugspielens u. a. mit der Begründung, er könne sich infolge des Lärms nicht mehr auf seiner Terrasse aufhalten. Die Behörde lehnt ein Einschreiten mit der Begründung ab, das Musizieren in der eigenen Wohnung sei sozialadäquat und müsse von Nachbarn hingenommen werden. Ein Sachverständigengutachten zum Ausmaß der angeblichen Lärmbelästigung habe S im Übrigen nicht beigebracht. S ist aus finanziellen Gründen nicht bereit, ein Lärmgutachten auf eigenen Kosten einzuholen und erhebt stattdessen Klage zum Verwaltungsgericht in der Erwartung, dieses werde von Amts wegen Beweis über das Ausmaß der Lärmbelästigung erheben. Die zum Prozess beigeladenen Eheleute K signalisieren, dass sie sich eine Einschränkung der Übungszeiten ihres Sohnes durchaus vorstellen könnten. S beauftragt vier Wochen vor dem Verhandlungstermin Rechtsanwalt R mit der Prüfung der Erfolgsaussichten der Klage.

874 R kommt zu dem Ergebnis, dass der Anwendungsbereich des Landesimmissionsschutzgesetzes von Berlin eröffnet ist. Gemäß § 1 gilt dieses Gesetz u. a. für das Verhalten von Personen, soweit hierdurch schädliche Umwelteinwirkungen verursacht werden können. Dies ist beim Schlagzeugspiel zweifelsfrei der Fall. Gemäß § 12 BerlImSchG kann die zuständige Behörde im Einzelfall die erforderlichen Anordnungen zur Durchführung dieses Gesetzes und der aufgrund dieses Gesetzes erlassenen Rechtsverordnungen treffen. Vorliegend kommt ein behördliches Einschreiten zur Beseitigung eines Zustandes, der § 5 BerlImSchG widerspricht, in Betracht, demzufolge Musikinstrumente nicht in einer Lautstärke benutzt werden dürfen, durch die jemand erheblich gestört wird. Im Übrigen hat sich gemäß § 2 Abs. 1 BerlImSchG jeder so zu verhalten, dass schädliche Umwelteinwirkungen vermieden werden, soweit dies nach den Umständen des Einzelfalls möglich und zumutbar ist. So kann zwar nicht jede Musikausübung in einem Wohngebäude unterbunden werden; wohl aber kann diese Bestimmung eine zeitliche Beschränkung erfordern.

Wann eine erhebliche Störung im Sinne des § 5 BerlImSchG gegeben ist, hängt von den Umständen des Einzelfalls ab, insbesondere von der Tageszeit, dem Gebietscharakter sowie der Art und Dauer der Benutzung der Geräte. Anhaltspunkte für die Bewertung der Lästigkeit können der TA Lärm vom 26.8.1998 entnommen werden.[97] Diese darf allerdings nicht schematisch angewandt werden, sondern bedarf einer Anpassung an die besonderen Gegebenheiten und Erfordernisse des Einzelfalls. Maß-

---

[96] Näher zum Prozessvergleich *Schultheiß*, JuS 2015, 318.

[97] *VG Aachen* BeckRS 2008, 35158.

gebend sind gerade beim häuslichen Musizieren die tatsächlichen Gegebenheiten wie zum Beispiel der Abstand der einzelnen Wohnungen zueinander, Hellhörigkeit im Gebäude, Vorhandensein von Schallschutzmaßnahmen, der Pegel der Umgebungsgeräusche sowie die Art des Musizierens.[98] Die in der TA Lärm genannten Richtwerte haben gleichwohl indizielle Wirkung. Werden sie überschritten, kann dies die Wesentlichkeit der Beeinträchtigung indizieren, während die Einhaltung oder Unterschreitung der Richtwerte die Unwesentlichkeit der Beeinträchtigung indiziert.[99]

Gemessen daran kann zur Bewertung der von dem Schlagzeugspiel des Nachbarsohnes im Hinblick auf das Anwesen des Mandanten ausgehenden Geräuscheinwirkungen zwar grundsätzlich auf Nr. 6.2 der TA Lärm zurückgegriffen werden. Danach betragen bei Geräuschübertragungen innerhalb von Gebäuden die Immissionsrichtwerte für den Beurteilungspegel für betriebsfremde schutzbedürftige Räume unabhängig von der Lage des Gebäudes in einem der in Nr. 6.1 a) bis f) der TA Lärm genannten Gebiete tags 35 dB(A) und nachts 25 dB(A). Einzelne kurzzeitige Geräuschspitzen dürfen die Immissionsrichtwerte um nicht mehr als 10 dB (A) überschreiten.

Lärmmessungen gibt es bisher nicht. R kann in der mündlichen Verhandlung einen entsprechenden Beweisantrag stellen. Falls das Gericht dem Beweisantrag stattgibt. erscheint es nicht ausgeschlossen, dass die Beweisaufnahme zu dem Ergebnis kommt, dass die zulässigen Immissionsrichtwerte überschritten sind. Denn gerade das Schlagzeugspiel unterscheidet sich von anderen musikalischen Darbietungen nicht unerheblich in seiner Lautstärke und auch in der besonderen Art der sich in den Wänden eines Hauses fortsetzenden Rhythmik, welcher ein besonderes Störungspotential innewohnt.[100]

R muss seinen Mandanten aber darauf hinweisen, dass eine Überschreitung der Immissionsrichtwerte nicht zwingend zur Stattgabe seiner Klage führen wird. Denn die Frage, ab welchem Punkt das Schlagzeugspiel des Sohnes der Beigeladenen für den Mandanten zu einer erheblichen Störung wird, ist letztlich unter besonderer Berücksichtigung des Gedankens zu beantworten, dass das Störungspotential von Hausmusik letztlich nicht allein und auch nicht maßgebend an einem bestimmten Lärmpegel festzumachen ist. Das Musizieren innerhalb der eigenen Wohnung ist Bestandteil eines sozialüblichen Verhaltens. Zur Erreichung eines Ausgleichs zwischen dem Interesse am Musizieren einerseits und dem Ruhebedürfnis der Nachbarschaft andererseits ist zwar eine **zeitliche Begrenzung der Hausmusik** zu befürworten. Das Musizieren darf daher auf bestimmte Zeiten und einen bestimmten Umfang beschränkt, nicht jedoch insgesamt verboten werden, weil das Musizieren in der eigenen Wohnung zum Grundrecht der freien Entfaltung der Persönlichkeit aus Art. 2 Abs. 1 GG gerechnet werden muss.[101]

R könnte daher infolge der Unwägbarkeiten, die der Prozess in sich birgt, den beiden **875**
übrigen Prozessbeteiligten vor der mündlichen Verhandlung einen Vergleichsvorschlag zur Begrenzung der Übungszeiten des Sohnes der Beigeladenen unterbreiten, um eine endgültige gütliche Einigung zu erreichen. Sollten die Nachbarn einverstanden sein, wird sich das beklagte Land dem sicher nicht verschließen.

Der Vergleichsvorschlag muss eine Nutzungsregelung zum Gegenstand haben, die zwischen dem berechtigten Interesse der Familie K am Musizieren mit dem Schlag-

---

[98] Vgl. z. B. *BGH* NJW 1998, 3713. Zur Unzumutbarkeit des Klavierspiels am Sonntag s. *BVerfG* NJW 2010, 754.
[99] *VG Aachen* BeckRS 2008, 35158.
[100] *VG Aachen* BeckRS 2008, 35158.
[101] Vgl. *BGH* NJW 1998, 3713.

zeug und dem berechtigten Ruhebedürfnis des Mandanten einen angemessenen Ausgleich finden.

876 Der **Vergleichsvorschlag** könnte etwa so aussehen:

1. *Die Beigeladenen verpflichten sich, das Schlagzeugspiel ihres Sohnes (...) in dem Kellerraum ihres Reihenhauses in Berlin, (...), in der wärmeren Jahreszeit vom 1. Mai eines Jahres bis zum 31. Oktober eines Jahres auf wochentags 60 Minuten zu beschränken, während der übrigen Zeit des Jahres auf wochentags 90 Minuten.*
2. *Wochentags darf nur in der Zeit von 8 Uhr bis 12 Uhr und von 15 Uhr bis 19 Uhr gespielt werden. An Sonn- und Feiertagen findet kein Schlagzeugspiel statt.*
3. *Dem Kläger einerseits und den Beigeladenen andererseits bleibt es unbenommen, im Einzelfall einvernehmlich von den Ziffern 1 und 2 abweichende Regelungen zu treffen.*
4. *Die Kosten werden gegeneinander aufgehoben.*[102]

Treffen die Beteiligten keine Bestimmung über die Kosten, gilt § 160 VwGO. Die Beteiligten können die Kostenentscheidung aber auch in das Ermessen des Gerichts stellen; in diesem Fall erfolgt eine Billigkeitsentscheidung durch das Gericht nach § 161 Abs. 2 VwGO.[103]

---

[102] S. § 155 Abs. 1 VwGO.
[103] Eyermann/*Geiger*, § 160 Rn. 6.

7. Teil. Der öffentlich-rechtliche Aktenvortrag

§ 76. Die Bedeutung des Aktenvortrags

In **allen Bundesländern mit Ausnahme von Bayern** wird im Assessorexamen ein **Aktenvortrag,** auch Kurzvortrag genannt, in der mündlichen Prüfung verlangt. 877
Auch wenn dieser nur einen geringen Anteil an der Gesamtnote haben mag, sollten Sie sich seiner Bedeutung in der mündlichen Prüfung bewusst sein. Denn mit dem Aktenvortrag, der zu Beginn der mündlichen Prüfung gehalten wird, geben Sie der Prüfungskommission einen ersten persönlichen Eindruck Ihrer Person.

In einigen Bundesländern ist das Ziel des Aktenvortrags gesetzlich umschrieben.[1] 878
Ferner haben die **Justizprüfungsämter Weisungen bzw. Hinweise für den Vortrag in der mündlichen Prüfung** herausgegeben, in denen Näheres über Inhalt und Zweck des Kurzvortrages geregelt ist.[2] Ein Auszug hierzu aus den Weisungen des Nordrhein-Westfälischen Ministerium für Inneres und Justiz:[3]

„Durch den Aktenvortrag soll der Prüfling zeigen, dass er befähigt ist, nach kurzer Vorbereitung in freier Rede den Inhalt einer Akte darzustellen sowie einen praktisch brauchbaren Vorschlag zu unterbreiten und zu begründen. ... Der Vortrag soll aus einem kurzen Bericht, dem wesentlichen Entscheidungsvorschlag, einer knapp gefassten Begründung dieses Vorschlags sowie einer abschließenden Mitteilung der zu treffenden Entscheidung oder Maßnahme bestehen. ... Es ist vom Standpunkt eines in der Praxis tätigen Juristen auszugehen, der die Sache anderen Juristen vorträgt. Der Zuhörer muss in die Lage versetzt werden, den Vortrag ohne weiteres aufzunehmen und alles Wesentliche im Gedächtnis zu behalten."

Es versteht sich von selbst, dass Sie mit einem gelungenen Kurzvortrag die Weichen 879
für eine erfolgreiche mündliche Prüfung stellen können. Ihr Ziel muss es daher sein, durch **überzeugendes Auftreten** und **prägnante Darstellung** einen positiven und nachhaltigen Eindruck bei der Kommission zu hinterlassen. Bereiten Sie sich daher intensiv auf den Ernstfall vor und nutzen Sie jede Gelegenheit, in der verwaltungsrechtlichen Arbeitsgemeinschaft, bei Ihrem Ausbilder, in privaten Arbeitsgemeinschaften oder vor dem eigenen Spiegel Kurzvorträge zu üben.[4] Hier eine **Übersicht** von **Aktenvorträgen im Öffentlichen Recht** aus der jüngeren Vergangenheit:[5] JA 2014, 460 (Vorläufiger gerichtlicher Rechtsschutz), JA 2014, 378 (anwaltliche Beratung), JA 2013, 458 (Urteil), JuS 2013, 547 (Vorläufiger gerichtlicher Rechtsschutz), JA 2012, 458 (Erfolgsaussichten einer Klage), JuS 2012, 636 (anwaltliche Beratung), JA 2012, 293 (Vortrag zur Begründetheit einer Klage), JA 2011, 860 (anwaltliche

---

[1] S. dazu *Kerst,* Rn. 4.

[2] Nachzulesen auf den Homepages der Landesjustizprüfungsämter.

[3] Vgl. http://www.justiz.nrw.de/JM/landesjustizpruefungsamt/2_jur_staatspr/mdl_pruefung/weisungen_aktenvortrag/index.php.

[4] *v. Hartz/Streiter,* JuS 2001, 790, 791 empfehlen 25 gehaltene Übungsaktenvorträge, *Kerst,* Rn. 10 und *Schleif,* JA 2007, 716 sogar 30 bis 40! Beispiele finden Sie etwa bei *Budde-Hermann/Schöneberg; Kerst; Pagenkopf/Pagenkopf,* Der Aktenvortrag im Assessorexamen, 5. Aufl. 2014; *Janssen,* Der Aktenvortrag im Öffentlichen Recht, 4. Aufl. 2011.

[5] Eine aktuelle Literaturübersicht zum Thema Aktenvortrag insgesamt finden Sie auf der Homepage der Universität Speyer.

Beratung), JuS 2011, 1022 (Stellungnahme zur Zulässigkeit einer Klage), JA 2011, 617 (Vorläufiger gerichtlicher Rechtsschutz), JA 2010, 141 (anwaltliche Beratung), JA 2010, 818 (vorläufiger gerichtlicher Rechtsschutz).

§ 77. Der öffentlich-rechtliche Aktenvortrag in der Prüfung

I. Gegenstand des öffentlich-rechtlichen Aktenvortrags

880 Der öffentlich-rechtliche Aktenvortrag hat meist ein verwaltungsgerichtliches Klage- oder Eilrechtsschutzverfahren oder eine anwaltliche Begutachtung[6] zum Gegenstand, seltener ein Verwaltungs- bzw. Widerspruchsverfahren. Wegen der Kürze der Vorbereitungs- und Vortragszeit müssen Sie **nicht** mit **umfangreichen und rechtlich komplizierten Fällen** rechnen. Betrifft der Sachverhalt eine Gerichtsentscheidung, ist der Vortrag aus der Sicht des Berichterstatters zu halten, der einen – den Zuhörern noch unbekannten – Streitfall den Kammerkollegen vorträgt. In der Regel ist hier eine Endentscheidung in Gestalt eines Urteils oder Beschlusses gefordert. Das Ergebnis kann aber auch z. B. ein Beweis-, Auflagen- oder Beiladungsbeschluss sein. Behördenentscheidungen haben insbesondere Widerspruchsbescheide oder Erstbescheide zum Gegenstand. Hier müssen Sie sich in die Rolle eines bei einer Behörde tätigen Sachbearbeiters versetzen, der den Fall seinem Vorgesetzten schildert. Ist nach der Aufgabenstellung eine anwaltliche Beratung verlangt, ist die Streitsache einem in der Kanzlei tätigen Kollegen vorzutragen. Dabei soll der Bericht in der Regel auch Überlegungen zur Zweckmäßigkeit des weiteren Vorgehens enthalten.

II. Die Vorbereitung auf den Aktenvortrag

881 Die **Vorbereitungszeit** auf den Vortrag ist in den Bundesländern **unterschiedlich geregelt.** So haben z. B. Referendare aus Bremen, Hamburg, Mecklenburg-Vorpommern, Rheinland-Pfalz, Saarland, Schleswig-Holstein und Thüringen **90 Minuten** Zeit, sich auf den Kurzvortrag vorzubereiten, während in Baden-Württemberg **75 Minuten** und in Berlin, Brandenburg, Hessen, Niedersachsen, Nordrhein-Westfalen, Sachsen-Anhalt und Sachsen **60 Minuten** Vorbereitungszeit eingeräumt werden. Als **Hilfsmittel** können Sie die in den Ladungen für die schriftliche und mündliche Prüfung zugelassenen Gesetzessammlungen und Kommentare benutzen. Ohne Rücksicht auf den Zeitpunkt des von dem Aktenstück erfassten Geschehens sind die gesetzlichen Vorschriften in der Fassung anzuwenden, die in den jeweils aktuellen Ausgaben der zugelassenen Gesetzessammlungen abgedruckt sind, soweit sich nicht aus dem Bearbeitervermerk etwas anderes ergibt.

Teilen Sie sich die Ihnen zur Verfügung stehende **Vorbereitungszeit gut ein.** Verwenden Sie etwa ein Viertel der Zeit für die Erfassung des Sachverhalts,[7] die Hälfte der Zeit für die Erarbeitung der Lösung und das letzte Viertel für die konkrete Vortragsplanung. Wie bei den schriftlichen Arbeiten sollten Sie zuerst den Bearbeitervermerk lesen. Notieren Sie sich stichpunktartig den Sachverhalt und fertigen Sie sich eine **Lösungsskizze.**

---

[6] Vgl. auch *Ramsauer,* § 1 Rn. 1.07; in Niedersachsen werden ausschließlich Anwaltsaktenvorträge ausgegeben.

[7] Da die Qualität der Sachverhaltsdarstellung mit einem erheblichen Teil in die Bewertung einfließt, geht *Proppe,* JA 1995, 409, 410 von einem Drittel der zur Verfügung stehenden Zeit aus.

III. Der Vortrag in der mündlichen Prüfung

Die zulässige **Dauer des Vortrags** richtet sich zunächst nach den Anforderungen des Aktenstücks. Zum anderen haben die Justizprüfungsämter in ihren Weisungen **zeitliche Höchstgrenzen** festgesetzt. So heißt es z. B. in den Hinweisen des Niedersächsischen Justizministeriums – Justizprüfungsamt –, die Dauer des Vortrages solle 10 Minuten nicht überschreiten. Der Präsident des rheinland-pfälzischen Landesjustizprüfungsamtes spricht von „in der Regel 8 bis 10 Minuten“ und die Weisungen für den Aktenvortrag in Nordrhein-Westfalen und Hessen bestimmen, dass der Vortrag die Dauer von 10 Minuten nicht überschreiten solle, unter keinen Umständen aber länger als 12 Minuten sein dürfe.[8] Also: **Legen Sie Ihre Uhr auf dem Tisch neben Ihren Aufzeichnungen ab** und halten Sie den von den Justizprüfungsämtern vorgegebenen Zeitrahmen unbedingt ein. 882

Auch wenn die Mitglieder der Prüfungskommission den Sachverhalt bereits kennen; Sie müssen Ihren Vortrag so halten, als ob Sie den Prüfern den Sachverhalt zum ersten Mal mitteilen.

Der Vortrag ist **in freier Rede** zu halten. Das schließt eine Heranziehung der Akten (insbesondere zur Mitteilung von Anträgen, Zeit- oder Zahlenangaben sowie von Urkunden, auf deren Wortlaut es ankommt) nicht aus. Auch dürfen Sie Ihre stichwortartigen Aufzeichnungen verwenden. Diese sollten nicht mehr als ein oder zwei DIN A 4 Seiten oder wenige Karteikarten umfassen.[9] Mit einem gelegentlichen Blick auf den Stichwortzettel ist die notwendige Orientierung gewährleistet. Es versteht sich von selbst, dass das Ablesen längerer schriftlich ausgearbeiteter Passagen nicht gestattet ist. Halten Sie sich nicht hieran, müssen Sie auch bei einem ansonsten ordentlichen Vortrag mit erheblichen Punkteinbußen rechnen. Schauen Sie allen Mitgliedern der Prüfungskommission – also auch den „Fachfremden“ – die überwiegende Zeit in die Augen. Bemühen Sie sich um **Lebendigkeit und angemessene Akzentuierung.** Wer seinen Vortrag ängstlich und monoton aufsagt, wird mit Sicherheit weniger Punkte bekommen als derjenige, der es versteht, die Zuhörer durch den Fall zu „führen“. Tragen Sie daher zentrale Probleme betonter vor, indem Sie Ihre Stimme heben, das Sprachtempo verlangsamen oder mit Gesten die entsprechenden Vortragsabschnitte unterstreichen. 883

Ebenso wie Sie beim Betreten des Prüfungsraumes die Kommission begrüßt haben, bedanken Sie sich nach Beendigung des Vortrages für die Aufmerksamkeit *(„Ich danke Ihnen.“)*.[10]

§ 78. Der Aufbau des öffentlich-rechtlichen Aktenvortrags

Der Aufbau des Kurzvortrages unterscheidet sich von einer schriftlichen Arbeit im Hinblick auf die Besonderheiten der mündliche Rede und der beschränkten Aufnahmefähigkeit der Zuhörer erheblich.[11] Er gliedert sich in eine Einleitung, die Sachverhaltsschilderung, die rechtliche Würdigung und den konkreten Entscheidungsvorschlag. 884

---

[8] In Baden-Württemberg wird eine Minute vor Ablauf der Zeit ein Zeichen gegeben. Bei Zeitüberschreitung kann die vorzeitige Beendigung des Vortrags verfügt werden. In einigen Bundesländern besteht die Möglichkeit, nach dem Vortrag ein Vertiefungsgespräch zu führen (näher dazu *Kerst,* Rn. 3).

[9] Vgl. *Kerst,* Rn. 13 f.

[10] So auch *v. Hartz/Streiter,* JuS 2001, 790, 793; *Budde-Hermann/Schöneberg,* S. 3.

[11] *Schütz,* VBlBW 1999, 351, 352.

I. Die Einleitung

885 Die Formulierung der Einleitung richtet sich nach der Aufgabenstellung. Bezeichnen Sie in kurzen Worten den Streitgegenstand und informieren Sie die Zuhörer darüber, wo wann wer worüber gestritten hat. Üblich sind Angaben über Namen und Wohnsitz der Beteiligten (Beigeladene nicht vergessen!), über das angerufene Gericht oder die entscheidende Behörde sowie über das Jahr, in dem die Sache zur Entscheidung anstand.[12]

„Ich berichte über eine Anwaltsberatung durch Rechtsanwalt Bierhoff für seine Mandantin Simone Boltz aus Wuppertal. Es behandelt im Wesentlichen die Frage, ob ein von der Stadt Wuppertal aufgestellter Bebauungsplan wirksam ist."

„Ich trage in einem Klageverfahren vor, das in der 2. Kammer des Verwaltungsgerichts Darmstadt im März 2015 zur Entscheidung anstand. Die Klägerin Barbara Pöltl wendet sich gegen eine ordnungsrechtliche Verfügung der Stadt Lorch, mit der ihr aufgegeben wurde, ihren Hund außerhalb ihres Anwesens an der Leine zu führen."

„Ich berichte über ein verwaltungsgerichtliches Eilverfahren, das im Sommer 2015 beim Verwaltungsgericht Dresden anhängig war. In der Streitsache sind Erledigungserklärungen von der Antragstellerseite – hier drücke ich mich bewusst ungenau aus – und von dem Landratsamt Bautzen abgegeben worden. Ob es sich verfahrensrechtlich um übereinstimmende Erledigungserklärungen im Sinne des § 161 Abs. 2 VwGO handelt, wird noch zu untersuchen sein."[13]

Anschließend leiten Sie mit dem Satz: *„Dem Rechtsstreit/dem Verfahren liegt folgender Sachverhalt zugrunde"* zur Sachverhaltsdarstellung über.

II. Die Sachverhaltsschilderung

886 Die anschließende Schilderung des Sachverhalts soll die Prüfungskommission ins Bild setzen, worüber gestritten wird und welche Tatsachen Sie Ihrer Prüfung zugrunde legen. Es ist – schon in Anbetracht der knapp bemessenen Zeit – nicht Ihre Aufgabe, das gesamte Vorbringen der Beteiligten so lückenlos zusammenzustellen, wie dies beim schriftlichen Sachbericht oder bei der Abfassung des Tatbestandes nach § 117 Abs. 3 VwGO der Fall ist. Beschränken Sie sich auf die für die Entscheidung wesentlichen tatsächlichen und rechtlichen Gesichtspunkte und stellen Sie diese straff und möglichst chronologisch dar. Lassen Sie Einzelheiten weg, die für den Ausgang des Verfahrens ohne Bedeutung sind. Achten Sie auf die begrenzte Aufnahmekapazität Ihrer Zuhörer. Die Sachverhaltsschilderung sollte so klar und anschaulich sein, dass die Mitglieder der Prüfungskommission zur geistigen Mitarbeit angeregt werden und sich schon aus diesem Vortragsteil ein Bild darüber machen können, worauf es rechtlich ankommt.[14] Bei Anwaltsvorträgen ist es von besonderer Bedeutung, eingangs die Beratungssituation zu kennzeichnen.[15]

---

[12] *Schütz,* VBlBW 1999, 351, 353 Fn. 11 weist zu Recht darauf hin, dass die Angabe des Entscheidungszeitpunkts an sich überflüssig ist, da sich die Lösung nach den Vorschriften richtet, die in den zugelassenen Gesetzessammlungen abgedruckt sind.

[13] Zu dieser besonderen Konstellation s. den Aktenvortrag von *Limpens,* JA 1998, 226.

[14] So ausdrücklich die Hinweise in Sachsen-Anhalt.

[15] *Limpens,* JA 2007, 135, 141; *Kerst,* JA 2010, 374, 375.

Konkrete Daten und Zahlen sind nur zu bringen, wenn sie für die rechtliche Würdigung von Bedeutung sind.[16] Meistens genügt eine Formulierung wie *„Hiergegen erhob der Kläger fristgerecht/rechtzeitig Widerspruch“* oder *„Wenige Tage nach der Zustellung des Widerspruchsbescheids hat die Klägerin Klage erhoben.“* Auf diese Weise werden die Zuhörer in die Lage versetzt, sofort die Fristen im Kopf zu vergleichen, ohne erst zwei oder mehrere Daten in Beziehung zueinander setzen zu müssen. Es empfiehlt sich, einzelne Angaben wie Daten oder bestimmte Textpassagen erst bei der Begründung des Entscheidungsvorschlages mitzuteilen, und zwar in einem Zusammenhang, in dem verständlich wird, weshalb es auf diese Ausführungen ankommt. Hierdurch ist der von Ihnen vertretene Lösungsweg für die Zuhörer besser nachvollziehbar. Rechtsansichten der Beteiligten teilen Sie nur mit, sofern und soweit dies zum Verständnis des Streitstandes nötig ist. 887

Findet sich in dem Aktenauszug eine **Beweisaufnahme,** so haben Sie bei der Darstellung des Sachberichts nur anzugeben, dass, worüber und mit welchen Beweismitteln Beweis erhoben worden ist. Auf das Ergebnis der Beweisaufnahme gehen Sie erst bei der rechtlichen Würdigung ein. Im Sachbericht empfiehlt sich insoweit die folgende Formulierung: *„Auf das Ergebnis der Beweisaufnahme werde ich, soweit nötig, in der Begründung der vorgeschlagenen Entscheidung eingehen.“* 888

Ist in dem Aktenstück z. B. eine **Skizze** über die nähere Umgebung eines streitgegenständlichen Grundstücks wiedergegeben, empfiehlt es sich, diese Skizze den Prüfern während Ihres Vortrages zu zeigen und anhand der Skizze die Örtlichkeit zu erläutern.[17] Auch wenn die Mitglieder der Prüfungskommission den Sachverhalt bereits kennen, wird dadurch der Bericht lebendiger und anschaulicher.

Haben Sie über einen Verwaltungsrechtsstreit zu berichten, so bauen Sie die Sachverhaltsschilderung ähnlich auf wie im Urteil, Gerichtsbescheid oder Beschluss. Betrifft der Aktenvortrag eine anwaltliche Beratung, so ergeben sich ebenfalls keine Unterschiede zum üblichen Aufbauschema einer Anwaltsklausur. Ist es Ihre Aufgabe, eine verwaltungsbehördliche Entscheidung (Bescheid oder Widerspruchsbescheid) zu treffen, gilt nichts anderes. Nennen Sie die genaue Behördenbezeichnung. 889

III. Die rechtliche Würdigung

An die Sachverhaltsdarstellung schließt sich die rechtliche Würdigung an. Diese beginnt mit dem **Kurzvorschlag,** der die Zuhörer kurz darüber informieren soll, zu welchem Ergebnis Sie gekommen sind. Den Tenor Ihrer Entscheidung teilen Sie hier noch nicht mit. Einige Formulierungsbeispiele: 890

> „Ich schlage vor, der Klage (teilweise) stattzugeben/den Antrag abzulehnen/den Widerspruch zurückzuweisen/gegen Herrn Müller eine polizeirechtliche Verfügung zu erlassen/dem Mandanten von einem weiteren Vorgehen gegen die in Rede stehenden Maßnahmen abzuraten.“

Im Anschluss daran stellen Sie Ihre **rechtliche Lösung des Falles in der gebotenen Kürze** unter Berücksichtigung aller wesentlichen rechtlichen und tatsächlichen Erwägungen dar. Im Gegensatz zu einer schriftlichen Arbeit braucht der Vortrag nicht alle 891

[16] Hierzu ein Zitat aus den Hinweisen des Berliner Justizprüfungsamtes: „Jedes danach überflüssige Wort, jede danach überflüssige Angabe von Zahlen oder Daten beeinträchtigt den Wert des Vortrages, weil der Zuhörer sich solche Einzelheiten nur begrenzt merken kann und er nicht ohne Not veranlasst werden soll, sich Daten oder ähnliche Einzelheiten zu merken.“

[17] *Proppe,* JA 1999, 60, 68.

denkbaren Fragen zu erschöpfen. Es genügt eine Skizzierung der rechtlichen Gedankengänge, die nach Ihrer Ansicht die vorgeschlagene Entscheidung stützen. Sprechen Sie dennoch etwaige Zweifelsfragen an; daran anknüpfende abweichende Lösungsmöglichkeiten brauchen Sie jedoch in Ihrem Vortrag im Allgemeinen nicht weiterzuverfolgen. Denn in den meisten Bundesländern besteht für die Prüfer die Möglichkeit, durch Fragen eine Ergänzung oder Klarstellung der Ausführungen herbeizuführen.[18]

Bauen Sie Ihre rechtliche Erörterung nach der dem Aktenfall zugrunde liegenden Verfahrensart auf. Allerdings ergeben sich Besonderheiten hinsichtlich des Vortragsstils: Anders als etwa beim Abfassen der Entscheidungsgründe eines Urteils brauchen Sie nicht konsequent den Urteilsstil einzuhalten. Versuchen Sie vielmehr, durch **geschicktes Abwechseln von Gutachten- und Urteilsstil** den Zuhörern den Schwerpunkt Ihres Vortrages zu verdeutlichen.[19] Wählen Sie den **Gutachtenstil,** um **problematische Rechtsfragen** anzudeuten und Lösungsansätze aufzuzeigen. Ansonsten tragen Sie im Urteilsstil vor.[20] Dies spart nicht nur Zeit, sondern zeigt den Prüfern auch, dass Sie in der Lage sind, Wesentliches von Unwesentlichem zu trennen.

892 **Oberstes Prinzip** muss die **Verständlichkeit des Vortrages** sein. Ihr Gedankengang muss Schritt für Schritt nachvollziehbar sein und den Zuhörern muss unmittelbar einleuchten, warum es auf dieses oder jenes ankommt. Bilden Sie kurze und einprägsame Sätze.

Formelle Gesichtspunkte sind nur dann zu erörtern, wenn sich hieraus entscheidungserhebliche Fragen ergeben. Verzichten Sie auf die Mitteilung von „Zwischenergebnissen".

Ob Sie anschließende Ausführungen zu Nebenentscheidungen wie Kosten, vorläufige Vollstreckbarkeit und Streitwertfestsetzung ansprechen müssen, richtet sich nach den Weisungen der Justizprüfungsämter.[21]

IV. Der konkrete Entscheidungsvorschlag

893 Der Vortrag schließt mit der Wiedergabe der **vollständig ausformulierten Entscheidungsformel,** die – sofern sich aus den Weisungen der Justizprüfungsämter nichts anderes ergibt – auch den Kostenausspruch und gegebenenfalls die Entscheidung über die vorläufige Vollstreckbarkeit enthalten muss.

§ 79. Formulierungsbeispiel

894 Das Formulierungsbeispiel ist so gewählt, dass möglichst viele der angesprochenen Besonderheiten eines Aktenvortrages eingebaut worden sind. Das Begehren der Antragstellerin ist nach § 88 VwGO auszulegen und in zwei Anträge zu unterteilen,

---

[18] S. hierzu die Hinweise für Hessen, Saarland, Hamburg/Schleswig-Holstein/Bremen, Niedersachsen, Rheinland-Pfalz, Sachsen-Anhalt, Thüringen. Dagegen sehen die Hinweise des Justizprüfungsamtes für Brandenburg und Nordrhein-Westfalen vor, dass Fragen zur Ergänzung oder Klarstellung der Ausführungen nicht gestellt werden.

[19] *Budde-Hermann/Schöneberg,* S. 9; *Schütz,* VBlBW 1999, 351, 356; *Kerst,* JA 2010, 374, 377.

[20] So die Hinweise des Berliner Justizprüfungsamtes; s. auch *Proppe,* JA 2004, 488, 493.

[21] So bestimmen die Hinweise der Justizprüfungsämter von Brandenburg und Sachsen-Anhalt, dass von einer Entscheidung über die Kosten, den Streitwert und die vorläufige Vollstreckbarkeit abzusehen ist, soweit es sich dabei um Nebenentscheidungen handelt. Nach den Hinweisen der Prüfungsämter für Hamburg/Schleswig-Holstein/Bremen und Mecklenburg-Vorpommern braucht die Höhe einer etwa festzusetzenden Sicherheitsleistung nicht angegeben zu werden, wenn sich nicht aus dem Bearbeitervermerk etwas anderes ergibt.

die gesondert erörtert werden. Beachten Sie die Erläuterungen in den Fußnoten. Die landesrechtlichen Vorschriften sind solche des Landes Baden-Württemberg.

„Ich berichte in einem Eilverfahren, das 2015 dem Verwaltungsgericht Stuttgart zur Entscheidung vorgelegen hat.

Die Antragstellerin wendet sich gegen den Sofortvollzug einer ihr gegenüber ergangenen bauordnungsrechtlichen Beseitigungsverfügung nebst Zwangsmittelandrohung des Landratsamtes Hohenlohekreis.

Sie ist zusammen mit ihrem Bruder Miteigentümerin eines im Außenbereich von Waldenburg gelegenen Grundstücks,[22] auf dem sie im Frühjahr 2015 einen 24 m^3 großen Holzschuppen[23] errichtet hat. Das Grundstück befindet sich im Geltungsbereich der 1997 verabschiedeten Verordnung des Umweltministeriums Baden-Württemberg über den Naturpark „Schwäbisch-Fränkischer Wald". Auf die genaue Lage des Grundstücks, seine nähere Umgebung sowie den Wortlaut der Naturparkverordnung werde ich später zurückkommen, soweit dies erforderlich ist.[24] Nach Anhörung der Antragstellerin ordnete das Landratsamt am 20. Juli 2015 die Beseitigung des Schuppens unter Anordnung des Sofortvollzuges an und drohte der Antragstellerin zugleich die Ersatzvornahme nach dem 28. August 2015 an. Zur Begründung führte das Landratsamt im Wesentlichen aus, der Schuppen sei weder genehmigt noch genehmigungsfähig. Wegen der Vorbildwirkung für benachbarte Grundstückseigentümer und der Lage des Grundstücks im Geltungsbereich einer Naturparkverordnung sei besondere Dringlichkeit geboten.[25]

Hiergegen erhob die nicht durch einen Rechtsanwalt vertretene[26] Antragstellerin wenige Tage später[27] Widerspruch und beantragte zugleich vor dem Verwaltungsgericht Stuttgart einstweiligen Rechtsschutz. Die Antragstellerin ist der Meinung, die Verfügung des Antragsgegners könne nicht rechtens sein, da sie den Schuppen zum Abstellen von Gartengeräten benötige. Es fehle auch an einer besonderen Dringlichkeit, den Schuppen sofort zu entfernen. Außerdem sei ihr Bruder, der ebenfalls Grundstückseigentümer sei, mit der Beseitigung des Schuppens nicht einverstanden.

Sie beantragt – ich zitiere wörtlich[28] – dem Antragsgegner zu untersagen, ihren Schuppen auf dem Grundstück 234/7 in Waldenburg zu beseitigen.

Der Antragsgegner beantragt, den Antrag abzulehnen.

Er verweist darauf, der Schuppen sei formell und materiell illegal und müsse sofort beseitigt werden. Die Tatsache, dass der Bruder der Antragstellerin Miteigentümer des Grundstücks sei, sei in diesem Verfahren unerheblich.

---

[22] Die Wiedergabe der genauen Gemarkung und der Flurnummer ist für die Entscheidung unwichtig und würde den Sachverhalt unnötig überfrachten.

[23] Diese Angabe ist erforderlich, da bauliche Anlagen im Außenbereich nur bis zu 20 m^3 Brutto-Rauminhalt verfahrensfrei sind.

[24] Es wäre ungeschickt, bereits jetzt die entscheidende Vorschrift der Naturparkverordnung im Wortlaut wiederzugeben, da hierauf im Rahmen der rechtlichen Würdigung eingegangen werden muss.

[25] Wegen der Vorschrift des § 80 Abs. 3 Satz 1 VwGO sind die Gründe der Anordnung der sofortigen Vollziehung im Bericht anzugeben.

[26] Diese Angabe ist im Hinblick auf die später vorzunehmende Auslegung des Antrags sinnvoll.

[27] Das genaue Datum der Widerspruchserhebung braucht nicht mitgeteilt zu werden, da die Widerspruchsfrist nicht abgelaufen sein kann.

[28] Durch diese Formulierung machen Sie deutlich, dass der Antrag auszulegen ist.

Ich schlage vor, dem Begehren der Antragstellerin teilweise stattzugeben und es im Übrigen abzulehnen.

Der wörtlich gestellte Antrag bedarf zunächst der Auslegung nach § 88 VwGO. Die Antragstellerin begehrt die Wiederherstellung der aufschiebenden Wirkung ihres Widerspruchs gemäß § 80 Abs. 5 Satz 1 2. Alt. VwGO, soweit sie sich gegen die für sofort vollziehbar erklärte Beseitigung des Schuppens wendet. Dagegen hat der Widerspruch gegen die gleichzeitig verfügte Ersatzvornahmeandrohung gemäß § 80 Abs. 2 Satz 1 Nr. 3 VwGO i. V. m. § 12 LVwVG kraft Gesetzes keine aufschiebende Wirkung. Statthaft ist insoweit daher der Antrag auf Anordnung der aufschiebenden Wirkung nach § 80 Abs. 5 Satz 1 1.Alt. VwGO. Die so verstandenen Anträge werde ich im Folgenden gesondert erörtern.

Der Antrag auf Wiederherstellung der aufschiebenden Wirkung des Widerspruchs gegen die Beseitigungsverfügung ist zulässig,[29] in der Sache aber unbegründet.

Die Anordnung der sofortigen Vollziehung der Beseitigungsverfügung ist in formeller Hinsicht nicht zu beanstanden. Erörterungsbedürftig ist allein die Frage,[30] ob die von dem Antragsgegner angegebene Begründung des besonderen Vollzugsinteresses ausreichend im Sinne des § 80 Abs. 3 Satz 1 VwGO ist. Die Vollziehungsanordnung ist grundsätzlich mit einer auf den konkreten Einzelfall abgestellten und nicht lediglich formelhaften Begründung des öffentlichen Interesses an der sofortigen Vollziehung des Verwaltungsakts zu versehen. Ob die Erwägungen der Behörde inhaltlich zutreffen, ist unbeachtlich. Hier ist der Antragsgegner dem Begründungserfordernis des § 80 Abs. 3 Satz 1 VwGO ausreichend nachgekommen, indem er die von dem Bauvorhaben ausgehende negative Vorbildwirkung als besonderes öffentliches Interesse für die Beseitigung der Baulichkeit hervorgehoben hat.

Im Rahmen der nach § 80 Abs. 5 VwGO zu treffenden Entscheidung hat eine Abwägung der widerstreitenden Interessen stattzufinden. Hier überwiegt das Vollzugsinteresse des Antragsgegners das Aufschubinteresse der Antragstellerin, vor einer rechtskräftigen Entscheidung in der Hauptsache von Vollzugsmaßnahmen verschont zu bleiben.[31]

Zu prüfen ist zunächst, ob die Beseitigungsanordnung offensichtlich rechtmäßig ist. In formeller Hinsicht ergeben sich nach dem Sachverhalt keine Probleme.[32] Als materielle Ermächtigungsgrundlage für die Beseitigungsanordnung ist § 65 Satz 1 LBO heranzuziehen.[33] Danach kann der teilweise oder vollständige Abbruch einer Anlage, die im Widerspruch zu öffentlich-rechtlichen Vorschriften errichtet wurde, angeordnet werden, wenn nicht auf andere Weise rechtmäßige Zustände hergestellt werden können. Eine Abbruchsanordnung setzt somit vo-

[29] Die Zulässigkeit des Antrags ist unproblematisch. Daher haben Ausführungen hierzu zu unterbleiben.

[30] Mit dieser Redewendung zeigen Sie den Prüfern, dass Sie in diesem Zusammenhang nur ein Rechtsproblem ansprechen werden, was im Gutachtenstil erfolgen wird.

[31] Die allgemeinen Grundsätze, nach welchen Kriterien die aufschiebende Wirkung des Widerspruchs wiederherzustellen ist, werden so knapp wie möglich dargestellt.

[32] Sollte ein Prüfer dies anders sehen, kann er gegebenenfalls nach Beendigung des Vortrags hierauf zurückkommen.

[33] Hier liegt ein Schwerpunkt des Falles, so dass eine saubere Subsumtion zu erfolgen hat. Unproblematische Tatbestandsmerkmale des § 65 LBO werden im Urteilsstil, problematische Tatbestandsmerkmale im Gutachtenstil abgehandelt.

raus, dass eine bauliche Anlage nicht durch eine Baugenehmigung gedeckt ist und seit ihrer Errichtung fortlaufend gegen materielle öffentlich-rechtliche Vorschriften verstößt.

Der Schuppen ist formell illegal, da die Antragstellerin nicht im Besitz einer Baugenehmigung ist und das Vorhaben angesichts seiner Ausmaße von mehr als 20 m³ Brutto-Rauminhalt auch nicht verfahrensfrei ist. Dies folgt aus der Bestimmung des § 50 Abs. 1 LBO i. V. m. Ziffer 1 der hierzu ergangenen Anlage.

Der Schuppen müsste ferner materiell baurechtswidrig sein. Da er sich unzweifelhaft im Außenbereich von Waldenburg befindet, beurteilt sich seine bauplanungsrechtliche Zulässigkeit nach § 35 BauGB. Eine Privilegierung nach Abs. 1 der genannten Norm scheidet aus, da keine der Ziffern 1–8 einschlägig ist.

Fraglich ist, ob eine Zulässigkeit des Vorhabens nach § 35 Abs. 2 BauGB in Betracht kommt. Dies ist nur der Fall, wenn öffentliche Belange im Sinne der Abs. 3 nicht beeinträchtigt sind. Der Schuppen könnte die natürliche Eigenart der Landschaft sowie Belange des Naturschutzes und der Landschaftspflege beeinträchtigen (§ 35 Abs. 3 Ziffer 5 BauGB). Die nähere Umgebung des Grundstücks, auf dem der Schuppen steht, ist geprägt von wertvollem Wiesengelände, zwei Bächen einem See sowie einem Erlen- und Buchenwald. Eine landwirtschaftliche Nutzung der benachbarten Grundstücke findet nicht statt. Das Grundstück liegt, wie im Sachbericht angesprochen, im Geltungsbereich der Verordnung des Umweltministeriums Baden-Württemberg über den Naturpark „Schwäbisch-Fränkischer Wald". Schutzzweck der Naturparkverordnung ist nach § 3, das Gebiet als vorbildliche Erholungslandschaft zu entwickeln und zu pflegen, insbesondere die charakteristische Landschaft mit ihrem vielfältigen Wechsel zwischen Wäldern, Bächen und Seen für eine Erholungsnutzung zu erhalten, die natürliche Ausstattung mit Lebensräumen für eine vielfältige, freilebende Tier- und Pflanzenwelt zu bewahren und zu verbessern sowie eine möglichst ruhige und naturnahe Erholung für die Allgemeinheit zu gewährleisten.[34] Die Errichtung eines Geräteschuppens steht in Widerspruch zu dieser Schutzzweckbestimmung. Dabei kommt es darauf an, ob die bauliche Anlage funktionsmäßig in einen Widerspruch zur naturgegebenen Nutzung der unter Schutz gestellten Landschaft tritt. Die Errichtung einer Hütte führt zu einer weiteren Belastung der Landschaft mit einer baulichen Anlage und beeinträchtigt somit die Funktion der Landschaft als Erholungsraum für die Allgemeinheit. Darüber hinaus entzieht sie der Tier- und Pflanzenwelt Lebensraum. Als Ergebnis ist daher festzuhalten, dass die Belange des Natur- und Landschaftsschutzes der Errichtung des Schuppens entgegen stehen.

Die Antragstellerin ist als Bauherrin der beanstandeten baulichen Anlage und zugleich Miteigentümerin des Grundstücks Handlungs- und Zustandsstörerin und damit auch die richtige Adressatin der Beseitigungsanordnung.

Die Beklagte hat auch das ihr in § 65 LBO eingeräumte Ermessen sachgerecht ausgeübt. Die Bauaufsichtsbehörde handelt grundsätzlich immer dann ermessensgerecht, wenn sie ihrem gesetzlichen Auftrag entsprechend dafür sorgt, dass die Vorschriften des materiellen Baurechts eingehalten werden. Besonderheiten, die gegen ein bauaufsichtliches Einschreiten sprechen könnten, hat die Antragstellerin nicht vorgetragen.

---

[34] Diese Passage kann aus dem Aktenstück abgelesen werden, da es sich nur um die auszugsweise Wiedergabe des Verordnungstextes handelt.

Für das sofortige Eingreifen des Antragsgegners müsste außerdem eine besondere Dringlichkeit bestehen, um das besondere öffentliche Interesse im Sinne des § 80 Abs. 2 Nr. 4 VwGO zu begründen.

Dies ist hier problematisch. Die sofortige Vollziehung einer Abbruchverfügung liegt nach der Rechtsprechung regelmäßig dann nicht im öffentlichen Interesse, wenn durch die Beseitigung ein wesentlicher Substanzverlust eintritt. Dieser Grundsatz gilt aber nicht uneingeschränkt. Kommt zur formellen Baurechtswidrigkeit die materielle hinzu und ist diese offensichtlich, so kann unter Umständen auch die sofortige Vollziehung einer Abbruchverfügung geboten sein, selbst wenn diese zu einem Substanzverlust führt. Diese Vorgehensweise dürfte jedenfalls gerechtfertigt sein, wenn die Bauaufsichtsbehörde baurechtswidrigen Entwicklungen auf andere Weise voraussichtlich nicht erfolgversprechend Einheit gebieten kann, z. B. wenn sich die illegale Bautätigkeit in einem Gebiet fortzusetzen droht. In einem solchen Fall ist ein durchgreifendes und schnelles Einschreiten sowohl aus spezialpräventiven als auch generalpräventiven Gründen, d. h. zur Abschreckung des Einzelnen und als Vorbeugung gegen die weitere gesetzwidrige Entwicklung, gerechtfertigt.

Unabhängig von der Frage, ob und inwieweit im vorliegenden Fall ein erheblicher Substanzverlust zu besorgen ist, ist hier ein besonderes öffentliches Interesse an der sofortigen Vollziehbarkeit der Beseitigungsverfügung zu bejahen. Wie oben ausgeführt, liegt das Bauvorhaben des Antragstellers in einer besonders reizvollen Umgebung, die als Naturpark ausgewiesen ist. Von dem Schuppen geht eine konkrete negative Vorbildwirkung aus. Ohne ein durchgreifendes, schnelles und entschlossenes Einschreiten des Antragsgegners steht zu besorgen, dass sich die baulichen Missstände in dem betreffenden Gebiet mehren.

Das Begehren der Antragstellerin bleibt daher insoweit erfolglos.

Ich gehe nun noch auf die in Ziffer 2 des Bescheids vom 20. Juli 2015 verfügte Androhung der Ersatzvornahme ein.[35] Hier ist der Antrag auf Anordnung der aufschiebenden Wirkung des Widerspruchs begründet.

Rechtsgrundlage für die Ersatzvornahmeandrohung ist § 20 Abs. 1 LVwVG. Danach sind Zwangsmittel – so auch die Ersatzvornahme – vor ihrer Anwendung von der Vollstreckungsbehörde schriftlich anzudrohen.

Der Rechtmäßigkeit der Androhung könnte bereits ein Vollstreckungshindernis entgegen stehen. Denn der Bruder der Antragstellerin ist, wie im Sachbericht mitgeteilt, Miteigentümer des in Rede stehenden Grundstücks. Bestehende Vollstreckungshindernisse müssen mit Beginn der Vollstreckung ausgeräumt sein. Eine Zwangsmittelandrohung ist nach meiner Auffassung aber bereits eine Vollstreckungsmaßnahme, da sie die Vollstreckung einleitet. Daher darf eine Zwangsmittelandrohung unabhängig davon, ob sie isoliert erfolgt oder – wie hier – mit dem Grundverwaltungsakt verbunden wird, erst dann ergehen, wenn keine Vollstreckungshindernisse eine Befolgung der behördlichen Anordnung unmöglich machen. Erforderlich ist daher, dass eine sofort vollziehbare Duldungsverfügung gegenüber dem Miteigentümer vorliegt. Die Duldungsverfügung ermöglicht es der Verwaltung, eine Ordnungsverfügung, die in Rechte Dritter eingreifen kann, im Wege der Verwaltungsvollstreckung durchzusetzen und dabei zugleich die Rechte des betroffenen Dritten zu berücksichtigen. Dem Adressaten der Duldung wird kraft öffentlichen Rechts die Pflicht auferlegt, die zwangsweise Durch-

[35] Hierdurch machen Sie deutlich, dass jetzt der zweite Antrag geprüft wird.

setzung des Gebots hinzunehmen. Zwar genügt es für die Rechtmäßigkeit einer Zwangsmittelandrohung zur Vollstreckung einer gegenüber einem Miteigentümer ergangenen Beseitigungsanordnung, wenn im Zeitpunkt des Widerspruchsbescheids eine Duldungsverfügung gegenüber dem anderen Miteigentümer vorliegt.[36] Solange eine Widerspruchsentscheidung allerdings nicht existiert, ist Gegenstand der Überprüfung der Verwaltungsakt in der Gestalt, die ihm die erlassende Behörde gegeben hat.[37] Da es hier an einer Duldungsverfügung gegen den Bruder der Antragstellerin zum gegenwärtigen Zeitpunkt fehlt, ist die Ersatzvornahmeandrohung offensichtlich rechtswidrig. Aufgrund dieses Ergebnisses gehe ich daher auf die Frage, ob die Voraussetzungen des § 20 LVwVG im Einzelnen vorliegen, nicht mehr ein.

Die Kostenentscheidung beruht auf § 155 Abs. 1 VwGO, die Festsetzung des Streitwertes auf §§ 52 Abs. 2, 53 Abs. 3 GKG.

Ich schlage deshalb folgenden Tenor vor:

1. *Die aufschiebende Wirkung des Widerspruchs gegen die Ersatzvornahmeandrohung in der Verfügung des Landratsamtes Hohenlohekreis vom 4. November 2011 wird angeordnet. Im Übrigen wird der Antrag abgelehnt.*
2. *Die Antragsstellerin hat 2/3 und der Antragsgegner hat 1/3 der Kosten des Verfahrens zu tragen.*
3. *Der Streitwert wird auf 2.500,– € festgesetzt.*

Ich danke für Ihre Aufmerksamkeit."

---

[36] *VGH Mannheim* NVwZ-RR 1998, 553.
[37] Vgl. *VGH München* NVwZ-RR 1993, 327.

8. Teil. Arbeitshilfen – Aufbauschemata zu den verschiedenen Aufgabenstellungen

§ 80. Entscheidungen des Verwaltungsgerichts im Hauptsacheverfahren

I. Die einzelnen Sachentscheidungsvoraussetzungen

895 Die Sachentscheidungsvoraussetzungen müssen im Zeitpunkt der Entscheidung des Gerichts gegeben sein. **Allgemeine Sachentscheidungsvoraussetzungen** sind solche, die unabhängig von der konkreten Klage- oder Antragsart für jedes selbstständige Rechtsschutzbegehren im Zeitpunkt der Entscheidung des Gerichts erfüllt sein müssen. **Besondere Sachentscheidungsvoraussetzungen** beziehen sich dagegen auf einzelne Klagearten. Für die Reihenfolge der Zulässigkeitsprüfung gibt es keine vorgeschriebene Abfolge (s. Rn. 140).

1. Deutsche Gerichtsbarkeit (§ 173 VwGO i. V. m. §§ 18 ff. GVG)
2. Eröffnung des Verwaltungsrechtsweges (Rn. 145 ff.):
   a) Rechtsweg eröffnet bei bindender Verweisung gemäß § 17 a Abs. 2 GVG (Rn. 151)
   b) Ansonsten Prüfung des Verwaltungsrechtsweges:
      aa) Aufdrängende Sonderzuweisung (Rn. 163)
      bb) Abdrängende Sonderzuweisung an andere Gerichtsbarkeit (Rn. 164, 168, 169)
      cc) Zuweisung durch die Generalklausel des § 40 Abs. 1 Satz 1 VwGO, öffentlich-rechtliche Streitigkeit (Rn. 153 ff.), Streitigkeit nichtverfassungsrechtlicher Art (Rn. 162)
   c) wenn ö-r Streitigkeit (–) Verweisungsbeschluss gemäß § 17 a Abs. 2 Satz 1 GVG (Rn. 148 und 550 ff.)
   d) bei Rüge gemäß § 17 a Abs. 3 Satz 2 GVG Vorabentscheidung (Rn. 149)
   e) Aufrechnung mit privatrechtlicher Forderung (Rn. 173)
3. Ordnungsgemäße Klageerhebung, §§ 81, 82 VwGO (Rn. 176 f.): „schriftlich" (Rn. 176), „elektronisch" (Rn. 178)
4. Statthaftigkeit der Klageart (Rn. 182 ff.): Die statthafte Klage richtet sich nach dem Klagebegehren, § 88 VwGO;
5. Klagebefugnis gemäß § 42 Abs. 2 VwGO bzw. analog (Rn. 226 ff.) Die Klagebefugnis ist gegeben, wenn der Kläger in hinreichend substantiierter Weise Tatsachen vorträgt, die eine Verletzung seiner subjektiven Rechte möglich erscheinen lässt.
6. Allgemeines Rechtsschutzinteresse (Rn. 245 ff.)
7. Beteiligungs- und Prozessfähigkeit, §§ 61, 62 VwGO (Rn. 289 ff.)
8. Ordnungsgemäße Vertretung, § 67 VwGO (Rn. 292)
9. Zuständigkeit des Gerichts, sachlich § 45 VwGO, örtlich § 52 VwGO (Rn. 293)
10. Keine anderweitige Rechtshängigkeit (§ 173 VwGO, § 17 Abs. 1 Satz 2 GVG)
11. Fehlende rechtskräftige Entscheidung (§ 121 VwGO)

II. Die einzelnen Klagearten

896 Die einzelnen Klagearten werden getrennt nach Zulässigkeit und Begründetheit dargestellt. Im Rahmen der Zulässigkeit wird auf die Besonderheiten der jeweiligen Klageart eingegangen.

1. Die Anfechtungsklage

a) Zulässigkeit der Anfechtungsklage

897 1. Statthaftigkeit der Anfechtungsklage, § 42 Abs. 1 VwGO: gerichtet auf Aufhebung eines VA; formeller VA, wenn Gestalt eines VA (Rn. 184), materieller VA, wenn Voraussetzungen des § 35 VwVfG gegeben (Rn. 187 ff.). Nach BVerwG isoliert gegen alle Nebenbestimmungen i. S. d. § 36 Abs. 2 VwVfG (Rn. 203 ff.), nicht gegen Inhaltsbestimmungen (Rn. 203); VA muss erlassen und bekannt gegeben sein; unerheblich ist, ob VA wirksam oder nichtig VA darf sich nicht erledigt haben (Rn. 212)
2. Klagebefugnis, § 42 Abs. 2 VwGO (Rn. 228): Möglichkeit einer Verletzung von Rechten des Klägers genügt; einfachgesetzliche Normen vor Grundrechten ansprechen; als Adressat eines belastenden VA kann zumindest Recht aus Art. 2 Abs. 1 GG verletzt sein; bei Drittanfechtung immer drittschützende Norm nennen; evtl. Verwirkung (Rn. 242) oder Prozessstandschaft (Rn. 226) erörtern
3. Rechtsschutzbedürfnis (Rn. 245)
4. Ggf. ordnungsgemäße und erfolglose Durchführung des Vorverfahren, §§ 68 ff. VwGO (Rn. 256 ff.)
5. Klagefrist, § 74 VwGO (Rn. 270 ff.): Fristdauer 1 Monat; bei fehlender oder unzutreffender Rechtsbehelfsbelehrung 1 Jahr, § 58 Abs. 2 VwGO, bei Verfristung Wiedereinsetzung gemäß § 60 VwGO prüfen (Rn. 286 f.)

b) Begründetheit der Anfechtungsklage

Die Klage ist begründet, wenn sie sich gegen den richtigen Beklagten richtet, der angefochtene VA rechtswidrig ist und der Kläger dadurch in seinen Rechten verletzt wird, § 113 Abs. 1 Satz 1 VwGO (Rn. 305 ff.).

1. Aktivlegitimation des Klägers, Passivlegitimation des Beklagten gem. § 78 VwGO (Rn. 295 ff.); falls das Behördenprinzip des § 78 Abs. 1 Nr. 2 VwGO gilt (dazu s. Rn. 15, 18), ist dieser Punkt am Ende der Zulässigkeit zu prüfen (Rn. 296).
2. Benennung der Rechtsgrundlage des VA (Rn. 311)
3. Wirksamkeit der Rechtsgrundlage (Rn. 313 ff.)
4. Formelle Rechtmäßigkeit des VA (Rn. 320 f.): Sachliche, instanzielle und örtliche Zuständigkeit der Erlassbehörde, Einhaltung von Verfahrens- und Formvorschriften: Anhörung (§ 28 VwVfG), Begründung (§ 39 VwVfG), Bekanntgabe, §§ 41, 43 VwVfG, bei Verstoß Heilbarkeit gemäß § 45 VwVfG oder Unbeachtlichkeit gemäß § 46 VwVfG prüfen.
5. Materielle Rechtmäßigkeit des VA (Rn. 316 ff.):
   a) auf maßgeblichen Zeitpunkt für die gerichtliche Beurteilung achten! (Rn. 316)
   b) VA-Befugnis (Rn. 325)
   c) Tatbestandsvoraussetzungen der Rechtsgrundlage prüfen, unbestimmte Rechtsbegriffe werden vom VG voll überprüft, eingeschränkte Prüfung bei Beurteilungsspielraum (Rn. 329)
   d) inhaltliche Bestimmtheit des VA, § 37 VwVfG (Rn. 331)
   e) Rechtfolge:
      aa) bei gebundener Entscheidung Stattgabe oder Abweisung

bb) bei Ermessensentscheidungen: Prüfung auf Ermessensfehler (Rn. 335 ff.), evtl. Nachschieben von Gründen (Rn. 339), Verhältnismäßigkeitsgrundsatz (Geeignetheit, Erforderlichkeit, Angemessenheit), Vertrauensschutz, Treu und Glauben

f) evtl. reformatio in peius (Rn. 352 ff.)

6. Subjektive Rechtsverletzung (Rn. 349)

2. Die Verpflichtungsklage

a) Zulässigkeit der Verpflichtungsklage

1. Statthaftigkeit der Verpflichtungsklage, § 42 Abs. 1 VwGO (Rn. 207 ff.): gerichtet auf die Verpflichtung der Verwaltung zum Erlass eines VA; VA i. S. d. § 35 VwVfG muss erlassen oder unterlassen sein. **898**
2. Klagebefugnis, § 42 Abs. 2 VwGO (Rn. 238): Möglicher Anspruch auf Erlass eines VA; immer Norm nennen, aus der der Kläger seine Klagebefugnis herleitet
3. Rechtsschutzbedürfnis (Rn. 245)
4. Ggf. ordnungsgemäße und erfolglose Durchführung des Vorverfahrens, §§ 68 ff. VwGO (Rn. 256 ff.); Vorverfahren nur bei Versagungsgegenklage notwendig; bei Untätigkeitsklage Voraussetzungen des § 75 VwGO prüfen (Rn. 267)
5. Klagefrist, § 74 VwGO bei der Versagungsgegenklage (Rn. 270 ff.), ansonsten § 75 VwGO, bei Verfristung Wiedereinsetzung gemäß § 60 VwGO (Rn. 286 f.)

b) Begründetheit der Verpflichtungsklage

Die Verpflichtungsklage ist begründet, wenn sie sich gegen den richtigen Beklagten richtet, die Ablehnung oder Unterlassung des VA rechtswidrig ist, der Kläger dadurch in seinen Rechten verletzt ist und die Sache spruchreif ist, § 113 Abs. 5 Satz 1 VwGO (Rn. 363 ff.). Das Aufbauschema orientiert sich am Anspruchsaufbau.

1. Aktivlegitimation des Klägers, Passivlegitimation des Beklagten gem. § 78 VwGO (Rn. 295 ff.); falls das Behördenprinzip des § 78 Abs. 1 Nr. 2 VwGO gilt (dazu s. Rn. 15, 18), ist dieser Punkt am Ende der Zulässigkeit zu prüfen (Rn. 296).
2. Anspruch des Klägers auf Erlass des begehrten VA
   a) Anspruchsgrundlage angeben
   b) Formelle Mängel des ergangenen VA sind ohne Bedeutung (Rn. 365)
   c) Materielle Anspruchsvoraussetzungen (Rn. 365 ff.): Anspruch kann sich ergeben aus: Gesetz, aufgrund eines Gesetzes, aus einem Grundrecht, aus einer Zusicherung, aus öff.-rechtl. Vertrag, aus VA; auf maßgeblichen Zeitpunkt für die gerichtliche Beurteilung achten! (Rn. 366)
   d) Rechtsfolge:
      aa) bei gebundenem VA Stattgabe wenn Anspruchsvoraussetzungen gegeben (Rn. 369), ansonsten Klageabweisung
      bb) bei ErmessensVA und Spruchreife Stattgabe, bei Ermessensfehlern ohne Spruchreife nur Neubescheidung gemäß § 113 Abs. 5 Satz 2 VwGO (Rn. 371 ff.), wenn kein Ermessensfehler Klageabweisung
3. Subjektive Rechtsverletzung (Rn. 373)

3. Die Leistungsklage

a) Zulässigkeit der Leistungsklage

899 1. Statthaftigkeit der Leistungsklage (Rn. 210 f.): auf Vornahme oder Unterlassen schlichten Verwaltungshandelns gerichtet (Rn. 210): Realakt, Geldzahlung, Information
2. Klagebefugnis, § 42 Abs. 2 VwGO analog (Rn. 239): Norm nennen, aus der Klagebefugnis hergeleitet wird
3. Rechtsschutzbedürfnis (Rn. 245) Qualifiziertes Rechtsschutzinteresse bei vorbeugender Unterlassungsklage (Rn. 249)
4. Grundsätzlich kein Vorverfahren, Ausnahme im Beamtenrecht (Rn. 257)
5. Grundsätzlich keine Klagefrist, Ausnahme im Beamtenrecht

b) Begründetheit der Leistungsklage

Die allgemeine Leistungsklage ist begründet, wenn sie sich gegen den richtigen Beklagten richtet und dem Kläger ein Anspruch auf die fällige Leistung, die kein VA ist, zusteht.

1. Passivlegitimation des Beklagten: Rechtsträgerprinzip (Rn. 303)
2. Bestehen eines Leistungsanspruchs (Rn. 376)
   a) Anspruchgrundlage nennen, z. B. Folgenbeseitigungsanspruch, öffentlich-rechtlicher Abwehranspruch (Rn. 377), öffentlich-rechtlicher Erstattungsanspruch (Rn. 378)
   b) Materielle Anspruchsvoraussetzungen prüfen

4. Die Fortsetzungsfeststellungsklage

a) Zulässigkeit der Fortsetzungsfeststellungsklage

900 1. Statthaftigkeit der Fortsetzungsfeststellungsklage, § 113 Abs. 1 Satz 4 VwGO: VA-Qualität der erledigten Maßnahme, Abgrenzung Erledigung und Vollzug (Rn. 212) Erledigung nach Klageerhebung: § 113 Abs. 1 Satz 4 VwGO direkt, Erledigung vor Klagerhebung § 113 Abs. 1 Satz 4 VwGO analog (Rn. 215) § 113 Abs. 1 Satz 4 VwGO ist analog anwendbar auf erledigte Verpflichtungsklage (Rn. 216), keine analoge Anwendung des § 113 Abs. 1 Satz 4 VwGO auf erledigte Realakte (Rn. 217)
2. Klagebefugnis, § 42 Abs. 2 VwGO analog (Rn. 239)
3. Rechtsschutzbedürfnis (Rn. 250): „Berechtigtes Interesse" i. S. d. § 113 Abs. 1 Satz 4 VwGO: jedes schutzwürdige Interesse rechtlicher, wirtschaftlicher oder ideeller Art; Wiederholungsgefahr (Rn. 251), Rehabilitationsinteresse (Rn. 253), Vorbereitung eines Amtshaftungsanspruchs (Rn. 254)
4. Ggf. ordnungsgemäße und erfolglose Durchführung des Vorverfahren; entfällt wenn sich VA schon vor Erlass des Widerspruchsbescheids erledigt hat (Rn. 262)
5. Klagefrist, § 74 VwGO (Rn. 270 ff.), entfällt bei vorprozessual erledigtem VA (Rn. 288)

b) Begründetheit der Fortsetzungsfeststellungsklage

Die auf eine mögliche Anfechtungsklage folgende Fortsetzungsfeststellungsklage ist begründet, wenn sie sich gegen den richtigen Beklagten richtet, der erledigte VA rechtswidrig war und den Kläger in eigenen Rechten verletzt hat (Rn. 379; s. auch den Prüfungsaufbau der Anfechtungsklage).

Die auf eine mögliche Verpflichtungsklage folgende Fortsetzungsfeststellungsklage ist begründet, wenn sie sich gegen den richtigen Beklagten richtet und der Beklagte verpflichtet war, den begehrten VA zu erlassen (Rn. 381; s. auch den Prüfungsaufbau der Verpflichtungsklage).

5. Die Feststellungsklage

a) Zulässigkeit der Feststellungsklage

1. Statthaftigkeit der Feststellungsklage (Rn. 218 ff.): Feststellung des Bestehens oder Nichtbestehens eines konkreten Rechtsverhältnisses i. S. d. § 43 Abs. 1 VwGO (Rn. 218) oder Feststellung des Bestehens der Nichtigkeit eines VA; Subsidiarität, § 43 Abs. 2 VwGO (Rn. 222); Besonderheiten: Kommunale Verfassungsstreitigkeit (Rn. 224), Normerlassklage (Rn. 225) 901
2. Klagebefugnis, § 42 Abs. 2 VwGO analog (Rn. 239)
3. Rechtsschutzbedürfnis (Rn. 250): „Berechtigtes Interesse" i. S. d. § 43 Abs. 1 VwGO: jedes schutzwürdige Interesse rechtlicher, wirtschaftlicher oder ideeller Art, qualifiziertes Feststellungsinteresse bei vorbeugender Unterlassungsklage (Rn. 255)
4. Grundsätzlich kein Vorverfahren, Ausnahme im Beamtenrecht (Rn. 256)
5. Grundsätzlich keine Klagefrist, Ausnahme im Beamtenrecht

b) Begründetheit der Feststellungsklage

Die Feststellungsklage ist begründet, wenn sie sich gegen den richtigen Beklagten richtet, das Rechtsverhältnis zwischen den Beteiligten besteht/nicht besteht oder der VA nichtig ist, § 43 Abs. 1 VwGO (Rn. 382).

§ 81. Entscheidungen des Verwaltungsgerichts im vorläufigen Rechtsschutzverfahren

I. Die einzelnen Sachentscheidungsvoraussetzungen

Die Sachentscheidungsvoraussetzungen müssen auch hier im Zeitpunkt der Entscheidung des Gerichts gegeben sein. Für die Reihenfolge der Zulässigkeitsprüfung gibt es ebenfalls keine vorgeschriebene Abfolge. 902

1. Deutsche Gerichtsbarkeit
2. Zulässigkeit des Verwaltungsrechtsweges (Rn. 145 ff.)
   a) S. Ausführungen zum Hauptsacheverfahren
   b) wenn ö-r Streitigkeit (–) Verweisung gemäß § 17 Abs. 2 GVG auch im Eilverfahren (Rn. 458, 550 ff.)
   c) bei Rüge gemäß § 17 a Abs. 3 Satz 2 GVG Vorabentscheidung, entbehrlich bei Eilbedürftigkeit (Rn. 458)
3. Ordnungsgemäße Antragserhebung, §§ 81, 82 VwGO (Rn. 176 f.)
4. Statthaftigkeit der Antragsart
5. Antragsbefugnis gemäß § 42 Abs. 2 VwGO analog
6. Allgemeines Rechtsschutzinteresse
7. Beteiligungs- und Prozessfähigkeit, §§ 61, 62 VwGO (Rn. 289 ff.)
8. Ordnungsgemäße Vertretung, § 67 VwGO (Rn. 292)
9. Zuständigkeit des Gerichts der Hauptsache, § 80 Abs. 5 Satz 1, § 123 Abs. 2 VwGO (Rn. 293)

II. Die einzelnen Antragsarten

1. Die Wiederherstellung der aufschiebenden Wirkung nach § 80 Abs. 5 Satz 1 2. Alt. VwGO

a) Zulässigkeit des Antrags nach § 80 Abs. 5 Satz 1 2. Alt. VwGO

903 1. Statthafter Antrag (Rn. 464): § 80 Abs. 5 Satz 1 2. Alt. i. V. m. § 80 Abs. 2 Satz 1 Nr. 4 VwGO, belastender VA im Sinne von § 35 VwVfG (Rn. 183 ff.), dessen sofortige Vollziehung angeordnet ist
2. Antragsbefugnis analog § 42 Abs. 2 VwGO
3. Hauptsacherechtsbehelf muss grundsätzlich erhoben sein (Rn. 465)
4. Antrag regelmäßig nicht fristgebunden
5. Allgemeines Rechtschutzinteresse (Rn. 466): der Hauptsacherechtsbehelf darf nach h. M. nicht offensichtlich unzulässig sein; grundsätzlich kein vorheriger Aussetzungsantrag nach § 80 Abs. 4 VwGO nötig

b) Begründetheit des Antrags nach § 80 Abs. 5 Satz 1 2. Alt. VwGO

Der Antrag ist begründet, wenn er gegen den richtigen Antragsgegner gerichtet ist, die Anordnung der sofortigen Vollziehung formell rechtswidrig ist und/oder nach Abwägung der betroffenen Interessen das Interesse des Betroffenen an der Aussetzung der sofortigen Vollziehung das Interesse der Allgemeinheit an der sofortigen Vollziehung überwiegt.

1. Richtiger Antragsgegner (Rn. 468): Falls das Behördenprinzip des § 78 Abs. 1 Nr. 2 VwGO gilt (dazu s. Rn. 15, 18), ist dieser Punkt am Ende der Zulässigkeit zu prüfen (Rn. 468, 296).
2. Formelle Rechtmäßigkeit der Anordnung der sofortigen Vollziehung:
   a) Zuständigkeit der anordnenden Behörde
   b) Begründung gemäß § 80 Abs. 3 Satz 1 VwGO (Rn. 469): nicht formelhaft, auf konkreten Einzelfall bezogen; wenn formelhaft, nach h. M. nur Aufhebung der Vollziehungsanordnung (Rn. 418 und 471); nach tvA aber Heilung im Eilverfahren möglich (Rn. 471)
   c) Anhörung vor Vollzugsanordnung nach hM nicht erforderlich (Rn. 472)
3. Materielle Rechtmäßigkeit der Anordnung der sofortigen Vollziehung:
   a) Prüfungsumfang des Gerichts darstellen (Rn. 473): summarisches Verfahren, VG trifft eigene Ermessensentscheidung, maßgeblich sind in erster Linie Erfolgsaussichten in der Hauptsache
   b) Prüfung der offensichtlichen Rechtmäßigkeit des VA (Rn. 476)
      aa) Formelle Rechtmäßigkeit des VA (Rn. 476) Heilung von Verfahrensfehlern möglich
      bb) Materielle Rechtmäßigkeit des VA (Rn. 477 f.) Ergänzung von Ermessenserwägungen möglich
   c) Zusätzlich besonderes Vollzugsinteresse erforderlich (Rn. 479)

2. Die Anordnung der aufschiebenden Wirkung nach § 80 Abs. 5 Satz 1 1. Alt. VwGO

a) Zulässigkeit des Antrags nach § 80 Abs. 5 Satz 1 1. Alt. VwGO

904 1. Statthafter Antrag (Rn. 464): § 80 Abs. 5 Satz 1 2. Alt. i. V. m. § 80 Abs. 2 Satz 1 Nr. 1–3 VwGO, belastender VA im Sinne von § 35 VwVfG (Rn. 183 ff.), Wegfall der aufschiebenden Wirkung gemäß § 80 Abs. 2 Satz 1 Nr. 1–3 VwGO Nr. 1: Anforderung von Kosten und öffentliche Abgaben (Rn. 483 f.) Nr. 2: unaufschiebbare Maßnahmen von Polizeivollzugsbeamten (Rn. 485) Nr. 3: andere bundes-

oder landesrechtlich vorgeschriebenen Fälle, z. B. § 212a BauGB, Landesverwaltungsvollstreckungsrecht (Rn. 486)
2. Antragsbefugnis analog § 42 Abs. 2 VwGO
3. Hauptsacherechtsbehelf muss grundsätzlich erhoben sein (Rn. 465)
4. Antrag regelmäßig nicht fristgebunden
5. Vorheriger behördlicher Antrag nach § 80 Abs. 6 Satz 1 VwGO bei Kosten und Abgaben (Rn. 487): grundsätzlich erforderlich, wenn es um Kosten und Abgaben geht; keine Nachholung möglich, da Zugangsvoraussetzung; Antrag ist gemäß § 80 Abs. 6 Satz 2 VwGO entbehrlich, wenn die Behörde über den Antrag nicht in angemessener Frist entschieden hat
6. Allgemeines Rechtschutzinteresse

b) Begründetheit des Antrags nach § 80 Abs. 5 Satz 1 1. Alt. VwGO

Der Antrag ist begründet, wenn er gegen den richtigen Antragsgegner gerichtet ist und nach Abwägung der betroffenen Interessen das Interesse des Antragstellers an der Aussetzung der sofortigen Vollziehung das Interesse der Allgemeinheit an der sofortigen Vollziehung überwiegt.

1. Richtiger Antragsgegner (Rn. 468): Falls das Behördenprinzip des § 78 Abs. 1 Nr. 2 VwGO gilt (dazu s. Rn. 15, 18), ist dieser Punkt am Ende der Zulässigkeit zu prüfen (Rn. 468, 296).
2. Prüfung der offensichtlichen Rechtmäßigkeit des VA:
   a) Prüfungsumfang des Gerichts darstellen (Rn. 488): summarisches Verfahren, VG trifft eigene Ermessensentscheidung, maßgeblich sind in erster Linie Erfolgsaussichten in der Hauptsache
      aa) Nach BVerfG prinzipieller Vorrang des Vollzugsinteresse
      bb) bei Kosten und Abgaben „ernstliche Zweifel" analog § 80 Abs. 4 Satz 3 VwGO (Rn. 489)
      cc) bei § 80 Abs. 2 Satz 1 Nr. 2 und 3 VwGO nach tvA ebenfalls „ernstliche Zweifel" analog § 80 Abs. 4 Satz 3 VwGO, nach a. A. sachbezogene Interessenabwägung (Rn. 490)
   b) Püfung der formellen und materiellen Rechtmäßigkeit des VA nach dem genannten Maßstab

3. Die Feststellung der aufschiebenden Wirkung bei faktischer Vollziehung des VA

a) Zulässigkeit des Antrags analog § 80 Abs. 5 Satz 1 oder 3 VwGO

1. Statthafter Antrag (Rn. 493): § 80 Abs. 5 Satz 1 oder 3 VwGO analog, belastender VA im Sinne von § 35 VwVfG (Rn. 183 ff.); kein Wegfall der aufschiebenden Wirkung gemäß § 80 Abs. 2 Satz 1 Nr. 1–3 VwGO oder keine sofortige Vollziehung gemäß § 80 Abs. 2 Satz 1 Nr. 4 VwGO; Behörde geht von sofortiger Vollziehbarkeit des VA aus und droht mit Vollzugsfolgen, setzt zum Vollzug an, setzt begonnenen Vollzug fort (Rn. 492) 905
2. Antragsbefugnis analog § 42 Abs. 2 VwGO
3. Hauptsacherechtsbehelf muss grundsätzlich erhoben sein
4. Rechtschutzinteresse: Widerspruch oder Anfechtungsklage sind nicht offensichtlich unzulässig

b) Begründetheit des Antrags analog § 80 Abs. 5 Satz 1 oder 3 VwGO

Der zulässige Antrag ist automatisch begründet; eine Interessenabwägung findet nicht statt (Rn. 493).

4. Die Anordnung der aufschiebenden Wirkung zugunsten des Dritten beim VA mit Doppelwirkung

a) Zulässigkeit des Antrags nach § 80 a Abs. 3 VwGO

906 1. Statthafter Antrag (Rn. 497): belastender VA, Wegfall der aufschiebenden Wirkung gemäß § 80 Abs. 2 Satz 1 Nr. 3 VwGO, z. B. § 212 a BauGB. Nach tvA § 80 a Abs. 3 Satz 1 i. V. m. § 80 a Abs. 1 Satz 2 VwGO auf Aussetzung der sofortigen Vollziehung des VA gerichtet, nach h. M. § 80 a Abs. 3 Satz 2 i. V. m. § 80 Abs. 5 Satz 1 1. Alt. VwGO auf Anordnung der aufschiebenden Wirkung gerichtet (Rn. 428)
2. Antragsbefugnis analog § 42 Abs. 2 VwGO: immer drittschützende Norm nennen
3. Hauptsacherechtsbehelf muss grundsätzlich erhoben sein
4. Antrag regelmäßig nicht fristgebunden
5. Vorheriger behördlicher Antrag nach § 80 a Abs. 3 Satz 2 i. V. m. § 80 Abs. 6 Satz 1 VwGO nach h. M. nicht erforderlich (Rn. 497)
6. Allgemeines Rechtschutzinteresse (Rn. 497)

b) Begründetheit des Antrags nach § 80 a Abs. 3 VwGO

1. Richtiger Antragsgegner: Falls das Behördenprinzip des § 78 Abs. 1 Nr. 2 VwGO gilt (dazu s. Rn. 15, 18), ist dieser Punkt am Ende der Zulässigkeit zu prüfen (Rn. 468, 296).
2. Prüfung der offensichtlichen Rechtmäßigkeit des VA:
   a) Prüfungsumfang des Gerichts darstellen (Rn. 499): Anordnung der aufschiebenden Wirkung bei ernstlichen Zweifeln an der Rechtmäßigkeit des VA im Hinblick auf die Rechte des Dritten; in Baunachbarstreitigkeiten Interessenabwägung streitig bei offenem Ausgang
   b) Prüfung der Rechtmäßigkeit des VA nach dem oben genannten Maßstab, Stattgabe nur bei Verstoß gegen drittschützende Bestimmungen

5. Die Aufhebung der Anordnung der sofortigen Vollziehung des VA zugunsten des Dritten beim VA mit Doppelwirkung

a) Zulässigkeit des Antrags nach § 80 a Abs. 3 Satz 1 i. V. m. Abs. 1 Nr. 1 VwGO

907 1. Statthafter Antrag (Rn. 501): VA, der den Adressaten begünstigt und den Dritten belastet; Behörde hat die sofortige Vollziehung des VA angeordnet
2. Antragsbefugnis analog § 42 Abs. 2 VwGO: immer drittschützende Norm nennen
3. Vorheriger behördlicher Antrag nach § 80 a Abs. 3 Satz 2 i. V. m. § 80 Abs. 6 Satz 1 VwGO ist nicht erforderlich (Rn. 501)
4. Allgemeines Rechtschutzinteresse

b) Begründetheit des Antrags nach § 80 a Abs. 3 Satz 1 i. V. m. Abs. 1 Nr. 1 VwGO

1. Richtiger Antragsgegner: Falls das Behördenprinzip des § 78 Abs. 1 Nr. 2 VwGO gilt (dazu s. Rn. 15, 18), ist dieser Punkt am Ende der Zulässigkeit zu prüfen (Rn. 468, 296).
2. Formelle Rechtmäßigkeit der Anordnung der sofortigen Vollziehung (wie oben Rn. 903)
3. Materiell: Prüfung der offensichtlichen Rechtmäßigkeit des VA
   a) Prüfungsumfang des Gerichts darstellen (Rn. 502): Gericht trifft eine eigenständige Ermessensentscheidung, Maßstab sind vorrangig die Erfolgsaussichten des in der Hauptsache eingelegten Rechtsbehelfs (Rn. 499)

b) Offensichtliche Rechtmäßigkeit des VA (Rn. 502)
c) Kein besonderes Aussetzungsinteresse erforderlich (Rn. 502)

6. Die Anordnung der sofortigen Vollziehung beim VA mit Doppelwirkung zugunsten des Begünstigten

a) Zulässigkeit des Antrags nach § 80 a Abs. 3 Satz 1 i. V. m. Abs. 1 Nr. 1 VwGO

1. Statthafter Antrag (Rn. 505): VA, der den Adressaten begünstigt und den Dritten belastet; Dritter hat Rechtsbehelf erhoben, dem aufschiebende Wirkung zukommt 908
2. Antragsbefugnis analog § 42 Abs. 2 VwGO
3. Vorheriger behördlicher Antrag nach § 80 a Abs. 1 Nr. 1 VwGO abgelehnt
4. Allgemeines Rechtschutzinteresse

b) Begründetheit des Antrags nach § 80 a Abs. 3 Satz 1 i. V. m. Abs. 1 Nr. 1 VwGO

1. Richtiger Antragsgegner: Falls das Behördenprinzip des § 78 Abs. 1 Nr. 2 VwGO gilt (dazu s. Rn. 15, 18), ist dieser Punkt am Ende der Zulässigkeit zu prüfen (Rn. 468, 296).
2. Prüfung der Erfolgsaussichten des Rechtsbehelfs des Dritten
   a) Prüfungsumfang des Gerichts darstellen (Rn. 505): summarische Prüfung des Gerichts, dieses trifft eigene Ermessensentscheidung; Interesse des Begünstigten an sofortiger Vollziehung des VA überwiegt Suspensivinteresse des Dritten, wenn der Rechtsbehelf des Dritten mit erheblicher Wahrscheinlichkeit keine Aussicht auf Erfolg hat; Interesse des Dritten überwiegt, wenn VA offensichtlich rechtswidrig ist und Verstoß auf der Verletzung drittschützender Vorschriften beruht
   b) Prüfung der offensichtlichen Rechtmäßigkeit des VA im Hinblick auf die Rechte des Dritten

7. Die Anordnung der sofortigen Vollziehung des VA mit Doppelwirkung zugunsten des Dritten

a) Zulässigkeit des Antrags nach § 80 a Abs. 3 Satz 1 i. V. m. Abs. 2 VwGO

1. Statthafter Antrag (Rn. 506): VA, der den Adressaten belastet und den Dritten begünstigt; Adressat hat Rechtsbehelf erhoben, dem aufschiebende Wirkung zukommt 909
2. Antragsbefugnis analog § 42 Abs. 2 VwGO: immer drittschützende Norm nennen
3. Vorheriger behördlicher Antrag nach § 80 a Abs. 2 VwGO abgelehnt
4. Allgemeines Rechtschutzinteresse

b) Begründetheit des Antrags nach § 80 a Abs. 3 Satz 1 i. V. m. Abs. 2 VwGO

1. Richtiger Antragsgegner: Falls das Behördenprinzip des § 78 Abs. 1 Nr. 2 VwGO gilt (dazu s. Rn. 15, 18), ist dieser Punkt am Ende der Zulässigkeit zu prüfen (Rn. 468, 296).
2. Prüfung der Erfolgsaussichten des Rechtsbehelfs des Adressaten
   a) Prüfungsumfang des Gerichts darstellen (Rn. 506): summarische Prüfung des Gerichts, dieses trifft eigene Ermessensentscheidung, Interesse des Dritten an sofortiger Vollziehung des VA überwiegt Suspensivinteresse des Adressaten, wenn der Rechtsbehelf des Adressaten voraussichtlich erfolglos bleiben wird und der begünstigte Dritte ein besonderes Interesse an der sofortigen Vollziehung hat.

b) Prüfung der offensichtlichen Rechtmäßigkeit des VA
c) Besonderes Vollzugsinteresse zugunsten des Dritten

8. Die Aufhebung der Vollziehung nach § 80 Abs. 5 Satz 3 VwGO

a) Zulässigkeit des Antrags nach § 80 Abs. 5 Satz 3 VwGO

910 1. Statthafter Antrag (Rn. 507): nur Annexverfahren; belastender VA, der von der Behörde vollzogen worden ist oder dem der Bürger „freiwillig" Folge geleistet hat und hinsichtlich dessen das Gericht die aufschiebenden Wirkung gem. § 80 Abs. 5 Satz 1 wiederhergestellt oder angeordnet hat; entsprechende Anwendung über § 80 a Abs. 3 Satz 2 VwGO
2. Aussetzungsbefugnis: fehlt, wenn VA sich derart erledigt hat, dass Regelungsobjekt weggefallen ist

b) Begründetheit des Antrags nach § 80 Abs. 5 Satz 3 VwGO

Der Antrag ist regelmäßig begründet, wenn der Antragsteller einen Anspruch auf Wiederherstellung oder Anordnung der aufschiebenden Wirkung seines Rechtsbehelfs gegen den VA hat. Das Gericht wägt das öffentliche Interesse an dem Fortbestand des Vollzugs gegen das Interesse des Antragstellers an der Aufhebung der Vollziehung ab.

9. Die einstweilige Anordnung nach § 123 VwGO

a) Zulässigkeit des Antrags nach § 123 VwGO

911 1. Statthafter Antrag gemäß § 123 Abs. 5 i. V. m. Abs. 1 VwGO (Rn. 512): Abgrenzung zum Verfahren nach §§ 80 Abs. 5, 80 a Abs. 3 VwGO, begünstigender VA ohne belastende Drittwirkung, Realakt oder Feststellung von Rechtsverhältnissen, Begehren ist auf Sicherungsanordnung/Regelungsanordnung ausgerichtet
2. Antragsbefugnis analog § 42 Abs. 2 VwGO (Rn. 513): Möglichkeit einer subjektiven Rechtsverletzung
3. Allgemeines Rechtschutzinteresse (Rn. 515): I. d. R. vorheriger Antrag bei der Behörde nötig; Hauptsacheverfahren darf nicht offensichtlich unzulässig sein, kein einfacherer und schnellerer Weg; qualifiziertes Rechtsschutzinteresse bei vorbeugendem Rechtsschutz
4. Behauptung eines Anordnungsgrunds (Rn. 514)
5. Keine Frist
6. Zuständiges Gericht, § 123 Abs. 2 Satz 1 VwGO (Rn. 515)

b) Begründetheit des Antrags nach § 123 VwGO

Der Antrag ist begründet, wenn der Antragsteller einen Anordnungsanspruch und einen Anordnungsgrund glaubhaft macht.

1. Passivlegitimation (Rn. 517)
2. Glaubhaftmachung von Anordnungsanspruch und Anordnungsgrund (Rn. 521)
   a) Zuerst feststellen, ob Sicherungsanordnung oder Regelungsanordnung begehrt wird (Rn. 518 ff.):
      aa) Sicherungsanordnung: Sicherung eines eigenen Rechts des Antragstellers, betrifft Sicherung eines bestehenden Zustandes
      bb) Regelungsanordnung: streitiges Rechtsverhältnis, aus dem der Antragsteller eigene Rechte herleitet, betrifft auch zustandsverbessernde Maßnahmen
   b) Anordnungsanspruch

aa) regelmäßig nur summarische Prüfung; ggf. eingehende Prüfung der Sach- und Rechtslage (Rn. 531)

bb) Sicherungsanordnung Anordnungsanspruch (+) bei überwiegender Wahrscheinlichkeit eines Erfolgs in der Hauptsache, herabgestufter Wahrscheinlichkeitsmaßstab möglich (Rn. 533)

cc) Regelungsanordnung Anordnungsanspruch (+) bei überwiegender Wahrscheinlichkeit eines Erfolgs in der Hauptsache, bei offener Hauptsachelage reine Folgenabwägung möglich (Rn. 532), bei Ermessensentscheidung ausnahmsweise Verpflichtung zur Neubescheidung (Rn. 525)

c) Anordnungsgrund

aa) Sicherungsanordnung: Gefährdung der Rechtsverwirklichung im Sinne der Rechtsvereitelung oder der wesentlichen Erschwerung der Rechtsverwirklichung Nach h. M. bei offener Hauptsachelage Interessenabwägung möglich (Rn. 536)

bb) Regelungsanordnung: Rechtsschutzgewährung muss dringlich sein bei offener Hauptsachelage reine Folgenabwägung möglich (Rn. 532)

d) Glaubhaftmachung von Tatsachen, § 123 Abs. 3 VwGO, § 920 Abs. 2 ZPO, (Rn. 527)

e) Grundsätzlich keine Vorwegnahme der Hauptsache (Rn. 528)

10. Das Abänderungsverfahren nach § 80 Abs. 7 VwGO

a) Zulässigkeit des Abänderungsantrags

1. Statthafter Antrag gemäß § 80 Abs. 7 VwGO (Rn. 540) 912
2. Einleitung auf Antrag oder von Amts wegen
3. Geltendmachung von „veränderten Umständen“
4. Allgemeines Rechtschutzinteresse
5. Keine Frist
6. Zuständiges Gericht, § 80 Abs. 7 Satz 1 VwGO

b) Begründetheit des Abänderungsantrags

Der Antrag ist begründet, wenn die veränderten Umstände unter Berücksichtigung der auch sonst im Eilverfahren geltenden Grundsätze zu einer anderen Entscheidung führen als im ursprünglichen Eilverfahren.

§ 82. Entscheidungen des Oberverwaltungsgerichts

I. Die Normenkontrollentscheidung nach § 47 Abs. 1 Nr. 1 VwGO

1. Zulässigkeit des Normenkontrollantrags

1. Statthaftigkeit des Antrags gemäß § 47 Abs. 1 Nr. 1 VwGO (Rn. 568): Bebauungsplan, Vorkaufsrechtssatzung, Innenbereichssatzung, Außenbereichssatzung, grundsätzlich nicht Flächennutzungsplan 913
2. Zuständigkeit des OVG (Rn. 571)
3. Parteifähigkeit gemäß § 47 Abs. 2 VwGO (Rn. 572): Natürliche oder juristische Person, Behörde
4. Prozess- und Postulationsfähigkeit (Rn. 572)
5. Antragsbefugnis gemäß § 47 Abs. 2 Satz 1 VwGO (Rn. 573 ff.): Immer erörtern, meistens § 1 Abs. 7 BauGB ansprechen, evtl. Präklusion Gemeinde kann sich auf

§ 2 Abs. 2 BauGB berufen (Rn. 580) Behörde braucht besonders qualifiziertes Verhältnis zu der betreffenden Norm (Rn. 582)
6. Rechtsschutzinteresse (Rn. 584)
7. Ordnungsgemäße Antragstellung analog §§ 81, 82 VwGO (Rn. 585)
8. Einhaltung der Jahresfrist gemäß § 47 Abs. 2 VwGO (Rn. 585)

2. Begründetheit des Normenkontrollantrags

Der Antrag ist begründet, wenn er gegen den richtigen Antragsgegner gerichtet ist, die angegriffene Satzung gegen höherrangiges formelles oder materielles Recht verstößt und der Verstoß beachtlich ist.

1. Passivlegitimation des Antragsgegners, § 47 Abs. 2 Satz 2 VwGO (Rn. 588)
2. Formelle Wirksamkeit der Satzung (hier Bebauungsplan):
   a) Ordnungsgemäßer Satzungsbeschluss (§ 10 Abs. 1 BauGB i. V. m. landesrechtlichen Gemeindeordnungen), meistens Verstoß gegen Befangenheitsvorschriften (Rn. 590)
   b) Ordnungsgemäße Ausfertigung der Satzung (Rn. 591)
   c) Ermittlungs- und Bewertungsfehler gemäß § 2 Abs. 3 BauGB (Rn. 592 ff.) Abwägungsausfall, Abwägungsdefizit, Abwägungsfehleinschätzung
   d) Aufstellungsbeschluss gemäß § 2 Abs. 1 Satz 2 BauGB nicht zwingend erforderlich
   e) Bekanntmachung des Aufstellungsbeschlusses (§ 2 Abs. 1 Satz 2 BauGB)
   f) Umweltprüfung und Umweltbericht (§ 2 Abs. 4 und § 2 a BauGB)
   g) Auslegung des Bebauungsplans (§ 3 Abs. 2 Satz 1 BauGB)
   h) Bekanntmachung von Ort und Dauer der Auslegung (§ 3 Abs. 2 Satz 2 BauGB)
   i) Öffentlichkeitsbeteiligung (§ 3 BauGB)
   j) Behördenbeteiligung (§ 4 BauGB)
   k) Begründung des Satzungsbeschlusses (§ 9 Abs. 8 BauGB)
   l) Evtl. Genehmigung der höheren Verwaltungsbehörde (§ 10 Abs. 2 BauGB)
   m) Bekanntmachung des Beschlusses bzw. der Genehmigung (§ 10 Abs. 3 BauGB) Beachten Sie: Bei allen Verfahrensfehlern Unbeachtlichkeit oder Heilbarkeit gemäß §§ 214, 215 BauGB erörtern (Rn. 597)
3. Materielle Wirksamkeit der Satzung
   a) Erforderlichkeit der Satzung gemäß § 1 Abs. 3 BauGB
   b) Entwicklung des Bebauungsplans aus dem Flächennutzungsplan (§ 8 Abs. 2 Satz 1 BauGB)
   c) Einhaltung der zulässigen Festsetzungen gemäß § 9 Abs. 1 bis 7 BauGB
   d) Anpassungsgebot (§ 1 Abs. 4 BauGB)
   e) Interkommunales Abstimmungsgebot (§ 2 Abs. 2 BauGB)
   f) Ordnungsgemäße Abwägung gemäß § 1 Abs. 7 BauGB: Abwägungsdisproportionalität (Rn. 601)
4. Rechtsfolge: OVG erklärt Satzung (teilweise) für unwirksam (§ 47 Abs. 5 Satz 2 VwGO) oder lehnt Antrag ab

II. Die Normenkontrollentscheidung nach § 47 Abs. 1 Nr. 2 VwGO

1. Zulässigkeit des Normenkontrollantrags

914 1. Statthaftigkeit des Antrags gemäß § 47 Abs. 1 Nr. 2 VwGO (Rn. 569): untergesetzliche landesrechtliche Norm, sofern dies gesetzlich bestimmt ist
2. Zuständigkeit des OVG (Rn. 571)

3. Parteifähigkeit gemäß § 47 Abs. 2 VwGO (Rn. 572): Natürliche oder juristische Person, Behörde
4. Prozess- und Postulationsfähigkeit (Rn. 572)
5. Antragsbefugnis gemäß § 47 Abs. 2 Satz 1 VwGO (Rn. 573, 579 f.): Möglichkeit der Verletzung subjektiv-öffentlicher Rechte, Behörde braucht besonders qualifiziertes Verhältnis zu der betreffenden Norm
6. Rechtsschutzinteresse (Rn. 584)
7. Ordnungsgemäße Antragstellung analog §§ 81, 82 VwGO (Rn. 585)
8. Einhaltung der Jahresfrist gemäß § 47 Abs. 2 VwGO (Rn. 585)

2. Begründetheit des Normenkontrollantrags

Der Antrag ist begründet, wenn er gegen den richtigen Antragsgegner gerichtet ist und die angegriffene Norm gegen höherrangiges formelles oder materielles Recht verstößt.

1. Passivlegitimation des Antragsgegners, § 47 Abs. 2 Satz 2 VwGO (Rn. 588)
2. Formelle Wirksamkeit der Norm
   a) Ordnungsgemäßer Satzungsbeschluss (i. d. R. landesrechtliche Gemeindeordnungen), meistens Verstoß gegen Befangenheitsvorschriften zu prüfen (vgl. Rn. 590)
   b) Ordnungsgemäße Ausfertigung der Norm (vgl. Rn. 591)
   c) Evtl. Genehmigung einer höheren Verwaltungsbehörde
   d) Bekanntmachung und In-Kraft-Treten der Norm
3. Materielle Wirksamkeit der Norm
   a) Gültigkeit und Vereinbarkeit der Ermächtigungsnorm mit höherrangigem Recht: Nur prüfen, wenn Anlass dazu besteht
   b) Vereinbarkeit der Norm mit der Ermächtigungsnorm
   c) Vereinbarkeit der Norm mit höherrangigem Recht
4. Keine subjektive Rechtsverletzung erforderlich
5. Rechtsfolge: OVG erklärt Norm (teilweise) für unwirksam (§ 47 Abs. 5 Satz 2 VwGO) oder lehnt Antrag ab

III. Die Berufungszulassung nach §§ 124, 124 a VwGO

1. Zulässigkeit des Antrags auf Zulassung der Berufung

1. Statthaftigkeit des Antrags nach § 124 VwGO (Rn. 620) **915**
2. Schriftlichkeit und Vertretungszwang (Rn. 621)
3. Einhaltung der Antragsfrist gemäß § 124 a Abs. 4 VwGO (Rn. 624)
4. Beschwer (Rn. 625)
5. Darlegung der Zulassungsgründe (Rn. 626)

2. Begründetheit des Antrags auf Zulassung der Berufung

Der Antrag ist begründet, wenn ein oder mehrere Zulassungsgründe nach § 124 Abs. 2 Nr. 1–5 VwGO gegeben sind.

1. Ernstliche Zweifel i. S. d. § 124 Abs. 2 Nr. 1 VwGO (Rn. 631 ff.)
2. Besondere tatsächliche oder rechtliche Schwierigkeiten i. S. d. § 124 Abs. 2 Nr. 2 VwGO (Rn. 636 ff.)
3. Grundsätzliche Bedeutung i. S. d. § 124 Abs. 2 Nr. 3 VwGO (Rn. 638)
4. Divergenz i. S. d. § 124 Abs. 2 Nr. 4 VwGO (Rn. 639)
5. Verfahrensmangel i. S. d. § 124 Abs. 2 Nr. 5 VwGO (Rn. 640 ff.)

IV. Die Beschwerde nach § 146 Abs. 1, 4 VwGO

1. Zulässigkeit der Beschwerde

916 1. Statthaftigkeit des Antrags nach § 146 Abs. 1, 4 VwGO (Rn. 653)
2. Beschwerdebefugnis
3. Schriftlichkeit und Vertretungszwang (Rn. 653)
4. Frist, § 147 Abs. 1 Satz 1 VwGO (Rn. 654)
5. Darlegung der Beschwerdegründe, § 146 Abs. 4 Satz 3 VwGO (Rn. 655)

2. Begründetheit der Beschwerde

Die Beschwerde ist begründet, wenn das Eilrechtsschutzgesuch des ursprünglichen Antragstellers zulässig und begründet ist oder die Beschwerde des Antragsgegners oder Beigeladenen gegen die stattgebende Entscheidung des VG Erfolg hat.

§ 83. Entscheidungen im Verwaltungsverfahren

I. Der Widerspruchsbescheid

1. Zuständigkeit der Widerspruchsbehörde

917 Sachliche und örtliche Zuständigkeit gemäß § 73 Abs. 1 Satz 2 und Abs. 2 VwGO (Rn. 702)

2. Zulässigkeit des Widerspruchs

1. Vorliegen einer verwaltungsrechtlichen Streitigkeit (Rn. 708)
2. Statthaftigkeit des Widerspruchs (Rn. 709): Wenn Sachurteilsvoraussetzung für spätere Klage § 68 VwGO: Anfechtungs- und Verpflichtungswiderspruch, VA i. S. d. § 35 VwVfG, § 54 Abs. 2 BeamtStG, § 126 Abs. 2 BBG: auch vor beamtenrechtlichen Leistungs- und Feststellungsklagen, vorfristiger Widerspruch unzulässig (Rn. 710), nach h. M. kein Fortsetzungsfeststellungswiderspruch außer im Rahmen des § 54 Abs. 2 BeamtStG, § 126 Abs. 2 BBG (Rn. 711 und 262), kein Ausschluss des Vorverfahren gemäß § 68 Abs. 1 Satz 2 VwGO (Rn. 709, 259)
3. Widerspruchsbefugnis analog § 42 Abs. 2 VwGO (Rn. 712): Widerspruchsführer muss zumindest konkludent Rechtsbetroffenheit (bei gebundenem VA) oder Unzweckmäßigkeit des VA (bei ErmessensVA) behaupten (Rn. 712), bei VA mit Doppelwirkung immer drittschützende Norm nennen, evtl. Verwirkung der Widerspruchsbefugnis (Rn. 713)
4. Allgemeine Verfahrensvoraussetzungen (Rn. 714): Handlungsfähigkeit, §§ 12, 79 VwVfG, Beteiligungsfähigkeit, §§ 11, 79 VwVfG, gesetzliche Vertretung, §§ 14–19, 79 VwVfG
5. Allgemeines Widerspruchsinteresse (Rn. 715)
6. Form, § 70 Abs. 1 VwGO (Rn. 716 ff.): „schriftlich“: nicht immer Unterschrift nötig (Rn. 717), „zur Niederschrift der Behörde“ (Rn. 718), „elektronisch“: §§ 79, 3 a VwVfG (Rn. 717)
7. Frist, § 70 Abs. 1 Satz 1 (Rn. 719): 1 Monat ab Bekanntgabe, bei fehlender oder unrichtiger Rechtsbehelfsbelehrung 1 Jahr gemäß § 58 Abs. 2 VwGO, bei Verfristung Wiedereinsetzung in den vorigen Stand gemäß § 70 Abs. 2 i. V. m. § 60 Abs. 1–4 VwGO (Rn. 723), bei fehlender Bekanntgabe läuft keine Frist, ggf. aber Verwirkung, Orientierung an Jahresfrist des § 58 Abs. 2 VwGO ab möglicher Kenntnis, Verfristung des Widerspruchs nach h. M. unschädlich, wenn Wider-

spruchsbehörde sich sachlich auf den Widerspruch eingelassen hat und kein Drittbeteiligungsfall vorliegt (Rn. 723, 125, 265)

3. Begründetheit des Anfechtungswiderspruchs

Der Anfechtungswiderspruch ist begründet, wenn der VA formell und/oder materiell rechtswidrig ist und den Widerspruchsführer in seinen Rechten verletzt, § 113 Abs. 1 Satz 1 VwGO analog.

1. Formelle Rechtmäßigkeit des VA (Rn. 72444 ff.): Sachliche und örtliche Zuständigkeit der Erlassbehörde, Einhaltung von Verfahrensvorschriften: Anhörung (§ 28 VwVfG), Begründung (§ 39 VwVfG), Bekanntgabe, §§ 41, 43 VwVfG, bei Verstoß Heilbarkeit gemäß § 45 VwVfG oder Unbeachtlichkeit gemäß § 46 VwVfG prüfen
2. Materielle Rechtmäßigkeit des VA (Rn. 320 ff.):
   a) Angabe der Rechtsgrundlage
   b) maßgeblicher Zeitpunkt ist grundsätzlich Entscheidung der Widerspruchsbehörde, § 79 Abs. 1 Nr. 1 VwGO, Widerspruchsbehörde hat ursprüngliche Entscheidungskompetenz der Ausgangsbehörde (Rn. 732)
   c) Tatbestandsvoraussetzungen der Rechtsgrundlage prüfen, unbestimmte Rechtsbegriffe müssen von der Widerspruchsbehörde sorgfältig ausgelegt werden (Rn. 734)
   d) eingeschränkte Prüfungskompetenz bei Drittwidersprüchen (Rn. 738), bei Beurteilungsspielraum der Ausgangsbehörde (Rn. 738), nach h. M. hat Widerspruchsbehörde keine Normverwerfungskompetenz (Rn. 739)
   e) inhaltliche Bestimmtheit, § 37 VwVfG (Rn. 733)
   f) Rechtfolge:
      aa) bei gebundener Entscheidung Stattgabe des Widerspruchs oder Zurückweisung
      bb) bei Ermessensentscheidungen: Widerspruchsbehörde prüft gemäß § 68 Abs. 1 Satz 1 VwGO grundsätzlich auch die Zweckmäßigkeit des VA, daher keine Beschränkung auf Ermessensüberprüfung analog § 114 VwGO, Widerspruchsbehörde trifft ggf. neue eigenständige Ermessensentscheidung (Rn. 736), aber: bloße Rechtmäßigkeitskontrolle bei Selbstverwaltungsangelegenheiten (Rn. 741)
   g) evtl. reformatio in peius (Rn. 465)
3. Ggf. Anordnung oder Aussetzung der sofortigen Vollziehung (Rn. 743 ff.)

4. Begründetheit des Verpflichtungswiderspruchs

Der Verpflichtungswiderspruch ist begründet, wenn die Ablehnung des begünstigenden VA formell und materiell rechtswidrig ist und der Widerspruchsführer hierdurch in seinen Rechten verletzt wird, § 113 Abs. 5 VwGO analog. Bei einem Ermessens-VA ist dies der Fall, wenn die Ablehnung unzweckmäßig ist und das Ermessen zumindest auch im Interesse des Widersprechenden eingeräumt wurde.

Anspruch des Widerspruchsführers auf Erlass des begünstigenden VA (Rn. 320 ff.)

a) Formelle Mängel des VA führen nicht zur Stattgabe. Bei Verstoß gegen Verfahrensvorschriften kann die Widerspruchsbehörde diese gemäß § 45 VwVfG heilen. Verstöße können evtl. nur zur isolierten Aufhebung des VA führen.
b) Anspruchsgrundlage angeben und materielle Anspruchsvoraussetzungen prüfen
c) maßgeblicher Zeitpunkt ist grundsätzlich Entscheidung der Widerspruchsbehörde, Widerspruchsbehörde hat ursprüngliche Entscheidungskompetenz der Ausgangsbehörde

d) Rechtsfolge
   aa) bei gebundener Entscheidung Stattgabe des Widerspruchs oder Zurückweisung (Rn. 746)
   bb) bei Ermessensentscheidungen (Rn. 746): Widerspruchsbehörde prüft gemäß § 68 Abs. 1 Satz 1 VwGO grundsätzlich auch die Zweckmäßigkeit des VA, daher keine Beschränkung auf Ermessensüberprüfung analog § 114 VwGO, Widerspruchsbehörde trifft ggf. neue eigenständige Ermessensentscheidung, wie bei Anfechtungswiderspruch in bestimmten Konstellationen aber nur eingeschränkte Rechtmäßigkeitskontrolle (Rn. 747), hier kommt Verpflichtung der Ausgangsbehörde zur Neubescheidung analog § 113 Abs. 5 Satz 2 VwGO in Betracht

II. Der Ausgangsbescheid

1. Zuständigkeit der Ausgangsbehörde zum Erlass des Bescheids

918 Sachliche, örtliche und funktionelle Zuständigkeit angeben

2. Der belastende Verwaltungsakt

1. Formelle Voraussetzungen
   a) Evtl. Hinweis, dass von Anhörung gemäß § 28 Abs. 1 VwVfG abgesehen wurde (Rn. 787)
   b) Begründung, insbesondere Ermessensentscheidung, § 39 VwVfG
   c) Bekanntgabe, § 41 VwVfG, ggf. Zustellung
2. Materielle Voraussetzungen
   a) Angabe der Rechtsgrundlage
   b) Tatbestandsvoraussetzungen der Rechtsgrundlage prüfen, unbestimmte Rechtsbegriffe müssen von der Ausgangsbehörde sorgfältig ausgelegt werden, eingeschränkte Prüfungskompetenz bei Anträgen von Dritten, evtl. Beurteilungsspielraum der Ausgangsbehörde, nach h. M. hat Ausgangsbehörde keine Normverwerfungskompetenz
   c) inhaltliche Bestimmtheit, § 37 Abs. 1 VwVfG (Rn. 788)
   d) Rechtfolge:
      aa) bei gebundener Entscheidung Erlass des Bescheids
      bb) bei Ermessensentscheidungen § 40 VwVfG beachten, Ausgangsbehörde hat Handlungs- sowie Auswahlermessen bezogen auf Adressat und Rechtsfolge (Rn. 789) Zweck der Ermächtigung (Ermessensmissbrauch), gesetzliche Grenzen (Ermessensüberschreitung/-unterschreitung), Gleichbehandlungsgebot (Willkürverbot, Art. 3 GG)
      cc) Grundsatz der Verhältnismäßigkeit (Rn. 789)
3. Ggf. Anordnung der sofortigen Vollziehung (Rn. 779, 792)
4. Ggf. Androhung von Zwangsmitteln (Rn. 780 ff., 793)

3. Der (begehrte) begünstigende Bescheid

1. Formelle Voraussetzungen
   a) Antragserfordernis
   b) Sachbescheidungsinteresse
   c) Mitwirkung anderer Stellen, z. B. Einvernehmen der Gemeinde gemäß § 36 Abs. 1 BauGB
   d) Grundsätzlich kein Begründungserfordernis, soweit Antrag entsprochen wird

e) Grundsätzlich keine Anhörung gemäß § 28 Abs. 1 VwVfG vor Erlass des Bescheids erforderlich

2. Materielle Voraussetzungen
   a) Angabe der Rechtsgrundlage
   b) Tatbestandsvoraussetzungen der Rechtsgrundlage prüfen (s. Anmerkungen zum belastenden Bescheid)
   c) inhaltliche Bestimmtheit, § 37 Abs. 1 VwVfG
   d) Rechtfolge:
      aa) bei gebundener Entscheidung Erlass oder Ablehnung des Bescheids
      bb) bei Ermessensentscheidungen § 40 VwVfG beachten, Ausgangsbehörde hat Handlungs- sowie Auswahlermessen bezogen auf Adressat und Rechtsfolge (Rn. 789) Zweck der Ermächtigung (Ermessensmissbrauch), gesetzliche Grenzen (Ermessensüberschreitung/-unterschreitung), Gleichbehandlungsgebot (Willkürverbot, Art. 3 GG), Ermessensreduzierung auf Null?
      cc) Grundsatz der Verhältnismäßigkeit (Rn. 789)

Sachverzeichnis

(Die angegebenen Fundstellen beziehen sich auf die Randnummern.)